峥嵘回望

建设工程房地产等典型案例复盘与研判

袁华之◎主编

法律出版社
LAW PRESS·CHINA

图书在版编目(CIP)数据

峥嵘回望：建设工程房地产等典型案例复盘与研判 / 袁华之主编. -- 北京：法律出版社，2019(2020.5 重印)
ISBN 978-7-5197-3800-6

Ⅰ.①峥… Ⅱ.①袁… Ⅲ.①建筑法-案例-中国②房地产法-案例-中国 Ⅳ.①D922.297.5②D922.385

中国版本图书馆 CIP 数据核字(2019)第 200801 号

峥嵘回望
——建设工程房地产等典型案例复盘与研判
ZHENGRONG HUIWANG
— JIANSHE GONGCHENG FANGDICHAN DENG DIANXING ANLI FUPAN YU YANPAN

袁华之 主编

策划编辑 冯雨春
责任编辑 蒋 橙 朱海波
装帧设计 李 瞻

出版 法律出版社
总发行 中国法律图书有限公司
经销 新华书店
印刷 三河市兴达印务有限公司
责任校对 晁明慧
责任印制 吕亚莉

编辑统筹 法律应用出版分社
开本 787 毫米×1092 毫米 1/16
印张 38.5
字数 710 千
版本 2019 年 10 月第 1 版
印次 2020 年 5 月第 3 次印刷

法律出版社/北京市丰台区莲花池西里 7 号(100073)
网址/www.lawpress.com.cn
投稿邮箱/info@lawpress.com.cn
举报维权邮箱/jbwq@lawpress.com.cn
销售热线/400-660-8393
咨询电话/010-63939796

中国法律图书有限公司/北京市丰台区莲花池西里 7 号(100073)
全国各地中法图分、子公司销售电话：
统一销售客服/400-660-8393/6393
第一法律书店/010-83938432/8433 西安分公司/029-85330678 重庆分公司/023-67453036
上海分公司/021-62071639/1636 深圳分公司/0755-83072995

书号:ISBN 978-7-5197-3800-6 **定价**:120.00 元
(如有缺页或倒装,中国法律图书有限公司负责退换)

本 书 编 委 会

主　编

袁华之

编委会成员

常　青　姜小燕　李小兵

李超颖　谢　昕　刘敬文

刘芳菲　王瑱玥　刘　薇

律师为什么要著书立说？

刘桂明*

对于执业律师著书立说，我向来都是赞成并支持的。为此，无论是作为当年律师业的打工者还是当下律师界的观察者，我都曾经乐此不疲地给不少律师书写序言，以示鼓励和提倡。

北京大成律师事务所高级合伙人、著名建设工程与房地产法律服务专家袁华之律师邀请我作序，基于我对律师著书立说的态度以及本人与袁律师的缘分，我当即答应了这一邀请。

因为朱树英律师，我与袁律师得以相识。也因为朱树英律师近年来每年都要推出一部新书，我与袁律师得以相近。近几年，在每年3月1日朱树英律师新书发布会上，我与袁律师都是必到嘉宾。所以，对于律师是否应该著书立说、应该如何著书立说，我们显然都持一样的主张。

在我看来，最标准的成功律师一般需要经历三个阶段：一是释法说理，二是著书立说，三是传道授业。

所谓释法说理，就是以自己的专业知识和技能，为社会和个人提供有效的法律服务，维护当事人的合法权益，维护法律的正确实施，维护社会的公平正义；关于著书立说，就是将自己的执业经验，进行科学归纳和总结并提升为学术成果，从而形成自己的学术观点；至于传道授业，就是用自己的执业经验和专业技术，回报社会，传承后人，献身公益，帮助弱者。

《礼记·学记》有云："善歌者，使人继其声；善教者，使人继其志。"既然擅长歌唱的人有能力让别人跟着他歌唱，善于教育的人有能力使别人继承他的心志，那么，作为执业律师，同样可以将自己释法说理的知识和经验，形成融会贯通的学术主张，汇成举一反三的学术成果。

---

* 中国法学会《民主与法制》周刊总编辑，中国法学会法律文书学研究会副会长、中国法学会律师法学研究会副会长。

在我读过袁律师赠阅的《建设工程索赔与反索赔》一书后，又有幸读到了袁律师的这部新作。我认为，展现在我们面前的这部书籍，便是这样一部如《礼记》所云的“善歌善教”之作。

可以说，这是一部读起来通俗易懂、读完后受益匪浅的作品。毫无疑问，其中自然凝聚了著者团队在法律实务界多年累积的经验与心得。

从内容上来看，本书以案件基本情况为引导，通过阐述团队办理案件时所运用的核心战略战术，结合对相关法律法规、学术理论与裁判观点的分析梳理，最终提出了具有现实指导意义的总结与建议。众所周知，决定一部作品是否优质的关键在于作品内容质量是否过硬，也就是我们常说的“内容为王”，这部新作的内容无论从广度还是深度而言均秉持了专业水准，正是对此的最佳诠释。

从形式上来看，本书既有“初出茅庐”的青涩回忆，也有“循序渐进”的成长步伐，还有“日臻完善”的发展轨迹，又有“精益求精”的职业追求，另有“炉火纯青”的成功境界，更有“艺无止境”的开阔眼界。在每个章节中，从“案件摘要”到“案情回放”，再从“战略战术”到“法案研判”，最后进入“案件复盘”，无不显示了本书的形式之美。

读罢此书，不仅可以感受法律服务成果之饕餮盛宴，而且还能领略成果产出过程中所运用的精妙技艺，其中不少技艺还并不局限于法理本身。

因此，本书非常有助于法律人在承办案件时突破固有思维之桎梏，尤其是聚焦了掌握处理类似案件的精髓之所在。即使对于非法律人而言，本书同样可以让你从中了解基本法律概念与法律实务思维。

总之，这是一部可读、可看、可用、有用、好用的专业实用之作，更是一部律师如何著书立说的借鉴参考之作。我相信本书会带给你一次满载而归的阅读体验，自信本书将带给你一种如获至宝的使用感受。

2019 年 9 月 9 日于北京海淀区皂君庙

自序

PREFACE

抬头看路，埋头拉车

在近20年的法律职业生涯中，我一向对律师的专业素养十分看重，要求年轻律师必须树立“专业立命、终身学习”的观念，掌握“抬头看路，埋头拉车”的方法，坚持近二十载，终于打造出一支专业精干、在业界颇具影响力的高端民商事专业律师团队。然而，我也常向年轻律师和学习法律并有志于从事法律职业的学生们强调，“埋头拉车”固然重要，但在当今竞争越发激烈、专业日益细分、客户愈加严苛的执业环境下，学会“抬头看路”更加重要。“抬头看路”是保证方向，“埋头拉车”是保证速度。方向对了，速度才有意义！因此，凡事能够比别人看多几步、看远几步，尽早选择自己的“最优路径”，不但是律师执业生涯中不可或缺的智慧，更会使漫长的人生道路顺畅许多。

所谓实例一两，胜过说教一斤。众所周知，我并非法律专业出身，而是在大型国有企业中石化历练近10年才投身法律行业。诚然，这样优质的平台曾经赋予我非常宝贵的学习机会和广阔的视野，同时作为一个年轻人，我也凭借着“埋头拉车”的刻苦精神，累积了丰厚的专业知识和经验，使我拥有了同龄人鲜有的上升机会。但是，体制内一成不变的工作环境和相对保守的行事作风渐渐地让我感到困惑，甚至是煎熬，一眼可以看见30年后的自己！站在人生十字路口，是按部就班继续前行还是听从内心召唤，相信不少人面临过类似抉择。在当时那个思想相对保守、追捧“铁饭碗”的年代，踌躇满志之余，心中确也伴随着前途未卜的隐忧。

初出茅庐，小试牛刀

犹豫再三，我还是下决心离开了令人艳羡的国企岗位，开始了法律职业的全新征程，于我而言，无论结果如何，努力过便不留遗憾。之所以选择法律这个行业，是因为朦胧中觉得它是一个复合型专业，大多数法律问题同时也是细分领域的专业问题。想要干好这个职业，仅仅懂得法条是远远不够的，若能把多年累积的工科背景、专业知识和工作经验运用到律师职业中，应该能够让我走得更远。这种判断不久便得到印证——入行几个月的细致观察，让我发现法律确实是分专业的，而且专业分化的趋势将越来越明显。因此我想，未来从事法律职业的关键，并不在于对法律知识事无巨细的掌握，而是取决于自己能够做什么，尤其是能够做好什么。

最能够发挥比较优势的，就是最适合自己的。坚定了这样的想法，我便开始了艰辛的摸索：首先，行政法领域并不适合刚刚脱离“官本位”环境下的我，要完成从国企岗位到律师职业的心理转变，最好避开这个领域。其次，部分民商事领域也并不适合我，比如婚姻家庭、遗产继承纠纷中，兄弟不睦、夫妻反目、父子成仇绝非思想观念相对传统的我所能接受；再如劳动、医疗纠纷中，员工、患者等弱势群体可能已经在肉体或精神上承受了巨大的伤害，需要律师具备极强的心理按摩能力和必要的特定专业技能才能胜任。最后，我也曾怀着赤子之心尝试过刑事领域，但从业初期经历的三起案件，让我彻底断送掉了投身刑事辩护的念头。

我接触的第一起刑事案件是2001年8月某公司副总裁陈某涉嫌挪用资金及职务侵占案。接下这个案子前，陈某已被采取了刑事强制措施，陈某父亲委托我们后希望我们尽快会见陈某。陈某家属非常着急，经常半夜给我电话，但是几个月过去始终无法会见。因为当时，尽管法律规定侦查阶段可以会见，但如果案件侦查没有获得突破，侦查人员通常不会允许律师会见。最终，委托人觉得我们很无能。这个案件几乎浇灭了我对律师执业的所有美好的梦想！

我办理的第二起刑事案件是一个未成年人团伙抢劫犯罪案件。也是在2001年，一天我正在所里看书，法院的一名书记员匆匆赶来请我帮忙。他说有一起案件正在审理，法官、公诉人、被告人、辩护律师、家属都到庭了，但是法院忘记给其中一个未成年人指定辩护人，因此临时请我帮忙为他辩护。我当时有些犹豫，一方面觉得程序不合法，另一方面怕辩不好害了人家，但书记员根本不给我犹豫的机会，直接拉起我，并且告诉我不要担心，辩护时只需要说三句话：一是未成年，二是初犯，三是有悔过表现。说完这些，我们就走进了法庭的大门。审判长见我进来立刻起身笑脸相迎，关切询问是不是堵车了，我只好说是。庭审按程序进行，法庭一一核实被告人身份，轮到我的“客户”时，审判长特意眼神示意我，大意是“这是你的人，别弄错了！”在辩护人发表辩护意见阶段，我通过庭审掌握的信息对书记员指点的三句话进行了拓展，审判长显然非常满意，并认真记录了我的辩护意见。大概一个月后，判决书下来，我辩护的那个未成年人判了缓刑，一点不比其他几个之前请了律师的结果差。生活处处是剧本。

第三起刑事案件是二审法律援助案件，仍然是未成年人团伙犯罪案件。证据材料非常多，尽管法律援助案件每案只补助150元，但我却花了800元复印所有材料。本案一共4个被告,一审中两个判了实刑,两个缓刑。我被指派为判实刑的两个被告之一辩护。这大概是我开过的最完美的一次庭审。公诉人显然不熟悉案卷材料,对于所有问题都在慌乱中应对,庭审才开到一半,公诉人已满头大汗,急切地想要反驳却又找不到相应材料。为什么这么慌乱,可能因为他了解到这是一个法律援助案件,通常情况下法律援助律师不会这么认真负责,所以他轻视了这一次的庭审活动。完美的庭审应该有一个完美的结局,但是两个月后结果出来,维持原判!这个结果对我的打击是巨大的。唯一能够安慰我的是,通过当天庭审的观察,我似乎明白了同一案件中对不同被告判处刑罚大相径庭的个中原因:判实刑孩子的家长衣履不整,而判缓刑孩子的家长衣着光鲜。通过对案件的整体研究,我认为本案公平的处理应该是将判实刑和判缓刑的孩子的刑罚进行互换。如此完美的一场辩护,以失败而告终,所有的努力都打了水漂,多么痛苦而无助。直到现在,每每想起那个孩子,依然觉得对不起他。不过现在的刑事辩护环境,特别是在党的十八大后,已经比过去好了许多,诸多冤假错案能够平反让人们对法治社会的未来充满希望。

在经历了执业初期的各种案件和挫折后,我真正明白了应该如何选择专业领域。我想,一个好的、相对高端并且具备比较优势的细分领域,至少应具备以下4个特征:一是符合经济形势,即该领域具有重要的产业地位,能够持续发展;二是资金密集,即该领域投资规模较大,有能力支付相对较高的法律服务费用,能够给予该领域律师较为对等的回报;三是具有技术壁垒,即该领域对律师有较高的技术准入要求,而大部分律师不能满足要求;四是符合自身能力,即该领域能够发挥我所擅长的理工科专业以及在大型国企中积累的项目管理经验优势。

运筹帷幄,艺无止境

基于以上判断,我开始以不动产与能源领域为突破口,并在最为适合自己的高端民商事领域开始深耕。自此,我开始专注这一领域,努力做到“别人不会的我会,别人会的我精”。同时我深知优秀的法律服务无法单靠一己之力完成,需众人拾柴、薪火相传,故开始致力于打造精英化专业团队,并逐渐形成属于自己团队的办案风格。我们要求每个律师都能将复杂问题简单化、简单问题“复杂”化,及时总结已结案件,形成清单式知识体系。正是因为对业务方向的正确选择与办案经验的深入总结,才使本团队在办理案件时得以运筹帷幄、决胜千里。随着承办业务数量的累积,我亦深感学海无涯、艺无止境,遂不忘时时自省,当以匠人精神继续前行,戒骄戒躁,精益求精。

峥嵘回望，砥砺前行

2019 年适逢我律师执业满 18 周年，兹组织编撰本书与诸君共享，作为对我律师执业生涯峥嵘岁月的回望与献礼，以及对本团队继续不忘初心、砥砺前行的鞭策与勉励。本书是在精心筛选与梳理整合团队承办经典案例的基础上编撰而成，既是本团队既往办案经验的归纳总结，也是团队成长轨迹的真实写照。本书收录的案件绝大多数由我本人亲自操刀完成，本书所有内容也由我本人逐字修改完成。愿本书的出版能对业界同人的专业深耕有所助益，也能给初入法律行业迷茫不安的年轻同人一些启发。

通过专业发展与志同道合者加入，时至今日，我们已经是拥有 20 余人的紧密团队，团队成员有着共同的愿景："将'尊敬师长、互帮互助、团结一致、奋发图强'作为职业信条，将'业精于勤荒于嬉''受人之托忠人之事'作为工作理念，共同努力将本团队建设成为世界一流精英团队！"

袁华之

2019 年 9 月于北京

FORWORD 前言

本书由袁华之律师团队所办理的36个经典案例组成，每个案例均包括案件摘要、案情回放、战略战术、法案研判与案件复盘五部分。

一、案件摘要部分系对所办理案件的简要陈述，旨在使读者在短时间内了解案情，锁定重点关注的法律问题，更有针对性地进行阅读。需要说明的是，基于仲裁不公开原则和保护当事人商业秘密考虑，仲裁案件、部分诉讼与非诉案件未体现真实当事人名称及其他指向性信息。为不影响阅读，我们使用“A公司”“B公司”等指代词对上述每起案件中的当事人公司名称进行了替换，请读者切勿对号入座。

二、案情回放部分系对案件事实，尤其是案件背景、办理过程及案件处理结果的详细描述，旨在使读者全方位了解案件的来龙去脉。其中，使用真实当事人信息的诉讼案件均附有裁判文书编号，以供读者查阅。

三、战略战术部分系对本团队律师介入案件阶段、办理案件策略及代理意见亮点的总结提炼，旨在使读者厘清类似案件办理思路时有所参考借鉴。多数情况下，本团队律师接受委托时均面临较为棘手的局面，当事人处于不利的被动地位：部分一审裁判败诉，部分证据材料混乱，部分争议金额巨大，部分面临高额索赔。在此前提下，本团队律师高效运用多年法律服务经验凝练出的解决方案，结合个案的具体情况迅速制定具有针对性的应对策略，以下为本团队律师办理案件时秉承的基本原则与标准：

针对诉讼与仲裁案件，在案件审理前，第一时间组成由合伙人或高级律师牵头、中级和初级律师协助的阶梯式项目服务团队。团队人员分工明确、相互信任、紧密配合，采取驻场办公、踏勘现场等方式全面收集相关证据材料。在掌握案件基本事实的基础上，查询类似案例及现行规定，并根据相关裁判观点及法律法规遴选整合对我方有利的证据，通过讨论会、模拟法庭对抗等方式，最终形成优质的代理方案。在案件审理期间，将全面梳理证据材料之后形成的答辩要点，运用大数据、可视化等方式，多角度、全方位向裁判机构进行展示，有力论证并力争说服裁判机构采纳本团队律师的代理观点。同时，始终保持与客户的深入沟通，及时补充新发现的相关证据材料并为客户积极出谋划策。

针对非诉案件，以客户根本利益与诉求为出发点，结合案件具体情况，在不违反法律法规规定的基础上，为当事人提供使其商业利益最大化、法律风险最小化的项目方案，并及时形成相关书面意见，包括但不限于出具尽职调查报告、起草合同等法律文件、出具法律意见书等。在非诉案件服务过程中，始终秉持以防控客户法律风险为基础的原则，注重与客户及相关方的沟通与联络，准确解答客户咨询问题，代表客户进行商务谈判，积极跟进并适时调整法律服务成果性文件。

四、法案研判部分系对案件相关法律法规、理论观点及裁判观点的分析总结，旨在从具体案件引申至抽象规定与学说，使读者充分了解案件背后所隐含法律问题之要义，并以此作为未来案件办理时的核心出发点。需要说明的是，具体到个案而言，可能存在数个争议焦点及与其相关的法律问题，所涉法律法规更是浩如烟海。鉴于篇幅所限，我们仅遴选其中一个（部分案件为多个）较易产生争议或引起关注的疑难法律问题进行重点研讨，以期明确案件取得胜利的关键亮点，充分深入聚焦焦点问题，增加法律分析研究的纵深度。此外，鉴于在代理案件时查找搜集的案例年代较为久远，为增强裁判案例对现时及今后案件的指导意义，本团队律师在撰写本书时重新查找收集了书籍成稿前较近时间的相关案例，同时对引用的参考文献及相关裁判文书进行了脚注说明，便于读者查阅。

五、案件复盘部分系对全案的高度概括性总结，旨在使读者对文章所述案例与相关法律问题有全面升华的认知与理解。其中，大多数案例附有对当事人未来面临类似问题时的相关建议，部分案例附有本团队律师承办案件时所总结出的参考性文本，以期有所助益。

CONTENTS **目录**

第一编　初出茅庐 2001~2004

第二编　循序渐进 2005~2006

第三编　日臻完善 2007～2009

第四编　精益求精 2010～2011

第五编　炉火纯青 2012～2014

第六编　艺无止境 2014 年至今

第一编

初出茅庐

2001~2004

本编收录的是本团队负责人袁华之律师执业初期提供法律服务的两则案例。出于执业初期广泛积累客户的需求，彼时本团队承办的业务类型较为广泛，包括但不限于非诉专项、常年法律顾问、自然人委托的咨询服务等。虽然当时在处理该等案件方面尚无成熟经验可循，但袁律师及团队成员通过不断摸索与不懈努力，仍使案件取得圆满的处理结果，其中绝大部分客户至今与本团队保持良好的合作关系。

1

购买房屋中途反悔，三轮谈判房款获退

[案件摘要]

本案系本团队负责人袁华之律师在 2001 年律师执业初期经一位业内前辈介绍而接到的第一起房地产类案件，案由系房屋买卖合同纠纷。购房者杨某拟购置某商业用房并与开发商签署了商品房买卖合同。合同约定的交房条件成就后，杨某由于资金周转问题而临时改变购房意向，其与开发商进行协商，希望解除合同并全额退还购房款。开发商明确拒绝了杨某的请求。

本案的难点在于杨某要求解除合同的请求并不满足法定或约定的条件。相反，所有证据均显示购房尾款已达到支付条件，杨某应对其拒不支付尾款的行为承担合同约定的违约责任，情况极其被动。袁律师对本案进行了细致的研究与深入的思考，在进行了两次现场踏勘后，终于找到了本案的突破口。在此基础上，袁律师与开发商进行了三轮谈判。最终，开发商迫于压力同意退房并全额退款。

[案情回放]

本案当事人杨某拟购置一套商业用房并与开发商签署了商品房买卖合同，合同签署后，杨某共计支付人民币 937 万元的部分购房款，剩余尾款已经达到付款条件，但尚未进行支付。在房屋已经满足合同约定的交房条件且开发商向杨某发出交房通知并开始计取物业费后，杨某由于资金周转问题而临时改变了购房意向，其与开发商进行协商，希望解除合同并全额退还购房款。开发商以己方不存在导致合同解除的违约情形为由拒绝了杨某的请求。并且要求杨某承担逾期未支付尾款的违约责任。为此，杨某咨询过其他律师，也咨询过当地法院的法官，得到的答复均不乐观，因为所有的证据均显示其违约。后来杨某走投无路，向本团队袁律师咨询。

袁律师打算试试看，开始对本案进行仔细研究。首先，袁律师对商品房买卖合同进行了梳理，并对杨某进行了询问，确实从目前证据看没有发现开发商存在违约责任，全部问题均指向杨某违约。既然从既有证据上无法发现问题，袁律师决定进行现场踏勘。第一次现场踏勘时，袁律师并未发现任何问题，表面上看房屋确实还不错，有些业主已经开始装修入住，事情令人一筹莫展。袁律师并未就此放弃，几天后，决定进行第二次现场踏勘，并且携带了皮尺用于采集数据。袁律师把室内室外各种数据采集完毕并制作了一张平面图。回到办公室，袁律师将平面图中载明的数据与当时施行的《建筑设计防火规范》(GBJ 16－87，现已废止)进行仔细对照。功夫不负有心人，袁律师终于发现房屋设计不符合消防设计规范。袁律师据此开启了与开发商的三轮谈判。第一轮谈判时，袁律师想初步试探一下开发商的反应，只是含蓄地表达了房屋消防设计存在问题，但是开发商法务部长肯定地表示房屋消防设计完全符合国家标准，态度非常强硬。袁律师见此情形于首轮谈判后立即准备了一套证明该房屋消防设计不符合规范的完整书面材料，并于第二轮谈判时，将该等材料递交开发商代表，并要求其两天内予以答复。该材料主要包括现场踏勘时制作的平面图、消防设计规范等。两天后并未收到开发商的任何答复，袁律师便前往该房屋所在地的消防部门，向工作人员说明该房屋消防设计不符合国家标准的情况并提供相应资料进行佐证，同时强调消防部门对该项目颁发消防许可证的行政行为是违法的。很快，开发商项目经理与袁律师取得了联系，主动要求进行谈判。开发商与杨某很快达成补充协议，约定开发商全额退还杨某已经支付的购房款，解除商品房买卖合同且双方互不追究违约责任。补充协议签订后，开发商按期退还了房款。

［**战略战术**］

本案客户杨某系在四处咨询无果、走投无路的情况下，抱着试试看的心理来咨询本团队袁律师。从合同及其他既有材料上来看确实死路一条，完全找不到对客户有利的任何证据。在该等窘境之下，如何摆脱不利状况、绝处逢生？

一、转换办案思路，积极寻找突破口，变被动为主动

在案件陷入僵局时，律师应当及时转换办案思路，不局限于现有的证据框架，跳出既定思维模式，积极寻找案件突破口，变被动为主动。本案中，鉴于通过案件材料梳理未发现对杨某有利的证据，袁律师决定进行现场踏勘，尝试从现场获取有利信息。为此，袁律师进行了两次现场踏勘，并使用皮尺对室内室外进行测量，根据测量数据制作平面图，并与消防设计规范进行逐项比对，终于发现了本案的突破口——消防设计存在问题。因此，通过现场踏勘寻找到案件突破口是本案取得胜利的关键。此后，现场踏勘也成为本团队承办案件（项目）的必经程序。

二、技巧性谈判

本案中，袁律师先后与开发商进行了三轮谈判，开发商的态度从强硬不退款、认为消防设计没有问题，逐渐变为同意退房退款，与杨某互不追究违约责任，其态度的转变与袁律师高超的谈判技巧密不可分。首轮谈判时，袁律师只是试探性地含蓄表达了房屋消防设计存在问题，并未出示我方掌握的证据材料，在给开发商缓冲、思考空间的同时，也为我方行动预留了余地，便于我方根据开发商的反应及时调整下一步的应对措施；由于开发商态度极其强硬，第二轮谈判时，袁律师便将整理好的一套完整的书面材料，包括现场踏勘时制作的平面图、消防设计规范等交给开发商，并限期答复，表达了我方坚定的立场与不妥协的态度，同时向开发商表明我方得出该房屋消防设计存在问题的结论系建立在翔实的调查研究及充分的证据佐证基础之上，并非无的放矢；在未得到开发商按期答复后，袁律师前往该房屋所在地的消防部门反映情况，通过消防部门向开发商施加压力。此后，开发商主动发起了第三轮谈判，双方迅速达成补充协议。袁律师在本案中所运用的逐次深入、正面碰撞与侧面施压相结合的谈判技巧，也是本案取得胜利的重要原因。

［**法案研判**］

本案之所以获得合同解除、房款获退的可喜结果，与袁律师擅于另辟蹊径的办案策略密不可分。正是因其发现杨某所购房屋的消防设计存在问题，通过积极与开发商谈判、向消防部门反映情况等途径向开发商施压，才迫使其最终同意杨某的解约要求。从本案不难看出房屋消防设计的重要性，下文将结合袁律师承办本案时所涉及的相关法律法规，归纳总结其主张房屋消防设计存在问题时的分析思路。此外，本团队律师还查询了相关裁判案例，以期研判当事人因房屋不符合建筑设计防火规范引致争议时法院对责任认定的裁判规则。

一、关于建筑设计防火的相关法律法规

本案中，经过现场踏勘，袁律师发现，由于开发商设立隔墙，使该区域没有直通室外的消防通道，违反了当时有效的《消防法》(1998 年生效，现已被修订)、《建筑设计防火规范》(GBJ 16－87，现已废止)的以下条款：

1.《消防法》第 10 条规定：“按照国家工程建筑消防技术标准需要进行消防设计的建筑工程，设计单位应当按照国家工程建筑消防技术标准进行设计，建设单位应当将建筑工程的消防设计图纸及有关资料报送公安消防机构审核；未经审核或者经审核不合格的，建设行政主管部门不得发给施工许可证，建设单位不得施工。

经公安消防机构审核的建筑工程消防设计需要变更的，应当报经原审核的公安消防机构核准;未经核准的,任何单位、个人不得变更。

按照国家工程建筑消防技术标准进行消防设计的建筑工程竣工时,必须经公安消防机构进行消防验收;未经验收或者经验收不合格的,不得投入使用。”

2.《建筑设计防火规范》第3.5.2条规定:“地下室、半地下室如用防火墙隔成几个防火分区时,每个防火分区可利用防火墙上通向相邻分区的防火门作为第二安全出口,但每个防火分区必须有一个直通室外的安全出口。”

3.《建筑设计防火规范》第5.3.6条规定:“地下室、半地下室有两个或两个以上防火分区时,每个防火分区可利用防火墙上一个通向相邻分区的防火门作为第二安全出口,但每个防火分区必须有一个直通室外的安全出口。”

该标准历经两次修订后,被2006年12月1日生效的《建设部关于发布国家标准〈建筑设计防火规范〉的公告》废止。自2018年10月1日起实施的新《建筑设计防火规范》(2018年版)(GB 50016—2014)相关内容如下:

1.《建筑设计防火规范》第5.4.11条规定:“设置商业服务网点的住宅建筑,其居住部分与商业服务网点之间应采用耐火极限不低于2.00h且无门、窗、洞口的防火隔墙和1.50h的不燃性楼板完全分隔,住宅部分和商业服务网点部分的安全出口和疏散楼梯应分别独立设置。

商业服务网点中每个分隔单元之间应采用耐火极限不低于2.00h且无门、窗、洞口的防火隔墙相互分隔,当每个分隔单元任一层建筑面积大于$200m^2$时,该层应设置2个安全出口或疏散门。每个分隔单元内的任一点至最近直通室外的出口的直线距离不应大于本规范表5.5.17中有关多层其他建筑位于袋形走道两侧或尽端的疏散门至最近安全出口的最大直线距离。”

2.《建筑设计防火规范》第5.5.5条规定:“除人员密集场所外,建筑面积不大于$500m^2$、使用人数不超过30人且埋深不大于10m的地下或半地下建筑(室),当需要设置2个安全出口时,其中一个安全出口可利用直通室外的金属竖向梯。

除歌舞娱乐放映游艺场所外,防火分区建筑面积不大于$200m^2$的地下或半地下设备间、防火分区建筑面积不大于$50m^2$且经常停留人数不超过15人的其他地下或半地下建筑(室),可设置1个安全出口或1部疏散楼梯。

除本规范另有规定外,建筑面积不大于$200m^2$的地下或半地下设备间、建筑面积不大于$50m^2$且经常停留人数不超过15人的其他地下或半地下房间,可设置1个疏散门。”

二、关于建筑设计防火的相关理论观点

为何本所律师能够以房屋不符合《消防法》《建筑设计防火规范》为由迫使先期占

据有利地位的开发商最终作出让步呢？

首先，开发商有义务按照合同约定、国家标准、行业标准等向购房者交付符合约定的房屋。本案中，杨某与开发商签订的《商品房买卖合同》第 8 条约定："出卖人应当……将具备下列第一种条件，并符合本合同约定的商品房交付买受人使用：1. 该商品房经验收合格……"该合同对交付商业用房的质量要求并不明确。根据《合同法》第 62 条"当事人就有关合同内容约定不明确，依照本法第六十一条的规定仍不能确定的，适用下列规定：（一）质量要求不明确的，按照国家标准、行业标准履行；没有国家标准、行业标准的，按照通常标准或者符合合同目的的特定标准履行"，以及第 107 条"当事人一方不履行合同义务或者履行合同义务不符合约定的，应当承担继续履行、采取补救措施或者赔偿损失等违约责任"的规定，建筑设计是否符合《建筑设计防火规范》等国家标准，对于当事人违约责任的认定通常会起到重要作用。

其次，消防验收备案是消防行政机关的具体行政行为，以消防相关国家标准、公共安全行业标准为依据。不符合相关国家标准的房屋不应通过消防验收备案。本案房屋在不符合当时有效的《建筑设计防火规范》等国家标准的前提下已进行消防验收备案，政府相关部门具体行政行为不合法，购房人作为行政相关人，可以通过举报投诉、行政复议、行政诉讼等合法手段，维护自身合法利益。

三、关于建筑设计防火的相关裁判观点

本文检索了与《建筑设计防火规范》相关的案例，法院通常将建筑设计是否符合《建筑设计防火规范》等国家标准，作为认定当事人责任的重要理由。

例如，在四川中再生资源开发有限公司（以下简称中再生公司）、内江中再生物业管理有限公司财产损害赔偿纠纷一案①中，四川省高级人民法院认为："该公司与各业主签订买卖合同补充协议，约定厂房结构为轻钢结构，标砖墙加单层彩板围护墙厂房；建筑防火等级为二级；生产类别为戊类（戊类：常温下使用或加工非燃烧物质的生产）。其中厂房结构为轻钢结构，标砖墙加单层彩板围护墙厂房的内容，不符合国家标准《建筑设计防火规范》（GB 50016—2006）关于厂房（仓库）耐火等级为二级的，其构件的燃烧性能和耐火极限不应低于以下规定，防火墙、承重墙、非承重墙、房间隔墙等为不燃烧体的规定。厂房生产类别为戊类，亦与该市场内大部分业主均系加工生产废旧塑料等易燃物质的客观经营情况不符。因此，中再生公司在设计、规划、报建该市场时，对业主的生产经营的项目安全责任风险评估不足，造成该市场内存在安全隐患。"四川省高级人民法院将建筑设计不符合国家标准作为理由之一判定建设单位对

① 详见（2018）川民再 83 号民事判决书。

火灾的发生及火灾扩大造成的损失负有过错，应承担赔偿责任。

再如，在杨美志、曾修明与四川东安房地产开发有限公司（以下简称东安公司）商品房预售合同纠纷一案①中，四川省高级人民法院认为："关于东安公司是否应该安装钢质楼梯栏杆的问题。根据《商品房买卖合同》的约定，案涉房屋应设置钢制楼梯栏杆，东安公司在具体施工过程中却将钢制楼梯栏杆变更为封闭墙体。再审过程中，东安公司称，因原设计不符合高层民用住宅防火设计标准，其应消防部门要求整改才将钢质栏杆的设计变更为防火隔墙。经查，本案住宅房屋超过18层，属高层民用建筑，根据《高层民用建筑设计防火规范》（GB 50045－95）6.1.1'高层建筑每个防火分区的安全出口不应少于两个'和6.1.2'塔式高层建筑，两座疏散楼梯宜独立设置，当确有困难时，可设置剪刀楼梯，并应符合下列规定：6.1.2.1 剪刀楼梯间应为防烟楼梯间；6.1.2.2 剪刀楼梯的梯段之间，应设置耐火极限不低于1.00h的不燃烧体墙分隔'的规定，双方当事人约定设置钢质楼梯栏杆使每层楼的上下楼梯段之间不能进行消防隔离，每个防火分区的安全出口实质上归于一个，不符合该国家标准关于高层民用建筑的防火要求。东安公司按国家标准对楼梯间进行整改并作设计变更的做法，符合相关规范性文件的要求。但东安公司的变更行为毕竟违反了双方的约定，其应在整改前或整改完成后将相关情况通报购房者，但直至购房者入住才发现楼梯间的变更情况，故东安公司的该履约行为存在瑕疵。申请再审人关于对楼梯间进行重新施工的请求，不符合国家关于高层民用建筑防火标准的要求。二审虽是基于利益衡量原则对该诉讼请求未予支持，但处理结果并无不当。"四川省高级人民法院认为，建设单位按国家标准对楼梯间进行整改并作设计变更，由于符合国家标准，因此除未通知购房者存在履约行为瑕疵外，并无不妥，购房者要求按照商品房预售合同按原设计重新施工不被支持。

［案件复盘］

本案办理过程中，本团队袁律师凭借着深入的思考、细致的现场踏勘、精湛的谈判技巧为客户争取到了全额退款。本案办结后，本团队律师深入思考并总结了在签订商品房买卖合同时买卖双方应注意的主要问题：

一、购房者应注意的问题

（一）查验商品房是否符合销售条件

1. 商品房销售的条件

《商品房销售管理办法》第3条规定："商品房销售包括商品房现售和商品房预售。"

---

① 详见（2014）川民提字第169号民事判决书。

《城市房地产管理法》第 45 条规定："商品房预售，应当符合下列条件：（一）已交付全部土地使用权出让金，取得土地使用权证书；（二）持有建设工程规划许可证；（三）按提供预售的商品房计算，投入开发建设的资金达到工程建设总投资的百分之二十五以上，并已经确定施工进度和竣工交付日期；（四）向县级以上人民政府房产管理部门办理预售登记，取得商品房预售许可证明。商品房预售人应当按照国家有关规定将预售合同报县级以上人民政府房产管理部门和土地管理部门登记备案。商品房预售所得款项，必须用于有关的工程建设。"

《商品房销售管理办法》第 7 条规定："商品房现售，应当符合以下条件：（一）现售商品房的房地产开发企业应当具有企业法人营业执照和房地产开发企业资质证书；（二）取得土地使用权证书或者使用土地的批准文件；（三）持有建设工程规划许可证和施工许可证；（四）已通过竣工验收；（五）拆迁安置已经落实；（六）供水、供电、供热、燃气、通讯等配套基础设施具备交付使用条件，其他配套基础设施和公共设施具备交付使用条件或者已确定施工进度和交付日期；（七）物业管理方案已经落实。"

购房者在购买商品房时，应事先明确商品房的销售方式为预售还是现售，并对应上述相关规定重点审查该商品房是否满足销售条件。

2. 查验"五证"

查验商品房是否符合销售条件以及商品房开发建设环节是否存在其他违法违规行为的重要环节是查验"五证"。房地产项目必须五证齐全才能保证购房者在付款入住之后可以拿到房屋产权证书，故而"五证"核验是购房审查过程中的重要一环。"五证"包括国有土地使用证、建设用地规划许可证、建设工程规划许可证、建筑工程施工许可证、商品房预售许可证。

3. 开发商未取得商品房预售许可证明时与购房者签订的房屋预售合同效力问题

这里引申出一个问题，开发商未取得商品房预售许可证明时与购房者签订的房屋预售合同效力问题。

《最高人民法院关于审理商品房买卖合同纠纷案件适用法律若干问题的解释》（以下简称《商品房买卖合同司法解释》）第 2 条规定："出卖人未取得商品房预售许可证明，与买受人订立的商品房预售合同，应当认定无效，但是在起诉前取得商品房预售许可证明的，可以认定有效。"

因此，开发商未取得商品房预售许可证明时签订商品房预售合同无效，但是，如果在购房者向法院起诉之前，开发商取得了商品房预售许可证明，也可以认定预售合同有效。

（二）审阅合同文本

1. 审阅商品房买卖合同是否为示范文本

购房者在签约前，应审阅开发商使用的合同文本是否为住房城乡建设部和工商总局联合制定的《商品房买卖合同示范文本》，若否，应提出疑问并特别注意合同条款的内容。由于目前网签制度的普及与规范，开发商对网签备案合同主要条款进行实质性调整的空间较小，开发商一般会通过合同附件、补充协议等形式约定可能不利于购房者的条款，故购房者应事先对合同附件及补充协议的内容进行重点审查，并就无法接受的条款与开发商进行协商。开发商基于其商业利益上的考量，存在对部分条款予以让步的可能性。

2. 明确房屋面积

因房屋面积与购房者的权利义务息息相关，且房屋面积误差比关系到购房者退房权利的行使与开发商违约责任的承担，故购房者在签订合同时，应与开发商明确约定商品房的建筑面积、套内建筑面积、共有分摊建筑面积及面积误差比的具体数额。具体规定依据为《商品房销售管理办法》第 20 条："按套内建筑面积或者建筑面积计价的，当事人应当在合同中载明合同约定面积与产权登记面积发生误差的处理方式。合同未作约定的，按以下原则处理：（一）面积误差比绝对值在 3% 以内（含 3%）的，据实结算房价款；（二）面积误差比绝对值超出 3% 时，买受人有权退房。买受人退房的，房地产开发企业应当在买受人提出退房之日起 30 日内将买受人已付房价款退还给买受人，同时支付已付房价款利息。买受人不退房的，产权登记面积大于合同约定面积时，面积误差比在 3% 以内（含 3%）部分的房价款由买受人补足；超出 3% 部分的房价款由房地产开发企业承担，产权归买受人。产权登记面积小于合同约定面积时，面积误差比绝对值在 3% 以内（含 3%）部分的房价款由房地产开发企业返还买受人；绝对值超出 3% 部分的房价款由房地产开发企业双倍返还买受人。"

购房者应根据选择的计价方式，对建筑面积的误差比进行限定，并约定相关的违约责任，以维护己方的合法权益。

商品房买卖合同除主合同外，还包含五个附件，即房屋平面图，公共部位与公用房屋分摊建筑面积构成说明，装饰、设备标准，合同补充协议，以及住宅质量保证书。房屋平面图应标明每一个房间具体的尺寸以及墙体的宽度、阳台的大小、空调机位等具体的设备位置。如果上述内容不明确，则房屋平面图无法起到准确的指示作用，对开发商没有明确的约束。各附件均应使用准确的数字和具体的描述来表示其内容，而不应该使用抽象的词语。

3. 交房条件、期限

合同约定交房的条件，一定要明确经过哪步验收，因为验收分为单体验收、综合验收、竣工验收备案、消防验收等，区别很大。比如单体验收后，整个小区的其他房屋可能仍然处于建设状态，相关配套设施不完备，可能给购房者的居住与出行带来不便。而且房屋一旦交付，相关物业管理费用以及毁损灭失的风险就转由购房者承担，故建议购房者结合己方需求对交房条件与期限进行重点审查。

开发商对逾期交房常常推脱责任，因此在签约时购房者应注意对逾期交房违约责任的约定，防止开发商利用合同将不合理的逾期交房理由合理化。

4. 贷款

购房者贷款买房时一定要注意合同中对无法贷款时如何处理的约定。部分情况下，开发商因急于促成签约，会答应帮助购房者贷款，但合同中并没有关于购房者贷款无法获批时可以解除合同的约定，而是约定若因为购房者信誉等自身问题导致无法贷款，则购房者须一次性付清房款。建议购房者先自行查询个人信用，或者在合同中明确约定若无法贷款可以无责解除合同。

5. 广告、口头承诺

购房者在签订合同时应注意对开发商售楼书、广告、样板房、口头承诺的事项进行核实，这些事项应当在合同中以书面形式进行确定，通过合同对开发商进行约束，对购房者权益进行保护。

（三）备案、登记

1. 办理登记备案手续不是预售合同生效的条件，但合同另有约定的除外

《商品房买卖合同司法解释》第6条规定："当事人以商品房预售合同未按照法律、行政法规规定办理登记备案手续为由，请求确认合同无效的，不予支持。当事人约定以办理登记备案手续为商品房预售合同生效条件的，从其约定，但当事人一方已经履行主要义务，对方接受的除外。"

因此，虽然法律规定签订商品房预售合同后，应当进行登记备案，但是若当事人以未办理登记备案手续为由要求确认商品房预售合同无效，法院不予支持，因为办理登记备案手续并不是商品房预售合同生效的条件。但是，如果商品房预售合同将办理备案手续约定为合同生效条件，则应以合同约定为准。购房者应当关注合同生效条款，避免开发商以未办理备案手续为由主张合同未生效。

2. 不动产登记是对物权的确认与保护

不动产登记是对物权的确认与保护，购房者应要求开发商配合尽快办理不动产登记。

《商品房买卖合同司法解释》第18条规定:"由于出卖人的原因,买受人在下列期限届满未能取得房屋权属证书的,除当事人有特殊约定外,出卖人应当承担违约责任:(一)商品房买卖合同约定的办理房屋所有权登记的期限;(二)商品房买卖合同的标的物为尚未建成房屋的,自房屋交付使用之日起90日;(三)商品房买卖合同的标的物为已竣工房屋的,自合同订立之日起90日。合同没有约定违约金或者损失数额难以确定的,可以按照已付购房款总额,参照中国人民银行规定的金融机构计收逾期贷款利息的标准计算。"

上述条文规定了开发商逾期办理不动产登记应承担的责任。由于开发商原因,导致购房者在一定期限无法取得房屋权属证书的,购房者可以要求开发商承担违约责任。为了更好地维护购房者权益,在签订合同时,购房者应当注意将办理房屋权属证书的期限约定明确,以防开发商恶意拖延登记时间。

(四)权利瑕疵与负担

购房者在签订购房合同前,一定要查明所购房屋是否存在抵押、出租等权利瑕疵与负担:若房产已设定抵押,那么抵押权人未来很有可能要求实现抵押权,购房者不仅不能顺利办理房屋权属证书,反而极有可能陷入纠纷;若房产已对外出租,则承租人享有同等条件下的优先购买权,且即使承租人放弃优先购买权,根据"买卖不破租赁"原则,购房者购得房屋后仍需继续履行原有租赁合同,会直接影响购房者对该房屋的正常使用。

二、开发商应注意的问题

(一)规范售前广告行为

开发商在售楼书或广告中夸大宣传的现象屡见不鲜,因夸大宣传与购房者产生纠纷时,开发商常常以广告宣传不是合同的一部分和"解释权归开发商"为由试图逃避责任。

依据《商品房买卖合同司法解释》第3条规定:"商品房的销售广告和宣传资料为要约邀请,但是出卖人就商品房开发规划范围内的房屋及相关设施所作的说明和允诺具体确定,并对商品房买卖合同的订立以及房屋价格的确定有重大影响的,应当视为要约。该说明和允诺即使未载入商品房买卖合同,亦应当视为合同内容,当事人违反的,应当承担违约责任。"

因此,同时符合以下两个条件的销售广告和宣传资料可视为要约:一是就商品房开发规划范围内的房屋及相关设施所作的说明和允诺具体确定;二是该说明和允诺对商品房买卖合同的订立和房屋价格的确定有重大影响。如果同时符合这两个条件,即使该广告宣传未写入商品房买卖合同中,也应视为合同内容。开发商交付的房屋及相关设施若不符合广告宣传中的具体确定的说明和允诺,应承担违约责任。

另外,《广告法》《房地产广告发布规定》也对开发商的广告行为作了进一步的规范和约束:“房地产广告,房源信息应当真实,面积应当表明为建筑面积或者套内建筑面积,并不得含有下列内容:(一)升值或者投资回报的承诺;(二)以项目到达某一具体参照物的所需时间表示项目位置;(三)违反国家有关价格管理的规定;(四)对规划或者建设中的交通、商业、文化教育设施以及其他市政条件作误导宣传。”

因此,开发商应当谨慎地发布售前广告,如果广告中有违反相关规定的情形,则面临着向购房者承担违约责任以及向有关部门承担相应行政责任的双重风险。

(二)谨慎约定合同条款

1. 贷款

购房者在购买商品房时,通过按揭贷款支付房款的方式较为常见,按揭贷款既解决了购房者没有充足资金的问题,又为银行提供了长期稳定的利润,但是银行通常要求开发商与其签订保证合同,对购房者贷款承担连带保证责任。

这对开发商而言是一个较大的风险,因为若购房者停止偿还贷款,银行一般不会直接起诉购房者,而是直接从开发商的保证金账户划扣资金为购房者还贷。之后开发商为了维权只能另行起诉购房者进行追偿,但此时购房者往往下落不明或资不抵债,开发商的权利难以得到保护。

为避免此类风险,建议开发商在商品房买卖合同中作如下约定:

(1)在开发商为购房者贷款作担保的情况下,应约定购房者不偿还贷款时开发商有权解除合同。合同解除后,购房者应返还房屋,开发商扣除代偿款及其他费用后将房款返还购房者,购房者协助办理该房屋网签备案注销或权属变更手续。

(2)在签订贷款保证合同时,约定在房屋具备设置抵押的条件后或已设置抵押后,免除开发商的保证责任,如此一来,在银行已享有抵押权时,开发商能够及时免除保证责任。

2. 装修

开发商在销售精装修房屋时,为避免因购房者对装修质量、材质、品牌、风格的不同品味和要求而产生纠纷,建议与购房者签订《委托装修协议》,对装修材料(如装修材料的品牌、规格、型号等)、装修行为(特别是需要砸墙、垒墙、封窗、改门等可能改变房屋结构或朝向的行为)作出详细、明确的约定。如此便明确了开发商的装修行为系在接受购房者明确委托的前提下进行,购房者作为委托人,应自行承担开发商在其委托授权范围内进行装修所引致的一切法律后果,避免购房者因对装修效果不满意、装修后房屋与规划或户型图不符而拒绝收房的风险。

近年来，一些新政策（如限购、限贷）的出台导致商品房买卖中出现新的纠纷，具体分析及买卖双方注意事项参见本书第 14 篇文章：《情势变更不可抗力，正确适用维护权益》。

2

尽调清单精益求精,预先防范交易陷阱

［案件摘要］

本团队虽为国内领先的争议解决专业团队,但亦十分注重非诉客户的积累与维护。本团队多年来越来越深刻地体会到,非诉业务与诉讼业务相辅相成、不可偏废,优质高效的非诉、诉讼服务才能够全方位提升本团队律师的专业水平。

本案是本团队律师承接的第一个房地产尽调项目,也是第一个非诉项目。2001年11月,A公司欲在某房地产开发商新开发的楼盘购买几套房产,由于房产标的额较大,A公司想在购买前委托律师对目标房产进行尽调,并针对目标房产是否存在瑕疵,瑕疵是否会影响房屋的质量或权属状态等问题出具法律意见。接受A公司委托后,本团队律师认真负责地完成了对目标房产的尽职调查工作,在尽调中发现了可能影响交易的问题,并运用专业知识为A公司分析问题、制订解决方案,最终A公司顺利购买目标房产。A公司对尽调结果及解决方案十分满意,而且本团队律师的非诉法律服务水平得到了客户的认可,为今后非诉业务工作开展奠定了坚实的基础。

［案情回放］

2001年11月,A公司想要为其员工购买房产作为工作奖励回报,于是委托本团队律师对目标房产进行尽职调查并制作尽调报告,发现目标房产可能存在的法律风险,并制订解决方案。

本团队律师对目标房产的开发商、工程施工承包商、监理单位等相关主体的资质,目标房产所在地块的《国有土地使用证》、《建设用地规划许可证》、《建设工程规划许可证》、《建筑工程施工许可证》、《商品房销售(预售)许可证》、竣工验收手续等文件一一进行核查尽调。由于本案发生的时间较早,当时土地管理法、建设工程相关法律法规还不够完善,各地的政策也各不相同,仅靠"纸上功夫"不足以达到委托人的期望。本团队律师结合专业知识和实务经验,赴目标房产所在地进行实地考察,并赴相关部门查询收集尽调所需资料。虽然尽调过程较为曲折,但本团队律师还是圆满地完成了对目标房产的尽调,并对目标房产部分证照存在瑕疵等问题进行法律分析,为A公司制订解决方案,促使房产交易顺利进行。

[战略战术]

一、制作清单,使工作流程化、清单化

本团队律师一直坚持工作流程化、清单化,因此本团队律师在承接本项业务后第一件事就是制作工作清单。清单是工作底稿的重要组成部分,不仅是律师工作内容的体现,也会使律师日后尽调工作更加高效。

因为本案是本团队律师第一次接触房地产项目尽调业务,所以本团队律师在了解A公司的需求后,积极向有经验的律师请教,并制作工作清单,及时地反馈给A公司。A公司对工作清单所反映出的本团队律师勤勉尽责的工作态度与优质高效的服务成果高度认可。

二、调查交易对手相关资质,对目标房产质量作基础判断

本团队律师对目标房产的房地产开发商进行了调查。房地产开发商的资质以及其品牌对目标房产的质量初步判断有着相当重要的影响。虽然房地产开发企业资质不能直接决定目标房产质量,但资质是让委托人判断目标房产是否值得购买的基础。如果房地产开发商资质过低可能会导致委托人放弃购买目标房产。根据原建设部于2000年3月发布的《房地产开发企业资质管理规定》,房地产开发企业资质按照企业条件分为一、二、三、四等4个资质等级。经过本团队律师初步了解并到住建部门①查询,目标房产的开发商资质为一级,这至少表明该房地产开发商从事房地产经营时间长,已建成的房地产质量合格率已连续5年以上达100%,公司拥有大量专业人员等前提条件。本团队律师还到工商行政管理部门调取房地产开发商以及工程施工承包商、监理单位的工商档案。与此同时,本团队律师还通过对规划部门、住建部门、国土部门等部门的访谈,了解目标房产的房地产开发商、工程施工承包商、监理单位是否存在因开发房屋质量等问题引致行政处罚或产生纠纷的情形。

本团队律师通过上述方式,查询到目标房产的房地产开发商信誉良好、开发楼盘的工程质量合格,自成立以来不存在因建设工程质量问题引致行政处罚或相关诉讼纠

① 住建部门在本项目尽调时名称为“中华人民共和国建设部”,各地政府职能部门名称为“××建设委员会”。后于2008年3月15日,根据十一届全国人大一次会议通过的国务院机构改革方案,“建设部”改为“住房和城乡建设部”,简称“住建部”,各地政府职能部门名称变更为“×××住房和城乡建设委员会”。

纷的情形。

三、实地勘查，“伪装”顾客获取更多目标房产信息

A公司在委托本团队律师对目标房产尽调时一直强调要秘密调查，不能惊动房地产开发商，以免对日后的交易带来不利影响。因此，本团队律师在赴目标房产售楼处实地勘查时，借口自己要购买房屋向工作人员询问目标房产的相关信息。

本团队律师告诉工作人员要购买一套房产，并提出想要查看目标房产的相关资质证书。工作人员通过观察本团队律师言行及着装认为我们拥有购买目标房产的经济实力，便带我们去办公室查阅相关材料。由于本案发生的时间较早，当时的手机并不具备照相功能，于是本团队律师与工作人员协商能否将证件进行复印，工作人员请示领导后拒绝了本团队律师的要求。但本团队律师并未就此放弃，而是一直坚持与工作人员沟通，晓之以理，动之以情，后来工作人员被我们坚持不懈的精神所打动，最终同意我们用纸笔记录相关信息。因此，本团队律师通过用纸笔记下目标房产建设项目的“五证”及开发商、工程施工承包商和监理单位信息的方式，为后续的尽职调查打下了基础。

四、随机应变与政府机关沟通

本团队律师在获得目标房产的相关资料后，立刻去相关部门逐一进行查询、核实。本案发生时，政府的信息公开工作还不到位。本团队律师去查询有关信息时也是到处碰壁，但本团队律师利用多年与政府部门打交道的经验，最终查阅到尽调所需的材料。

本团队律师第一个走访的是国土部门。因为在“五证”中，最重要的两证就是国有土地使用权证和商品房预售许可证，而国有土地使用权证是由国土部门颁发。本团队律师持律师事务所开具的调查信等相关文件前往国土部门查证时，遭到了工作人员的拒绝。工作人员提出从未遇到律师因房地产尽调问题来政府机关查档的情形，而且也没有法律法规规定公民有在政府机关查询档案的权利，所以拒绝。本团队律师提出相关法律法规中并未禁止公民在政府机关查阅档案，况且本团队律师有单位开具的介绍信，并且是代表委托人来查看目标房产国有土地使用权证，事关委托人是否能购买到合法合规的房屋，与委托人的合法权益息息相关。同时，本团队律师明确表示，如果国土部门拒绝本团队律师查阅相关资料，若日后委托人购买房屋时因未能查阅到国土部门相关资料而导致购买了缺陷房屋，本团队律师将对国土部门提起行政诉讼。国土部门工作人员请示相关领导后，决定向本团队律师公开目标公司有关资料。在查阅资料过程中，发现目标房产的土地证为临时土地使用证。国土部门告知我们房地产开发商于两天前已将土地出让金交清，近期国土部门会向房地产开发商颁发正式国有土地使用权证。本团队律师本打算将国土部门的访谈内容记录下来由其签字确认，但遭到拒绝。不过，本团队律师还是保留了访谈底稿，以证明自己的尽调工作过程。

在规划部门查阅资料相对比较容易，因为规划部门的材料通常都会向公众公开，因此本团队律师很快将相关规划许可证的尽调工作完成，并向规划部门求证目标房产所在建设项目是否存在超规划行为，房地产开发商是否曾受到规划部门的行政处罚问题。经过访谈得知目标房产不存在上述问题。

走访住建部门之初也遇到一点阻碍，但当本团队律师表明自己是受委托人委托对目标房产进行尽职调查后，住建部门便积极配合本团队律师的尽调工作开展。本团队律师很快查证了相关施工许可证信息以及建设项目施工过程中是否存在违法行为。

最后走访的政府部门是房管局，经查询，房管局已向房地产开发商颁发了商品房预售许可证。

通过上述走访得到的信息都为本团队律师在撰写尽调报告时提供了重要的事实依据。

五、如实撰写尽调报告，做到所有的结论性文字都有法律和事实依据

尽调报告是反映律师尽职调查工作的成果，律师在做完前期的尽调工作后，应该迅速开始撰写尽调报告。首先，本团队律师对尽调报告的整体框架进行反复修改，在根据房地产尽调的工作顺序、逻辑顺序、内容重要性进行排序后，确定了尽调报告的章节排版。

其次，尽调报告中的表述都要求十分精准，并且要符合法律法规规定。这不仅要求律师前期对尽调对象的事实部分调查仔细，还要求律师结合事实和法律，依据尽调过程中反映出的风险问题作出包含提示与建议等事项在内的结论性表述。因此，律师必须进行审慎和适当的调查和分析，才能作出客观、全面的尽职调查报告，这样才能为委托人作出正确决策提供有力参考。

最后，尽调报告的形式也十分重要。本团队律师非常关注细节，要求格式整齐、编号规范、用字用词准确。本案中，本团队律师在保证高质量的前提下，按时完成尽调报告呈递给 A 公司。

需要特别说明的是，律师仅根据收集的资料所反映的情况进行相关法律风险提示与分析，并不对收集资料所载信息本身的真实性承担责任，且不对与法律知识无关的财务数据等发表专业意见，该等注意事项应作为对报告使用人的提示明确体现在尽调报告中，以规避律师的执业风险。当然，律师在尽调报告中也应当告知报告使用人尽调报告的使用范围。律师应注意阐明委托方及授权的相关单位应在限定范围内使用律师尽职调查报告，若超出限定范围使用的，则律师不承担责任。

［**法案研判**］

非诉业务是指律师接受公民、法人或者其他组织的委托，在委托人授权范围内为当事人处理不与法院、仲裁委员会发生关联的法律事务，与诉讼业务相对应。作为非诉业务的重要工作之一，尽职调查亦称“审慎调查”，一般是指在非诉业务中律师对目标公司或目标资产相关事项进行的专业调查。在股权收购项目中，调查事项主要包括目标公司的工商登记信息、历史沿革、治理结构、对外投资、重大合同、资产负债、经营财务、劳动用工、诉讼/仲裁等情况以及面临的机会与潜在的风险；在资产收购项目中，则主要涉及对目标资产的权属状态等进行的一系列调查。以不动产收购项目的尽职调查为例，调查事项主要包括项目基本情况、立项审批手续、土地取得情况、项目建设情况、权属证照情况以及抵押查封情况等。律师进行尽职调查的目的主要是审核并确定被调查对象所提供相关资料的真实性、准确性和完整性；协助委托人更加充分地了解被调查对象的相关事实状况和法律状态；发现和分析被调查对象的法律风险和问题，以及问题的性质和风险的程度；使委托人尽可能地发现被调查对象及交易事项的全部情况，从而使委托方能够及时有效地作出判断，规避相关风险并在此基础上作出商业决策。下文将结合本团队律师多年来在房地产项目尽职调查过程中积累的相关经验，梳理房地产项目尽职调查常见的相关法律法规以及需重点关注的问题，同时一并附上本团队律师总结整理的房地产并购项目尽调清单。

一、房地产项目尽职调查中常见的相关法律法规

目前，关于房地产项目尽职调查中常见的现行有效的相关法律法规主要包括：

1.《城市房地产管理法》第 13 条规定：“土地使用权出让，可以采取拍卖、招标或者双方协议的方式。商业、旅游、娱乐和豪华住宅用地，有条件的，必须采取拍卖、招标方式；没有条件，不能采取拍卖、招标方式的，可以采取双方协议的方式。采取双方协议方式出让土地使用权的出让金不得低于按国家规定所确定的最低价。”

2.《城市房地产管理法》第 15 条规定：“土地使用权出让合同由市、县人民政府土地管理部门与土地使用者签订。”

3.《城市房地产管理法》第 16 条规定：“土地使用者必须按照出让合同约定，支付土地使用权出让金；未按照出让合同约定支付土地使用权出让金的，土地管理部门有权解除合同，并可以请求违约赔偿。”

4.《城市房地产管理法》第 61 条规定：“以出让或者划拨方式取得土地使用权，应当向县级以上地方人民政府土地管理部门申请登记，经县级以上地方人民政府土地管理部门核实，由同级人民政府颁发土地使用权证书。在依法取得的房地产开发用地上建成房屋的，应当凭土地使用权证书向县级以上地方人民政府房产管理部门申请登记，由县级以上地方人民政府房产管理部门核实并颁发房屋所有权证书。”

5.《最高人民法院关于审理涉及国有土地使用权合同纠纷案件适用法律问题的解释》（以下简称《土地使用权合同司法解释》）第2条规定：“开发区管理委员会作为出让方与受让方订立的土地使用权出让合同，应当认定无效。本解释实施前，开发区管理委员会作为出让方与受让方订立的土地使用权出让合同，起诉前经市、县人民政府土地管理部门追认的，可以认定合同有效。”

6.《城镇国有土地使用权出让和转让暂行条例》第13条规定：“土地使用权出让可以采取下列方式：（一）协议；（二）招标；（三）拍卖。依照前款规定方式出让土地使用权的具体程序和步骤，由省、自治区、直辖市人民政府规定。”

7.《物权法》第141条规定：“建设用地使用权人应当依照法律规定以及合同约定支付出让金等费用。”

8.《物权法》第182条规定：“以建筑物抵押的，该建筑物占用范围内的建设用地使用权一并抵押。以建设用地使用权抵押的，该土地上的建筑物一并抵押。抵押人未依照前款规定一并抵押的，未抵押的财产视为一并抵押。”

9.《担保法》第55条第1款规定：“城市房地产抵押合同签订后，土地上新增的房屋不属于抵押物。需要拍卖该抵押的房地产时，可以依法将该土地上新增的房屋与抵押物一同拍卖，但对拍卖新增房屋所得，抵押权人无权优先受偿。”

除上述规定外，房地产项目尽职调查中涉及较多的法律法规还主要包括：《合同法》、《公司法》、《城乡规划法》、《招标投标法》、《土地管理法》、《招标拍卖挂牌出让国有建设用地使用权规定》、《房地产开发企业资质管理规定》、《建筑业企业资质管理规定》、《建筑法》、《建筑工程施工许可管理办法》、《最高人民法院关于审理建设工程施工合同纠纷案件适用法律问题的解释》（以下简称《建设工程施工合同司法解释（一）》）、《最高人民法院关于审理建设工程施工合同纠纷案件适用法律问题的解释（二）》（以下简称《建设工程施工合同司法解释（二）》）、《商品房买卖合同司法解释》、《闲置土地处置办法》、《建筑工程施工转包违法分包等违法行为认定查处管理办法》、《建设工程质量管理条例》、《房屋建筑工程质量保修办法》等。

由于房地产项目尽职调查所涉法律法规体量庞大，因篇幅所限，本团队律师在此无法一一列举具体规定，仅对通常使用频率较高的法律法规名称进行简单罗列，以期对读者有所助益。

二、房地产尽职调查中常见需重点关注的问题

在房地产非诉业务领域中，无论是股权并购还是资产并购，抑或是单纯的债权关系，均不可避免地需要对于房地产项目本身进行尽职调查。律师对于房地产项目的尽职调查启动,一般均会从尽职调查清单开始。清单的完备性以及准确性,实际上也反映了律师对项目的准备和重视程度,甚至可以反映出律师对房地产行业的熟悉程度。

本团队律师在房地产非诉业务领域有丰富的经验,并将项目经验归纳总结出一套清单化的工作流程,以下是本团队律师总结房地产非诉业务的侧重点:

房地产建设的前提就是取得目标土地的土地使用权。本团队律师会提供清单要求目标公司提供相应的国有土地使用权出让合同、土地出让金和土地契税纳税的缴纳凭证、国有土地使用权证(房地产权证)等材料。

1. 国有土地使用权出让合同

(1)出让主体。

在土地使用权出让合同审查中,需要关注土地出让主体是否适格。根据《城市房地产管理法》第 15 条规定,出让合同中出让方应当是市、县级政府的土地管理部门。

然而在实践中,可能存在由开发区管委会等非法定的主体签订出让合同的情形。根据《土地使用权合同司法解释》第 2 条规定,如果遇到此类情形,律师应重视并要求提供土地管理部门对出让合同予以追认的相关证明材料,否则该国有土地出让合同存在被认定无效的风险。

(2)取得出让土地的方式。

根据《城市房地产管理法》第 13 条规定以及《城镇国有土地使用权出让和转让暂行条例》第 13 条规定可看出,出让土地是否必须经过招拍挂程序需要根据当地省级政府具体规定。本团队律师倾向于认为依法应进行招拍挂程序,但通过协议出让方式取得土地使用权的,该出让合同存在因属于《合同法》第 52 条“恶意串通,损害国家、集体或者第三人利益”的情形而被认定无效的可能性。因此,律师应当在尽职调查前了解目标房产所在当地土地出让政策,并按照规定要求目标公司提供取得土地使用权的相关程序文件。

(3)土地出让金缴纳情况。

土地出让金是受让人取得土地应当支付的对价。根据《城市房地产管理法》第 16 条规定,土地使用者应按照合同约定的期限及时支付土地出让金,否则土地管理部门有权解除合同,并可以请求违约赔偿。律师在对土地使用权进行尽调时应该要求目标公司提供其支付土地出让金的缴款凭证,若未按照出让合同约定支付出让金,出让合同存在被解除的可能性,同时公司还面临着支付赔偿违约金的风险。

(4)国有土地使用权证。

根据《城市房地产管理法》第 61 条及《物权法》等法律法规规定,国有土地使用权的受让人在签订国有土地使用权出让合同并且依法缴纳了土地出让金后方可申领国有土地使用权证。然而,在实践中亦不乏存在未缴足出让金而实际取得了国有土地使用权证的案例。具体到律师的尽职调查工作而言,律师不应当仅凭借目标公司取得了国有土地使用权证的事实而直接得出土地出让金已经缴足的结论,而仍然应当核查土地出让金的缴纳凭证,否则将存在收购完成后被要求补缴土地出让金及相应滞纳金、违约金,甚至被收回土地使用权的风险。

(5)土地交付确认书。

很多律师都会在房地产尽职调查工作中忽略审查土地交付确认书。一般在国有土地使用权出让合同中会约定土地的交付标准,而衡量是否达到交付标准的一项指标便是土地交付确认书。故尽职调查过程中应当在有条件的情况下核查土地交付确认书中所列的交付状况与国有土地使用权出让合同中的交付标准是否一致。

(6)土地权利是否完整。

律师在房地产尽调过程中应该对项目土地是否存在权利负担进行调查。因为我国对房产与土地的态度是遵循"房地一体"原则。根据《物权法》第182条等规定以及实务中通常的做法,若在房产建成后,开发商以房产所占用的建设用地使用权作为抵押资产的,房产和其所占建设用地使用权一并抵押处理;若在房产建成之前,开发商以建设用地使用权作为抵押资产,债权人主张抵押权时,根据"房地一体"原则,建设用地使用权与地上房产一并处理,但债权人仅对建设用地使用权的处置价款享有优先受偿权。

2. 建设工程应注意的要点

(1)招标投标合规性问题。

《招标投标法》第3条规定:"在中华人民共和国境内进行下列工程建设项目包括项目的勘察、设计、施工、监理以及与工程建设有关的重要设备、材料等的采购,必须进行招标:(一)大型基础设施、公用事业等关系社会公共利益、公众安全的项目;(二)全部或者部分使用国有资金投资或者国家融资的项目;(三)使用国际组织或者外国政府贷款、援助资金的项目。"根据之前的《工程建设项目招标范围和规模标准规定》(目前已废止),商品住宅因属于"关系社会公共利益、公众安全的公用事业项目"而必须招标。但2018年6月施行的《必须招标的工程项目规定》与《必须招标的基础设施和公用事业项目范围规定》废止了前述规定。也就是说,如果开发商并非国有企业,使用的也并非国有资金,则开发商有权自主决定其开发建设的商品住宅项目的发包方式(如是否进行招标等),一旦其选定招标方式,仍将受到《招标投标法》及其实施条例的约束,否则仍面临着被行政处罚甚至中标无效的风险。

律师在尽调过程中需要结合现行有效的规定,重点审查资金来源与金额大小以确定房地产项目是否属于法定必须招标的项目,并在业主选定了招标发包的方式时,核查招标流程是否符合《招标投标法》及其实施条例的相关规定。

(2)挂靠、转包与违法分包。

在尽职调查过程中也经常会遇到拟收购的项目存在挂靠、转包、违法分包等情形。挂靠、转包、违法分包问题的发生与我国推行的建设工程企业资质管理制度是密切相关的,我国将建筑施工企业分为三类,即工程施工总承包企业、建筑施工承包企业、建筑专项分包企业,每类施工均在其专业领域进行资质分级。根据《建筑法》第 26 条的规定,承包建筑工程的单位应当持有依法取得的资质证书,并在其资质等级许可的业务范围内承揽工程,禁止以任何形式用其他建筑施工企业的名义承揽工程。实践中便出现了各种无资质或资质等级不够的企业为了承揽建设项目,变相通过挂靠、内部承包等形式来获得建设工程施工合同签约资格,从而分享工程款利益的乱象。

《建筑工程施工转包违法分包等违法行为认定查处管理办法》中的规定值得在尽职调查中借鉴。该办法对何为挂靠、转包与违法分包行为均进行了明确清晰的界定。需要特别说明的是,虽然挂靠、转包、违法分包合同会被认定为无效,但对于合同无效后工程价款的结算与支付原则,最高人民法院颁布的《建设工程施工合同司法解释(一)》规定以建设工程是否验收合格作为支付工程价款的前提。如验收合格的,可参照施工合同约定支付工程价款。如建设工程经竣工验收不合格的,按照以下情形分别处理:①修复后的建设工程经竣工验收合格,由承包人承担修复费用;②经修复后仍不合格的,则不支持承包人的价款支付请求。

(3)工程质量保修问题。

建设工程质量保修,是施工单位在房屋竣工验收后的保修期内对于工程质量缺陷而向发包人承担的修复义务。有关质量保修期的起算问题,根据《建设工程质量管理条例》《房屋建筑工程质量保修办法》的相关规定,建设工程保修责任应自竣工验收之日起算。另外,原建设部关于商品住宅的保修有一个特别规定,《商品住宅实行住宅质量保证书和住宅使用说明书制度的规定》中将住宅保修期规定为开发企业将竣工验收的住宅交付用户使用之日。

从上述规定可以看出:首先,建设工程的保修是施工方向发包方承担的保修责任,而商品住宅保修则是开发商向购房人所承担。其次,建设工程的保修是自竣工验收之日起算,而商品住宅的保修自交付之日起算。因此,虽然实践中开发商通常会让施工单位来实际进行保修工作,但两者之间存在一定的时间差。综上所述,律师如果在收购房地产项目的尽职调查中发现项目存在较为明显的质量问题的,可以在房产转让合同中约定由转让方承担该质量瑕疵的保修责任。

三、房地产并购项目尽调清单

非诉业务中律师前期尽调工作不仅能为委托人发现目标公司的实际情况，还能帮助委托人发现“陷阱”，为委托人在后期交易结构文件协商中赢得谈判“筹码”。本团队律师在从事房地产并购项目的尽调工作中，总结了一套较为完整的尽调清单，为以后类似的工作提供了清单化、流程化的模板，节省了大量的工作时间，提高了团队的工作效率。现将本团队房地产并购项目中的一类尽调清单列示如表1：[①]

表1　房地产并购项目尽调清单

A. 组织文件					
请提供下列文件及信息：			已提供	待提供	不适用
1.	公司设立与历史沿革的文件				
	1.1	请提供由公司注册地主管工商行政管理局调取的公司所有工商登记注册档案（打印并骑缝加盖“工商档案查询专用章”），该等文件应包括历次工商变更的相关法律文件，包括但不限于变更前后的营业执照、公司章程、验资报告、资产评估报告、公告、相关的各种决议、协议、上级主管部门的批准或批复等。本项资料请提供盖章的原件			
	以下部分，如需提交的文件和上述1.1的文件有重复，则请标明在1.1中已提供，无须重复提供：				
	1.2	公司发生过增资，请提供增资前后公司注册资本、股权结构的变化情况资料，包括公司关于增资的董事会、股东会决议，认购增资的投资人基本情况、增资认购协议（SPA）、修订的公司章程、验资报告、工商变更登记			
	1.3	公司发生过减资，请提供按法律规定编制的资产负债表、财产清单、向债权人发送的通知、减资公告等文件			
	1.4	请提供公司的组织机构代码证、税务登记证（国税和地税，包括公司分支机构的国税和地税登记证）、国有资产产权登记证、外商投资企业批准证书、外汇登记证、外债登记证、财政登记证等登记、许可、备案文件			
	1.5	请提供公司目前股权结构图，应包括公司的各股东直至实际控制人名称及其持股比例以及公司的各级控股、参股子公司及持股比例			
	1.6	请提供公司的组织结构图及机构设置图、各职能部门设置和职责			

① 清单所列内容有待根据具体项目的不同需求进行调整。

续表

B. 业务概况				
请提供下列文件及信息：		已提供	待提供	不适用
1.	请说明公司及其分公司目前从事的经营事项和业务种类，并提供公司从事之经营事项所需要的全部政府登记、注册、许可、备案文件，包括但不限于各项行政许可证书相关的资质证书/备案文件			
2.	请提供公司主要业务经营所涉及的重大法律、法规、地方性法规、地方政府规章、政策和通知的清单，并说明是否存在可能对公司主要业务有重大影响的法律、法规和政策的变化			
C. 公司股东及实际控制人				
请提供下列文件及信息：		已提供	待提供	不适用
1.	请提供公司股东名单并在该名单上注明股东各自的出资额、持股数量、持股比例和股份性质。同时，请说明公司现时/历史上实际股东持股情况与工商登记情况是否一致，如不一致，请说明原因			
2.	请说明持有公司股权或权益超过 5% 的股东在公司、公司的下属公司及孙公司中是否持有股权以及持有股权的百分比			
3.	请说明股东之间的关联关系以及一致行动情况及相关协议			
4.	请说明与公司股权有关的任何质押等权利限制的详情，并提供相关文件（包括但不限于股权质押的股东会及/或董事会决议、股权质押协议、记载股权质押情况的公司章程及/或股东名册、股权质押登记备案文件等）。请说明公司股东持有之本公司股权是否存在权属争议的详情，并提供相关文件			
5.	请说明公司股东以非货币出资后有关的财产权（如土地、房产、知识产权、股权等）是否依法转移的详情并提供相应的文件，如公司股东以土地使用权、房产出资，土地使用权证、房产权证的所有权人是否已变更为公司，并提供相应变更后的土地使用权证、房产权证			
6.	公司是否有内部职工股、工会持股、职工持股会持股、信托持股或类似的职工持股情况，如有，请提供详细的历史及现状说明，并提供所有相关文件，包括但不限于员工明细及持股情况、认股/持股协议、职工持股会在民政部门登记文件、上级部门审批文件、募股文件、缴款证明及验资报告、历次转让文件、历次托管证明文件等			
7	公司股东是否有以任何形式直接或间接代持股/信托/股权委托的情形，如有，请提供有关代持股/信托/托管情况的简要说明（主要说明代持股/信托/托管的发生原因、各方为代持股/信托/托管签署的协议或文件及其履行状况）及相关证明文件			
8.	实际控制人为自然人的，请提供实际控制人的身份证明文件，如居民身份证、护照等			

续表

D. 对外投资				
请提供下列文件及信息:		已提供	待提供	不适用
1.	请提供公司所有对外投资企业(含全资、控股和参股企业)的股权结构图和清单(请注明每家公司的准确名称、注册地址、注册资本、股权比例及经营范围,包括历年1月1日至今注销的对外投资企业)			
2	请提供公司当初投资入股的文件(包括但不限于公司的内部决策文件、标的公司的内部决策文件、增资协议/股权转让协议、标的公司工商变更文件)			
3.	请提供公司所有参股企业的工商档案(原件)			
4.	请提供公司委托他人对公司的控股、参股企业代为持股的文件或他人委托公司代为持股的文件(如有)			
5.	请说明公司目前持有的其他公司股权上是否设置了质押等他项权利。如有,请提供相应文件,包括股权质押合同及质押登记文件			
6.	请提供公司签署或拟签署的任何合资、合作、联营以及承诺对外投资的文件			
E. 物业文件				
请提供下列文件及信息:		已提供	待提供	不适用
1.	请提供公司使用或拥有的土地及房屋汇总表			
2.	土地			
	(a)国家授权经营土地:国土资源管理部门对授权经营及土地处置方案的批准文件。 (b)划拨土地:国土资源管理部门的划拨文件、划拨土地使用权证。 (c)出让土地:国有土地使用权出让合同,国有土地使用权证,土地出让金支付收据;如公司已签订土地出让合同,但尚未取得《国有土地使用权证》的,请提供相应的招拍挂文件(如通过招拍挂受让土地使用权)、土地出让合同、出让金缴纳凭证(如国有土地出让金专用收据等)。 (d)从第三方(第三方已经取得国有土地使用权证)通过转让方式取得:第三方与国土资源管理部门签订的国有土地出让合同,国有土地使用权转让合同,国有土地使用权证,土地转让价款支付证明。 (e)如公司有承租或出租土地,请提供相应的法律文件,具体包括土地使用权租赁协议(包括公司承租以及出租土地);土地使用权证;或出租方有权出租的证明(土地使用权人授权出租方出租土地的授权书等);土地租赁备案登记文件。 (f)以其他方式取得的土地的证明及其相关文件。 (g)对于未能提供土地使用权证的土地,烦请提供情况说明			

续表

3.		房产			
		(a)已建设完成并取得产权证的物业:房产权证(或房地产权证)。 (b)自建但未建设完成的物业:国有土地使用权证、建设用地规划许可证、审定设计方案通知书、建设工程规划许可证、建设工程施工许可证。 (c)从第三方受让的物业:房产权证(或房地产权证)。如还未取得房产权证(或房地产权证)的,请提供第三方房产权证(或房地产权证)、购买合同、房屋价款支付证明,未办理产权证原因的说明。 (d)请说明公司目前是否存在出租或承租房产的情形,具体包括:房产租赁合同(包括公司出租、承租房产);房屋产权证书;或出租方有权出租的证明(房屋所有权人授权出租方出租房产的授权书等);房屋租赁备案文件;如果实际租用房产而无法提供(或不具备)上述文件,请说明原因。 (e)以其他方式取得的任何房产的产权证明及其相关文件。 (f)对于未能取得产权证的房屋,请公司提供情况说明			
4.		其他			
		(a)影响公司拥有或租赁的房地产的使用、出售、租赁或转让的限制,合约及承诺的详细清单及协议,包括但不限于抵押协议以及登记文件。 (b)政府有关房地产使用、抵押、租赁等有关的批文及登记文件。 (c)土地使用税、土地使用费、土地增值税、契税、印花税的缴纳证明。 (d)国家及地方土地管理部门对土地处置方案的批复(如适用)			
5.		在建工程			
	5.1	在建工程的清单,清单内容包括建设单位、地址、承建单位、建筑面积、计划投资金额(万元)、已投资金额(万元)、目前进展状况、项目相关批文,竣工和销售日期、融资、承包商、分包商、代理商、供应商和参与开发的其他任何一方及房地产开发的业务合作伙伴的资料(包括合资企业、合伙企业或其他合作形式等)			
	5.2	若企业拥有在建工程,请说明在建工程的建设和完工情况,请根据工程进度提供: (1)立项批复(发展和改革委员会关于固定资产投资、技术改造项目/外商投资项目的核准文件)。 (2)《建设用地规划许可证》(含附件、红线图)。 (3)《建设工程规划许可证》(含附件、红线图)。 (4)《建设工程开工证》或《建设工程施工许可证》。 (5)工程竣工验收证明,包括但不限于规划验收批复、消防验收批复、环保竣工验收批复、人防工程验收批复以及竣工验收备案证明(如有)。 (6)政府环境保护部门作出的环境影响评价报告书的立项、批复及相关文件。 (7)消防部门作出的消防设计审核意见书。			

续表

		(8)工程承包合同及重大建筑设备采购及安装合同。 (9)如在工程建设中存在违反法律而被政府机关处罚或警告的情形，请提供有关行政处罚或警告文件以及企业缴纳罚款的凭证(如有)			
6.	担保情况				
	6.1	土地、房产抵押清单，该清单内容包括：抵押权人、债务金额、所对应的担保协议及主债务合同的编号、位置、土地面积或房屋建筑面积，账面原值、净值			
	6.2	请提供上述抵押土地、房产的抵押担保协议、抵押登记文件、主债务合同			
F. 项目信息					
请提供下列文件及信息：			已提供	待提供	不适用
1.	有关土地使用权的文件				
	1.1	政府部门对该土地利用的总体规划，包括规划用途			
	1.2	与土地招拍挂有关的所有文件，包括公告及其他对竞买人的要求(如有)			
	1.3	土地利用要求，包括该主体建筑物的性质、附属建筑物的性质及平面布局、建筑密度、容积率、建筑物层数、高度、建筑间距、建筑退后要求、停车场的大小、停车场建设要求、绿化比率、建筑体型、色彩与周围环境的协调、主体建筑的装饰要求、建筑场地平整标高、出入口方位、基础设施完成年限、建筑项目完成年限等			
	1.4	国有土地使用权出让合同			
	1.5	《国有土地使用权证》			
	1.6	缴付土地使用权出让金的发票、证明			
	1.7	土地管理部门出具的有关土地使用权出让金支付情况的证明			
	1.8	土地及项目现状的描述文件，包括交通、场地平整、上下水、污水、电、燃气、热力、电信、邮政、被拆迁人情况；环保、人防、消防、交通管理、文物、园林、安全、环卫等部门的要求或审查意见；与市政、公用、供电、电信等部门落实的上下水、电、热、燃气、电信源头供应等市政公用设施配套方案			
	1.9	任何第三方对该项目土地及房产的评估文件或类似成交价格文件			
	1.10	上述土地的抵押情况或其他性质的他项权益			
	1.11	上述土地的查封情况，包括任何非正式迹象表明该土地可能被政府部门征收			

续表

2.	有关项目建设情况的文件				
	2.1	规划意见书			
	2.2	审定设计方案通知书			
	2.3	规划部门对各阶段设计的批复			
	2.4	建设用地规划许可证			
	2.5	建设工程规划许可证			
	2.6	与项目土地原使用权人的补偿协议			
	2.7	拆迁协议			
	2.8	拆迁情况及目的调查资料			
	2.9	房屋拆迁许可证			
	2.10	建筑工程施工许可证			
	2.11	上述工程项目的抵押情况或其他性质的他项权益（包括是否欠付工程款情况）			
	2.12	上述工程的查封情况			
	2.13	该项目的商品房预售许可证			
	2.14	该项目的商品房销售的情况表或销售情况说明，应至少包括已销售的楼层、面积、销售价格、付款方式、购买的客户等			
	2.15	该项目的进度报告			
	2.16	项目的发展方案（包括各楼层的功能定位、租售方案、地上地下车位数量等）			
	2.17	建设工程竣工验收备案表及相关方出具的竣工报告			
	2.18	相关部门（包括但不限于公安消防、环保部门）出具的竣工认可文件或验收意见书			
	2.19	房屋所有权证			
	2.20	如果房产是从开发商处购买，请提供购买房产相关的所有文件（包括但不限于商品房预售合同/购房合同、开发商的预售许可证、完税凭证、房产的抵押情况/其他性质的他项权益、查封情况等）			
	2.21	房产/工程的保险凭证（包括但不限于保单、保费支付证明）			

续表

G. 资产文件(除物业)					
请提供下列文件及信息:			已提供	待提供	不适用
1.	公司及其子公司、联营公司的无形资产(除土地使用权外)				
	1.1	知识产权			
		(a)公司持有或拥有的全部专利(发明、实用新型和外观设计)、商标、服务标识、商号、专有技术、标志、域名、软件著作权(包括对前述内容的申请)的汇总表			
		(b)请说明公司拥有的专利(包括专利申请权)、商标、专有技术及其展期情况的详情,并提供有关注册证书;如有正在申请的专利,则还请提供《专利申请受理通知书》及相关文件;如有已经受理的商标申请,则还请提供相关的商标申请受理文件			
		(c)公司与第三方订立的有关专利(包括专利申请权)、商标、专有技术、域名的转让、许可协议(公司作为转让方或受让方、许可方或被许可方)及有关登记注册证明			
		(d)现存或潜在的有关公司所有或第三方所有的专利、商标、商誉、专有技术、域名或其他知识产权的争议或纠纷			
		(e)请提供公司所有因特网地址列表(包括通用网址)以及对应的域名注册证书。如无注册证书,则请提供信息技术公司与域名注册服务机构签订的、正在履行的协议及最近一期运行费用的支付凭证(如有)			
		(f)请说明公司拥有的专利、商标、计算机软件著作权等知识产权之上是否设定了任何质押担保或其他权利负担。如有,请提供相关担保协议、主债权合同以及相关登记备案文件			
2.	主要固定资产(除物业外)				
	2.1	公司拥有或租用的重要资产明细表			
	2.2	未决和拟进行的重大资本项目及资本支出的投入的简要说明			
	2.3	主要生产设备(指账面原值在人民币100万元以上的设备,或其他对公司经营影响较大的设备)			
		主要设备清单			
	2.4	抵押担保情况			
		公司的主要设备之上是否设定了任何抵押担保			
		如设定了抵押担保,请提供抵押担保协议、抵押登记文件、主债务合同			
3.	公司拥有的所有不动产产权证或其他产权证				
4.	公司的其他重要资产				

续表

5.	公司的固定资产台账				
H. 开发经营					
请提供下列文件及信息：			已提供	待提供	不适用
1.	经营许可				
	1.1	公司目前从任何产业或行业委员会、其他政府部门或监管部门或任何管辖地的行业协会获得的许可证批文和证书			
2.	重大合同				
	2.1	请提供公司与任何一方达成的已经生效，正在履行但尚未履行完毕的： (1)重大合同的清单，包括合同对方名称、金额、合同有效期等； (2)提供合同文本			
	2.2	请提供所有不竞争协议和其他以公司为合同一方的可能限制其未来经营活动的协议			
	2.3	公司与其子公司、股东及股东下属企业签署的任何协议			
	2.4	请提供公司与其他方签署的或实际履行的资产（产权、企业）代管协议，以及相应的批准文件、代管安排和代管权限等文件			
I. 财务资料					
请提供下列文件及信息：			已提供	待提供	不适用
1.	财务报表				
	1.1	会计记录			
		公司、其内部的审计师、法律顾问或其他人员起草的关于重要会计事宜的任何报告			
		公司历年1月1日至今经过审计的季度和年度综合财务报表（损益表、资产负债表、现金流报表及其注释）；自上次审计以来各个季度的财务报表			
		公司本年度的预算方案或报告。预算和预测程序的详细情况，以及过去这些程序是否被证明是可靠的			
		公司请说明所有为防范某种风险情况而设立的准备金			
		公司应收账款和应付账款的分析。债务人和债权人监控体系的详细情况			
		说明历年1月1日至今未付的债务占当期当期债务的比例。任何到期未付大额债务的详细情况			

续表

2.	借款资料				
	2.1	公司的借贷情况清单,包括贷款人、借贷合同编号、借款金额、期限、利率以及担保及抵押情况等文件,包括银行的授信协议,按揭合同和质押协议			
	2.2	人民币及外汇借款合同及相应的担保合同			
	2.3	融资租赁合同,如是国际融资租赁,还需提供相应的外债登记证(如有)			
	2.4	人民银行出具的《征信报告》			
3.	借款等债务担保资料				
	3.1	公司是否以公司信誉和/或资产为公司股东、股东的附属公司和/或个人债务提供担保(包括但不限于保证担保、抵押担保和质押担保等);如有,请提供借款合同、协议、有关担保协议和/或其他有关文件			
	3.2	和银行签署的合作销售协议、销售款管理协议、资金监管协议			
J. 关联交易					
请提供下列文件及信息:			已提供	待提供	不适用
1.	关联交易				
	1.1	请提供公司关联方清单,内容包括关联方名称、关联关系、关联股东在公司中所占的比例并请提交关联方最新的营业执照复印件等资料			
	1.2	公司与公司的主要投资者个人、关键管理人员、核心技术人员或与前述人员关系密切的人士控制的其他企业之间是否存在关联交易;如有,请提供有关说明及与交易有关的包括协议或合同在内的一切文件,并对该等协议或合同是否还会续签作出说明			
	1.3	公司与关联企业之间发生的重大关联交易,请提供有关说明及与交易有关的协议或合同等一切文件			
	1.4	历年1月1日至今公司关于是否存在资金被控股股东、实际控制人及其控制的其他企业占用情况的说明及相关资料			
2.	同业竞争				
	2.1	请说明公司与关联方之间是否存在同业竞争。如存在,请说明同业竞争的性质及内容等			
K. 税务财政					
请提供下列文件及信息:			已提供	待提供	不适用
1.	税种和税率				
	1.1	公司及其控股子公司目前所执行的税种、税率一览表			

续表

	1.2	公司及其控股子公司的国税、地税登记证			
	1.3	公司取得的与减免税或退税优惠政策有关的文件，及任何关于公司的特殊税收待遇的法律规定或政策文件			
2.	完税凭证				
	2.1	任何有关公司重大税务纠纷的文件及信函，包括正在进行的税务纠纷的清单及有关收入报告、文件和信函			
	2.2	公司所收到的有关欠缴税款的文件、通知及采取的解决方法			
	2.3	缴纳所有相关税收（包括但不限于所得税、营业税、房地产税）的证明			
	2.4	公司在税务方面受到任何行政处罚的相关文件（如有）			
3.	财政补贴				
	3.1	请说明从历年1月1日至今政府有关部门是否给予公司任何优惠贷款条件或其他财务支持（如财政补贴、先征后返等），并请提供相关批准文件以及目前是否具备享受该优惠的所有证明文件等			

L. 保险				
请提供下列文件及信息：		已提供	待提供	不适用
1.	公司财产保险的汇总表，包括但不限于第三者责任险、一般责任保险、财产保险、火灾、失窃和意外损失保险等所有保险（社会保障基本保险除外）			
2.	任何较大的保险理赔的说明			
3.	产品责任保险范围的说明			

M. 诉讼、仲裁及行政处罚等文件				
请提供下列文件及信息：		已提供	待提供	不适用
1.	公司正在进行的诉讼或仲裁和其他法律程序和公司所知道的任何有可能在未来引起诉讼、仲裁、行政处罚或其他法律程序（包括行政、监管或司法程序、政府调查或审查）并对公司有重大不利影响的事实或潜在的争议的说明			
2.	涉及公司员工且尚未处理完毕的工伤、意外、交通事故的情况说明及证明文件			
3.	公司或其董事、高管人员或大股东作为其中一个诉讼方或可能作为被告方的诉讼或官司的批复、将会生效的判决、裁决、裁定及禁令和任何重要的调解、和解协议或函件的副本			
4.	关于任何公司及其子公司、联营公司作为其中一方的仲裁程序的所有文件			

续表

N. 劳动人事				
请提供下列文件及信息：		已提供	待提供	不适用
1.	职工情况说明，包括职工总数等，并区分正式员工和临时工的人数			
2.	现有的员工社会保险、住房公积金、期权、奖金、退休金、利润分享雇员储蓄金计划、养老金计划、医疗保健计划等福利或其他类似计划的文件			
3.	与职工签订的劳动合同协议、顾问协议、专业或管理工作协议和任何集体劳资交涉协议。并提供所有相关方的合同，以及任何劳资问题和劳资关系的说明（如主要条款为标准条款，请提供样本）			
4	请提供公司经年检的社会保险登记证及社保缴费凭证			
5	请提供公司社保主管部门出具的关于本辖区内已开征的社会保险险种、公司历年1月1日至今社会保险缴费情况、是否存在欠缴保费、是否受到过社保主管机关处罚等情况的说明。本项资料应加盖社保主管机关的公章，并请提供盖章原件			

［**案件复盘**］

尽管本案是本团队律师第一次承接房地产尽调业务，但本团队律师依然表现出房地产项目非诉专业律师的素质，认真负责地完成尽调工作，并协助A公司顺利购买到目标房产。A公司对本团队律师的尽职调查工作十分满意。本案也为本团队律师后期承接非诉项目提供了宝贵的经验。

本团队律师在工作中一直强调流程化、清单化工作，因此，在之后的非诉尽调工作中，不断累积经验完善团队内部的尽调清单、工作流程清单等，以期为客户提供满意的非诉服务。

第二编

循序渐进

2005~2006

本编收录的案例以建设工程类诉讼、仲裁案件为主。本团队律师在总结归纳先前案件代理经验的基础上承办本编所述案件，并且顺利取得对我方当事人有利的结果。自该阶段起，本团队已基本确立以争议解决案件为主、非诉案件为辅的法律服务领域。且本团队并未止步于此，而是积极进行反思和回顾，通过集思广益总结有待改进之处，以期在未来更进一步。

3

商业特许模式多变，谨慎防控合同风险

［**案件摘要**］

本案系一起关于特许经营模式选择与合同设计的非诉案件，本团队律师接受北京红黄蓝儿童教育科技发展有限公司（以下简称红黄蓝公司）的委托为其提供常年法律服务。在接受代理时本团队袁华之律师根据多年的企业管理经验发现，该公司的特许经营体系混乱，特许经营合同存在诸多漏洞与瑕疵。故在原合同的基础上，袁华之律师对该公司的特许经营体系和合同内容进行了全面改造，并向红黄蓝公司提出了经营模式选择上的建议，助力红黄蓝公司建立一套完备的商业特许经营体系。红黄蓝公司此后一直沿用本团队律师为其起草的特许经营合同模板，成功规避了商业特许经营模式下可能产生的重大法律风险。2017 年 9 月 27 日，红黄蓝公司在美国纽约证券交易所挂牌上市，成为中国第一家独立上市的学前教育企业。

［**案情回放**］

红黄蓝公司成立于 1998 年，在中国 300 多个城市，拥有 1300 多家亲子园和近 500 家高品质幼儿园。2002 年 10 月 25 日，红黄蓝公司与本团队律师签订常年法律服务合同。签约后，红黄蓝公司委托本团队律师承办的第一件法律事务并非解决某个具体争议，而是为公司中层以上员工培训特许经营知识。接到任务后，本团队律师立即展开了对红黄蓝公司经营体系的一系列研究工作。当时的红黄蓝公司同时开展单店特许、区域开发特许、代理特许和二级特许四种模式的经营，因盲目扩张造成经营体系混乱，且特许经营合同的设计存在重大漏洞，部分条款甚至关键条款关于权利义务约定不明确，可执行性不强。本团队律师经过调查研究向红黄蓝公司提出建议：（1）建议红黄蓝公司仅采用单店特许模式，对加盟商进行垂直管理，统一企业经营政策，避免出现红黄蓝公司特许经营体系的内部竞争；（2）建议对特许经营合同进行全面改造，细化督导权的内容形式、增加禁止不正当竞争的相关条款；（3）在合同中明确禁止加盟商在商标注册时使用红黄蓝公司名称字样。

随后，红黄蓝公司与青岛地区区域特许加盟商张某发生了重大争议，印证了本团队律师的担忧并非杞人忧天。2001年12月19日，红黄蓝公司与张某签订《特许经营协议书》，其中约定：红黄蓝公司将本公司对婴幼儿家庭教育、儿童早期教育等方面的经营模式特许于张某，张某支付相应的费用，特许经营的区域为山东省青岛市市南区域。在合同履行的过程中，红黄蓝公司发现张某擅自将红黄蓝公司授予其的特许经营权体系授权第三方使用，未经红黄蓝公司允许擅自发展加盟商，并将红黄蓝公司的"亲子园教材"擅自复印后交给其发展的加盟商。该等加盟商的不规范经营严重影响了红黄蓝公司的利益，损害了品牌形象。本团队律师在调查后发现，红黄蓝公司与张某签订的合同文本系区域开发特许的合同文本，该合同一方面排除了红黄蓝公司在同区域再开设单店的权利，同时也允许张某在同区域进行二级特许。正如本团队律师所述，区域特许经营模式是本次问题的最大祸端。

该事件发生后，青岛市区又接二连三地出现了红黄蓝公司特许经营内部的恶性竞争现象，多个加盟商之间打价格战，对红黄蓝公司的品牌造成了极其恶劣的影响。

红黄蓝公司意识到本团队律师建议的重要性，此后便根据本团队律师的提示，倾力打造完备的特许经营合同体系，以防范类似重大法律风险的产生。红黄蓝公司对本团队律师未雨绸缪的工作态度与炉火纯青的专业水平表示高度认可。本团队律师在此后担任常年顾问的过程中根据市场变迁情况不断为红黄蓝公司更新与调整特许经营合同内容，红黄蓝公司也一直沿用本团队律师建议的经营模式和起草的合同文本，在营业收入稳步提升的同时，也极少与加盟商方面出现争议。

［**战略战术**］

由于市场上大部分幼儿早教机构对特许经营模式的特征和风险并不熟悉，在经营体系的选择与设计上也常常与自身发展情况并不匹配，红黄蓝公司在特许经营的运作实践中出现了大量问题，对机构的持续经营能力和品牌竞争力都造成了极大损害。在此种情况下，特许人如何维护自己的合法权益？本文将深入解析商业特许经营在模式选择和合同设计中的诸多疑点，以期有所助益。

一、选择单店特许模式，强化特许人对加盟商的垂直管理

本团队律师在接受红黄蓝公司的委托后，前后召开三次团队会议对红黄蓝公司的公司治理、日常经营进行风险点的研究探讨，尤其在红黄蓝公司的特许经营体系上，更是进行了大量的调研论证。由于红黄蓝公司正处在商业扩张期，其同时开展了单店特许、区域开发特许、代理特许和二级特许四种模式的经营，但因各地的加盟商素质不一，经营管理模式混乱，对品牌声誉造成了不好的影响。部分区域的加盟商甚至形成了区域独占，对红黄蓝公司形成压迫。单店是特许经营的基本经营单位，也是整个特许经营体系的窗口。作为特许人直接面向客户的一线阵地，单店的成败决定了特许经营体系的成败。成熟的单店发展模式是特许人考察是否采用其他三种特许经营模式的思维前提，虽然单店模式发展速度慢、投入成本大，但却能够有效保证特许人的产品质量与品牌形象，为商业扩张打好基础。故本团队律师建议红黄蓝公司在品牌基础尚不牢固的扩张早期，只采用单店特许模式，收回其在外区域加盟商、区域代理商的特许经营权。这样一方面可对加盟商形成垂直管理，加强质量控制；另一方面也可防控加盟商形成区域独占，保护总部利益。

二、找出合同风险点，对约定不明的内容进行设计补充

特许经营合同一般由总部制定，被特许人可根据自身需要，对某些条款进行补充说明。根据《商业特许经营管理条例》，特许经营合同内容主要包含以下几方面：(1)特许人、被特许人的基本情况；(2)商业特许经营的内容、期限；(3)商业特许经营费用的种类、金额及支付方式；(4)经营指导、技术支持以及业务培训等服务的具体内容和提供方式；(5)产品或者服务的质量、标准要求和保证措施；(6)产品或者服务的促销与广告宣传；(7)特许经营中的消费者权益保护和赔偿责任的承担；(8)特许经营合同的变更、解除和终止；(9)违约责任；(10)争议的解决方式；(11)特许人与被特许人约定的其他事项。在分析红黄蓝公司过往签订的特许经营合同时，本团队律师发现，红黄蓝公司的合同文本存在巨大风险，有几处风险点甚至是致命的。

（一）被特许人的签约主体与实际经营主体不一致

本团队律师发现，在部分特许经营合同中存在被特许主体与实际经营主体不一致的问题，加盟商以自己的名义作为被特许人签订合同，为规避风险往往选择成立一家项目公司参与实际运营。针对以上及其他相关情形，本团队律师建议：(1)加盟商以自然人身份签约，随后设立公司经营的，该公司成立后应当出具承诺书，表明继承加盟商所有的权利义务，且签约自然人应承诺与公司承担连带责任；(2)如签约人为一家公司，实际经营人为另一家公司，则该实际经营主体应出具承诺书，承诺对特许经营合同中加盟商的义务承担担保义务；(3)为避免加盟商签约主体任意注销，在特许经营合同中应当约定，未经红黄蓝公司书面同意，加盟商的主体身份不能变更。同时，红黄蓝公司应在签约时将所有加盟商的主体证明妥善存档。

（二）督导权条款约定不明导致可操作性不强

在特许经营的商业模型中，品牌形象是考察一个特许品牌是否能够持续发展的核心因素。因此特许人往往通过在合同中对加盟商提出严格的监督和控制条款来保证产品质量。通常来说，越具体明确的监督控制条款会使特许人对加盟商的质量控制操作性越强。然而在红黄蓝公司的特许经营合同文本中,本团队律师发现,红黄蓝公司在对加盟商的督导权部分只有寥寥几句,可操作性不强。在此基础上,团队律师对督导权的具体内容和形式进行了细化,明确红黄蓝公司督导的范围,包括但不限于加盟商的办园状况、教育教学情况、管理方法、服务质量等,以及督导的形式,包括但不限于检查或复印行政会议记录、通知、公告文件等。

(三)未约定反不正当竞争条款

在特许经营关系终止后,经常发生原加盟商将原加盟店进行一定程度的改头换面后继续经营的情况,很容易使消费者产生混淆,误认该门店属于特许体系内的门店。为避免此情况,本团队律师在合同中添加了禁止不正当竞争的相关条款,要求加盟商在合同履行期间或在合同终止后的10年之内,均不得在任何地区以投资、参股、合作或其他任何方式加入与红黄蓝公司相同或相似的教育项目。

三、明确加盟商在注册登记名称时不得使用红黄蓝公司名称字样

商业特许经营合同终止后,被特许人继续使用商业特许经营资源损害特许人利益的行为较为普遍。从理论上说当特许人的合同权利被侵害时可通过违约之诉或侵权之诉的方式择一救济,但在司法实践中,由于特许经营合同当事人法律观念的欠缺,待其发现权利被侵害时,早已超诉讼时效,此时再追究被特许人的违约责任已无可能。虽然特许人仍可追究被特许人的侵权法律责任,但因侵权之诉的证明标准很高,特许人在证据存留不完备的情况下,需要付出更大的诉讼成本。为避免该等情况,最好的应对策略就是防患于未然。故本团队向红黄蓝公司建议:在合同中明确加盟商在注册登记名称时不得使用红黄蓝公司名称字样。

[**法案研判**]

特许经营是现代企业的一种管理技术和组织方式,幼儿早期教育特许经营,更是一种全新的早期教育市场运作模式。这种商业模式对广泛吸收社会资金投入教育、优化早教市场资源配置起到了积极有效的促进作用,发展潜力不可忽视。本团队律师在为红黄蓝公司设计特许经营合同时对特许经营的内容体系进行了较为详细的梳理,现将梳理成果展示如下:

一、关于特许经营的相关法律法规

特许经营主要包括商业特许经营以及基础设施和公用事业特许经营。前者受《商业特许经营管理条例》约束,后者受《基础设施和公用事业特许经营管理办法》规范。本文中所称特许经营均指商业特许经营。因篇幅所限,此处仅摘录《商业特许经营管理条例》中对商业特许经营定义的相关条文。目前,《商业特许经营管理条例》中关于商业特许经营的现行有效的相关法律法规主要包括：

《商业特许经营管理条例》第3条规定："本条例所称商业特许经营(以下简称特许经营)，是指拥有注册商标、企业标志、专利、专有技术等经营资源的企业(以下称特许人)，以合同形式将其拥有的经营资源许可其他经营者(以下称被特许人)使用，被特许人按照合同约定在统一的经营模式下开展经营，并向特许人支付特许经营费用的经营活动。企业以外的其他单位和个人不得作为特许人从事特许经营活动。"

根据上述规定，商业特许经营代表特许人与被特许人之间的一种契约关系，商业特许经营行为包括以下主要特征：(1)特许人对商号、商标、服务标志、独特概念、专利、商业秘密、经营诀窍等拥有所有权；(2)特许人授权被特许人使用上述权利；(3)在特许经营合同中包含一些调整和控制条款，以指导被特许人的经营活动；(4)被特许人向特许人支付权利使用费和其他费用。

二、关于特许经营的经营模式

特许经营是市场扩张和品牌扩张的系统化解决方案，是一个商事主体的战略性选择。特许经营体系的规划与模式的搭建关系到特许人和广大投资人的利益。特许人在进行经营体系的规划时需要考虑以下几点因素：(1)特许组织的宗旨。特许组织的宗旨应在招募被特许人之前就拟定好，是规划时需要考虑的首要内容。(2)目标和策略层次。目标要体现营销、金融、人力资源和经营等功能，且需按照重要性排列出不同策略层次，在这个层次结构中，必须列出实施营销策略的具体计划以便提供尽可能多令人满意的目标或预期结果。(3)确定符合公司优势的定位。该定位应该是行业中竞争者的总产品、服务线的一部分，或根据顾客群的规模、收入水平和地点等特征预先确定的目标顾客群。(4)产品与服务。产品与服务是特许经营系统的经营成果展示。产品的种类、定位、面向的客户群体都需要经过特许人缜密的思量。特许人应对自己的产品服务完全熟悉，并沿袭产品与服务路线进行经营策略的调整。

(一)特许经营模式类别

按照特许经营权授予和行使方式的不同，商业特许经营分为单店特许、区域开发特许、代理特许和二级特许四种模式。

1. 单店特许模式

单店特许是特许经营中特许人和被特许人之间最经典、最普遍的特许模式。在单店特许的经营模式中，特许人将自己成功的单店经营模式许可给某个单店加盟商来经营，该单店加盟商可以在一个非独占的区域内开设并运营最多3个单店。

2. 区域开发特许模式

区域开发特许是指特许人赋予被特许人在规定区域、规定时间开设规定数量加盟网点的权利。在区域开发特许的经营模式中,被特许人被许可在一个独占的市场区域内开设并运营4个以上的单店,通常被特许人要向特许人承诺在一年内至少开设并运营几家单店。

3. 代理特许模式

代理特许模式是开展跨国特许的主要方式之一。在代理特许的经营模式中,特许人授权代理特许商招募加盟商。代理特许商作为特许人的一个代理服务机构,代表特许人再招募被特许人,为被特许人提供指导、培训、咨询、监督和支持。需要指出的是,代理特许商并不构成特许合同的主体。

4. 二级特许模式

二级特许又称为分特许。在二级特许的经营模式中,特许人赋予被特许人在指定区域销售特许权的权利。在二级特许的经营模式中,被特许人具有双重身份,既是被特许人,同时又是分特许人。

(二)特许经营不同模式分析

不同的特许经营模式各有利弊,其在概念、被特许人的主要特征、特许合同、应用范围等方面均不尽相同,特许人与被特许人应当结合项目特点与自身需求选择较为适合的特许经营模式。表2为本团队律师对不同特许经营模式进行比较分析的成果:

表2　不同特许经营模式对比

基本形式	单店特许	区域开发特许	代理特许	二级特许
概念	特许人赋予被特许人在非独占的区域内开设并运营单店的权利	特许人赋予被特许人在规定区域、规定时间开设规定数量加盟网点的权利	特许代理商经特许人授权为特许人招募被特许人	特许人赋予被特许人在指定区域销售特许权的权利
被特许人的主要特征	被特许人亲自参与店铺的运营:相当一部分是在原有网点基础上加盟,被特许人的经济实力普遍较小	由区域开发商投资、建立、拥有和经营加盟网点;该被特许人不得再行转让特许权;开发商要为获得区域开发权交纳一笔费用;开发商要遵守开发计划	特许代理商作为特许人的一个服务机构,代表特许人招募被特许人,为被特许人提供指导、培训、咨询、监督和支持	二级特许人扮演着特许人的角色;对特许人有相当的影响力;要支付数目可观的特许费
特许合同	由特许人与被特许人直接签订特许合同	特许人与区域开发商首先签署开发合同,赋予开发商在规定区域、时间的开发权;当每个加盟网点达到特许人要求时,由特许人与开发商分别就每个网点签订特许合同	特许人与特许代理商签订代理合同,特许人与被特许人签订特许合同,合同往往是跨国合同,必须了解和遵守所在国法律;代理商不构成特许合同的主体	特许人与二级特许人签订授权合同;二级特许人与被特许人签订特许合同

续表

基本形式	单店特许	区域开发特许	代理特许	二级特许
应用范围	在有限的区域内发展特许网点	在一定的区域（如一个地区、一个省乃至一个国家）发展特许网络；该种方式运用得最为普遍	开展跨国特许的主要方式	开展跨国特许的主要方式
优点	特许人直接控制被特许人，被特许人的投资能力没有限制；没有区域独占；不会给特许人构成威胁	有助于开发商尽快实现规模效益；发挥开发商的投资开发能力	扩张速度快；减少了特许人开发特许网络的费用支出；对特许权的销售有较强的控制力；能够对被特许人实施有效控制而不会过分依赖代理商；能够方便地中止特许合同；可以直接收取特许费	扩张速度快；特许人没有管理每个被特许人的任务和相应的经济负担；二级特许人可根据当地市场特许改进特许体系；降低被起诉的风险
缺点	网点发展速度慢；总部支持管理被特许人的投入大；限制了有实力的被特许人加盟	在开发合同规定的时间和区域内，特许人无法发展新的被特许人；对开发商的控制力较小	特许人要对代理商的行为负责；要承担被特许人起诉的风险；要承担汇率风险和战争风险	把管理权和特许费的支配权交给了二级特许人；过分依赖二级特许人；特许合同的执行没有保证；特许收入分流；降低了收取特许费、汇率、税收

三、关于特许经营中特许人常见的法律风险及防范

一般来说，特许人在商业特许经营体系中处于较为强势的地位，被特许人只能被动地按照合同约定的形式运营加盟店。但在实际经营过程中，因特许人法律意识淡薄以及被特许人诚信缺失，特许人并不完全占据主动地位，对特许人来讲也存在合同不履行或不完全履行的风险。

（一）被特许人选择方面的法律风险

1. 法律风险

特许人和被特许人共同构成一个完整的商业特许经营体系，对特许人来说，被特许人素质的高低直接影响特许经营体系的品牌形象和产品质量。由于双方利益并不完全一致，被特许人具有损害特许人利益的动机，也通常会作出损害特许人利益的行为，包括但不限于：（1）被特许人对特许人实施欺诈；（2）被特许人欲脱离商业特许经营体系；（3）被特许人违规使用特许人的经营资源；（4）被特许人盗取特许人的商业秘密。如果特许人在选择被特许人时不加筛选，导致大量不符合品牌要求的加盟商混入其中，就会使特许经营体系的统一性遭到破坏、商业秘密被泄露、品牌声誉受损。

2. 防范对策

（1）形成长期战略规划和品牌规划，着眼于商业特许经营体系的可持续发展，尤其在被特许人的选择上，坚持宁缺毋滥的原则，切不可盲目扩张而因小失大。

（2）根据特许经营体系的实际情况，建立一套完善且适合自己的被特许人的选择标准，并在实践中严格执行。注重审核被特许人的证照资质、财务资格、管理经验，同时也要着重考察被特许人的个人品质和发展潜力。

（二）被特许人破坏特许经营体系统一性的法律风险

1. 法律风险

特许经营最突出的一个特点在于体系内所有门店对外形象的统一性。从内部的企业文化、管理制度、运营模式到外在的店面设计、装修装饰、品牌形象等都是高度统一的。但由于被特许人更重视短期利益，为了实现利益最大化，其往往会控制成本，采取与特许品牌形象不相符的经营管理模式。被特许人破坏特许经营体系统一性的行为包括但不限于：（1）被特许人采用与总部不同的装饰外观风格；（2）被特许人在店内经营其他品牌产品或自制产品；（3）被特许人擅自调整所销售产品或服务的价格等。

2. 防范对策

（1）在合同中详细约定被特许人使用商业特许经营资源的规范，并约定严格的违约责任。例如，要求被特许人严格按照特许人要求进行店面装饰、使用特许人的品牌标志、按照特许经营的统一要求使用指定产品等。

（2）加强对被特许人的督导。督导权是特许人不可缺少的一项权利，也是特许人对被特许人进行质量控制的重要手段。特许人的督导权应深入到特许经营的各个部分，对产品质量、管理质量、人、财、物等方面统一管理标准。

（三）被特许人擅自处分特许经营权的法律风险

1. 法律风险

在商业特许经营实践中，经常会出现被特许人擅自处分特许经营权的情况，如未经特许人许可擅自关闭门店；未经特许人许可擅自转让特许经营权等。被特许人擅自处分特许经营权的行为会损坏特许经营品牌的声誉和特许人的利益，特许人应当高度重视被特许人擅自处分特许经营权的行为。

2. 防范对策

（1）特许人可在合同中约定，合同未到期前，被特许人不愿继续经营的，应当事先告知特许人，被特许人未告知特许人擅自关闭门店、停止经营的，应对特许人承担违约责任;经特许人同意,被特许人可以转让门店,特许人在同等条件下具有优先受让权。

(2)商业特许经营合同中应明确约定,以自然人身份加盟商业特许经营体系的被特许人,若通过设立的公司或合伙企业实际使用商业特许经营资源进行经营的,特许人应当和被特许人在合同中约定商业特许经营权转让或者以商业特许经营权作为合作条件。没有约定的,被特许人在转让或合作前应当征得特许人同意,并重新达成三方协议,否则应视为被特许人违约或侵权。

(四)合同终止后被特许人继续使用特许经营资源的法律风险

1. 法律风险

商业特许经营合同终止后,被特许人继续使用商业特许经营资源损害特许人利益的行为特别普遍。被特许人继续使用商业特许经营资源给特许人带来的法律风险主要表现为两个方面:(1)合同中没有约定合同终止后被特许人继续使用商业特许经营资源的违约责任条款,无法通过特许经营合同中通常对被特许人较为有利的诉讼或仲裁条款获得救济;(2)即使合同中约定了相关违约条款,但由于特许人对整个特许体系的巡视力度不够,通常情况下当特许人发现权利被侵害时,距离特许经营合同终止日已经超过3年。若依据商业特许经营合同条款提起违约之诉,将由于超过诉讼时效而难以获得法律保护。虽然特许人可以追究被特许人的侵权法律责任,但侵权之诉通常需要付出更大的诉讼成本。

2. 防范对策

(1)特许人在指导被特许人进行工商注册时,应注意避免被特许人将特许人的商标、字号等企业标志注册为其企业名称的一部分;即使许可了被特许人使用特许人商标或企业名称作为加盟店的字号,也应当在合同中明确约定:合同终止后,被特许人须到工商管理部门进行字号变更。

(2)商业特许经营合同终止后,为防范被特许人未经特许人同意继续使用或重新注册与原字号相同或类似的企业标志,特许人可在合同中明确约定商业特许经营合同解除或终止后的无形资产的回购条款。

(3)特许人应建立完善的门店巡查制度并切实贯彻实施。即使在特许经营合同终止后,也应当进行必要的回访,跟进调查被特许人的后合同义务的履行状况。

[案件复盘]

本案系本团队袁华之律师执业初期办理的一起案件,也系本团队常年法律顾问客户红黄蓝公司与本团队律师建立信任和友谊的一个重要案件。在办理本案的过程中,本团队律师将红黄蓝公司所有的特许经营合同都仔细研读，将重要的合同内容一一摘出，并与其他成功特许经营企业的合同进行对比，对存有疑问的问题开设专题进行分析研究，前前后后召开数十次讨论会，修改六稿合同版本，最终为红黄蓝公司设计出一套完备的特许经营合同体系。红黄蓝公司评价本团队律师具有极其负责的服务态度和令人钦佩的工匠精神。

表3为本团队律师在整理特许经营合同风险点时发现的风险清单：

表3　特许经营合同风险清单

序号	风险点	表现形式	风险等级
1	特许人是否具备特许经营资质，能否依法完成备案	1.《商业特许经营管理条例》第7条规定："特许人从事特许经营活动应当拥有至少2个直营店，并且经营时间超过1年。" 2.《商业特许经营管理条例》第8条规定："特许人应当自首次订立特许经营合同之日起15日内，依照本条例的规定向商务主管部门备案。"	次级
2	被特许人以及进行特许经营的主体是否清晰	自然人以自己名义作为被特许人签订特许经营权合同的，如拟成立项目公司实际运营，则应当约定合同权利义务的承继条款	核心
3	特许经营资源是否内容具体，罗列清晰	根据实际情况，列明特许人拥有的经营资源，以此作为双方权利义务的基础，具体包括：(1)知识产权：品牌、商标、专利、专有技术、标志、商号、企业标志及VI视觉系统，经营管理模式、方案等。(2)经营技术资源：①品牌字号；②营运和促销方案；③形象识别；企业标志；CIS系统；④企业文化和荣誉；⑤统一的广告资源和广告效应；⑥营运手册和教育培训；⑦店堂装修、商品陈列方案等	核心
4	特许人权利来源性质是否清晰	1.特许权涉及的商标、专利等各项特许权人权利不存在权属争议； 2.陈述特许人权利来源系本身所有或者来自第三人授权，如系第三人授权，则应明确该授权第三人的基本信息，同时应当明确其授权有效范围，以及本次协议转授权是否得到原权利人的许可，以及在原授权中止或终止的情况下，如何处理本次特许授权； 3.商标/专利申请注册的进展及权利证书号码，特许经营期限能够被涵括在商标/专利有效期之内； 4.运营管理、VI\CI\培训指导、装修装饰手册等经营手册的著作权明确归属编写方或其他著作权人，被特许人具有合法的使用权； 5.对于涉及特定商标等的许可的，应当约定将商标使用许可合同报商标局备案，产生公示效力	核心
5	授予特许权条款是否具体明确	1.特许经营权的内容、范围、期限、方式、地域； 2.如果系商品特许经营，则应当明确商品的具体规格、型号、品质、产地等参数； 3.经营许可方式是独占、排他还是一般许可、分许可； 4.被特许人相应的商圈保护措施	核心

续表

序号	风险点	表现形式	风险等级
6	特许经营期限合法合理	1. 除非被特许人同意或者续约情形,否则一般应有不低于3年的特许经营期限; 2. 合理的续约条件; 3. 经营期限与店面租期相匹配; 4. 期满后合同终止时被特许人合理的清货期(回收过渡期)	核心
7	特许经营费用性质和各项费用内容是否清晰	1. 特许人收取的加盟费、特许权使用费计算方式、计算基数合理; 2. 除特许加盟费之外的产品供应或者服务费用、广告费、培训费、专项指导费等单独收费的项目单独列明收费标准、价格优惠、支付方式、期限清晰; 3. 推广、宣传费用的结算、支付及使用情况披露形式; 4. 第三人收取的费用; 5. 保证金的收取、保证内容、返还条件、返还时间详尽合理	核心
8	其他相关经营信息披露是否清晰	特许人以附件或其他有效形式对下列事项依法披露: 1. 特许经营网点投资预算; 2. 在中国境内现有的被特许人的数量、分布地域以及经营状况评估; 3. 最近2年的经会计师事务所审计的财务会计报告摘要和审计报告摘要; 4. 最近5年内与特许经营相关的诉讼和仲裁情况; 5. 特许人及其法定代表人是否有重大违法经营记录; 6. 国务院商务主管部门规定的其他信息; 7. 对被特许人相应的保密义务作为信息披露的保障条款	次级
9	是否具有店铺标准及标准是否清晰	1. 店铺选址要求及特许人的决定权或建议权; 2. 店铺设计标准及费用承担; 3. 指定开店设备、生产器具、物资及采购渠道、价格; 4. 店铺装潢标准及费用承担	次级
10	是否存在向被特许人提供产品、服务、设备的安排	1. 被特许人是否必须从特许人(或其关联方)处或其指定/批准的供货商处购买产品、服务或设备及相关的价格、条件等; 2. 被特许人是否可以选择其他供货商以及供货商应具备的条件(比如达到一定的营业额或者上缴管理费限额)	核心
11	经营支持是否具体明确以及是否有偿、优惠	1. 人员、技术培训支持的具体内容和提供方式、实施计划; 2. 店址选择、店面设计、营销策划支持的具体内容和提供方式、实施计划; 3. 广告以及推广计划支持内容、方式与特许权人的自行促销、广告权限; 4. 更新、升级的共享; 5. 各项支持是否另行收费	次级

续表

序号	风险点	表现形式	风险等级
12	监督与控制条款是否具体明确可操作	1. 经营指导的具体内容、提供方式和实施计划，包括选址、装修装潢、店面管理、广告促销、产品配置等； 2. 监督的方式和内容，被特许人应履行的义务和不履行义务的责任； 3. 落实双方关系的财务系统管理措施或会计作业要求； 4. 对消费者投诉和赔偿的处理机制	核心
13	特许经营权的收回是否具体明确	1. 因合同期满、特许权人违约或加盟店业绩不达标等情况，收回特许经营权的权利； 2. 收回的有效通知与送达形式； 3. 自送达日起被特许人的不侵权承诺； 4. 特许经营权收回或合同终止后合理的过渡期限以备各项事务处理； 5. 收回经营权后的门店资产及经营权的处理、债权债务安排	次级
14	是否具有不竞争条款保障特许人权益	在特许经营期间及期满后一定时间内： 1. 受许人不得在特定区域从事与特许人及其他受许人相竞争的商业活动； 2. 受许人不得制造、出售和使用特许产品（不包括产品零部件和附属品）； 3. 受许人不得直接或间接地雇佣任何属于特许人或其他受许人的雇员等； 4. 未经特许人许可，不得开设分支机构或招募下级加盟商； 5. 受许人不得继续使用与特许人相似或相近的商标、商号等其他标志来从事与特许人相竞争的商业活动	核心
15	技术秘密、商业秘密保护是否具体清晰	考虑到被特许人在合同签署后一定期限内有权单方解除，并且考虑到特许人的信息披露义务，有必要恰当设计核心商业秘密、技术秘密条款： 1. 相关秘密的范围、内容、保护措施； 2. 相关秘密被特许使用、公布的区域及方式； 3. 未经特许人事先同意，受许人或申请人不得复制、翻录或以其他方式将商业秘密泄露给他人； 4. 特许经营期满或合同终止后一定时期内，受许人仍应保守相关商业秘密	核心
16	是否有对特许经营加盟店转让明确安排	1. 转让时特许人的知情权、同意权； 2. 转让时对知识产权、技术、商业秘密的保护安排； 3. 转让时本合同权利义务的承继安排； 4. 转让费的分配； 5. 优先承购权及优先承购权行使时承购价格的评估规则； 6. 明确擅自单方转让的责任	次级
17	是否有加盟店接管权及具体安排	1. 特殊情况时特许人接管权及接管定价规则； 2. 介入加盟店的门店承租协议，对门店有后续租赁使用权； 3. 加盟者疾病、死亡时加盟店及协议的承接安排权利人	次级

续表

序号	风险点	表现形式	风险等级
18	被特许人无条件单方解除权的安排是否合理	1. 特许人和被特许人应当在特许经营合同中约定，被特许人在特许经营合同订立后一定期限内，可以单方解除合同，但被特许人已经实际利用经营资源的除外； 2. 中途单方解除时，双方合作期间享有的价格优惠政策的效力以及相关物资返还安排	核心
19	经营责任分配是否明确	1. 由于被特许人经营不善等原因造成遭到消费者的投诉或媒体曝光或被工商、税务和城管等行政机关查处，应当独立承担责任； 2. 由于被特许人的行为或其他原因导致对第三人承担法律责任的问题，应当独立承担责任； 3. 如果最终可能发生应由特许人承担法律责任的情况或者造成特许人损失的情况，特许人与受许人双方也应在合同中约定内部责任的归属及具体的赔偿责任	次级
20	合同终止的物资钱款安排是否明确具体	1. 以加盟商付清所有款项、拆除所有专业标识以及妥善处理剩余产品等作为保证金返还条件； 2. 合同到期或解除后，受许人应立即停止使用特许人品牌，拆除、返还店铺招牌商业、技术秘密等	次级
21	是否有明确的违约情形和违约责任	1. 单方解约权及解约后的安排； 2. 对中途解约时各方合理损失预见，并落实在条款中，以进行责任分配	常规
22	是否有必要的附件	对于特定的定作物，产品质量参数、规格、设计图纸、生产方案、安装清单等均有相应的附件	常规
23	是否联系及送达条款，以及联系人变更和地址变更条款	有明确的送达地址和联系人信息，以及通知送达方式	常规
24	是否有管辖条款	符合交易实际的管辖条款	常规

4

质量鉴定于己不利,收集证据果断出击

[案件摘要]

本案系发包人北京中盛房地产开发有限公司(以下简称中盛地产)与承包人中国建筑技术集团有限公司(以下简称中技公司)因建设工程施工合同履行引发的一起纠纷案件。合同履行过程中,中盛地产以中技公司违约为由向北京市第一中级人民法院(以下简称一中院)起诉,要求解除合同,中技公司向其赔偿700余万元经济损失。中盛地产起诉后,中技公司委托本团队律师代理本案。本团队律师接受委托后即迅速开展工作,在一个月内审阅了中技公司提供的与案件有关的全部材料,在对相关材料进行分类整理后向法院提交了近2000页的证据材料,对中盛地产主张予以抗辩,同时为中技公司提出的1300余万元反诉请求提供支持。以扎实的证据为基础,结合本团队律师对合同约定及法律规定的深入解读,一中院虽支持了中盛地产解除合同的诉讼请求,但并未认可中盛地产主张的合同解除的理由,对中盛地产700余万元的诉讼请求也仅支持了20余万元。而中技公司的反诉请求,除中技公司基于案件整体考虑主动放弃的款项外,中技公司800余万元的工程款请求有600余万元获得支持,关于中盛地产逾期支付工程款利息、赔偿设计费及配合管理费的请求亦获得支持,且中技公司获得支持的款项全部得以执行。

[案情回放]

2001年11月5日,中盛地产与中技公司签订《北京市建设工程施工合同》,由中技公司承建中盛地产发包的位于北京市海淀区的酒店客房装修工程。承包方式为包工包料,竣工日期为2001年12月31日。质量等级为优良,工程价款为1300余万元(其中甲供材90余万元)。

合同履行过程中,中盛地产以中技公司施工质量未达合同约定标准、中技公司擅自停工为由于2003年11月向一中院起诉,要求解除与中技公司的施工合同,中技公司向其赔偿近700万元经济损失。

2003年12月，中技公司提起反诉，要求中盛地产给付工程款800余万元，赔偿延期付款利息、材料款、停工损失、设计费、配合管理费等500余万元，中技公司诉请金额共计1300余万元。

案件审理过程中，中盛地产向一中院申请对中技公司施工的木材家具、装修工程进行质量鉴定，对修复费用、材料价款、中技公司施工工程价款进行造价鉴定。

经审理，2006年，一中院就本案作出(2003)一中民初字第12090号民事判决书，判令中盛地产与中技公司签订的施工合同解除，中技公司支付中盛地产20余万元材料款，中盛地产支付中技公司600余万元工程款及逾期支付该工程款的利息，中盛地产支付中技公司垫付的设计费、配合管理费20万元，质量鉴定费用由中盛地产全部承担，造价鉴定费用由中盛地产与中技公司各承担一半。

［**战略战术**］

本案中中技公司已完工程价款1000余万元，中盛地产已支付460万元，剩余未付款项为600余万元。而中盛地产诉请要求中技公司赔偿其质量损失的金额却近700万元，较中盛地产未付款金额更高。中技公司接到中盛地产起诉材料之初心理压力极大，其十分担心不仅无法获得剩余工程款，反而要赔偿中盛地产高额损失。本团队律师接受委托后运用以下战略战术，助力中技公司一举打掉中盛地产97%的索赔款项，顺利获得600余万元工程款。本团队律师将在本案中运用的战略战术总结如下。

一、全面收集案件材料并进行分类整理，以扎实的证据为支撑，成功说服法官作出了对中技公司非常有利的判决

中盛地产以中技公司擅自停工、大幅延误工期、工程质量不合格为由主张中技公司违约，要求中技公司赔偿其700余万元经济损失。针对中盛地产主张，本团队律师全面收集了与案件有关的材料并进行分类整理，通过完整、清晰的证据链对中盛地产主张予以反驳，最终使法院作出了对中技公司极为有利的判决。本团队律师收集、整理证据的经验如下：

(一)围绕停工原因分类收集、整理证据

关于中盛地产主张的中技公司擅自停工，经审阅案件材料，本团队律师发现中技公司停工的主要原因为中盛地产长期拖欠大量工程款。针对该停工原因，本团队律师将中盛地产欠款金额分为中盛地产确认部分金额及视为确认部分金额，使中盛地产欠付工程款成为无法推翻的事实。

中盛地产确认部分金额是指中盛地产审核确认的工程进度款及洽商变更款。鉴于双方合同约定监理具有审核工程价款的权限，中盛地产应按监理单位审核结果支付工程进度款，本团队律师收集、整理中技公司上报、监理单位审核的系列工程进度款文件及经中盛地产确认的洽商变更文件，由此使法官对中盛地产欠付工程款的事实形成内心确信。

视为中盛地产确认部分金额是指中技公司按合同约定上报工程进度款，但中盛地产拒绝履行审核义务，暂按中技公司上报金额计算的工程价款。在双方未约定逾期审核即按中技公司上报金额计算工程款的情况下，以中技公司上报金额计算工程价款虽可能无法获得法院支持，但通过提交中技公司上报工程量、中盛地产签收材料等证据可向法庭展示中盛地产拖延支付工程款之违约行为。

一中院经审理后认为，中盛地产迟延给付工程款致使中技公司停工，对此，中盛地产应承担主要责任。

（二）围绕工期延误原因分类收集、整理证据

关于中盛地产主张的中技公司大幅延误工期问题，本团队律师从多方面收集证据材料，包括中盛地产迟延支付工程款、迟延交付图纸、迟延交付应由中盛地产采购的材料、迟延确认中技公司采购的材料、未提供良好的施工条件、因中盛地产原因致使已完工程发生拆改，并对中盛地产延误工期所涉及的由中盛地产、中技公司、设计单位、监理单位共同参与形成的会议纪要、中技公司催要工程款的各种函件、中盛地产关于延期竣工的通知、中盛地产与总包之间存在纠纷致使总包停水停电影响中技公司施工的联系单等证据进行分类整理，提交一中院。

一中院经审理后认为，中盛地产对工期延误负主要责任。

（三）围绕工程质量分类收集、整理证据

关于中盛地产主张的工程质量不合格问题，本团队律师从工程质量合格、即使工程质量不合格也是中盛地产原因所致两方面进行举证：工程质量合格方面，本团队律师提供了分部、分项工程质量报验认可单，隐蔽工程验收记录等证据；工程质量不合格系中盛地产原因所致方面，本团队律师从中盛地产变更设计、未进行成品保护、供应或指定材料存在质量问题等多方面收集证据，并根据不同原因对涉及的设计变更、洽商记录、材料确认单、设计施工联系单、材料认价表、材料进场检验单、通知、会议纪要等证据进行归类整理，提交一中院。

一中院经审理后驳回了中盛地产关于质量维修费用的全部诉讼请求。

二、接受委托之初即对案件进行通盘考虑，首先针对中盛地产诉讼请求进行有效反驳，然后提起反诉并保全中盛地产财产，向中盛地产施压并为执行提供保障

中盛地产为支持其诉讼请求，向一中院申请对中技公司施工的木材家具、装修工

程质量及修复费用进行鉴定。中技公司从工程质量合格、即使工程质量不合格也并非中技公司原因所致、鉴定报告的鉴定结论缺乏依据等方面进行举证、反驳。中盛地产意识到，即使进行修复造价鉴定申请，修复费用也并不必然由中技公司承担。中盛地产经综合考量后放弃了修复费用造价鉴定申请。中盛地产近700万元质量维修费用请求被一中院全部驳回，其自行承担全部质量鉴定费用。

除针对中盛地产诉讼请求进行深入准备外，本团队律师建议中技公司在本案中一并解决中盛地产欠付其工程款的问题。中技公司接受本团队律师建议，向中盛地产提起1300余万元的反诉请求。中技公司的反诉请求除中技公司基于全局考虑放弃的款项外，剩余600余万元请求均获得支持。中技公司不仅不需要向中盛地产支付款项，中盛地产还需向中技公司支付600余万元款项，中技公司反诉请求成功吞并中盛地产本诉请求。

为保证中技公司反诉请求得以执行，在提起反诉后本团队律师即申请对中盛地产财产予以保全，为后续执行提供保障。

三、随时关注中盛地产动态，立足大局，及时调整诉讼策略，为中技公司争取最大利益

鉴于中盛地产长期拖欠中技公司工程款的情况，本团队律师判断中盛地产资金链可能已经断裂，因此，本团队律师在本案审理过程中非常关注中盛地产动态。经了解，中盛地产欠付某建设公司高额工程款，双方纠纷已进入仲裁程序，且中盛地产与某建设公司施工合同纠纷的裁决书可能在本案审理完毕前出具，一旦该裁决书出具，中盛地产大量财产将被某建设公司执行，在中盛地产资不抵债的情况下，本团队律师认为，本案尽快审结对中技公司更为有利。如中技公司坚持对停、窝工损失进行造价鉴定，即使其关于停、窝工损失的请求最终获得一中院支持，但本案审理期限将因鉴定被大幅延长，中技公司诉请款项极有可能面临无法执行的风险。在此情况下，本团队律师调整诉讼策略，建议中技公司放弃停、窝工损失的造价鉴定申请，尽快获得生效判决，以生效判决为依据督促中盛地产尽快付款。中技公司接受本团队律师建议，放弃了停、窝工损失的造价鉴定申请，一中院于2006年6月20日就本案作出(2003)一中民初字第12090号生效民事判决书。本案判决确定的履行期限届满后，本团队律师即申请强制执行，生效判决确定的中盛地产应向中技公司支付的款项获得全部执行。而中盛地产在本案生效判决作出后不久即被北京市工商行政管理局吊销营业执照，其后进入了清算程序。本团队律师立足全局，果断决策，由此为中技公司争取了最大利益。

［**法案研判**］

建设工程施工合同履行过程中，因合同约定或法律规定的解除条件成就，或者因发包人违约或承包人违约，或者因发包人及承包人共同违约导致合同无法继续履行的，在承发包双方无法就合同解除达成一致的情况下，发包人、承包人或通过发函方式解除合同，或通过提起诉讼或者仲裁方式要求解除合同。建设工程施工合同解除的，根据《建设工程施工合同司法解释(一)》第10条①之规定，发包人需根据工程质量合格与否决定是否支付工程款。在此情况下，发包人为达拖延或减少支付工程款或索赔损失之目的，承包人为达索要工程款之目的，可能会在提请解除合同后申请对已完工程质量进行鉴定。本案即属于该等情形，下文将以本案为引，重点研究关于"工程质量鉴定申请"的相关法律法规以及学理与裁判观点。

一、关于"工程质量鉴定申请"的相关法律法规

目前，关于"工程质量鉴定申请"现行有效的相关法律法规主要包括：

1.《民事诉讼法》第76条规定："当事人可以就查明事实的专门性问题向人民法院申请鉴定。当事人申请鉴定的，由双方当事人协商确定具备资格的鉴定人；协商不成的，由人民法院指定。当事人未申请鉴定，人民法院对专门性问题认为需要鉴定的，应当委托具备资格的鉴定人进行鉴定。"

2.《最高人民法院关于适用〈中华人民共和国民事诉讼法〉的解释》(以下简称《民诉法司法解释》)第121条规定："当事人申请鉴定，可以在举证期限届满前提出。申请鉴定的事项与待证事实无关联，或者对证明待证事实无意义的，人民法院不予准许。人民法院准许当事人鉴定申请的，应当组织双方当事人协商确定具备相应资格的鉴定人。当事人协商不成的，由人民法院指定。符合依职权调查收集证据条件的，人民法院应当依职权委托鉴定，在询问当事人的意见后，指定具备相应资格的鉴定人。"

3.《最高人民法院关于民事诉讼证据的若干规定》(以下简称《民事诉讼证据规定》)第25条规定："当事人申请鉴定，应当在举证期限内提出。符合本规定第二十七条规定的情形，当事人申请重新鉴定的除外。对需要鉴定的事项负有举证责任的当事人，在人民法院指定的期限内无正当理由不提出鉴定申请或者不预交鉴定费用或者拒不提供相关材料，致使对案件争议的事实无法通过鉴定结论予以认定的，应当对该事实承担举证不能的法律后果。"

---

① 《建设工程施工合同司法解释(一)》第10条规定："建设工程施工合同解除后，已经完成的建设工程质量合格的，发包人应当按照约定支付相应的工程价款；已经完成的建设工程质量不合格的，参照本解释第三条规定处理。"

4.《建设工程施工合同司法解释(二)》第 14 条规定:“当事人对工程造价、质量、修复费用等专门性问题有争议,人民法院认为需要鉴定的,应当向负有举证责任的当事人释明。当事人经释明未申请鉴定,虽申请鉴定但未支付鉴定费用或者拒不提供相关材料的,应当承担举证不能的法律后果。

一审诉讼中负有举证责任的当事人未申请鉴定,虽申请鉴定但未支付鉴定费用或者拒不提供相关材料,二审诉讼中申请鉴定,人民法院认为确有必要的,应当依照民事诉讼法第一百七十条第一款第三项的规定处理。”

二、关于“工程质量鉴定申请”的相关理论观点

当事人提起工程质量鉴定申请时工程所处阶段可能是:施工过程中、竣工验收前发包人擅自使用中、竣工验收后保修期内、保修期满后。根据工程所处阶段的不同,当事人工程质量鉴定申请应否被受理也不相同。

施工过程中,承包人、发包人就工程质量问题产生争议,一方提起工程质量鉴定申请的,通常认为该申请应被受理,这是因为工程未经竣工验收即表明工程质量尚不符合合同约定或法律规定的标准。

竣工验收前发包人擅自使用工程后,发包人提起工程质量鉴定申请应否被受理,实践中存在不同的观点:部分观点认为不应受理,理由为:根据《建设工程施工合同司法解释(一)》第 13 条:“建设工程未经竣工验收,发包人擅自使用后,又以使用部分质量不符合约定为由主张权利的,不予支持;但是承包人应当在建设工程的合理使用寿命内对地基基础工程和主体结构质量承担民事责任”之规定,发包人擅自使用未经竣工验收的工程,承包人不承担保修责任,故发包人提起的工程质量鉴定申请不应被受理;部分观点认为应被受理,理由为:《建设工程施工合同司法解释(一)》第 13 条规定的立法原意为发包人擅自使用未经竣工验收的工程可视为其认可使用部分的工程质量合格,结合《建设工程施工合同司法解释(一)》第 14 条第 3 款之规定:“建设工程未经竣工验收,发包人擅自使用的,以转移占有建设工程之日为竣工日期。”发包人擅自使用未经竣工验收工程的,转移占有建设工程之日视为工程竣工验收合格之日,自此日起开始计算保修期,承包人应在法律规定的期限内承担保修责任,故发包人提起的工程质量鉴定申请应被受理。

竣工验收后保修期内,发包人提起工程质量鉴定申请的,承包人通常以工程已经竣工验收、质量合格为由进行抗辩,不同意发包人的工程质量鉴定申请。鉴于承包人负有保修义务,如发包人有初步证据可证明工程质量存在问题,司法实践中通常会受理发包人的工程质量鉴定申请。

保修期满后,发包人提起工程质量鉴定申请应否被受理,实践中存在不同的观点:

部分观点认为应被受理，理由为：根据《合同法》第282条"因承包人的原因致使建设工程在合理使用期限内造成人身和财产损害的，承包人应当承担损害赔偿责任"之规定，承包人应对工程质量负责；部分观点认为不应被受理，理由为：除地基基础和主体结构外，其余工程均有相应的保修期限。所谓的保修期限即是承包人承担质量责任的期限，如保修期满后承包人仍然要承担质量责任，可能导致保修制度沦为一纸空文。

三、关于"工程质量鉴定申请"的相关裁判观点

针对发包人、承包人于诉讼中提起的工程质量鉴定申请，本文检索了最高人民法院的相关裁判文书，下文将对检索到的相关判例的裁判观点进行归纳总结，以分析目前的裁判倾向。

（一）发包人申请工程质量鉴定

1. 发包人申请工程质量鉴定获得准许，鉴定结论为承包人对质量缺陷负有责任的，发包人可在承包人应承担责任的范围内获得相应赔偿

例如，在青海方升建筑安装工程有限责任公司（以下简称方升公司）与青海隆豪置业有限公司（以下简称隆豪公司）建设工程施工合同纠纷一案①中，最高人民法院认为：根据发包人隆豪公司的申请，一审法院委托甘肃土木工程科学研究院对海南州共和县恰卜哈镇藏文化产业创意园中心广场的工程质量进行了鉴定，鉴定结果为，发包人隆豪公司主张的工程质量问题，主要是由于承包人方升公司在施工中施工措施不到位或未按图纸施工造成的。在案涉工程通过验收的情况下，因合同解除方升公司已撤场，由方升公司进行维修已无可能。因此，该部分维修费用248,000元应由方升公司向隆豪公司支付。

再如，在松原市金滩源房地产开发有限公司（以下简称金滩源公司）与贵州建工集团第一建筑工程有限责任公司（以下简称贵州一建）建设工程施工合同纠纷一案②中，关于管线不通的责任及修复费用承担问题，最高人民法院认为：经发包人金滩源公司申请，一审法院委托吉林省建筑工程质量检测中心作出的《司法鉴定书》显示，承包人贵州一建施工的工程质量不仅存在一审判决认定的管线不通问题，还存在指定位置上未设置消火栓、未按设计或规范要求进行施工等问题，对此，承包人贵州一建存在过错。具体说，管线工程系隐蔽工程，《合同法》第278条规定："隐蔽工程在隐蔽以前，承包人应当通知发包人检查。发包人没有及时检查的，承包人可以顺延工程日期，并有权要求赔偿停工、窝工等损失。"贵州一建在二审中虽主张其已经通知金滩源公司

① 详见（2014）民一终字第69号民事判决书。

② 详见（2018）最高法民终38号民事判决书。

及监理公司检查,但是并未提供证据证实,应当承担举证不能的不利后果。贵州一建对管线不通等质量问题,应当承担主要责任;金滩源公司作为发包方,没有及时检查管线工程质量,也应承担相应的责任。最高人民法院最终酌定,关于管线不通部分修复费用325,834元,由贵州一建承担90%的赔偿责任,即赔偿金滩源公司293,250.60元,剩余部分由金滩源公司自行承担。

2. 承发包双方当事人已就工程质量问题达成合意,发包人申请对工程质量进行鉴定的,不予准许

例如,在中铁建设集团有限公司(以下简称中铁建设集团)与江西海源房地产开发有限公司(以下简称海源公司)建设工程施工合同纠纷一案[①]中,发包人海源公司在一审中申请对承包人中铁建设集团施工的外墙等工程进行质量鉴定,一审法院江西省高级人民法院未予准许,海源公司因此提起上诉。最高人民法院认为:关于一审法院未通过鉴定程序或调查取证查明已完工程量、工程质量、已付工程款等事项是否违法的问题,由于双方在《补充合同3》中已经明确约定了已完工程计价、已付工程款,并约定"除非本补充合同另有约定,双方就本工程的工期、质量互不向对方另行主张违约或赔偿责任",一审法院根据合同约定认定案件事实是对当事人意思自治原则的尊重,并无不当。

3. 发包人提供的证据不足以证实承包人施工工程存在质量问题,其工程质量鉴定申请不应获得准许,发包人应向承包人支付工程款

例如,在中国新兴建设开发总公司(以下简称新兴公司)与国泰纸业(唐山曹妃甸)有限公司(以下简称国泰纸业公司)建设工程施工合同纠纷一案[②]中,关于涉案工程是否存在质量问题,是否应启动鉴定程序,河北省高级人民法院认为:由于发包人国泰纸业公司提交的工作联系单和监理通知单等证据,只能证实在施工过程中出现过质量问题,而承包人新兴公司提交的工程分部分项验收记录以及监理工程师通知回复单,能够证实施工过程中存在的质量问题已经整改完毕,且经分部分项验收均为合格。国泰纸业公司亦未提供证据证实在分部分项验收之后工程还存在质量问题,故国泰纸业公司现有证据尚不足以证实涉案工程存在质量问题或者质量隐患,不符合启动工程质量鉴定的条件,对国泰纸业公司工程质量鉴定申请不准许,对其以此拒付工程款的主张不予支持,最高人民法院审理后维持该判决内容。

---

① 详见(2017)最高法民终762号民事判决书。

② 详见(2017)最高法民终252号民事判决书。

4. 发包人质量鉴定申请对待证事实没有实际意义的，其质量鉴定申请不应获得准许

例如，在临城兴业矿产资源有限公司（以下简称兴业公司）与中国十五冶金建设集团有限公司（以下简称十五冶公司）建设工程施工合同纠纷一案[①]中，发包人兴业公司以承包人十五冶公司施工工程质量不合格，不应支付工程款为由提起上诉，最高人民法院认为：关于兴业公司要求十五冶公司承担工程质量折价补偿款的请求应否支持的问题，兴业公司应当承担相应举证责任，证明十五冶公司存在违约行为，并因此造成兴业公司实际损失等事实。兴业公司要求十五冶公司举证证明工程质量符合双方合同约定，缺乏法律依据。兴业公司虽然主张其向一审法院提交了关于工程质量鉴定申请，但经查一审卷宗未见该申请，而且，即使可以确认兴业公司向一审法院提交了该申请，根据《民诉法司法解释》第 121 条之规定，人民法院应当就申请鉴定的事项与待证事实的关联性和对证明待证事实是否具有实际意义等进行审查后决定是否准许。兴业公司提交的证据，不足以对案涉工程质量不符合双方合同约定的事实完成初步证明。且根据双方合同约定，发包人收到承包人竣工验收报告后 28 天内不组织验收，从第 29 天起承担工程保管及一切意外责任。因此，即使可以证明案涉工程目前存在质量问题，由于 2011 年年底即已停止施工的事实业经双方当事人认可，兴业公司亦认可该工程始终处于闲置状态，故难以准确界定该工程质量问题系因十五冶公司施工造成，还是由于兴业公司保管不善造成。一审法院未就工程质量启动鉴定程序，不存在法律适用上的错误，亦不会导致对本案基本事实的认定不清，最高人民法院对兴业公司工程质量折价补偿款的请求未予支持。

5. 发包人未在举证期限内申请质量鉴定，其鉴定申请不应获得准许

例如，在沈阳清华同方信息港有限公司（以下简称清华同方）与辽宁泰丰铝业装饰工程有限公司（以下简称泰丰铝业）建设工程施工合同纠纷一案[②]中，发包人清华同方在一审中申请对承包人泰丰铝业施工工程进行质量鉴定，一审法院辽宁省高级人民法院未予准许，清华同方以一审法院剥夺其质量鉴定权利为由向最高人民法院申请再审。最高人民法院认为：清华同方再审认为一审法院公开剥夺其要求质量鉴定的权利，并对涉案工程的质量是否合格未予审理，属遗漏诉讼请求。经审理，清华同方在原审中所提出的质量鉴定申请之所以未进行，是由于其未能缴纳相应的鉴定费用而被鉴定机构退回，故其应当自行承担不利后果。对于清华同方提出质量鉴定和修复费用的

① 详见（2016）最高法民终 437 号民事判决书。
② 详见（2015）民提字第 193 号民事判决书。

鉴定，经审理，该请求已经超出了一审举证期限，且其已经就此另案提起了诉讼，因此，一审法院未予审理并无不当。清华同方的此项主张缺乏事实和法律依据，本院不予支持。

6. 发包人申请质量鉴定后未按期缴纳鉴定费用，质量鉴定不再进行

例如，在辽宁潍麟生物科技开发有限公司（以下简称潍麟公司）与辽宁广安建设有限公司（以下简称广安公司）一案[①]中，发包人潍麟公司在一审中申请对承包人广安公司施工工程进行质量鉴定，该鉴定未进行，潍麟公司以一审法院剥夺其鉴定权利为由向最高人民法院申请再审。最高人民法院认为：发包人潍麟公司虽在一审中申请对涉案工程综合楼及总控车间进行质量鉴定，但在2015年9月2日选定大连理工大学作为鉴定机构后，潍麟公司拒绝缴纳鉴定费用，一审法院于2015年9月21日向其释明法律后果后其无合理理由仍然拒绝缴纳，后大连理工大学于2015年9月24日以潍麟公司拒绝支付鉴定费为由退鉴，由此导致的不利后果潍麟公司应自行承担。因此，潍麟公司关于涉案工程综合楼及总控车间质量不合格，其存在可得利益损失的主张因证据不足均不能成立。一审法院已充分保障潍麟公司申请鉴定的权利，潍麟公司申请再审称一审法院剥夺其鉴定权利与事实不符，不能成立。

（二）承包人申请工程质量鉴定

承包人申请工程质量鉴定获得准许，工程缺陷责任未能厘清，且发包人已投入使用，发包人应支付工程款。

例如，在福建宇盛建设发展有限公司（以下简称宇盛公司）与福建成启食品有限公司（以下简称成启公司）建设工程施工合同纠纷一案[②]中，关于成启公司是否应该向宇盛公司支付工程款的问题，最高人民法院认为：《合同法》第97条规定："合同解除后，尚未履行的，终止履行；已经履行的，根据履行情况和合同性质，当事人可以要求恢复原状、采取其他补救措施、并有权要求赔偿损失。"本案中，成启公司和宇盛公司于2010年7月28日签订《建设工程施工合同》。合同签订后，宇盛公司已按约履行了合同，对案涉工程进行施工，宇盛公司的投入已物化为案涉工程。合同解除后，宇盛公司有权向成启公司主张案涉工程款。根据本案的相关事实，2015年3月3日，宇盛公司申请对其施工的工程质量进行鉴定，一审法院委托江西赣建工程司法鉴定中心进行鉴定。根据鉴定结果，案涉已完工程的基础工程和主体结构质量合格，仅存在部分基础梁表面平整度和局部蜂窝麻面、部分墙面裂缝和渗水、地面和墙脚裂缝等质量缺陷问

---

① 详见（2018）最高法民申1109号民事裁定书。

② 详见（2017）最高法民申186号民事裁定书。

题。而对工程质量缺陷的成因,双方亦不能厘清责任。且案涉工程停工后,成启公司进行了设备安装,已实际使用了宇盛公司施工的本案工程。在此情况下,二审法院基于工程缺陷责任未能厘清、已暂扣质保金等本案实际情况,判令成启公司向宇盛公司支付工程欠款并无不当。

[**案件复盘**]

本案经审理,中盛地产的质量赔偿请求全部被驳回,中技公司的反诉请求除其主动放弃的款项外全部获得支持并得以执行。本案取得令人满意的代理结果与本所律师恰当的证据收集整理方法,与工程质量鉴定过程中的积极应对密不可分。

针对中盛地产质量赔偿请求,本团队律师分类整理了中技公司工程质量合格及即使工程质量不合格也并非中技公司原因所致的证据,以扎实的证据对抗中盛地产质量赔偿请求。在中盛地产申请质量鉴定后,本团队律师针对质量鉴定单位出具的鉴定报告补充证据,并及时向鉴定单位反映鉴定报告存在的问题。经本团队律师据理力争,鉴定单位调整了质量问题系中技公司施工因素所致的鉴定结论,最终做出了除中技公司施工因素外,工程质量问题亦与室内湿度、温度的变化有关的鉴定结论。根据此鉴定结论,中盛地产可向中技公司主张的质量修复费用十分有限,中盛地产经慎重考虑后放弃了质量修复费用的造价鉴定申请,其近700万元的质量维修费用请求最终被一中院全部驳回。

根据中盛地产质量鉴定结果可知,发包人申请对工程质量进行鉴定的并非必然可达到其目的。针对发包人或承包人申请工程质量鉴定是否可达预期目的,本团队律师结合法律规定、司法判例及实务经验有如下思考,为发包人、承包人申请工程质量鉴定提供借鉴:

一、发包人申请工程质量鉴定应注意的问题

发包人申请工程质量鉴定应落实如下几方面的问题:(1)是否已与承包人就工程质量问题达成合意;(2)是否已有生效法律文书确认承包人施工质量合格;(3)是否有充分的证据可以证明承包人施工存在质量问题;(4)是否具备鉴定条件;(5)质量维修费用是否足以覆盖发包人可能承担的鉴定费用;(6)是否有足够的费用可先行垫付鉴定费;(7)是否在举证期限内提出质量鉴定申请。

如发包人已与承包人就工程质量问题达成合意或已有生效法律文书确认承包人施工质量合格,发包人即使提起工程质量鉴定申请也极有可能不被准许,反而可能会给法院造成拖延诉讼、缺乏诚信之不良印象。发包人确认前述情形不存在后,应尽可能收集承包人施工质量不合格的证据,完成其举证义务。之后,发包人应勘查现场,确定承包人施工的质量问题仍然存在且现场具备鉴定条件，如承包人施工已被覆盖或已交付小业主使用致使现场无法检测，或存在质量问题的工程已由发包人委托第三方整改完毕，即使进行质量鉴定也无法判断质量问题的成因及责任，发包人申请质量鉴定不但无法达到减少支付工程款或索赔损失之目的，反而可能遭受鉴定费损失。在发包人确认现场具备检测条件后，应对质量问题进行初步检测并对因此可能产生的修复费用进行预估，如质量修复费用不足以弥补其可能承担的质量鉴定费用，则启动质量鉴定得不偿失。发包人确认质量问题确实存在且修复费用远高于鉴定费的，应审查其资金情况，确定其有足够的费用支付鉴定费用后，再行启动质量鉴定程序，如质量鉴定程序结束后，其没有资金用以支付修复造价鉴定费的，在法院对修复费用金额无法判断的情况下，发包人的修复费用请求极有可能无法获得支持，其要求承包人承担其先行垫付的质量鉴定费用请求也可能无法获得支持，其将遭受鉴定费损失。发包人落实完毕前述事项后，还应注意在举证期限内提出工程质量鉴定申请并在法院规定的期限内缴纳鉴定费，逾期缴纳鉴定费的，其工程质量鉴定申请将不被准许。

二、承包人申请工程质量鉴定应注意的问题

司法实践中，工程质量鉴定申请多由发包人提起，承包人提起工程质量鉴定申请的较少，一旦启动工程质量鉴定程序，鉴定结果极有可能对承包人不利，承包人不仅可能面临支付修复费用的问题，其应获得工程价款的时限可能因质量鉴定期限较长而大幅拖延，因此，承包人不仅不会主动提起工程质量鉴定申请，并且针对发包人质量鉴定申请，承包人通常会收集分部分项验收记录、竣工验收记录等证据对发包人主张的工程质量问题予以抗辩，以阻止工程质量鉴定进行。承包人如主动提起工程质量鉴定申请的，应确定其施工工程质量合格，或工程质量不合格并非其施工原因所致，或发包人已将工程投入使用，质量责任无法厘清。否则，承包人贸然提起工程质量鉴定申请反而会为发包人拒付或减少支付工程款或索赔损失提供证据。

5

违法使用租赁土地，被判解除租赁协议

［案件摘要］

本案系出租人A公司与承租人赵某因租赁合同纠纷引发的一起诉讼案件。在《租赁协议》履行期间，因赵某向废鱼池倾倒大量渣土，违反双方约定擅自改变土地用途，加之相关部门发文要求迅速恢复废弃鱼池坑窑地耕种，故A公司要求与赵某解除《租赁协议》。赵某拒绝后，A公司将赵某诉至法院，并委托本团队律师代理本案。本团队律师接受委托后，通过现场踏勘发现赵某确实存在擅自改变土地用途的行为，本团队律师在现场全方位、多角度拍摄后将照片作为证据向法庭提交，同时申请法官进行现场踏勘，最终本案承办法官在前往废鱼池现场后认定赵某擅自改变土地用途，且在《租赁协议》履行期间向废鱼池内倾倒渣土，违反《土地管理法》相关规定，判决解除A公司与赵某签订的《租赁协议》。

［案情回放］

2003年12月20日，A公司与赵某签订《租赁协议》，约定A公司（甲方）将农村集体所有的位于北京市某地的废鱼池70亩出租给赵某（乙方），租赁期限自2003年12月20日至2008年12月20日。租金为每年每亩1500元，年租金为105,000元，付款方式采用上付法，即赵某于每年12月、6月分别交付下一年度上半年、当年下半年的租金。合同签订当日，赵某交纳租金5000元。2004年1月10日，赵某与B公司签订《合同书》，约定B公司将赵某承租的废鱼池复成平地，高度应高于承租地南侧柏油路至少30厘米，费用为700,000元。2004年3月30日，国务院办公厅下发《关于尽快恢复撂荒耕地生产的紧急通知》（国办发明电〔2004〕15号），次日北京市农村工作委员会、北京市农业局向本市各区县人民政府发出《关于将开发区（园区）圈而未用的闲置土地、撂荒地和废弃鱼池坑窑地迅速恢复耕种的通知》，A公司根据前述文件规定即提出与赵某解除《租赁协议》的要求，赵某并未同意。

2004年7月25日,B公司为赵某出具700,000元的收据。2004年7月27日,赵某与北京某回收站签订《协议书》,约定北京某回收站同意赵某将市场北侧油漆路作为运输渣土使用,期限为3个月(自2004年7月29日起至2004年10月28日止),赵某向北京某回收站交纳抵押金20,000元,待赵某使用完毕并将油漆路面重新铺油漆13~15厘米后,北京某回收站退还抵押金20,000元。2004年7月底,赵某开始向废鱼池倾倒土方(绝大多数系渣土)。

2004年8月20日,A公司以租赁合同纠纷为由将赵某起诉至一审法院,请求法院判令:(1)解除与赵某的《租赁协议》;(2)赵某将租赁土地恢复原状并交还;(3)赵某支付租金73,750元(暂计至2004年8月20日)及此后至返还土地之日止的租金。经审理,一审法院作出判决,认为A公司与赵某签订的合同违反法律强制性规定,应为无效。赵某应于一审判决生效后15日内将其承租的鱼池返还A公司。后赵某不服,向二审法院提起上诉。二审法院认为,A公司与赵某签订的废旧鱼池土地租赁协议系双方当事人真实意思表示,内容不违反有关法律规定,合法有效。合同中明确赵某所租土地是废地,在合同履行过程中因国家政策的变化,赵某所租土地的用途亦随之发生变化。鉴于此,合同已无法履行,达到解除的条件。二审法院最终作出判决,判令解除A公司与赵某签署的《租赁协议》,同时支持了A公司的其他全部诉求。

[战略战术]

一、明确租赁标的为农用地,赵某擅自改变土地用途

如前所述,A公司出租的废鱼池系农村集体所有,按照相关法律法规规定,不应用于非农业建设用途,赵某不仅擅自改变土地用途而且拒绝A公司要求解除《租赁协议》的要求,A公司无法进场恢复土地用途,其作为出租方存在被科以行政处罚的风险。故A公司相关负责人前来寻求本团队律师帮助之初,表现得万分焦急。本团队律师在接受A公司委托后便立即开展工作,全面梳理A公司与赵某签订、履行《租赁协议》的全部过程。特别是针对《租赁协议》的内容,本团队律师进行逐字逐句的审慎分析,得出以下信息:首先,该协议涉及的租赁标的是甲方所有的废鱼池,根据当时有效的《土地管理法》第4条规定,农用地是指直接用于农业生产的土地,包括耕地、林地、草地、农田水利用地、养殖水面等,因此该废鱼池所在土地的性质应当被认定为农用地。其次,通过赵某与B公司签订的《合同书》、赵某与北京某回收站签订的《协议书》可以看出,赵某向承租的废鱼池内倾倒渣土,擅自将农用地作为非农用地使用,不仅未对农用地进行保护,反而肆意破坏农用地,其行为已违反法律法规的相关规定。

二、现场踏勘,将赵某改变土地用途的证据予以固定

本团队律师在办理案件时,除了伏案研究与本案相关的文字材料外,还要求与委托人 A 公司共同前往废鱼池现场进行实地勘查,通过实地勘查和调查访问的方式,了解到赵某承租该废鱼池后,即开始向废鱼池内不间断地倾倒渣土,直至填平该废鱼池。为此,本团队律师在现场从各个角度将该废鱼池被渣土填平的情形拍摄记录下来,并作为证据向法庭提交。从这些照片中可以清晰地看出,填平该废鱼池的并非好土而是颗粒分明的渣土。

三、成功说服承办法官现场勘验,使法官对我方阐述的事实情况产生内心确信

本案进入庭审程序后,本团队律师当庭出示在该废弃鱼池现场拍摄的照片后,赵某坚决予以否认,声称自己用于填平废鱼池的都是好土而非渣土。本团队律师表示,鉴于废鱼池内的回填土是本案至关重要的证据,故申请法官前往废鱼池现场进行勘验。法官在查阅前述照片后,被照片所震撼,最终同意进行现场勘查。在现场勘查时,法官亲自拿起铁锹对废鱼池内的回填土进行挖掘,面对一锹又一锹的渣土后,法官意味深长地说了句“我也做过农民!”正是法官亲赴现场进行勘验,才使法官内心确信回填该废鱼池的土确如原告所述,是渣土而非好土!法官现场勘验的结果证实了赵某确系存在擅自改变农用地用途的情形。

四、从细节处寻找突破口,让对方无言以对

在庭审中,面对本团队律师组织的环环相扣的证据链,赵某仍始终否认其向废鱼池倾倒渣土的行为。本团队律师决定改变战术,从细节处捕捉赵某倾倒渣土的蛛丝马迹:第一,该废鱼池系人工挖成,挖出的土就堆在鱼池边形成鱼池坝,从本团队律师在现场拍摄的照片就可以看出,鱼池坝远高于相邻土地,如果确如赵某所述,其使用的回填土均为好土,仅仅推平废鱼池附近的鱼池坝即可,为何却要舍近求远,另行支付费用运输渣土呢?第二,如果赵某并非要改变土地用途,为什么在赵某与 B 公司签订的《合同书》中约定,B 公司不但需要填平土地,而且还需要确保填平后的高度以高于赵某承租地南侧柏油路至少 30 厘米!众所周知,耕种的土地高不利于灌溉,尤其在缺水的华北平原更是如此。明明可以填平即可,却偏偏要高出至少 30 厘米,显然赵某不是复耕,而是要改变土地用途。第三,根据《城市建筑垃圾管理规定》的规定,建筑垃圾是指建设、施工单位或个人对各类建筑物、构筑物、管网等进行建设、铺设或拆除、修缮过程中所产生的渣土、弃土、弃料、余泥及其他废弃物,凡将建筑垃圾运入环境卫生管理部门设置的建筑垃圾储运(堆置)场消纳、处理的,应按规定交纳处置费。由此可以看出渣土作为建筑垃圾的一种,其收集、运输、消纳、处理是受到人民政府环境卫生管理部门严格管控的,而且需要交纳一定的费用。具体到本案,赵某不仅主动提供倾倒渣土的地点,还需要支付700,000元的高额费用,显然不符合常理。至此,面对本团队律师的一一质询,赵某反复变换说辞,先是表示复耕,后又表示倒土是用于垫路,如此只能证明赵某没有如实陈述事实。

［**法案研判**］

本案双方当事人签署的《租赁协议》最终被判解除的根本原因在于赵某擅自变更承租土地用途,涉嫌违法使用土地,故当事人在签订与履行土地租赁协议时应注意不要突破法律法规规定的红线,以免导致合同存在效力瑕疵或达到解除条件。下文将从"土地租赁"的相关法律法规出发,解析土地租赁的概念、特征以及与国有土地使用权出租的区别,并结合新形势下集体经营性建设用地使用权以租赁方式入市的制度,分析今后土地租赁的整体趋势,最后通过对相关案例的梳理,研判法院在认定土地租赁合同无效时的相关裁判依据与规则。

一、关于"土地租赁"的相关法律法规

我国土地制度为二元土地所有制,即土地的所有权人分别为国家和农民集体。在此基础上,土地租赁亦分为国有土地租赁和集体土地租赁。目前,关于"土地租赁"现行有效的相关法律法规主要包括:

(一)国有土地租赁

1.《土地管理法实施条例》第29条规定:"国有土地有偿使用的方式包括:(一)国有土地使用权出让;(二)国有土地租赁;(三)国有土地使用权作价出资或者入股。"

2.《国有企业改革中划拨土地使用权管理暂行规定》第3条规定:"国有企业使用的划拨土地使用权,应当依法逐步实行有偿使用制度。对国有企业改革中涉及的划拨土地使用权,根据企业改革的不同形式和具体情况,可分别采取国有土地使用权出让、国有土地租赁、国家以土地使用权作价出资(入股)和保留划拨用地方式予以处置。本规定所称国有土地租赁,是指土地使用者与县级以上人民政府土地管理部门签订一定年期的土地租赁合同,并支付租金的行为。"

3.《规范国有土地租赁若干意见》第1条第2款规定:"国有土地租赁是指国家将国有土地出租给使用者使用,由使用者与县级以上人民政府土地行政主管部门签订一定年期的土地租赁合同,并支付租金的行为。国有土地租赁是国有土地有偿使用的一种形式,是出让方式的补充。当前应以完善国有土地出让为主,稳妥地推行国有土地租赁。"

4.《关于扩大国有土地有偿使用范围的意见》第4条规定:"……(三)改革完善国有建设用地供应方式。地方政府可依据国家产业政策,对工业用地采取先行以租赁方式提供用地,承租方投资工业项目达到约定条件后再转为出让的先租后让供应方式,或部分用地保持租赁、部分用地转为出让的租让结合供应方式。各地可根据实际情况,实行工业用地弹性年期出让政策。”

5.《自然资源部办公厅关于印发〈产业用地政策实施工作指引(2019 年版)〉的通知》第 16 条第 1 款和第 2 款规定:“(以长期租赁、先租后让、租让结合、弹性年期方式供应国有建设用地使用权)产业用地可以采取长期租赁、先租后让、租让结合、弹性年期方式供应。长期租赁,是指整宗土地在整个合同期内均以租赁方式使用。先租后让,是指供地方先行以租赁方式提供用地,承租方投资产业用地项目达到约定条件后再转为出让的供应方式。租让结合,是指供地方先行以租赁方式提供用地,承租方投资产业用地项目达到约定条件后再将部分用地保持租赁、部分用地转为出让的供应方式。弹性年期,是指整宗土地以低于对应用途国有建设用地使用权出让法定最高年限的使用年期出让的供应方式。

以长期租赁方式使用土地的,应按照《规范国有土地租赁若干意见》(国土资发〔1999〕222 号)的规定执行,租赁期限不得超过 20 年。以租让结合方式使用土地的,租赁部分单次签约时限不得超过 20 年,可以续签租赁合同。”

6.《国土资源部办公厅关于印发〈养老服务设施用地指导意见〉的通知》第 4 条第 2 款规定:“营利性养老服务设施用地,应当以租赁、出让等有偿方式供应,原则上以租赁方式为主。土地出让(租赁)计划公布后,同一宗养老服务设施用地有两个或者两个以上意向用地者的,应当以招标、拍卖或者挂牌方式供地。以招标、拍卖或者挂牌方式供应养老服务设施用地时,不得设置要求竞买人具备相应资质、资格等影响公平公正竞争的限制条件。房地产用地中配套建设养老服务设施的,可将养老服务设施的建设要求作为出让条件,但不得将养老服务机构的资格或资信等级等作为出让条件。”

(二)农民集体土地租赁

1.《土地管理法》第 63 条规定:“农民集体所有的土地的使用权不得出让、转让或者出租用于非农业建设;但是,符合土地利用总体规划并依法取得建设用地的企业,因破产、兼并等情形致使土地使用权依法发生转移的除外。”

2.《国务院办公厅关于严格执行有关农村集体建设用地法律和政策的通知》第 2 条规定:“……《中华人民共和国土地管理法》规定,乡镇企业、乡(镇)村公共设施和公益事业建设、农村村民住宅等三类乡(镇)村建设可以使用农民集体所有土地。对这三类用地的范围,法律和政策都有准确界定,必须严格执行。按照《中华人民共和国乡镇企业法》规定,乡镇企业必须是农村集体经济组织或者农民投资为主,在乡镇(包括所辖村)举办的承担支援农业义务的企业。要严禁以兴办‘乡镇企业’、‘乡(镇)村公共设施和公益事业建设’为名,非法占用(租用)农民集体所有土地进行非农业建设。

农村住宅用地只能分配给本村村民，城镇居民不得到农村购买宅基地、农民住宅或‘小产权房’。单位和个人不得非法租用、占用农民集体所有土地搞房地产开发。农村村民一户只能拥有一处宅基地，其面积不得超过省、自治区、直辖市规定的标准。农村村民出卖、出租住房后，再申请宅基地的，不予批准。”

3.《全国人民代表大会常务委员会关于授权国务院在北京市大兴区等三十三个试点县（市、区）行政区域暂时调整实施有关法律规定的决定》规定：“授权国务院在北京市大兴区等三十三个试点县（市、区）行政区域，暂时调整实施《中华人民共和国土地管理法》、《中华人民共和国城市房地产管理法》关于农村土地征收、集体经营性建设用地入市、宅基地管理制度的有关规定。上述调整在 2017 年 12 月 31 日前试行。暂时调整实施有关法律规定，必须坚守土地公有制性质不改变、耕地红线不突破、农民利益不受损的底线，坚持从实际出发，因地制宜。”

4.《全国人民代表大会常务委员会关于延长授权国务院在北京市大兴区等三十三个试点县（市、区）行政区域暂时调整实施有关法律规定期限的决定》规定：“2015 年 2 月 27 日第十二届全国人民代表大会常务委员会第十三次会议授权国务院在北京市大兴区等三十三个试点县（市、区）行政区域暂时调整实施有关法律规定的决定施行期限届满后，试点期限延长一年至 2018 年 12 月 31 日。延长期满，国务院应当就暂时调整实施有关法律规定的情况向全国人民代表大会常务委员会作出报告。对实践证明可行的，国务院应当提出修改相关法律的意见；对实践证明不宜调整的，恢复施行有关法律规定。”

5.《全国人民代表大会常务委员会关于延长授权国务院在北京市大兴区等三十三个试点县（市、区）行政区域暂时调整实施有关法律规定期限的决定》规定：“为了进一步深入推进农村土地征收、集体经营性建设用地入市、宅基地管理制度改革试点，更好地总结试点经验，为完善土地管理法律制度打好基础，并做好试点工作和《中华人民共和国土地管理法》修改工作的衔接，第十三届全国人民代表大会常务委员会第七次会议决定：将《全国人民代表大会常务委员会关于授权国务院在北京市大兴区等三十三个试点县（市、区）行政区域暂时调整实施有关法律规定的决定》规定的调整实施有关法律规定的期限延长至 2019 年 12 月 31 日。”

二、关于“土地租赁”的相关理论观点

（一）“土地租赁”的概念界定

“土地租赁”并非法律专业术语，学术界对其概念历来表述不一。有学者认为，土地租赁是指土地所有者作为出租人，将一定数量的土地（地产）在一定期限内交给承租人使用，承租人每年向出租人支付一定的租金，并在租赁关系终止时返还所租土地

的有偿使用方式。也有学者从法律行为的角度对土地租赁进行界定，即出租人将土地交给承租人使用，承租人向出租人交付约定租金，并在租赁关系终止时，将土地交还给出租人的法律行为。从目前的研究状况来看，尽管学者从不同的角度对土地租赁下了定义，但就本质而言并无太大差别，均指在出租人与承租人之间产生的以土地作为租赁物的一种租赁合同关系。

（二）“土地租赁”的总体特征

目前，法学理论界基本上都认为土地租赁应具备以下特征：(1)承租人依据出租人和承租人之间订立的土地租赁合同取得土地使用权。(2)承租人通过支付一定数量的租金作为取得土地使用权的对价。但是该租金无须一次性支付，而可以分期、分次支付。(3)土地租赁合同的租赁期限由出租人与承租人双方在法律允许的范围内自行约定。(4)承租人通过租赁方式取得土地使用权后，即产生对抗第三人的效力，承租人的土地租赁权不受土地所有权移转的影响。

（三）国有土地租赁和国有土地使用权出租的区别

本团队律师认为既然提到“国有土地租赁”的概念，就不得不提“国有土地使用权出租”的相关内容。因为二者使用“租赁”“出租”“国有土地”等词语，故在实践中，很多人会将国有土地租赁与国有土地使用权出租混为一谈。下文旨在厘清二者之间的区别。

1. 国有土地租赁

国有土地租赁的概念是在企业股份制改造、土地资产处置实践探索中逐步提炼出来的。国有土地租赁作为一种特殊的国有土地有偿获取方式，是指国家通过拍卖、招标或者双方协议的方式确定使用者，将土地出租给使用者使用。国有土地租赁合同为要式合同，无论采用哪种方式出租国有土地，最后都要由使用者与县级以上人民政府土地行政主管部门签订一定年期的书面土地租赁合同，并支付租金。从目前情况看，国有土地租赁在各地试行范围主要有三种：一种是政府直接向用地者出租土地；另一种是对不流转的原划拨部分行业用地收取年租金；还有一种是对原划拨土地的入市行为收取年租金。

国有土地租赁是在特殊历史背景下探索出的新模式，即为了尽可能地盘活国有资产，逐步从个别地区推广到全国范围的制度。国有土地租赁是国有土地有偿使用的一种形式，是对国有土地出让的发展和补充。

2. 国有土地使用权出租

国有土地使用权出租，其准确表述应当是“国有建设用地使用权出租”。1988 年《宪法修正案》不再禁止国有建设用地使用权出租，1990 年国务院颁布的《国有土地使用权出让和转让暂行条例》进一步明确规定国有建设用地使用权可以出租。

国有土地使用权出租具有如下特征:(1)出租的客体为建设用地使用权,而不是所有权。因为建设用地使用权人无权出租土地,只有权出租建设用地使用权。(2)必须签订书面合同。建设用地使用权出租时,出租人与承租人应当签订书面租赁合同。(3)建设用地使用权出租人不包括国家,而仅限于建设用地使用权人。

另外,根据《城镇国有土地使用权出让和转让暂行条例》和《合同法》的相关规定,以出让形式取得的土地使用权出租需要受到以下条件限制:(1)未按土地使用权出让合同规定的期限和条件投资开发、利用土地的,土地使用权不得出租。(2)土地使用权出租,出租人与承租人应当签订租赁合同。租赁合同不得违背国家法律、法规和土地使用权出让合同的规定。(3)土地使用权出租后,出租人必须继续履行土地使用权出让合同。(4)土地使用权和地上建筑物、其他附着物出租,出租人应当依照规定办理登记。土地使用权出让、转让、出租、抵押、终止及有关的地上建筑物、其他附着物的登记,由政府土地管理部门、房产管理部门依照法律和国务院的有关规定办理。(5)租赁合同约定的租赁期限不得超过20年,超过部分无效。另外,以划拨形式取得的土地使用权出租需要受到以下条件限制:(1)土地使用者为公司、企业、其他经济组织和个人;(2)领有国有土地使用证;(3)具有地上建筑物、其他附着物合法的产权证明;(4)签订土地使用权出让合同,并向当地市、县人民政府补交土地使用权出让金或者以转让、出租、抵押所获收益抵交土地使用权出让金;(5)须经市、县人民政府土地管理部门和房产管理部门批准。

综上,关于二者的区别,我国著名土地法学家沈守愚先生认为,土地使用权出租是指取得土地使用权后,再将该土地使用权出租的二级市场的行为。国有土地租赁属于土地一级市场,国有土地使用权出租属于土地二级市场。国有土地租赁应是债权物权化,国有土地使用权出租应明确为债权。

表4　国有土地租赁和国有土地使用权出租对比

类别		国有土地租赁	国有土地使用权出租
市场		一级市场	二级、三级市场
主体	出租人	土地所有者	土地使用者
	承租人	土地使用者	土地使用者
客体		土地使用权	土地使用权
权益		承租人取得承租土地使用权。承租人在按规定支付土地租金并完成开发建设后,经土地行政主管部门同意或根据租赁合同约定,可将承租土地使用权转租、转让或抵押	取得土地使用权的土地使用者,其土地使用权在剩余使用年限内可以转让、出租、抵押或者用于其他经济活动。合法权益受国家法律保护

从表4可以看出，国有土地租赁和国有土地使用权出租从内涵到外延差别都很大。

(四)"在试点范围内允许集体经营性建设用地使用权以租赁方式入市"制度的思考

1."在试点范围内允许集体经营性建设用地使用权以租赁方式入市"制度的背景

随着我国现代工业化、城镇化的不断发展，人多地少的基本国情日益突出，土地的供求矛盾是不可避免的。近些年，为防止城市土地过度开发，中央政府严格管控城市新增建设用地，使许多地区的建设用地使用严重不足，与此同时，农村地区存在大量的集体经营性建设用地处于闲置或者利用率低的状态，将该部分土地纳入土地交易市场，是解决用地矛盾的重要途径，也是市场经济发展规律的题中之义。

在上述背景下，2015年我国在33个试点区域内，暂时调整实施集体建设用地使用权不得出让等规定。在符合规划、用途管制和依法取得的前提下，允许存量农村集体经营性建设用地使用权出让、租赁、入股，实行与国有建设用地使用权同等入市、同权同价。据此，试点区域的集体经营性建设用地使用权可以以租赁方式入市交易。

2."在试点范围内允许集体经营性建设用地使用权以租赁方式入市"制度的解读

首先，该制度涉及暂时调整实施有关法律规定，即包括《土地管理法》第43条"任何单位和个人进行建设，需要使用土地的，必须依法申请使用国有土地；但是，兴办乡镇企业和村民建设住宅经依法批准使用本集体经济组织农民集体所有的土地的，或者乡(镇)村公共设施和公益事业建设经依法批准使用农民集体所有的土地的除外"，第63条"农民集体所有的土地的使用权不得出让、转让或者出租用于非农业建设；但是，符合土地利用总体规划并依法取得建设用地的企业，因破产、兼并等情形致使土地使用权依法发生转移的除外"等规定。但是在试点范围内调整实施有关法律规定并非是无条件的，而是附条件的，调整实施的前提条件是必须坚守土地公有制性质不改变、耕地红线不突破、农民利益不受损的底线。如果日后通过实践证明不宜调整的，将恢复适用有关法律。

其次，该制度提及的所谓集体建设用地入市，入市范围限定在存量用地。具体是指试点行政区域只允许集体经营性建设用地入市，宅基地、公益性公共设施用地等非经营性集体建设用地不得入市。该等规定可在一定程度上避免为获取入市经济利益而盲目新增集体经营性建设用地的情形，以坚守耕地红线不突破的底线。

再次，入市要符合规划、用途管制和依法取得的条件。具体而言，相关单位和个人在取得土地使用权后要服从国家统一管理，严格按照土地利用总体规划确定的用途使用土地。

最后，集体经营性建设用地的取得方式必须合法。一方面，集体经营性建设用地所有人应当依法取得拟出让的集体经营性建设用地所有权，在出让前，应当由国土资源主管部门进行确权登记并颁发权属证明；另一方面，受让方取得集体经营性建设用地使用权的程序和方式应当合法，以出让、租赁、入股方式取得，并由政府主管部门进行登记和颁发相应的权属证明。

3. 集体经营性建设用地使用权以租赁方式入市的趋势分析

2019 年 1 月 4 日，第十三届全国人大常委会第七次会议对《中华人民共和国土地管理法(修正案)》草案(以下简称《草案》)进行了审议，并发布征求意见稿，征求意见截止日期为 2019 年 2 月 3 日。目前国土资源部在广泛征求中央、国务院有关部门和地方意见后，已将《草案》报送国务院审议。

其中，为破解集体经营性建设用地入市的法律障碍，《草案》删除了从事非农业建设必须使用国有土地或者征为国有的原集体土地的规定。

为明确集体经营性建设用地入市的条件，《草案》规定了只有被土地利用总体规划确定为工业、商业等经营性用途，并经依法登记的集体建设用地，才允许土地所有权人通过出让、出租等方式交由单位或者个人使用，并应当签订书面合同，明确用地供应、动工期限、使用期限、规划用途和双方其他权利义务。

为维护集体经营性建设用地入市后的管理秩序，《草案》规定了要求集体建设用地使用权人严格按照土地利用总体规划确定的用途使用土地；集体建设用地使用权的最高年限、登记等，参照同类用途的国有建设用地执行。具体办法由国务院自然资源主管部门制定。

尽管《草案》为集体土地与国有土地“同地同权”，纳入统一的建设用地市场打下了制度性基础，但即使修正案正式发布实施，就具体流转涉及的确权、规划、流转市场管理、资金使用等一众问题，需要结合试点地区的经验在全国范围内通过出台进一步细化的操作性规定使法律条文真正落地。

三、关于“土地租赁”的相关裁判观点

(一)出租农民集体土地用于非农建设系违反法律强制性规定，租赁合同应当被认定为无效合同

本团队律师通过检索“集体土地租赁”“高级人民法院”“民事”等关键词，通过查询到的判例可以得出“涉及租赁集体土地用于非农建设的合同应当被认定为无效合同”的结论，本文中本团队律师仅选择如下具有代表性的案例进行阐述。

例如，在北京兴寿鸿远种植园申请租赁合同纠纷申诉申请一案[①]中，北京市高级

① 详见(2016)京民申 2705 号民事裁定书。

人民法院认为:“通过审查北京兴寿鸿远种植园与张某某签订的租赁合同,结合本案当事人提交的‘样板间’照片以及蓝山农场宣传手册等证据,可以认定北京兴寿鸿远种植园在销售过程中对大棚进行装修改造后可用于不定期居住生活进行了商业宣传,该商业宣传对与他人订立合同产生重大影响,上述内容应当视为合同内容。根据《土地管理法》第63条规定,农民集体所有的土地使用权不得出让、转让或者出租用于非农业建设。当事人未经合法审批订立集体土地租赁合同,约定将集体所有土地用于非农业建设的,租赁合同无效。”

再如,在欧某某与中山市港南家居花卉基地(以下简称港南家居)土地租赁合同纠纷一案[①]中,广东省高级人民法院认为:“因涉案土地属于张溪经联社农民集体土地,未经报批报建在集体土地上加盖建筑物属于违法行为。不管是否取得出租人同意,欧某某作为承租人在未经报批的情况下均不得在涉案土地上修建鱼池、围墙、水泥坝及办公室。中山市国土资源局已确认港南家居未经批准在涉案土地上实施建设改作商业用途的行为违法。涉案租赁合同违反法律强制性规定,属于无效合同。”

类似的判例还包括王某某与北京市宛平房地产开发有限责任公司等租赁合同纠纷再审案、[②]何某某与中山市港南家居花卉基地土地租赁合同纠纷案[③]等。

(二)国有土地租赁应当符合法律规定,否则国有土地租赁合同应当被认定为无效合同

例如,在联成国际有限公司、华益(厦门)保龄球娱乐有限公司、厦门市体育中心土地租赁合同纠纷一案[④]中,最高人民法院认为:“体育中心享有的土地使用权是通过划拨方式取得的,并非通过出让方式取得。《中华人民共和国城镇国有土地使用权出让和转让暂行条例》第四十五条第一款规定:‘符合下列条件的,经市、县人民政府土地管理部门和房产管理部门批准,其划拨土地使用权和地上建筑物,其他附着物所有权可以转让、出租、抵押:(一)土地使用者为公司、企业、其他经济组织和个人;(二)领有国有土地使用证;(三)具有地上建筑物、其他附着物合法的产权证明;(四)依照本条例第二章的规定签订土地使用权出让合同,向当地市、县人民政府补交土地使用权出让金或者以转让、出租、抵押所获收益抵交土地使用权出让金。’根据该规定,出租通过划拨方式取得的国有土地使用权的,应当报经相关政府土地管理部门批准。而本案所涉联成公司与体育中心之间的《租用合同》与《补充合同》以及联成公司、华益公

① 详见(2018)粤民申2315号民事裁定书。
② 详见(2018)京民申4098号民事裁定书。
③ 详见(2018)粤民申2314号民事裁定书。
④ 详见(2011)民提字第61号民事判决书。

司与体育中心之间的《合同转让协议书》并未报经政府相关部门审批。上述合同分别签订于1995年、1996年和1997年，应当适用《中华人民共和国涉外经济合同法》的相关规定审查合同的效力。根据《中华人民共和国涉外经济合同法》第九条第一款的规定，'违反中华人民共和国法律或者社会公共利益的合同无效。'本案所涉《租用合同》、《补充合同》和《合同转让协议书》均因违反内地法律的规定而应当认定无效。"

［**案件复盘**］

A公司在启动诉讼程序前，与赵某进行了数次谈判，双方僵持数月，赵某坚持不同意解除合同。在接受A公司委托后，本团队律师从研读法律法规及政策性文件，到前往现场了解赵某向废鱼池倾倒情况并从各个角度拍摄照片，向法官还原了赵某将废鱼池填满渣土，擅自改变土地用途的违法情形。在法庭上，赵某面对本团队律师由浅入深、由点及面的质询，从最初坚持认定自己填平废鱼池用的是好土，到后来改称自己填平废鱼池是为了垫路，使法官开始怀疑其所陈述内容的真实性，并最终认定赵某确实存在用渣土填废鱼池的行为，判令A公司与赵某签订的《租赁协议》予以解除，责令赵某限期将土地恢复原状并交还，除此之外，还支持了A公司的其他全部诉讼请求。

鉴于此，本团队律师特别提示，在签订集体土地租赁合同时，应当注意：第一，在主体资格方面，审查权属证书上记载的权利人与出租人是否一致；第二，在租赁期限方面，注意租赁的起止日期和租赁年限；第三，在租赁标的物方面，列明土地名称、位置、面积；第四，承租人应当严格按照土地性质开发利用，尤其要避免在农用地上进行非农建设。

在签订国有土地出租合同时，尤其是租赁期限在6个月以上的，应当注意与市、县土地行政主管部门签订。租赁合同内容还应当包括出租宗地的位置、范围、面积、用途、租赁期限、土地使用条件、土地租金标准、支付时间和支付方式、土地租金标准调整的时间和调整幅度、出租方和承租方的权利义务等。

在签订国有土地使用权出租合同时，出租人应当在合同中写明：第一，承租人应当按照出租人先前签订的国有土地出让合同的约定代出租人履行其应当履行但尚未履行的义务；第二，要求承租人在取得承租权后，必须同时接受原出让合同、租赁合同对土地开发、用途等方面的限制，出租人有权对承租人使用土地的情况进行监督；第三，承租人应当对承租范围内市政设施妥善保护，不得损坏，并且确保政府管理、公安、消防、救助人员及其紧急器械、车辆等在进行紧急救险或执行公务时能够顺利进出承租范围内。承租人在签订合同时应当注意：第一，承租人应当查验出租人提供的其拥有合法出租该土地使用权的凭证，并且将其复印件作为租赁合同的附件，构成租赁合同的一部分，同时明确约定出租人提供的前述证明材料是真实、合法、有效的，否则出租人应当承担由此产生的责任；第二，要求出租人将土地使用权交付承租人并协助承租人办理国有土地使用权出租的相关登记手续。

6

巧运用“背靠背”条款，终迫使分包方和谈

［**案件摘要**］

本案系一起因“背靠背”条款引发争议的施工合同纠纷案件。业主在总包合同约定的总承包工程项目范围内通过招标将其中的钢结构工程指定分包给分包方，总包方与分包方在建设工程施工专业分包合同中约定仅在业主支付工程款后，总包方才负有向分包方支付工程款的义务。在分包合同履行过程中，总包方与分包方产生纠纷，分包方提出仲裁申请直接要求总包方支付工程款。本团队律师接受总包方委托代理本案，并在总包方确有欠付工程款的情况下，抓住总包方现阶段是否负有结算及支付工程款的义务这一争议焦点，深入挖掘工程施工合同中“背靠背”条款，以对抗分包方的仲裁请求，最终促成分包方在放弃大部分仲裁请求的基础上与总包方达成和解，为总包方挽回损失，妥善解决了纠纷。

［**案情回放**］

本案发生在北京市，A公司系北京市某区4#路、8#路景观平台项目基础工程、砼结构和钢结构工程（以下简称涉案工程）的业主，B公司系涉案工程的总包方，C公司系涉案工程钢结构制作、运输及安装工程的分包方。

A公司与B公司签订《建设工程施工合同》（以下简称《总包合同》），承包涉案工程，在该合同中约定将其中钢结构制作、运输及安装工程（以下简称钢结构工程）分包给C公司。2003年6月20日，A公司向C公司发出《中标通知书》确认C公司为钢结构工程中标单位，中标总价为15,917,731元，A公司要求C公司在接到《中标通知书》7日内与监理单位及B公司联系分包合同签订事宜。2003年6月30日，B公司与C公司签订《建设工程施工合同》（以下简称《分包合同》），其中约定：由C公司承包涉案工程中的钢结构工程，工期为72天，合同价款为人民币15,917,731元；合同生效后，支付合同价20%的预付款，根据工程量的完成情况按月支付工程款，工程全部完

成并经检验合格后，支付合同价90%的工程款，结算完毕支付结算价95%的工程款，工程尾款从竣工之日起算一年后支付；B公司仅向C公司承诺，在A公司拨付工程款15天内，支付C公司该项工程款，因A公司工程款不到位，钢结构工程价款不能按合同支付时，B公司不承担相应责任。

《分包合同》签订后，C公司进场施工。2003年10月5日，4#路景观平台钢结构工程竣工；2004年1月15日，8#路景观平台钢结构工程竣工。施工期间，由于工程款支付一直未到位，C公司数次向A公司发出《请款报告》及《结算申请报告》，请求A公司拨付工程进度款及办理结算。现因《分包合同》项下工程已按期竣工，工程保修期也已届满，C公司向某仲裁委申请仲裁，要求B公司支付未按期支付的工程款及利息，包括工程款5,133,803元及利息1,098,781元，并由B公司承担仲裁费用。

本团队律师作为B公司的代理律师，对案件事实进行梳理并深入研究案情后认为，C公司承包的钢结构工程为业主指定分包，B公司在与C公司签署的《分包合同》中明确约定，B公司仅在业主支付工程款后，方负有向C公司支付相应款项的义务。尽管与C公司签署《分包合同》的主体是B公司，但是C公司的《中标通知书》由A公司发出，在履行过程中C公司从始至终均是向A公司请求支付工程进度款及办理结算。因此本案的争议焦点在于：现阶段B公司是否负有结算义务，该工程结算条件是否成就，以及B公司是否负有支付工程款的义务，亦即俗称“背靠背”条款的适用问题。

本团队律师接受该案委托后，在多次与B公司沟通案件基本情况的前提下，认真梳理案件材料，深入挖掘案件事实，搜集整理了B公司忽略的有关证据材料，从第一次庭审起就奠定了我方在仲裁中的有利地位。庭审过程中，本团队律师全程把控案件进展，建议B公司提起仲裁反请求以延长仲裁时间，从而给C公司施加压力。正是由于本团队律师的上述努力，C公司对通过仲裁程序快速获得工程款的期待大大降低，转而寻求和解方式解决纠纷，并主动找到B公司有关领导进行谈判，最终C公司放弃大部分仲裁请求并与B公司达成了和解。

2009年4月3日，B公司和C公司分别向某仲裁委提交了撤回仲裁请求和仲裁反请求的书面申请，仲裁庭依据仲裁规则的规定，决定撤销本案。B公司对仲裁结果非常满意。

［**战略战术**］

一、挖掘案件事实、把握仲裁进程，变被动为主动

2003年，B公司持本案大量资料找到本团队。本团队律师在翻阅案件材料后，迅速发现本案众多材料中的两个核心条款:一是《分包合同》中的“背靠背”条款,二是《总包合同》中的甲指分包条款。

从以往的裁判倾向来说,“背靠背”条款的约定对B公司是极为不利的。裁判者往往更倾向于保护分包方的利益、要求总包方支付工程款,“背靠背”条款亦很难对抗分包方的支付请求。然而,本团队律师敏感地注意到了《总包合同》中的甲指分包条款及C公司数次向A公司催收工程款的事实。

甲指分包在大型建设工程项目中较为常见,它是指业主在总包合同约定的总承包工程项目的范围内将部分专业施工项目,通过招标、议标等方式直接选定分包方,同时要求总包方与分包方签订建设工程施工分包合同的情况。尽管现行法律法规、住房和城乡建设部发布的建设工程合同示范文本均没有对指定分包的含义作出明确定义,但是指定分包现象在我国的建设工程实践中大量存在。在本案业主指定分包的情况下,业主与分包方之间往往存在实际的权利义务关系,而总包方不过是分包合同的名义发包人,仅承担代业主支付工程款的义务。合同履行过程中C公司数次向A公司催收工程款的事实进一步佐证了此观点。此时的“背靠背”条款相比一般分包来说更容易得到法院或仲裁机构的支持。

本团队律师接受该案委托后,在多次与B公司沟通案件基本情况的前提下,认真梳理案件材料,在各方的共同努力、配合下,本案以对方主动和解结案。

二、深入挖掘案件事实,扭转不利局面

本团队律师在接受B公司委托后,根据团队专业化工作流程要求向B公司列明《提交材料清单》,引导B公司尽可能全面地提供案件材料。本团队律师初步梳理B公司提供的案件材料,认为B公司确实拖欠工程款,C公司诉讼请求具有合理性,但是,本团队律师根据多年积累的建设工程领域争议解决的丰富经验,发现C公司实为业主指定分包,本案分包合同中设置有“背靠背”条款,在合同履行过程中C公司一直向业主请求支付工程进度款和请求办理结算。据此,本团队律师重构案件事实,并且收集整理了B公司忽略的有关证据材料,在第一次庭审时就奠定了B公司在仲裁中的有利地位。

三、全程把控案件进展

在案件审理中,本团队律师判断C公司希望并且认为能够快速地解决争议,从而获得工程款。本团队律师建议B公司提起仲裁反请求,以达到最大程度维护B公司利益并延长仲裁时间,从而给C公司施加压力的目的。为了促使B公司提出的仲裁反请求得到认可,本团队律师代表B公司向某仲裁委提出工程造价鉴定申请,并多次向其致函说明工程造价鉴定的必要性,最终得到了仲裁庭支持。本团队律师始终积极主动地与B公司、仲裁庭、鉴定机构等各方联系，牢牢把控案件的关键节点，推动本案向有利于B公司的方向发展。

［**法案研判**］

本案获胜的关键在于对“背靠背”条款适用问题的分析解读。所谓“背靠背”条款，一般是指合同中负有付款义务的一方当事人设置的，以其在与第三人的合同关系中收到相关款项作为其支付本合同款项之前提的条款。“背靠背”条款系总包方为维护自身的合法利益、规避预期外的风险，与分包方签署的分包合同中约定的条款。但是一旦真正与分包方产生工程款支付纠纷，将争议提交法院或仲裁机构解决时，总包方是否能够据此对抗分包方的请求，取决于法院和仲裁机构的利益衡量和价值判断。下文将结合相关法律法规、理论及裁判观点，对“背靠背”条款性质与效力的认定问题进行深入探讨。

一、关于“背靠背”条款的相关法律法规

目前，在探讨“背靠背”条款的性质与效力时，与之相关的现行有效的相关法律法规主要包括：

1.《民法总则》第158条规定：“民事法律行为可以附条件，但是按照其性质不得附条件的除外。附生效条件的民事法律行为，自条件成就时生效。附解除条件的民事法律行为，自条件成就时失效。”

2.《民法总则》第159条规定：“附条件的民事法律行为，当事人为自己的利益不正当地阻止条件成就的，视为条件已成就；不正当地促成条件成就的，视为条件不成就。”

3.《民法总则》第160条规定：“民事法律行为可以附期限，但是按照其性质不得附期限的除外。附生效期限的民事法律行为，自期限届至时生效。附终止期限的民事法律行为，自期限届满时失效。”

4.《合同法》第45条规定：“当事人对合同的效力可以约定附条件。附生效条件的合同，自条件成就时生效。附解除条件的合同，自条件成就时失效。”

5.《合同法》第46条规定：“当事人对合同的效力可以约定附期限。附生效期限的合同，自期限届至时生效。附终止期限的合同，自期限届满时失效。”

6.《合同法》第52条规定：“有下列情形之一的，合同无效：（一）一方以欺诈、胁迫的手段订立合同，损害国家利益；（二）恶意串通，损害国家、集体或者第三人利益；（三）以合法形式掩盖非法目的；（四）损害社会公共利益；（五）违反法律、行政法规的强制性规定。”

7.《合同法》第 53 条规定:“合同中的下列免责条款无效:(一)造成对方人身伤害的;(二)因故意或者重大过失造成对方财产损失的。”

8.《合同法》第 73 条规定:“因债务人怠于行使其到期债权,对债权人造成损害的,债权人可以向人民法院请求以自己的名义代位行使债务人的债权,但该债权专属于债务人自身的除外。代位权的行使范围以债权人的债权为限。债权人行使代位权的必要费用,由债务人负担。”

9.《最高人民法院关于适用〈中华人民共和国合同法〉若干问题的解释(一)》(以下简称《合同法司法解释(一)》)第 13 条第 1 款规定:“合同法第七十三条规定的‘债务人怠于行使其到期债权,对债权人造成损害的’,是指债务人不履行其对债权人的到期债务,又不以诉讼方式或者仲裁方式向其债务人主张其享有的具有金钱给付内容的到期债权,致使债权人的到期债权未能实现。”

10.《北京市高级人民法院关于审理建设工程施工合同纠纷案件若干疑难问题的解答》(以下简称《北京市高院施工合同解答》)第 22 条规定:“分包合同中约定待总包人与发包人进行结算且发包人支付工程款后,总包人再向分包人支付工程款的,该约定有效。因总包人拖延结算或怠于行使其到期债权致使分包人不能及时取得工程款,分包人要求总包人支付欠付工程款的,应予支持。总包人对于其与发包人之间的结算情况以及发包人支付工程款的事实负有举证责任。”

二、关于“背靠背”条款的相关理论观点

(一)“背靠背”条款的概念及其域外体现

“背靠背”条款的概念上文中已有介绍,具体到建设工程分包合同而言,通常指总包方与分包方在分包合同中约定,待总包方与业主进行结算且业主支付工程款后,总包方再向分包方支付工程款。实践中该条款的具体表述可能略有不同,但也仅是形式上的差异,其核心仍是以业主支付为前提。

在国外,“背靠背”条款体现为“Pay - if - paid”或“Pay - when - paid”条款。二者在诸如英国等国家和地区经常被混同使用,但事实上即使仅从字面上理解,二者也存在一定的差异。具体而言,“Pay - if - paid”条款是指总包方在分包合同中设定的,以得到业主支付的工程款作为其向分包方付款前提的条款;而“Pay - when - paid”条款通常指总包方可在合理期间内等待业主付款,其后再向分包方支付,但如合理期限届满,则无论业主是否已经付款,分包方均有权要求总包方向其支付相应款项。由此可知,“Pay - if - paid”条款对于分包方获得款项设置了明确的条件,即业主向总包方先行支付;而在“Pay - when - paid”条款里虽然也提到了由业主向总包方支付,但并非“当且仅当”(if and if only)总包方获得业主付款后才向分包方支付。易言之,“Pay -

when - paid”条款通常只表述总包方向分包方付款的时间，而不构成向分包方付款的前提条件。①

（二）“背靠背”条款的性质

关于“背靠背”条款的性质，目前主流观点认为应属于“附条件”条款，但也有观点认为应属“附期限”条款，由于现行法律法规对此并无明确规定，因此业界一直争议较大。

在讨论这个问题之前，首先需要澄清的一点是，目前主流观点直接援引《合同法》第45条或《民法总则》第158条的规定，作为“背靠背”条款系属“附条件”条款的直接法律依据，对此本团队律师认为并不准确。就前述规定的文义而言，其应仅指整个合同或法律行为的效力附条件，即当所附条件成就时，整个合同或法律行为始生效力。而“背靠背”条款作为分包合同中的一项条款，显然并非整个分包合同的“所附条件”，无论业主是否支付相应款项，均不影响整个分包合同的效力。因此，以该等条文佐证“背靠背”条款系属“附条件”条款未免有些武断。

问题到了这里似乎已无出路，立法例上再难为“背靠背”条款的性质找到恰当的法律依据。本团队律师认为，既然再无法律规定可为佐证，不妨对《合同法》第45条和《民法总则》第158条作类推适用。也就是说，按照现行法律规定，法律行为得附条件，那么法律行为的条款亦得附条件。由于实践中法律行为的条款附条件的情形并不鲜见，因此将其与法律行为附条件相区分仍具有一定的典型意义，且具备相应的法理基础，同时也可避免因法律适用不当而带来的尴尬。

在明确法理依据的前提下，对于“背靠背”条款究竟系属“附条件”条款，还是属于“附期限”条款，抑或还有其他解读，实则只需探讨一个问题，即“获得业主付款”这一事实是否属于“条件”或“期限”中的一种。

当前主流观点认为，“背靠背”条款系属“附条件”条款，显然该观点将“获得业主付款”视为一项“条件”，而所谓条件，作为当事人意思表示的一个组成部分，系未来可能发生的不确定的事实。② 那么，将“获得业主付款”归为“未来可能发生的不确定的事实”是否恰当？本团队律师认为，这一问题仍需慎重考虑。有学者尖锐地指出，假如分包方在与总包方签订分包合同时，得知未来业主是否向总包方付款尚不确定，进而使未来总包方是否向其付款也无法确定，那么其是否仍愿意与总包方签订合同？从另一个角度来说，如果已完工程符合质量标准，但却无法保证施工方获得工程款，显然

① 参见包艳萍、孟友瑞：《国际工程分包合同中“Pay - if - paid”和“Pay - when - paid”条款辨析》，载《国际经济合作》2014年第11期。

② 参见韩世远：《合同法总论》（第3版），法律出版社2011年版，第155页。

将违背双方当事人订立合同的目的，也不符合当事人的真实意思表示。应当认为，分包方与总包方签订“背靠背”条款的初衷在于与总包方共同承担业主迟延支付工程款的风险，而非承担业主不支付工程款的风险。换言之，根据法律的基本原则及相关规定，在工程质量合格的前提下，业主支付工程款应为确定的事实，仅是付款期限长短的问题。但也有观点指出，仍然存在极端情况如业主破产等原因导致业主无法支付工程款，对此本团队律师认为，即使业主破产，在符合法定条件的情况下，总包方仍然享有优先受偿权，即可以就工程折价或者拍卖的价款优先受偿，只是该等获得工程款的方式较为曲折，并非直接通过业主支付实现而已，但并不影响这一事实的确定发生。因此，将“背靠背”条款视为“附条件”条款似有一定障碍。

那么，“背靠背”条款是否属于“附期限”条款呢？所谓期限，与条件相同，同样是当事人意思表示的组成部分，但系于将来发生的确定事实。[①] 如前所述，若将“获得业主付款”视为未来确定发生的事实，则认为其应属“期限”并无不当。然而，此处存在的问题是，“获得业主付款”虽为未来确定发生的事实，但却无明确的期限，总包方为了己方利益完全可能采取相应措施延缓这一期限的到来，从而逃避其对分包方的付款义务，损害分包方的合法权益。而在此情况下，由于《合同法》第 45 条仅对附条件合同中当事人不正当地阻止或促成条件成就的法律后果进行了规定，而在第 46 条附期限合同中，却未对当事人不正当地加速或延缓期限的到来作出规定，使分包方在面对总包方恶意逃避付款义务时竟无法可依，只得类推适用第 45 条第 2 款的规定，造成法律适用上的尴尬。但尽管如此，本团队律师还是更倾向于将“背靠背”条款认定为“附期限”条款，以使论理更符合逻辑基础而非价值判断。[②]

（三）“背对背”条款的效力

在英美法系国家，尽管各国关于“背靠背”条款的使用和规定不尽相同，但总体上还是持否定或严格限制的态度。例如，英国于 1996 年通过的《住房许可、建设和重建法令》明确禁止“Pay－when－paid”条款，除非业主破产；而在 2009 年通过的《地方民主、经济发展和建设法令》中，则对禁止“Pay－when－paid”条款使用的情形作出了更为详尽的解释。在美国，各州法院及联邦法院对“背靠背”条款的态度略有差异，不过基本能够达成共识，即出于对分包方利益的保护，严格限制该条款的使用，除非条款中清晰而明确地表述了双方的意图，即总包方将业主破产的风险转移给分包方。而在澳大利亚、新西兰、新加坡和马来西亚等国家，总体上都禁止在分包合同中使用“Pay－if－

① 参见韩世远：《合同法总论》（第 3 版），法律出版社 2011 年版，第 155 页。

② 参见袁华之、丑斌：《分包合同中的“背靠背”条款浅析》，载《财经法学》2017 年第 2 期。

paid”和“Pay - when - paid”条款。①

在国内,业界并未详细区分“Pay - if - paid”与“Pay - when - paid”条款,而统一译为“背靠背”条款,而对于该条款的效力,法律法规也未作出明确规定。目前,持无效观点的学者认为,根据近因易控原则,应由最能有效防止和处置风险的一方来承担风险,从而降低风险发生的概率并减少风险造成的损失。对于业主支付的风险而言,由于总包方与业主之间存在直接的权利义务关系,且自招投标阶段或总包合同签订之时伊始至整个合同履行期间,总包方对业主资信及履约能力的感受相较于分包方无疑更为直观,判断也更为准确,故显然应由总包方承担这一风险。而通过“背靠背”条款,总包方却将本应由其承担的业主支付风险不合理地转嫁给与业主并无合同关系的分包方承担,有违公平原则和诚实信用原则,因此应为无效条款。

相反地,持有效观点的学者则认为,《合同法》第4条和第8条分别对合同自由原则和依合同履行义务原则进行了规定,即合同以当事人意思自治为原则,只要当事人的约定没有违反法律法规的强制性规定,即应属有效,当事人应依诚实信用原则信守所作约定。《合同法》第52条、第53条、第54条对合同无效的法定情形、无效的免责条款及可变更、可撤销的合同作出了明确规定,而“背靠背”条款并不符合前述规定的情形,故依法应为有效。从另一个角度来说,《建筑法》第29条第2款和第55条均规定,总包方与分包方应就分包工程对业主承担连带责任。而连带责任的内容应包含权利和义务两方面,完成分包工程并确保分包工程质量是总、分包双方的共同义务,收取业主的工程款则是共同的权利,因此,如总、分包双方已约定待收到业主工程款后再支付分包方工程款,体现的是对连带的权利即收取工程款作了特别约定,此约定符合《建筑法》的相关规定,应为有效。②

本团队律师认为,对“背靠背”条款效力的认定,应首先对不同情形下分包合同的效力进行区分。在违法分包的情况下,整个分包合同依法应为无效合同,其中的“背靠背”条款显然也应归于无效;而在合法分包的情况下,“背靠背”条款作为当事人双方的真实意思表示,是私法自治的具体体现,并不违反法律法规的强制性规定,应系有效约定。另外需提及的一点是,我国的《建设工程施工专业分包合同(示范文本)》(GF - 2003 - 0213)通用条款第19.5条规定:“分包合同价款与总包合同相应部分价款无任何连带关系。”但是,由于前述示范文本并不具有强制性,故其相关规定也不构成对“背靠背”条款的禁止性规定,不能以此否认“背靠背”条款的效力。

---

① 参见包艳萍、孟友瑞:《国际工程分包合同中“Pay - if - paid”和“Pay - when - paid”条款辨析》,载《国际经济合作》2014年第11期。

② 参见朱树英:《工程合同实务问答》,法律出版社2011年版,第100页。

此外，也有学者指出，应当通过区分不同分包合同的类型对“背靠背”条款的效力予以不同评价。具体而言，在一般分包合同中，因分包方与业主之间并无实际的权利义务关系，故总包方通过“背靠背”条款将业主支付的风险转嫁给分包方有违公平原则，应当认定为无效；而在业主指定的分包合同中，通常都是由业主直接挑选分包方并拟定合同价格，总包方虽然名义上与分包方签订了分包合同，但实际上更接近于充当管理者的角色，此时总包方通过“背靠背”条款规避业主支付风险，具有一定的合理性，应当认定为有效。该种观点现实地考虑了总包方在不同情况下所处的不同地位，进而对“背靠背”条款的效力作区分处理，具有一定的启发意义，不失为一个有价值的思考方向。

三、关于“背靠背”条款的相关裁判观点

虽然现行法律法规对“背靠背”条款的效力并无明确规定，但在合法分包的前提下，各地法院或仲裁机构的主流观点仍然倾向于将“背靠背”条款认定为有效，认定为无效的案例数量极少。

例如，在重庆一建建设集团有限公司（以下简称重庆一建公司）诉青海和宇节能门窗有限公司（以下简称青海和宇公司）建设工程施工合同纠纷一案①中，青海省高级人民法院认为：“合同虽作了这样的约定，但豪都华庭公司在合同上未签字盖章，此约定对豪都华庭公司不产生效力，即对豪都华庭公司没有约束力。因此，豪都华庭公司是否付款不应成为重庆一建公司给付青海和宇公司工程款的前提条件，豪都华庭公司与重庆一建公司之间是否结算不能成为重庆一建公司向青海和宇公司拒付工程款的理由。”

再如，在北京东方信联无线通信有限公司（以下简称东方通信公司）与天津讯广科技有限公司（以下简称讯广科技公司）建设工程合同纠纷一案②中，北京市第一中级人民法院认为：“东方通信公司在对付款条件的约定上，显然将第三人付款的风险转移给讯广科技公司。第三人何时付款、付款比例的大小、第三人拒绝付款或者违反约定延迟付款等均会影响到施工方讯广科技公司的利益，该约定明显有违公平原则。同时，依据双方签订的结算清单，按照先施工后结算的一般行业规范，应该视为东方通信公司已对讯广科技公司的施工予以确认。在此情形下，东方通信公司应该在合理的时间内支付款项。”

需要说明的是，在违法分包的情况下，因分包合同为无效合同，故其中的“背靠

① 详见（2014）青民一终字第42号民事判决书。

② 详见（2014）一中民终字第01260号民事判决书。

背”条款显然也应属无效条款，但根据《建设工程施工合同司法解释（一）》第 2 条规定：“建设工程施工合同无效，但建设工程经竣工验收合格，承包人请求参照合同约定支付工程价款的，应予支持。”那么，假如分包合同无效但分包工程经验收合格，总包方是否有权参照“背靠背”条款支付工程价款呢？

例如，在黄某某、林某某与江西通威公路建设集团有限公司、泉州泉三高速公路有限责任公司建设工程分包合同纠纷一案①中，最高人民法院认为：“一审判决根据诉争工程已经竣工验收并交付使用的实际情况，依照《最高人民法院关于审理建设工程施工合同纠纷案件适用法律问题的解释》第 2 条之规定，判令江西通威公司支付黄某某、林某某工程款，并自工程交付之日起承担尚欠工程款的利息，适用法律正确。上述司法解释条款规定‘参照合同约定支付工程价款’主要指参照合同有关工程款计价方法和计价标准的约定。江西通威公司主张‘参照’应当包括合同对支付条件的约定，其与业主泉三高速公路公司未完成结算，本案所涉合同约定的工程款支付条件尚未成就，其应在付款条件成就时承担向黄某某的付款义务，于法无据，本院不予支持。”可见，分包合同无效时，其中的“背靠背”条款亦不在“参照适用”的范围内。

2012 年 8 月，《北京市高院施工合同解答》出台后，其第 22 条肯定了“背靠背”条款的效力，同时还对该条款的实务处理方式进行了明确规定，对司法实践发挥了一定的指导作用。根据该条规定，因总包方拖延结算或怠于行使其到期债权致使分包方不能及时取得工程款的，分包方有权突破“背靠背”条款的限制，要求总包方支付欠付的工程款，且总包方需对其与业主之间的结算情况以及业主支付工程款的事实承担举证责任。此处“怠于行使其到期债权”的含义应与《合同法》第 73 条的规定作同一解释，即不以诉讼或仲裁方式主张具有金钱给付内容的到期债权。由此可见，北京市高级人民法院虽然肯定了“背靠背”条款的效力，但却通过严格举证责任的方式使总包方难以将该条款作为对抗分包方付款请求的有效抗辩。

《北京市高院施工合同解答》出台后，对于全国法院审理涉及“背靠背”条款的案件均产生一定的借鉴意义。目前，司法实践中对于这一问题的处理总体上遵循如下思路：

第一，如总包方与分包方在分包合同中未明确约定付款期限，仅约定“双方结算以总包方与业主的结算依据和条款为准”，应视为对付款期限的约定不明，而不应准用总包合同的付款期限，总包方以此作为分包合同工程款支付条件未成就的理由抗辩分包方付款请求的，一般不予支持。例如，在曙光控股集团有限公司宁波分公司与华

① 详见（2013）最高法民一终字第 93 号民事判决书。

丰建设股份有限公司合同纠纷一案[①]中，浙江省高级人民法院认为："曙光公司所承建的案涉桩基工程业已通过竣工验收并已实际交付，双方当事人理应就工程造价进行结算并支付工程价款。虽然分包合同对工程款支付时间没有作出明确规定，但依据合同法之相关规定，合同双方对付款时间没有明确约定或者约定不明的，施工方有权在工程竣工验收后，在合理期限内要求支付工程价款，因此，原判认定曙光公司要求对工程款进行结算并支付工程款符合法律规定正确，华丰公司提出'案涉工程价款支付条件尚未成就'的上诉主张，有违公平之原则，本院不予采纳。"

类似的判例也存在于因"背靠背"条款引致争议的买卖合同纠纷案件中。例如，在北京建工集团有限责任公司与唐山市华新电缆有限公司买卖合同纠纷一案[②]中，北京市第二中级人民法院认为："本案中，《迁安医院迁建项目门急诊住院综合楼 B 标段电缆供货合同》相关条款约定，迁安医院向北京建工集团有限责任公司付款后，北京建工集团有限责任公司才能向唐山市华新电缆有限公司付款。本院认为，该合同条款有效，且系双方对付款期限的约定，但该期限属约定不明。《中华人民共和国合同法》第 62 条规定，履行期限约定不明，当事人可以协议补充，不能达成补充协议的，按照合同有关条款或交易习惯确定；仍不能确定的，债务人可以随时履行，债权人也可以随时要求履行，但应当给予对方必要的准备时间。本案中，迁安医院迁建工程验收审计完毕时间尚且不能确定，因此，唐山市华新电缆有限公司、北京建工集团有限责任公司就付款期限无法达成补充协议，因此，唐山市华新电缆有限公司可以随时要求北京建工集团有限责任公司履行付款义务。"

第二，如总包方与分包方在分包合同中仅约定"业主向总包方付款后，总包方才向分包方付款"，则不应将"业主向总包方付款"扩大解释为"业主向总包方支付全部工程款"，即只要业主向总包方支付部分工程款，总包方向分包方付款的条件即获满足。例如，在四川楠杨建筑工程有限公司与成都光大建设集团有限公司建设工程分包合同纠纷一案[③]中，四川省高级人民法院认为："根据光大公司与楠杨公司所签《水电安装分包合同》约定，'光大公司应在竣工验收合格后业主转款五个工作日支付至 95%（扣除上交管理费及税金 20%），余款在二年回询结束无质量问题全额支付，如业主转款到光大公司账户五个工作日不支付，每逾期一天，按照水电安装工程总价0.3%支付逾期付款违约金'，该约定中的'业主转款到光大公司账户'并非指业主将案涉工程的全部工程款转到光大公司账户，光大公司向楠杨公司的付款条件也不是业主向光

① 详见（2008）浙民一终字第 192 号民事判决书。
② 详见（2018）京 02 民终 3280 号民事判决书。
③ 详见（2015）川民终字第 18 号民事判决书。

大公司支付完毕全部工程款。只要工程竣工验收后业主向光大公司转款，光大公司就应向楠杨公司支付工程款。”

第三，如总包方与分包方在分包合同中约定“待总包方与业主进行结算且业主支付工程款后，总包方再向分包方支付工程款”的，则总包方需对其与业主之间的结算情况以及业主支付工程款的事实承担举证责任，同时证明其自身已经通过诉讼或仲裁的方式积极向业主主张了到期债权，否则不得对抗分包方的付款请求权。例如，在陕西建工安装集团有限公司与赵某某建设工程施工合同纠纷一案[①]中，河南省三门峡市中级人民法院认为：“陕西建工安装集团有限公司与赵某某在分包合同‘执行业主验收计价程序及规定、陕西建工安装集团有限公司在业主批准的计价款到达账户 5 日内及时支付给赵某某’的约定，是在目前建筑市场处于绝对买方市场，业主为大，业主拖欠工程价款现象日趋普遍的建筑市场环境下，总包商为转移业主支付不能的风险，而在分包合同中设置‘以业主支付为前提’的条款，通常称为‘背靠背’条款（Pay - when - paid），该条款有其一定的合理性和合法性，故该约定有效。但总包商应当举证证明不存在因自身原因造成业主付款条件未成就的情形，并举证证明自身已积极向业主主张权利，业主仍尚未就分包工程付款。若因总包人拖延结算或怠于行使其到期债权致使分包人不能及时取得工程款，分包人要求总包人支付欠付工程款的，应予支持。本案中，赵某某完成的工程，业主方已在 2008 年 11 月审批认定，2008 年 12 月 16 日已经业主验收合格，此时陕西建工安装集团有限公司已可要求业主支付相应的工程款，但陕西建工安装集团有限公司称截至目前业主仍未结算、付款，且未提交证据证实已积极向业主主张了权利，故可以认定其怠于行使权利，其关于支付工程款条件尚未成就的上诉主张不能成立，本院不予支持。”

需要说明的是，在部分案件中，即使总包方能够证明其已通过诉讼或仲裁的方式积极向业主主张了到期债权，但如业主存在明显不能偿付到期债务的情形，则基于符合合同目的和公平原则考虑，仍不能阻却总包方对分包方付款义务的履行。本团队律师查询到与该等情形类似的一起买卖合同纠纷案件。例如，在青岛永丰余贸易有限公司（以下简称永丰余公司）与中钢钢铁有限公司（以下简称中钢钢铁公司）买卖合同纠纷一案[②]中，北京市第一中级人民法院认为：“永丰余公司与中钢钢铁公司签订的《采购合同》系双方当事人真实意思表示，其内容未违反国家法律、行政法规的强制性规定，应属有效。……至于涉案《采购合同》第 7 条第 1 项关于‘待收到青岛远征公司货

① 详见（2014）三民终字第 199 号民事判决书。

② 详见（2015）一中民（商）终字第 4734 号民事判决书。

款后，再于5个工作日内付清剩余20%货款'的约定，则属于中钢钢铁公司向永丰余公司支付剩余20%货款条件的约定，该条款不符合《中华人民共和国民法通则》第62条所规定的附生效条件的民事法律行为的构成要件，亦不会对已成立并生效的涉案《采购合同》的效力产生影响，故一审法院适用法律有误，本院予以纠正。关于中钢钢铁公司是否应向永丰余公司给付剩余货款1,202,488.65元，对此，本院认为，中钢钢铁公司应向永丰余公司给付剩余货款，理由如下：第一，买卖合同是出卖人转移标的物的所有权于买受人，买受人支付价款的合同，在买卖合同中，买受人的主要权利是取得标的物的所有权，主要义务是支付价款。本案中，永丰余公司已依约履行了交付钢材的义务，中钢钢铁公司在收到永丰余公司交付的钢材的情况下负有支付货款的义务，这也符合权利义务相一致原则。第二，虽然涉案《采购合同》约定了中钢钢铁公司给付永丰余公司剩余20%货款的条件，但在中钢钢铁公司已起诉青岛远征公司并申请执行，截至目前，查不到财产，中钢钢铁公司尚未收到任何执行款的情况下，并结合(2014)海民初字第15427号买卖合同纠纷案中法院向青岛远征公司公告送达开庭传票并缺席判决的事实，中钢钢铁公司能否从青岛远征公司执行到案款存在极大的不确定性，从等价有偿的角度而言，不应免除中钢钢铁公司给付剩余20%货款的义务，中钢钢铁公司以给付20%货款的条件未成就为由主张不给付剩余20%货款，无事实和法律依据。第三，对于中钢钢铁公司未从青岛远征公司取得全部货款，永丰余公司并无过错，并考虑到中钢钢铁公司尚有从大地保险公司获得理赔的可能，判决中钢钢铁公司给付永丰余公司剩余货款能够更好地保护债权人的合法权益，且符合合同目的和公平原则。"

［**案件复盘**］

建设工程领域的案件往往因为参与主体众多使各方法律关系错综复杂，合同约定和法律规定的后果有时会超出当事人的预期，较容易产生纠纷。"背靠背"条款作为总包方与分包方之间签订的风险共担条款，目前无论在理论解析还是实务处理上均未形成完全一致的意见，这对于总包方和分包方来说均存在一定的风险，实践中需谨慎应对。本团队律师结合在建设工程领域多年积累的争议解决经验，对分包方和总包方建议如下：

对于分包方而言，应尽量避免在分包合同中约定"背靠背"条款，保持业主付款与总包方付款的分离性和独立性，从而避免己方权利受到不合理侵害。但必须承认的是，实践中总包方在合同订立的过程中往往处于优势地位，分包方对于合同条款的设置并无太多话语权，大多情况下仅能被动接受，因此，要求分包方拒绝将"背靠背"条款写入合同似乎并无现实效果。而当分包合同明确约定“背靠背”条款且总包方恶意欠付分包工程款时，分包方应当积极应对，根据合同约定及时提起诉讼或仲裁申请，一方面主张总包方滥用优势地位和违反公平原则，行使合同撤销权或要求确认该条款无效；另一方面充分利用当前主流的司法观点与趋势，严格总包方的举证责任，削弱其抗辩依据，主张付款期限已至，从而维护自身的合法权益。

就总包方而言，为了最大限度发挥“背靠背”条款风险共担的作用，应首先保证该条款的完备性，避免因表述不清或存在歧义导致未来法院或仲裁机构认为该条款存在效力瑕疵或对该条款作限缩解释，使该条款的作用难以得到充分发挥。其次，由于在指定分包的情况下，业主方与分包方之间往往存在实际的权利义务关系，此时的“背靠背”条款相比一般分包来说更容易得到法院或仲裁机构的支持，因此作为总包方，应注意留存业主直接指定分包的相应证据，以在日后可能发生的诉讼或仲裁中占据主动地位。再次，总包方在收到每笔业主付款时，应注意区分款项的性质及子项明细，特别是所付款项中是否包含分包工程款以及分包工程款的具体金额，从而掌握业主方针对分包工程付款情况的关键事实证据。最后，当业主方迟延支付工程款时，总包方应尽早通过诉讼或仲裁方式积极向业主方主张权利，以避免未来因怠于主张权利而被分包方要求先行支付分包工程款，致使“背靠背”条款失去履行意义。

最后，本团队律师提示，在为建设工程合同纠纷的当事人服务时，代理律师应当勤勉尽责，反复与客户确认案件事实，认真梳理事件脉络。一方面，建设工程合同纠纷通常案情复杂，法律关系众多，案卷量大，有些细节会被忽略；另一方面，客户并非法律职业人员，在表述基本事实或提供证据材料时很可能会遗漏掉一些重要的证据或事实。因此，律师在提供法律服务时就应当格外谨慎，深入挖掘案情，确保厘清案涉所有法律问题和事实问题。本案中，本团队律师就是通过反复沟通才了解到被B公司忽略的有关证据材料，从而在后期扭转了原本对我方不利的局面，维护了客户的利益，完成了一次出色的法律服务。

7

固定总价工程未完，应付款项策无遗算

［案件摘要］

本案系A公司与B公司之间因未完工程所涉固定总价合同价款认定问题而引起的一起建设工程施工合同纠纷案件。本团队律师作为A公司（发包人，被申请人）的代理人不仅成功防守B公司（承包人，申请人）主张的21,337,936.12元工程款，并且还为A公司争取到B公司除支付A公司工期延误违约金100万元及其他款项外，还需退回8.6万余元的可喜成果。本案中，本团队律师牢牢把握住固定总价合同的基本点，并以此为中心，展开对招标文件、中标合同、补充协议、合同实际履行情况及事实的全面梳理与整合，将B公司主张的洽商变更、钢筋、建筑面积、人工费及材料差量等费用调整逐项驳回，并以其延期竣工应按约罚款提出抗辩，使A公司在付出最少成本的基础上收获最大利益。

［案情回放］

2003年6月19日，A公司开发的某工程对外公开招标，B公司参加投标并中标。2003年8月13日，双方签订《建设工程施工合同》（以下简称中标合同）。中标合同约定："工程价款采用固定价格，承包价为41,071,889元，建筑面积为34,334.75平方米；2003年8月15日开工，2004年9月13日竣工；因施工方原因不能如期竣工每拖延一天罚款2万元，但最高不得超过工程造价的3%。"2003年8月15日，双方又签订《建设工程施工合同补充条款》（以下简称补充条款），约定："某工程总面积为33,117.46平方米；工程总承包价为38,776,068元，钢筋差价进行调整时，其钢筋总量不得超过2221.60吨；竣工日期由2004年9月13日改为2004年9月30日；延期竣工罚款总金额不超过总工程造价的5%。"

合同签订后，B公司即进场施工。工程于2003年8月15日开工，2004年11月12日完成竣工验收，后A公司依据中标合同及补充条款约定支付工程款40,384,798.18元。

双方无法就工程结算达成一致,B公司向某仲裁委提起仲裁,请求为:(1)A公司支付工程款21,337,936.12元;(2)A公司承担本案仲裁费用。

A公司提出反请求为:(1)B公司退还工程款3,632,012.22元;(2)B公司退还款项3,632,012.22元截至提出仲裁反请求之日利息230,246.51元,并计算至全部款项实际付清之日止;(3)B公司承担A公司因答辩及提起仲裁反请求发生的律师费35万元;(4)B公司承担本案仲裁费用。

某仲裁委采纳了本团队律师的代理观点,并于2008年1月16日作出有利于A公司的《裁决书》,裁决如下:(1)A公司向B公司支付工程款968,410.07元;(2)B公司向A公司支付工程延期罚款1,000,000元及律师代理费50,000元;(3)案件本请求仲裁费由B公司承担90%,A公司承担10%;反请求仲裁费由B公司承担30%,A公司承担70%。合计算来,B公司应当向A公司支付86,395.13元。

[**战略战术**]

一、深入研究案情,寻求案件的思路及突破口

本团队律师接受A公司委托后,以客户利益为根本出发点,仔细梳理案卷材料,深入分析案情。将案件中有利于A公司的全部证据均提取出来,以形成完整的证据链条,能够对抗B公司的仲裁请求并且支持A公司反请求。

首先,对于A、B公司后续签订的补充条款极有可能被认定为“黑白合同”中的“黑合同”,进而被否认结算效力,本团队律师是非常清楚的。即便如此,本团队律师在答辩中也找到诸如补充条款不属于对中标合同的实质变更、B公司部分认可补充条款等依据试图说服仲裁庭认可补充条款效力。

其次,本团队律师仔细查阅招标文件、中标合同、补充条款等一系列文件,对固定总价包含的工程量、材料等范围进行全面梳理,在对抗B公司的人工及材料调差、合同外增加费用、建筑面积调整等费用上起到决定性的作用。

最后,本团队律师对本案工程过程资料进行全面梳理,结合双方签订的合同,尤其是洽商、工程延期等条款约定,对双方在履行合同时的往来函件及具体过程进行了仔细梳理与核对,找到B公司未按照合同约定履行上报、审批手续的突破口,为抗辩洽商费用和提出工期延误索赔打下坚实基础。

本团队律师在开庭前积极与客户沟通,充分了解客户预期,就庭审中可能遇到的问题进行归类梳理并且将对方可能的思路进行了模拟,以便庭审时能够从容应对。

二、围绕争议焦点,据理力争,多数观点获得仲裁庭认可

仲裁庭确定本案争议焦点为以下三点:(1)工程款的结算依据;(2)洽商变更、钢筋、建筑面积、人工费及材料差量等费用调整数额及依据；(3)工程延期责任承担。本团队律师针对每一个争议焦点据理力争，进行充分说理，以说服仲裁庭采纳我方观点。

(一)工程款的结算依据

B公司认为，未备案的补充条款变更了中标合同价款、加重了其违约责任、限制了钢筋价差的调整范围，使工程款的支付发生了实质性变更，应当视为对中标备案合同的实质性变更，根据《建设工程施工合同司法解释(一)》第21条[①]规定，应以中标合同作为结算工程价款的根据。

针对该项，A公司答辩主要立论点为，补充条款未对中标合同实质内容作出变更，应作为工程款结算依据。主要理由如下：(1)合同条件发生变化是签订补充条款的根本原因。(2)补充条款约定内容未使双方利益失衡，不必然产生以中标合同作为工程价款结算依据的结果。补充条款虽然降低了工程价款，但延长了工程工期，增加了A公司支付钢材差价的风险，属双方协商一致变更合同条件。(3)B公司未全盘否定补充条款。开庭过程中B公司明确要求执行补充条款确定的工期、付款方式和期限，钢筋在2221.60吨范围内调整差价，可以看出B公司仍在执行补充条款。(4)如以中标合同标价作为双方结算依据，B公司应退回A公司多支付的钢筋价差并多承担34万元的工程延期罚款。

仲裁庭最终认定当事人双方在补充条款中，对工程价款、付款方式、工期、违约责任等内容都进行了调整，属于对合同实质性内容进行变更的情形。依据《建设工程施工合同司法解释(一)》第21条的规定，本案应当以经过备案的中标合同作为结算工程价款的根据。对于该项结果，本团队律师已于代理本案前向A公司进行了风险提示。尽管该结果意味着仲裁庭否定了补充条款对工程价款、付款方式、工期、违约责任的约定，但从最终结果看并非全然对A公司不利。

(二)洽商变更、钢筋、建筑面积、人工费及材料差量等费用调整数额及依据

B公司认为，根据其于2005年8月2日编制的《某工程建筑安装工程结算书》(以下简称结算书)，工程总价款为63,001,184.26元，由以下部分组成：合同固定总价41,071,889元；合同外增加项费用491,107.40元；洽商变更费用3,288,787.76元；钢筋差量调整费用5,911,607.40元；建筑面积调整增加费用864,939.70元；人工费差量调整费用7,608,235.62元；材料差量调整费用3,764,617.38元。

针对该项，A公司答辩主要立论点为，上述各项结算请求无事实依据和法律依据，

① 《建设工程施工合同司法解释(一)》第21条规定："当事人就同一建设工程另行订立的建设工程施工合同与经过备案的中标合同实质性内容不一致的，应当以备案的中标合同作为结算工程价款的根据。"

主要理由如下:(1)施工过程中,不存在合同外增加费用项和增加洽商变更费用的事实;即使存在增加洽商变更费用,B 公司也未按照中标合同约定在工程变更确定后 14 天内,提出变更工程价款的报告,该期限内不提出变更工程价款报告,视为该项变更不涉及合同价款的变更;即使存在增加洽商变更费用,依据招标文件规定,增加洽商变更费用只有超出合同总价 ±5% 的部分才进行调整,B 公司提交的证据不足以证明洽商费用变动达到 5% 。(2)依据招标文件和中标合同,工程采用固定总价的承包方式,投标价格中包括的施工设备、人工、管理、材料等所有费用在履约期内均不再调整,招标文件的以上条款中明确规定,钢筋用量列入工程报价,结算时不再调整;建筑面积一经投标即已确定,施工过程中的任何设计变更和洽商变更均不改变建筑面积。因此,增加钢筋差量、建筑面积调整、人工费及材料差量调整费用没有法律和事实依据。(3)招标文件中明确了建筑面积计算规则,B 公司明知不能调整。B 公司结算书中有关各项费用调整,实质上就是要求推翻原固定价格的承包方式,并根据招标时的施工图纸重新计算工程造价,进而重新确定工程价款,与《建设工程施工合同司法解释(一)》第 22 条①规定相悖。

该项为确定本案工程价款的核心争议焦点,仲裁庭基本采纳本团队律师的意见。仅对钢筋认定为暂估价,以 B 公司中标报量为准结算,单价是以甲供材实际发生价款的均价计算,计算出钢筋总价后减去 B 公司报价价格算出钢筋实际款项增加的费用为 2,091,779.84 元,钢筋实际增加费用与中标合同约定的固定总价之和即为最终工程造价。B 公司主张的其他费用均未获支持。

(三)工程延期责任承担

B 公司主张,工程延期是由于 A 公司的延期付款导致的,其在施工过程中虽然存在一些瑕疵,但不会对工期造成实质性的影响。

针对该项,A 公司答辩主要立论点为,工程延期责任全部由 B 公司承担,主要理由如下:(1)工期拖延的主要原因系 B 公司施工组织混乱、施工计划性差、存在安全隐患、存在质量问题多次返工整改等。(2)工程于 2004 年 11 月 12 日竣工,比中标合同约定的竣工日期延期 60 天,按约应支付工期拖延罚款 120 万元。(3)B 公司主张 A 公司延期付款,但对于付款节点没有证据支持。(4)按照中标合同约定,B 公司既未在“14 天”时效内以书面形式向工程师提出工期顺延报告,也没有举证证明出现了导致承包人不能正常施工的情形,B 公司应按约定的竣工日期竣工,不能延长工期。

---

① 《建设工程施工合同司法解释(一)》第 22 条规定:“当事人约定按照固定价结算工程价款,一方当事人请求对建设工程造价进行鉴定的,不予支持。”

对该项，仲裁庭基本采纳了本团队律师的意见。仲裁庭同时考虑到实际施工中，因设计变更、甲方及监理单位要求等原因，曾发生过多次洽商变更，客观上确实增加了B公司的工作量，仲裁庭最终酌定B公司应承担工程延期罚款100万元。

对工期延误主张的罚款，本团队律师并未让A公司提起反请求，而是作为答辩点提出，以减少A公司在前期需要向仲裁庭交纳的反请求仲裁费。

［**法案研判**］

本案中标合同为固定总价合同，虽然本团队律师根据案件的具体情势考虑，力争使仲裁庭按照双方合同约定的固定总价结算，未进入鉴定程序。但是其基本的立足点系本案为已经竣工验收的工程，按照《建设工程施工合同司法解释(一)》第22条规定，双方应当按照合同约定的固定总价进行结算。但是在固定总价合同终止但工程仍未完工的情形下，工程价款的确定便成为更加棘手的疑难问题，下文试图结合相关规定与判例，在总结既有经验的基础上对该等问题进行分析研讨。

一、关于“固定总价合同工程未完时的价款认定”的相关法律法规

目前，关于“固定总价合同工程未完时的价款认定”现行有效的相关法律法规主要包括：

1.《建设工程施工合同司法解释(一)》第22条规定：“当事人约定按照固定价结算工程价款，一方当事人请求对建设工程造价进行鉴定的，不予支持。”

2.《江苏省高级人民法院建设工程施工合同案件审理指南(2010)》第7条第1项规定：“在工程没有全部完工的情况下，有两种不同的方式来确认工程款，一是根据实际完成的工程量，以建设行政管理部门颁发的定额取费，核定工程价款，并参照合同约定最终确定工程价款；此时，对工程造价鉴定不涉及甩项部分，只须鉴定其完工部分即可。二是确定所完工程的工程量占全部工程量的比例，按所完工程量的比例乘以合同约定的固定价款得出工程价款。……”该规定未将固定总价合同工程未完时作出特别规定，仅统一规定在“工程没有全部完工”的情况项下，因此固定总价合同亦存在按照定额取费的可能。

3.《广东省高级人民法院关于审理建设工程施工合同纠纷案件若干问题的指导意见》第5条规定：“建设工程施工合同约定工程款实行固定价，如建设工程尚未完工，当事人对已完工工程造价产生争议的，可将争议部分的工程造价委托鉴定，但应以建设工程施工合同约定的固定价为基础，根据已完工工程占合同约定施工范围的比例计算工程款。当事人一方主张以定额标准作为造价鉴定依据的，不予支持。”

4.《北京市高院施工合同解答》第13条规定：“建设工程施工合同约定工程价款

实行固定总价结算，承包人未完成工程施工，其要求发包人支付工程款，经审查承包人已施工的工程质量合格的，可以采用‘按比例折算’的方式，即由鉴定机构在相应同一取费标准下分别计算出已完工程部分的价款和整个合同约定工程的总价款，两者对比计算出相应系数，再用合同约定的固定价乘以该系数确定发包人应付的工程款。”

5.《重庆市高级人民法院关于建设工程造价鉴定若干问题的解答》第 11 条第 6 项规定：“建设工程为未完工程的……如果合同为固定总价合同，且无法确定已完工程占整个工程的比例的，一般可以根据工程所在地的建设工程定额及相关配套文件确定已完工程占整个工程的比例，再以固定总价乘以该比例来确定已完工程造价。”

6.《河北省高级人民法院建设工程施工合同案件审理指南》第 12 条规定：“建设工程施工合同约定工程款实行固定价，如建设工程尚未完工，当事人对已完工程造价产生争议的，可将争议部分的工程造价委托鉴定，但应以合同约定的固定价为基础，根据已完工工程占合同约定施工范围的比例计算工程款。即由鉴定机构在同一取费标准下分别计算出已完工程部分的价款和整个合同约定工程的总价款，两者对比计算出相应系数，再用合同约定的固定价乘以该系数，确定工程价款。……”

7.《江苏省高级人民法院关于审理建设工程施工合同纠纷案件若干问题的解答》第 8 条规定：“建设工程施工合同约定工程价款实行固定总价结算，承包人未完成工程施工，其要求发包人支付工程款，发包人同意并主张参照合同约定支付的，可以采用‘按比例折算’的方式，即由鉴定机构在相应同一取费标准下计算出已完工程部分的价款占整个合同约定工程的总价款的比例，确定发包人应付的工程款。但建设工程仅完成一小部分，如果合同不能履行的原因归责于发包人，因不平衡报价导致按照当事人合同约定的固定价结算将对承包人利益明显失衡的，可以参照定额标准和市场报价情况据实结算。”

8.《建设工程造价鉴定规范》第 5.10.7 条规定：“总价合同解除后的争议，按以下规定进行鉴定，供委托人判断使用：1. 合同中有约定的，按合同约定进行鉴定；2. 委托人认定承包人违约导致合同解除的，鉴定人可参照工程所在地同时期适用的计价依据计算出未完工程价款，再用合同约定的总价款减去未完工程价款计算；3. 委托人认定发包人违约导致合同解除的，承包人请求按照工程所在地同时期适用的计价依据计算已完工程价款，鉴定人可采用这一方式鉴定，供委托人判断使用。”

二、关于“固定总价合同工程未完时的价款认定”的相关理论观点

在建设工程实务中，建设单位为控制成本，经常选择固定总价合同。但是合同在履行过程中可能会因多种原因而宣告终止，且合同终止时工程尚未完工的情形亦较为普遍。该等情形下，若无合同明确约定，工程价款如何认定是实践中经常遇到的问题。

现行法律法规对此没有相关规定，实务操作亦千差万别。本团队律师总结 2010 年以来各地高级人民法院以及 2017 年新版国标《建设工程造价鉴定规范》对该问题的不同规定，总体看来，固定总价合同工程未完时价款计算方法有相对清晰的发展过程，目前为止历经三个阶段：第一阶段，按照已完工程量据实结算；第二阶段，按照已完工程价款比例或工程量比例进行折算；第三阶段，根据承包人和发包人承担违约责任的不同而有倾向性地选择不同的价款认定方式。

（一）第一阶段，按照已完工程量据实结算

该阶段主要是指固定总价合同于工程未完时终止，在双方就价款结算方式无法达成一致时，采取按照工程已完工程量据实结算的方式确定工程价款。该种计价方式在《江苏省高级人民法院建设工程施工合同案件审理指南（2010）》中有所体现。其主要有两种方式：（1）参考工程所在地计价依据计算已完工程价款；（2）以承包人报价文件中的报价作为取费标准，据实结算工程量。

该种计算方式主要原则为按照客观情况据实结算。但是该种方式完全抛开合同约定的固定总价价格形式，严重背离双方签订合同之初的真实意思表示。

考虑到固定总价合同大部分存在承包人让利，按照当地定额计算出的工程价款，承包人获得的利润普遍比固定总价合同更高，在没有分清双方合同解除原因的前提下即采取该种方式有违公平原则。

以承包人报价文件中的组价信息作为价格计算标准，通常受制于承包人不平衡报价。例如，承包人提高给付在前、占比较大的主体工程单价，降低给付在后、占比较小的安装、装修工程，采取该种结算方式也可能使双方利益明显失衡。

（二）第二阶段，按照已完工程价款比例或工程量比例进行折算

为尊重当事人意思自治，弥补据实结算的不足，大多数法院及仲裁庭在裁判时选择以固定总价合同为基础，按照已完工程价款所占比例或者已完工程量所占比例进行折算确定工程款。具体而言，就是以同一取费标准（如工程所在地的建设工程定额及相关配套文件）或工程量，计算出已完工程价款（量）与总工程价款（量）的比例作为系数，以该系数乘以合同约定的固定总价计算已完工程价款。该种计价方式在《广东省高级人民法院关于审理建设工程施工合同纠纷案件若干问题的指导意见》《北京市高院施工合同解答》《重庆市高级人民法院关于建设工程造价鉴定若干问题的解答》《河北省高级人民法院建设工程施工合同案件审理指南》《江苏省高级人民法院关于审理建设工程施工合同纠纷案件若干问题的解答》中均有体现。

该种计算方式虽然尊重了当事人意思自治，且对不平衡报价导致双方利益失衡等因素进行了考虑，但未考虑到合同当事人导致合同解除从而形成未完工程的责任大

小,没有兼顾公平原则及司法价值取向。

(三)第三阶段,根据承包人和发包人承担违约责任的不同而有倾向性地选择不同的价款计算方式

为实现法的公平,立足引导合同当事人全面履行合同义务的司法价值取向,该阶段开始区分承包人和发包人在合同解除过程中的违约责任,进而采取不同的价款计算方式。该种计价方式主要在《建设工程造价鉴定规范》中有所体现。考虑到固定总价合同基本报价规则为按照工程所在地的计价依据组价后,承包人进行一定幅度的让利,综合承发包双方可能导致合同解除过错责任的具体情况,该种计价方式具体为:(1)承包人违约导致合同解除的,参照工程所在地同时期适用的计价依据计算出未完工程价款,再用合同约定的总价款减去未完工程价款计算;(2)发包人违约导致合同解除的,按照工程所在地同时期适用的计价依据计算已完工程价款。

该种认定方式系现阶段较为前沿的裁判规则,但是其依然存在问题。尤其是鉴定规范中的计价方式,没有充分考虑到以下问题:双方均违约导致合同解除,如何处理;即使一方违约,采取"一刀切"的方式是否将导致价款畸高或畸低从而使得双方利益分配严重失衡。

需要说明的是,前述关于固定总价合同工程未完时价款的认定和裁判规则虽然分阶段论述,但各种计价规则之间并非完全互斥、非此即彼的单一独立存在。无论是各地高级人民法院的指导性意见还是《建设工程造价鉴定规范》所提供的计算方式均为参考性规范。实务中,裁判机构对个案工程价款认定时有可能会结合多种算法,根据合同签订、双方履约等具体情况,在尊重当事人意思自治的前提下,以平衡各方利益为原则作出裁判。

三、关于"固定总价合同工程未完时的价款认定"的相关裁判观点

本团队律师通过设置关键词为"固定总价""未完工",案由选择"建设工程施工合同纠纷"进行裁判案例检索。鉴于建设工程施工合同中的价款结算涉及内容繁杂,本团队律师经筛选,该处仅选择"固定总价合同工程未完时的价款认定"清晰明确且有典型代表性的案例进行分析。

(一)按照工程已完工程量据实结算

在已完工程价款计价依据较难确定的情况下,法院认可对已完工程参考工程所在地计价依据计算已完工程价款。

例如,在河南省宏宇置业有限公司与河南鹤苑园林工程有限责任公司建设工程施

工合同纠纷一案[①]中，河南省高级人民法院认为：涉案工程属"半拉子"工程，已完工工程价款在整个工程中的比重不好确定，双方当事人协商一致，同意由法院依法委托鉴定机构进行鉴定，鉴定机构套用定额对已完工程量进行计算的已完工程造价合法有效。

需要说明的是，固定总价合同工程未完时的价款认定规则发展至今，鲜有在不结合案件本身的情况下，即认定按照已完工程量据实结算的情形，尤其是参考工程所在地计价依据计算已完工程价款。最终价款的确定方式均有赖于对双方违约责任等的认定。

（二）按照已完工程价款比例或工程量比例进行折算

按照已完工程价款比例或工程量比例进行折算，通常情况下尊重当事人双方的意思自治，是各地高院认可度较高的计算方式。

例如，在中兴建设有限公司（以下简称中兴公司）与徐州韩世房地产开发有限公司建设工程施工合同纠纷再审一案[②]中，江苏省高级人民法院认为：本案讼争标的系未完工程，在双方仅约定固定总价的前提下无法直接确定已完工程部分的工程款，故一审法院采用按照定额据实结算工程价款的鉴定结论，依据鉴定结论中已完、未完工程的造价，计算出中兴公司已完工程量占总工程量的比例，再依据合同约定的固定价，计算出中兴公司应得的工程价款，该计算方式符合双方当事人的约定，合理恰当。

再如，在惠州市东江建筑安装工程有限公司、东源宝晟投资发展有限公司建设工程施工合同纠纷一案[③]中，广东省高级人民法院认为：由于双方签订的建设工程合同约定了固定价（总包价），而涉案的建设工程尚未完工，故应先计算出已完工工程占合同约定施工范围的比例，再以建设工程施工合同约定的固定价为基础，按照上述比例计算即为本案合同内已完成工程量的造价。

再如，在平煤神马建工集团有限公司新疆分公司与大地工程开发（集团）有限公司天津分公司、大地工程开发（集团）有限公司建设工程施工合同纠纷一案[④]中，新疆维吾尔自治区高级人民法院认为：双方确认的《2015 年 7 月度形象进度》中明确已完成的工程量为 96.9%，未完工程量则占总工程量的 3.1%，因此未完工程涉及的工程款为固定总价 ×3.1%。

---

① 详见（2013）豫法民三终字第 6 号民事判决书。

② 详见（2014）苏民再终字第 0009 号民事判决书。

③ 详见（2015）粤高法民终字第 11 号民事判决书。最后本案因为一审鉴定仅委托对已完工程造价进行鉴定，且承包人认可一审鉴定结果并明确表示不再配合任何其他鉴定行为。因此从程序上阻断了按照系数折价计算的可能性，只能按照一审法院酌定的已完工程价款（按定额计算）下浮 15% 计算已完工程价款。

④ 详见（2016）新民初 104 号民事判决书。

又如，在济宁海情置业有限公司与天元建设集团有限公司建设工程施工合同纠纷一案①中，对于已完工程价款计算，山东省高级人民法院认为：双方所签订的《建设工程施工合同》约定合同价款为固定总价，在该施工合同解除的情况下，则按照实际施工部分工程量占全部工程量的比例，再按照合同约定的固定价格计算出已完部分工程价款。

（三）根据承包人和发包人承担违约责任的不同而有倾向性地选择不同的价款计算方式

综合考虑当事人对合同解除过错，并依据案件的实际情况选择价款计算方式，是最高人民法院倡导的价款计算方式。其在以下公报案例中，已全面剖析固定总价合同发包人违约时的计价方式及考量因素。

例如，在青海方升建筑安装工程有限责任公司（以下简称方升公司）与青海隆豪置业有限公司（以下简称隆豪公司）建设工程施工合同纠纷一案②中，最高人民法院认为：

发包人对于合同解除存在严重过错。本案的计价方式，系固定平方米单价（在平方米数不变的情况下可视为固定总价），计价方式贯彻了工程地下部分、结构施工和安装装修三个阶段，即三个形象进度综合平衡报价。我国当前建筑市场行业普遍存在地下部分和结构施工薄利或者亏本的现实，安装、装修工程大多可以获取相对较高的利润。因此，如果方升公司单独承包土建工程，其报价一般要高于整体报价中所包含的土建报价。作为发包方的隆豪公司单方违约解除了合同，如果仍以合同约定的平米单价作为已完工程价款的计价单价，则对方升公司明显不公平。本案需通过鉴定确认工程价款。

对未完工程通过鉴定方式确定工程价款，司法实践中大致有三种方法：一是以合同约定总价与全部工程预算总价的比值作为下浮比例，再以该比例乘以已完工程预算价格进行计价；二是以已完施工工期与全部应完施工工期的比值作为计价系数，再以该系数乘以合同约定总价进行计价；三是依据政府部门发布的定额进行计价。

结合案件实际情况经过核算，采用第一种方式计算出应支付承包人的已完工程价款后，加上因承包人未完成而发包给其他人的剩余工程价款，发包人共需支付全部工程价款少于原合同约定的固定总价，即发包人在违约的情况下，整体工程款支付反而

---

① 详见(2016)鲁民终262号民事判决书。

② 详见(2014)民一终字第69号民事判决书，载 http://gongbao.court.gov.cn/Details/c9088ec6dad1df64c1c084e15606ed.html?sw=%EF%BC%882014%EF%BC%89%E6%B0%91%E4%B8%80%E7%BB%88%E5%AD%97%E7%AC%AC69%E5%8F%B7，最后访问日期：2019年1月7日。

变少,显然不符合双方利益平衡原则;采用第二种方式计算出应支付承包人的已完工程价款,加上因承包人未完成而发包给其他人的剩余工程价款,比固定总价超出将近1500万元,将严重损害发包人的权益。

采用第三种方式,依据政府部门发布的定额计算已完工工程价款,确定的全部工程价款仅比合同约定的总价高出36万余元。此种处理方法既不明显低于合同约定总价,也不过分高于合同约定总价,与当事人预期的价款较为接近,因而比上述两种计算方式更趋合理。另外,政府部门发布的定额属于政府指导价,依据政府部门发布的定额计算已完工程价款亦符合《合同法》第62条第2项"价款或者报酬不明确的,按照订立合同时履行地的市场价格履行;依法应当执行政府定价或者政府指导价的,按照规定履行"以及《民法通则》第88条第4项"价格约定不明确,按照国家规定的价格履行;没有国家规定价格的,参照市场价格或者同类物品的价格或者同类劳务的报酬标准履行"等相关规定。

[**案件复盘**]

本案为建设工程施工合同纠纷案件,双方主要围绕工程款结算依据及工程索赔与反索赔事项进行攻防。

承包人要求发包人支付巨额欠付工程款,为了保护发包人的合法利益,本团队律师从中标合同的组成文件中寻找有利证据,招标文件作为中标合同的组成部分,其中有大量条款明确规定了承包人在固定总价合同中的风险和范围,本团队律师通过筛选与整理招标文件中载明的应当由承包人自行承担风险且对其不利的条款,成功防守住了承包人的绝大部分诉请。

本团队律师凭借多年办理建设工程纠纷案件经验,总结出一般情况下工程实际工期与合同约定工期很少完全符合,绝大多数存在拖期情形。后经过核实证据并询问当事人,确认本案也存在承包人延期60日完工的事实。同时,通过承包人提交的证据判断其未重视因发包人导致工程延期的相关证据材料的收集工作,导致现有证据中鲜有发包人同意或要求工期顺延的证据,而本团队律师就承包人因施工组织混乱、施工计划性差、存在安全隐患以及因为质量问题多次返工整改等原因导致拖延工期组织了大量证据,为发包人成功争取到100万元工程延期罚款。

本案案情复杂、案件材料众多、证据量大,本团队律师选择合伙人带队、高级律师主导、普通律师协助的方式,科学合理组建本案项目团队。团队分工明确、相互信任、紧密配合,取得了良好代理效果。本案代理期间,A公司与本团队律师召开讨论会、模拟庭辩多次。本团队律师全程勤勉尽职、积极配合,优质高效完成客户所托,并且为其争取到超出预期的利益。A公司对于裁决结果非常满意,高度赞扬了本团队在案件代理中的专业表现和协作精神。据本团队律师了解,仲裁裁决作出后,委托人并未向法院申请强制执行8万余元,避免刺激对方,以防不测事件。基于对本团队律师的信任,其后A公司还曾多次委托本团队律师代理该公司的其他案件。

最后,针对发包人和承包人在选择与应对固定总价合同价格形式时需注意的事项,本团队律师提出如下建议:

一、承发包双方均应慎重选择固定总价合同价格形式

固定总价作为建工领域的一种工程价款类型,优劣非常明显,适用有一定范围。根据《建设工程价款结算暂行办法》第8条规定,固定总价合同通常适用于工程量较小、工期较短、合同总价较低、风险较小的建设工程项目。其易于结算,能够在一定程度上为发包人控制成本,但是在报价时要求施工图和工程量详尽,承包人需要完成的内容清晰,双方对于合同的权利义务约定明确,否则容易出现争议。实践中,发包人为了实现所谓的成本控制,不顾及工程本身性质及是否具备适用条件,即采用固定总价方式,承包人为了承揽项目,会迎合发包人的意愿接受固定总价并报出较低的价格。实际履行中,由于固定总价合同中承包人承担的风险更重,承包人一般会在合同履行中寻找各种机会试图变更合同价款,发包人通常予以拒绝,进而导致大量纠纷。因此,工程价款的选择应当根据项目本身的实际情况,对工程范围清楚明确、工程设计较细、工程量小、工期短、工程结构、技术简单的工程采用固定总价合同,工程量大、工期长、设计未明、风险不可控因素较多的工程则不宜采取固定总价合同,避免片面追求所谓的成本控制、价款最低而选择固定总价合同。

二、发包人应注意的事项

发包人需注意包括但不限于以下事项:(1)招标时应当明确价款为固定总价,发包人不承担任何其他计价风险,例如工程量计算不清等;(2)应当约定价款包死价,尽量避免接受保留条款并在合同中予以明确,以控制价款调整的风险;(3)若必须签订保留条款,建议选择清晰明确的调价方式,避免模糊不清带来的结算风险;(4)签订合同时应当注意合同的组成部分及先后顺序,如"本合同协议书、中标通知书、投标书及其附件、本合同专用条款、本合同通用条款、标准、规范及有关技术文件、图纸、工程量清单、工程报价单或预算书"等,对价款约定要一致,若有不一致应当注意文件效力的先后顺序;(5)选择信誉度好的承包人;(6)尽量避免施工过程中的设计变更和工程量调整,避免承包人以此为由调整工程款;(7)按约履行合同,避免违约。

三、承包人应注意的事项

承包人需注意包括但不限于以下事项:(1)在投标前充分了解项目情况,对项目进行详细现场调查、复核工作量，并分析招标文件，确认是否具备投标条件，尤其核实项目设计是否清晰明确，是否会发生设计变更；(2)报价时严格核算报价项目、价款和工程量，避免因疏忽造成的损失；(3)务必约定保留条款，即在何种情况下调整合同价款及具体调价规则，避免因工作量、设计变更、材料价格变化较大引起的实际履约风险；(4)对款项支付设置合理期限，尤其是进度款，以保障项目顺利进行；(5)签订合同时应当注意合同的组成部分及效力顺序，注意其中是否对价款约定保留条款，若有不一致应当注意文件效力的先后顺序；(6)理性投标和承接项目，尽量避免低价中标带来的风险；(7)按约履行合同，避免违约。

8

工期延误孰之过错，充分举证成功追责

［案件摘要］

本案系一起典型的因工期延误导致发包人解除合同的建设工程施工合同纠纷案件。建设工程施工合同的发包人为北京市永联房地产开发有限责任公司（以下简称永联公司），承包人为上海许继银天富通达车库工业有限公司（以下简称富通达公司）。富通达公司在合同履行过程中存在明显的工期延误情形，永联公司遂向法院提起诉讼。案件经一审、二审、再审，历时3年，本团队律师作为再审被申请人永联公司代理人参与本案，通过严密的说理与充分的举证，一一推翻了富通达公司提供的证据及理由，促使再审法院采纳了我方代理意见，未支持富通达公司的再审请求。本案最终以永联公司胜诉、富通达公司败诉并承担违约责任告终。

［案情回放］

2004年7月，永联公司与富通达公司签订《新科苑小区机械立体车库工程设计、制造、安装、调试总承包合同》（以下简称承包合同），约定：富通达公司承包永联公司开发的新科苑小区机械车库工程；合同签订并收到定金后两个月内，富通达公司必须配合土建施工单位完成车库土建施工，车库安装工作必须在2005年2月底以前完成。

2005年3月14日，永联公司制订配套工程进度计划，包括：车库土建部分应于2005年3月30日完工，车库设备应于2005年5月15日完工；如无特殊原因不能完成，永联公司将“按每天1%工程合同价进行罚款”；富通达公司代表签字确认该进度计划。

2005年5月15日，车库未能按期完工。6月8日，永联公司委托北京市道和律师事务所（以下简称道和律所）向富通达公司发出律师函，要求富通达公司于2005年7月1日前完成车库安装、调试、验收工作。6月13日，富通达公司同一天先后发出《设备进场工作联系函》及《设备进场联系函》两份函件，对拖延工期表示抱歉，均先后承诺:所有结构件在6月20日进场;所有设备结构在7月1日前安装到位。6月18日,首批车库设备运至施工现场,同月19日、21日又有部分设备送达。

但2005年7月1日,富通达公司仍未将车库安装到位。7月11日,永联公司再次委托道和律所致函富通达公司,称车库完工一再延迟,造成已入住业主与永联公司对抗,永联公司对此保留对富通达公司追究违约责任及赔偿责任的权利。8月1日,永联公司向富通达公司支付工程款30万元。

2005年8月19日,永联公司委托道和律所致函富通达公司,告知其解除承包合同;但富通达公司未表示任何意见,仍继续施工。8月22日,永联公司拒绝富通达公司人员进场,工程停工。

2005年9月,永联公司诉至北京市丰台区人民法院(以下简称一审法院),请求法院确认承包合同已解除,判令富通达公司立即将施工现场恢复原状,返还工程款,双倍返还定金,支付工期延误违约金。一审法院作出(2005)丰民初字第19652号民事判决书,对永联公司各诉求均予支持。

2006年9月,富通达公司不服一审判决,向北京市第二中级人民法院(以下简称二审法院)上诉,二审法院作出(2006)二中民终字第16325号民事判决书,判令驳回上诉,维持原判。

2007年6月,富通达公司不服二审判决,向北京市第二中级人民法院(以下简称再审法院)提起申诉,再审法院经审查后决定另行组成合议庭予以再审;再审法院于2008年3月作出(2008)二中民再终字第1663号民事判决书,判令解除承包合同,富通达公司返还永联公司已付工程款及定金,并支付拆除车库、平整场地、恢复原状费用。

[**战略战术**]

一、海量收集与系统梳理案件相关文件资料等证据

本团队律师接受永联公司委托时,本案已经过一审、二审程序,富通达公司对一审、二审判决结果均表示不服,申请再审,并提交了相对有力的新证据,从而成功立案。败诉方不获胜诉判决不罢休的决心,导致永联公司承受巨大压力。

本团队律师接受委托后,收集了本案前期一审、二审所有资料,以及一审、二审过程中未收集但与本案相关的双方往来文件,施工过程中任何与本案相关的其他文件,以及争议发生后永联公司与富通达公司、小区购房业主、各政府部门以及工程监理人甚至小区建设相关的其他工程承包人之间的相关文件,通过海量占有资料,深入调查与本案相关的信息及细节。

本团队律师基于案情集中梳理了三条主要线索:永联公司与富通达公司签订系列合同线索、永联公司遵守合同线索及富通达公司违约线索。按照不同线索,本团队律师对所有证据进行了系统性归类总结。

二、从海量证据文件厘清本案逻辑链条,聚焦核心

根据三条主要线索对海量文件资料梳理后,本团队律师继续深入研究以厘清本案逻辑:本工程是否存在工期延误——延误因何种事由造成——延误事件应由何方承担责任。通过该逻辑链条,本团队律师聚焦本案核心:工期延误原因及责任认定。

对于已经过一审甚至二审程序的案件,本团队律师一贯高度重视对原审证据、判决等的深入研究,但并不拘泥于原审材料对于案件所构建的思维模式与分析框架,而是重新梳理线索与逻辑,形成自己对于案件核心及焦点问题的独立判断。这也是本团队律师就二审或再审案件保持高胜诉率的重要心得之一。

三、将深奥理论逻辑化繁为简解释案件,使法官一目了然

开庭前,本团队律师组织多次集体学习,深入研究与"工期延误"及"工期延误责任认定"相关理论、工程界对于相关问题的前沿动态及各级法院对于同类案件的裁判观点。对相关问题深入研究后,本团队律师将看似深奥、枯燥的逻辑与理论通过示意图等可视化形式回归为浅显易懂的内容,向法官进行全方位、多角度展示,使其在深入了解我方观点的基础上进而认可我方对工期延误责任的分析意见。

基于上述策略,本案再审得以基本维持一审、二审判决,取得了令永联公司满意的诉讼结果。

[**法案研判**]

本案系因建设工程工期延误引致的工期索赔案件。工期作为建设工程三大重要评价指标之一,在建设工程合同签订与履行过程中的重要性可见一斑。司法实践中,关于工期索赔的建设工程纠纷案件更是不胜枚举,下文将从关于"工期延误"的相关规定与理论观点出发,归纳总结建设工程工期索赔的基本原理与裁判规则。

一、关于"工期延误"的相关法律法规

目前,关于"工期延误"现行有效的相关法律法规主要包括:

1.《合同法》第278条规定:"隐蔽工程在隐蔽以前,承包人应当通知发包人检查。发包人没有及时检查的,承包人可以顺延工程日期,并有权要求赔偿停工、窝工等损失。"

2.《合同法》第281条规定:"因施工人的原因致使建设工程质量不符合约定的,发包人有权要求施工人在合理期限内无偿修理或者返工、改建。经过修理或者返工、改建后,造成逾期交付的,施工人应当承担违约责任。"

3.《合同法》第 283 条规定:“发包人未按照约定的时间和要求提供原材料、设备、场地、资金、技术资料的,承包人可以顺延工程日期,并有权要求赔偿停工、窝工等损失。”

4.《合同法》第 284 条规定:“因发包人的原因致使工程中途停建、缓建的,发包人应当采取措施弥补或者减少损失,赔偿承包人因此造成的停工、窝工、倒运、机械设备调迁、材料和构件积压等损失和实际费用。”

5.《建设工程施工合同司法解释(一)》第 8 条规定:“承包人具有下列情形之一,发包人请求解除建设工程施工合同的,应予支持:(一)明确表示或者以行为表明不履行合同主要义务的;(二)合同约定的期限内没有完工,且在发包人催告的合理期限内仍未完工的;(三)已经完成的建设工程质量不合格,并拒绝修复的;(四)将承包的建设工程非法转包、违法分包的。”

6.《建设工程施工合同司法解释(一)》第 9 条规定:“发包人具有下列情形之一,致使承包人无法施工,且在催告的合理期限内仍未履行相应义务,承包人请求解除建设工程施工合同的,应予支持:(一)未按约定支付工程价款的;(二)提供的主要建筑材料、建筑构配件和设备不符合强制性标准的;(三)不履行合同约定的协助义务的。”

7.《建设工程施工合同司法解释(一)》第 14 条规定:“当事人对建设工程实际竣工日期有争议的,按照以下情形分别处理:(一)建设工程经竣工验收合格的,以竣工验收合格之日为竣工日期;(二)承包人已经提交竣工验收报告,发包人拖延验收的,以承包人提交验收报告之日为竣工日期;(三)建设工程未经竣工验收,发包人擅自使用的,以转移占有建设工程之日为竣工日期。”

8.《建设工程施工合同司法解释(一)》第 15 条规定:“建设工程竣工前,当事人对工程质量发生争议,工程质量经鉴定合格的,鉴定期间为顺延工期期间。”

9.《建设工程施工合同司法解释(一)》第 23 条规定:“当事人对部分案件事实有争议的,仅对有争议的事实进行鉴定,但争议事实范围不能确定,或者双方当事人请求对全部事实鉴定的除外。”

10.《建设工程施工合同司法解释(二)》第 5 条规定:“当事人对建设工程开工日期有争议的,人民法院应当分别按照以下情形予以认定:(一)开工日期为发包人或者监理人发出的开工通知载明的开工日期;开工通知发出后,尚不具备开工条件的,以开工条件具备的时间为开工日期;因承包人原因导致开工时间推迟的,以开工通知载明的时间为开工日期;(二)承包人经发包人同意已经实际进场施工的,以实际进场施工时间为开工日期;(三)发包人或者监理人未发出开工通知,亦无相关证据证明实际开工日期的,应当综合考虑开工报告、合同、施工许可证、竣工验收报告或者竣工验收备案表等载明的时间,并结合是否具备开工条件的事实,认定开工日期。”

11.《建设工程施工合同司法解释(二)》第6条规定:“当事人约定顺延工期应当经发包人或者监理人签证等方式确认,承包人虽未取得工期顺延的确认,但能够证明在合同约定的期限内向发包人或者监理人申请过工期顺延且顺延事由符合合同约定,承包人以此为由主张工期顺延的,人民法院应予支持。当事人约定承包人未在约定期限内提出工期顺延申请视为工期不顺延的,按照约定处理,但发包人在约定期限后同意工期顺延或者承包人提出合理抗辩的除外。”

12.《北京市高院施工合同解答》第25条规定:“工程开竣工日期如何确定?建设工程施工合同实际开工日期的确定,一般以开工通知载明的开工时间为依据;因发包人原因导致开工通知发出时开工条件尚不具备的,以开工条件具备的时间确定开工日期;因承包方原因导致实际开工时间推迟的,以开工通知载明的时间为开工日期;承包人在开工通知发出前已经实际进场施工的,以实际开工时间为开工日期;既无开工通知也无其他相关证据能证明实际开工日期的,以施工合同约定的开工时间为开工日期。发包人、承包人、设计和监理单位四方在工程竣工验收单上签字确认的时间,可以视为《解释》第十四条第(一)项规定的竣工日期,但当事人有相反证据足以推翻的除外。”

13.《北京市高院施工合同解答》第26条规定:“工期顺延如何认定?因发包人拖欠工程预付款、进度款、迟延提供施工图纸、场地及原材料、变更设计等行为导致工程延误,合同明确约定顺延工期应当经发包人签证确认,经审查承包人虽未取得工期顺延的签证确认,但其举证证明在合同约定的办理期限内向发包人主张过工期顺延,或者发包人的上述行为确实严重影响施工进度的,对承包人顺延相应工期的主张,可予支持。”

14.《广东省高级人民法院关于审理建设工程合同纠纷案件疑难问题的解答》(以下简称《广东省高院工程合同解答》)第19条规定:“建设工程开工日期应如何认定?虽然发包人未取得施工许可证,但承包人已实际开工的,应以实际开工之日为开工日期,合同另有约定的除外。因未取得施工许可证而被行政主管部门责令停止施工的,停工日期可作为工期顺延的事由。”

15.《广东省高院工程合同解答》第20条规定:“承包人未依约提出工期顺延申请的能否视为放弃工期顺延权利?发包人仅以承包人未在合同约定的期限内提出工期顺延申请而主张工期不能顺延的,不予支持,但合同明确约定承包人未依约提出顺延工期申请视为放弃权利的,按照约定处理。”

二、关于“工期延误”的相关理论观点

从发包人提出工期延误赔偿的视角出发,建设工程纠纷解决有一套严密的理论体系和内在逻辑,工期纠纷解决应严格按照这一逻辑及对应程序逐步展开。因此,在实际纠纷解决过程中,若发包人要求承包人承担工期延误导致的不利后果,承发包双方对于延误责任的认定，应遵循如下逻辑与程序：

第一步，发包人仅须证明工期延误存在，即可要求承包人承担工期延误赔偿或其他不利后果；

第二步，承包人如不愿承担不利后果，须证明工期延误不存在或工期应得到合理顺延；

第三步，发包人如不同意承包人主张，则须予以反驳，并证明承包人获得工期顺延的程序存在瑕疵或工期顺延理由不能成立；

第四步，若双方未能就工期延误的认定及纠纷的解决达成一致，则可申请工期鉴定。[①]

（具体逻辑步骤请见图1）

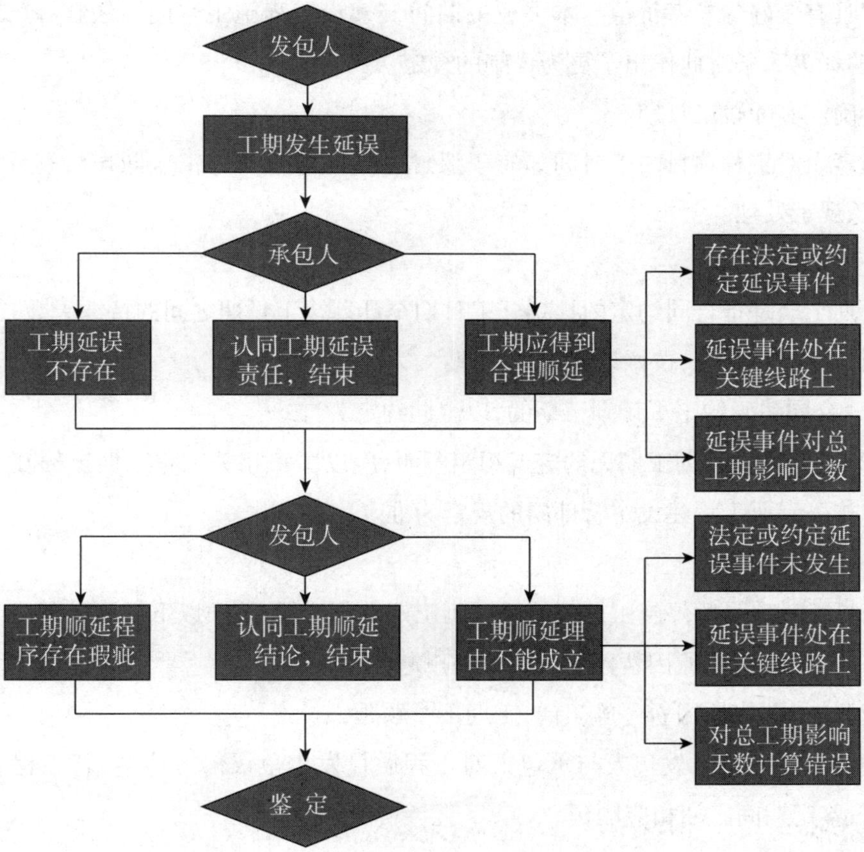

图1

---

① 参见袁华之、闫孟：《建设工程工期延误责任认定方法探究》，载于健龙等主编：《中国建设工程法律评论》（第4辑），法律出版社2016年版，第125页。

与以上逻辑相对应，承发包双方应于各程序各自承担相应举证责任，本团队律师按逻辑顺序对其予以详细梳理。

(一)发包人证明工期延误存在

发包人对于工期延误存在的证明相对简单，仅须出示施工合同、开工日期及竣工日期等证明文件，显示实际工期天数或竣工日期与施工合同约定不一致即可。但在实际纠纷解决过程中，实际开工日期、实际竣工日期等关键时间点的确认仍然可能引发争议。

1. 确定实际开工日期

《北京市高院施工合同解答》第 25 条第 1 款的规定①对各类工期案件确定实际开工日期具有较好的参考价值。本书成书期间，《建设工程施工合同司法解释(二)》颁行，该解释第 5 条对此作出了更为详细的规定。

2. 确定实际竣工日期

当事人对工程项目竣工时间如有争议，按照《建设工程施工合同司法解释(一)》第 14 条规定处理。

3. 确定计划工期

计划工期是指合同约定的计划开工日期至计划竣工日期之间的持续天数，当事人对合同工期如有争议，按照以下规则处理：

(1)合同明确约定了计划工期的，以合同约定为准；

(2)如合同对计划工期无约定或约定不明，应以国家相关工程工期定额及工程所在地或相关专业工程建设主管部门的规定为准。

4. 确定工程暂停

当事人对项目暂停施工及暂停后顺延工期有争议的，按照以下规则处理：

(1)因非承包人原因暂停施工的，相应顺延工期；

(2)因承包人原因暂停施工的，工期不予顺延；

(3)工程竣工前，发包人与承包人对工程质量发生争议停工待鉴，若工程质量鉴定合格，鉴定期间工期相应顺延。

结合本案，2005 年 6 月 8 日，永联公司通过律师函要求富通达公司“于 2005 年 7

---

① 《北京市高院施工合同解答》第 25 条规定：“工程开竣工日期如何确定？建设工程施工合同实际开工日期的确定，一般以开工通知载明的开工时间为依据；因发包人原因导致开工通知发出时开工条件尚不具备的，以开工条件具备的时间确定开工日期；因承包人原因导致实际开工时间推迟的，以开工通知载明的时间为开工日期；承包人在开工通知发出前已经实际进场施工的，以实际开工时间为开工日期；既无开工通知也无其他相关证据能证明实际开工日期的，以施工合同约定的开工时间为开工日期。”

月 1 日前完成车库安装、调试、验收工作”，富通达公司对此并未表示反对，也未提出任何关于工期顺延的通知或索赔，反而在 6 月 13 日同一天先后发出《设备进场工作联系函》及《设备进场联系函》两份函件，分别认可了发包人重新设定的 7 月 1 日完工日期。

上述两份联系函中，富通达公司均对拖延工期表示抱歉，该歉意表示，直接成为富通达公司认可本方工期延误责任的证据。

实际上，富通达公司此时应采取的正确做法恰恰不是表达歉意，而是按照合同约定或行业惯例，就工期延误事件及时向永联公司提起工期顺延索赔；但富通达公司在工程施工及争议解决整个过程中，从未向永联公司正式提出过工期索赔请求。

实际施工过程中，多数承包人与富通达公司一样，或碍于情面不便于提起工期索赔，或因为对索赔事件及程序不够了解而未提起工期索赔，种种原因导致承包方最后不得不承担对本方不利的后果。

实际上，直至 2005 年 7 月 11 日，富通达公司仍未完工。工期的再次延误，导致已入住业主与永联公司形成对抗，永联公司再次委托道和律所致函富通达公司，该函件等文件成为富通达公司延误工期的有力证据。

据此，本团队律师主张，发包人有权根据《建设工程施工合同司法解释（一）》第 8 条的规定解除合同，案件再审过程中法官采纳了本团队律师的意见。

（二）承包人证明工期延误不存在或工期应得到合理顺延

根据工期纠纷解决的逻辑，发包人完成举证后，承包人必须对发包人提出针对性的抗辩主张，承包人的抗辩主张及举证责任应围绕“工期延误不存在”或“工期应得到合理顺延”两方面展开，抗辩主张不同，相应举证责任有所差异。前者的证明较为直接，后者的证明则包括，项目存在承包人可据以要求工期顺延的延误事件且延误事件处在关键线路上。

当然，上述证明逻辑仅仅围绕工期延误后发包人主动要求承包人承担责任这一核心展开，在部分实际案例中，如建设工程合同针对延误事件及承包人索赔程序进行了详细约定，且承包人自信能够通过合同就延误事件获得索赔，则即使发包人未主张工期存在延误，承包人也会主动证明工期延误事实并要求发包人承担由此给承包人造成的损失，但这属于另一逻辑体系，此处不便展开。

1. 关于工期延误不存在的举证责任

若承包人主张工期延误不存在，其可提供的证据包括工程开工报审表、开工令、开工报告、建设工程施工许可证、变更工期的补充协议、工期顺延签证等文件。

通过此类证据材料，承包人可证明工程实际工期与合同约定工期一致，承包人按照合同约定如期完成了本工程,或虽然实际工期与合同约定不一致,但工程所有延迟工期均已获得顺延。

发包人和承包人通常会在施工合同中约定工期顺延的情形及程序。若承包人根据合同约定成功获得工期顺延,可针对发包人的诉讼请求形成有利抗辩,减轻或免除自身工期延误责任。

工期顺延属于工期索赔,若承包人未按照合同约定的期限或程序提起工期索赔,索赔权是否丧失?

对此,《建设工程施工合同司法解释(二)》从两方面予以规定:

第一,如合同约定"未及时提出"顺延申请会导致"逾期失权",人民法院尊重合同约定,认可"逾期失权"效果;

第二,如合同约定"逾期失权",但逾期后发包人同意顺延,或承包人提出合理抗辩,可能导致"逾期失权"条款不再适用。

简言之,人民法院对于当事人"逾期失权"的合同约定持总体认可态度,但"逾期失权后,发包人同意顺延"或"针对逾期失权,承包人提出合理抗辩"两种情形例外。

2. 关于"工期应得到合理顺延"承包人承担的举证责任

如确实存在工期延误,承包人可就"工期应得到合理顺延"提出主张并举证。举证过程分为两方面:一方面,承包人须证明存在法定或约定延误事件;另一方面,须证明工期延误事件处在基准进度计划①关键线路上。

(1)承包人应证明存在工期延误事件

值得注意的是,工期延误事件并不等于发包人的违约行为,更不等于承包人主观认定的对方不符合本方利益的某些行为。严格而言,工期延误事件仅有两类来源,即法定或约定。既非法定也非约定的事件,即使引发工期延误,也无法使工期顺延。例如,严格按照 FIDIC 惯例,指定分包工作不能胜任,导致总承包工期延误,如工程所在国法律无相应规定,同时承包人与发包人在合同中并未将这一理由作为延误事件予以约定,那么承包人不能以该指定分包不能胜任工作为由向发包人提出延期索赔。但这一规则在中国司法实践中并未得到完全认可。

对于延误事件的约定,以适用于施工总承包模式的《FIDIC 施工合同条件》(2017 版红皮书)为例,该范本通用条件部分共计约定 27 项延误事件,分列于不同条款之

① 项目基准进度计划,即网络进度计划。施工行业使用不同类型的进度计划进行项目管理工作,项目基准进度计划(项目网络图)是最常用的方法之一。它是一种不仅可以模拟获得及其持续时间,而且可以模拟活动之间相互依赖关系以及与项目竣工时间相互关系的方法。最常见的项目基准进度计划是关键线路法(CPM),这种方法可以模拟施工活动之间的逻辑关系。

中。作为全球通用的合同范本体系，《FIDIC 施工合同条件》（2017 版红皮书）的相关约定堪称全球惯例。具体内容请参考表 5：

表 5 《FIDIC 施工合同条件》（2017 版红皮书）中的延误事件约定

序号	条款	延误事件	索赔内容
1	1.9	工程师未在承包人提示的合理时间签发提示的图纸或指令	工期、成本及利润
2	1.13	业主延迟或未能获得许可、同意、证照或批文	工期、成本及利润
3	2.1	业主未能在约定时间提供承包人进入或占用工地的权利	工期、成本及利润
4	4.6(a)	为业主人员提供专用条件未约定的配合、便利及协作	工期、成本及利润
5	4.6(b)	为业主其他承包人提供专用条件未约定的配合、便利及协作	工期、成本及利润
6	4.6(c)	为政府部门或私人公共服务公司提供专用条件未约定的配合、便利及协作	工期、成本及利润
7	4.7.3	放线基准项目出现一个有经验的承包人无法发现的错误	工期、成本及利润
8	4.12.4	无法预见的外界条件、外界阻碍（自然的或人为的）及污染，包括地下条件及水文条件，但不包括气候条件及其造成的影响	工期、成本
9	4.15	因业主或第三方在基准日期后改变进入通道导致进入通道不适宜或无法使用	工期、成本
10	4.23	发现化石、古物或古迹，按照工程师指令停工	工期、成本
11	7.4	因服从工程师指令或业主责任导致测试受影响	工期、成本及利润
12	7.6	按工程师指令为工程安全进行的业主、业主人员造成的紧急修复	工期、成本及利润
13	8.5	变更	工期
14	8.5	延迟授予承包人工期延长的权利	工期
15	8.5	异常不利的气候条件	工期
16	8.5	传染病或政府行为导致人员或物品的不可预见短缺	工期
17	8.5	业主、业主人员或业主其他承包人引起的延误、阻碍或妨碍	工期
18	8.5	任何单项工作测定的工作量超过量单或附件记录的预估工作量 10% 且工作量增加导致竣工时间延长	工期
19	8.6	政府部门或私人公共服务公司不可预见地延误或中断工程	工期
20	8.10	承包人按照业主指定暂定工程或恢复工作，因承包人过错除外	工期、成本及利润
21	8.12	业主暂停工程 84 天，承包人可以致函工程师要求重启，工程师 28 天内未发复工通知，承包人同意继续暂停	工期、成本及利润
22	10.3	承包人被业主方人员或业主方应负责的原因阻止开展竣工测试	工期、成本及利润
23	13.6	法律变化（包括许可、批文变化或要求获得新的许可、批文）	工期、成本

续表

序号	条款	延误事件	索赔内容
24	16.1	因业主未付款、未提供财务安排,未遵守约束性决定,构成实质性违约,承包人发出通知并给予不少于21天通知期后业主仍未纠正,承包人可暂停或放缓	工期、成本及利润
25	16.2.2	因业主实质性违约,承包人发出终止意向通知,并在业主收到通知14天后发出第二份即时生效的终止通知	工期、成本及利润
26	17.2	承包人负责照管的工程、物品或文件因不可抗力、例外事件或业主方人员或业主其他承包人损坏	工期、成本及利润
27	18.4	例外事件(包括不可抗力)	工期、成本

以上延误事件中,承包人可据以获得工期顺延、成本及利润补偿的事件,共计15项,占55.6%;承包人可获得工期顺延及成本补偿的事件,共计5项,占18.5%;承包人仅可获得工期顺延的事件,共计7项,占25.9%;第一类及第二类合计占全部事件的74.1%。

所以,实际案例中,不仅仅发包人常常因为工期延误对承包人提出索赔,同样多见的是,承包人也乐于主张工期发生了延误,发包人应按照延误支付承包人成本及利润的损失赔偿。

本案承包合同对于工期延误的约定①非常简单、模糊,且存在逻辑缺陷,并未对延误事件作出详细约定。这是导致富通达公司最终无法提起有效索赔,无法请求工期顺延,并一再败诉的重要原因。

但一个不可忽视的事实是,富通达公司多次主张的"发包人未及时付款"这一延误事件,的确存在于《2017版合同》②及《FIDIC施工合同条件》(2017版红皮书)约定的延误事件之中。如本案承包合同对各项延误事件及索赔程序均作出了类似上述两个范本的详细约定,那么富通达公司关于本项目工期应予顺延的主张能否成立?

本团队律师认为,仍然不能成立。

根据上述两个范本对于"发包人未及时付款"这一延误事件的约定,"发包人未及时付款"事件发生后,承包人应发送通知,且给予发包人28天或21天的通知期;通知

---

① 合同第9条第2款约定:延期开工及工期延误(1)甲方原因使乙方不能按约定日期开工,甲方应提前五天书面通知乙方,工期顺延;(2)乙方不能按期开工,应提前五天向甲方提出延期开工的书面理由和请求,甲方代表收到乙方请求后三天内不作答复,视为同意乙方请求,工期可相应顺延,否则,工期不予顺延;(3)因不可抗力造成的工期延误,双方不承担违约责任。

② 《2017版合同》第7.5.1款规定:"因发包人原因导致工期延误在合同履行过程中,因下列情况导致工期延误和(或)费用增加的,由发包人承担由此延误的工期和(或)增加的费用,且发包人应支付承包人合理的利润:……(5)发包人未能按合同约定日期支付工程预付款、进度款或竣工结算款的……"

期过后，如发包人仍未纠正违约行为，承包人有权暂停或放缓施工进度；对于“暂停或放缓”造成的工期延误，承包人方可要求发包人顺延工期。可见，这一延误事件导致的顺延不应从发包人延迟支付工程款第一天开始计算。

本案中，无论富通达公司陈述的实际施工过程，还是永联公司提供的证据，均表明富通达公司的施工进程并未因永联公司“延迟支付设备款项”这一事件而“暂停或放缓”。因此，永联公司并不能根据“发包人未及时付款”这一延误事件而主张工期顺延。

(2)承包人应证明工期延误事件处于基准进度计划关键线路上

基准进度计划，是发包人和承包人共同认定的项目指导计划，也是衡量整个工程进度提前抑或延后的标尺。发包人依据该计划监控项目进展，承包人按照其指示进行施工安排。

一份完整的基准进度计划，至少应具备以下特征：

第一，应由承包人制作并提交，且获得发包人及监理人批准；第二，应与整个项目良好匹配；第三，应具备至少一条始终连贯的关键线路，该线路始于计划开工日期，终于计划完工日期，贯穿整个项目工期；第四，可能有若干条并不连贯的非关键线路，分布于工期不同阶段，该类线路的起始阶段由不同工序实际情况而定；第五，应确保整个工程在进度计划中分解的详细程度细化到足以对每一项工作的工期作出准确预判；第六，应确保项目或合同的全部工作内容都包括在进度计划中。

实际施工中，工程建设过程会包括很多工序，但并非所有工序延误都对总工期产生影响。按照工期延误事件发生的时间分布，工期延误可分为关键线路延误①和非关键线路延误。② 由于关键线路上全部工序的总持续时间即为总工期，因而任何工序的延误都会造成总工期的延误；而非关键线路有一定的浮动时间，只要延误时间少于该浮动时间，就不会对总工期产生影响。

但关键线路与非关键线路的区分并非绝对，如非关键线路的延误时间超过了浮动时间的范围，非关键线路就会转化为关键线路，此时延误事件同样会对总工期产生影响。

因此，承包人应借助关键线路法(CPM③)证明工期延误事件为关键线路延误或非

---

① 关键线路，是指在项目基准进度计划中，决定项目最早完成日期的活动线路，它是基准进度计划中最长的路线，反映项目的最短完成时间。也正是由于关键线路反映项目的最短完成时间，一旦关键线路上工序发生延误，必然导致总工期延长。关键线路延误是指发生在基准进度计划中关键线路上的延误。

② 非关键线路，是指在项目基准进度计划中非最长的路线，它具有一定浮动时间(总时差)，对非关键线路的延误，并不必然导致总工期延长。非关键线路延误是指在基准进度计划中非关键线路上的延误。

③ CPM(Critical Path Method)，即关键线路法，是一种基于数学计算的项目计划管理方法。关键线路法将项目分解成为多个独立的活动并确定每个活动的工期，然后用逻辑关系(结束—开始、结束—结束、开始—开始和开始—结束)将活动连接，从而能够计算项目的工期、各个活动时间特点(最早最晚时间、时差)等。关键线路法是现代项目管理中最重要的一种分析工具。

关键线路因工期延误时间过长已转变为关键线路,由此表明工期延误事件与延误结果之间存在因果关系。

可见,作为承包人,对于基准进度计划、基准进度计划上关键线路与非关键线路的分布及延误事件所处的真实位置,必须有深入及确切理解。

(3)承包人按合同约定向发包人或监理人提起工期顺延索赔,但发包人及监理人均不予认可,承包人如何应对?

实务中,对于承包人提起工期索赔,无论其依据的延误事件是否存在、工期顺延请求合理与否,发包人及监理人最常见的应对策略是,不予回复,既不认可亦不反驳,甚至对申请文件不予签收。此类行为,通常将承包人置于无计可施之境地。

《建设工程施工合同司法解释(二)》打破了这一僵局:通常情况下"顺延应获发包人确认方为有效",如承包人虽未获发包人确认,但能证明其在合同约定期内申请过工期顺延且延误事件符合合同约定,法院应支持其工期顺延请求。这一规定保障了发包人怠于确认承包人工期顺延请求时,承包人获得工期顺延的权利。

反观本案,富通达公司于施工全程从未制定完整的工程基准进度计划,诉讼全程亦未向发包人或法官确切证明工程于何时出现延误及延误具体天数,直接导致富通达公司自身完全无法证明延误事件与延误结果之间的因果关系。

(三)发包人对承包人的主张进行反驳

实际案例中,部分对工期索赔训练有素的承包人往往能够主张并证明工期延误不存在,或证明工期应得到合理顺延,甚至发包人应就工期延误赔偿承包人的各项损失,此时,进行反驳及相关举证责任再次回归至发包人。

发包人必须着重利用上文提到的关键线路分析法,结合工程相关资料及证据,证明承包人获得工期顺延的程序存在瑕疵,承包人主张的延误事件不存在、延误事件处在非关键线路上,或承包人工期延误天数计算错误。

实践中,较难处理的是,经过前面两个阶段的主张与举证后,法院或仲裁庭会发现,相当一部分工期延误是由承发包双方甚至其他因素共同导致,即近年日益成为工程争议热点的"同期延误"。

同期延误是指,工程项目同时受多种因素或多方面影响而产生延误,当多方面因素分别对关键线路产生影响时,此类延误事件导致的后果应由承发包双方共同承担。

1. 确定同期延误事件的前提

两个或多个的延误事件彼此无关、独立,即使没有其他延误事件,该延误事件也会独立对关键线路产生影响,导致工期延误。

延误事件对工程进度造成了实质性影响且难以纠正。相关延误事件应由承发包双方共同承担责任。

2. 全球对于同期延误归责原则的主要学派及其观点

对同期延误的归责，在全球范围内是工程争议处理的难点，邱闯将全球范围内同期延误的主要研究流派及其归责原则总结如下：①

（1）英国学派

该学派的归责法以马尔梅森法为代表，在同期延误问题上较好地解决了普通法系关于工期延误的基本法理。当发生同期延误事件时，承包人通常可以获得工期顺延，但很难获得延期补偿。

（2）苏格兰学派

该学派以常识分配法为代表，当发生同期延误事件时，由法官根据庭审情况、按照常识判断分配承发包双方的权益和责任。

（3）美国学派

以科学分配法为代表，当发生同期延误事件时，法官基于详细的活动时序表和法务工期延误分析，分配双方的权益和责任。

综合考虑中国工程司法实践的具体情况，英国学派的观点更具有借鉴意义，针对同期延误事件，裁判者可以同意给予承包人工期顺延，但一般不宜再同意给予其延期补偿。

（四）进行工期鉴定

如穷尽了上述三个步骤后，承发包双方仍然未能就工期延误纠纷解决达成一致，根据《民事诉讼法》相关规定，应由负有举证责任的一方承担不利后果。此时，为避免不利后果的发生，双方均可向法院或仲裁庭提出工期鉴定申请。法院或仲裁庭考虑到案件的专业性，也可依职权启动工期鉴定以确定延误天数及责任分配。

但是，在鉴定阶段，前述工期延误纠纷解决的逻辑及证据规则仍然适用，发包人及承包人的举证义务并未免除，双方仍应积极举证，继续争取最大权益。②

三、关于“工期延误”的相关裁判观点

本团队律师以案由为“建设工程施工合同纠纷”、关键词为“工期延误”进行“全文检索”发现，近六年来，最高人民法院审结的与“工期延误”相关的二审案件总体呈递增趋势，近两年呈猛增趋势。可见，“工期延误”已成为建设工程领域内一个值得关注

---

① 参见《国际工程同期延误索赔必须知道的三个 school》，发表于“联合建管国际工程科技有限公司”公众号，2016 年 12 月 23 日。

② 参见袁华之、闫孟：《建设工程工期延误责任认定方法探究》，载于健龙等主编：《中国建设工程法律评论》（第 4 辑），法律出版社 2016 年版，第 132 页。

的热点。本团队律师抽取了其中部分具有代表性的典型案例进行重点分析，以探究最高人民法院对于工期延误争议的司法裁判观点。

通过对典型案例的研究，本团队律师发现，司法实务中，通常承发包双方均认为工期延误由对方引起且对本方造成了损失，均以此作为理由向对方提出赔偿请求。针对承发包双方就工期延误互相向对方提起的赔偿请求，最高人民法院对此没有明显的倾向性观点，主要根据双方的举证及对案件事实的调查，作出以下四类判决：

1. 支持发包人主张，要求承包人向发包人承担主要赔偿责任；

2. 支持承包人主张，要求发包人向承包人承担主要赔偿责任；

3. 对承发包双方的延误赔偿主张均不予支持，双方各自承担本方损失，工期顺延至实际竣工日期；

4. 对承发包双方的延误赔偿主张均予以支持，互相赔偿对方损失，工期顺延至实际竣工日期。

（一）主要支持发包人主张的判决及理由

例如，在中广建设集团有限公司（以下简称中广公司）与昆明西南广商城有限公司（以下简称西南广公司）及云南星长征投资开发控股集团有限公司建设工程施工合同纠纷一案[①]中，最高人民法院认为，工期延误事实发生后，如建设工程合同对工期延误赔偿金有明确约定，且承包人未能有效证明该工期应得到合理顺延，则承包人应按约向发包人承担工期延误赔偿金，具体理由如下：

（1）承发包双方对工期延误违约金有明确约定，双方在《施工合同补充协议》第7条第7.1款约定，“若承包人延误工期需承担每天1万元的违约金，但该违约金不超过合同总包干价款的2‰”；此外，该协议第1条第1.1款约定，涉案工程总包干价4.3亿元。（2）存在工期延误事实，“《建设工程施工合同》约定的工期为1年，西南广公司于2011年8月10日取得案涉工程施工许可证，而在2013年8月8日双方签订《终止协议》时案涉工程仍未完工”，“结合双方《建设工程施工合同》工期为一年的约定，即使自2011年8月11日起算，中广公司（承包人）亦停工超过300天”。（3）承包人应对工期延误承担责任，承包人虽然也提出抗辩，主张发包人西南广公司“未按照合同约定提供正式施工图纸造成停工”、没有做好“三通一平”，以及“管理混乱”等行为导致工期延误，但承包人未能提交有效证据证明此观点。因此，最高人民法院判决承包人应按照双方合同约定的上限承担“延误工期违约金，共计86万元（4.3亿元合同总包干价款×2‰）”。本案承包人承担工期延误赔偿的最主要原因在于，工期发生严重

① 详见（2015）民一终字第341号民事判决书。

延误，但承包人未能有效证明发包人应对此承担责任。

（二）主要支持承包人主张的判决及理由

实际案例中，工期延误发生后，往往不仅仅发包人因为无法按照计划使用完工工程而主张损失赔偿，承包人也会要求对方赔偿停（窝）工损失，包括人工、机械、管理等费用。

例如，在中国建筑股份有限公司（以下简称中建公司）与昆山市超华投资发展有限公司（以下简称超华公司）建设工程施工合同纠纷一案①中，最高人民法院认为，如建设工程合同约定工期顺延时发包人应对承包人的损失承担赔偿责任，工期延误事实发生后，承包人提出的工期顺延主张能够得到法院支持，则承包人同时提出的工期延误损失赔偿主张也应得到支持。对于工期延误事实，最高人民法院经过审理认定："本案项目合同约定工期370天，即自2006年10月31日开工至2007年12月30日竣工，但实际竣工时间为2009年7月2日，实际工期976天，延误工期590天。"

因承发包双方违反项目承包必须招标的法定要求，项目两份主要合同后被认定无效，发包人主张承包人应按照合同承担工期延误损害赔偿未获得支持。但承包人主张的停（窝）工损失1321万元获得一审法院认可；二审法院根据承包人的举证，再行增加工期延误损失1,886,797元。因此，最高人民法院最终认定，本项目工程因工期延误而发生的损失金额，共计15,096,797元。最高人民法院还认为：(1)该项目施工合同《通用条款》第12条约定，因发包人原因造成停工，不仅应顺延工期，还应赔偿承包人由此承受的损失。(2)根据《合同法》第283条、第284条规定，承包人有权主张有关停工、窝工、机械设备调迁、材料、构件积压等损失和实际费用。因此，中建公司请求的工期延误损失有合同及法律根据，也有相应的事实证据，应予支持。最高人民法院最终判决，对于全部工期延误损失15,096,797元，发包人应承担90%的主要责任，计13,587,117元；承包人在组织施工中也存在一定疏忽，对工期延误应自行承担10%的次要责任，计1,509,680元。

（三）对承发包双方主张均予以支持的判决及理由

例如，在和记黄埔地产（成都）温江有限公司（以下简称和记黄埔公司）与中国建筑第五工程局有限公司（以下简称中建五局）建设工程施工合同纠纷一案②中，最高人民法院认为，如承发包双方各自造成一定天数的工期延误，且建设工程合同约定承发包双方各自承担对方的工期延误损失；工期延误发生后，承发包双方应按照本方造成

① 详见(2014)民一终字第310号民事判决书。

② 详见(2017)最高法民终402号民事判决书。

的工期延误天数及对方的实际损失情形，赔偿对方的工期延误损失。

案件审理过程中，因承发包双方就工期延误总天数及各自应承担责任的延误天数，无法达成一致意见，一审、二审法院根据建筑师事务所提供的专家意见及专业咨询公司提供的司法鉴定意见，最终认定，发包人、承包人及非承发包双方原因（如地震等）分别造成的总计延误天数是769天、677天及495天（包括4个不同工作区的延误总天数）。此外，双方签订的《9.15解除合同协议》约定，因发包人和记黄埔公司原因给承包人中建五局造成的损失，由和记黄埔公司承担赔偿责任；因中建五局原因给和记黄埔公司造成的损失，由中建五局承担赔偿责任。最高人民法院认定此约定有效。结合以上两项原因，最高人民法院作出判决，发包人与承包人互相承担对方的延误损失，非承发包双方原因造成的延误损失由承发包双方各自承担50%。

（四）对承发包双方主张均未予支持的判决及理由

与上述裁判观点形成鲜明对照的是，本团队律师同样检索到了最高人民法院对于承发包双方提出的延误赔偿请求均不予支持，双方互不承担对方损失赔偿的二审判决书。例如，在浙江华厦建设集团有限公司（以下简称华厦建设公司）与合肥耀华房地产开发有限公司（以下简称耀华房产公司）建设工程施工合同纠纷一案①中，最高人民法院认为，对于工期延误承发包双方均应承担一定责任，且承发包双方各自应承担的责任份额与本方实际承受的工期延误损失相对称，则承发包应各自承担本方损失，对承发包双方的损失赔偿主张均不予支持。

该案中，承发包双方均声称工期延误给本方造成巨大损失，要求对方予以赔偿，并均向一审法院提出了损失鉴定请求。一审法院判决下达后，发包人与承包人均上诉认为造成项目工期延误的责任在对方，并请求二审法院判决对方承担违约金并赔偿损失。

法院经审理认为该案工期延误事实如下：该工程于2009年5月20日开工，根据双方《意向协议》及《补充条款》约定，正常竣工日期应为2011年3月11日。后双方签订《协议》约定，前期土方、结构图修改、后期精装修导致工期一再延后，竣工日期延至2012年12月31日。但本项目实际竣工验收延迟至2013年6月13日，工期至少延误164天。

对于承包人要求的延误赔偿，一审法院认为，承包人华厦建设公司提交的要求发包人耀华房产公司赔偿延误损失的工程联系单均未获得耀华房产公司认可，且对于指定分包的土方工程造成的延误，华厦建设公司作为总承包人，按约收取管理费，因此应

① 详见（2015）民一终字第104号民事判决书。

对分包工程造成的延误承担一定总包管理责任，故华厦建设公司要求耀华房产公司赔偿工期延误损失，依据不足，不予支持。

对于发包人要求的延误赔偿，一审法院认为，案涉工程延误主要系分包工程延误所致。华厦建设公司虽负有总承包责任，但案涉工程分包均系耀华房产公司指定，因此，耀华房产公司应承担主要责任。故耀华房产公司要求华厦建设公司支付违约金并赔偿延误损失的主张，无事实根据，不予支持。

最高人民法院对于一审法院上述两项认定，均予以认可。

值得注意的是，因发包人的指定分包人的不当行为造成工程整体延误，最高人民法院判决发包人应该承担主要责任，因此对发包人提出的延误赔偿不予支持，这一判决在国际工程界并未达成共识，部分国家建设工程惯例及合同范本并不支持这一结论。

［**案件复盘**］

本团队律师通过对永联公司与富通达公司关于工程延误纠纷案件的代理及总结，以及对最高人民法院工期延误相关系列裁判文书的学习及研究，深入挖掘建设工程工期延误纠纷的产生原因及防范策略，并据此对承发包双方提出以下建议：

1. 应增强合同与规则意识，建设工程往往周期长、投入大，争议标的额巨大，因此，无论发包人还是承包人，均应对合同的起草及协商给予高度关注，牢固树立“合同是当事人之间的法律”这一规则意识，在项目策划、合同签订之前，应对各种意外情形做好充分准备。合同起草时，不仅高度关注通用条款，更应制定周详、严谨的专用条款，通过严密的专用条款，避免争议及纠纷的发生。

2. 工程开工之前，承包人应制定严谨可靠的基准进度计划，并获发包人与监理人批准。项目各方对于工程进度计划这一基准参照系应达成共识，并于项目实施过程中，准确及时记录工程实际进展，且根据基准进度计划对工程实际进度予以严密监控，从而减少工期延误争议。当然，各方更应紧密合作，共同防范延误事件发生。

3. 无论前文所分析的永联公司案件，抑或其他最高人民法院二审判决案件，相关方延误赔偿未获支持的最常见原因是，当事人提交证据未获法院认可。建设工程项目通常周期长，参与方众多，工序复杂，因此证据收集与保管，包括往来函件、工程签证、现场记录及其他文案等管理工作面临巨大挑战，但该类文件与资料正是争议发生后支持本方主张的重要证据。

4. 工程各参与方，尤其是承包人，对于工期索赔与反索赔合同条款，特别是索赔时限、程序及延误事件等条款，应确切掌握，对工期延误事件及索赔时限（如有）应保持高度敏感,避免因对索赔规则不熟悉而导致“逾期失权”或索赔失败等不利后果。

5. 从外部聘请专业法律顾问。专业工程律师,比项目团队成员更严谨、专业,更擅长处理工期延误索赔与反索赔等事宜,建议无论发包人抑或承包人,均应在项目开工前即选定法律顾问,并从项目策划阶段开始,即全程听取专业律师建议,以预防项目实施阶段各类风险,实现顺利竣工。

9

授权不清引发争议，条分缕析规避损失

［案件摘要］

本案系建设工程领域关于代理权限问题的一起典型纠纷案件。A公司作为某小区住宅楼建设工程项目（以下简称涉案工程）的发包人，经过公开招标，确定B公司为中标人并与其签署《建设工程施工合同》。在合同履行过程中，因A公司与B公司发生矛盾，双方终止了《建设工程施工合同》，B公司撤场。此后自然人X（先后挂靠在C公司、D公司、E公司）进场继续施工，但自然人X因经济问题被相关部门调查，故退出涉案工程的建设。在自然人X退出后，E公司为另一自然人Y出具委托书，授权其全面负责涉案工程施工管理并签署一切文件。待涉案工程竣工后，自然人Y与A公司签署《结算协议》，约定了工程结算款项的具体金额。后E公司将A公司诉至法院，要求A公司结算并支付1000余万元的工程款。本团队律师接受A公司委托，代理本案并取得了令A公司十分满意的结果。

［案情回放］

2001年3月，A公司对涉案工程进行公开招标，B公司中标承建。B公司完成部分基础工程的施工后，双方发生矛盾并于2001年8月终止《建设工程施工合同》，双方进行结算确认该部分工程款为178万元，后B公司撤场。

2001年10月，自然人X以C公司的名义进场继续施工。2002年4月23日，C公司致函A公司否认自然人X挂靠其公司，并告知自然人X所使用的C公司第十九项目部的章系其伪造的公章。2002年5月，自然人X又以D公司的名义继续施工，直至2002年11月，D公司不再同意自然人X挂靠其公司。自然人X在以C公司、D公司名义进场施工时，均未与A公司签署施工合同。

此后，自然人X又挂靠至E公司。2003年4月，E公司与A公司补签《建设工程施工合同》（合同显示的签字日期为2002年5月1日，以下简称《合同一》），约定E公司承包涉案工程的建筑、装饰、给排水、暖卫、电气工程，工程价款暂估价为1700万元，合同价款按北京1996年概算下调12%方式确定。2003年4月13日，双方就涉案工程的装修工程签订一份《建设工程施工合同》（以下简称《合同二》），其中约定，工程价款为570万元，合同价款按北京1996年概算方式确定。后E公司向A公司出具证明书："贵我双方于2002年5月1日签订的《合同一》（实际签订时间为2003年4月13日后）仅作为整个工程竣工验收备案之用，不作为双方工程竣工结算之用。双方真正履行的合同是《合同二》"。其后，自然人X因经济纠纷被有关部门调查，退出涉案工程的建设。

2003年6月4日，E公司出具授权委托书（以下简称《委托书一》），委托E公司第六项目部自然人Y负责涉案工程装修工程施工。同年7月5日，E公司又出具了另一份授权委托书（以下简称《委托书二》），委托E公司第六项目部自然人Y代表E公司就涉案工程与A公司签订建设工程施工合同，全面负责施工管理并签署相关文件，办理工程竣工验收并签署相关文件，负责本项目相关的一切事宜。涉案工程于2003年12月完成竣工验收并交付使用。

2004年6月30日，自然人Y与A公司签署《结算协议》，协议内容为：经双方多次协商，现最终确认涉案工程最终结算金额为19,373,814.82元。本协议签订后，双方不因发现任何新的漏报、错报、多报项目等理由而要求更改最终结算金额。A公司向E公司支付工程款金额为9,937,805.36元，其中包括实际支付的工程款9,201,761.63元与应扣除的税款736,173.73元（工程款的8%）；A公司向E公司支付了2,421,187.30元用于偿还自然人X以C公司、D公司名义施工期间欠付的工资、材料费及运费等，其中包括实际支付的2,241,840.10元与应扣除的税款179,347.20元（工程款的8%）；A公司向E公司交付房屋38套，总计5700平方米，均价为1447元/m^2，总价为8,247,900.00元，用于折抵工程款，上述三项金额合计20,606,892.66元。结算总金额为19,373,814.82元，E公司应返还A公司的款项金额为1,233,077.84元。

2005年12月，E公司向法院提起诉讼，要求A公司结算并支付工程款12,965,283.85元及逾期付款利息680,000.00元。本团队律师接受A公司委托代理本案。本案各方当事人法律关系图如下：

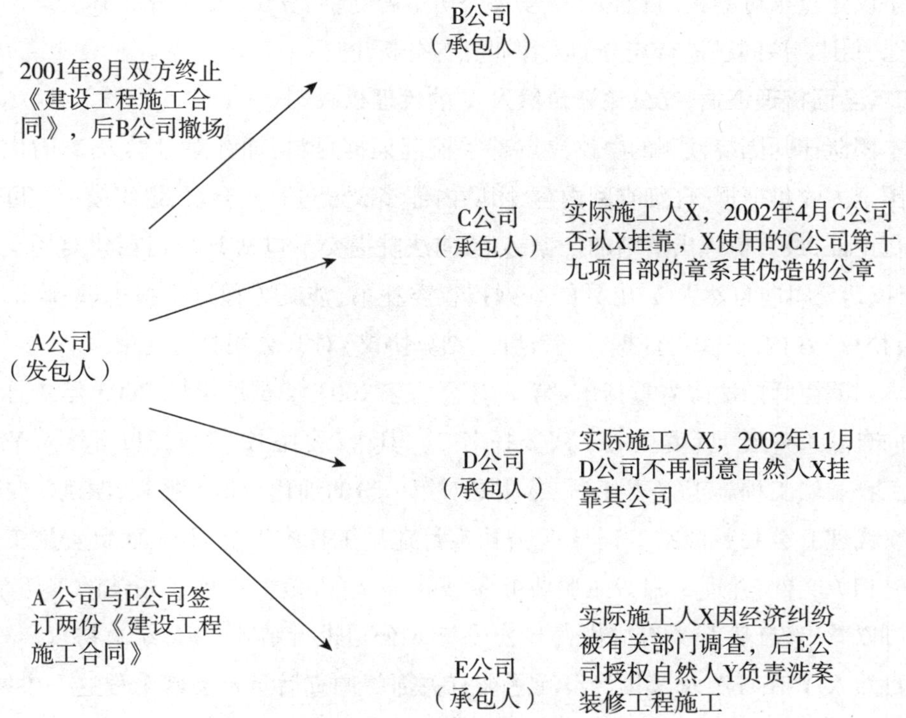

2006 年 12 月 20 日，法院作出判决，驳回 E 公司的全部诉讼请求。E 公司并未提起上诉，该判决发生法律效力。其后，E 公司的再审申请亦被驳回。本团队律师成功为 A 公司避免了可能产生的损失。

［**战略战术**］

本案涉及多方主体、案情复杂，其中自然人 X 作为实际施工人先后挂靠在 C 公司、D 公司、E 公司三个公司，负责对涉案工程进行施工。待自然人 X 因故退出施工现场后 E 公司后又授权自然人 Y 管理涉案工程。本案既涉及烦琐的建设工程问题，又涉及复杂的表见代理制度，本团队律师在接受委托后，面对 E 公司索要的高额款项，将压力转化为动力，积极探寻解决问题的途径。

一、深查事实真相，优化诉讼方案

本案涉及人数众多、人员分布地域广，案情扑朔迷离、错综复杂，案卷材料浩如烟海，本团队律师接受委托时，时间短任务重，面对不利局面，本团队律师潜心研究，深入思考，利用大事记、可视化等多种方法，短时间内深入了解案情，化繁为简，逐步厘清案情，击破盲区，不断优化诉讼方案，针对本案存在的挂靠情形，本团队律师多次就建设工程施工合同效力问题向 A 公司进行风险提示。另外，本团队律师大胆预测本案庭审的争议焦点很可能是“自然人Y与A公司签署的《结算协议》能否对E公司产生约束力”,并围绕该问题进行充分的法律研究与分析论证。

二、全面梳理证据,充分论证自然人Y的代理权限

本团队律师围绕预测的争议焦点着手梳理证据材料,即针对自然人Y的代理权限范围全力收集证据、仔细查阅内容、团队内部多次通过召开会议、组织模拟法庭等方式进行论证,最终梳理出清晰的证据链条,向法院提交了包括E公司在建委备案的合同文件、E公司向自然人Y出具的系列授权委托书、涉案工程进度报告、验收记录及《结算协议》在内的32份证据,严密论证《结算协议》对E公司具有约束力。

本团队律师向法院着重指出:第一,E公司于2003年6月4日、2003年7月5日先后向自然人Y出具《委托书一》《委托书二》,其中《委托书一》仅授权自然人Y负责涉案工程装修工程施工,《委托书二》则是对第一份的细化与扩大授权,明确了自然人Y有权代理E公司就涉案工程与A公司签订建设工程施工合同,全面负责施工管理并签署相关文件,办理工程竣工验收并签署相关文件,负责本项目相关的一切事宜。由此可以看出,自然人Y有权代表E公司与A公司进行结算、签订结算协议。第二,基于自然人Y在自然人X因经济问题被有关部门调查后负责装修工程这一事实,也可以推断出当时E公司确实曾授权自然人Y负责处理本项目有关的一切事宜。

庭审时,鉴于本团队律师已就自然人Y享有合法授权充分进行举证,法官根据举证责任分配原则要求E公司举证证明自然人Y不享有与A公司签订结算协议的权利。后因E公司对于自己提出的诉讼请求未能提供有效证据加以证明,法院判定其应当承担举证不能的不利后果,判决驳回E公司的全部诉讼请求。

三、严控办案流程,采用标准化管理机制

本团队律师在办案过程中,严格把控每个关键环节的工作质量,每项代理工作都必须有记载并分类上传至团队内部综合管理系统,对外出具的法律文书均需经过合伙人级别的律师审核后方可出具,审核范围既包括形式审查(是否采用事务所统一文本、是否有错别字等),又包括实质审查(行文逻辑表达、法律观点等表述是否清晰准确)。在案件办理的各个阶段,团队内部均会针对可能存在的风险进行专题研讨。在本案开庭前举行模拟法庭,由团队精英律师分别模拟原被告双方,团队其他成员深度参与,通过实战演习,积极归纳可能出现的争议焦点,不断完善代理方案,使本案最终取得良好的庭审效果。

[法案研判]

本案获胜的关键在于本团队律师准确预判争议焦点,并成功论证自然人Y与A

公司签署的《结算协议》对 E 公司具有约束力。实践中，类似本案中 E 公司对自然人 Y 授权不清引发纠纷的案例屡见不鲜，其中部分代理行为因符合“表见代理”特征而被认定有效。下文将重点围绕“表见代理”相关问题展开，以期帮助当事人准确界定“表见代理”行为，维护己方合法权益。

一、关于“表见代理”的相关法律法规

目前，关于“表见代理”现行有效的相关法律法规主要包括：

1.《合同法》第 49 条规定：“行为人没有代理权、超越代理权或者代理权终止后以被代理人名义订立合同，相对人有理由相信行为人有代理权的，该代理行为有效。”

2.《合伙企业法》第 37 条规定：“合伙企业对合伙人执行合伙事务以及对外代表合伙企业权利的限制，不得对抗善意第三人。”

3.《民法总则》第 172 条规定：“行为人没有代理权、超越代理权或者代理权终止后，仍然实施代理行为，相对人有理由相信行为人有代理权的，代理行为有效。”

4.《合同法司法解释（二）》第 13 条规定：“被代理人依照合同法第四十九条的规定承担有效代理行为所产生的责任后，可以向无权代理人追偿因代理行为而遭受的损失。”

5.《最高人民法院关于适用〈中华人民共和国婚姻法〉若干问题的解释（一）》第 17 条规定：“……（二）夫或妻非因日常生活需要对夫妻共同财产做重要处理决定，夫妻双方应当平等协商，取得一致意见。他人有理由相信其为夫妻双方共同意思表示的，另一方不得以不同意或不知道为由对抗善意第三人。”

6.《最高人民法院印发〈关于当前形势下审理民商事合同纠纷案件若干问题的指导意见〉的通知》第 4 条规定：“……12. 当前在国家重大项目和承包租赁行业等受到全球性金融危机冲击和国内宏观经济形势变化影响比较明显的行业领域，由于合同当事人采用转包、分包、转租方式，出现了大量以单位部门、项目经理乃至个人名义签订或实际履行合同的情形，并因合同主体和效力认定问题引发表见代理纠纷案件。对此，人民法院应当正确适用合同法第四十九条关于表见代理制度的规定，严格认定表见代理行为。13. 合同法第四十九条规定的表见代理制度不仅要求代理人的无权代理行为在客观上形成具有代理权的表象，而且要求相对人在主观上善意且无过失地相信行为人有代理权。合同相对人主张构成表见代理的，应当承担举证责任，不仅应当举证证明代理行为存在诸如合同书、公章、印鉴等有权代理的客观表象形式要素，而且应当证明其善意且无过失地相信行为人具有代理权。14. 人民法院在判断合同相对人主观上是否属于善意且无过失时，应当结合合同缔结与履行过程中的各种因素综合判断合同相对人是否尽到合理注意义务，此外还要考虑合同的缔结时间、以谁的名义签字、是否盖有相关印章及印章真伪、标的物的交付方式与地点、购买的材料、租赁的器材、所借款项的用途、建筑单位是否知道项目经理的行为、是否参与合同履行等各种因素，作出综合分析判断。”

二、关于“表见代理”的相关理论观点

（一）“表见代理”的构成要件

从广义上说，表见代理属于无权代理的一种，其特殊性在于相对人有合理理由相信行为人具有代理权。法律为保障此种信赖利益，维护交易安全与交易秩序等社会公共利益，创设并规定了表见代理的法律概念。

学界通说认为，根据相关法律法规规定，表见代理的构成要件有四个：其一，行为人并没有获得本人的授权，属无权代理。其二，本人的授权行为已经在外部形成了一种表象，使相对人有合理的理由相信行为人已经获得了授权（“权利外观”）。所谓“权利外观”，是指行为人表现出其享有代理权，或被代理人表现出授予行为人代理权的行为或语言。行为人表现出其享有代理权，包括行为人确系代理人但超越了代理权限；行为人曾经是代理人但在订立合同时代理权已经终止；行为人持有被代理人的介绍信、公章、合同书一类的重要证明等。被代理人表现出授予行为人代理权，包括公开声明授予行为人代理权，实际上未授予，或者明知行为人以其名义订立合同而不表示反对，使人产生默示授权的误解等。其三，相对人主观上是善意的、无过失的，有理由相信行为人有代理权。善意是指相对人不知道或不应当知道行为人实际上没有代理权，无过失是指相对人不知道行为人没有代理权并非因疏忽大意或懈怠造成的。其四，无权代理行为的发生与本人有关，无论本人是否具有过错。①

（二）“表见代理”的类型

本团队律师仅以建设工程领域为例，对表见代理的类型进行阐述。代理权依据其权利来源的不同，可分为授权型和职务型两类，前者是通过授权书等方式完成授权，后者则通过聘用或任命等方式授予代理权②。正是由于二者的授权方式不同，导致权限范围及认定方式也存在很大差别。

在授权型代理中，代理权的授予通过授权的方式做出。因此，授权型表见代理中，相对人是基于相信本人的授权而与行为人进行交易行为，相对人需要证明行为人经本人的授权，而且对该法律行为具有授权。授权型代理一般有明确的书面文件为依据，其权限范围以书面授权为限。由于此种授权通常是针对特定事务，因此行为人的权限

---

① 参见王利明、杨立新、王轶、程啸：《民法学》（第4版），法律出版社2014年版，第123～124页。

② 参见陈自强：《代理权与经理权之间——民商合一与民商分立》，北京大学出版社2008年版，第16页。

范围可以很直观地确认。行为人可能是公司外的人员，也可能是公司员工，行为人从事的代理事项与其在公司的职权范围并不必然相关，例如公司的财务人员，被授权在某次特定的交易中担任公司的行为人，此种情况下应当注意与职务型表见代理的区分。

而职务型代理则是某人因被企业任命的特定职务而产生的代理权，职务型代理与行为人在企业经营体制中的职位息息相关，相对人基于相信其职位而与其进行交易活动，此时行为人不需出具授权书等书面文件来证明自己已经获得授权的事实，而只需要证明其在企业经营体制中所扮演的角色，也就是证明其在企业担任的职务权限与代理事项所需权限相符，就能证明其具有代理权，且此种代理权的范围通常与其职权的范围相一致并受到严格的限制。职务型表见代理的权利外观至少需要具备以下条件：首先，此职务须处于公司的对外窗口之上，也就是说，该职务的工作内容包括对外从事法律行为，如果仅单纯从事公司内部事务的处理，根本不会涉及相对人信赖的问题；其次，行为人对外需要以行为人名义、在一般人所理解的职务范围内从事法律行为，如果外界对于此职务的理解与其实际的职务范围产生偏差，则应当以外界一般认知的范围来确定其代理权的范围。①

正是基于上述区分，审判实务中对授权型表见代理和职务型表见代理的证据要求和裁判逻辑都有明显的不同。

（三）"表见代理"案件中举证责任的承担

与构成要件相辅相成的是举证责任的承担。最高人民法院认为，关于表见代理的举证责任之分配方式为：首先，由本人对行为人确系无权代理承担举证责任；其次，由相对人对其信赖行为人有代理权且该信赖是有理由的承担举证责任；最后，由本人对相对人主观上是否为恶意或在缔约过程中是否存在重大过失承担举证责任。需要说明的是，举证是递进的，即仅当前一个举证充分后，再递进到下一个环节的举证；如果举证不充分，则无须进行下一环节的举证，表见代理即被否认。②

《最高人民法院印发〈关于当前形势下审理民商事合同纠纷案件若干问题的指导意见〉的通知》第4条对表见代理的举证内容作出了具体的规定，现归纳如下：其一，行为人的无权代理行为需在客观上形成具有代理权的表象（"权利外观"），合同相对人应对此承担举证责任，诸如合同书、公章、印鉴等证据；其二，合同相对人主观上需善意且无过失，要求人民法院结合合同缔结与履行过程中的各种因素综合判断合同相对

① 参见林冰冰：《论建设工程纠纷中表见代理的认定》，东南大学2016年硕士学位论文。

② 参见沈德咏主编、最高人民法院研究室编著：《最高人民法院关于合同法司法解释（二）理解与适用》，人民法院出版社2009年版，第102～103页。

人是否尽到合理注意义务，此外还要考虑合同的缔结时间、以谁的名义签字、是否盖有相关印章及印章真伪、标的物的交付方式与地点、购买的材料、租赁的器材、所借款项的用途、施工企业是否知道项目经理的行为、是否参与合同履行等各种因素，作出综合分析判断。

三、关于“表见代理”的相关裁判观点

根据权利来源的不同，将表见代理划分为授权型表见代理和职务型表见代理的分类方式对于准确认识建设工程领域表见代理案件的裁判逻辑，有着重要的意义。本团队律师梳理了涉及表见代理的相关判例，以最高人民法院建设工程领域判例为主，辅之以其他高级人民法院、非建设工程领域的判例，结合表见代理的构成要件及证明责任，分类别阐述表见代理案件的裁判逻辑。

（一）无权代理的认定

无权代理就是指行为人无代理权、超越代理权或在代理权终止以后所从事的代理行为。表见代理属于无权代理，只能在行为人无代理权而从事代理行为的情形下发生。如果行为人具有合法的代理权，则不可能构成无权代理，更不可能构成表见代理。对于行为人确系无权代理，需由本人承担举证责任。若不能证明，则无须进行后续举证。本案中，就是由于相对人 A 公司举出了能证明行为人即自然人 Y 系有权代理的证据，而本人即 E 公司无法证明其系无权代理，该行为被认定为有权代理，无须后续举证。

例如，在杨某与云南九州建设集团有限公司（以下简称九州公司）、曹某某民间借贷纠纷申诉、申请一案①中，最高人民法院认为：“关于曹某某是否有代理权限。《授权委托书》的授权范围仅限于办理第一城工程施工报名投标文件，并未授权可以对外借款。在曹某某本身作为案涉工程的实际施工人且仅为项目部副经理的情况下，杨某提交的证据不能证明曹某某有权以第一城项目部的名义对外借款，因此，曹某某以第一城项目部名义向杨某借款的行为并非职务行为，而系无权代理。在无权代理的情况下要认定九州公司承担清偿责任，就涉及判断曹某某借款行为是否构成表见代理。根据《中华人民共和国合同法》第四十九条‘行为人没有代理权、超越代理权或者代理权终止后以被代理人名义订立合同，相对人有理由相信行为人有代理权的，该代理行为有效’的规定，构成表见代理需满足相对人有理由相信行为人有代理权的条件。杨某曾于本案一审庭审中明确陈述其对曹某某是涉案项目的实际施工人的事实是知晓的。在杨某明知曹某某为实际施工人却未向其提交有效代理权依据的情况下，杨某知道或

① 详见（2016）最高法民申 2966 号民事裁定书。

应当知道曹某某无权代理九州公司，因此，曹某某的代理行为不构成表见代理。曹某某的借款行为既非职务行为，又不是代理行为，也不构成表见代理，借款的清偿责任应当由其个人承担。本案相关事实的认定有充分的证据证明，对争议的实体问题适用法律并无不当。”

（二）权利外观的认定

1. 授权型表见代理

本团队律师总结现有判例，认为可构成授权型表见代理行为“权利外观”的情形主要包括以下几种：

（1）授权委托书

在建设工程审判实务中，授权委托书是最为直观、常见的一种授权方式，也具有较强的证明力。本案即是基于授权委托书相信自然人Y有理由代表E公司进行结算行为的典型案例。

例如，在安徽建工集团有限公司（以下简称安徽建工集团）与沙某某、吴某借款合同纠纷一案[①]中，最高人民法院认为：“吴某向誉商公司出具了安徽建工集团授权委托书、安徽建工集团与沛县公安局签订的建设工程施工合同原件，加之沛县公安局相关人员亦确认其在建工程系安徽建工集团承建、吴某系该工程的负责人，誉商公司及沙某某有理由相信吴某的行为代表安徽建工集团。”

此处本团队律师特别提示，持有授权委托书也不必然被认定为有代理权限，仍需要相对人尽到合理、善良的注意义务。下文将有论述。

（2）印章

印章一般被视为代理权的象征，因为其与本人有着密切的关系，并且具有专用性及特殊性。因此，持有盖章文书甚至印章本身，属于证明力较强的代理权利外观。

例如，在江西省赣东北建设集团有限公司（以下简称赣东北公司）与许某某、叶某某建设工程施工合同纠纷一案[②]中，江西省高级人民法院认为：“赣东北公司提供的只在广丰县公安局治安大队备案的项目部业务专用章在诺曼特公司项目并未使用，再要求许某某来审查印章真伪，过于苛刻，也不符合合同法鼓励交易与诚实信用的基本原则，故对赣东北公司的辩称理由不予支持，叶某某的行为符合表见代理的构成要件，赣东北公司应当对叶某某的行为承担相应民事法律责任。”

需要注意的是，在建设工程纠纷案件中，由于挂靠、违法分包等情形的存在，印章

---

① 详见（2013）民申字第743号民事裁定书。

② 详见（2015）赣民一终字第307号民事判决书。

使用混乱的情况十分普遍。因此，相对人需要尽到合理、善良的注意义务，通过各种情况综合起来判断代理权限是否确实存在，下文将具体展开论述。

2. 职务型表见代理

建设工程相关案件中最为常见的职务型授权是项目经理的职务，通常认为其能够决定其职权范围内的几乎所有事务。在建设工程纠纷中，行为人自称为项目经理或其他职位，以本人名义从事的对外法律行为，为法院所认可的权利外观主要包括：

(1)具有“公示”事项

此处的“公示”事项，是指在商事交易过程中，为交易双方所明知而且确认的事项，又或者是公开之事项，但以关乎商事经营或交易的信息为限，以此来判断是否构成“公示”事项。[①] “公示”事项对于权利外观的构建具有非常高的证明力，对于相对人信赖的形成具有极为重要的作用，在审判实务中对于表见代理之认定亦起到相当重要的证明作用。在建设工程案件中，常见的判断标准有是否悬挂承包单位的招牌、是否有项目负责人的公告栏等。

例如，在刘某某与焦作市政工程建设集团有限公司(以下简称焦作市政公司)民间借贷纠纷一案[②]中，四川省高级人民法院认为：“工地公示牌上的信息载明王某是项目部副经理……王某将修建甘青大桥的履约保证金票据交由出借人刘某某持有，以上事实足以使刘某某相信王某的行为代表项目部，并将款项用于项目。焦作市政公司对王某对外借款的授权虽然不明确，但王某的行为已经构成表见代理。”

(2)过往交易情况

代理权的授予系基于公司与项目经理的委任合同而产生，因项目经理的职位本身就意味着其被赋予了特定的代理权限，因此行为人在进行交易活动的时候，应当系为履行职权之必要。而项目经理职权的履行，系在一定时间内反复持续以项目经理身份为公司经营范围之行为。若在某项目先前的交易过程中，相对人一直有理由相信某人具有代理权限，例如施工企业解任或更换项目经理但未及时告知相对人，或如某人无正当权限却在一段时间内反复以项目经理身份出现、施工单位亦加以容忍或默认(比如挂靠的情形)，此种事实对于相对人来说可构成相当确信，相对人并无再向本人内部确认之义务，本人亦不得以此事项对抗相对人。

施工企业解任或更换项目经理但未对相对人进行恰当告知的情形，例如，在安徽昆鹏建筑安装有限公司(以下简称昆鹏公司)与安徽四方金丰钢建科技有限公司一般

---

① 参见陈自强:《民法讲义1:契约之成立与生效》，法律出版社2002年版，第19页。

② 详见(2014)川民终字第368号民事判决书。

买卖合同纠纷一案[①]中，最高人民法院认为："昆鹏公司并未收回其空白合同，导致解任之杨某某利用此空白合同对外签订《钢材购销合同》。由于昆鹏公司并未将解任之信息告知相对人，此种行为构成表见代理行为。"

某人无正当权限却反复在一段时间内以项目经理身份出现、施工单位亦加以容忍或表示默认的情形，例如，在江苏南通三建集团有限公司（以下简称南通三建）与上海邦瑞贸易有限公司（以下简称邦瑞公司）买卖合同纠纷一案[②]中，最高人民法院认为："黄某某系南通三建的项目经理，其以该身份代表南通三建与邦瑞公司有过数次合作，亦在2009年案涉如皋城市花园项目的钢材供需合同中作为合同甲方南通三建的法人或委托人签名，并加盖了南通三建如皋城市花园项目部印章。后双方亦实际履行了该合同，邦瑞公司陆续将钢材送至如皋城市花园项目工地，由周某某或黄某某签收。由此证明，南通三建对于黄某某的无权代理行为予以认可。就邦瑞公司而言，有理由相信黄某某是经过南通三建的授权行使案涉如皋城市花园项目的项目经理职权，因此黄某某的行为构成了表见代理。南通三建另提出其已于2010年内部发文禁止对外使用项目部印章，因该规定属其内部管理的调整，在无证据表明其已对外公示时，合同相对人并无主动获悉该内部调整事项的义务，因此2012年黄某某仍使用项目部印章在对账单上签章确认对邦瑞公司而言仍具有法律效力，2013年黄某某以如皋城市花园项目负责人名义出具的《对账与还款承诺书》上虽未加盖项目部印章，但因该笔欠款系基于2009年的钢材供需合同而形成，具有延续性，结合此前南通三建的运营模式、双方的交易惯例与案涉项目的具体操作，邦瑞公司亦有理由相信黄某某代表南通三建就所欠货款进行对账确认。"类似的判例还包括云南珑邦建设工程有限公司与昭通市大龙洞福安艺术陵园开发有限公司建设工程施工合同纠纷案、[③]福建凯灏劳务工程有限公司与陕西省交通厅利用外资项目办公室建设工程施工合同纠纷案、[④]南通大辰建设集团有限公司与张某某、罗某某、大庆市萨尔图区人民政府一般建设工程合同纠纷案[⑤]等。

（三）相对人善意、无过失的认定

表见代理系信赖保护机制，是以相对人的信赖为基础的，且该种信赖与其作出的

① 详见（2014）民申字第548号民事裁定书。
② 详见（2014）民申字第1242号案民事裁定书。
③ 详见（2017）最高法民申2315号民事裁定书。
④ 详见（2016）最高法民终227号民事判决书。
⑤ 详见（2013）民申字第683号民事裁定书。

信赖处分之间应存在因果关系。① 其要求相对人主观上是善意的、无过失的，善意是指相对人不知道或不应当知道行为人实际上没有代理权，无过失是指相对人不知道行为人没有代理权并非因疏忽大意或懈怠造成的。相对人如果明知行为人并没有得到本人的授权，依旧与行为人进行交易行为，则没有善意，不得主张表见代理。

1. 授权型表见代理

在授权型代理的情况，行为人需要证明其经公司的授权，而且对该法律行为具有授权，相对人则需尽到合理、善良的注意义务。

(1)授权委托书

在行为人出具授权委托书的情形下，其并不当然因持有授权文书而被认定为有代理权限，或许代理事项超出其持有的真实的委托书、介绍信的内容范围，或许其持有的文件是空白的或者过期的，更极端的情况是这些所谓的建筑单位出具的委托书、证明文件系属伪造的。

例如，在重庆畅谷房地产开发公司(以下简称畅谷公司)与重庆市合川区教育建筑工程公司(以下简称教育建司)建设工程施工合同纠纷一案②中，重庆市高级人民法院认为："2010 年 11 月 19 日，教育建司向案外人陈某某出具了《授权委托书》……陈某某作为教育建司的项目负责人，代表教育建司行使权利。对其在授权范围内的职务行为，应当视为教育建司的行为；对其在授权范围外的行为，除非教育建司追认，否则应当视为其个人行为。根据该委托书，陈某某的授权范围是项目的工程进度、工程质量、工程安全以及与开发商等有关部门业务衔接等工作，并无代表公司对外借款的权利。因此，陈某某对外借款的行为是其个人行为，教育建司对此不应承担民事责任。该《授权委托书》的授权范围具体明确，畅谷公司认为陈某某的借款行为构成表见代理没有事实依据，本院不予支持。"

(2)印章

在行为人持有印章的情形下，公章的证明力是最大的，但若某人持有公司公章，相对人应当对其持有的正当性进行询问，否则不能认定其信赖具有合理性；在建设工程项目进行中，还会存在项目部印章、财务章、技术章等，相对人亦需尽到注意义务。合理信赖的判断标准应当是在合同订立之时，若相对人通过各种情况综合判断此印章为真，否则难以认定相对人是善意、无过失的。详细论述参见本书第 17 篇文章：《印章未能妥善保管，多方举证力挽狂澜》。

---

① 参见胡苗苗：《德国民法权利外观责任构成要件及研究——对我国〈合同法〉第 49 条的重新解释》，中国政法大学 2014 年硕士学位论文。

② 详见(2016)渝民申 1987 号民事裁定书。

(3)员工职权范围之外事务的授权

在公司授权其员工处理职权范围之外的事务时,需要对其进行授权。这种授权行为具有偶然性,并且行为人的代理权仅基于此次特别授权。此种情形下,如果相对人仅因为此身份就与之订立合同,相对人的信赖不能认定为合理,还需要其他授权的相关证明来增加相对人的确信。

例如,在南京市消防工程有限公司宿迁分公司(以下简称消防公司)与上海中呈建筑安装工程有限公司溧阳分公司(以下简称溧阳分公司)、上海中呈建筑安装工程有限公司(原上海浦朝建筑安装工程有限公司,以下简称浦朝公司)等建设工程施工合同纠纷一案[①]中,江苏省高级人民法院认为:"从浦朝公司与双沟公司签订的《建设工程施工合同》及《补充条款附件》内容来看,浦朝公司承接的是双沟公司综合楼土建工程,包括水电、装潢、附属工程项目,其中并未包含消防工程。从溧阳分公司、浦朝公司的营业执照载明经营范围来看,其并不具备消防工程施工资质。因此,费某某虽与溧阳分公司系挂靠关系,但仅系挂靠土建施工资质施工土建工程,费某某与消防公司签订《工程施工合同》并非履行职务的行为。费某某系以代理人的名义代理浦朝公司与双沟公司签订了《建设工程施工合同》,其后又以浦朝公司双沟项目部的名义与消防公司签订《工程施工合同》,客观上虽形成有代理权的表象,但消防公司在与费某某签订《工程施工合同》时,看过浦朝公司与双沟公司签订的《建设工程施工合同》《补充条款附件》和溧阳分公司的营业执照,《工程施工合同》中加盖的'上海浦朝建筑安装工程公司双沟工地专用章'与浦朝公司、溧阳分公司名称明显不符(缺少'有限'二字),消防公司在签约时对于浦朝公司的承包范围、施工资质及公章未尽到审查义务,主观上非善意且无过失,因此费某某的行为不构成表见代理。"

2. 职务型表见代理

如前所述,项目经理在建设工程项目中的代理权限较大。此时,相对人应当先从商业习惯以及行业对该等职务的理解,来判断该等职务对应的职权范围。未经合法授权的行为人以项目经理的身份行使对公司的代理权时,相对人通常负有向公司内部查证的义务。例如,行为人仅出示了印有项目经理头衔之名片,相对人就需向公司进行内部查证,如仅凭名片就相信该人有项目经理权,则相对人应当自行承担无权代理之风险。

例如,在吴某与温州中城建设集团有限公司(以下简称中城公司)、吴某旺民间借

---

① 详见(2017)苏民再3号民事判决书。

贷纠纷一案[①]中，最高人民法院认为："商人，对诉争借款合同订立主体的认知能力理应有一定的商场经验……应当知道余某某在未经中城公司法人授权情形下，不具有代表中城公司对外擅自借款的职能……吴某未尽审慎之责，主观上的过失不可推卸……借条上理应加盖中城公司单位印章而决非仅由余某某单独个人署名即可……吴某并未尽到合理、善良的注意义务……按常规应将款项汇入中城公司的账户，而不是汇入余某某个人账户……吴某认为诉争款项借予中城公司的观点显然违背常理……据此，余某某的借款行为不符合表见代理构成要件。"

［**案件复盘**］

在A公司的支持下，本团队律师兢兢业业、勤勉尽职，充分发挥在建设工程法律服务方面的专业优势和民事诉讼领域的丰富实务经验，最终取得"驳回E公司全部诉讼请求"的判决结果，至此，本案在本团队律师的代理下大获全胜。

未料到的是，2008年12月10日，E公司申请再审，主张自然人Y系通过不正当手段取得授权委托书并且超越代理权限，A公司将38套房屋交付自然人Y并非等同于交付E公司，自然人Y与A公司恶意串通进行结算，侵害了E公司的利益，要求撤销原审法院的判决。本团队律师积极组织证据证明自然人Y有权代表E公司进行结算，并且双方约定的结算金额公平合理，并未侵害E公司的利益。再审法院最终驳回了E公司的再审请求。A公司对于判决结果非常满意，高度赞扬了本团队律师在本案中的专业表现与协作精神。

最后，鉴于实际施工人在工程施工过程中滥用表见代理制度恶意虚构或虚增债务，致使建筑单位承担巨大经济损失的案例司空见惯，本团队律师特此为建筑单位提出如下法律建议：

一、以预防为主，防范形成表见代理风险

1. 建筑单位应加强内部管理，规范印章保管与用章审批制度。尤其是针对印章（包括但不限于公章、合同章、财务专用章等）、空白介绍信、企业证照等，建立严格的申请、审核、使用、保管制度。通过专人保管、逐层审核，使用人书面留痕的方式明确使用目的。另外，由于项目部的印章无须备案，易于伪造，在制作与使用过程中更应当严加注意。

2. 加强对实际施工人的监督、管理，对实际施工人的授权情况及时进行公示。为避免出现表见代理的滥用、合理限定实际施工人的权限，建筑单位应当及时采用书面

---

① 详见（2012）民再申字第92号民事裁定书。

送达、网站公告等有效公示的方式明确告知业主、供货商等相关人员。另外，对项目经理的授权委托书应当尽可能明确列举授权范围及授权期限，尤其是在项目经理不再担任相关职务后，既要及时书面告知项目经理本人其授权终止，还要同步书面告知可能与工程项目有资金、合同往来的相对人对该项目经理已授权终止。

3. 加强资金往来的监管，避免资金损失。建议在建筑单位与业主签订施工合同时，明确约定发包人应当将工程款项支付至承包人指定的账户，未经承包人书面同意，不得将工程款以现金形式支付或支付至其他账户，否则承包人不予认可。

4. 避免挂靠、违法分包或转包。由于挂靠、违法分包或转包等行为被法律法规所禁止，建筑单位应当避免以挂靠企业作为实际施工人或是把工程违法分包、转包，且禁止将本单位的印章随意交给挂靠单位。否则一旦出现实际施工人的无权代理行为，建筑单位可能会由于其事先的违法违规行为而较难撇清责任。

二、积极收集证据，以化解诉讼风险

一经发现表见代理的滥用，应当及时收集、妥善保存证据，如涉及刑事犯罪的还应及时报警，尽早为日后的诉讼做准备。一旦发生诉讼，建筑单位应当以表见代理的构成要素作为切入点，例如交易时间、地点、标的物是否与所涉工程项目的情况相符合；交易的内容是否明显损害了建筑单位利益；第三人是否确实属于“善意”“无过失”，是否尽到“合理注意义务”等方面展开综合分析论证，力争赢得诉讼。

10

善用逾期默认条款，帮助客户排忧解难

［案件摘要］

本案系因"逾期默认条款"适用问题产生争议的一起建设工程施工合同纠纷案件。发包人A公司与承包人B公司达成协议，约定A公司应在2004年12月31日前对B公司所报的工程结算文件完成审计，过期视为认同B公司所报结算价款。后B公司依约向A公司申报工程结算文件，但A公司并未在约定期限内完成审结且迟迟拒付剩余工程款。双方发生争议，B公司提起仲裁，本团队律师作为B公司的代理人，立足于案发时最新的法律法规规定，深入剖析并成功利用"逾期默认条款"相关约定，为B公司成功争取工程款、逾期付款违约金及利息等共计700余万元，B公司对该等仲裁裁决结果表示十分满意。

［案情回放］

本案所涉工程为某住宅楼施工工程（以下简称涉案工程），A公司系涉案工程的发包人，B公司系涉案工程的承包人。

2003年2月，A公司为涉案工程进行招标，B公司中标。2003年3月，双方就涉案工程签订《建设工程施工合同》（以下简称涉案施工合同），约定工期自2003年3月15日至11月27日，合同价款为23,964,134元。后因施工过程中遭遇"非典"等原因，导致该工程未能如期完工。2003年10月30日，双方签订《工程延期协议》，约定工程竣工时间延长至2004年9月30日。

2004年7月，涉案工程通过了A公司等单位参加的竣工验收。2004年7月28日，B公司向A公司报送了竣工结算文件，要求结算总金额为26,105,873元的工程价款。2004年10月22日，双方就工程结算、竣工备案等事宜达成《协议书》，A公司在《协议书》中作出承诺：A公司承诺在2004年12月31日前对B公司所报工程结算文件完成审计，过期视为认同B公司所报结算价款。此外，2005年5月8日，B公司向

A 公司报送涉案工程地下室新增改造工程结算表,结算金额为 313,650 元,A 公司对该数额予以确认。A 公司已向 B 公司支付工程款共计 20,100,000 元。

因 A 公司迟迟未能结算及支付涉案工程剩余价款,B 公司向双方约定的仲裁委员会提起仲裁申请,要求 A 公司支付工程款 6,319,523 元、利息1,520,603.77 元、逾期付款违约金 835,405.97 元、本案律师代理费及仲裁费用。

[**战略战术**]

实践中,大量建设工程施工合同纠纷是由于发包人利用强势地位拖欠承包人工程款而导致的,本案即是一起由此而引发的典型的建设工程施工合同案件。本案承包人在涉案工程竣工验收后向发包人有效送达工程竣工结算文件,但发包人一直未完成审计、拖延支付工程欠款。在此种情况下,承包人如何利用合同中的"逾期默认条款"争取自己的合法权益?本团队律师通过介绍本案办理过程中采取的具体策略,进而回答前述问题。

一、短时间内厘清案件事实,确定最优案件办理方案

本团队律师在索赔与反索赔案件处理方面有多年的业务理论积淀与项目承办经验,曾处理过大量建设工程施工合同纠纷的仲裁案件。本团队律师在接受委托后,面对众多而复杂的案件材料,采用可视化表达方式,直观、清晰地展现建设工程法律事实、法律关系。可视化图表上记载的案件信息,有助于短时间内深入了解案情,逐步击破案情盲区,厘清案情脉络。本团队律师很快注意到以下关键事实:B 公司确于 2004 年 7 月 28 日向 A 公司提交过竣工结算资料,且 A 公司已签收该竣工结算资料。在了解双方于 2004 年10 月 22 日签署《协议书》的背景后,本团队律师进而对案件进行深入分析,并从中选出最优代理方案,即根据《建设工程施工合同司法解释(一)》第 20 条"当事人约定,发包人收到竣工结算文件后,在约定期限内不予答复视为认可竣工结算文件的,按照约定处理"之规定,建议 B 公司主动出击提起仲裁,向 A 公司主张工程款及利息,并着手草拟相关法律文书,积极准备案件仲裁。

二、研读最新法律文件,寻求有利的支撑点

本团队律师接受 B 公司委托、了解案情并研究相关资料后,敏锐地注意到,本案的核心突破点在于,A 公司在《协议书》中承诺将在 2004 年 12 月 31 日前对 B 公司所报工程结算文件完成审计,过期视为认同 B 公司所报结算价款。作为建设工程法律领域的专业人员,本团队律师立即将该承诺与 2005 年刚刚开始施行的《建设工程施工合同司法解释(一)》第 20 条联系起来,进而判断出本案的焦点并非一般造价纠纷中的价款结算问题,而是对《协议书》中逾期默认条款的解释与证明,也即证明 A 公司确实收到B公司提交的合法有效的竣工结算资料，以及A公司应当按照协议约定的数额向B公司支付工程款。

三、揣摩仲裁员对学术观点的态度，敢于同时主张结算款逾期付款利息与违约金

涉案施工合同通用条款第33.2款约定："发包人确认竣工结算报告后通知经办银行向承包人支付工程竣工结算价款"；第33.3款约定："发包人收到竣工结算报告及结算资料后28天内无正当理由不支付工程竣工结算价款，从第29天起按承包人同期向银行贷款利率支付拖欠工程价款的利息，并承担违约责任。"本团队律师认为，前述条款可以视为同时约定了利息与违约金条款，并据此同时进行主张。

事实上，在当时的司法裁判环境下，利息与违约金很难被同时支持，一般仅可支持其中的一个。法院通常认为，欠付工程款属于违约行为，利息实质上就是承包人因发包人欠付工程款而遭受的损失，利息属违约责任的承担方式，违约金也属违约责任的承担方式，二者在性质上是相同的，不能重复计算。

但是，当时的仲裁环境相对宽松，且据本团队律师了解，本案首席仲裁员对利息与违约金同时并用在学理上持赞成态度。鉴此，本团队律师利用前述约定积极主张认为利息与违约金可以同时并用，结合可视化方式列明利息与违约金的计算过程及结果，清晰明朗地展示己方诉求，最终获得仲裁庭的支持。

四、在涉案工程已竣工验收并交付使用后，同时主张预付款利息及违约金

涉案施工合同通用条款第24条约定："实行工程预付款的，双方应当在专用条款内约定发包人和承包人预付工程款的时间和数额，开工后按约定的时间和比例逐次扣回。预付时间应不迟于约定的开工日期前7天。发包人不按约定预付，承包人在约定预付时间7天后向发包人发出要求预付的通知，发包人收到通知书后仍不能按要求预付，承包人可在发出通知后7天停止施工，发包人应从约定应付之日起向承包人支付应付款的贷款利息，并应承担违约责任。"专用条款第24条约定"预付工程款为合同价款的10%"，如未按期支付则承担违约责任，专用条款第35.1款进一步约定"按同期银行同城拆借利息3%赔偿承包人的经济损失"。本团队律师认为，虽然涉案项目已通过竣工验收，且B公司已向A公司发送结算文件并在仲裁中主张据此支付，但根据民事权利的放弃必须明示的原则，我方仍可主张自2003年4月5日至2004年1月19日的利息和违约金。

鉴于此，本团队律师结合本案证据材料向A公司主张自2003年4月5日至2004年1月19日的利息和违约金。本团队律师认为，尽管涉案工程已通过竣工验收，且交付给发包人使用，但是B公司及本团队律师在与A公司的历次谈判过程中，并未明示放弃向A公司索要预付款利息及违约金的权利，故在本次仲裁过程中，B公司有理由主张该项权利，且该等主张最终取得仲裁庭的支持。

需要注意的是，近年来，对此种情形，各地纷纷出台相关规定予以规制，如北京市高级人民法院于2012年出台了《北京市高院施工合同解答》，其第7条规定："当事人在诉讼前已就工程价款的结算达成协议，一方在诉讼中要求重新结算的，不予支持，但结算协议被法院或仲裁机构认定为无效或撤销的除外。"故在目前的司法实践中，因各地相关规定及裁判机构对规定的理解与适用情况有所不同，该等在结算文件形成后又要求支付利息和违约金的主张已较难获得支持。

五、高效收集证据，编制完整证据链

证据是整个诉讼活动的基础和核心，在一定程度上决定诉讼结果，尤其是工程索赔类案件，每一项索赔都需要证据来支撑，否则无异于空中楼阁，亦无法获得仲裁庭的支持。如何从堆积如山的工程材料中挑选有利于己方的证据，无疑是重中之重。

具体到本案，本团队律师以代理方案为基础框架、以A公司签收过B公司提交的竣工结算文件但未在承诺期限内予以答复为核心组织证据，从而形成有效的证据链来论证A公司应当按照26，419，523元向B公司支付结算价款。为此，本团队律师积极调动B公司工程部、预算部、资料部、财务部、法务部等工作人员，向其列明证据清单，指导其进行收集证据，从B公司提供的诸多材料中甄选有效证据进行梳理。经B公司的配合和本团队律师的努力，共分三次向仲裁庭提交300余页的证据，并且编制了规范明晰的证据目录，正是因本团队律师对证据材料的细致梳理，才使仲裁庭作出了"A公司已签收B公司邮寄的竣工结算资料，因A公司自身的违约行为致B公司有权不接受双方签署的《协议书》约定的结算总价而向A公司主张竣工结算价款26，419，523元"的认定。正是因本团队律师充分运用证据事实、法律依据，才得以获得仲裁庭的认可。

［**法案研判**］

本案争议焦点众多，诸如"逾期默认条款"适用问题、逾期付款利息与违约金能否同时主张的问题等。如前所述，关于逾期付款利息与违约金能否同时主张的问题，本案裁决结果在当下司法环境中已基本失去借鉴意义，故下文将重点针对"逾期默认条款"在理论和实践中的疑难问题进行分析。

一、关于"逾期默认条款"的相关法律法规

目前，关于"逾期默认条款"现行有效的相关法律法规主要包括：

1.《建设工程施工合同司法解释（一）》第20条规定："当事人约定，发包人收到竣工结算文件后，在约定期限内不予答复，视为认可竣工结算文件的，按照约定处理。承包人请求按照竣工结算文件结算工程价款的,应予支持。”

2.《最高人民法院民事审判庭关于发包人收到承包人竣工结算文件后,在约定期限内不予答复,是否视为认可竣工结算文件的复函》规定:“适用该司法解释①第二十条的前提条件是当事人之间约定了发包人收到竣工结算文件后,在约定期限内不予答复,则视为认可竣工结算文件。承包人提交的竣工结算文件可以作为工程款结算的依据。建设部制定的建设工程施工合同格式文本中的通用条款第 33 条第 3 款的规定,②不能简单地推论出,双方当事人具有发包人收到竣工结算文件一定期限内不予答复,则视为认可承包人提交的竣工结算文件的一致意思表示,承包人提交的竣工结算文件不能作为工程款结算的依据。”

3.《建设工程价款结算暂行办法》第 16 条第 1 款规定:“发包人收到竣工结算报告及完整的结算资料后,在本办法规定或合同约定期限内,对结算报告及资料没有提出意见,则视同认可。”

4.《建筑工程施工发包与承包计价管理办法》第 18 条规定:“工程完工后,应当按照下列规定进行竣工结算:(一)承包方应当在工程完工后的约定期限内提交竣工结算文件。(二)国有资金投资建筑工程的发包方,应当委托具有相应资质的工程造价咨询企业对竣工结算文件进行审核,并在收到竣工结算文件后的约定期限内向承包方提出由工程造价咨询企业出具的竣工结算文件审核意见;逾期未答复的,按照合同约定处理,合同没有约定的,竣工结算文件视为已被认可。非国有资金投资的建筑工程发包方,应当在收到竣工结算文件后的约定期限内予以答复,逾期未答复的,按照合同约定处理,合同没有约定的,竣工结算文件视为已被认可;发包方对竣工结算文件有异议的,应当在答复期内向承包方提出,并可以在提出异议之日起的约定期限内与承包方协商;发包方在协商期内未与承包方协商或者经协商未能与承包方达成协议的,应当委托工程造价咨询企业进行竣工结算审核,并在协商期满后的约定期限内向承包方提出由工程造价咨询企业出具的竣工结算文件审核意见。……发承包双方在合同中对本条第(一)项、第(二)项的期限没有明确约定的,应当按照国家有关规定执行;国

① 此处的“司法解释”系指《建设工程施工合同司法解释(一)》。

② 《最高人民法院民事审判庭关于发包人收到承包人竣工结算文件后,在约定期限内不予答复,是否视为认可竣工结算文件的复函》中提到的“格式文本”系《1999 版合同》,其通用条款第 33 条第 3 款规定:“发包人收到竣工结算报告及结算资料后 28 天内无正当理由不支付工程竣工结算价款,从 29 天起按承包人同期向银行贷款利率支付拖欠工程价款的利息,并承担违约责任。”关于该规定是否包含“发包人不予答复则视为认可结算文件”的意思,一直存在争议。《2013 版合同》通用条款第 14 条第 2 款第 1 项进一步明确:“发包人在收到承包人提交竣工结算申请书后 28 天内未完成审批且未提出异议的,视为发包人认可承包人提交的竣工结算申请单,并自发包人收到承包人提交的竣工结算申请单后第 29 天起视为已签发竣工付款证书。”《2017 版合同》沿用了此规定。

家没有规定的，可认为其约定期限均为28日。”

需要说明的是，上述法律文件的规定存在一定冲突：《建设工程施工合同司法解释（一）》及《最高人民法院民事审判庭关于发包人收到承包人竣工结算文件后，在约定期限内不予答复，是否视为认可竣工结算文件的复函》在“逾期默认条款”这一问题上均以当事人的意思表示为准，当事人未明确约定的，即使发包人在一定期限内不予答复，也不能直接将承包人提交的竣工结算文件作为工程款结算的依据；《建设工程价款结算暂行办法》及《建筑工程施工发包与承包计价管理办法》则将逾期默认规则上升至部门规章的高度，即不论当事人是否约定，只要发包人在一定期限内不予答复，就可以直接将承包人提交的竣工结算文件作为工程款结算的依据。

根据《最高人民法院关于裁判文书引用法律、法规等规范性法律文件的规定》第4条①的规定，民事裁判文书可以引用法律解释或司法解释，但不能直接引用部门规章；《行政诉讼法》第63条②的规定亦可侧证此规范。因此，上述文件中，可以作为裁判依据的仅有《建设工程施工合同司法解释（一）》及《最高人民法院民事审判庭关于发包人收到承包人竣工结算文件后，在约定期限内不予答复，是否视为认可竣工结算文件的复函》。鉴于此，在诉讼过程中，直接将承包人提交的竣工结算文件作为工程款结算依据的前提是当事人对此有明确约定，否则很难得到法院的支持；且《1999版合同》通用条款相关规定不能解释为当事人的明确约定。这样的裁判规则具有合理性，这是因为，承包人提出的竣工结算文件仅是其单方面计算出来的，没有经过发包人的核实与审查。从施工惯例的角度来看，承包人的报价存在虚报的可能，如果不经发包人审核就直接认可其结算数额，往往会损害发包人的利益。因此，裁判中对逾期默认规则的适用，还是应以当事人意思自治为原则。

二、关于“逾期默认条款”的相关理论观点

存在“逾期默认条款”的场合下，发包人的审核属于何种法律性质？发包人的异议又该怎样看待？对上述问题的认识直接关乎相关行为的法律后果，下文试图对此进行分析。

在合同中存在约定的情况下，承包人提交竣工结算文件、发包人进行审核，均属合同义务。在承包人未提交竣工结算文件或提交的文件不符合约定时，发包人可提出异

① 《最高人民法院关于裁判文书引用法律、法规等规范性法律文件的规定》第4条规定：“民事裁判文书应当引用法律、法律解释或者司法解释。对于应当适用的行政法规、地方性法规或者自治条例和单行条例，可以直接引用。”

② 《行政诉讼法》第63条规定：“人民法院审理行政案件，以法律和行政法规、地方性法规为依据。地方性法规适用于本行政区域内发生的行政案件。人民法院审理民族自治地方的行政案件，并以该民族自治地方的自治条例和单行条例为依据。人民法院审理行政案件，参照规章。”

议。该异议的法律性质，本质上是发包人依照《合同法》第67条[①]规定所行使的先履行抗辩权。对于先履行抗辩权的行使是否需要明示，目前的学理通说是：在先履行一方未履行义务时，先履行抗辩权的行使不需要明示；在先履行一方履行义务不符合约定并请求后履行一方履行时，先履行抗辩权的行使需要明示。[②] 由于承包人提交结算报告即意味着请求发包人审核，因此在承包人未提交竣工结算文件的场合，发包人无须明示也可行使先履行抗辩权；但在承包人已提交竣工结算文件的场合，若其提交的文件存在错误，发包人必须采用明示的方式提出异议。

在合同中存在"逾期默认条款"的情况下，审核期间发包人并未提出异议的，承包人取得向发包人主张工程款支付的权利，也即给付请求权；发包人则丧失提出异议的权利。

关于发包人在审核期间未提出异议则丧失提出异议的权利，此处提出异议权利的"丧失"应如何理解？这就需要辨明发包人审核义务的法律性质，进而探究"逾期默认条款"背后的法律逻辑。发包人审核义务的法律性质具有复杂性。一方面，从技术角度而言，审核属于发包人的给付准备行为，对外没有效力和法律意义。但发包人的审核结果一旦表示给承包人，则具有观念通知的意思，德国有相关学说认为该等通知具有准法律行为的性质，可以类推适用有关法律行为的规定。另一方面，我们应当注意到，实务中只要双方的结算金额差别在一定的幅度范围内，承包商基于维权的时间成本和经济成本考虑，一般都会接受发包方的审核结果。因此发包人的审核和承包人的允诺认可，在某种程度上具有协商的性质，属于法律行为。[③] 实务中，发包人的审核往往兼具技术审核和协商的意味，具有法律行为的性质，可以适用有关法律行为的规则。

那么，在发包人未予审核、未提出异议的场合，该种不作为的行为应如何理解？根据民法原理，工程款的确认至少需要两个意思表示，即发包人和承包人的意思表示一致。在承包人提出竣工结算报告时，视为提出一个意思表示；在发包人予以审核后，有权回复"是"或者"不是"，构成另一个意思表示，其选择"是"则双方合意形成，反之双方合意未形成，构成新的意思表示。那么在规定的期限内，发包人选择沉默，能否视为另一个意思表示？根据我国法律规定，行为人可以明示或者默示作出意思表示，但沉默只有在有法律规定、当事人约定或者符合当事人之间的交易习惯时，才可以视为意

---

① 《合同法》第67条规定："当事人互负债务，有先后履行顺序，先履行一方未履行的，后履行一方有权拒绝其履行要求。先履行一方履行债务不符合约定的，后履行一方有权拒绝其相应的履行要求。"

② 参见魏振瀛：《民法》，北京大学出版社、高等教育出版社2000年版，第409页。

③ 参见王建东、孙兴洋：《建设工程合同竣工结算规则的合理性探讨》，载《法学》2006年第11期。

思表示。[①] 因此，在当事人明确约定“逾期默认条款”时，发包人的沉默可视为认可承包人的结算报告的法律意义；但在没有此约定的情况下，沉默不应具有任何法律意义，不宜适用逾期审核视为认可的规则，否则会侵犯合同自由原则，破坏竞争环境的均衡。

三、关于“逾期默认条款”的相关裁判观点

本团队律师检索了最高人民法院适用《建设工程施工合同司法解释（一）》第 20 条的相关判例，其中部分裁判结果支持依送审价结算，部分未予支持。下文将对前述案例中的裁判观点进行归纳总结，以分析目前的裁判倾向。

（一）未支持依送审价结算的案例及理由

1. 合同无效的情况下不能适用“逾期默认条款”

首先需要明确的是，最高人民法院认为“逾期默认条款”的适用应以当事人的有效约定为要件；在合同无效的场合，该约定并无适用余地。

例如，在张某某、陕西大华实业集团有限公司（以下简称大华公司）建设工程施工合同纠纷一案[②]中，最高人民法院认为：“适用前引司法解释第 20 条规定，应以当事人有效约定为要件。因系争合同无效，该规定亦无适用之余地。另，大华公司回函对张某某提交的工程决算书提出了异议，本案不符合前引司法解释第 20 条所规定的具体情形。因此，原审法院依大华公司申请对本案所涉工程造价进行鉴定，并以此鉴定报告为据作出判决，适用法律并无不当。”

2. 未明确约定“逾期默认条款”的情况下不能直接适用该规则

在合同有效的前提下，最高人民法院认为，在当事人并未明确约定“逾期默认条款”的情况下，不能直接适用该规则。

例如，在浙江义乌国际大厦有限责任公司与义乌市第三建筑工程有限公司（以下简称义乌三建）建设工程施工合同纠纷一案[③]中，最高人民法院认可了浙江省高级人民法院的下述观点：“……本案双方当事人提供的几份合同文本中，亦均无发包人接受结算文件后逾期不予答复即视为认可的约定，故义乌三建的该主张缺乏事实依据，不能成立。”

类似的判例还包括拉萨地方建筑工程有限公司与中信那曲大酒店建设工程施工

---

① 《最高人民法院关于贯彻执行〈中华人民共和国民法通则〉若干问题的意见（试行）》（以下简称《民法通则意见》）第 66 条规定：“一方当事人向对方当事人提出民事权利的要求，对方未用语言或者文字明确表示意见，但其行为表明已接受的，可以认定为默示。不作为的默示只有在法律有规定或者当事人双方有约定的情况下，才可以视为意思表示。”《民法总则》第 140 条规定：“行为人可以明示或者默示作出意思表示。沉默只有在有法律规定、当事人约定或者符合当事人之间的交易习惯时，才可以视为意思表示。”

② 详见（2017）最高法民申 426 号民事裁定书。

③ 详见（2013）民抗字第 85 号民事判决书。

合同纠纷案、[①]四川路航建设工程有限责任公司与谢某、谢某某建设工程施工合同纠纷案、[②]阳山县水利水电工程有限公司与贺州市康发电力有限责任公司建设工程施工合同纠纷案、[③]韩某某与中铁七局集团有限公司、内蒙古鄂尔多斯市泰宝投资有限责任公司及张某某建设工程分包合同纠纷案[④]等。

需要注意的是,最高人民法院延续了《最高人民法院民事审判庭关于发包人收到承包人竣工结算文件后,在约定期限内不予答复,是否视为认可竣工结算文件的复函》中的观点,认为仅有通用条款第 33 条第 3 款的约定,并不包含"视为认可结算文件"的内容。

例如,在四川建设集团有限公司与内蒙古雙骏置业有限公司建设工程施工合同纠纷一案[⑤]中,最高人民法院认为:"《最高人民法院关于审理建设工程施工合同纠纷案件适用法律问题的解释》第 20 条规定:'当事人约定,发包人收到竣工结算文件后,在约定期限内不予答复,视为认可竣工结算文件的,按照约定处理。承包人请求按照竣工结算文件结算工程价款的,应予支持。'对于其中的'当事人约定',不能简单理解为建设部《建设工程施工合同(示范文本)》(GF-1999-0201)'通用条款'部分第 33 条第 3 款的约定。因为从该约定的内容看,'发包人收到竣工结算报告及结算资料后 28 天内无正当理由不支付工程竣工结算价款,从第 29 天起按承包人同期向银行贷款利率支付拖欠工程价款的利息,并承担违约责任',并不包含'视为认可结算文件'的内容。视为认可结算文件,应当是双方当事人对此有专门约定,否则,适用上述司法解释条文就因缺乏合同依据而不当扩大了司法解释的适用范围,违反了我国合同法有关合同当事人意思自治的原则。一审判决将涉案《建设工程施工合同》'通用条款'部分第 33 条第 3 款的内容视为双方当事人对发包人收到竣工结算文件后,在约定期限内不予答复,即认可竣工结算文件的约定,属于认定案件基本事实不清,并因此导致不当适用《最高人民法院关于审理建设工程施工合同纠纷案件适用法律问题的解释》第 20 条规定。"

类似的判例还包括东莞市健升建筑工程有限公司与山东御景大酒店有限公司建设工程施工合同纠纷案[⑥]等。

---

① 详见(2014)民申字第 1101 号民事裁定书。
② 详见(2014)民申字第 1078 号民事裁定书。
③ 详见(2013)民申字第 1626 号民事裁定书。
④ 详见(2013)民申字第 485 号民事裁定书。
⑤ 详见(2015)民一终字第 214 号民事裁定书。
⑥ 详见(2013)民申字第 180 号民事裁定书。

3. 工程未完工的情况下不能适用“逾期默认条款”

在合同有效、“逾期默认条款”约定明确的前提下，最高人民法院进一步认为，只有工程已竣工的情况下，才能依照《建设工程施工合同司法解释(一)》第 20 条的规定适用“逾期默认条款”；在工程未完工的情况下，不应适用该条款。

例如，在黑龙江省金宝建筑工程有限公司(以下简称金宝公司)与新巴尔虎左旗甘珠尔热力有限责任公司(以下简称热力公司)建设工程施工合同纠纷一案[①]中，最高人民法院认为：“《最高人民法院关于审理建设工程施工合同纠纷案件适用法律问题的解释》第二十条明确是对竣工工程所作出的规定，而涉案工程并未完工；且金宝公司与热力公司在《终止施工协议书》中约定，待确认金宝公司实际完成的工程量后进行决算，说明双方已变更了《建设工程施工合同》约定的结算条款。因此，二审判决认为涉案工程不适用《最高人民法院关于审理建设工程施工合同纠纷案件适用法律问题的解释》的规定及《建设工程施工合同》的约定，适用法律并无不当。”

4. 发包人提出异议，可能导致无法适用“逾期默认条款”

前文中已提到，承包人提交竣工结算文件、发包人进行审核均属于合同义务，在承包人已提交竣工结算文件的场合，若其提交的文件存在错误，发包人可以采用明示的方式及时提出异议，即是行使先履行抗辩权，此种情况下不应再适用“逾期默认条款”。最高人民法院亦持相同观点。

例如，在福建省永泰建筑工程公司(以下简称永泰公司)与福建三明市林立房地产开发有限公司(以下简称林立公司)建设工程施工合同纠纷一案[②]中，最高人民法院认为：“工程竣工验收合格后，永泰公司虽然向林立公司提交了编制工程造价为 236,104,795 元的工程竣工决算资料，但林立公司收到该结算资料后明确注明未收到竣工图，且在此后的 28 天内亦已函告永泰公司竣工结算资料存在缺陷致使不能结算，永泰公司未作函复，亦未及时补充相关资料并修正存在的问题。……因此，工程价款不能按期审核的责任不在于林立公司。林立公司收到永泰公司送交的竣工决算资料后作出了答复，由于资料存在缺陷没有审核同意永泰公司编制的工程竣工决算文件，本案情形不符合《最高人民法院关于审理建设工程施工合同纠纷案件适用法律问题的解释》第 20 条关于‘发包人收到竣工结算文件后，在约定期限内不予答复，视为认可竣工结算文件’的规定，永泰公司请求以其自行编制的工程竣工决算文件作为确定讼争工程价款的依据，不符合双方合同约定和法律规定，本院不予支持。”

---

① 详见(2015)民申字第 2182 号民事裁定书。

② 详见(2014)民提字第 32 号民事判决书。

5. 即使发包人提出异议的时间已超出了合同约定，若承包人未及时主张行使逾期视为默认的权利并对工程价款进行了磋商和确认，亦不能再适用“逾期默认条款”

例如，在山西多力多房地产开发有限公司（以下简称多力多公司）与上海建工（集团）总公司（以下简称上海建工）建设工程施工合同纠纷一案①中，最高人民法院认为：“多力多公司与上海建工签订的《滨河湾小区施工总承包合同》（以下简称《施工合同》）通用条款第33.2条约定，发包人收到承包人递交的竣工结算报告及完整的结算资料后，应在60日内进行核实，给予确认或者提出修改意见。如发包人在上述期限内对结算报告及资料没有提出意见，则视同认可。专用条款第33条约定，承包人在单位工程完工后2个月内提交结算书，发包人委托审价单位自收到结算书之日起45天内完成审核工作。讼争工程完工后，上海建工于2010年4月30日至12月18日期间，向多力多公司提交南区及西区工程的《工程结算书》。2010年9月，受多力多公司委托，临汾市银盛项目投资咨询有限公司对上海建工承建的南区部分工程（未包括地下室地坪等及现场签证单）进行审核，确认该部分工程造价为63,854,096.60元。2012年10月13日、14日，双方就讼争工程的结算工作签署《会议纪要》，确认南区（未包括地下室地坪等及现场签证单）的结算金额为61,500,000元；并约定双方对其余工程进一步核实工程量、材差及取费标准。2013年5月24日，上海建工就工程结算事宜致函多力多公司，对多力多公司主张的结算金额提出异议，请求多力多公司进一步推进结算工作，尽快支付工程款。上述事实说明，2010～2013年，多力多公司与上海建工间就工程结算问题，先后进行施工企业报价、业主方委托第三方审价、会商后对部分已完工程结算款达成共识、后续又对未结算工程部分继续协商等；虽然多力多公司未能举证证明其在《施工合同》约定时间内对上海建工报送的《工程结算书》予以答复，但是上海建工并未主张行使《施工合同》通用条款第33.2条的权利，双方进行了实质性的审价并确认了部分工程价款，不符合《施工合同》通用条款第33.2条约定的‘如发包人在上述期限内对结算报告及资料没有提出意见，则视同认可’的合同适用条件，也不符合《最高人民法院关于审理建设工程施工合同纠纷案件适用法律问题的解释》第20条规定的适用条件。”

类似的判例还包括山东华泰建设集团有限公司与临沂隆丰行怡景房地产开发有限公司建设工程施工合同纠纷案②等。

---

① 详见（2016）最高法民终291号民事裁定书。

② 详见（2013）民申字第1460号民事裁定书。

(二)支持依送审价结算的案例及理由

1. 明确约定“逾期默认条款”是适用该规则的前提

最高人民法院认为,明确约定“逾期支付条款”是适用该规则的前提。明确约定不仅仅限于在施工合同中明确具体时间及义务内容,还包括在其后的其他合同或承诺中明确该条款的情况,亦包括在合同中明确约定执行示范文本相关通用条款或执行载有逾期默认规则的文件的情形。

例如,在西安神州水务工程有限公司(以下简称神州水务公司)、陕西建工安装集团有限公司(以下简称陕西建安公司)建设工程施工合同纠纷一案①中,最高人民法院认为:“施工合同第 37.5 条约定:发包人收到承包人建设项目竣工结算报告及结算资料后 30 天内,审查完成。第 37.6 条约定:发包人收到竣工结算报告及结算资料后,在规定期限内对结算报告及结算资料没有提出意见则视同认可。在陕西建安公司完成施工任务并于 2014 年 4 月 23 日向神州水务公司提交了户县第二污水处理厂(东厂)第一标段工程结算报告和结算资料,神州水务公司收到结算报告及结算资料后,在双方约定的 30 日内没有提出意见。……虽然此后双方又签订了补充协议,其中也确实约定了通过审计确定工程价款的内容,但补充协议中还明确约定委托审计是神州水务公司的义务,而且有时间限制,即最终审计金额确定的时间为 2015 年 4 月 30 日。但在此期间内,神州水务公司既没有按照补充协议的约定委托第三方进行审计,也未给予陕西建安公司答复,系神州水务公司以自己的行为表明其不履行补充协议。在此基础上,原判决……不支持神州水务公司对工程价款进行审计的请求,确认本案工程款应按照陕西建安公司竣工结算文件作为结算依据,判令神州水务公司给付陕西建安公司工程款 14,573,513.33 元及相应利息,不存在适用法律错误的问题。”

类似的判例还包括金华市嘉华房地产开发有限公司、青州市佳华置业有限公司与浙江博元建设股份有限公司建设工程施工合同纠纷案、②中太建设集团股份有限公司与太仓顺龙房地产开发有限公司建设工程施工合同案、③青岛海川建设集团有限公司与青岛百仕置业有限公司建设工程合同纠纷案、④山东聊建集团有限公司与山东省聊

① 详见(2017)最高法民申 1931 号民事裁定书。

② 详见(2017)最高法民申 1403 号民事裁定书。

③ 详见(2017)最高法民申 1510 号民事裁定书。该案中,双方当事人在共同签署的结算文件中明确约定:“顺龙公司在约定时间内未审计结束,结算价按中太公司上报结算金额作为最终双方结算价……”

④ 详见(2015)民申字第 2243 号民事裁定书。

城市中巨赛达房地产开发有限公司建设工程施工合同纠纷案、[①]宿迁市中宝投资集团有限公司与福建闽安建筑工程有限公司建设工程施工合同纠纷案、[②]湖南益友置业发展有限公司与长沙桐木建设股份有限公司建设工程施工合同纠纷案、[③]北京市建筑装饰设计工程有限公司与周口欣欣置业有限公司装饰装修合同纠纷案、[④]临沂高利峰焦化有限公司与滕州市建筑安装工程集团公司建设工程施工合同案、[⑤]再审申请人塔城市鸿瑞热力有限公司、云南云桥建设股份有限公司与被申请人新疆新秦建设实业开发公司建设工程施工合同纠纷案[⑥]等。

2. 在施工合同签订后，双方另行签订的其他合同或承诺中明确“逾期默认条款”

例如，在安徽润佳电缆集团股份有限公司（以下简称润佳电缆公司）、安徽省池州市第三建筑工程有限公司（以下简称池州三建公司）建设工程施工合同纠纷一案[⑦]中，最高人民法院认为：“池州三建公司分别于 2012 年 1 月 27 日、2 月 27 日、9 月 10 日、2013 年 1 月 10 日向润佳电缆公司报送多份工程决算书，润佳电缆公司均予以签收；2013 年 2 月 4 日，润佳电缆公司及其法定代表人徐某某向池州三建公司出具《承诺书》称：由于该公司一直未按承诺约定支付工程欠款（欠款数额以双方决算为准），如未在 2013 年 4 月前决算，则按池州三建公司所报的工程决算款减去所付工程款为工程欠款；2013 年 7 月 4 日，润佳电缆公司又向池州三建公司出具《承诺书》称：欠款数以池州三建公司 2012 年度所递交的工程决算减去所付工程款为工程欠款作为依据。上述两份承诺内容明确具体，表明润佳电缆公司认可因双方一直未决算，涉案工程价

---

① 详见（2015）民申字第 443 号民事裁定书。该案中，中巨赛达公司与聊建集团公司先后签订的两份《建设工程施工合同》均约定：工程竣工验收后，承包人递交验收报告的同时，向发包人提交结算报告，发包人应在 40 天内组织承包方审核完毕，逾期不予答复的视为同意。

② 详见（2015）民申字第 101 号民事裁定书。该案中，2010 年 6 月 11 日合同和 2011 年 2 月 18 日备案合同均约定：发包人在收到承包人竣工结算报告之日起 28 天内完成审核任务，发包人收到竣工结算报告及完整的结算资料后，在合同约定期限内，对结算报告及资料没有提出意见，则视同结算报告已被确认。

③ 详见（2014）民申字第 785 号民事裁定书。

④ 详见（2013）民提字第 128 号民事判决书。该案中，根据《施工合同》第二部分“通用条款”第 33.3 条的约定，周口欣欣公司收到竣工结算报告及结算资料后 28 天内无正当理由不支付工程竣工结算价款，其应从第 29 天起按同期银行贷款利率向北京装饰公司支付拖欠工程价款的利息，并承担违约责任。同时，依据该合同第三部分“专用条款”第 35.1 条的约定，该合同“通用条款”第 33.3 条约定周口欣欣公司违约应承担的违约责任：未按约定时间办理竣工结算，逾期视为北京装饰公司的结算价款已得到周口欣欣公司的认可。

⑤ 详见（2013）民申字第 1617 号民事裁定书。该案中，双方之间签订的建设工程施工合同专用条款中约定，发包人收到承包人递交的竣工结算报告及结算资料后 45 天内进行核实或提出合理的修改意见，如 45 天内不予以答复，视为认可承包人的竣工结算报告。

⑥ 详见（2013）民申字第 318 号民事裁定书。该案中，《建设工程施工合同》专用条款第 9 条“竣工验收与结算”中约定：“竣工验收执行合同通用条款第 32 条竣工结算：发包人在收到承包人递交的结算报告 60 天内不予确认，也不提出修改意见，视为认可”。

⑦ 详见（2016）最高法民申 606 号民事裁定书。

款以池州三建公司报送的决算为准。原审法院根据《最高人民法院关于审理建设工程施工合同纠纷案件适用法律问题的解释》第20条之规定，以池州三建公司报送的工程决算书载明的价款作为认定本案工程总价款的依据，有事实和法律依据，并无不当。”

类似的判例还包括中国华冶科工集团有限公司与齐齐哈尔中汇城华御房地产开发有限公司、齐齐哈尔中汇城金建房地产开发有限公司建设工程施工合同纠纷案、①道道全重庆粮油有限责任公司与江苏省建工集团有限公司建设工程施工合同纠纷案②等。

3. 明确约定执行示范文本相关通用条款或执行有逾期默认规则的文件，导致适用逾期默认规则

例如，在山东省聊城市中巨赛达房地产开发有限责任公司（以下简称中巨赛达公司）、山东金柱集团有限公司（以下简称金柱集团公司）建设工程施工合同纠纷一案③中，最高人民法院认为：“由于合同一和合同二均约定竣工验收与结算执行鲁政办发(2004)第29号文，合同三、四、五虽然仅约定竣工验收与结算执行通用条款及相关文件，没有明确约定竣工验收与结算执行鲁政办发〔2004〕第29号文，但鲁政办发〔2004〕第29号文就是如何竣工结算的文件，而且合同一和合同二均明确约定使用该文件，合同一、二和合同三、四、五涉及的是同一期工程。中巨赛达公司在收到金柱集团公司提交的结算报告后，不仅在40天内没有提出异议、没有进行审计，而且在金柱集团公司长期、多次催要工程款后，仍迟迟不与金柱集团公司进行结算。据此，原审法院将合同三、四、五中约定的‘相关文件’解释为指向的是鲁政办发〔2004〕第29号文，符合交易习惯，具有合理性。鉴于该文件规定承包人递交验收报告的同时，向发包方提交结算报告，发包方应在40天内审核完毕，逾期不予答复视为同意。根据《最高人民法院关于审理建设工程施工合同纠纷案件适用法律问题的解释》第20条‘当事人约定，发包人收到竣工结算文件后，在约定期限内不予答复，视为认可竣工结算文件的，按照约定处理。承包人请求按照竣工结算文件结算工程价款的，应予支持’的规

① 详见(2015)民一终字第379号民事判决书。该案中，双方签订《五金建材城工程结算及付款协议书》，约定“2014年7月15日之前完成结算双方签字确认，如甲方（金建公司）原因不能完成结算，将以乙方（华冶公司）报出的结算书总金额为最终审定值”。

② 详见(2015)民申字第3441号民事裁定书。该案中，双方于2012年7月20日签订的《和解协议》约定：江苏建工公司应于和解协议签订生效后15个工作日内将工程结算报告提交道道全粮油公司审核；道道全粮油公司应自收到结算报告之日起45个工作日内审核完毕或委托双方共同认可的第三方审计完毕，逾期则视为道道全粮油公司认可江苏建工公司提交的结算报告，并按江苏建工公司提交的结算价进行决算付款。

③ 详见(2015)民申字第361号民事裁定书。

定，原审采信金柱集团公司提交的结算报告，具有事实根据和法律依据。”

类似的判例还包括北安市巨源房地产开发有限公司与绥化铁龙建筑工程有限公司建设工程施工合同纠纷案、[①]牡丹江市联发建筑安装工程有限公司与黑龙江省皓月食品工业股份有限公司建设工程施工合同纠纷案[②]等。

4. 当事人未明确约定“逾期默认条款”的，亦有个别案例直接依据送审价进行结算

在当事人未明确约定“逾期默认条款”的情形下，亦有个别直接依据送审价进行结算的案例。该案中，承包人举出结算文件作为工程价款的证据，发包人未举出相反证据反驳，亦未申请造价鉴定，最高人民法院认为其应承担举证不能的后果，故以一方当事人提供的证据作为确认工程款的依据。

例如，在江西圳业房地产开发有限公司（以下简称圳业公司）与江西省国利建筑工程有限公司（以下简称国利公司）建设工程施工合同纠纷二审一案[③]中，最高人民法院认为：“适用本条司法解释[④]的前提条件是，当事人之间约定了发包人收到竣工结算文件后，在约定的期限内不予答复，则视为认可竣工结算文件。本案当事人只是选择适用了建设部制定的建设工程施工合同格式文本，并没有对发生上述情况下是否以承包人报送的竣工结算文件作为工程款结算依据一事作出特别约定。因此，不能以该格式合同文本中的通用条款第33条第3款之规定为据，简单地推定出发包人认可以承包人报送的竣工结算文件为确定工程款数额的依据。……（但这）并不意味着《建设工程施工合同》中通用条款第33条第3款的内容，对双方当事人没有约束力，违反这一规定，仍应承担违约责任。之所以维持一审判决以国利公司向圳业公司报送的竣工结算文件作为确认工程款数额基础的结论，是因为在一审诉讼中，国利公司将该竣工结算文件作为确定工程款数额的证据提交后，圳业公司没有在一审法院指定的举证期限内提出相反的证据，亦未在这一期限内申请鉴定。在一审法院同意就与工程款有关的问题进行鉴定后，圳业公司以不同意一审法院确定的鉴定范围为由，未在一审法院负责对外委托鉴定工作的部门指定的期限内交纳鉴定费，致使鉴定工作未能进行，应

---

① 详见（2012）民申字第754号民事裁定书。该案中，2008年7月15日双方签订的《建设工程施工合同》专用条款中约定执行《建设工程价款结算暂行办法》。该文件第14条第3款“工程竣工结算审查期限”第3项规定：“2000万元—5000万元从接到竣工结算报告和完整的竣工结算资料之日起45天”，第16条第1款规定：“发包人收到竣工结算报告及完整的结算资料后，在本办法规定或合同约定期限内，对结算报告及资料没有提出意见，则视同认可”。

② 详见（2016）最高法民申3085号民事裁定书。

③ 详见（2006）民一终字第52号民事判决书。

④ 此处的“本条司法解释”系指《建设工程施工合同司法解释（一）》第20条。

承担举证不能的后果。在此情况下,人民法院只能以一方当事人提供的证据作为确认工程款的依据。”

四、本团队律师曾代理另一起涉及“逾期默认条款”的成功案例

本团队律师在另一个涉及“逾期默认条款”的建设工程施工合同纠纷案件中作为发包人的代理人,在一审法院支持承包人依送审价进行结算的情况下,二审中扭转乾坤化险为夷,减少了发包人的损失。

盂县华尊房地产开发有限公司(以下简称盂县华尊公司)与四川华夏军安建设有限公司山西分公司(以下简称四川华夏公司)于2011年11月23日签订山西省建设工程施工合同,该合同分为协议书、通用条款、专业条款三部分。该合同约定:发包人为盂县华尊公司,承包人为四川华夏公司……合同价款约5200万元,最终以工程结算为准。通用条款对竣工验收与结算予以明确约定,例如第32.1款约定:工程具备竣工验收条件,承包人按国家工程竣工验收有关规定,向发包人提供完整的竣工资料及竣工验收报告;第32.3款约定:发包人收到承包人送交的竣工验收报告后28天内不组织验收,或验收后14日内不提出修改意见,视为竣工验收报告已被认可;第33.2款约定:发包人收到承包人递交的竣工结算报告及完整的结算资料后,应按上述期限进行核实,给予确认或者提出修改意见。如发包人在上述期限内对结算报告及资料没有提出意见,则视同认可。其间,盂县华尊公司向四川华夏公司支付工程款3559万元。四川华夏公司于2013年12月20日向盂县华尊公司提交了竣工结算报告及结算资料,盂县华尊公司在60日内未予答复。后四川华夏公司以建设工程施工合同纠纷为由将盂县华尊公司诉至法院,要求盂县华尊公司按照送审价款63,866,131.03元进行结算并向四川华夏公司支付工程价款28,296,131.03元。一审法院支持了四川华夏公司的全部诉讼请求。盂县华尊公司不服,提起上诉。面对一审法院对“逾期默认条款”持支持态度,对盂县华尊公司严重不利的局面,本团队律师作为盂县华尊公司二审阶段的代理人,经对“逾期默认条款”审慎研究后,认定构成该条款的关键词分别为“竣工”“收到结算文件”“约定期限”“不予答复”。本团队律师针对前述关键词进行逐一论述,从本工程不应被视为已经竣工工程、本工程尚不具备结算条件,四川华夏公司提交的结算文件并非有效的结算文件,盂县华尊公司在收到结算文件后并非未在结算审核期内提出任何反对意见等角度论证本案不具备适用“逾期默认条款”的条件,故认定一审法院作出的依送审价进行结算的判决是错误的。

本团队律师亮明以上观点后,四川华夏公司迫于压力同意盂县华尊公司提出的工程造价鉴定申请。后本工程经鉴定总造价为45,300,654.07元,相较于送审价少1800余万元!后二审判决仅要求盂县华尊公司向四川华夏公司支付970万元工程款。本案的难点在于，发包人与承包人签订的建设工程施工合同中对“逾期默认条款”予以明确约定，且一审判决认定支持承包人适用该条款，此时发包人处于非常不利的地位，本团队律师经严密论证后推定在二审中如果直接申请对本工程进行造价鉴定并非良策，故通过论述适用该条款存在的不合理之处动摇二审法官的自由心证，从而促使二审法官同意启动本工程造价鉴定程序。

［**案件复盘**］

本案审理过程中，本团队律师凭借深厚的理论积淀，在扎实地梳理案件材料后，深度剖析与巧妙运用“逾期默认条款”，最终赢得仲裁庭的认可，获得了巨大成功。自2006年6月29日仲裁委员会受理本案之日起，至2006年12月5日作出仲裁裁决之日止，本案仅历经半年时间即告解决。本团队律师在巧用“逾期默认条款”的同时，另行创造两项战绩：(1)结算款逾期付款利息与违约金一并获得支持；(2)在涉案工程已竣工验收并交付使用后，依然获得高额的预付款利息及违约金。

最后，在约定“逾期默认条款”的场合下，发包人及承包人如何应对，本团队律师作出如下法律建议：

对于承包人来说，逾期默认规则非常有利，因此应积极推动签署与适用。首先，承包人应与发包人协商，在合同中明确约定“逾期默认条款”。例如，可以约定：“工程竣工验收后，承包人将工程结算文件提交给发包人，发包人收到后在28天内进行审核。逾期未提出异议的，视为认可竣工结算文件。”如果发包人不同意采用上述条款，也可以专门约定：“如果发包人逾期不予答复的，按照住房和城乡建设部印发的《建筑工程施工发包与承包计价管理办法》的规定处理。”其次，承包人应在合同约定的时间内，向发包人提交完整齐全的竣工结算文件、资料，并由发包人中有签收资格的人(如合同中约定的甲方工程师、驻工地代表等)签收，最好能盖上发包人单位的公章。在采用特快专递方式送达时，应当在单据“内件品名”一栏里注明是某项工程的竣工结算资料，送审总造价为某某万元，并保留好交邮凭证的存根联。最后，约定的审价期限届满后，承包人应当向发包人发出工程造价以送审价为准的函件，明确表示将按照合同的约定以自己的送审价为工程的总造价。

而对于发包人来说，应尽量拒绝在合同中约定“逾期默认条款”。在合同中已有相关约定的情况下，在承包人提交竣工结算文件后应尽快审查并书面回复相关意见，包括承包人提交的文件不符合合同约定或存在实质上的审价异议等。

11

利用优先受偿权利，协助乙方维护法益

［案件摘要］

本案系A公司与B公司之间的建设工程施工合同纠纷。本团队律师作为A公司（承包人，申请人）的代理人不仅从B公司（发包人，被申请人）超预期获得工程价款及违约金等损失赔偿，同时代表A公司提出的建设工程价款优先受偿权（以下称建设工程优先权）请求也获得了仲裁庭支持。本团队律师紧抓工程款本金及工程索赔两大主线，对招标文件、中标合同、补充协议、合同实际履行过程中的相关事实及形成的书面资料进行全面梳理与整合，最终使A公司获得超预期的1000多万元工程款。

［案情回放］

2002年11月18日，A公司与B公司就某项目签订了备案的《建设工程施工合同》（以下简称《备案合同》）。2002年11月19日，双方又签订了一份未备案的《建设工程施工合同》（以下简称《非备案合同》）。两份合同签订后，A公司即进场施工。双方在施工过程中又陆续签订多份合同，变更原合同的主要内容，本项目于2004年9月16日提前竣工。因B公司拖延支付工程款等原因，双方发生争议。A公司于2006年7月18日提起仲裁，要求B公司支付尚欠工程款、工程预付款逾期付款利息、工程进度款逾期付款利息、工程进度款逾期付款违约金等各项费用共49,992,155.54元。

本案自2006年7月18日A公司申请仲裁之日起，至2008年11月11日仲裁委员会作出仲裁裁决之日止，历时两年四个月，期间历经三次开庭，并进行了工程造价鉴定。双方对依照哪份合同作为结算依据、关于未按合同约定的“14天”和“3天”期间内提出变更合同价款、B段CFG桩施工费、钢筋价差调整、分包的利润损失、迟延付款利息和违约金以及鉴定单位出具的《复议报告》等问题分别详细阐述了各自意见。

最终经过本团队律师的努力，A公司获得了超出其预期的1000多万元工程款，且其建设工程优先权请求也获得了仲裁庭支持，A公司的权益得到了充分保障。

［战略战术］

在 A 公司的配合及支持下，本团队律师默契合作、勤勉尽职，充分发挥自身在建设工程领域的专业优势及代理仲裁案件的丰富经验，最终为 A 公司获得有利的裁决。

一、全面梳理案件资料，提起众多索赔项目

本团队律师在全面细致梳理案件的主要合同、双方往来函件、监理会议纪要后，敏锐地发现本案存在众多可以提起索赔的事项。本团队律师告知 A 公司这一观点后，其表示难以置信，根本未意识到自己除 B 公司欠付的工程款外，居然还可以获得如此高额的索赔！面对 A 公司疑惑，本团队律师开展具体的分项索赔行动，以庖丁解牛的方式将一个复杂的大案件分解为多个索赔项目。对于每一索赔项目，本团队律师均将其视为一个独立案件办理，详细组织证据，编制完整证据链。这样做的好处在于，每个索赔项目都有独立成册的证据作为支撑，不用反复翻阅其他案卷，既为仲裁庭裁决提供便利，又能保证本团队律师代理工作思路清晰不受干扰。

本案中，本团队律师提出索赔的项目有“B 公司未按合同约定 14 天期间内提出变更合同价款的应当调整合同价款”“钢筋、混凝土、砂石料等材料价差应予调整”“分包的利润损失”等，仲裁庭对前述索赔项目均予以认可。

二、在案件审理过程中，向仲裁庭提交代理意见、质证意见近 170 页，条理清晰，说理充分

本案案情极其复杂，工程资料繁多。为全面、深入、细致地了解案件情况，本团队律师积极与 A 公司工程部、资料部、法务部等部门的专业人员沟通。本团队律师通过与 A 公司各专业人员通力协作，短时间内全面梳理了施工过程中所有资料，深入研究相关建设工程施工合同，详细了解施工过程中相关问题，不断完善代理思路。

在仲裁活动中，为了说服仲裁庭，本团队律师共向仲裁庭提交 6 份代理词，合计 120 多页，提交的质证意见也近 50 页，仅针对“黑白合同”问题，本团队律师就提交近 10 页代理意见，代理意见中不仅引用法律、司法解释之相关规定，还通过对比质量、工期、价款、付款、承包范围等方面并以可视化方式详细展现出“黑白合同”的实质性差异，证明《未备案合同》（黑合同）严重损害了 A 公司的利益，坚持要求仲裁庭依法按《备案合同》（白合同）结算工程价款。正是因为本团队律师的不懈努力以及在代理意见中的充分说理，才使仲裁庭得以深入了解 A 公司的诉求，作出工程价款的结算应当以《备案合同》为准的裁决，为 A 公司争取了最大利益。为给予读者更清晰、直观的感受，本团队律师对当时提交仲裁庭的 4 份代理意见进行了梳理并附于文末。但碍于本书篇幅所限，我们选择性地进行了删减与节选，本案全部代理意见内容远远多于节选部分。由于本案结案已经10年以上，因此代理意见质量与现时相比有较大的差距，不能代表当今一流水平，请读者阅读时予以注意并有选择性地参考使用。

另外，由于A公司与B公司无法就工程造价、工程洽商变更价款、材料价差等达成一致，仲裁庭委托鉴定单位对本案工程造价进行鉴定。本团队律师在鉴定程序中就鉴定范围出具专项代理意见，及时对《鉴定报告》《复议报告》提出反馈意见，针对B公司就《鉴定报告》提出的书面异议进行反驳等。鉴定单位最终采纳本团队律师建议，对A公司主张的因B公司直接分包导致A公司预期利润的损失、A公司因B公司原因造成迟延开工而增加的费用等索赔款项计入结算造价。本团队律师在鉴定程序中的积极参与、认真准备、及时反馈，最终协助B公司获得拖欠工程款及其他索赔款项。

三、面对A公司施工材料遗失严重，通过与B公司律师沟通为A公司挽回损失

由于A公司在施工过程中未能对施工资料予以妥善保管，导致大量工程资料遗失，尤为严峻是，本项目部分工程图纸居然丢失！面对如此不利情况，本团队律师利用仲裁庭调解的机会，积极与B公司代理律师充分沟通，在A公司与B公司矛盾仍较大的情形下，从中斡旋，尽可能就遗失图纸部分的工程结算价款达成一致，避免之前的洽商变更结算结果推倒重来，大大缩短了本案的审理时间。

四、提出建设工程优先权的仲裁请求，确保本案胜诉裁决的执行

由于在本案仲裁期间B公司经营已经陷入困境，本案项目为B公司仅有财产，但已被多轮查封及冻结，A公司面临胜诉但无法执行的紧迫境地。

本案仲裁发生于2004年，1999年10月1日生效的《合同法》仅实施4年，整个司法实务界对于建设工程优先权大都处于理解模糊及认识不清的状态。本团队律师提起建设工程优先权的仲裁请求，并在代理过程中将建设工程优先权从法律规定到司法实务全方位向仲裁庭进行了详尽的阐述，最终获得仲裁庭支持，使A公司在极为艰难的情况下不仅赢得案件，而且确保胜诉裁决最终得以执行。

［**法案研判**］

一、关于“建设工程优先权”的相关法律法规

目前，关于建设工程优先权现行有效的相关法律法规主要包括：

1.《合同法》第286条规定：“发包人未按照约定支付价款的，承包人可以催告发包人在合理期限内支付价款。发包人逾期不支付的，除按照建设工程的性质不宜折价、拍卖的以外，承包人可以与发包人协议将该工程折价，也可以申请人民法院将该工程依法拍卖。建设工程的价款就该工程折价或者拍卖的价款优先受偿。”

2.《建设工程施工合同司法解释（二）》第17条规定：“与发包人订立建设工程施

工合同的承包人,根据合同法第二百八十六条规定请求其承建工程的价款就工程折价或者拍卖的价款优先受偿的,人民法院应予支持。”

3.《建设工程施工合同司法解释(二)》第18条规定:“装饰装修工程的承包人,请求装饰装修工程价款就该装饰装修工程折价或者拍卖的价款优先受偿的,人民法院应予支持,但装饰装修工程的发包人不是该建筑物的所有权人的除外。”

4.《建设工程施工合同司法解释(二)》第19条规定:“建设工程质量合格,承包人请求其承建工程的价款就工程折价或者拍卖的价款优先受偿的,人民法院应予支持。”

5.《建设工程施工合同司法解释(二)》第20条规定:“未竣工的建设工程质量合格,承包人请求其承建工程的价款就其承建工程部分折价或者拍卖的价款优先受偿的,人民法院应予支持。”

6.《建设工程施工合同司法解释(二)》第21条规定:“承包人建设工程价款优先受偿的范围依照国务院有关行政主管部门关于建设工程价款范围的规定确定。承包人就逾期支付建设工程价款的利息、违约金、损害赔偿金等主张优先受偿的,人民法院不予支持。”

7.《建设工程施工合同司法解释(二)》第22条规定:“承包人行使建设工程价款优先受偿权的期限为六个月,自发包人应当给付建设工程价款之日起算。”

8.《建设工程施工合同司法解释(二)》第23条规定:“发包人与承包人约定放弃或者限制建设工程价款优先受偿权,损害建筑工人利益,发包人根据该约定主张承包人不享有建设工程价款优先受偿权的,人民法院不予支持。”

9.《最高人民法院关于建设工程价款优先受偿权问题的批复》(以下简称《建设工程优先权问题批复》)规定:“人民法院在审理房地产纠纷案件和办理执行案件中,应当依照《合同法》第二百八十六条的规定,认定建筑工程的承包人的优先受偿权优于抵押权和其他债权。”“消费者交付购买商品房的全部或者大部分款项后,承包人就该商品房享有的工程价款优先受偿权不得对抗买受人。”“建筑工程价款包括承包人为建设工程应当支付的工作人员报酬、材料款等实际支出的费用,不包括承包人因发包人违约所造成的损失。”“建设工程承包人行使优先权的期限为六个月,自建设工程竣工之日或者建设工程合同约定的竣工之日起计算。”

10.《最高人民法院关于装修装饰工程款是否享有合同法第二百八十六条规定的优先受偿权的函复》(以下简称《建设工程优先权函复》)规定:“装修装饰工程属于建设工程,可以适用《中华人民共和国合同法》第二百八十六条关于优先受偿权的规定,但装修装饰工程的发包人不是该建筑物的所有权人或者承包人与该建筑物的所有权人之间没有合同关系的除外。享有优先权的承包人只能在建筑物因装修装饰而增加价值的范围内优先受偿。”

11.《建设工程施工发包与承包价格管理暂行规定》第5条规定:“工程价格的构成。工程价格由成本(直接成本、间接成本)、利润(酬金)和税金构成。工程价格包括:合同价款、追加合同价款和其他款项。合同价款系指按合同条款约定的完成全部工程内容的价款。追加合同价款系指在施工过程因设计变更、索赔等增加的合同价款以及按合同条款约定的计算方法计算的材料价差。其他款项系指在合同价款之外甲方应支付的款项。”

12.《民事审判会议纪要》第4条第2款规定:“非因承包人的原因,建设工程未能在约定期间内竣工,承包人依据合同法第二百八十六条规定享有的优先受偿权不受影响。承包人请求行使优先受偿权的期限,自建设工程实际竣工之日起计算;如果建设工程合同由于发包人的原因解除或终止履行,承包人行使建设工程价款优先受偿权的期限自合同解除或终止履行之日起计算。”

二、关于“建设工程优先权”的相关理论观点

(一)建设工程优先权的性质

关于建设工程优先权的性质界定,我国实务界及理论界主要有三种观点,即留置权说、法定抵押权说以及法定优先权说。学界和司法实务通说为法定优先权说,即建设工程优先权当属法定优先权范畴。本团队律师也持此意见,建设工程优先权应认定为法定优先权,即无须由当事人订立担保合同及进行物权登记,其直接基于法律的特别规定而产生,属于建设工程承包人工程款债权的法定担保。建设工程优先权具备优先权的众多特征:一是由法律直接规定,无须当事人约定,其产生的法律效力具有法定性;二是以特定财产担保债权实现;三是具备从属不可分性、物上代位性及优先受偿性等特征。

近年来学界也出现希望将建设工程优先权解释为法定抵押权的意见,主要理由为:建设工程优先权的权利标的物为建设工程,即以建设工程拍卖或者变卖的价款来作为工程价款债权的担保,完全符合我国《物权法》第170条关于担保物权内涵的界定。本团队律师对此持有不同意见,因为抵押权作为物权,登记生效是其最基础的法理要求。一旦将建设工程优先权定性为法定抵押权,那么在实务中建设工程优先权登记这一项就足以彻底摧毁该制度。因为只要发包人不配合登记,则该权利就不会生效,而建设工程市场中承包人的话语权本来就相对较弱,一旦建设工程优先权需要经过抵押登记才能生效,那么建设工程优先权将成为名存实亡的权利,其保护承包人的法律价值将无法得到实现。

（二）合同无效对于建设工程优先权的影响

建设工程施工合同无效后，承包人是否享有建设工程优先权？对此存在两种观点。第一种观点认为，建设工程优先权在性质上类似于抵押权，根据《担保法》第 5 条的规定，担保合同是主合同的从合同，主合同无效，担保合同无效。因此，无效合同的承包人请求对承建的建设工程享有优先权的，不应支持。第二种观点认为，建设工程施工合同无效，但工程经竣工验收合格的，承包人可以主张建设工程优先权。

本团队律师认为，认定无效建设工程施工合同中的承包人是否享有建设工程优先权，应从《合同法》第 286 条所确定的保障承包人工人工资支付请求权的立法目的出发。基于此，在建设工程施工合同无效时，若工程质量合格，仍然要保护承包人建设工程优先权。设置建设工程优先权主要考虑到承包人的劳动已经物化到建筑物中，当发包人不能按照约定支付工程款时，赋予承包人优先受偿的权利。当建设工程施工合同无效且工程经竣工验收合格的，根据《建设工程施工合同司法解释（一）》第 2 条的规定，仍可参照合同约定支付工程款。建设工程优先权的基础源于工程款债权，在工程款仍应支付、工程款债务仍需清偿的情况下，建设工程优先权亦应支持，这既符合了建设工程优先权制度设计的目的，也考虑到了承包人的人力、物力、财力已经物化于建筑工程的实际情况。

《建设工程施工合同司法解释（二）》第 19 条、第 20 条分别规定建设工程质量合格，承包人即可享有建设工程优先权。《建设工程施工合同司法解释（二）》的出台，使后续司法实务对建设工程优先权的适用条件有了更加明确的指引。

（三）分包人和实际施工人是否享有建设工程优先权

在《建设工程施工合同司法解释（二）》出台之前，学界、实务界普遍认为对《合同法》第 286 条规定的“承包人”应作广义理解，既包括建设工程的总承包人，也应包括实际施工人，即实际施工人可以行使建设工程优先权，但权利行使的前提必须是建设工程质量合格。理由是《建设工程施工合同司法解释（一）》第 26 条规定：“实际施工人以转包人、违法分包人为被告起诉的，人民法院应当依法受理。实际施工人以发包人为被告主张权利的，人民法院可以追加转包人或者违法分包人为本案当事人。发包人只在欠付工程价款范围内对实际施工人承担责任。”该条赋予了实际施工人直接向发包人主张欠付工程款债权的权利，因此，作为欠付工程款债权的担保方式之一，建设工程优先权当然可以对实际施工人适用，只要实际施工人所主张的工程款不超过发包人欠付工程价款的范围即可。既然基于违法分包、非法转包而实际承建工程的施工人尚且可以行使建设工程优先权，依“举重以明轻”的法律适用原则，合法分包人当然亦可行使该优先权。另外，根据《合同法》第 286 条规定的立法初衷，上述人员行使建设工程优先权，须以建设工程质量合格为前提。

前述观点在司法实践中得到了各地高级人民法院的认可，比如《浙江省高级人民法院关于审理建设工程施工合同纠纷案件若干疑难问题的解答》第22条以及《安徽省高级人民法院关于审理建设工程施工合同纠纷案件适用法律问题的指导意见》第18条都有类似规定：建设工程施工合同无效，但工程经竣工验收合格的，承包人主张建设工程优先权，可予支持。分包人或实际施工人完成了合同约定的施工义务且工程质量合格的，在总包人或非法转包人怠于主张建设工程优先权时，就其承建的工程在发包人欠付的工程款范围内主张建设工程优先权，可予支持。

但在《建设工程施工合同司法解释（二）》出台之后，根据其第17条的规定，只有与发包人签订施工合同的承包人才有权享有建设工程优先权。但也存在例外情形，即如果发包人和承包人签订的施工合同中约定由发包人指定特定项目由第三人作为分包人，而且在履行过程中，指定分包人完全代替承包人就特定工程项目履行了合同义务，承包人仅承担配合盖章等手续的义务，则在指定分包人与发包人之间形成了事实合同关系，在此种情形下，指定的分包人享有建设工程优先权。

《建设工程施工合同司法解释（一）》第26条规定实际施工人可以向发包人主张工程价款，但实际施工人不宜直接向发包人主张建设工程优先权，毕竟《建设工程施工合同司法解释（一）》第26条赋予实际施工人向发包人主张工程价款的权利与建设工程优先权并无必然联系。另外，客观上，无论是分包人还是实际施工人，即使勉强给予其建设工程优先权，也难以行使。因为无论是技术分包还是劳务分包，或者其他情形下的实际施工人，其实际施工的范围有限，所得工程价款同样有限，不足以取得与发包人协商变卖或申请人民法院拍卖建设工程的地位。在分包人或者实际施工人只享有部分工程价款或者所占整个工程价款比例很低的情况下，要求发包人同意折价或者由分包人或者实际施工人申请拍卖，对发包人亦不公平。另外，挂靠或者借用资质的施工人虽然可能承包全部工程，但与发包人之间并无直接的合同关系，只能以出借人或者被挂靠人的名义订立合同并履行合同。如果允许实际施工人向发包人主张建设工程优先权，实属变相鼓励挂靠或者出借资质行为，不利于建设主管部门对建筑企业的资质进行管理。[①] 本团队律师认为《建设工程施工合同司法解释（二）》并非忽视了实际施工人的权利，而是将实际施工人的权益保护体现在其他方面，主要包括：规定发包人与承包人约定放弃或者限制建设工程优先权，不得损害建筑工人利益；继续加强

① 参见最高人民法院民事审判第一庭：《最高人民法院建设工程施工合同司法解释（二）理解与适用》，人民法院出版社2019年版，第367页。

对实际施工人权益保护,规定发包人在欠付建设工程价款范围内对实际施工人承担责任,实际施工人有权向发包人提起代位权诉讼等措施。

(四)建设工程优先权是否可以放弃

实践中,发包人将在建工程抵押至银行办理贷款,由于建设工程优先权优于抵押权,发包人要求承包人出具书面承诺函,承诺在贷款范围内或者剩余工程款范围内放弃建设工程优先权的做法较为普遍。对于此类承诺的效力应如何认定,存在两种观点。有观点认为,建设工程优先权的制度设计是从保护承包人的利益,进而最终达到保障工人等劳动者生存利益的目的,体现了生存利益优先于经营利益的指导思想,体现了维护社会稳定、维护劳动者权益的政策考量,不应认定放弃承诺有效。如果认可放弃的效力,将使发包人均利用此种方式,要求承包人放弃建设工程优先权,以达到剥夺承包人报酬之保障的目的,此种对于承包人经济地位的不当剥夺,与承包人建设工程优先权的规范目的相背离,不应赞同。另一种观点认为建设工程优先权制度的目的在于优先保障民工工资等权益的实现,但该类权益的保障也可以通过当事人其他筹集资金的方式予以实现。作为财产性民事权利,权利人可以处分,对于自己作出的民事行为应承担相应的后果,放弃建设工程优先权的承诺是有效的。建设工程优先权的性质与留置权类似,故承包人自愿放弃建设工程优先权的,应为允许。

最新颁布的《建设工程施工合同司法解释(二)》在建设工程优先权是否可以放弃或限制的问题上采取了以有效为原则、无效为例外的方式,例外情形为发包人与承包人约定放弃或者限制建设工程优先权损害建筑工人利益等特定法益,则该放弃行为应属无效。如果发包人和承包方约定放弃或限制建设工程优先权的同时一并约定其他的担保措施来确保建筑工人利益能够有效实现,则该放弃或限制行为一般认定为有效。

(五)建设工程优先权是否可以转让

对此问题存在两种观点。第一种观点认为,根据《合同法》第 81 条规定,除专属于债权人自身的从权利外,受让人可取得与受让债权有关的从权利。建设工程优先权依附于工程款债权,承包人将建设工程价款债权转让的,建设工程优先权随之转让。第二种观点认为,建设工程优先权的目的在于保护农民工利益,具有人身属性,因此,承包人将建设工程价款债权转让的,建设工程价款的优先受偿权消灭。

本团队律师认为,建设工程承包人转让工程款债权有效的,债权受让人应当享有该工程款的优先受偿权。建设工程优先权属于法定优先权,是基于建造建筑物而产生的权利,系工程款本身具有的权利,其功能是担保工程款优先支付,该权利依附于所担保的工程而存在。《合同法》第 286 条赋予承包人建设工程优先权的立法目的在于解决工程款拖欠问题，保障农民工的基本生存权益，只要能够实现该立法目的的工程款债权转让行为，法律均应确认其效力。同时，建筑施工中形成的债权转让并不违反法律、法规的强制性规定，合同依法可以转让，亦应认定工程款债权转让有效。既然建设工程承包人可以转让其在施工中形成的工程款债权，受让人基于债权的转让而取得工程款债权，根据上述工程款优先受偿的性质，债权受让人应当享有该工程款的优先权。

（六）如何认定“不宜折价、拍卖的建设工程”

《合同法》第286条将“不宜折价、拍卖的建设工程”排除在建设工程优先权的客体范围之外，但对于什么是不宜折价、拍卖的建设工程，立法未予明确。最高人民法院法官著述认为：“认定‘不宜折价、拍卖的建设工程’，不应仅仅强调公有物及公用物的保护，还应强调《合同法》保护弱者权利的目的。”①而梁慧星教授则认为：“‘不宜折价、拍卖’的建设工程，应当解释为法律禁止流通物。包括：公有物，如国家机关办公的房屋建筑物及军事设施；公用物，如公共道路、桥梁、机场、港口，及公共图书馆、公共博物馆等。”②

综上所述，本团队律师认为，司法实践中对于认定“不宜折价、拍卖”有着较为严苛的认定标准，《建设工程施工合同司法解释（二）》（征求意见稿）曾列举了五类“不宜折价、拍卖”的工程类型，包括：(1)修复后的建设工程经竣工验收不合格；(2)建设工程属于事业单位、社会团体以公益目的建设的教育设施、医疗设施及其他社会公益设施；(3)建设工程属于国家机关已投入使用的办公用房或者军事建筑；(4)建设工程属于设备安装等附属工程；(5)消费者购买承包人承建的商品房，并已经办理商品房预告登记或者产权变更手续。尽管《建设工程施工合同司法解释（二）》颁布时删除了以上规定，但其对今后司法实践中的类似问题仍具有较强的参考意义。

（七）建设工程优先权是否及于建筑物所占用的建设用地使用权

关于建设工程优先权是否及于建筑物所占用的建设用地使用权价值部分，相关法律和司法解释并没有直接规定。对此，法院判决往往忽略这个问题，从而在案件执行中容易引发基于建设用地使用权而设立的抵押权和建设工程优先权的冲突。

对于这个问题，一种观点认为，建设工程优先权及于建设工程的建设用地使用权

① 参见王林清、杨心忠、柳适思、赵蕾：《建设工程合同纠纷裁判思路》，法律出版社2014年版，第98页；江必新、何东宁：《最高人民法院指导性案例裁判规则理解与适用·房地产卷》，中国法制出版社2014年版，第187页。

② 参见梁慧星：《合同法第二百八十六条的权利性质及其适用》，载《人民法院报》2000年12月1日。

价值部分。理由主要有以下几个方面：首先，根据《物权法》第 182 条[①]规定，与法定抵押权类似的建设工程优先权也一并及于建筑物和其地下建设用地使用权的价值，在拍卖、变卖的时候应一并进行。其次，在实际生活中，建筑物是在建设用地使用权上所建造的，基于房地一体的原则，二者已经不能区分彼此的价值；并且在拍卖时很难区分彼此价值。最后，我国《物权法》关于抵押权的相关规定使用的术语为“建筑物”“正在建造的建筑物”和“建设用地使用权”，而《合同法》使用的是“工程”，并没有物权法上的这种区分，可见工程是《物权法》规定的“建筑物或正在建造的建筑物和建设用地使用权”的综合体。另一种观点认为，建设工程价款优先权不及于建设用地使用权价值部分，并且在判决中要予以明确，避免引起歧义。具体理由有以下几个方面：首先，根据《担保法》第 55 条[②]规定的原理，在具体拍卖抵押物时是可以区分建设用地使用权价值的份额和建筑物价值的份额的。其次，《合同法》第 286 条规定的建设工程并不包括建设用地使用权的价值，只包括基于承包人的劳动和投入的材料而形成的建筑物部分的价值。所以，这里的工程折价或者拍卖的价款应该理解为扣除了土地价值部分的价款。

本团队律师同意第二种观点，主要有以下几个方面的理由：首先，《物权法》第 182 条的规范目的在于，在当前我国执行的“房地一体”原则下避免房地因拍卖的买主不同而出现不同的权利人，其规范目的并非在于使抵押权人对于非设定抵押部分亦取得担保物权的效力。其次，从建设工程优先权的物权属性来看，建设工程价款对建设工程的法定抵押权起源于承揽人对承揽物的添附和劳动价值，主要目的在于保护因垫资、工人工资等而附加在建设工程的部分；而垫资、工人工资等对于建设用地使用权部分并无增值贡献，因此，建设用地使用权价值部分不能成为担保客体。而《建设工程优先权问题批复》第 3 条[③]的规定实际上也为第二种意见提供了实务上的规范依据。

（八）如何确定建设工程优先权行使期间的起算点

根据《建设工程优先权问题批复》第 4 条的规定，建设工程承包人行使优先权的期限自建设工程竣工之日或者建设工程合同约定的竣工之日起计算。在《建设工程

---

① 《物权法》第 182 条规定：“以建筑物抵押的，该建筑物占用范围内的建设用地使用权一并抵押。以建设用地使用权抵押的，该土地上的建筑物一并抵押。抵押人未依照前款规定一并抵押的，未抵押的财产视为一并抵押。”

② 《担保法》第 55 条规定：“城市房地产抵押合同签订后，土地上新增的房屋不属于抵押物。需要拍卖该抵押的房地产时，可以依法将该土地上新增的房屋与抵押物一同拍卖，但对拍卖新增房屋所得，抵押权人无权优先受偿。”

③ 《建设工程优先权问题批复》第 3 条规定：“建筑工程价款包括承包人为建设工程应当支付的工作人员报酬、材料款等实际支出的费用，不包括承包人因发包人违约所造成的损失。”这暗含了建设工程价款优先受偿权的客体范围。

优先权问题批复》出台后，大量建设工程施工合同案件中，建设工程优先权都是从实际竣工之日或者合同约定竣工之日起计算。由于《建设工程施工合同司法解释（一）》第6条[①]肯定了垫资的效力，承包人垫付全部或部分工程款进行施工时，在实际竣工之日或合同约定竣工之日，工程款债权可能尚未届期，此时建设工程优先权如何起算？对此存在两种观点。第一种观点认为，应根据《建设工程优先权问题批复》的规定，从实际竣工之日或合同约定的竣工之日起算；第二种观点认为，应从债权应受清偿时起算。司法实践中对建设工程优先权行使期间的起算点也存在数种不同标准。[②]

《建设工程施工合同司法解释（二）》对建设工程优先权行使期间起算点进行了明确，该解释第22条规定："承包人行使建设工程价款优先受偿权的期限为六个月，自发包人应当给付建设工程价款之日起算。"今后建设工程案件中涉及建设工程优先权行使期间起算点的，一律按照承包人债权应受清偿之日起计算。

而对于群体工程如何确定建设工程优先权起算时间，《建设工程施工合同司法解释（二）》并没有明确规定。在实务中，建设工程往往以群体工程的形式呈现，群体工程在法律上没有明确的定义，其属于建设工程实务用语，通常指多个单体工程的集群。对于群体工程，建设工程优先权行使期间是以单体工程的工程进度款应支付时间还是以群体工程的全部工程结算款应支付时间作为起算点呢？即如果单体工程的工程进度款应支付时间已超6个月但是群体工程的全部工程结算款应支付时间未超6个月的情况下，承包人能否有权就单体工程主张建设工程优先权呢？

为了准确理解这个问题，我们首先要认识清楚什么是单体工程。单体工程（也称单位工程）是指具备独立施工条件并能形成独立使用功能的建筑物及构筑物。对于建筑规模较大的单体工程，可将其能形成独立使用功能的部分分为一个子单位工程。[③] 由于单体工程是建设单位与勘察、设计、施工单位签订工程承包合同和结算工

---

① 《建设工程施工合同司法解释（一）》第6条规定："当事人对垫资和垫资利息有约定，承包人请求按照约定返还垫资及其利息的，应予支持，但是约定的利息计算标准高于中国人民银行发布的同期同类贷款利率的部分除外。当事人对垫资没有约定的，按照工程欠款处理。当事人对垫资利息没有约定，承包人请求支付利息的，不予支持。"

② 在（2014）皖民一终字第00054号民事判决书中，法院认为根据破产法规定建设工程施工合同视为解除的，承包人行使优先受偿权的期限应自合同解除之日起计算；在（2008）民一终字第100号民事判决书中，法院认为建筑工程施工合同未约定工程竣工日期，优先受偿权的行使期限应适用《合同法》第286条规定，不应将合同解除日类推为工程竣工日；在（2011）苏民再提字第0013号民事判决书中，法院认为建设工程合同协商终止的时间可认作行使建设工程价款优先受偿权时间起算点；在（2015）浙民提字第8号民事判决书中，法院认为因发包人原因导致承包人停止施工的，承包人可以主张解除合同，承包人优先受偿权自合同解除之日起计算；在（2015）民申字第1815号民事裁定书中，法院认为有证据证明双方已经终止履行工程施工合同的，合同终止履行之日即为承包人行使优先受偿权的起算点。

③ 详见《建筑工程施工质量验收统一标准》（GB 50300—2013）第4.0.2条。

程价款的基本工程单位，是承包人编制施工组织计划、组织施工，进行经济核算的基本单位，也是建筑工程竣工验收与备案管理的基本工程单位。因此有观点认为：既然单体工程是可以单独进行结算的，那么该单体工程对应的建设工程优先权行使期间起算点应当单独认定，即承包人无权对超过起算点 6 个月的单体工程主张建设工程优先权，而不论群体工程的优先权行使期间是否超过 6 个月。

本团队律师认为这个观点值得商榷。根据前述分析，我们知道根据《合同法》第 286 条规定，建设工程优先权行使的前提条件是工程款债权到期，也就是说建设工程优先权对应的是施工合同项下全部工程款债权，群体工程中单体工程的建设工程优先权起算时间当然也应当以该群体工程对应的工程价款应当支付的时间为准，而不应当从该单体工程的进度款应支付时间起算。而且施工合同中往往不会专门针对某一个单体工程单独进行结算并确定该单体工程的工程款债权。比如《2017 版合同》第14.2 条"竣工结算"条款就规定："承包人应在工程竣工验收合格后 28 天内向发包人和监理人提交竣工结算申请单。"此处的工程应当理解为是施工合同中承包范围条款中确定的全部工程，如果承包范围是群体工程的话，应理解为是群体工程的竣工结算，也就是说只有群体工程全部工程竣工才会启动结算程序。综上，建设工程实务中尽管存在着就单体工程单独进行竣工结算的情况，但是施工合同项下的工程款债权是基于全部群体工程竣工后的结算才能确定的，当单体工程竣工验收完成后施工合同项下的总工程款债权尚未确定，施工合同项下工程款债权的建设工程优先权自然无从起算。

三、关于"建设工程优先权"的相关裁判观点

虽然在《合同法》第 286 条、《建设工程优先权问题批复》、《建设工程优先权函复》、《建设工程施工合同司法解释（二）》中均针对建设工程优先权进行了规范，对于解决实务中发生的建设工程优先权相关纠纷起到了很好的指导作用，但是近年来，围绕建设工程优先权的新问题不断涌现，本团队律师针对承包人在诉讼中提起的建设工程优先权请求，检索了人民法院的相关裁判文书，下文将对检索到的典型判例的裁判观点进行归纳总结，以分析目前的裁判倾向。

（一）建设工程优先权行使期间的起算点为发包人应当给付建设工程价款之日

尽管近日最高人民法院正式颁布了《建设工程施工合同司法解释（二）》，将建设工程优先权行使期间起算点明确为发包人应当给付建设工程价款之日，在该司法解释颁布之前，一直依照《建设工程优先权问题批复》第 4 条的规定计算建设工程优先权起算点，但司法判例中也有关于建设工程优先权的起算点"突破性"的认定。

例如，在湖南协和建设有限公司、株洲市汉华房地产开发有限公司建设工程施工

合同纠纷一案①中,最高人民法院认为:"建设工程优先受偿的对象是工程折价或者拍卖价款,而工程需折价或者拍卖的前提是发包人逾期不支付工程价款。当发包人支付工程价款已届履行期时,承包人通过诉讼要求支付工程款才可能得到支持,并相应主张优先受偿权才有意义,故建设工程优先受偿权宜从发包人应付工程款期间届满之日起算。在认定该优先受偿权的行使期限时,应当尊重当事人之间关于支付工程价款期限的约定,优先受偿权行使期限的起算点,不应早于当事人之间约定的工程价款支付期限,以保证实现该优先权权能。"类似的判例还包括南通一建集团有限公司与江苏均英光电有限公司建设工程施工合同纠纷案,②普定县鑫臻酒店有限公司与普定县鑫臻房地产开发有限责任公司及黑龙江省建工集团有限责任公司建设工程合同纠纷案③等。

(二)建设工程优先权的6个月行使期限为除斥期间,承包人在此期间内不行使的,该权利消灭

例如,在湖南协和建设有限公司(以下简称协和公司)、株洲市汉华房地产开发有限公司建设工程施工合同纠纷一案④中,最高人民法院认为:"建设工程款优先受偿权的行使期限属于除斥期间。原审查明,协和公司于2015年5月15日向株洲中院提交起诉状,主张欠付工程款及优先受偿权。因协和公司无力缴纳诉讼费,其降低了诉讼请求标的额并重新提交起诉状后,株洲中院于2015年7月29日予以立案。虽然本案一审立案时间是2015年7月29日,但协和公司第一次提交起诉状的时间是2015年5月15日,在株洲中院对协和公司第一次提交起诉状未作处理的情形下,应认定协和公司后面提交的起诉状是对之前起诉状的变更,其通过起诉主张权利的效力处于延续状态,故本案应认定协和公司提起优先受偿权主张的时间是2015年5月15日。该时间点未超过优先受偿权保护期限,协和公司主张就建设工程款优先受偿,符合法律规定,应予支持。二审认定协和公司主张建设工程优先受偿权超过了6个月的保护期限,适用法律错误,判决结果不当,本院予以纠正。"

(三)建设工程优先权并非必须以诉讼或仲裁的方式行使

例如,在昆明二建建设(集团)有限公司(以下简称昆明二建公司)、北京国际信托有限公司第三人撤销之诉一案⑤中,最高人民法院认为:"案涉溪谷雅苑项目工程于

---

① 详见(2017)最高法民再字第389号民事判决书。

② 详见(2014)苏民终字第0289号民事判决书。

③ 详见(2016)最高法民终字第106号民事判决书。

④ 详见(2017)最高法民再389号民事判决书。

⑤ 详见(2018)最高法民再84号民事判决书。

2013年6月7日竣工，金冠源公司未按照合同约定与昆明二建公司进行结算。昆明二建公司与金冠源公司协商以溪谷雅苑项目房产折抵部分工程款，并于2013年11月26日向金冠源公司发出催告函，要求金冠源公司尽快结算并声明享有建设工程价款优先受偿权，而金冠源公司也于2013年11月28日向昆明二建公司出具《协商意见》，表示会在两个月内进行结算，并认可昆明二建公司对溪谷雅苑小区工程享有优先受偿权。昆明二建公司行使案涉建设工程价款优先受偿权，符合《建设工程优先权问题批复》第4条关于'建设工程承包人行使优先权的期限为六个月，自建设工程竣工之日或者建设工程合同约定的竣工之日起计算'之规定。原一审、二审判决关于昆明二建公司发函仅主张享有优先受偿权，而没有行使优先受偿权，起诉主张案涉工程享有优先受偿权已经超过了除斥期间的认定确有错误，本院予以纠正。"根据该案中最高人民法院的观点，发包人逾期不支付建设工程价款的，承包人既可以与发包人协议将该工程折价，也可以申请人民法院将该工程依法拍卖来行使建设工程优先权。即承包人享有的建设工程优先权系法定权利，不需要经法院确认即享有。通过发函的形式主张建设工程优先权，应当认定为行使该权利。

（四）建设工程施工合同无效，承包人亦享有建设工程优先权

例如，在康福公司与东阳公司建设工程施工合同纠纷一案①中，最高人民法院认为："工程款优先权是《合同法》第二百八十六条赋予建设工程施工方的一项法定优先权，目的是保障施工方能够及时取得工程款。《建设工程施工合同》被认定无效，并非排除适用《合同法》第二百八十六条的条件。只要工程款数额确定且不违反法律规定，施工方的优先权即受法律保护。至于施工方行使优先权有六个月的法定期间，应当从合同约定的工程竣工时间起算。但由于案涉工程多次停工，已经不可能按照合同约定的日期竣工。以超过原约定时间六个月，施工方即不问原因地丧失对工程款的优先受偿权的主张，明显与《合同法》第二百八十六条之规定相悖，不予支持。"

关于实际施工人是否享有建设工程优先权，最高人民法院在其以往判例中存在不同看法：

1. 支持实际施工人享有优先权。例如，在珠海宝辉生物科技有限公司与伍常青及湛江市粤西建筑工程公司珠海公司案外人执行异议之诉一案②中，最高人民法院认为："首先，根据《最高人民法院关于审理建设工程施工合同纠纷案件适用法律问题的解释》第二条的规定，即便认定建设工程施工合同无效，实际施工人在工程竣工验收

① 详见（2014）民一终字第108号民事判决书。
② 详见（2013）民申字第283号民事裁定书。

合格的情况下仍有权主张工程价款。其次，根据《合同法》第二百八十六条的规定，承包人可以就建设工程折价或者拍卖的价款享有优先受偿的权利。本案中，伍常青作为丽丰花园项目的实际施工人有权对该项目地上建筑物拍卖所得的价款主张优先受偿权。一、二审法院支持伍常青的诉讼请求并无不当。”类似的判例还包括沙伯基础创新塑料（中国）有限公司与福建省土木建设实业有限公司、福建省土木建设实业有限公司深圳分公司、三星工程有限公司建设工程施工合同纠纷案①等。

2. 未支持实际施工人享有优先受偿权。例如，在王春霖与辽宁万泰房地产开发有限公司、盛京银行股份有限公司沈阳市泰山支行建设工程合同纠纷一案②中，最高人民法院认为：“建设工程的承包人是市政第十工程处和东方市政公司，王春霖只是该工程的实际施工人，不符合法律及司法解释规定的可以享有优先受偿权的主体资格；王春霖实际施工的工程是小区的部分道路排水工程，该排水工程属于分项工程，且在性质上不宜折价、拍卖，亦不符合法律及司法解释规定的该工程系其承包且按照工程性质可以折价或者拍卖的条件。因此，王春霖作为实际施工人，主张建设工程价款优先受偿权没有法律依据。”类似的判例还包括贺诗昌、辽源市和谐房地产开发有限责任公司与辽源农村商业银行有限责任公司建设工程施工合同纠纷案③等。

（五）承包人可以通过约定放弃建设工程优先权

例如，在大连安泰建设有限公司（以下简称安泰公司）与大连中裕嘉合房地产开发有限公司（以下简称嘉合公司）建设工程施工合同纠纷一案④中，最高人民法院认为：“安泰公司已经放弃涉案工程的优先受偿权。第一，安泰公司出具的《承诺书》明确载明，无论嘉合公司现在及以后是否欠付安泰公司在建工程的工程款，其自愿放弃上述《抵押合同》中约定的在建工程的优先受偿权。本承诺书一经签发不可撤销。该《承诺书》是安泰公司的真实意思表示，不违反法律、行政法规的强制性规定，合法有效。安泰公司上诉主张该《承诺书》是其针对吉林银行大连分行出具的，并不是针对嘉合公司、恒源公司出具的，该《承诺书》对嘉合公司、恒源公司不产生效力。但嘉合公司是涉案工程的建设单位，该《承诺书》也明确载明承诺对象包含嘉合公司，《承诺书》一经作出，即对嘉合公司产生效力。在安泰公司明确放弃优先受偿权之后，再次提起诉讼主张涉案工程优先受偿权，违反了《承诺书》的约定和诚实信用原则，依法不应支持。第二，安泰公司放弃优先受偿权不违反法律规定。《民事诉讼法》第十三条

① 详见（2013）民申字第39号民事裁定书。
② 详见（2015）民申字第2311号民事裁定书。
③ 详见（2014）民申字第1083号民事裁定书。
④ 详见（2016）最高法民终532号民事判决书。

规定，当事人有权在法律规定的范围内处分自己的民事权利和诉讼权利。安泰公司已经明确放弃了涉案工程的优先受偿权，其优先受偿权已不复存在，也就不存在是否能够对抗恒源公司债权的问题。”该案中最高人民法院认为建设工程优先权是法律赋予建设工程施工人的法定权利，属于具有担保性质的民事财产权利。作为民事财产权利，权利人可以自由选择是否行使，当然也应当允许其通过约定放弃。但是放弃建设工程优先权不能侵害建设工程承包人或建筑工人的合法权益。这与最新颁布的《建设工程施工合同司法解释（二）》第23条的规定如出一辙。

（六）建设工程优先权行使的范围不包括发包人因逾期支付建设工程价款而产生的利息、违约金、损害赔偿金

司法实践中普遍认为建设工程优先权的受偿范围仅限于建设工程价款，不包括由于发包人延迟支付产生的利息和违约金。亦即建设工程价款优先受偿权的范围仅包括承包人因承揽建设工程发生的实际费用，发包人因违约产生的利息、违约金以及给承包人造成的其他损失，不属于承包人的实际支出，承包人就该等款项不享有建设工程优先权。这一点已经得到《建设工程优先权问题批复》[①]和《建设工程施工合同司法解释（二）》[②]的确认。

1.迟延履行的利息不属于建设工程优先权范围

例如，在大连博源建设集团有限公司（以下简称博源公司）、大连双赢房地产开发有限公司（以下简称双赢公司）建设工程施工合同纠纷一案[③]中，最高人民法院认为：“本案的争议焦点为博源公司享有的建设工程价款优先受偿权范围是否包括双赢公司迟延履行期间的债务利息。《最高人民法院关于建设工程价款优先受偿权问题的批复》第3条规定：‘建筑工程价款包括承包人为建设工程应当支付的工作人员报酬、材料款等实际支出的费用，不包括承包人因发包人违约所造成的损失。’《民事诉讼法》第253条规定的债务人迟延履行生效判决应支付的迟延履行期间的债务利息，不属于承包人因建设工程发生的实际支出。本案中，博源公司申请再审主张其享有的建设工程价款优先受偿权范围应包括双赢公司未按生效判决确定的履行期限给付工程款的迟延履行期间的债务利息，并无法律依据，本院不予支持。”类似的判例还包括建

---

① “建筑工程价款包括承包人为建设工程应当支付的工作人员报酬、材料款等实际支出的费用，不包括承包人因发包人违约所造成的损失。”

② 《建设工程施工合同司法解释（二）》第21条规定：“承包人建设工程价款优先受偿的范围依照国务院有关行政主管部门关于建设工程价款范围的规定确定。承包人就逾期支付建设工程价款的利息、违约金、损害赔偿金等主张优先受偿的，人民法院不予支持。”

③ 详见（2018）最高法民申字第943号民事裁定书。

设银行广州天河支行与房实工程有限公司、洪德置业公司金融借款合同纠纷案、[1]长实公司与南通六建建设工程施工合同纠纷案，[2]以及本团队律师办理的新兴公司与嘉年华公司建设工程施工合同案[3]等。

2. 违约金不应纳入建设工程优先权的范围

例如，在潍坊名嘉城市广场置业有限公司、中国核工业二三建设有限公司建设工程施工合同纠纷一案[4]中，最高人民法院认为：“《最高人民法院关于建设工程价款优先受偿权问题的批复》第3条规定：‘建筑工程价款包括承包人为建设工程应当支付的工作人员报酬、材料款等实际支出的费用，不包括承包人因发包人违约所造成的损失。’依此规定，本案工程价款中的违约损失赔偿部分即29,926,082.3元不应作为建设工程价款优先受偿的范围。原审判决对此项事实的认定，不符合法律规定，本院予以纠正。”类似的判例还包括吉林省金盛房地产开发有限公司与吉林建工集团有限公司建设工程施工合同纠纷案[5]等。

四、本团队律师曾代理的一起涉及“建设工程优先权”的成功案例

本团队律师曾在另一起涉及“建设工程优先权”的建设工程施工合同纠纷案件中作为承包人的代理人，在一审法院仅支持承包人部分工程款的情况下，二审中运用争议解决技巧为承包人多争取了8200余万元工程款，为承包人挽回了巨额损失。

2009年10月16日，中国新兴建设开发有限责任公司（以下简称新兴公司）与海上嘉年华（青岛）置业有限公司（以下简称嘉年华公司）就涉案工程签订《建设工程施工合同》，约定由新兴公司承包嘉年华公司发包的青岛海上嘉年华项目工程。合同主要内容如下：(1)工程名称：青岛海上嘉年华项目（包括住宅、码头商业街及嘉年华）……合同价款：暂定估价20亿元（此价款不作为工程款支付及合同价款结算依据）。最终合同价款以本合同专用条款约定的计价基础计算的结算价格为准。(2)专用条款约定：23.2本合同价款采用可调价格合同方式确定（合同总价确定见补充条款二）。47.2.1计价依据：a. 2003年《山东省建筑工程消耗量定额》、2003年《山东省安装工程消耗量定额》、2007年《山东省建筑工程消耗量定额青岛市价目表》、2007年《山东省安装工程消耗量定额青岛市价目表》及2008年《青岛市工程结算资料汇编》……另外合同还对逾期竣工违约金、工程质量及维修责任等合同义务进行了

---

① 详见(2016)最高法民终174号民事判决书。
② 详见(2014)民一终字第181号民事判决书。
③ 详见(2018)民终字第556号民事判决书。
④ 详见(2017)最高法民终159号民事判决书。
⑤ 详见(2013)民申字第2198号民事裁定书。

约定。

2011年4月4日，经公开招投标程序，新兴公司中标涉案工程，双方又签订《建设工程施工合同》，约定了开工日期、竣工日期以及合同总价暂定为1,010,220,000元，并确定合同价款的方式为采用可调价格合同。质量保修期：防水、防渗漏5年，给排水、电气管线、设备安装2年，供热供冷系统2个采暖供冷期，装饰装修工程2年。保修金为施工合同价款的3%，即30,306,600元。后双方签订《补充协议1》和《补充协议2》对工程结算价款的确定原则进行了调整。双方于2014年4月22日签订《结算协议》约定：本工程中由承包人施工完成的实际已施工程的执行合同最终结算总价款为1,856,500,000元，后双方又签订《支付协议》约定："截止执行合同结算协议签订之日，在执行合同及补充协议项下，发包人已经向承包人实际累计支付的已付总价款为1,120,592,920.87元，发包人尚需向承包人支付的未付总价款为735,907,079.13元，其中包含质量保修金86,000,000元。"

在施工合同签订后，新兴公司对涉案工程进行了施工，住宅部分基本完工，码头主体结构完成，两个酒店塔楼主体完工。2013年5～8月，新兴公司陆续退场。住宅项目的竣工验收时间为2015年2月12日，码头的竣工验收时间为2015年9月30日。双方当事人在2014年4月22日以前已经确定的嘉年华公司已付款为1,120,592,920.87元。2014年8月20日嘉年华公司付款400万元。2014年9月18日，嘉年华公司付款100,000,000元。2017年9月19日，嘉年华公司付款59,347,865.12元，共计付款1,319,940,785.99元。

由于嘉年华公司尚欠工程款未支付，新兴公司将嘉年华公司诉至法院，请求判令嘉年华公司向新兴公司支付工程结算款及利息总计619,288,645.8元，并请求判令新兴公司享有建设工程优先权。一审法院仅支持了新兴公司部分工程款请求，判令嘉年华公司支付新兴公司450,559,214.01元工程款及利息，并支持新兴公司在上述工程款范围内享有建设工程优先权。

对于新兴公司是否享有涉案建设工程优先权，一审法院认为，根据《合同法》第286条的规定，发包人未按照约定支付价款是建设工程优先权成立的首要实质条件，只有工程实际竣工验收合格，才能进行工程决算，最终确定工程造价，承包人行使建设工程优先权的实质条件才具备。本案中新兴公司在其撤场后，双方签订《结算协议》和《支付协议》，根据约定未付工程款应于2015年年底支付完毕。且住宅项目的竣工验收时间为2015年2月12日，码头的竣工验收时间为2015年9月30日。至本案新兴公司提出诉讼，未超过6个月法定期限。

由于一审法院未全部支持新兴公司全部的工程款支付请求，本团队律师本着勤勉尽责、为当事人谋求最大利益的态度建议新兴公司提出上诉,本案二审由最高人民法院审理,嘉年华公司在二审中主张新兴公司起诉主张的建设工程优先权已经超过6个月期限,经本团队律师严密论证,提出有说服力的观点,认为新兴公司中途退出,建设工程优先权不能从工程竣工之日起算,新兴公司与嘉年华公司最后一期工程款支付时间为2015年12月31日,应以该日期(发包人应付工程款之日)作为建设工程优先权起算时间,该观点被最高人民法院所采纳。最高人民法院经审理后认为:"《建设工程优先权问题批复》规定建设工程优先权自建设工程竣工之日或者建设工程合同约定的竣工之日起计算,本案新兴公司中途退场,优先受偿权不宜自工程竣工之日起算。根据《合同法》第286条的规定,优先权的适用以发包人逾期不支付价款为前提。新兴公司与嘉年华公司签订的《支付协议》约定的最后一期工程款支付时间为2015年12月31日,优先权起算时间不宜早于该日。新兴公司于2015年11月13日提起诉讼,未超过6个月法定期限。新兴公司退场时以及《支付协议》签订时,工程款的支付时间未确定或者尚未届满,不能作为优先受偿权的起算时间。嘉年华公司主张住宅工程于2015年2月2日竣工,至新兴公司起诉主张优先受偿权已经超过6个月期限。本院认为,新兴公司与嘉年华公司签订一份建设工程施工合同,《结算协议》《支付协议》将住宅、酒店等工程作为一个整体予以结算,嘉年华公司向新兴公司支付工程款时亦未予以区分各项工程,故不应对住宅单独计算优先受偿权的行使期间。"

以上裁判意见实质上与最新颁布的《建设工程施工合同司法解释(二)》关于建设工程优先权行使期间起算点的规定情形完全一致,反映了本团队律师在司法实践中考虑问题的前瞻性。

[**案件复盘**]

根据A公司内部对仲裁的预判及从A公司向B公司申报的工程结算款来看,本案的仲裁结果远远超出A公司原本的预期,最重要的是建设工程优先权得到仲裁庭的支持,使工程结算款执行得到了保障。在本团队律师的不懈努力下,本案裁决最终得以完全执行。在本案仲裁过程中,仲裁庭对本团队律师高超的争议解决技巧及严谨细致的工作作风颇为赞赏。A公司也对裁决结果非常满意,高度赞扬了本团队律师在案件代理中的专业表现和协作精神。

本案争议焦点集中于以下四个方面:(1)两份建设工程施工合同是否合法有效;(2)A公司是否逾期支付工程预付款、工程进度款及工程结算款;(3)A公司是否有权主张垫资款项的利息以及逾期付款违约金;(4)A公司是否享有建设工程优先权。

本团队律师针对本案特点以及争议焦点具体开展了以下工作:(1)全面梳理案件

资料,提起众多索赔项目,增加结算主张的金额,拓宽博弈空间;(2)以可视化方式提交代理意见和证据说明;(3)就本案资料缺失部分与被申请人在庭外达成一致,避免出现因举证不能而被驳回的局面;(4)查找财产线索,在申请仲裁的同时提起财产保全申请;(5)对建设工程优先权的法理及适用等问题进行全面深入的分析阐释。

最后,结合前述案例和法律规定、司法判例及实务经验,本团队律师以表格形式(见表6)列示出承包人在建设工程优先权各种失权情形时的应对策略,以资借鉴:

表6

序号	情形	影响	对策
1	发包人在招标文件中要求潜在投标人放弃建设工程优先权,并作为不得有偏差的招标条件	投标人如果接受该招标条件,则可能会造成承包人放弃建设工程优先权的法律后果	潜在投标人必须对发包人资信、项目资金来源等方面进行严格的法律和财务尽职调查,在确保工程款支付无严重问题的情况下方才进行投标
2	中标后,发包人要求放弃建设工程优先权	承包人书面放弃后,可能将无法再主张建设工程优先权	承包人应要求发包人提供其他担保,在确保工程款支付得到有效保障的情况下,可以配合出具书面放弃建设工程优先权,比如要求发包人提供履约担保
3	项目销售完毕小业主入住	建设工程优先权不能对抗小业主,如果项目销售较好,则项目会属于不宜折价拍卖的情形,从而导致建设工程优先权无法实现	承包人应关注项目销售情况,如项目销售较好,应及时提起诉讼以保证建设工程优先权不失权
4	工程质量不合格	工程质量不合格,依法属于不宜折价拍卖的情形,且承包人依法对不合格工程不能主张工程价款,进而建设工程优先权将无法实现	承包人应当按照法律法规和国家行业标准的要求以及合同约定完成施工内容并保证工程质量合格

附件　本案代理意见

代理意见一

——关于结算合同依据

尊敬的××首席仲裁员、××仲裁员、××仲裁员:

作为A公司的代理人,就应以哪份合同作为结算依据发表如下意见。

我方认为:A公司与B公司于2002年11月18日签署的《建设工程施工合同》应

作为本案结算所依据的合同，其中的中标价 92,753,916 元应作为合同承包范围的工程价款。

一、政府监督下的招投标前所签署的承诺书等文件为无效文件

1. 在政府监督下的招投标之前，B 公司曾于 2002 年 6 月至 9 月就某项目商住楼工程自行组织过一次招投标，此次招投标未在政府监督下进行，并且最终也未能获得政府备案，为无效招投标。

（1）B 公司自行组织的招投标所发出的招标文件（见 A 公司补充证据 2，证据 15－1，第 706 页）第 7.5 条载明：招标文件应经过北京市建设工程招标投标监督管理机构备案并加盖"招标文件已备案"（主办人同时签字）印章后才能生效和发出。而该份招标文件上未加盖"招标文件已备案"的印章，没有主办人的签字，此次招投标最终也未能获得政府主管部门的备案，因而应为无效。

（2）政府监督下的招投标是在 B 公司自行组织的招投标未能获得备案的情况下另行组织的招投标，与其自行组织的招投标存在许多不同之处，不是其自行组织的招投标的延续：

①B 公司自行组织的招投标的招标范围与政府监督下的招标范围不同，较政府监督下的招标范围而言，无地基工程和电梯工程，同时土建工程的内容也存在不同：前者为结构、粗装修（除面层外基底全部进入）、外装修、屋面工程；后者为图纸所含全部建筑、装饰工程。

②B 公司自行组织的招投标的合同价款的确定方式为固定总价合同，而政府监督下的招投标的合同价款确定方式为可调总价合同。

③B 公司自行组织的招投标的工期为 405 天，政府监督下的招投标的工期为 846 天。

④B 公司自行组织的招投标的计划开工日期为 2002 年 10 月 1 日，政府监督下的招投标的开工日期为 2002 年 12 月 1 日。

⑤B 公司自行组织的招投标的投标截止日期为 2002 年 8 月 9 日 17 时，政府监督下的招投标的投标截止日期为 2002 年 11 月 25 日上午 9 时 30 分。

⑥B 公司自行组织的招投标无预付款，政府监督下的招投标有预付款的规定。

⑦B 公司自行组织的招投标有垫资及让利的要求，而政府监督下的招投标无此要求。

⑧B 公司自行组织的招投标的投标单位为 3 家，其中包括 T 公司，而政府监督下的招投标的投标单位为 4 家，此 4 家中没有 T 公司。

由上可见，政府监督下的招投标与 B 公司自行组织的招投标截然不同，是完全不同的两次招投标,而不是像B公司所说政府监督下的招投标仅是为了履行招标投标程序的需要,才又在招标办公室办理了招标投标手续。

2.政府监督下的招投标前所签署的协议书、承诺书等文件均是针对B公司自行组织的招投标,与本案无关,并且因该次招投标无效而无效,不能作为结算依据。

(1)B公司提交的证据1《施工承诺书》(2002年6月7日)发生在B公司于2002年6月至9月自行组织的招投标期间,针对的是其自行组织的招投标。该《施工承诺书》第4条写明:以上是我公司根据《某项目住宅项目施工安装单位承诺书》的要求向贵公司的承诺(见B公司证据1第7页,《施工承诺书》第4条)。由此可见,该承诺书是应B公司要求,根据其提供的《某项目住宅项目施工安装单位承诺书》而作出的,发出承诺书的不止A公司一家,接受邀请投标的单位均出具了此承诺书。《施工承诺书》中垫资建至地上8层及中标价让利3%均是为响应B公司自行组织的招投标所发出的招标文件而作出的(见A公司补充证据2,证据15-1,第172页),针对的是其自行组织的招投标。

(2)2002年9月2日的《协议书》(见B公司证据4,第157~159页)针对的是B公司自行组织的招投标,是双方均认为该次招投标最终能够获得政府备案的情况下签订的,其中垫资和让利的约定是为响应B公司自行组织的招投标中发出的招标文件中的内容而作出的(见A公司补充证据2,证据15-1,第712页),因其自行组织的招投标无效,故《协议书》也应为无效。此外,双方约定将该《协议书》作为《建设工程施工合同》的补充协议,但因B公司自行组织的招投标未能获得备案,双方最终未能就该次招投标签订《建设工程施工合同》,故《协议书》也为无效协议。

3.A公司对B公司提交的证据2《某项目商住楼工程投标文件修正预算书》(2002年8月22日)、证据3《A公司致B公司函件》(2002年8月29日)、证据5《协议书》(2002年9月12日)的真实性不予认可,即使假定其真实,也不能作为结算依据。

(1)B公司提交的《某项目商住楼工程投标文件修正预算书》(2002年8月22日)无A公司公章及签字,A公司对该文件内容的真实性不予认可。B公司以该文件中的数字推导2002年11月19日合同价款的计算过程没有事实基础,得出与56,050,548元相差84元的数字纯属B公司牵强附会、生搬硬套凑出来的。并且从B公司提供的《某项目商住楼工程投标文件修正预算书》内容看,其与B公司发出的政府监督下的招标文件不符,与本案无关。A公司依据B公司发出的政府监督下的招标书报送了投标书(见B公司证据10,第279~426页)并中标,工程价款的结算应以备案中标预算书作为依据。

(2)A公司对B公司提供的2002年8月29日《A公司致B公司函件》的真实性

不予认可。假定该函件是真实的，其针对的也是B公司第一次自行组织的招投标，与本案无关，并且因该次招投标无效而为无效文件。该函件中承诺由A公司组织招投标的内容违反了《招标投标法》，为无效承诺，其承诺的内容也根本无法实际履行。通过B公司提交的证据9第1.6条、第1.9条（第209页）及第4.2条（第210页）亦可看出，该函件与其后的实际招投标情况不符：组织招标工作的为B公司，招标代理人为F公司，其是B公司委托的专业的招标代理机构，得到B公司的信任；实际投标单位也只有4家，而不是7家。

（3）《协议书》（2002年9月12日）未签章页内容的真实性无法确认。假定其未签章页的内容是真实的，该《协议书》也是针对B公司第一次自行组织的招投标，与本案无关。从该协议本身的字面含义上看，其所述的存入甲方指定银行的款项为履约保证金，按期调出是指施工方按照约定履行了相应义务后，B公司将款项返还，而不是工程垫资，况且从《协议书》中也看不出有垫资施工的意思表示，不能免除B公司向A公司按时支付工程预付款及进度款的义务。并且该协议所述内容在实际施工过程中并未履行，A公司没有提交600万元履约保证金。

由上可见，B公司在第一次自行组织的招投标无效的情况下，再行组织了一次政府监督下的招投标，此次招投标与第一次招投标的招标范围、投标人等均不同，不是B公司自行组织的招投标的延续。政府监督下的招投标前所签署的文件无论是否真实，均是针对B公司自行组织的招投标，与B公司另行组织的政府监督下的招投标没有任何联系，不能作为双方结算的依据。A公司始终未介入B公司的招标过程，不存在A公司一手操办招投标，与B公司进行实质谈判、恶意串通、影响中标结果的情形，A公司中标合法有效。

二、2002年11月18日《建设工程施工合同》是以政府监督下的招投标程序为前提，从内容到形式都符合法律的规定，合法有效，应作为双方工程价款的结算依据

1.政府监督下的招投标过程完全是公开、公平、公正的，A公司中标合法有效。

（1）从招标组织者来看，招标组织者为B公司，而不是像B公司所说的那样由A公司一手操办。2002年11月4日《某项目商住楼工程招标文件》（下称备案招标文件）“投标须知”部分（见B公司证据9，第209～218页）第1.6条“招标人：B公司”；第1.9条“招标代理人：F公司”。并且B公司在其提供的证据26，第589页也表明，F公司是由B公司委托的，该公司受到B公司的信任，而不是由A公司委托的。

（2）从投标过程来看，备案合同的签订过程不存在招标人与投标人就投标价格、投标方案等实质性内容进行谈判的情形。备案招标文件“投标须知”部分（见B公司证据9，第209～218页）第3.1条及第4.1条“本招标面向已经通过资格预审之投标人”“按照北京市的有关规定本工程已具备招标条件,并经过北京市建设工程招标投标管理部门的核准,本工程采用邀请招标的方式”,证明参加投标的是通过B公司资格预审的投标人,不是A公司主动联络的。第3.2条“经慎重选择,本工程公开邀请4家投标人参加投标”证明参加投标的投标人是经B公司慎重选择后,应B公司的招标邀请前来投标的,不是A公司私下串通的。而且B公司邀请的是4家单位,不是像B公司提交的证据3《A公司致B公司函件》第152页中所说的7家。第25.1条“招标人将把合同授予能够最大限度地满足招标文件中规定的各项评分标准的投标人”证明A公司是经过评分考核中标的,不存在与B公司串通的情形。

从B公司提供的证据28至证据30《某项目商住楼工程投标文件》(第598~611页)可以看出,其他3家投标单位:G公司、H公司、J公司均是应B公司的招标邀请进行的投标,并且此次投标中无B公司自行组织的招投标时的投标单位Z公司。B公司既然承认上述3家投标单位的投标结果合理、合法、有效,那么即已认可了政府监督下的招投标是有效的,A公司的投标行为也是合法有效的。因此,政府监督下的招投标完全是B公司另行组织的一次招投标,不是B公司自行组织的招投标的延续,更不是仅为履行招投标程序而进行的。

(3)从评标过程来看,A公司是经过评分考核中标的。备案招标文件“评标办法”部分(见B公司证据9,第224页)第2条“评标工作由招标人负责组建的评标委员会承担。评标委员会由招标单位和受聘的专家共5人组成”证明评标委员会是由B公司组建的,而不是A公司组建的,其组成人员是受B公司委托对某项目工程项目进行评标,对B公司负责。第3条“本工程评标委员会遵循下述原则进行评标。1.竞争优选;2.公开、公平、公正……”证明A公司中标完全是在公开、公平、公正的前提下通过竞争取得的,不存在与B公司串通的情形。第4条“按本办法及本工程招标文件要求对投标人的投标文件评分,由评标委员会按得分进行排序”证明A公司是因其投标文件得分高、位列第一而得以中标的,不存在与B公司串通的情形。

由上可见,政府监督下的招投标与B公司自行组织的招投标完全不同,不是其自行组织的招投标的延续。在B公司重新给出施工范围、工期、合同价款确定方式、暂定金额项目的情况下,A公司报送的投标书通过评标委员会的评分考核最终中标,其过程是公开、公平、公正的,A公司与B公司不存在串通情形,A公司中标合法有效。

2.招标过程中的节点时间与《招标投标法》不符,不能构成合同无效的理由。

政府监督下的招投标是由B公司组织的,采用的是邀请招标的方式,招投标进程完全由B公司控制。B公司自己想加快招标速度而没有认真考虑《招标投标法》的规定,所产生的责任应由B公司承担,与A公司无关。

此外《招标投标法》第23条和第24条对招标过程时间所作的限制性约束，并不影响备案合同的效力，《招标投标法》亦未将违反上述条款的情况列入中标无效的范围，即使违反了上述条款，也属于行政管理范畴，B公司应该受到行政处罚，但不影响民事合同的效力。

3. 即使实际施工过程中，双方曾经执行过2002年11月19日合同，也不影响2002年11月18日备案合同作为双方工程价款的结算依据。因为按照备案合同进行工程价款的结算，不存在A公司未施工部分向B公司要求工程款的情形，所以即使曾经执行过2002年10月19日合同，那么按照备案合同进行结算不论是对A公司还是B公司都是公平、合理的。

如今，发包方经常利用自身强势地位，在备案中标合同之后强迫承包方另行签订与备案的中标合同实质性内容不一致的合同；在实际施工过程中，发包方也要求承包方执行背离备案合同实质性内容的合同，这在建筑行业已成为普遍现象，但《建设工程施工合同司法解释（一）》仍规定，工程价款的结算是以备案的中标合同作为根据，而未规定以实际履行的合同作为结算依据。为维护法律的严肃性，及保证建筑市场的健康发展，在司法审判中，法院和仲裁庭均是以备案合同作为结算依据。

三、2002年11月19日《建设工程施工合同》由于没有经过政府监督下的招投标程序，应当为无效合同

1.《合同法》第52条第5项规定，违反法律、行政法规的强制性规定的合同无效。2002年11月19日《建设工程施工合同》违反了《招标投标法》的强制性规定，应属于无效合同。

《招标投标法》第46条规定："招标人和中标人应当自中标通知书发出之日起三十日内，按照招标文件和中标人的投标文件订立书面合同。招标人和中标人不得再行订立背离合同实质性内容的其他协议。"

A公司与B公司经过政府监督下的招投标，于2002年11月18日签订了《建设工程施工合同》，约定工程价款为92,753,916元，工期为719天，合同价款采用可调价格合同方式确定，预付款为合同价的10%……而2002年11月19日的《建设工程施工合同》，工程价款减少为56,050,548元，工期缩减为405天，合同价款采用固定价格合同，并不再支付工程预付款，同时规定2002年11月18日签订的《建设工程施工合同》不再执行，该合同已对2002年11月18日签订的《建设工程施工合同》构成了实质性变更，严重背离了备案合同的内容，合同条款对A公司极不公平，应为无效合同。

2.《建设工程施工合同司法解释（一）》第21条规定："当事人就同一建设工程另行订立的建设工程施工合同与经过备案的中标合同实质性内容不一致的，应当以备案的中标合同作为结算工程价款的根据。”如上所述,2002 年 11 月 19 日合同对备案合同在众多方面进行了实质性变更,故 2002 年 11 月 19 日合同不能作为结算工程价款的依据,应当以备案的中标合同作为结算工程价款的根据。

3. 2002 年 11 月 19 日合同不是 A 公司的真实意思表示。

A 公司与 B 公司于 2002 年 11 月 18 日签订备案合同后,B 公司为达到其利益最大化的目的,利用其作为发包方的强势地位强迫 A 公司另行签署了 2002 年 11 月 19 日合同,但该合同并不是 A 公司的真实意思表示。因建筑市场早已是甲方市场,施工方又一贯处于弱势地位,A 公司无奈之下签订了此合同。该合同中的条款已使 A 公司与 B 公司的利益严重失衡,不能作为工程价款的结算依据。

即使 2002 年 11 月 19 日合同是双方的真实意思表示,也不能产生变更 2002 年 11 月 18 日备案合同的法律效力。双方在签订中标合同后,如出现合同变更事项,应当及时到有关部门备案,不备案就不能作为结算依据。2002 年 11 月 19 日的合同未经过备案,应为无效。此外,即使 B 公司到有关部门备案 2002 年 11 月 19 日合同,因其对 2002 年 11 月 18 日合同构成了实质性变更,有关部门也不可能对 2002 年 11 月 19 日合同进行备案。

四、如以 2002 年 11 月 19 日《建设工程施工合同》作为结算依据的主张获得支持,B 公司将因其违法行为而获利,与立法原则相悖

B 公司为达到利益最大化的目的,在经过政府监督下的招投标与 A 公司签订《建设工程施工合同》后,利用其作为发包方的强势地位强迫 B 公司另行签署了一份对 A 公司极为不利的合同,将本由 A 公司施工的项目交由他人施工且未对 A 公司作出合理补偿,反而将工程价款大幅减少,可调价格合同变为固定总价合同,工期压缩了 314 天,并取消了支付工程预付款的条款。如以 2002 年 11 月 19 日的《建设工程施工合同》作为结算依据的主张获得支持,B 公司将少支付巨额工程款,B 公司将因其违法行为而获利。政府监督下的招投标程序是为了确保工程质量,同时达到建设方和施工方之间的利益平衡而设置的,国家每年投入大量的人力、物力来监管招投标程序,就是为了达到上述目的。如将背离备案合同实质性内容的合同作为工程款结算依据的主张获得支持,则在客观上纵容了 B 公司违反招投标法的行为,使政府监督下的招投标流于形式,使《招标投标法》丧失严肃性。并且,也将给施工方造成极大的损失,对施工方极不公平,造成建筑市场的混乱,不利于建筑市场的健康发展。

综上,A 公司认为,政府监督下的招投标前所签署的文件均是针对 B 公司自行组织的招投标,该次招投标行为因 B 公司的原因而无效,文件也为无效,不能作为本案工程款结算的依据;2002 年 11 月 19 日《建设工程施工合同》已对经政府监督下的招投标所签订的备案合同，即2002年11月18日合同构成了实质性变更，违反了法律的强制性规定，为无效合同，其也不是A公司的真实意思表示，不能作为工程价款的结算依据。因此，应以2002年11月18日《建设工程施工合同》作为工程价款的结算依据。

代理意见二

——关于结算合同依据的补充

尊敬的××首席仲裁员、××仲裁员、××仲裁员：

作为A公司的代理人，现对本案结算所应依据的合同文件发表如下补充代理意见：

我方认为：A公司与B公司于2002年11月18日签署的《建设工程施工合同》应作为本案结算所依据的合同，其中的中标价92,753,916元应作为合同承包范围的工程价款。

一、就相同的承包范围而言，2002年11月19日合同（下称19日合同）对2002年11月18日备案合同（下称18日备案合同）进行了实质性变更

（一）18日备案合同的承包范围扣除B公司另行分包的项目后，与19日合同的承包范围相同

18日备案合同的承包范围为：降水、挖土、护坡、地基处理、结构施工、公用部分普通装修、住宅部分粗装修、电气、给排水工程、采暖、通风、电梯。

19日合同的承包范围为：降水、挖土、护坡、地基处理、结构施工、公用部分普通装修、住宅部分粗装修、电气、给排水工程、采暖、通风。

从字面上来看，两份合同承包范围的差异仅为电梯一项，但实际上19日合同与18日备案合同相比，承包范围中减少的项目为：

（1）暂定金额项目：室外工程、变电所、电梯、喷淋系统、地板采暖、水源热泵、弱电系统。

（2）B公司分包的项目：门窗工程。

将18日备案合同中本应由A公司施工但却另行分包给他人施工的项目扣除后，18日备案合同的承包范围与19日合同的承包范围相同。

（二）在相同的承包范围内，19日合同对18日备案合同的价款进行了变更

18日备案合同扣除暂定金额及门窗工程项目后与19日合同的承包范围相同，但价款不同。即使按B公司的观点，两份合同约定的UPVC材料价款的供应方式不同，

其中18日备案合同中为A公司供应材料,19日合同中为B公司供应材料,为便于比较,在此将18日备案合同中的UPVC材料价款扣除。需要说明的是,B公司主张扣除355,246元,而实际应为235,098元(见B公司证据2,第0064页和证据10,第0335页)。

另需说明的是,A公司与B公司对暂定金额项目及其金额存在分歧,B公司认为暂定金额项目的金额为2800万元,其中包括精装修项目900万元,而A公司则认为暂定金额项目的金额为1900万元,其中不包括精装修项目900万元,但无论按照哪种观点,19日合同与18日备案合同相比,在合同价款上均构成了实质性变更。

18日备案合同扣除暂定金额项目、门窗项目及UPVC项目后的金额为:

按照A公司观点:92,753,916元(18日备案合同价)-1900万元(暂定金额项目价款)-5,874,867元(门窗项目价款)-235,098元(UPVC项目价款)=67,643,951元

此价款与19日合同的价款差额为:67,643,951元-56,050,548元(19日合同价)=11,593,403元

按照B公司观点:92,753,916元(18日备案合同价)-2800万元(暂定金额项目价款)-5,874,867元(门窗项目价款)-235,098元(UPVC项目价款)=58,643,951元

此价款与19日合同的价款差额为:58,643,951元-56,050,548元(19日合同价)=2,593,403元

由上可见,在同样的承包范围内,无论18日备案合同暂定金额项目中是否包含精装修900万元,19日合同的价格与18日备案合同价格相比,均大幅度降低。

即使按B公司观点,降幅达4.4%(2593403÷58643951×100%),而A公司的投标利润率仅为5%,降价后A公司的利润率只有0.6%,几乎没有利润。

在此需提请仲裁庭注意,19日合同价款56,050,548元并非以B公司提交的2002年8月22日《某项目商住楼工程投标文件修正预算书》为基础推导得出,二者没有任何联系。首先A公司对《修正预算书》的真实性不予认可,即使该《修正预算书》是真实的,根据该文件计算得出的56,050,631.92元也是B公司刻意拼凑出来的。

B公司提交的证据2《修正预算书》第64页和B公司提交的《中标预算书》第335页记载的给排水工程中甲供管材是235,098元,而不是355,246元。

《招标文件》《附表二:暂估材料价清单》中没有对设备价差进行补偿200,000元的说明,不知B公司所说的设备价差补偿依据的是哪份《招标文件》。

《修正预算书》中没有"A公司承担的暂估项目中的土方工程"这项内容,此项内

容出现在《中标预算书》中，而且记载的价款为 3,837,193 元，而不是 3,833,751.14 元，B 公司称 3,833,751.14 元是根据预算价 4,259,723.46 元打九折计算出的，该项打折的计算方式没有任何依据，纯属反向推导。

因此，B 公司上述计算所依据的数字出处不统一、数字不准确，其计算结果纯属胡乱拼凑，不具有任何可信性。

(三)19 日合同对 18 日备案合同的工期进行了变更

18 日备案合同的工期为 719 天，而 19 日合同的工期仅为 405 天。

需说明的是，B 公司将暂定金额及门窗工程项目分包给他人施工并不会导致 A 公司剩余施工项目的工期相应缩短。因暂定金额及门窗工程项目的施工是穿插在 A 公司整个施工过程中的，与 A 公司施工项目是彼此交织、联系在一起的，都是在关键线路上，而并非与 A 公司施工项目同时进行。即 A 公司需先将前道工序完成，再由第三方进行下道工序的施工，待第三方完成后，再由 A 公司继续施工。因此，A 公司施工的总工期并未缩短。

从工期来看，与 18 日备案合同工期相比，19 日合同的工期被压缩了 314 天，压缩了 44%(314÷719×100%)，压缩将近一半。

由于工期被大幅压缩，A 公司在人员、机械等方面付出更高的代价，加大了 A 公司的成本，给 A 公司带来巨大损失。

(四)19 日合同对 18 日备案合同的价款调整因素进行了变更

18 日备案合同为可调价格合同，19 日合同为固定价格合同。19 日合同将 18 日备案合同的可调价格改为固定总价，是对 18 日备案合同价款的重大变更。将可调价改为固定价，几乎无一例外地对承包人不利。

18 日备案合同价款的调整因素为：(1)招标人提供的暂估价、暂定金额及招标人指定的产品按照实际发生调整；(2)招标单位提供的地下管网，地下构筑物等资料与现场不符，而引起的工程处理费用由发包人承担；(3)单份洽商变更费用超过 5000 元时，不足 5000 元时，只做技术变更，不做经济变更；(4)北京市建设工程造价管理部门的有关规定。

19 日合同价款的调整因素为：(1)结构体系发生变化；(2)建筑面积发生增减；(3)设备系统发生变化；(4)暂估价材料、设备差价；(5)单份变更、洽商的单子目在 5000 元以上的项目。同时双方还补充约定：若合同执行中，B 公司需增加或减少建筑面积时，B 公司按实际增加或减少面积以每建筑平方米1284.93 元予以调整合同价格。

18 日备案合同对工程价款调整因素的范围大大宽于 19 日合同，按照 18 日备案合同,A 公司有权取得更多的工程价款。其中建筑面积的单价是按照各基础工程的价格相加后取得的平均数,因基础工程量不因建筑面积的减少而减少,故对于减少的建筑面积,按照 19 日合同 1284.93 元/平方米减少价款,将使 A 公司遭受较大损失,而按照 18 日备案合同,此部分价款应据实结算。故从价款调整范围来看,19 日合同减少了可调价因素。

(五)19 日合同对 18 日备案合同的工程预付款支付进行了变更

18 日备案合同规定,合同签订后由发包人支付预付款,预付款为合同价的 10%。但 19 日合同取消了预付款约定,使 A 公司增加了财务费用,加大了 A 公司的成本。

二、19 日合同与 18 日备案合同实质性内容不一致,应以 18 日备案合同作为结算依据

1.《建设工程施工合同司法解释(一)》第 21 条规定:"当事人就同一建设工程另行订立的建设工程施工合同与经过备案的中标合同实质性内容不一致的,应当以备案的中标合同作为结算工程价款的根据。"

合同的实质性内容,是指影响或者决定当事人基本权利义务的内容。《合同法》第 30 条规定:"有关合同标的、数量、质量、价格或者报酬、履行期限、履行地点和方式、违约责任和解决争议方法的变更是对要约内容的实质性变更。"通过上述 18 日备案合同与 19 日合同差异点分析,19 日合同已对 18 日备案合同的实质性内容进行了变更,变更的幅度是巨大的,已导致了双方权利义务的失衡,并且上述合同内容的变更并非因设计变更导致工程量增加或减少而引起的,而是在 18 日备案合同签订后的第二天即签订了 19 日合同,其签订的初衷就是为了减少备案合同已确定的价款,从而损害 A 公司的利益,故根据《建设工程施工合同司法解释(一)》的规定,应以 18 日备案合同作为结算的依据。

2.《招标投标法》规定对招标投标进行备案制度的目的,也是为了确定以经过备案的中标合同作为承包人与发包人双方结算工程款的依据。

3. 按照《合同法》《建筑法》《招标投标法》等有关法律规定,招标投标活动应当遵循公开、公正、公平的原则。A 公司与 B 公司正是基于上述原则而签订的 18 日备案合同,该合同内容无论是对 B 公司还是 A 公司,也无论是对其他参与竞标活动的主体,都是一个公平的结果,以该合同作为结算依据对 B 公司和 A 公司也是最公平的。

因此,工程价款的结算应当以备案合同作为确定享有权利和履行义务的基础和依据,故 18 日备案合同才是双方最终结算依据。

三、关于结算中按哪一份合同履行的问题

(一)按18日备案合同履行还是按照19日合同履行不是确认工程价款结算依据的标准

《建设工程施工合同司法解释(一)》的立法原意为:双方另行订立的建设工程施工合同能否作为结算依据的标准为与经过备案的中标合同实质性内容是否一致,而并非看其是否实际履行。在实际施工和结算过程中,发包方始终居于强势地位,承包方为了能够顺利将工程做完并取得工程款,都在迫于压力被迫履行黑合同。

试想,在实际施工和履行过程中有几个承包商敢不签订黑合同,签订后又敢不履行黑合同,但《建设工程施工合同司法解释(一)》仍然规定按备案的中标合同作为结算依据,正是出于维护法律的尊严、规范建筑市场的大局而制定的。如以黑合同是否实际履行来判断其是否作为结算依据必将使施工企业受到巨大的损失,从而促使发包方利用其强势地位强迫承包方履行黑合同,造成对施工企业的严重不平等,也违反了《建设工程施工合同司法解释(一)》的规定,与立法原意相悖。

现结算尚未完成,A公司完全有权利按照18日备案合同主张价款,并有权按照18日备案合同进行索赔。

(二)按18日备案合同结算不会导致工程价款无法计算

无论按18日备案合同结算还是按19日合同结算,工程结算款均由四部分组成,分别为中标合同价、洽商变更价(包括双方已达成一致的洽商变更价款,及双方未达成一致的洽商变更价款)、索赔、利息和违约金。如按18日备案合同结算,不会对双方已达成一致的部分价款推翻重新计算;双方未达成一致的洽商变更价款、索赔、利息和违约金与已达成一致的部分没有交叉,均应另行单独计算。因此按18日备案合同结算,结算项目和标准明确,不会导致对双方已达成一致部分的结算金额推翻重新结算。

对于双方未达成一致的洽商变更项目,A公司一直在向B公司主张;对于索赔项目,无时效的规定,对其中一部分索赔项目A公司也一直在向B公司主张,另一部分索赔项目是在提起仲裁时提出的;对于利息和违约金,A公司虽然在结算谈判过程中未提出,但要求支付利息和违约金是合同和法律赋予A公司的权利,A公司完全有权在提起仲裁时提出。

19日合同将18日备案合同中本应由A公司承包的暂定金额项目1900万元及门窗工程项目5,874,867元另行分包给他人,A公司并未将该部分价款计入结算总价中,因此不会造成A公司对未施工项目仍要求支付价款的情况。

综上,对于双方达成一致的洽商变更价款部分不会推翻重新计算;对于未达成一致的洽商变更价款和索赔、利息及违约金部分双方从未达成一致,不会发生重复计算的情形;对于未施工部分没有计入结算总价中。因此按18日备案合同结算不会导致结算标准不统一而使工程价款无法计算。

(三)无论按照18日备案合同结算,还是按照19日合同结算,洽商变更项目价款均应单独计算

洽商变更是指发包方在施工过程中要求对原图纸的做法进行改变等行为导致工程价款的增加或减少,18日备案合同第47.3.3条约定:单份洽商变更费用超过5000元时,对合同价款进行调整;19日合同第47.3条第(5)项也约定:单份变更、洽商的单子目在5000元以上的项目允许调价。因此洽商变更项目价款既不包含在18日备案合同总价中,也不包含在19日合同总价中,无论按哪个合同结算,洽商变更价款均应单独计算。

四、针对B公司提交的《代理意见一(关于结算合同依据)》,A公司提出如下意见

1. 政府监督下的招投标前所签署的《施工承诺书》《协议书》等文件均是针对B公司自行组织的第一次招投标,为无效文件,与19日合同没有联系。

2. 双方关于垫资的约定针对的是B公司自行组织的第一次招投标,而且双方在19日合同中也未就垫资内容进行约定,反而约定B公司应按月支付进度款。在实际履行过程中,A公司按月向B公司报送了《月工程量进度报审表》,而B公司既未按18日备案合同支付工程进度款,也未按19日合同支付进度款,后A公司与B公司签署的《某项目商住楼(A座)地基与基础分部及十层以下主体结构工程进度款确认书》及《某项目商住楼(B座)地基与基础分部及七层以下主体结构工程进度款确认书》也不是垫资施工的约定,而是确认B公司采取分期付款的方式向A公司支付本应按月支付的工程进度款,A公司也并未免除B公司逾期支付工程进度款的利息及违约金的责任。

3. 双方的前期结算过程是在相对友好的气氛中进行的,A公司是在相信B公司能够对A公司提出的结算价款给予整体确认的情况下提出结算合同价为5605万元,然而B公司并未同意A公司提出的结算价款,故A公司以5605万元作为合同结算价款的前提已不存在,并且现结算尚未完成,A公司完全有权利按照18日备案合同进行结算。另外以18日备案合同作为依据结算是A公司的法定权利,任何人都无权剥夺。

4. 根据《建设工程施工合同司法解释(一)》的规定,只要双方另行签订的协议与备案的中标合同实质性内容不一致,就应当以备案的中标合同作为结算依据,故无论19日合同是在投标前、中标时还是中标后签订的,都不能作为结算依据。综上,A

公司认为,19 日合同已对经政府监督下的招投标所签订的 18 日备案合同构成了实质性变更,违反了法律的强制性规定,为无效合同,其也不是 A 公司的真实意思表示,不能作为工程价款的结算依据。因此,应以 18 日备案合同作为工程价款的结算依据。

代理意见三

——关于对 B 公司书面质证意见的代理意见

尊敬的××首席仲裁员、××仲裁员、××仲裁员:

A 公司与 B 公司建设工程施工合同一案,B 公司对 A 公司提交的证据发表了书面质证意见,对 A 公司提出的多项请求的基础理由发表了不同观点,A 公司认为,B 公司的观点不能成立。现 A 公司针对 B 公司提出的与 A 公司不同的观点发表如下代理意见:

一、关于《建筑装修合同》和《建筑施工合同》的效力问题

B 公司认为,《建筑装修合同》和《建筑施工合同》违反《招标投标法》的强制性规定,未进行招投标,为无效合同。A 公司认为,《建筑装修合同》和《建筑施工合同》的签订无须进行招投标,合同应为合法有效。

1. A 公司为工程总包方,B 公司无须对洽商增项另行招投标。

(1)某项目商住楼项目《招标文件》第 10.7 条(见 A 公司证据 1,第 9 页)明确规定"投标单位一旦中标,中标单位必须承担总包责任",因此 A 公司中标后即为工程的总承包方。《建筑装修合同》和《建筑施工合同》的施工内容仅为双方签订的《建设工程施工合同》施工内容的洽商增项,仅需作洽商增项处理即可,因此无须再进行招投标。庭审过程中,在仲裁庭询问是否为洽商增项时,B 公司明确予以认可,并陈述只是因为两个项目施工内容比较复杂,才另行签订合同。从建筑行业内的惯例来看,承发包双方均是按此种方式操作的。

(2)双方于 2002 年 11 月 18 日签订的《建设工程施工合同》第 47.4 条(见 A 公司证据 4,第 93 页)约定:发包人若将承包范围以外的项目交由承包人施工时,价格由双方协商,并签订补充协议。因此,《建筑装修合同》和《建筑施工合同》均应为《建设工程施工合同》的补充协议。该《建设工程施工合同》已经在建委备案,建委对此条款已予以认可,同意《建设工程施工合同》承包范围外的项目由双方协商即可,无须再进行招投标。否则,对承包范围外的项目无论金额大小均进行招投标,将对发包人、承包人及建委造成沉重的经济及人力负担。

2. 装修面积的不确定导致精装修工程无法进行招投标。

(1)《建筑装修合同》中仅约定了精装修工程的单价为390元/平方米，而并无确定的施工面积(见A公司证据6-1，第114页)；该合同第12.2条同时约定，结算方式为以签订的单套精装修合同的总价按进度进行结算(见A公司证据6-1，第117页)；合同第12.3(2)条约定，墙、地砖面层铺贴完毕，木工、油漆全部完成，支付本套合同价款的30%。某项目商住楼工程的最初设计仅为粗装修，B公司的招标文件中也无精装修暂定金额，各套房屋是否需要进行精装修是在B公司销售房屋时由小业主决定，如果所有小业主均不需要进行精装修，精装修的建筑面积即为零，也就不存在精装修工程。因此，即使需要招投标，由于B公司与A公司签订《建筑工程装修合同》时，施工量根本无法确定导致合同金额无法确定，B公司根本无法进行招标，A公司也无法投标。

(2)此外，小业主即使需要将房屋进行精装修，其也不一定委托A公司进行施工，因此A公司并不必然成为精装修的承包人，由此精装修的工程量也存在不确定性，无法进行招投标。

3. 按B公司观点，精装修工程无须进行招投标。

(1)退一步讲，按照B公司的观点，精装修工程价款已包括在中标合同价款内，那么精装修工程已经进行过招投标，B公司无须再对精装修工程另行招标。

(2)如果按照B公司书面质证意见(一)第25页的观点，认为精装修工程为暂定金额项目，那么双方只需根据《建设工程施工合同》第47.3.1条规定在结算时对精装修价款进行调整就可以了，根本无须再行招投标。

4. B公司与A公司已对《建筑施工合同》的价款达成一致，其中合同金额为85.8万元，洽商变更增加费用为34.2万元。B公司在此讨论《建筑施工合同》的效力问题已没有任何意义。

二、关于《建设工程施工合同》追加合同价款的“14天”时效及《建筑装修合同》追加合同价款的“3天”时效问题

B公司认为，A公司未按《建设工程施工合同》和《建筑装修合同》规定，在确定变更后14天或3天内向B公司提出变更工程价款的报告，因此应视为该工程变更不涉及合同价款的变更，B公司无须支付任何费用。A公司认为，A公司与B公司在合同履行过程中已改变了《建设工程施工合同》中关于追加价款“14天时效”的规定及《建筑装修合同》中关于追加价款“3天时效”的规定，改为在结算时统一报送并审核确认，理由如下：

1. A公司与B公司在合同实际履行过程中约定在结算时由A公司统一报送洽商

变更价款,并由B公司统一进行审核确认。

在建筑市场中,建设方处于强势地位,而施工方处于弱势地位是不争的事实。建设方经常要求施工单位先干活,后补洽商,甚至在结算时才补洽商。施工方在未取得洽商变更文件的情况下根本无法向建设单位要求洽商变更项目的价款。从A公司提交的证据来看,很多洽商变更都是后补的。并且A公司在施工过程中曾向B公司提出过要求对洽商变更价款进行确认,但B公司为少支付工程进度款,对A公司提报的要求洽商变更价款的文件拒不接收和审核,并始终说待结算时再一并审核。

B公司提交的证据4《协议书》(第158页)第4条第5款也写明:就本条第1～2款所涉尚未结算的洽商的工程量,待甲乙双方办理工程最终结算时,再一并计算。退一步讲,假设该协议书合法有效,其恰恰证明了双方已对洽商变更追加价款的程序进行了变更。

2. 在合同实际履行过程中,B公司对A公司在结算时统一报送的洽商变更及编报结算后补报的洽商变更均进行了审核并确认了绝大部分价款,始终未提出过"14天时效"和"3天时效"的问题。

A公司在2004年11月20日提交的《某项目商住楼结构及粗装修工程结算书》(见A公司证据19－1,第786～813页)和2004年12月28日提交的《某项目商住楼户内精装修工程结算书》(见A公司证据6－4,第130页)中统一报送了洽商变更项目的增加金额,B公司委托监理公司进行了审核,于2005年4月29日发函(见A公司证据19－2,第814～815页)确认了其中大部分金额,并在该函件中明确写明"暂定2005年5月10日,甲乙双方协商,最后确认工程洽商变更价",由此可看出,此时B公司仍允许A公司补报洽商变更价款。

双方于2005年6月8日签署的《备忘录》(见A公司证据19－3,第816页)中,B公司又确认了大部分的洽商变更价款,并且在该《备忘录》中对A公司结算编报后增加的8份电气部分的洽商变更和10份水暖部分的洽商变更也进行了确认。

在B公司于2005年11月24日致A公司的函件(见A公司证据6－5,第131～135页)中也确认了部分洽商变更价款。同时在该函件第8项、第9项写明:除水暖电通等安装专业以外的全部土建专业结算情况截至2005年5月20日以前,2005年5月20日以后发生的现场施工费用需双方另行计算确认;安装专业结算情况截至2005年6月8日以前,2005年6月8日以后发生的现场施工费用需双方另行计算确认。

如果B公司坚守"14天时效"和"3天时效",那么其根本不会对A公司报送的结算书中的洽商变更部分进行审核和确认,更不会对结算编报后提报的洽商变更价款进行确认,但实际上B公司进行了审核并对大部分洽商变更价款予以确认,由此可看出双方确已变更了合同中关于变更洽商追加价款程序的规定。

3. B公司自身也未履行合同中关于追加价款程序的规定，对设计变更未提前14天书面通知A公司，并且对A公司在施工过程中报送的洽商变更价款也未在合同约定的14天期限内进行审核确认。

《建设工程施工合同》通用条款第29.1条规定，施工中发包人需对工程设计进行变更，应提前14天以书面形式向承包人发出变更通知。而合同实际履行过程中，B公司在对工程进行变更时，并未按照该规定提前14天向A公司发出书面通知，其自身也并未履行合同中对工程变更的相关规定。在B公司未按照合同规定以书面形式通知A公司设计变更的情况下，A公司无法取得相应变更的书面材料，因此，执行“14天时效”的前提条件根本不存在。

如果B公司坚守“14天时效”，那么A公司有许多洽商变更价款是在14天内报送的，而B公司未在14天内进行审核。《关于工程结算存在问题的函》第8项（见A公司证据6－68，第324页）中提到：目前，我方向贵公司申报的经济洽商有部分还未批复，请贵公司对未批复的经济洽商尽快批复，作为我方申报结算的依据。该函件形成日期为2004年8月8日，此时工程已基本完工，该洽商变更只可能是在施工过程中报送的洽商变更。《建设工程施工合同》通用条款第31.3条（见A公司证据4，第84页）规定：“工程师应在收到变更工程价款报告之日起14天内予以确认，工程师无正当理由不确认时，自变更工程价款报告送达之日起14天后视为变更工程价款报告已被确认。”根据此规定，B公司应支付更多的洽商变更款项。而实际履行过程中，A公司也未追究B公司“14天时效”的问题。

4. 从KE胶也可看出双方未按“14天时效”执行。

KE胶工程洽商记录上的日期为2003年10月16日（见A公司证据6－10，第143页），如按“14天时效”执行，A公司应于2003年11月30日前提出要求增加价款。而实际上，双方于2005年9月7日才对该部分进行核对（见A公司证据6－12，第146页），从李某红签署的内容看，其只对价款金额的多少提出意见，而并未提出因超过“14天时效”而不予确认。

5. 在结算过程中B公司提出的不同意给付部分洽商变更价款的理由为该费用应由A公司承担，而非因超过了“14天时效”和“3天时效”而不予确认。

B公司于2005年11月24日致A公司的函（见A公司证据6－5，第133～134页）中指出：

B公司不同意给付商场一层、二层空调水费用的理由为：招标答疑中已明确需要施工单位自行考虑，A公司就应该将该项费用考虑在投标报价中，因此不再增加此部分费用。

B 公司不同意给付地下一层、二层通风消音箱费用的理由为：原图规格、数量不清楚，A 公司在招标答疑中并没有提出，后双方签订合同时设备价已包死，因此不再增加此部分费用。

B 公司不同意给付是否含在《建筑装修合同》约定合同价范围内双方仍有争议部分的价款的理由为：装修过程中开放式厨房推拉门及铝扣板吊顶及跃层二层阳台护栏的价格已含在 390 元/平方米的装修单价中，合同附件与合同具有同等效力；另外，木地板的找平层，按照粗装修要求，应由 A 公司做到位，不应单计此项费用。

由上可见，B 公司对 A 公司在结算时报送的洽商变更进行了审核，其在审核后只是认为该款项应由 A 公司承担，而从未以 A 公司未按合同规定的洽商变更追加价款的期限报送而不予确认。这也恰恰证明了双方已达成了关于洽商变更在结算过程中统一报送和审核的约定，并且 B 公司也实际履行了该约定。

6. 假设 A 公司与 B 公司事先未对合同中关于洽商变更增加价款的"14 天时效"和"3 天时效"变更一事达成一致意见，但从双方的行为来看该程序确已实际变更。

通过上述分析可知，无论是 B 公司还是 A 公司均未按照合同中关于工程变更及价款变更的期限履行：B 公司未就设计变更提前 14 天书面通知 A 公司；B 公司对 A 公司在"14 天时效"内报送的洽商变更价款未在 14 天内进行回复；B 公司对 A 公司在结算时及结算编报后提报的洽商变更价款进行了审核并对其中的大部分予以确认，对未确认部分从未提出"14 天时效"和"3 天时效"的问题，而只是认为该款项应由 A 公司承担等。从 B 公司的前述一系列行为均可看出双方确已变更了合同中关于洽商变更追加价款的"14 天时效"和"3 天时效"，而改为由 A 公司在结算时统一报送洽商变更价款由 B 公司进行审核确认。

三、关于李某、李某红的身份问题

1. B 公司主张 A 公司提交的证据 6－18 不是 B 公司所发，A 公司认为该函件上标明发出人为李某，而李某应视为 B 公司的代理人，其行为应归结为 B 公司的行为。

（1）《建设工程施工合同》通用条款第 25 条约定，工程师有权核实已完工程量；第 31 条约定，工程师有权对变更价款进行审核和确认。《建设工程施工合同》第 5 条规定，工程师既包括建设单位派驻的施工场地履行合同的代表，也包括监理单位委派的代表。因此，监理工程师有权审核工程价款。

《建设工程施工合同》专用条款中对监理工程师的权限范围约定不明，根据《民法通则》的规定，委托书授权不明的，被代理人应当向第三人承担民事责任。因此，B 公司应当对监理公司的回函承担责任。

(2)从施工惯例来看,监理工程师为建设单位的代理人,监理工程师的行为均应归结为建设单位的行为。

(3)李某作为监理公司的工程师一直在负责审核工程价款。

李某为B公司委托的监理公司的监理工程师,A公司报送的月工程进度报审表(见A公司证据7－2至7－22,第647～667页)始终是由李某进行审核并签字确认,其上加盖了监理公司的公章,由此可看出李某作为监理公司的工程师一直在代表B公司审核工程价款。B公司在书面质证意见中对证据7－2至证据7－22的真实性予以认可,即是确认了李某作为监理公司的工程师有权代表B公司审核工程价款。

(4)监理公司获得完全授权代表B公司参加结算审核工作。

监理公司于2005年4月29日向A公司发出函件《关于2005年4月21日A公司第二分公司结算中的问题的回复》(见A公司证据19－2,第814～815页),对A公司报送的洽商变更费用进行了部分确认。此后,李某红作为B公司代表于2005年6月8日与A公司王某某签署了备忘录(见A公司证据19－3,第816～817页),其中第一条为:经双方在监理核定变更洽商部分的基础上,确定以下变更洽商结算价;第一条b.1表述为:和监理核对完变更洽商双方确认价:2,142,747元;第二条表述为:双方在监理核定变更洽商部分的基础上,遗留争议问题。由此可证明,B公司已认可监理公司有权代表其审核工程价款。李某为监理公司的监理工程师,始终代表B公司进行工程价款的审核工作,因此李某应视为B公司的代理人。

由上可见,监理公司具有审核工程价款的权利,而李某作为监理公司的工程师又始终在代表监理公司审核工程价款,因此李某所发出的函件即应视为B公司的意思表示。

2. B公司否认李某红收到过A公司提交的证据6－12,没有在该证据上签署过任何文字,也没有同意过给付任何款项。A公司认为,证据6－12上的手写体文字确为李某红签署,并且李某红有权代表B公司审核确认工程价款。

(1)证据6－12上的手写体文字确为李某红签署,A公司证据6－3、证据6－4、证据6－36、证据6－55上均有李某红的签字,B公司对该四份文件上李某红签字的真实性已予以认可,经比对,证据6－12上的字体与该四份文件上的字体相同。

(2)李某红始终代表B公司进行工程价款的审核确认工作,首先其作为B公司代表签收了A公司递交的结算书(见A公司证据6－3,第129页、证据6－4,第130页),并对A公司报送的洽商变更进行审核,其中包括2005年6月8日与王某某签署的备忘录,其以B公司预算员的身份代表B公司确认了部分洽商变更结算价款;2005年9月6日《新增设裙房部位增做聚氨酯防水项目报价单》(见A公司证据6－55,第

257 页)进行了价款确认等。由此足以证明李某红有权代表 B 公司审核确认工程价款,其在证据 6－12 上签署的意见即代表 B 公司的意见。

(3)李某红已被 B 公司指定为本次仲裁的代理人,由此也可看出李某红具有完全的代理权。

四、关于 B 段是否存在晚开工的问题

B 公司认为 B 段不存在晚开工问题的理由不能成立。

1. B 座开工时间晚于中标《施工组织设计》原定开工时间。

中标《施工组织设计》中 B 座地下基础和结构计划施工时间为 2002 年 1 月 25 日至 2003 年 8 月 10 日,但 B 座开工时间为 2003 年 8 月 15 日,实际开工时间更晚,应为 2003 年 9 月 10 日(见 A 公司证据 5,第 101 页)。

2. 2002 年 8 月 24 日的《基坑降水、支护、土方开挖及地基处理施工组织设计》为 A 公司在第一次招投标时报送的施组,与本案无关。

第一次招标时,B 公司告知 A、B 座不能同时开工,因此有此施组。而第二次招标时 B 公司告知 A、B 座需要同时开工,因而 A 公司按 A、B 座同时开工又重新报送了施组,该施组是基于招标文件和 B 公司承诺 B 段具备开工条件而编制的,否则施工组织设计不会按同时开工编制。

3. A 公司提报的《冬期施工方案》(2003 年 1 月 16 日)中,并没有编排 B 段施工计划,是因为 B 段不具备开工条件,A 公司根本无法安排施工,也就没有必要编排 B 段的施工计划。但并不能代表 A 公司已同意不予追究 B 公司 B 段晚开工的违约责任。

五、关于总工期问题

B 公司认为 B 段施工时间在总工期范围内,所以不存在因 B 段晚开工给 A 公司造成损失的问题,A 公司认为,B 公司的观点不能成立,理由如下:

1. B 段实际施工时间仅在 2002 年 11 月 18 日备案合同(下称白合同)总工期内,已超出 2002 年 11 月 19 日合同(下称黑合同)总工期。

B 公司主张 B 座开工时间为 2003 年 8 月,竣工时间为 2004 年 9 月,施工时间在合同确定的施工工期范围之内。而黑合同的工期为 2002 年 11 月 28 日至 2004 年 2 月 15 日,白合同的工期为 2002 年 12 月 1 日至 2004 年 11 月 18 日。那么 B 座施工时间仅在白合同的施工工期内,已超出了黑合同的施工工期。而 B 公司一贯主张双方在执行黑合同,此处又要依照白合同来计算工期,可见 B 公司观点混乱。

2. B 段施工时间在合同确定的施工工期范围之内是 A 公司抢工的结果。

B 公司主张施工时间在合同确定的施工工期范围之内,所以不存在晚开工的问题,这显然属于以果推因,是严重的逻辑错误。施工时间在合同确定的施工工期范围之内是A公司在B段晚开工后抢工的结果,如果A公司不抢工,必然会超出合同确定的施工工期。

3. B段晚开工打乱了A公司原定施工部署,并赶上各种材料价格异常上涨。

B段原定于2002年1月开工,当时钢材价格和砼价格尚未出现异常上涨,A公司可以采购到低价格的钢材和砼,然而实际开工时间已推迟到了2003年9月,正好赶上了钢材和砼价格异常上涨阶段。因此,即使按B公司所讲B座施工时间在总工期内,因未按A公司预计的时间开工,已打乱了A公司的施工部署,并赶上各种材料价格异常上涨,由此给A公司造成的一切损失均应由B公司承担。

六、精装修工程是否含在暂定金额中

B公司主张精装修900万元为暂定金额项目,包含在中标总价之内。而A公司认为,精装修价款是误报,中标合同价款中不包含该部分款项,理由如下:

1. A公司证据1第18页《某项目商住楼招标文件》"附表三暂定金额清单"中没有900万元的精装修价款。

2. 经A公司查询,北京市建设工程招标投标管理办公室备案的《某项目商住楼招标文件》(见A公司补充证据2,证据16,第766页)"附表三暂定金额清单"中也没有900万元的精装修价款。

3. B公司证据9第210页《某项目商住楼招标文件》第5.1.2条土建工程范围为:图纸所含全部建筑、装饰工程。从图纸目录可以看出没有精装修图纸。

4. B公司证据10第285页《某项目商住楼工程投标文件经济标B:投标预算书》(预)算编制说明第3条第9款载明:"本次报价内装修划分:地下除精装修外均做到位。地上裙房部分,楼面做到位,墙面、顶棚只做到初装修。住宅部分全部做初装修。"因此,B公司要求投标价款中仅计算初装修价款,而未要求计入精装修价款。

5. 从B公司证据11第435页备案《建设工程施工合同》第一部分"协议书"第2条"工程承包范围"看,只有粗装修,没有精装修。

6. 因精装修不包含在B公司招标范围内,A公司投标时将精装修900万元纳入投标报价,纯属预算人员工作失误。由于某项目商住楼项目招投标为总价中标,采取不平衡报价方式,在总价不变的情况下,将此项招标范围外的项目误报入投标总价,必然导致其他招标范围内的项目少计算了相应价款。

七、关于B公司是否收到A公司证据6-17、证据6-19两个函件的问题

B公司否认收到过A公司提交的证据6-17和证据6-19两个函件不属实,理由如下:

1. B 公司在第一次开庭时已认可收到证据 6－17 和证据 6－19，对于此问题可以核对第一次开庭笔录。

2. 李某所发函件证据 6－18 应视为 B 公司的意思表示。

证据 6－18 是由李某发给 A 公司的。李某是 B 公司聘用的监理公司的监理。从证据 7－2 至证据 7－22 可以看出，李某一直在代表 B 公司审核 A 公司的工程价款，B 公司对证据 7－2 至证据 7－22 的真实性没有异议，其对李某的身份予以认可。因此，该函件所述内容应视为 B 公司的意见。

3. 从证据 6－17、证据 6－18、证据 6－19 三个函件的关联性来看，B 公司否认收到或发出过证据 6－17、证据 6－18、证据 6－19 不属实。

证据 6－17、证据 6－18、证据 6－19 三个函件无论从名称、时间、内容来看，均是相互关联的。如果 B 公司认为函件 6－18 不是其意思表示，监理公司没有得到 B 公司的授权，B 公司在 A 公司对函件 6－18 作出的回复（函件 6－19）后理应作出反应，并且不会再让李某继续审核结算，而 B 公司却没有作出任何反应，事实上李某也一直在审核结算。由此也可看出 B 公司认为李某发出此文件是理所应当的。函件 6－19 随同《工程结算书》（A 公司证据6－20、证据 12）一并提交给 B 公司后，B 公司在收到《工程结算书》后进行了签收（见 A 公司证据 6－3 及证据 6－4《工程结算签收表》，第 129～130 页），B 公司在其《质证意见（一）》第 5～6 页中对 A 公司证据 6－3 及证据 6－4《工程结算签收表》的真实性及合法性均无异议，在其《质证意见（一）》第 10 页中对 A 公司证据 6－20《工程结算书》的真实性及合法性均无异议。

八、B 公司直接分包的门窗进度是否迟延的问题

A 公司主张因 B 公司直接分包的门窗工程进度迟延导致 A 公司受到了损失并提出索赔，而 B 公司认为门窗工程工期并未迟延，该主张不能成立，理由如下：

1. A 公司提供的《监理例会会议纪要》第 57～72 期（见 A 公司证据 6－105 至证据 6－117，第 475～521 页）显示 A 座、B 座精装修按计划正常进行，此处所指计划是调整后的计划，而并非原定施工计划。

2. A 公司提供证据第 508 页、第 512 页、第 516 页、第 519 页、第 524 页、第 525 页、第 526 页均显示 B 座铝合金窗进度已影响精装修工期。

3.《北京市建设工程分包劳务合同》为分包单位先行进场施工后补签的合同。

关于 A 公司与分包人签订的《北京市建设工程分包劳务合同》约定精装修工程开工日期迟于 A 公司与 B 公司签订的《建筑装修合同》，是因为精装修工程是按套计算的，A 公司与 B 公司签订合同后尚未确定施工套数，因此 A 公司无法与分包单位签订合同，而是让分包单位先行进场施工了，在确定施工套数后才补签的分包合同。

4. B 公司否认 A 公司主张的精装修工程竣工日期应承担举证责任。

精装修工程与总体工程于 2004 年 9 月 16 日同时通过竣工验收，如 B 公司主张精装修竣工日期不是该日期，可以提交精装修的竣工验收报告。B 公司在其质证意见第 56 页和第 58 页均认可总承包工程的工期 719 天中包括了精装修的工期，精装工程系总体工程中的最后一步，总体工程应与精装工程同时竣工，此处 B 公司又主张总体验收通过日期并不代表精装修工程验收通过日期，与之前主张明显矛盾。

九、B 公司是否需支付利息和违约金的问题

B 公司认为，依照 11 月 19 日合同，其不具有支付工程预付款的义务，并且利息与违约金性质相同，不应重复计算，以及违约金金额过高等，并主张《建筑装修合同》和《建筑施工合同》未经过招投标，为无效合同，不应支付该两个合同项下的违约金，A 公司认为 B 公司的前述主张不能成立，理由如下：

（一）双方结算应以中标备案合同作为依据，双方并无垫资约定

B 公司所提出的 A 公司关于所谓“垫资”和“让利”的承诺均是针对其自行组织的第一次招投标，因第一次招投标未能获得政府部门的备案为无效招投标，因而关于垫资和让利的承诺也应为无效。A 公司从未同意过垫资，《协议书》(2002 年 9 月 12 日) 仅针对第一次招投标，为无效协议，并且其所述为履约保证金，履约保证金是施工方履行施工义务的担保，按期调出是指施工方按照约定履行了相应义务后，B 公司将款项返还，而不是工程垫资。因此，不能免除 B 公司支付预付款和进度款的义务。

A 公司与 B 公司结算应以备案的中标合同作为结算依据，中标合同中约定 B 公司未按期支付预付款、进度款和结算款时均需支付利息和违约金。

（二）利息与违约金应同时支付

1. 利息与违约金性质不同

工程款的利息属于法定孳息，而违约金是依据双方当事人的约定产生，两者产生的基础不同，因此利息并不等同于违约金，是两个不同的概念。合同法的原则为意思自治，只要双方的约定不违反法律和行政法规的强制性规定，均应为合法有效。在建设工程施工合同中，约定逾期付款时既需支付应付款的贷款利息，又需支付违约金，并不违反法律和行政法规的强制性规定，应为合法有效。

2. B 公司在签订合同时能够预见违约需同时支付违约金和利息

A 公司因 B 公司未按期支付工程款所受到的损失不仅限于利息损失，A 公司的损失还包括因资金不足丧失承接新工程的损失等。双方之所以在合同通用条款已约定逾期支付款项需给付利息的情况下，又在专用条款中特别约定了逾期付款的违约责任，就是因为考虑到了 A 公司有可能受到的其他损失。在签订合同的时侯，B 公司就

已知道违约不仅需要支付利息，也需要支付违约金，因此B公司完全能够预见到其逾期支付款项时需承担的违约责任。

3. 合同约定的违约金与利息是并列关系，而非选择关系

在建设工程施工合同中，逾期支付预付款、结算款时表述为“由发包人向承包人支付应付款的贷款利息，并承担违约责任”，由此可见，贷款利息与违约责任是并列的关系，而并非选择的关系，发包人违约时，既需支付利息，又应支付违约金。对于进度款利息，第26.3条规定发包人逾期支付进度款，应从计量结果确认后第15天起计算应付款的贷款利息；第26.4条规定，发包人不按合同约定支付工程款（进度款），由发包人承担违约责任。第26.3条与第26.4条两个条款是并列关系，因此发包人逾期支付进度款时，既需支付利息，又应支付违约金。

4. 仲裁委判例曾支持施工方要求同时支付违约金和利息的请求

此前，A公司与另一建设单位之间的建设工程施工合同纠纷在贵仲裁委进行仲裁，仲裁庭支持了A公司同时要求建设单位支付利息及违约金的请求，详见×××号裁决书。

（三）A公司从未放弃追究B公司逾期付款违约责任的权利

《某项目商住楼（A座）地基与基础分部及十层以下主体结构工程进度款确认书》及《某项目商住楼（B座）地基与基础分部及十层以下主体结构工程进度款确认书》记载的支付进度款的约定与政府监督下双方签订的备案《建设工程施工合同》工程款支付条款不一致，对备案合同构成实质性变更，故应以备案合同作为最终结算依据。另外，从该确认书内容来看，其只是分期付款协议，不是垫资协议，A公司并没有免除B公司迟延付款的违约责任。A公司按照备案合同约定均按时报送了月完成量报表，B公司也进行了审核，但B公司未予支付。鉴于国内建筑市场承包人一贯的弱势地位，A公司无奈之下被迫签署该文件，但并不表示A公司内心同意改变备案合同工程进度款支付方式。依据备案合同约定，B公司应履行按时支付工程预付款及进度款的义务。

（四）关于预付款利息

1.《建设工程施工合同》中关于预付款利息的相关条款

关于预付款利息，备案中标合同通用条款第24条规定：“实行工程预付款的，双方应当在专用条款内约定发包人向承包人预付工程款的时间和数额，开工后按约定的时间和比例逐次扣回。预付时间应不迟于约定的开工日期前7天。发包人不按约定预付，承包人在约定预付时间7天后向发包人发出要求预付的通知，发包人收到通知后仍不能按要求预付，承包人可在发出通知7天后停止施工，发包人应从约定应付之

日起向承包人支付应付款的贷款利息,并承担违约责任。”

专用条款第 24 条约定:“合同签订后由发包人支付预付款,预付款为合同价的10% 。”

2. B 公司支付预付款无须以 A 公司提出支付申请为前提

合同中约定承包人在约定预付时间 7 天后向发包人发出要求预付的通知是承包人停工的前提,而并非发包人付款的前提,并且合同中已约定发包人应从约定应付之日起向承包人支付应付款的利息。《建设工程施工合同司法解释(一)》第 18 条规定,利息从应付工程价款之日计算。现 B 公司未按照合同约定的时间于 2002 年 11 月 18 日向 A 公司支付预付款,而是到 2003 年 8 月 4 日才支付第一笔款项,因此应从 2002 年 11 月 19 日起向 A 公司支付预付款利息。

(五)进度款利息及违约金

1.《建设工程施工合同》中关于进度款利息及违约金的相关条款

《建设工程施工合同》专用条款之补充条款第 47.1 条约定:“双方约定的工程款(进度款)支付方式和时间,工程施工期间,承包人应在当月 25 日前报当月进度表,否则发包人有权拒付该月进度款,每月 20 日发包人向承包人支付上月工程进度款90% 。”专用条款第 35.1 条约定:“本合同通用条款第 26.4 款约定承包人违约应承担的违约责任:每推迟一天,按工程进度款的万分之二支付违约金,累计不超过 2% 。”通用条款第 26.3 条规定:“发包人超过约定的支付时间不支付工程款(进度款),承包人可向发包人发出要求付款的通知,发包人收到承包人通知后仍不能按要求付款,可与承包人协商签订要求付款的协议,经承包人同意后可延期支付。协议应明确延期支付的时间和从计量结果确认后第 15 天起计算应付款的贷款利息。”通用条款第 26.4 条规定,发包人不按合同约定支付工程款(进度款),双方又未达成延期付款协议,导致施工无法进行,承包人可停止施工,由发包人承担违约责任。

2. B 公司未按合同约定的时间支付进度款,应支付利息和违约金

根据上述规定,A 公司按照合同的约定自 2002 年 12 月起按照合同的约定于每月 25 日前向 B 公司报送了月工程进度款表,并由 B 公司委托的监理公司进行了审核,确定了每月应付进度款数额,但 B 公司并未按照合同的约定支付进度款,理应支付利息及违约金。

3. 合同规定承包人向发包人发出要求付款的通知仅为选择性条款

通用条款第 26.3 条规定“承包人可向发包人发出要求付款的通知”,该条款用的是“可”,为选择性条款,即当发包人未按约支付进度款时,承包人可发出通知,也可不发出通知,但无论如何发包人均应自应付款之日起支付利息。并且《建设工程施工合

同司法解释(一)》第18条规定,利息从应付工程价款之日计算。由此可见,进度款的支付并不以承包人发出通知为前提,只要未按期支付即开始计算利息。

4. B公司主张的支付工程进度款需以提出《工程款支付申请表》没有任何依据

B公司提出支付进度款的前提为A公司需按照监理审核的结果,提出《工程款支付申请表》,提交给监理审核,监理审核后,B公司按照合同规定和监理审核的金额予以支付。B公司主张的该付款程序没有任何依据。根据通用条款第26.1条约定,在确认计量结果后14天内,发包人应向承包人支付工程款(进度款),而并未约定A公司还需提交《工程款支付申请表》,因此B公司不能以此为由拒付工程进度款。

(六)结算款利息和违约金

1.《建设工程施工合同》中关于结算款利息和违约金的相关条款

通用条款第33.3条规定,发包人收到竣工结算报告及结算资料后28天内无正当理由不支付工程竣工结算价款,从第29天起按承包人同期向银行贷款利率支付拖欠工程价款的利息,并承担违约责任。

专用条款第35.1条约定,本合同通用条款第33.3条约定承包人违约应承担的违约责任:每推迟一天按合同价款的万分之二支付违约金和承担相应的经济补偿费,累计不超过1%。

2. B公司无正当理由未支付工程结算款,应支付利息和违约金

A公司于竣工后向B公司报送了结算资料(见A公司证据6-3、证据6-4),而B公司未支付结算款,其提出不支付款项的理由也不能成立,不属于正当理由,B公司应自接到结算资料第29天起向A公司支付利息和违约金。

(七)关于基于《建筑装修合同》和《建筑施工合同》而产生的逾期付款违约金

1. B公司尚未支付精装修工程款

B公司支付工程款时并未注明支付的是结构、粗装修工程款还是精装修工程款,因此按照通常的理解应为先发生的工程量先支付工程款,待前一工程款项支付完毕后,再支付的款项才为下一工程量的款项,而不能按比例分摊。现B公司尚未支付完毕结构及粗装修工程的款项,因此精装修和钢结构款项自然也尚未支付。

2.《建筑装修合同》中违约金条款合法有效;假定其无效,B公司也应向A公司赔偿损失

如前文所述,《建筑装修合同》无须进行招投标,应为合法有效,违约金条款也应为合法有效。退一步讲,假设该合同无效,那么A公司将要求B公司赔偿逾期支付款项而使A公司遭受的损失。

3. B 公司如认为违约金数额过高,应承担举证责任

A 公司要求的违约金并没有过高,B 公司援引《商品房买卖合同司法解释》中关于违约金过高的解释没有依据。该解释仅调整商品房买卖关系,而本案为建设工程施工合同纠纷,因此不能予以适用。并且因 B 公司逾期支付工程款使 A 公司丧失了许多承建新项目的机会,该损失是巨大的,远远高于贷款利息。如 B 公司主张该违约金比例过高,应负有举证责任,否则应承担举证不能的法律后果,而 A 公司对此不负有举证责任。

代理意见四

——关于双方仍存分歧项目的最后陈述

尊敬的××首席仲裁员、××仲裁员、××仲裁员:

A 公司与 B 公司建设工程施工合同纠纷一案鉴定报告已经各方质证和辩论,A 公司代理人现对鉴定复议报告及补充说明中双方仍存分歧的项目发表如下最后陈述意见。

一、B 段 CFG 桩施工费

(一)A 公司认为 B 座 CFG 桩费用应由 B 公司承担

1. 招标时 B 公司未设计 CFG 桩,A 公司投标报价中不含 B 段 CFG 桩的价格,B 公司交付的投标图仅含 A 座 CFG 桩,而施工图中增加了 B 座 CFG 桩,施工图是在中标后才交付给 A 公司的,由此证明 A 公司投标时不含 B 座 CFG 桩的价格。

2. B 座 CFG 桩是《建设工程施工合同》签订后,应 B 公司要求设计施工。

2002 年 11 月 22 日某项目商住楼工程第一次工地会议上,B 公司委托的总监理工程师孙某要求 CFG 桩的设计图纸和施工组织设计要尽快编制(见 A 公司证据第 148 页)。孙某为 B 公司聘请的总监理工程师(见 A 公司证据第 89 页),其提出的要求视为 B 公司的要求,即 B 公司要求 A 公司设计施工 CFG 桩。因 A 座 CFG 桩设计图在 A 公司投标时已存在(出图时间为 2000 年 9 月),监理在合同签订后要求设计施工的 CFG 桩只可能是 B 段 CFG 桩。因此,B 公司在合同签订后要求 A 公司增加 B 座 CFG 桩施工,理应支付费用。

3. B 公司已同意给付 A 公司 B 段 CFG 桩费用。

李某于 2004 年 9 月 23 日发给 A 公司的工作联系单(见 A 公司证据第 159 ~ 160 页)第八条载明"来函第七条所列 B 段 CFG 桩施工增加费用 38.1138 万元,双方应补充有关洽商手续,确认费用计算依据和详细过程"。李某为 B 公司聘请的监理工程

师,该联系单所述内容为B公司的意思表示(见A公司《代理意见三》),由此可看出B公司也认为B段CFG桩确为新增施工项目,并同意支付费用,仅是要求补洽商而已。

(二)B公司不同意给付B段CFG桩费用,其理由不能成立

1. B公司认为投标报价无论是否包含了B段CFG桩费用,均应视为该价款已包含在合同价款中的理由不能成立。

(1)地基处理并不必然包括CFG桩,只有设计了CFG桩才会进行相应施工。而事实上在招投标时B公司并未设计B段CFG桩,从双方提供的证据来看,B公司在投标时也未向A公司提供B段CFG桩的图纸(投标时B段尚有一座建筑物未拆除,没有地勘资料是不可能有桩的设计图纸的)。因此A公司的投标报价中并不包括B座CFG桩的施工费用,此为新增加费用,B公司应另行支付该部分费用。

(2)B公司及其聘请的设计单位在投标前对工程地质情况最清楚,而B公司交付的投标图仅含A座CFG桩,不含B座CFG桩,既然B公司在招投标时都认为B段无须设计CFG桩,因此A公司更是完全有理由相信B座地基处理无须进行CFG桩的施工,而只需进行一般处理即可。因此,投标报价中根本不可能含有B座CFG桩的价格。

2. B公司以《北京某项目商住楼CFG桩复合地基方案设计》认定A公司知道B座要进行CFG桩施工的理由不成立。

A公司提报的《北京某项目商住楼CFG桩复合地基方案设计》针对的是B公司第一次自行组织的招投标。后B公司在进行政府监督下的招投标时明确告知A公司B段无须设计施工CFG桩,并且向A公司交付的投标图中也仅有A座CFG桩的图纸,故A公司有理由相信B段无需设计施工CFG桩,因此投标报价中并不包括B段CFG桩的价格。

3. B公司不认可2004年8月13日《关于工程结算存在的问题的函的回复》的理由不能成立。

2004年8月13日《关于工程结算存在的问题的函的回复》(见A公司证据第159~161页)第8条载明:"B段CFG桩施工增加费用38.1138万元,双方应补充有关洽商手续,确认费用计算依据和详细过程。"该函件系由李某于2004年9月23日发出(右下角有李某签名),而李某为监理工程师,应视为B公司的代理人(理由详见A公司《代理意见三》),其发出的函件应视为B公司的意思表示,该函件可以作为B公司已同意增加B段CFG桩的费用的依据。

4. B公司认为B段CFG桩图纸不能作为鉴定依据的理由不能成立。

A公司提供的"总后勤部建筑设计研究院"的设计图纸是应B公司委托的总监理

工程师孙某的要求做出的，应作为鉴定依据。

5. B公司认为A公司要求B段CFG桩费用已超14天时效的观点不成立。

A公司与B公司在合同履行过程中已实际改变了《建设工程施工合同》中关于变更合同价款14天时效的规定，具体理由参见A公司《代理意见三》第二点。B公司不能以A公司超过14天时效为由拒绝支付B座CFG桩的费用。

二、A段铺设木地板增加水泥砂浆找平层

（一）A公司认为，A段铺设木地板增加水泥砂浆找平层的费用为洽商增加费用，B公司应予支付

1. 按备案的《建设工程施工合同》约定，A公司只需做到地面粗装修，不含压光工艺（见A公司证据第74页）。因B公司需要铺木地板，故要求A公司对地面增做找平压光处理。双方于2004年6月27日签署了洽商，其内容为：A段为保证木地板平整安装，对原地面垫层做找平压光处理，此洽商有“B公司”现场人员的签字（见A公司证据第213页）。A公司对A段全部面积均做了找平压光处理，B公司应支付相应费用。

2. 2005年9月7日上午A公司代表姚某与B公司代表李某红对该问题进行协商（见A公司证据第214页《2005年9月7日上午已确定问题》），B公司只提出按定额价支付此项费用（手写体为B公司工程师李某红所写），并未拒绝支付该费用，因此B公司也认为A段铺设木地板增加水泥砂浆找平层应支付费用，只是双方对金额未达成一致而已。

（二）B公司不同意给付A段铺设木地板增加水泥砂浆找平层的理由不能成立

1. B公司以A公司未按图纸规范完成找平为由不支付找平压光费用的观点不能成立。

（1）B公司提供的投标图纸中未要求将地面做到压光，因此压光不在A公司的承包范围内。

（2）压光为精装修施工内容，按照中标合同规定，A公司仅承担粗装修施工，因此无须将地面做到压光。

（3）因原设计中并未要求做地面压光，故A公司选用无须压光工艺施工，但因设计变更为安装木地板要求压光，故按照洽商的要求，A公司只得在原有已完成的施工界面上做压光处理。需说明的是该洽商中B公司是要求做到压光，而非仅要求完成找平，因此无论A公司是否完成了找平工作，都必须再进行压光的施工，此为承包范围外的工作，B公司必须支付费用。

2. B公司以2004年5月26日其与欧式风格的施工单位办理的工程洽商记录证

明A段部分房屋的水泥砂浆找平工作由另一家精装修单位完成缺乏依据。

(1)经A公司核实,A段找平处理全部由A公司施工。

(2)A公司对B公司提交的洽商记录真实性持有异议,不认可其真实性。

(3)假定该洽商为真实的,其签订时间为2004年5月26日,而与A公司洽商签订时间为2004年6月27日。A公司洽商时间在后,说明即使当时B公司与T公司签订过洽商,双方也没有执行或装饰公司没有能力达到B公司要求。B公司又与A公司签订洽商,进行A段全面找平处理。

(4)B公司未提交就该洽商已向T公司实际付款的凭证,不能证明该施工单位进行了实际施工。

三、是否含在《建筑装修合同》范围内的洽商

(一)A公司认为,厨房推拉门、卫生间铝扣板吊顶属于洽商增加项目,B公司应另行支付费用

根据《建筑装修合同》及其附件《公证书》的约定,厨房推拉门、卫生间铝扣板吊顶不在合同约定的施工范围内。在施工过程中,A公司按B公司的要求增加了厨房推拉门和卫生间铝扣板的施工,双方就此签订了洽商,该费用(见A公司证据第207～211页)不含在合同价699万元范围内,也不含在双方达成一致的增项1,059,427元范围内,B公司应另行支付此项费用。

(二)B公司不同意给付厨房推拉门、卫生间铝扣板吊顶增加费用的理由不成立

1. B公司认为厨房推拉门、卫生间铝扣板吊顶属于合同范围之内的工作无依据。

厨房推拉门、卫生间铝扣板吊顶是B公司提交的附件2《户内精装修部分工作项目明细》中的内容,该附件2无双方当事人的签字盖章,双方未对该文件达成一致,不能作为结算依据。A公司施工范围应以《建筑装修合同》及其附件公证书为准,该两份文件中并无此两项施工内容,因此其不是合同约定范围内的工作。

2. B公司以A公司提供的精装修图纸中有51户设计有铝扣板吊顶为由主张该内容在合同范围内的理由不成立。

精装修图纸是在《建筑装修合同》签订后由B公司交付给A公司的,该图纸中51户的卫生间设计为铝扣板吊顶的内容与公证书不符,已超出了A公司的承包范围,为增加项目,B公司应另行支付该部分费用。

3. B公司主张厨房枫木隔断和枫木吧台项目未实际施工,应扣减相应费用无依据。

《建筑装修合同》及其附件《公证书》中无厨房枫木隔断和枫木吧台项目,此两项不在A公司的承包范围内,因此在没有施工的情况下也不应扣减。

4. B 公司提出的 A 公司已超过追加合同价款的“3 天”时效的理由不成立，A 公司与 B 公司在合同履行过程中已实际改变了《建筑装修合同》追加合同价款的“3 天”时效约定，具体理由参见 A 公司《代理意见三》第二点。B 公司不能以 A 公司超过 3 天时效为由拒绝支付精装修增加费用。

四、扣减建筑面积减少的费用

（一）A 公司认为，建筑面积减少的费用应按备案合同计算，不应按未备案合同 1284 元/平方米扣减

未备案合同不能作为双方的结算依据，故不能依据未备案合同约定的数额 1284 元/平方米扣减建筑面积减少费用，而应依据备案合同计算费用。因减少建筑面积的部位为顶层错层部位，因此建筑工程中土方工程、基础工程、屋面工程、防水工程，装饰工程中的 B 公司指定分包的门窗工程，给排水工程中的消防系统设备及安装、给排水设备及安装，采暖工程中的设备及安装，全部通风工程，电气工程中的地下电缆及设备、防雷接地等共计六项施工内容不因建筑面积的减少而减少，故对该六项内容不应扣除单方价格。经鉴定机构核算，减少建筑面积的单价应为 1009.76 元/平方米。

（二）B 公司主张应按未备案合同约定数额 1284 元/平方米扣减建筑面积减少费用的理由不成立

1. B 公司以双方在往来函件中已确认减少面积费用为 1,022,958 元为由不同意重新按备案合同计算的观点不能成立。

A 公司与 B 公司虽然曾经在往来函件中确认过建筑面积减少的费用为 1,022,958 元，但双方在提请仲裁前始终未就工程结算达成一致，在未达成最终结算协议前，A 公司有权随时修改结算文件，因此 A 公司在提请仲裁时调整扣减建筑面积减少的费用金额并无不妥。

2. B 公司主张鉴定机构按备案合同计算方法存在错误的理由不成立。

B 公司认为按照备案合同，单价应为备案合同工程总造价除以总建筑面积，即 92,753,916 元 ÷ 43,621.48 平方米 = 2126.34 元/平方米，该主张不能成立。因总造价中含有大量 B 公司直接分包项目价款（约 3600 万元），A 公司并未得到该部分价款，因此在计算单价时应将该部分价款从总价中扣除，并且减少建筑面积的部位为顶层错层部位，有六项工程内容不因建筑面积的减少而减少（鉴定报告 6.2.1 第 2 款），故不能按上述方法计算。

五、扣合同暂估金额

A 公司认为，扣合同暂估金额应为 1900 万元，而不是 2800 万元，具体理由参见 A 公司《关于本案工程造价鉴定报告的再复议意见》第 5 点。

六、扣合同内未施工项目

（一）A公司认为，该项目不包含在招标范围内，即使未施工也不应再扣减中标预算书土建装饰部分第29项、第30项、第36项，共计710,157元（见B公司证据第301页），原因为该两项目不包含在B公司招标范围内

A公司投标时将该两项目纳入投标报价，纯属预算人员工作失误。由于某项目商住楼项目招投标为总价中标，采取不平衡报价方式，在总价不变的情况下，将此两项招标范围外的项目误报入投标总价，必然导致其他招标范围内的项目少计算了相应价款，因此在结算时不应扣减该两项目价款共计710,157元（见A公司证据第105页，《工程计算汇总表》第2.1.2项）。

（二）B公司认为该部分款项应扣减的理由不能成立

1. B公司以A公司自认同意扣减为由主张不能进行更改，该理由不能成立。

（1）A公司与B公司在提请仲裁前始终未能就工程结算达成一致，在未达成结算协议前，A公司有权随时修改结算文件。

（2）即便在提起仲裁后，A公司也可以请求修改结算金额。在仲裁庭委托鉴定后，A公司于2007年7月24日向鉴定机构和仲裁庭均提出了书面更正意见，请求不予扣减该费用，因此鉴定机构并未违背A公司自认的事实和仲裁请求。

2. B公司将该项目与B座CFG桩进行类比要求扣除的理由不成立。

合同内未施工部分的价款与B座CFG桩的性质不同。某项目商住楼工程在投标前并未设计B座CFG桩，因此B座CFG桩不在招标范围内，A公司没有报入投标总价不属于失误漏报项目；而该合同内未施工部分710,751元并不包含在招标范围内，为A公司误报，由于某项目商住楼项目招投标为总价中标，采取不平衡报价方式，在总价不变的情况下，将此招标范围外的项目误报入投标总价，必然导致其他招标范围内的项目少计算了相应价款，因此在结算时不应扣减。

七、材料价差

（一）A公司认为，材料价差应予调整

1. A段钢筋价差应按实际用量予以调整。

（1）合同约定的价款调整因素包括“北京市造价管理部门的有关规定”。

当事人双方于2002年11月18日签订的《建设工程施工合同》第47.3.4条约定了合同价款的其他调整因素，其中第47.3.4条为：“北京市建设工程造价管理部门的有关规定”（见A公司证据第93页）。

北京市建设工程造价管理处于2004年4月19日发布了《关于建设工程主要材料价格结算的指导意见》（见A公司证据第317页）。该意见指出“钢材价格已出现异常

上涨,其上涨幅度超出正常风险预测范围,对我市建设工程施工造成较大影响……双方应本着实事求是的原则协商主要材料价格的调整方法和范围。"

(2)B公司已同意按钢筋实际用量调整价差。

在钢材价格上涨后,A公司就一直向B公司发函请求调整钢材价格,B公司也回函要求A公司按实际情况,依据A、B段的开工日期及封顶日期,分时报出钢筋用量及采购单价,并提供有关依据,以备核查(见A公司证据第159页)。因此B公司已同意A公司提出的要求调整钢筋价差的请求,A公司只需提供相关单据即可。因此,B公司已同意补偿材料差价。

2. B段钢筋价差应按实际用量予以调整。

(1)理由同上述A段钢筋价差应予调整理由;

(2)A公司要求调整B段钢筋价差的原因有两项,一为北京造价管理处京造定〔2004〕4号文件;二为因B段晚开工283天(2002年12月1日至2003年9月10日)赶上B段钢筋价格异常上涨而进行价差索赔;并且后一因素为A公司索赔的主要原因;

(3)A公司仅依B段晚开工283天一个理由就可要求B公司赔偿B段钢筋价差,并且计算结果与上述两因素共同索赔计算结果相同;

(4)因B段晚开工283天致使中标量以外部分的钢筋价格也出现异常上涨,此为B公司的违约行为给A公司带来的损失,是A公司签订合同时无法预见的,因此B段钢筋价差应按实际用量给予补偿;

(5)鉴定机构计算的钢筋价差是以信息价为基础,事实上A公司采购价格均高于信息价,鉴定机构的计算结果应予调整。

3. B段其他材料价差应予调整理由同B段钢筋价差。

(二)B公司提出的不同意调整材料价差理由不能成立

1. B公司认为,造价处《关于建设工程主要材料价格结算的指导意见》未强制要求调整价格,且价格上涨属正常商业风险,故不同意调整材料价格的理由不成立。

(1)双方已将北京市建设工程造价管理处发布的文件写入合同作为调整因素。

虽然北京市建设工程造价管理处《关于建设工程主要材料价格结算的指导意见》仅规定各方可协商确定价格调整方法,而未强制要求调整,但既然双方已将造价处的规定作为合同约定的调整价款因素,那么合同条款对于双方来讲即具有约束力,现B公司不同意协商调整已违反了合同的约定。

(2)钢材等材料价格的异常上涨已超出正常的商业风险范畴。

从造价处文件可看出,钢材等材料价格的异常上涨已使施工企业普遍无法承受超出了施工企业的正常风险预测范围，已不属于正常的商业风险，如不调整钢筋价格将显失公平。

（3）A公司要求调整B段材料价差的另一理由为B段晚开工。

A公司要求调整B段材料价差的理由除北京市建设工程造价管理处发布的《关于建设工程主要材料价格结算的指导意见》外，另一主要原因是B段晚开工283天赶上钢筋等材料价格异常上涨而进行差价索赔，B段晚开工283天属于B公司的违约行为，因其违约而给A公司造成的损失应予以赔偿。A公司仅依此理由也可要求调整B段材料价差。

2. B公司不同意B段按实际用量调整钢筋价差的理由不能成立。

B段晚开工283天致使B段中标量以外部分的钢筋价格也出现异常上涨，此为B公司的违约行为给A公司带来的损失，是A公司签订合同时无法预见到的，该部分损失应由B公司予以赔偿。

3. B公司认为调整材料价差时只应计取直接费，不应再取费没有依据。

定额并未规定调整材料价差时不得取费，因此鉴定机构在调整价差时取费的做法并无不妥。

4. B公司认为不应按施工期内的信息价平均价格计算钢筋价差，而应按每月采购数量及当月信息价计算价差不具有可操作性。

鉴定机构按市场信息价调整是最为合理的方式，如按A公司实际采购钢筋价格计算，所得出的钢筋差价将更高，相关钢筋采购票据A公司已在证据中提交。

5. B公司认为A、B段钢筋价差不应全部由B公司承担的理由不能成立。

（1）B段材料价差是B公司违约致使B段晚开工283天造成的，B公司对此存在过错，理应承担全部材料价差。

（2）B公司作为建设单位，是房屋建成后的所有权人，也是钢筋的实际使用人和受益人。而A公司为施工单位，由于建筑市场竞争激烈，已没有利润空间，如再要求A公司承担一部分价差，将出现巨大的亏损（鉴定机构采用信息价计算，实际上并未将全部价差予以计算）。因此从公平角度来讲，由B公司承担全部价差也是合理的。

6. B公司提出应考虑备料期的观点不能成立。

该项目施工现场不具备现场备料条件。建委备案的《施工组织设计》第23页现场概况描述为："该工程地处东二、三环之间，建筑占地面积3226平方米，东面为已建住宅，西面小区道路约6米，北临某路，西边为某饭店，周边地区交通管制比较严格。施工现场四周已有围墙，除部分留用房屋外其他场地内建筑均已拆除。"由此表述来看，施工现场不具备现场备料条件，无法实现采购工程所需部分或全部钢筋，如事先购买钢材根本没有地方存放，将造成钢材生锈，严重影响施工质量。此外在《建设工程施工合同》签订后，B公司没有按合同约定支付预付款，故A公司无款项预先订购钢筋。

7. B公司认为"对于降价的材料，也应当核减价格"的观点无相应依据。

材料涨价需上调价格具有文件依据，其依据为北京市建设工程造价管理处发布的《关于建设工程主要材料价格结算的指导意见》，而B公司提出的"对于降价的材料，也应当核减价格"的观点无相应依据。并且B公司也未指出哪些材料为降价材料，事实上工程施工期间材料价格普遍上涨。

8. B公司认为A公司就材料价差索赔已超过合同规定时效的理由不成立。

(1)A公司与B公司在合同履行过程中已实际改变了《建设工程施工合同》中关于变更合同价款14天时效的规定，具体理由参见A公司《代理意见三》第2点，B公司不能以A公司未在14天内提出变更价款为由拒绝支付钢筋差价款项。

(2)《建设工程施工合同》第36.2条索赔程序表述为"承包人可按下列程序以书面形式向发包人索赔"，此处用的是"可"字，为选择性条款，因此承包人可以按照该程序进行索赔，也可以不按照该程序索赔。无论根据《建设工程施工合同》第23条调整合同价款条款，还是根据第36条索赔条款，B公司均应给付A公司钢筋上涨的价款。

八、混凝土添加冬施剂费用、其他冬施费、人工降效费用

该三项费用均应支付，但鉴定单位未予计算，鉴定单位决定错误，具体理由参见A公司《关于仲裁案工程造价鉴定报告的再复议意见》第7点。

九、窝工费

1. A公司不知道B段会晚开工。

在B公司组织施工场地现场踏勘时，虽然A公司看到B段尚未拆迁完毕的情况，但投标前，B公司明确告知B段可在施工前完成拆迁，A、B段可以同时开工，不用考虑B段可能会晚开工的情况。故A公司中标施工组织计划并未按B段晚开工进行编制。

施工组织计划总目录中虽然有"关于商住楼A段先行施工的工期保证相应措施"的标题，但在其后编写施工组织计划的具体内容时并未涉及此内容，该标题为误写。由于A公司现场踏勘后即着手编写施工组织计划，鉴于B段当时未拆迁完毕，所以计划将其写入施工组织计划中，并将该标题先行写入总目录。而投标前B公司明确告知B段可于开工前完成拆迁，故A公司在其后编写施工组织计划的具体内容时并未涉及此内容，但在最终校稿时由于工作人员失误，忘记将目录中该标题删除。A公司提供的中标施工组织设计为标办备案文件，其真实性毋庸置疑。

在招投标后双方签订的备案《建设工程施工合同》以及未备案的《建设工程施工合同》中，B公司均承诺在开工前5天向A公司交付“三通一平”的场地[备案合同约定见A公司证据第89页专用条款第8.1条（1）、第79页通用条款第8.1条，未备案合同约定见被申请认证据第189页专用条款第8.1条（1）、第79页通用条款第8.1条]，由此均可证明，即便A公司现场踏勘时看到B段尚未拆迁完毕，但B公司已承诺A、B段可同时开工，并将该承诺写入合同作为双方权利义务的依据。因此，A公司在投标时并不知道B段晚开工283天的事实。

2. 从以下证据来看，B座仅剩一座建筑物未拆除，并随时有可能拆迁完毕：

（1）《某项目商住楼工程第一次工地会议纪要》（2002年11月22日）施工单位负责人指出“4、北侧小平房位置有影响，拆迁问题请抓紧”。（见A公司证据第48页）

（2）第22期《监理例会会议纪要》（2003年6月11日）指出：甲方最好给出北侧楼房的拆除完毕的具体时间……（见A公司证据第310页）

（3）第24期《监理例会会议纪要》（2003年7月2日）指出：B段原有建筑物拟定于7月15日拆除完毕，要求做好B段的开工准备工作。（见A公司证据第312页）

（4）第26期《监理例会会议纪要》（2003年7月23日）指出：现正拆除B座处原有建筑物。（见A公司证据第312页）

（5）第27期《监理例会会议纪要》（2003年8月6日）指出：B座的施工进度计划要抓紧编制，开工时间按8月15日。（见A公司证据第316页）

（6）B段及裙房验收记录记载的B段开工日期为2003年9月10日（见A公司证据第101页）。B公司从开工前就催促B段尽快拆迁，指出北侧小平房位置有影响，足以证明A公司不知道B段会晚开工，而是在按照A、B段同时开工进行施工准备，开工日期为2002年12月1日（见A公司证据第74页），否则，如A公司知道B段会晚开工，就不会在开工前进行催促了。

3. 因B座仅剩一座小平房未拆除，并且从一开工就随时有可能拆迁完毕，拆迁时间具有不确定性，A公司组织的部分施工人员只能一直待命，由此产生的窝工费用B公司应予赔偿。

A、B段如按计划于2002年12月6日同时开工（见中标施组第62页），A、B段基础结构阶段用工共计470人，主体结构阶段用工共计405人（见中标施组第49～50页）。但因B段晚开工，调整后的施工组织计划显示A段基础部分实际用工为310人，主体部分实际用工为265人[见《某项目商住楼（A段）工程施工组织设计》第19页]。因此在B段推迟开工期间，A段基础结构施工阶段，即自2003年1月25日至2003年5月18日（见中标施组第62页）共计113天，富余人员为160人；主体结构施工阶段至B段开工前，即自2003年5月19日至2003年8月15日共计88天，富余人员为140人，由此发生了窝工损失，具体数额计算如下：

A段基础结构施工阶段的窝工损失为：

160人×50元/天×113天=904,000元

A段主体结构施工阶段的窝工损失为：

140人×50元/天×88天=616,000元

上述窝工损失共计152万元，而A公司仅申请了344,400元，理应予以支持。

十、B段抢工措施费

（一）A公司认为，B段在晚开工的情况下仍如期竣工使A公司增加了抢工措施费，B公司应予支付

1. B段工期因抢工而缩短了347天

B段延期开工283天，则工期应作相应期限的顺延，但A公司为使工程在原定竣工日期前竣工，进行了抢工，使工程提前于原定竣工日期64天竣工，工期缩短了347天，对于缩短的工期即应支付抢工措施费。

另需说明的是，按照中标施组，A公司在合同约定的总工期之内只需完成精装修前的工程施工，精装修工程的工期不包含在总工期之内。而实际上，A公司在总工期内超额完成了精装修工程，并且仍提前竣工。但A公司在计算抢工费时，未计算精装修工程的抢工措施费，如考虑到精装修工程的话，抢工措施费的数额应更大。

2. B公司明确承认B段晚开工使A公司不能按原计划施工

（1）2004年9月23日B公司致A公司函件《关于工程结算存在的问题的函的回复》第三条载明："但因地上旧建筑物的拆除，使B段开工晚遇到了本不应发生的大幅涨价……"

（2）监理于2005年4月29日发出的《关于2005年4月21日A公司第二分公司结算中的问题的回复》（见A公司证据第348页）中指出："对于B座工程，因拆迁不能按原施工计划施工，在施工期间又遇到材料价格异常上涨，业主同意按照洽商发生的材料信息价进行调整，给施工方一定补偿。"该函件由监理公司发出，盖有监理公司的方章，因监理为B公司的代表，其意见应视为B公司的意见。函件中原施工计划即是中标施工组织计划，不是B公司认为的施工计划。（见A公司证据第374页）

（二）B公司不同意支付B段抢工措施费的理由不能成立

1.《基坑降水、支护、土方开挖及地基处理施工组织设计》《冬期施工方案》不能证明A公司在投标时知道B段晚开工

A公司于2002年8月24日编制的《基坑降水、支护、土方开挖及地基处理施工组

织设计》针对的是B公司自行组织的第一次招投标，与本案无关。因第一次招投标时B公司预计B段无法按期完成拆迁，故A公司按照A段先施工、B段后施工的方案报送了施工组织计划。后因第一次招投标未能获得政府备案，B公司又于2002年11月组织了一次政府监督下的招投标，此时B公司明确告知A公司B段可以在开工前完成拆迁，故A公司按照A、B段同时开工报送了施工组织计划。A公司于2003年1月16日编制的《冬期施工方案》是在2002年12月1日开工后，B段未能按时完成拆迁的情况下迫不得已对施工计划作出的调整，因B段开工时不具备施工条件，所以根本无法编制B段的施工组织计划。

因此，上述两份文件并不能说明A公司在投标时即已明确知道B座无法按时开工。退一步讲，假使按照B公司的观点，A公司知道B段晚开工，但也绝不可能知道会晚283天之多，无法在投标报价时对此作出考虑。

2.2002年12月16日提报的《施工组织计划》不能作为A公司未抢工的依据

A公司于2002年12月16日提报的《施工组织计划》是在B公司未能按合同约定将B段场地完成“三通一平”时而被迫进行的调整，A公司在此份文件中将工期缩短是为B公司着想，尽量使其减少损失，B公司并不能据此主张A公司没有抢工，A公司有权按照中标《施工组织设计》进行索赔。

3.B公司认为其未要求抢工的理由不成立

由于B公司违约致使B段晚开工283天，为了在原约定竣工日前竣工只能进行抢工，这是铁的事实，不容否认。

4.B公司以A公司劳动力人数少，阶段工期滞后否认A公司抢工的理由不成立

阶段工期滞后并不等于总工期滞后。无论A公司安排的人数是多是少，也无论施工过程中施工进度是否滞后，只要A公司比中标《施工组织设计》提前完成工程，B公司就应当支付抢工措施费。

5.B公司认为本案不能适用北京市建设工程造价处京造定〔2005〕6号文件的理由不成立

京造定〔2005〕6号文件的公布日期虽规定于2005年8月22日起执行，但其是对1998年北京市建筑安装工程工期定额的补充规定，对于未完成结算的工程、有争议的工程仍然适用。该文件公布时双方尚未完成工程结算，因此A公司有权适用该文件要求B公司支付抢工措施费。

需说明的是，按照中标《施工组织设计》，A公司在合同约定的总工期之内只需完成精装修前的工程施工，精装修工程的工期不包含在总工期之内。而实际上，A公司在总工期内超额完成了精装修工程，并且仍提前竣工。但A公司在计算抢工费时，未

计算精装修工程的抢工措施费,如考虑到精装修工程的话,抢工措施费的数额应更大。

6. B 公司提出只有对压缩定额工期 15% 以上的部分才计算抢工措施费的说法无依据

京造定〔2005〕6 号文件中没有规定工程超过 15% 以内的部分不计算赶工费。

7. B 公司提出其支付的工期奖应充抵抢工措施费的理由不成立

工期奖与抢工措施费性质不同。根据《建设工程施工合同》约定,只要 A 公司比合同约定的竣工日期提前竣工,B 公司就应该支付工期奖;而抢工措施费是因 B 段晚开工,A 公司为使工程如期竣工而采取相应措施所应得到的补偿。如果 B 段按期开工,A 公司在无须抢工的情况下也会获得工期奖,但因 B 段晚开工,A 公司不得已又采取了抢工措施,多付出了施工成本,如增加设备、增加周转材料、增加施工及管理人员、延长工作时间等发生的一切措施费用,该部分费用 B 公司理应予以补偿。

8. B 公司提出 A 公司提出赶工措施费已超过两年时效的理由不能成立

两年时效是对工程总体结算而言的,并不适用于结算中的各分项,不能就各分项分别计算时效。A 公司要求进行工程总体结算的请求并未超过诉讼时效,在双方未达成结算前,A 公司有权调整结算项目和数额。并且,A 公司要求抢工措施费也是在竣工后两年内提出的,何况 2005 年年底前双方有多次往来函件讨论结算事宜(见 B 公司证据 12)。2006 年 7 月第一次提请仲裁时,抢工措施费的金额已计入仲裁请求金额,2006 年 9 月 28 日变更仲裁请求时只是进一步说明了各分项的组成,总金额没有改变。

十一、塔吊延长使用费

(一)A 公司认为,塔吊因 B 段晚开工使用时间明显延长,B 公司应赔偿延长使用费

1. 塔吊实际使用时间比中标施组计划使用时间延长。

A 公司中标《施工组织设计》中预计 A、B 段主体结构于 2003 年 5 月 19 日同时开始施工,2004 年 1 月 13 日全部完成(见 A 公司证据第 307 页)。因 A、B 段共用一部塔吊,故塔吊使用期限应至 2004 年 1 月 13 日结束。但因 B 段晚开工 283 天,致使 B 段主体结构直至 2004 年 6 月 8 日才完成,使塔吊比原订计划使用期限延长 5 个月,因此 B 公司应支付塔吊延长使用期间所产生的租赁费用。

2. B 公司在 2004 年 8 月 13 日的工作联系单(028 号)(见 A 公司证据第 374 页)已同意支付塔吊延长使用费,该函第 4 点为:“因 B 段推迟开工塔吊使用时间延长,请提供 4 万元/月单价的依据。”由此可见,B 公司已认可 B 段推迟开工导致塔吊使用时间延长的事实,并同意给付塔吊延长使用费,仅是要求 A 公司提供单价依据。现 A 公

司提供的塔吊租赁合同证明了单价为4万元/月，B公司应予支付。

（二）B公司认为不应支付塔吊延长使用费，其理由不能成立

1. B公司认为A公司投标报价中已考虑了塔吊延期使用情况，该理由不成立

虽然在A公司投标时B段尚不具备施工条件，但B公司明确告知B段在合同约定的开工日期前可完成拆迁，并且此后签订的备案合同（见A公司证据第89页）和未备案合同（见B公司证据第189页）均约定B公司在开工前五天完成“三通一平”，恰恰证明了B公司在投标前作出过A、B段可同时开工的承诺。因此A公司在投标报价中并未考虑塔吊将延期使用的情况。退一步讲，假设按照B公司的观点，A公司知道B段晚开工，但也不可能知道会晚283天之多，不可能在投标时将该费用考虑在内。

2. B公司认为定额中塔吊按面积算，面积未增加，塔吊费用就不应增加的理由不成立

B段施工工期在总工期内是A公司抢工的结果，如B段不采取抢工措施，在晚开工283天的情况下必将延期竣工，因此B段已超出正常施工的范围。A公司中标《施工组织设计》中预计A、B段主体结构于2003年5月19日同时开始施工，并于2004年1月13日全部完成（见A公司证据第307页）。因此A、B段可共用一部塔吊，使用期限应至2004年1月13日结束。但因B段晚开工，致使B段主体结构直至2004年6月8日才完成，故塔吊比原订计划使用期限需延长约5个月，此为B公司违约而使A公司遭受的损失，B公司理应予以赔偿。

十二、因B公司直接分包1900万元工程导致的利润损失

（一）A公司认为，B公司直接分包的1900万元工程本应为A公司承包项目，其直接分包使A公司遭受了利润损失，B公司应予赔偿

招标文件（见A公司证据第18页）规定，室外工程、变电所、电梯、喷淋系统、地板采暖、水源热泵、弱电系统为暂定金额项目，包括在招标范围内，应由A公司施工或由A公司对外分包，但实际施工过程中，B公司直接将上述工程对外分包，使A公司遭受了利润损失。A公司的投标文件记载的工程利润率为5%，因此应按分包工程金额的5%赔偿A公司利润损失。

（二）B公司认为不应赔偿该利润损失，其理由不能成立

1. B公司认为室外工程不包含在招标范围内的理由不成立

备案招标文件“投标须知”第5.1.8条虽规定“本次招标不包括室外工程”，但在暂定金额清单中又给出了室外工程600万元，这说明事实上本次招标包括了室外工程。暂定金额项目就其本质而言应包括在承包范围内，招标文件第19.1条、招标文件《合同专用条款》补充条款第47.5.4条及《建设工程施工合同》专用条款第47.3.1条

均规定：招标人提供的暂估价、暂定金额及招标人指定的产品价按实际发生调整。由此可见，暂估价项目仅是金额尚未确定，待结算时按实际发生额进行调整而已，但施工单位不应发生改变。

2. B公司及鉴定单位认为暂定金额中的指定分包项目应为B公司直接分包的观点不成立

招标文件中规定变配电所、水源热泵系统、弱电系统、地板采暖、喷淋系统及精装修为B公司指定分包项目，招标文件中所讲的“指定分包”是“承包人分包”，而非“发包人直接分包”。B公司发出的招标文件第27.4条（见A公司证据第14页）及招标文件合同专用条款第41.3款（见A公司证据第49页）均规定，“指定分包商或指定供应商的工程款由总包支付……”既然指定分包商的工程款由总包支付，自然应由A公司与指定分包商签订分包合同，否则A公司没有合同依据向分包单位支付工程款，其财务账目如何处理，纳税如何申报，发票如何开出？

此外，现有法律法规不允许招标人将招标范围内的项目直接分包，因此该指定分包只能是由“承包人分包”。因此，应对暂定金额项目1900万元全部给予利润损失赔偿。

3. B公司认为按5%计取利润无依据的理由不成立

A公司投标文件记载的工程利润率为5%，因此鉴定机构按5%的标准给予A公司预期利润补偿并无不妥，否则应按取全费7%计算。

4. B公司认为其已支付分包管理费，A公司不能再要求利润损失的理由不成立

A公司确认的502,900元分包工程管理费，仅为A公司管理B公司直接分包的施工队伍的管理费用，不包括利润，并且该费用过低。

5. B公司认为A公司提出利润索赔已超过两年时效的理由不成立

两年时效是对工程总体结算而言的，并不适用于结算中的各分项，不能就各分项分别计算时效。A公司要求进行工程总体结算的请求并未超过诉讼时效，在双方未达成结算前，A公司有权调整结算项目和数额。并且，A公司对1900万元直接分包项目要求利润损失也是在竣工后两年内提出，何况2005年年底前双方有多次往来函件讨论结算事宜（见B公司证据12）。2006年7月第一次提请仲裁时，利润损失的金额已计入仲裁请求金额，2006年9月28日变更仲裁请求时只是进一步说明了各分项的组成，总金额没有改变。

十三、因B公司直接分包门窗工程导致的利润损失

（一）A公司认为，B公司将A公司承包范围内的门窗工程直接分包使A公司遭受了利润损失，B公司应予以赔偿

招标文件及合同均规定，门窗工程在A公司的承包范围内，应由A公司施工或由

A 公司对外分包。但在实际施工过程中,B 公司将其直接对外分包。A 公司的投标文件记载的门窗工程利润率为 5%。因此,B 公司应按门窗工程金额的 5% 向 A 公司赔偿利润损失。

(二)B 公司认为不应向 A 公司赔偿因直接分包门窗工程的利润损失,其理由不能成立

1. B 公司以未备案合同不包含门窗工程为由不同意支付利润损失的理由不成立

从 2002 年 11 月 18 日中标合同价款 92,753,916 元所包含的内容来看,B 公司分包的 5,874,867 元门窗工程显然是 A 公司的承包范围。未备案合同是后签订的,已使 A 公司利益受到了损失。

2. A 公司从未同意 B 公司将门窗工程直接分包

A 公司未阻止门窗分包工程施工是出于顾全大局的考虑,以保证施工的顺利进行,并不代表 A 公司放弃追究 B 公司违约行为的权利。A 公司确认的 502,900 元分包工程管理费,仅为 A 公司管理 B 公司直接分包的施工队伍的管理费用,不包括利润,并且该费用过低。

3. B 公司认为利润按 5% 计取无依据的理由不成立

A 公司投标文件记载的工程利润率为 5%,因此鉴定机构按 5% 的标准给予 A 公司预期利润补偿并无不妥,否则应按取全费 7% 计算。

十四、因 B 公司分包的门窗工程施工进度迟延导致的损失

(一)A 公司认为,B 公司分包的门窗工程迟延导致精装修工程出现了窝工损失,B 公司应予以赔偿

1. 在精装修工程施工过程中,因 B 公司直接分包的门窗工程迟迟安装不到位,此时施工正逢雨季,铝合金门窗安装不到位造成房间不封闭,无法进行精装修施工,从而延期竣工,由此造成 A 公司窝工损失。

根据《建筑装修合同》(见 A 公司证据第 114 页),A 座竣工日期为 2004 年6 月 30 日,B 座竣工日期为 2004 年 8 月 30 日,A 座实际竣工日期为 2004 年 9 月 16 日(见 A 公司证据第 100 页),工程延期 78 天;B 座实际竣工日期为 2004 年 9 月 16 日(见 A 公司证据第 101 页),工程延期 17 天。A 公司与精装修劳务公司签订的在市建委备案的《建设工程分包劳务合同》备案人数为 200 人(见 A 公司证据第 529 页)。

按照建筑面积划分,A 段约占总建筑面积的 60%,故分摊在 A 段施工的人数为 120 人,B 段施工的备案人数为 80 人。精装修阶段每人每天工资 70 元(造价信息价),即 120 人 ×70 元/天 ×78 天 +80 人 ×70 元/天 ×17 天 =750,400 元,精装修劳务公司一直在向 A 公司请求窝工损失,其请求的数额即为 750,400 元。后经双方多次

协商，其请求的数额已降为上述款项的一半，即375,200元，因此A公司也只按上述款项的一半向B公司提出请求。

2.《关于工程进度专题会会议纪要》《某项目商住楼工程监理例会会议纪要》《会议纪要》及A公司所发函件均能证明B公司分包的门窗工程进度迟延。

3.北京市建设工程劳务分包合同记载的承包人提供作业人员200名。（A公司证据第529页）依据《北京市建设工程劳务分包合同》计算，A公司的实际窝工损失费为750,400元，但A公司仅主张了375,200元，并未完全主张，已作出让步。

（二）B公司认为不应向A公司赔偿门窗工程施工进度迟延导致的损失，其理由不能成立

1.B公司认为铝合金门窗工程迟延未使精装修工程迟延的理由不成立

A公司提供的《监理例会会议纪要》第57～72期显示A座、B座精装修按计划正常进行，此处所指计划是调整后的计划，而并非原订施工计划。A公司证据第508页、第512页、第516页、第519页、第524页、第525页、第526页均显示B座铝合金窗施工进度已影响精装修工期。因此时正处于雨季施工，铝合金门窗不封闭无法进行室内精装修，故铝合金门窗施工进度迟延必然影响精装工期。

2.B公司认为A公司存在迟延开工的问题，其理由不成立

关于A公司与分包人签订的《北京市建设工程分包劳务合同》约定精装修工程开工日期迟于A公司与B公司签订的《建筑装修合同》，是因为A公司与B公司签订合同后尚未确定施工套数，因此A公司无法与分包单位签订合同，而是让分包单位先行进场施工，待确定施工套数后再补签分包合同。A公司并不存在迟延开工的情况。

3.B公司主张总体竣工日期不是精装修竣工日期，其理由不成立

精装修工程与总体工程同时于2004年9月16日通过竣工验收，如B公司主张精装修竣工日期不是该日期，可以提交精装修的竣工验收报告。B公司在其质证意见第56页和第58页均认可总承包工程的工期719天中包括了精装修的工期，精装工程系总体工程中的最后一步，总体工程竣工应与精装工程同时竣工，此处B公司又主张总体验收通过日期并不代表精装修工程验收通过日期，与之前主张明显矛盾。

十五、非典影响增加费用

A公司认为，非典影响增加费用的一半应予支付，具体理由参见A公司《关于仲裁案工程造价鉴定报告的再复议意见》第9点。

以上意见恳请仲裁庭予以采纳，依法作出公正裁决。

12

深谙造价鉴定真谛，保障客户合法权益

[案件摘要]

本案系一起建设工程施工合同工程价款结算纠纷案件。承包人B公司向某仲裁委提起仲裁申请，请求发包人A公司支付工程款、利息及律师费等各项费用。在仲裁过程中，因双方对工程造价问题无法达成一致，仲裁庭决定进行造价鉴定。B公司和A公司对鉴定机构、鉴定方法、鉴定依据以及是否认可鉴定结果均有争议。鉴定过程中，本团队律师代表B公司向仲裁庭申请变更鉴定机构一次、申请变更鉴定依据一次，最终的造价鉴定结果，符合B公司的利益。

本案自B公司2006年3月提起仲裁申请至2009年3月某仲裁委正式作出裁决书止，历时三年整。仲裁期间，本团队律师通过对仲裁规则、鉴定规则等相关规则的运用，切实维护了B公司利益，最终取得令其满意的仲裁结果，成功为B公司挽回损失。

[案情回放]

2002年7月30日，承包人B公司经招投标程序与发包人A公司签订《建设工程施工合同》(以下简称《施工合同一》)，约定B公司承包某工程二期1、2、3号住宅楼及地下车库工程施工(以下简称1－3号楼)，施工总工期532天，合同价款9800余万元(人民币，以下同)。

2002年11月5日，B公司再次通过招投标程序与A公司签订《建设工程施工合同》(以下简称《施工合同二》)，约定B公司承包上述同一工程4号住宅楼工程施工(以下简称4号楼，与1－3号楼工程施工项目统称为案涉工程)，施工总工期544天，合同价款2700余万元。

签订《施工合同一》及《施工合同二》后，B公司按照合同约定进场施工。2004年3月23日、26日，4号楼与1－3号楼先后验收合格。但A公司并未按照《施工合同一》及《施工合同二》的约定向B公司支付工程预付款、进度款及结算款。

B公司于2006年3月21日向某仲裁委提起仲裁申请，请求A公司支付工程款2700余万元，利息860余万元及律师费、仲裁费等费用。

2006年10月17日，B公司向仲裁庭提交申请，请求对1－3号楼及4号楼两项工程进行造价鉴定。仲裁庭指定某造价咨询公司为鉴定单位，对案涉工程进行造价鉴定。

2007年6月7日，仲裁庭应B公司请求，将鉴定机构更换为某工程咨询公司。

2008年6月23日，某工程咨询公司出具鉴定报告。在A、B公司对鉴定报告进行回复后，某工程咨询公司对报告进行了复核。

2008年10月31日，某工程咨询公司出具鉴定复议报告，报告显示的工程价款最终鉴定结果为："1－3号楼造价9290余万元，4号楼造价2740余万元。"

2008年12月16日，A公司和B公司根据鉴定复议报告签订《协议书》，确定了双方前期存在争议的外墙砖价款、电费等费用。除此之外，A公司认可了B公司针对工期延误提起的210余万元管理费索赔，并将其计入结算总价。但对于1－3号楼的造价结算规则、鉴定结论以及律师费承担等方面，双方仍存在争议。

2009年3月17日，某仲裁委作出裁决，裁定由A公司支付B公司工程款610余万元，利息450万元以及律师费、工程造价鉴定费等费用。

［**战略战术**］

一、争取核心利益，适当进行让步

在本案开始阶段，B公司因遗失了大量工程资料，处于非常不利的局面。与此同时，A公司持有的一份证据显示，双方曾签署过一份针对1－3号楼工程价款结算的《结算成果书面文件》，双方均在文件中确认以该文件作为1－3号楼工程的结算依据。A公司坚持主张其已总计向B公司支付10,720余万元，已超额支付工程款，B公司的索赔没有依据。上述现象使B公司在委托本团队律师代理案件前，对于其能否通过仲裁实现自身权利，信心不足。

本团队律师代理本案后，紧紧围绕B公司较有把握的三项金额：B公司工程应收款项、工程款逾期付款利息以及A公司造成的工期延误管理费展开索赔，并将此三项金额定位为B公司的核心利益。除上述三项金额外的其他争议金额，能争取的则尽量争取。特殊情况下确实无法争取的，建议B公司顾全大局，适当进行让步。

例如，2008年12月16日，B公司与A公司签订《协议书》，B公司同意放弃其对外墙砖价款及电费共计220余万元的索赔，以换取工期延误管理费。B公司的这一举措，使B公司与A公司之后的友好协商成为可能，对争议的解决起到了积极的推动作用。除此之外，当时B公司与A公司间还存在一起“财产所有权”纠纷强制执行案，执行标的额近200万元。该强制执行案件与A公司管理人员相关。该案件被强制执行后，A公司相关管理人员将被追究行政责任。基于此，B公司表示，若A公司对本案执行积极配合，B公司可考虑撤回前述200万元执行申请。B公司在该执行案表示的诚意，很大程度上调动了A公司及其管理人员支付本案裁决款的积极性。

二、及时确定结算原则

本案中，双方对于4号楼工程造价鉴定的规则，争议不大，均同意依据“据实结算”规则进行造价鉴定。但是，对于1－3号楼工程的造价鉴定依据，双方则有较大争议。A公司坚持以《结算成果书面文件》作为结算依据，在增加漏报少报内容后进行最终结算，明确反对采用“据实结算”规则。但本团队律师主张，4号楼与1－3号楼应以相同规则结算，即以施工图纸、洽商变更及竣工图纸为基础，并按2001年《北京市建设工程预算定额》、2001年《北京市建设工程间接费用及其他费用定额》及北京市建设工程造价管理部门的有关规定据实结算。对于1－3号楼的价款结算规则，双方谈判数次均无法达成一致意见，相持不下。

为否定《结算成果书面文件》的法律效力，本团队律师进行了细致的证据收集工作，对《结算成果书面文件》的细节进行研究，以证明《结算成果书面文件》的签字人并未获得B公司口头或书面授权以及《结算成果书面文件》的部分签字人员并非B公司工作人员、部分签名系明显代签甚至多处书写错误等。

最为关键的是，通过对《结算成果书面文件》的研究，本团队律师成功证明，即使《结算成果书面文件》是真实的，该文件显示的所有时间均在2004年11月9日之前，其效力已经被形成于2005年3月16日的会议纪要所取代。双方已经通过2005年3月16日的会议纪要达成了“据实结算、少报、漏报可以补报”的结算规则，这一规则直接否定了《结算成果书面文件》中结算规则的效力。最终，仲裁庭同意以本团队律师提出的规则，即以“据实结算”规则作为案涉工程造价鉴定的依据。

三、及时更换鉴定机构

本团队律师在2007年6月向仲裁庭提交《对某造价咨询公司〈关于接受仲裁鉴定委托的函〉的意见》，以鉴定费过高、鉴定机构擅自改变仲裁庭确定的结算规则及鉴定缺乏公正性等理由，请求仲裁庭更换鉴定机构。虽然A公司对该请求明确表示反对，但因本团队律师更换鉴定机构的理由充分、证据确凿，仲裁庭同意了这一请求，将鉴定机构更换为某工程咨询公司。在案件中，本团队律师积极更换鉴定机构的行为，为最终仲裁庭采纳“据实结算”方式结算工程价款起到了重要作用。

四、灵活设定阶段性仲裁目标，与 A 公司沟通达成部分调解，使 B 公司利益最大化

在仲裁过程中，本团队律师一直积极与 A 公司的代理律师就“工程延期管理费损失”进行沟通。本团队律师成功向仲裁庭证明，案涉工程的延误由发包人 A 公司“延迟交付施工图纸”“未按合同约定支付工程预付款及进度款”及“根据合同约定不属于不可抗力的‘非典’”等延误事件导致，B 公司因工期延误承受了管理费损失。因本团队律师对此项主张提交了充分的证据，A 公司在仲裁裁决作出前与 B 公司协议认可了 B 公司主张的工期延误管理费。因利用工期延误，承包方向发包方提起管理费索赔在国内建设工程界取得成功的案例很少，该项 210 余万元管理费索赔完全超出 B 公司预期。

［**法案研判**］

在建设工程施工合同纠纷案件中，当事人对工程结算价款无法达成一致的情形较为常见，故而涉及工程造价鉴定的纠纷占据了相当大的比重。建设工程造价鉴定结论对纠纷当事人的重要性不可小觑，而造价鉴定结论的作出又有赖于鉴定依据的选择与确定。本案取得胜利的关键就在于本团队律师审时度势申请变更鉴定机构并促使仲裁庭接受了我方提出的结算原则，为最终鉴定机构作出有利于我方当事人的鉴定结论奠定了基础。下文将通过归纳总结相关规定，理清“建设工程造价鉴定”与“建设工程造价鉴定依据”的概念，并通过分析相关裁判案例，研究和总结人民法院在确定工程造价鉴定依据时所遵循的裁判原则。

一、关于“建设工程造价鉴定依据”的相关法律法规

目前，关于“建设工程造价鉴定依据”现行有效的相关法律法规主要包括：

1.《民事诉讼法》第 63 条规定：“证据包括：（一）当事人的陈述；（二）书证；（三）物证；（四）视听资料；（五）电子数据；（六）证人证言；（七）鉴定意见；（八）勘验笔录。证据必须查证属实，才能作为认定事实的根据。”

2.《民事诉讼法》第 76 条规定：“当事人可以就查明事实的专门性问题向人民法院申请鉴定。当事人申请鉴定的，由双方当事人协商确定具备资格的鉴定人；协商不成的，由人民法院指定。当事人未申请鉴定，人民法院对专门性问题认为需要鉴定的，应当委托具备资格的鉴定人进行鉴定。”

3.《民事诉讼法》第 77 条规定：“鉴定人有权了解进行鉴定所需要的案件材料，必要时可以询问当事人、证人。鉴定人应当提出书面鉴定意见，在鉴定书上签名或者盖章。”

4.《民事诉讼法》第 78 条规定:“当事人对鉴定意见有异议或者人民法院认为鉴定人有必要出庭的,鉴定人应当出庭作证。经人民法院通知,鉴定人拒不出庭作证的,鉴定意见不得作为认定事实的根据;支付鉴定费用的当事人可以要求返还鉴定费用。”

5.《全国人民代表大会常务委员会关于司法鉴定管理问题的决定》第 1 条规定:“司法鉴定是指在诉讼活动中鉴定人运用科学技术或者专门知识对诉讼涉及的专门性问题进行鉴别和判断并提供鉴定意见的活动。”

6.《全国人民代表大会常务委员会关于司法鉴定管理问题的决定》第 2 条规定:“国家对从事下列司法鉴定业务的鉴定人和鉴定机构实行登记管理制度:(一)法医类鉴定;(二)物证类鉴定;(三)声像资料鉴定;(四)根据诉讼需要由国务院司法行政部门商最高人民法院、最高人民检察院确定的其他应当对鉴定人和鉴定机构实行登记管理的鉴定事项。法律对前款规定事项的鉴定人和鉴定机构的管理另有规定的,从其规定。”

7.《民诉法司法解释》第 121 条规定:“当事人申请鉴定,可以在举证期限届满前提出。申请鉴定的事项与待证事实无关联,或者对证明待证事实无意义的,人民法院不予准许。人民法院准许当事人鉴定申请的,应当组织双方当事人协商确定具备相应资格的鉴定人。当事人协商不成的,由人民法院指定。符合依职权调查收集证据条件的,人民法院应当依职权委托鉴定,在询问当事人的意见后,指定具备相应资格的鉴定人。”

8.《民事诉讼证据规定》第 25 条规定:“当事人申请鉴定,应当在举证期限内提出。符合本规定第二十七条规定的情形,当事人申请重新鉴定的除外。对需要鉴定的事项负有举证责任的当事人,在人民法院指定的期限内无正当理由不提出鉴定申请或者不预交鉴定费用或者拒不提供相关材料,致使对案件争议的事实无法通过鉴定结论予以认定的,应当对该事实承担举证不能的法律后果。”

9.《民事诉讼证据规定》第 26 条规定:“当事人申请鉴定经人民法院同意后,由双方当事人协商确定有鉴定资格的鉴定机构、鉴定人员,协商不成的,由人民法院指定。”

10.《民事诉讼证据规定》第 27 条规定:“当事人对人民法院委托的鉴定部门作出的鉴定结论有异议申请重新鉴定,提出证据证明存在下列情形之一的,人民法院应予准许:(一)鉴定机构或者鉴定人员不具备相关的鉴定资格的;(二)鉴定程序严重违法的;(三)鉴定结论明显依据不足的;(四)经过质证认定不能作为证据使用的其他情形。对有缺陷的鉴定结论,可以通过补充鉴定、重新质证或者补充质证等方法解决的,不予重新鉴定。”

11.《民事诉讼证据规定》第28条规定:“一方当事人自行委托有关部门作出的鉴定结论,另一方当事人有证据足以反驳并申请重新鉴定的,人民法院应予准许。”

12.《人民法院对外委托司法鉴定管理规定》第3条规定:“人民法院司法鉴定机构建立社会鉴定机构和鉴定人名册,根据鉴定对象对专业技术的要求,随机选择和委托鉴定人进行司法鉴定。”

13.《人民法院对外委托司法鉴定管理规定》第10条规定:“人民法院司法鉴定机构依据尊重当事人选择和人民法院指定相结合的原则,组织诉讼双方当事人进行司法鉴定的对外委托。诉讼双方当事人协商不一致的,由人民法院司法鉴定机构在列入名册的、符合鉴定要求的鉴定人中,选择受委托人鉴定。”

14.《建设工程施工合同司法解释(一)》第2条规定:“建设工程施工合同无效,但建设工程经竣工验收合格,承包人请求参照合同约定支付工程价款的,应予支持。”

15.《建设工程施工合同司法解释(一)》第16条规定:“当事人对建设工程的计价标准或者计价方法有约定的,按照约定结算工程价款。

因设计变更导致建设工程的工程量或者质量标准发生变化,当事人对该部分工程价款不能协商一致的,可以参照签订建设工程施工合同时当地建设行政主管部门发布的计价方法或者计价标准结算工程价款。”

16.《建设工程施工合同司法解释(一)》第22条规定:“当事人约定按照固定价结算工程价款,一方当事人请求对建设工程造价进行鉴定的,不予支持。”

17.《建设工程施工合同司法解释(一)》第23条规定:“当事人对部分案件事实有争议的,仅对有争议的事实进行鉴定,但争议事实范围不能确定,或者双方当事人请求对全部事实鉴定的除外。”

18.《建设工程施工合同司法解释(二)》第12条规定:“当事人在诉讼前已经对建设工程价款结算达成协议,诉讼中一方当事人申请对工程造价进行鉴定的,人民法院不予准许。”

19.《建设工程施工合同司法解释(二)》第13条规定:“当事人在诉讼前共同委托有关机构、人员对建设工程造价出具咨询意见,诉讼中一方当事人不认可该咨询意见申请鉴定的,人民法院应予准许,但双方当事人明确表示受该咨询意见约束的除外。”

20.《建设工程施工合同司法解释(二)》第14条规定:“当事人对工程造价、质量、修复费用等专门性问题有争议,人民法院认为需要鉴定的,应当向负有举证责任的当事人释明。当事人经释明未申请鉴定,虽申请鉴定但未支付鉴定费用或者拒不提供相关材料的,应当承担举证不能的法律后果。一审诉讼中负有举证责任的当事人未申请鉴定,虽申请鉴定但未支付鉴定费用或者拒不提供相关材料,二审诉讼中申请鉴定,人民法院认为确有必要的,应当依照民事诉讼法第一百七十条第一款第三项的规定处理。”

21. 住房和城乡建设部《建设工程造价鉴定规范》(GB/T 51262—2017)规定:

“4.1.1 鉴定人进行工程造价鉴定工作,应自行收集适用于鉴定项目的法律、法规、规章和规范性文件。

4.1.2 鉴定人应自行准备与鉴定项目相关的标准规范,若工程合同约定的标准规范不是国家或行业标准,则应由当事人提供。

4.1.3 鉴定人应自行收集与鉴定项目同时期、同地区、相同或类似工程的技术经济指标以及各类生产要素价格。

5.1.2 鉴定人应根据合同约定的计价原则和方法进行鉴定。如因证据所限,无法采用合同约定的计价原则和方法的,应按照与合同约定相近的原则,选择施工图算或工程量清单计价方法或概算、估算的方法进行鉴定。

5.3.1 委托人认定鉴定项目合同有效的,鉴定人应根据合同约定进行鉴定。

5.3.2 委托人认定鉴定项目合同无效的,鉴定人应按照委托人的决定进行鉴定。

5.3.4 鉴定项目合同对计价依据、计价方法没有约定的,鉴定人可向委托人提出‘参照鉴定项目所在地同时期适用的计价依据、计价方法和签约时的市场价格信息进行鉴定’的建议,鉴定人应按照委托人的决定进行鉴定。

5.3.6 当事人分别提出不同的合同签约文本的,鉴定人应提请委托人决定适用的合同文本,委托人暂不明确的,鉴定人可按不同的合同文本分别作出鉴定意见,供委托人判断使用。”

22.《司法鉴定程序通则》第 4 条规定:“司法鉴定机构和司法鉴定人进行司法鉴定活动,应当遵守法律、法规、规章,遵守职业道德和执业纪律,尊重科学,遵守技术操作规范。”

23.《司法鉴定程序通则》第 5 条规定:“司法鉴定实行鉴定人负责制度。司法鉴定人应当依法独立、客观、公正地进行鉴定,并对自己作出的鉴定意见负责。司法鉴定人不得违反规定会见诉讼当事人及其委托的人。”

24.《建设工程造价鉴定规程》(CECA/GC 8—2012)规定:

“6.3.2 在鉴定项目合同约定有效的情况下,鉴定应采用当事人合同约定的计价方法。除非合同纠纷各方另行达成一致约定,否则不得采用不符合原合同约定的计价方法作出鉴定意见,也不得修改原合同计价条件而作出鉴定意见。

6.3.3 如果当事人纠纷项目的合同出现如下情况,鉴定受托人可以事实为依据,根据国家法律、法规、规章和规范性文件、有权机关发布的标准和本规程有关规定，独立选择适用的计价依据和方法形成鉴定意见，选择计价依据和方法的理由应在成果文件中表述：

1 合同无效；

2 合同对计价依据和方法约定不明；

3 合同约定的计价依据和方法无法对纠纷部分进行鉴定。

6.3.4　鉴定项目可分为单项工程、单位工程、分部分项工程的，应按单项工程、单位工程、分部分项工程的划分规定，分别计算后汇总，不应混编混算。”

二、关于“建设工程造价鉴定依据”的相关理论观点

（一）“建设工程造价鉴定”及“建设工程造价鉴定依据”的概念

1. 建设工程造价鉴定

建设工程造价鉴定是指鉴定机构接受委托，依据国家的法律、法规以及地方政府颁布的工程造价计价依据，针对某一特定建设项目的合同文件及竣工资料，来计算和确定某一工程价值并出具鉴定意见的活动。

因建设工程造价鉴定涉及众多法律法规的适用，涉及鉴定依据的明确和证据材料的质证认定等事宜，专业技术性规范多而杂，在建设工程造价鉴定实务中出现了很多不规范甚至错误的做法，使鉴定意见的准确性、时效性大打折扣。

2. 建设工程造价鉴定依据

建设工程造价鉴定依据主要是指建设工程造价鉴定过程中所使用的工程基础资料、技术资料、计量计价依据以及国家有关的法律、法规、部门规章及其他有效证据资料。①

鉴定的依据是否合理、真实并且有效，对鉴定结果的准确性至关重要。工程造价鉴定的依据主要包括：(1)委托任务书；(2)当事人的起诉书以及法庭庭审记录；(3)经质证的设计图纸、地质勘查报告资料、施工日志、工程变更、技术联系单、现场经济签证以及图纸会审纪要等资料；(4)双方当事人签订的建设工程施工合同以及其他洽商记录；(5)双方当事人关于材料的约定；(6)招标文件、投标文件、答疑资料以及中标通知书等；(7)现场踏勘记录(含影像资料)、调查和询问笔录；(8)经建设单位、监理单位批准的施工方案以及其与工程造价相关的资料；(9)国家标准、规范及部门规章等。

鉴定的依据必须经双方当事人质证确认，未经质证的资料不能作为鉴定的依据。对于资料不完整的项目，鉴定人员应书面要求法院、仲裁机构或当事人进行补充，在举

① 参见刘江、胡春华、付琴：《工程造价司法鉴定理论研究与应用》，载《工程造价管理》2018 年第 3 期。

证期限内未提交需要补充的资料,则视为当事人放弃举证权利。

当事人提供证据资料时,必须使用原件进行复印,递交时提供复印件,出具原件,并对提供资料的真实性负法律责任,造价鉴定机构不对证据资料的真伪进行鉴别。

(二)"建设工程造价鉴定依据"的确定

在诉讼和仲裁中,当事人申请对项目工程进行造价鉴定的,鉴定机构需要选取一定的计价原则和计价方法对项目工程进行鉴定。

1. 当事人在合同中对待鉴项目工程计价依据和计价方法有约定

(1)待鉴项目工程合同有效。

当事人针对待鉴项目工程签订的建设工程施工合同有效且当事人在建设工程施工合同中对待鉴项目工程的计价依据和计价方法有约定的,鉴定机构应当按照当事人约定的计价依据和计价方法对待鉴项目工程进行造价鉴定。具体方法如下:①

第一,固定总价合同中,鉴定机构需要对风险范围以外的工程造价进行鉴定的,应当根据合同约定的风险范围以外的合同价格的调整方法确定工程造价。

第二,固定单价合同中,工程量清单载明的工程以及工程量清单的漏项工程、变更工程均应根据合同约定的固定单价或根据合同约定确定的单价确定工程造价;工程量清单外的新增工程,合同有约定的从其约定,未作约定的,参照工程所在地的建设工程定额及相关配套文件计价。

第三,合同约定采用建设工程定额及相关配套文件计价,或者约定根据建设工程定额及相关配套文件下浮一定比例计价的,从其约定。

第四,可调价格合同中,合同对计价原则以及价格的调整方式有约定的,从其约定;合同虽约定采用可调价格方式,但未对计价原则以及价格调整方式作出约定的,参照工程所在地的建设工程定额及相关配套文件计价。

第五,合同未对工程的计价原则作出约定的,参照工程所在地的建设工程定额及相关配套文件计价。

第六,建设工程为未完工程的,应当根据已完工程量和合同约定的计价原则来确定已完工程造价。如果合同为固定总价合同,且无法确定已完工程占整个工程的比例的,一般可以根据工程所在地的建设工程定额及相关配套文件确定已完工程占整个工程的比例,再以固定总价乘以该比例来确定已完工程造价。

(2)待鉴项目工程合同无效。

在司法实践中,存在大量建设工程施工合同被认定无效的情形。当事人虽然在建

① 详见《重庆市高级人民法院关于建设工程造价鉴定若干问题的解答》第11条。

设工程施工合同中约定了待鉴工程的计价依据和计价方法，但建设工程施工合同在之后可能因各种原因被认定无效。

根据《建设工程施工合同司法解释（一）》第2条的规定，建设工程施工合同无效的，可以参照合同约定结算工程款。参考此项规定，鉴定机构在待鉴项目工程合同无效的情形下，也可以参照待鉴项目工程合同中约定的项目工程计价依据和计价方法进行鉴定。

需要注意的是，在施工合同无效的情形下，利润也应当被纳入工程价款之内。《建设工程施工合同司法解释（一）》第2条虽规定承包人可以请求参照合同约定支付工程款，但并未区分合同无效的原因、双方对合同无效的过错，也未将工程款进行细分。而价款中的利润部分也是合同约定的内容。从文义解释的角度，《建设工程施工合同司法解释（一）》第2条对无效合同统一使用，且未将利润排除在适用范围之外。在利益衡量时，承包方相比发包方属于相对弱势方，承包方的利益相比于发包方应当优先得到保护，让发包人占有利润也有违公平原则。因此，在当前法院很少行使追缴权的情况下，承包人有权依据建设工程施工合同的约定主张利润。

除此之外，如果承包人是个人或者没有相应资质的企业，在待鉴项目工程合同被认定为无效的情形下，企业管理费、税金是否应当被支持也存在争议。鉴定机构应当对该部分争议进行鉴定后，列入鉴定意见中的争议项。

2. 当事人在合同中对待鉴项目工程计价依据和计价方法没有约定或约定不明的

当事人在合同中对待鉴项目工程计价依据和计价方法没有约定或约定不明的，鉴定机构可以依据当事人签订建设工程施工合同时当地建设行政主管部门发布的计价依据、计价方法和当事人签约时的市场价格信息进行造价鉴定。

（1）当事人签订建设工程施工合同时当地建设行政主管部门发布的计价依据、计价方法。

为了给发包方和承包方在签订建设工程施工合同时提供计价参考，多地政府行政部门出台了本地区的计价依据和计价方法，例如《北京市建设工程造价计价办法》［北京市建设委员会（京建经〔2002〕117号）］、《云南省建设工程造价计价依据》［云南省住房和城乡建设厅（云建标〔2013〕918号）］、《南昌市建设工程造价计价管理办法》（南昌市人民政府令第104号）等。根据《建设工程造价鉴定规范》的规定，当事人在待鉴项目工程合同中对计价依据、计价方法没有约定或约定不明的，鉴定人可依据当事人签订建设工程施工合同时当地建设行政主管部门发布的计价依据、计价方法进行鉴定。

由于计价依据和计价方法的确定关涉建设工程施工合同双方的重大利益，鉴定人在参考当事人签订建设工程施工合同时当地建设行政主管部门发布的计价依据、计价方法等法定标准的同时，还应当结合合同解释、结算情况、行业习惯、技术规范等多方面因素进行鉴定，尽量寻求当事人缔约本意并审慎做出鉴定结论。即鉴定人需要对包括待鉴项目工程合同及补充协议、工程量清单计价表、招投标文件、款项结算凭证在内的各种计价依据进行全面审查分析，确定合同双方之间是否存在有律可循的计价方法。除此之外，鉴定机构不能仅凭建设工程施工合同或相关协议没有明确约定计价依据或计价方法，就直接认定所适用的计价标准。只有在穷尽上述各种手段后仍不能明确的情形下，才能考虑运用法定计价标准解决争议。

（2）当事人签订建设工程施工合同时的市场价格信息

所谓依据当事人签订建设工程施工合同时的市场价格信息进行鉴定，是指鉴定机构对待鉴工程进行造价鉴定时，依据当事人签约时待鉴项目工程所在地的市场价对鉴定工程进行鉴定的方法。

相比于当事人签订建设工程施工合同时当地建设行政主管部门发布的计价依据、计价方法，当事人签订建设工程施工合同时的市场价格信息更接近建筑工程的实际造价成本。以市场价作为造价鉴定机构进行造价鉴定的依据，既符合法律规定，[①]也符合公平原则。

三、关于“建设工程造价鉴定依据”的相关裁判观点

（一）当事人在合同中对待鉴项目工程计价依据和计价方法有约定的

1. 当事人在合同中对待鉴项目工程计价依据和计价方法有约定且待鉴项目工程合同有效的，鉴定机构应当依据当事人约定的计价依据和计价方法，对待鉴项目工程进行鉴定。

例如，在浙江东阳建工集团有限公司（以下简称东阳公司）与宁夏康力集团房地产开发有限公司（以下简称康力公司）建设工程施工合同纠纷申请再审一案[②]中，最高人民法院认为：“关于降水工程造价问题，司法鉴定报告做出了三个鉴定结论。银川中院采用第一种结论按照三方约定形成，另两种鉴定结论是按照宁夏现行定额标准计算形成。银川中院、宁夏高院依据康力公司、东阳公司、宁夏伊斯兰地质工程公司三方签订的《康力 · 当代 MOMA 降水施工合同》对降水工程费用采用鉴定意见中的方案一，认定降水工程费用为 301,600 元，这一结论的形成符合《最高人民法院关于审理建

① 《合同法》第 62 条规定：“当事人就合同内容约定不明确，依照本法第六十一条的规定仍不能确定的，适用下列规定：……（二）价款或者报酬不明确的，按照订立合同时履行地的市场价格履行；依法应当执行政府定价或者政府指导价的，按照规定履行。”

② 详见（2014）民申字第 1435 号民事裁定书。

设工程施工合同纠纷案件适用法律问题的解释》第16条第1款'当事人对建设工程的计价标准或者计价方法有约定的,按照约定结算工程价款'的规定,依据充分。东阳公司主张应当按照工程实际造价确定降水工程费用,因与合同约定不符,不予采信。"

类似的判例还包括新疆维吾尔自治区高级人民法院在哈密市市政工程有限公司、哈密市第一百货商场等建设工程施工合同纠纷二审案、①内蒙古自治区高级人民法院在李某某与太仆寺旗广开鑫元房地产开发有限公司建设工程施工合同再审案②等。

2. 当事人在合同中对待鉴项目工程计价依据和计价方法有约定但待鉴项目工程合同无效的,鉴定机构可以参照当事人在合同中约定的计价依据和计价方法,对待鉴项目进行鉴定。

例如,在刘某某与湖南昌华建设集团有限公司(以下简称昌华公司)、郴州市祺瑞房地产开发有限责任公司建设工程施工合同纠纷一案③中,最高人民法院认为:"根据《最高人民法院关于审理建设工程施工合同纠纷案件适用法律问题的解释》第2条规定,建设工程施工合同无效,但建设工程经竣工验收合格,承包人请求参照合同约定支付工程价款的,应予支持。本案昌华公司与刘某某签订的《建设工程施工合同》虽被认定无效,但所涉工程已经竣工验收,刘某某可以请求昌华公司参照合同约定支付工程价款。根据《建筑安装工程费用项目组成》(建标〔2013〕44号),建筑安装工程费用项目包括人工费、材料费、施工机具使用费、企业管理费、利润、规费和税金。可见,利润以及企业管理费、冬雨季施工增加费、职工教育经费、养老保障费等费用属于建筑安装工程费用的组成部分。一审中,昌华公司与刘某某依法委托的鉴定机构作出《关于刘某某施工的山水华庭项目47,762.15m^2工程计量鉴定定额工资及定额辅材费用总额和综合脚手架费用、机械费用工程造价鉴定意见书的补充意见》对以上项目的数额予以确认。在没有证据推翻以上鉴定结论的情况下,二审法院认可鉴定结论的内容,并根据双方过错程度,判决昌华公司按照70%比例支付相关款项,符合证据规则。"

再如,在曹县鑫峰房地产开发有限公司(以下简称鑫峰公司)与菏泽永旭建筑工程有限公司(以下简称永旭公司)建设工程施工合同纠纷一案④中,最高人民法院认为:"一、关于合同无效后的法律后果问题。建设工程施工合同无效,承包人投入到建设工程中的材料、劳务等构成建设工程的一部分,无法返还,应予折价补偿,因此,已完

① 详见(2017)新民终119号民事判决书。
② 详见(2018)内民再151号民事判决书。
③ 详见(2015)民申字第2603号民事裁定书。
④ 详见(2014)民审字第1512号民事裁定书。

工程的工程款应为折价补偿的范围，这是《中华人民共和国合同法》第 58 条在建设工程施工合同中的具体适用。《最高人民法院关于审理建设工程施工合同纠纷案件适用法律若干问题的解释》第二条则是对折价补偿计算方法的规定。本案中，一、二审法院依据上述规定，根据鉴定机构的鉴定意见确定永旭公司已完工程的工程款，并无不当。鑫峰公司主张在工程款的计算上应根据过错确定，无法律依据。二、关于工程款的鉴定依据问题。鉴定机构依据原合同约定的合同单价计算工程款，既能够反映市场的供求关系，也兼顾了双方当事人的利益平衡，并无不当。鑫峰公司主张应以成本价鉴定，无法律依据。"

类似的判例还包括中扶建设有限责任公司、德化金龙置业有限公司建设工程施工合同纠纷二审案、[①]晟元集团有限公司与西安海粤股份有限公司建设工程施工合同案[②]等。

（二）当事人在合同中对待鉴项目工程计价依据和计价方法没有约定或约定不明的

1. 当事人在合同中对待鉴项目工程计价依据和计价方法没有约定或约定不明的，鉴定机构可以依据当事人签订建设工程施工合同时当地建设行政主管部门发布的计价依据、计价方法进行鉴定。

例如，在中建港务建设有限公司（以下简称中建港务）与江苏苏南建设集团有限公司船坞建造合同纠纷案[③]中，上海市高级人民法院认为："……中建港务认为原审法院抛开合同约定的计价方式，采用定额计价方式计算工程款违反了法律规定。本院认为，鉴于双方当事人对于系争工程是否约定计价方式存在诉争，在双方当事人对于系争工程计价标准或计价方法未达成一致的情况下，原审法院对涉案工程造价委托司法鉴定，并采纳四海公司依据当事人确认的工程量，按照上海市现行定额计价（《上海市建筑工程计价定额》——2000）方式计算出的金额为本案系争工程的价款，与法不悖。因此，中建港务关于原审法院根据定额计价方式确定涉案工程价款不当的上诉理由于法无据，本院不予采纳。"

类似的判例还包括江苏省淮安市中级人民法院在淮安市龙之腾装饰工程有限公司与南通锦荣建设工程有限公司、胡某某建设工程施工合同纠纷二审案、[④]湖北省武汉市武昌区人民法院在王某某与湖北某某消防装饰工程有限公司建设工程分包合同

① 详见（2017）最高法民终 766 号民事判决书。

② 详见（2016）最高法民申 2659 号民事裁定书。

③ 详见（2013）沪高民四（海）终字第 90 号民事判决书。

④ 详见（2014）淮中民终字第 2190 号民事判决书。

纠纷一审案[①]等。

2. 当事人在合同中对待鉴项目工程计价依据和计价方法没有约定或约定不明的，鉴定机构可以参照当事人签订建设工程施工合同时的市场价格信息进行鉴定。

例如，在贵州建工集团第一建筑工程有限责任公司、松原市金滩源房地产开发有限公司建设工程施工合同纠纷案[②]中，最高人民法院认为："原审法院对于无效合同折价补偿的标准，参考无效合同约定、履行合同实际情况、导致合同无效的缔约过错等综合因素，对约定相对模糊、施工资料不全、行业标准不统一等零星工程项目，酌定是否计入工程造价鉴定范围、适用当期或者前期工程造价定额、适用签约（或者停工）时施工地的市场价格信息等作出的认定基本符合本案实际，未超出建筑业一般行情，本院予以确认，对双方针对鉴定意见提出的申请，均不予支持。"

再如，在新民市麒源粮食加工厂（以下简称麒源加工厂）、沈阳天北鸿基建设集团有限公司（以下简称天北鸿基公司）建设工程施工合同纠纷案[③]中，最高人民法院认为："天北鸿基公司和麒源加工厂对案涉工程价款的约定，既存在较大的争议，所提交的证据亦均不足以证明各自的主张，属于双方当事人对合同价款约定不明。本案双方当事人关于合同价款约定的争议，应遵循市场价格和行业惯例。"

类似的判例还包括齐河环盾钢结构有限公司与济南永君物资有限责任公司建设工程施工合同纠纷案、[④]联成国际有限公司、华益（厦门）保龄球娱乐有限公司、厦门市体育中心土地租赁合同纠纷案[⑤]等。

［**案件复盘**］

与工程造价相关的建设工程纠纷，大多涉及工程造价鉴定。在工程造价鉴定的过程中，对鉴定机构和鉴定依据的不同选择，可能会影响最终的鉴定结果，甚至影响整个案件的走向。因此，工程造价鉴定在建设工程施工合同工程价款结算纠纷中十分重要。

关于工程造价鉴定的不规范行为问题，本书给出以下提示与建议：

实践中，工程造价鉴定不规范行为比比皆是，很可能影响发包人和承包人的实际利益。本团队律师就实践中工程造价鉴定的不规范行为作出总结并提示建议如下：

---

① 详见（2015）武昌民初字第01225号民事判决书。
② 详见（2017）最高法民终225号民事判决书。
③ 详见（2018）最高法民申6002号民事裁定书。
④ 详见（2011）民提字第104号民事判决书。
⑤ 详见（2011）民提字第61号民事判决书。

（一）工程鉴定单位和人员自行确定鉴定范围

依据《建设工程施工合同司法解释（一）》第23条的规定，当事人对部分案件事实有争议的，仅对有争议的事实进行鉴定。对于何为有争议的事实，显然属于司法审判权的内容，只能由法院来行使；但实践中部分工程鉴定单位和人员自行确定工程鉴定范围，以鉴代审。

（二）工程鉴定单位和人员自行确定鉴定依据

例如，在涉及"黑白合同"情形时，是按照"白合同"约定的依据进行鉴定，还是按照"黑合同"约定的依据进行鉴定？《建设工程施工合同司法解释（二）》第1条、①《建设工程施工合同司法解释（一）》第21条②有相关规定。对上述司法解释的理解与适用，显然属于司法审判权的内容，依法只能由法院来行使；但实践中有部分工程鉴定单位和人员自行确定鉴定依据。

（三）工程鉴定单位和人员自行确定鉴定材料

鉴定资料是否具有真实性、合法性以及与工程造价鉴定的关联性，依法应通过质证由法院予以认定后再交给鉴定单位和人员进行鉴定。但实践中存在案件当事人直接将相关材料交给鉴定机构，再由鉴定机构直接认定鉴定材料是否有效，是否可以纳入鉴定材料范围的情形，明显超越鉴定单位职权。

对此，本团队律师建议，在鉴定中区分法律问题与专业问题。具体方法如下：

第一，当事人提交鉴定申请时，应明确鉴定方法、鉴定依据，直接提交法官进行认定，避免鉴定人越权。

第二，合议庭评议时，法官对同意鉴定申请的理由要作出明确表示，对法律事实和专业性问题作出明显的区分。

第三，鉴定机构对所有的鉴定材料都应当核对原件并制作书面笔录（代理人应签字），不接受当事人直接送来的鉴定材料。鉴定机构应告知当事人通过法院转交鉴定材料，对于无法确定真伪的鉴定材料，鉴定机构可要求法院决定是否作为鉴材。

第四，当事人在合同中有特殊条款约定的，当事人应当向法院提出，经法院明确后再决定鉴定方法。对于有争议的事项，鉴定机构可以考虑按照不同假设情形出具几个鉴定结论供当事人或法院选择，不可直接决定取舍。

---

① 《建设工程施工合同司法解释（二）》第1条第1款规定："招标人和中标人另行签订的建设工程施工合同约定的工程范围、建设工期、工程质量、工程价款等实质性内容，与中标合同不一致，一方当事人请求按照中标合同确定权利义务的，人民法院应予支持。"

② 《建设工程施工合同司法解释（一）》第21条规定："当事人就同一建设工程另行订立的建设工程施工合同与经过备案的中标合同实质性内容不一致的，应当以备案的中标合同作为结算工程价款的根据。"

（四）鉴定机构收费没有依据，没有统一收费标准，经常天价收费

目前，造价鉴定收费没有统一标准，造价鉴定存在着随意收费、天价收费等乱象。即便是已经出台相关标准的地方，也还存在不少问题。例如，收费方式不一，有的地方对涉财鉴定标准按财产数额分段收费，有的地方则一律计件收费，各地收费标准和收费项目有很大差别。

（五）鉴定机构随意接见当事人或接受案件材料

司法实践中，存在许多未经庭审质证就移送鉴定的情况。移交鉴定的资料一般包括合同、补充协议、图纸、变更通知、施工通知以及工程量确认书等。这些材料没有经过当事人质证，证据的合法性、真实性、关联性以及证明力的大小等这些需要法官判断的问题变成了由鉴定人员进行取舍，实际上形成了司法审判权的变相让渡。当事人对鉴定意见争议颇多，从而导致大量补充鉴定、重复鉴定现象的出现，鉴定意见的质量和效率亟待提高。

（六）鉴定机构不通过法院，擅自进行现场勘查、取证

建筑工程在施工过程中会出现诸多变更。为了更好地了解建筑工程的实体情况，可能需要进行实地勘查，了解现场情况，查看工程实体与图纸是否存在差异。因此，建筑工程造价鉴定机构在收集完毕所有必要的资料后，主鉴定人应组织相关鉴定人员认真阅读委托人所提供的各种资料，认真分析涉案工程是否需要进一步进行现场勘查。需要进行现场勘查的，应确定所需勘查的内容。具体应注意以下几点：

第一，因工程项目的个别性、差异性及复杂性，鉴定人员一般情况下要到现场实施勘查。

第二，现场勘查时间应由鉴定机构提出并负责协调安排，法院办案法官组织双方当事人、其他诉讼参与人以及鉴定人员共同参加。

第三，参加现场勘查的各临场人员应有授权或委托。

第四，当事人经通知未到场或中途退出的，需办案法官确认。

第五，鉴定人对所鉴定的工程应进行详细、全面勘查，听取当事人的情况介绍及各自的主张。

第六，对当事人有争议的项目要逐一核实，做好现场勘查记录及询问记录。

第七，鉴定过程中，如发现施工图纸不清，双方当事人对是否按图纸施工等有争议时，应进行必要的现场勘查，并做好记录。

第八，现场勘查过程中，如鉴定人员发现施工图纸与施工现场有不符的项目，鉴定人员应进行实际测量，并做好相应记录。

第九，建筑工程鉴定人员应将鉴定资料中不明白或相互表述有矛盾的地方事先做

好记录，以便在现场勘查时询问双方当事人。

（七）鉴定意见中存在鉴定依据不充分甚至没有鉴定依据的主观臆断情形

工程造价鉴定具有很强的专业性，鉴定意见的论证过程是否充分直接决定了法官和当事人对鉴定意见的理解、质证和采纳。但实践中存在诸多鉴定意见表述过于简单、缺乏说明论证的现象，使法官无从着手，给审判带来诸多不便。这种鉴定意见不仅起不到证据的作用，还会引起重新鉴定，浪费人力、物力、财力。

鉴定意见论证不充分在实践中主要表现如下：

第一，模棱两可。有的鉴定意见只有结论，没有鉴定过程描述或详细分析说明。有的鉴定意见论证部分和最终结论不一致，论证过程相互矛盾或模棱两可。

第二，数据不清。数据对于工程造价鉴定的准确性和简洁性有着不可替代的作用。但实践中，有些鉴定人出具的鉴定意见存在各项数据不精确，数据和计算结果不相一致的情形。

（八）当事人不能充分核对甚至无法核对鉴定人提供的工作底稿

工作底稿应包括工程量计算核实记录表、现场勘验记录、鉴定编制人的编制工作底稿等。但实务中，鉴定人不提供或者不全面提供底稿的情况经常发生。

（九）鉴定机构利用法官对鉴定意见的依赖心理，不尊重当事人权利

实务中，有些法官会过度依赖鉴定意见，认为鉴定意见的证明力绝对大于其他证据，在鉴定意见与案内其他证据有矛盾时，一概地采信鉴定意见。有些法官被鉴定意见的“科学性”“证据之王”外观所迷惑，将其视为“科学判决”，不加鉴别地将鉴定意见作为定案依据，这使得鉴定人完全替代了法官，成为案件事实实际上的认定者。部分鉴定机构利用这一点，不尊重当事人的权利。

（十）鉴定意见不但不能定分止争，反而使矛盾升级

部分鉴定意见直接导致了诉讼的久拖不决，严重消耗着司法资源，当事人的诉讼成本也因此增加，矛盾愈演愈烈。

（十一）鉴定机构不与法官或仲裁员及当事人沟通鉴定思路，径行按照自身的理解进行鉴定

尽管司法鉴定工作似乎仅仅是鉴定单位独立、中立、专业性的工作，无须其他当事人的干涉或参与，但是为了确保鉴定报告不偏离双方的合同约定，确保鉴定报告的准确性，当事人或其代理人必须保持与鉴定单位和裁判机构的适当沟通；否则，鉴定机构出具的鉴定结果可能完全偏离合同的约定，最终损害当事人的利益。

（十二）鉴定机构以行业惯例、中价协的规定等为由，随意否定当事人的约定或法律法规的规定

例如，在工程造价鉴定中，鉴定机构随意否定当事人之间关于结算的约定。

（十三）鉴定机构承接鉴定积极，接受鉴定以后消极

部分鉴定机构在承接鉴定前积极、主动开展工作，在承接鉴定后却需要法官和当事人不断敦促、催促，并且不及时向法官通报鉴定进展、遇到的问题、下一步计划及时间安排等。

（十四）审判和鉴定不适当的分离导致法官对鉴定程序失控；法官不及时或者根本不向当事人明示或披露鉴定机构和鉴定人的基本信息，导致当事人不能及时行使或者无法行使申请回避的权利

最高人民法院《人民法院司法鉴定工作暂行规定》及《人民法院对外委托司法鉴定管理规定》建立了审判和鉴定分离制度，欲通过控制主审法官对鉴定机构的选择权，保证鉴定独立的进行，不受审判庭干涉，减少审判法官枉法裁判的机会。但是，造价鉴定和审判程序不适当的分离，会导致造价鉴定游离于庭审控制，出现新的问题。

在有些案件的鉴定过程中，主审法官并不清楚鉴定机构和鉴定人是否具有鉴定资质，鉴定人是否在该鉴定机构注册，鉴定证据资料在提交鉴定前是否充分质证等情况。更严重的是，在有些案件中，主审法官直到鉴定意见已经做出都并未见过鉴定人员。

根据我国《民事诉讼法》第 44 条①的规定，对审判人员的回避规定同样适用于鉴定人。在开庭前，法官会询问当事人是否申请审判人员回避，但是一般不会询问当事人是否申请鉴定机构和鉴定人员回避（因为鉴定归法院技术处负责）。法院的做法实际上剥夺了当事人对鉴定机构和鉴定人的知情权以及及时申请回避的程序权利。目前，我国法律尚缺乏要求审判机关如实披露审判人员、鉴定机构和鉴定人员基本信息的强制性规定。本团队律师认为，要求审判机关如实披露审判人员、鉴定机构和鉴定人员基本信息是必要的。没有信息披露，当事人就没有行使申请回避权利的基础。

除此之外，鉴定机构还剥夺了当事人对用于鉴定的证据资料的质证权、对鉴定程序的异议权等。实践中，审判人员本身存在依靠司法鉴定转移矛盾的想法，审判和鉴定不适当的分离导致审判人员对司法鉴定可能不负任何责任。因此，审鉴分离虽然减

① 《民事诉讼法》第 44 条规定："审判人员有下列情形之一的，应当自行回避，当事人有权用口头或者书面方式申请他们回避：（一）是本案当事人或者当事人、诉讼代理人近亲属的；（二）与本案有利害关系的；（三）与本案当事人、诉讼代理人有其他关系，可能影响对案件公正审理的。审判人员接受当事人、诉讼代理人请客送礼，或者违反规定会见当事人、诉讼代理人的，当事人有权要求他们回避。审判人员有前款规定的行为的，应当依法追究法律责任。前三款规定，适用于书记员、翻译人员、鉴定人、勘验人。"

少了主审法官徇私枉法的机会，也增加了法官不负责任裁判的机会。

（十五）法官将鉴定机构和鉴定人员概念混淆，不能保证真正的鉴定人员出庭接受质询，违反了《民事诉讼法》强制性规定，侵犯了当事人基本的质证权利

我国《民事诉讼法》第78条规定："当事人对鉴定意见有异议或者人民法院认为鉴定人有必要出庭的，鉴定人应当出庭作证。经人民法院通知，鉴定人拒不出庭作证的，鉴定意见不得作为认定事实的根据；支付鉴定费用的当事人可以要求返还鉴定费用。"这一规定是我国法律对鉴定人出庭作证义务作出的强制性规定。

尽管《全国人大常委会关于司法鉴定管理问题的决定》、最高人民法院《人民法院司法鉴定工作暂行规定》及《人民法院对外委托司法鉴定管理规定》、司法部《司法鉴定机构登记管理办法》和《民事诉讼证据规定》对鉴定机构和鉴定人有着严格的区分，但是在诉讼实务中，有些法官认为鉴定机构就是鉴定人。区分鉴定人和鉴定机构的意义主要涉及谁应当作为鉴定人出庭接受质询、当事人权利是否得到充分保障的问题。

（十六）法院以不具备工程造价咨询资质或者超越资质允许范围的鉴定单位、不在鉴定机构注册的鉴定人出具的鉴定报告作为定案根据

1. 相关法律法规

《民事诉讼证据规定》第27条、《全国人民代表大会常务委员会关于司法鉴定管理问题的决定》第2条均对鉴定机构和鉴定人员应当具备相应的鉴定资格进行了明确规定，但对于工程造价鉴定是否适用登记管理制度，最高人民法院和部分地方政府存在不同的规定。

《最高人民法院关于如何认定工程造价从业人员是否同时在两个单位执业问题的答复》规定："工程造价咨询单位不属于实行司法鉴定登记管理制度的范围。对于从事工程造价咨询业务的单位和鉴定人员的执业资质认定以及对工程造价成果性文件的程序审查，应当以工程造价行政许可主管部门的审批、注册管理和相关法律规定为据。"

地方政府对于司法鉴定主体的管理主要分为以下三类：

第一，要求所有类别的司法鉴定主体必须实行统一登记管理。

《山东省司法鉴定条例》第3条规定："司法鉴定包括法医类、物证类、声像资料类鉴定以及诉讼需要的会计、知识产权、建设工程、产品质量、海事、交通、电子数据等其他类鉴定。"第5条规定："司法鉴定机构和司法鉴定人实行统一登记制度。未经司法行政部门登记并编入司法鉴定机构和司法鉴定人名册，任何组织和个人不得从事本条例第三条规定的司法鉴定业务，国家另有规定的除外。"

第二，对司法鉴定主体分为登记管理和备案管理。

《黑龙江省司法鉴定管理条例》规定，对于《全国人民代表大会常务委员会关于司法鉴定管理问题的决定》规定的四类司法鉴定实行登记管理，对于其他种类的司法鉴定事项实行备案管理。

第三，仅对四类司法鉴定要求登记管理，对其他类别的司法鉴定主体未作要求。

《江苏省司法鉴定管理条例》第 3 条仅规定对从事法医类鉴定、物证类鉴定、声像资料鉴定以及由国务院司法行政部门和最高人民法院、最高人民检察院确定的其他司法鉴定业务的鉴定人和鉴定机构实行登记管理制度。

此外，亦有未明确规定必须进行登记管理的地方。如《云南省司法鉴定管理条例》《青海省司法鉴定条例》《贵州省司法鉴定条例》《湖北省司法鉴定管理条例》等。

全国人大常委会制定的法律性文件效力高于地方人大常委会制定的地方性法规，故而二者存在冲突时，应以全国人大常委会的规定为准。

所以，根据上述规定，只要具备工程造价咨询业务的相应资质，就可以从事工程造价鉴定工作，无须经过司法行政管理部门的登记或持有司法鉴定资格相关证书。

2. 相关裁判观点

例如，在孙长春与保定市建筑安装工程处建设工程施工合同纠纷案①中，最高人民法院认为："本案鉴定内容为工程造价鉴定，不属于《全国人民代表大会常务委员会关于司法鉴定管理问题的决定》（以下简称决定）规定须实行登记管理制度的鉴定业务范围，不受上述规定限制。决定第 9 条规定，对决定第 2 条规定的鉴定事项发生争议需要鉴定的，应当委托列入鉴定人名册的鉴定人进行鉴定；鉴定人从事司法鉴定业务，由所在鉴定机构统一接受委托。该条规定系针对决定第 2 条规范范围之内的鉴定业务所作出的规定，由于本案鉴定内容不属于决定第 2 条规范的范畴，自然亦不受决定第 9 条规制。"

3. 对工程造价鉴定人员的主体要求

第一，工程造价鉴定人员必须是注册造价工程师。

除了司法行政部门颁布的司法鉴定人资格外，根据《注册造价工程师管理办法》第 15 条对于注册造价工程师执业范围的规定，注册造价工程师执业范围之一是"工程经济纠纷的鉴定"。

第二，我国此前还存在造价员制度。例如，《全国建设工程造价员管理办法》第 3 条规定："造价员是从事工程造价活动的专业人员。"《建设工程造价鉴定规程条文说

① 详见（2015）民申字第 1750 号民事裁定书。

明》第 1.0.6 条规定，鉴定人员包括鉴定活动中所有参与的人员。分为主办人员和辅助人员，而辅助人员可以是造价员。

国发〔2016〕5 号《国务院关于取消一批职业资格许可和认定事项的决定》，取消了造价员的职业资格许可和认定，也不再对造价员资格进行年审登记。

本团队律师认为，在造价员资格尚未失效前及造价员印章有效期内，造价员可以作为鉴定人员之一。但是造价员资格及印章失效后，全部鉴定人员应均为注册造价工程师，造价员不具备鉴定资格。

第三，需注意注册造价工程师是否专业对口。

造价工程师的执业考试及执业证件均分为土建及安装两个专业。一个完整的工程造价审核，应由土建造价工程师及安装造价工程师共同审核才能完成。因此，在鉴定时，首先应当考虑鉴定的内容是土建工程、是安装工程还是二者均有，而后再审核造价工程师的专业是否符合。

如果一个综合工程项目的造价司法鉴定报告仅有土建造价工程师或者仅有安装造价工程师的印章，该鉴定不符合鉴定资质要求。

第四，工程造价鉴定人员的注册单位与鉴定单位未必一致。

《建设部办公厅关于对工程造价司法鉴定有关问题的复函》（建办标函〔2005〕155 号）称，从事工程造价司法鉴定，必须取得工程造价咨询资质，并在其资质许可范围内从事工程造价咨询活动。工程造价成果文件，应当由造价工程师签字，加盖执业专用章和单位公章后有效。

但是，司法实践中有些情况下对“工程造价鉴定人员的注册单位与鉴定单位一致”并不作严格的要求。

例如，在浙江义乌国际大厦有限责任公司与义乌市第三建筑工程有限公司建设工程施工合同纠纷一案①中，最高人民法院认为：“涉案鉴定报告的鉴定人赵望先具有浙江省概预算编审资格证书，注册单位为建行金华市分行；胡忠乐具有注册造价工程师执业资格，注册单位为建行浙江省分行；复核人章慧具有注册造价工程师执业资格，注册单位为审查中心。赵望先所持资格证书与胡忠乐、章慧所持执业资格均可从事工程造价咨询、管理工作，并享有签字权。由此表明，在法院委托建行金华市分行鉴定的情况下，建行金华市分行和下属单位审查中心的相关工作人员均实际参与鉴定工作。虽然胡忠乐注册单位为建行浙江省分行，其参与本案鉴定不够规范。但其作出鉴定的部分为水电安装工程，涉及总额仅 70 余万元，也非当事人争议重点，不对鉴定结论构成

① 详见（2013）民抗字第 85 号民事判决书。

重大影响。”

再如，在岳阳市君山水利工程建筑安装公司（以下简称君山公司）与隆回县木瓜山水库管理所建设工程施工合同纠纷一案①中，最高人民法院认为：“根据陈子顺的全国建设工程造价员资格证书上的记载，陈子顺所在的执业机构是华信公司。君山公司提供在湖南省建设工程造价信息网的查询结果，认为陈子顺同时在华信公司和湘潭精诚公司执业。如果陈子顺确实在两个机构同时执业，此行为也是行政部门和行业组织的管理问题，不影响其所出具的《鉴定报告》的效力。根据谢志强的全国建设工程造价员资格证书上的记载，谢志强具有建设工程造价资质，由于行政法规并不要求建设工程造价员必须专职执业，即使谢志强的工作单位是湖南水利水电职业技术学院，也不影响其出具《鉴定报告》。需要指出的是，陈子顺和谢志强都是建设工程造价员，周穗是注册工程造价师，只要周穗具有合法资质，就不影响《鉴定报告》的效力。因此，二审法院认定鉴定人员具有鉴定资质，并无不当。”

（十七）造价咨询公司的分支机构以自己或者总公司名义出具鉴定报告

《工程造价咨询企业管理办法》第24条规定：“分支机构从事工程造价咨询业务，应当由设立该分支机构的工程造价咨询企业负责承接工程造价咨询业务、订立工程造价咨询合同、出具工程造价成果文件。分支机构不得以自己名义承接工程造价咨询业务、订立工程造价咨询合同、出具工程造价成果文件。”

《司法鉴定机构登记管理办法》第3条规定：“本办法所称的司法鉴定机构是指从事《全国人民代表大会常务委员会关于司法鉴定管理问题的决定》第二条规定的司法鉴定业务的法人或者其他组织。”

其他组织应当包括分支机构。但是实务中，会有一些不具备造价咨询资质，甚至是挂靠的分支机构被纳入法院名册。这些分支机构以总公司的名义进行鉴定，导致当事人不认可鉴定意见。

（十八）先鉴定后质证，即不对鉴定材料进行质证或者在没有充分质证的情况下即将鉴定材料用作证据进行鉴定，等鉴定结果出来后再质证

鉴定意见是建立在证据资料基础之上的证据，这是鉴定意见不同于其他证据的特点之一。按照《民事诉讼法》的规定，所有的证据都应当在法庭上出示，并由当事人互相质证。从鉴定意见形成过程来看，至少包括两个层面的质证，一是鉴定所依据的证据资料的质证，二是对鉴定机构出具的鉴定意见的质证。对鉴定所依据的证据资料的质证一般应当在鉴定开始前完成，之后鉴定机构根据质证的结果进行鉴定。

① 详见（2013）民申字第656号民事裁定书。

实务中，先鉴定后质证，即不对鉴定材料进行质证或者没有充分质证即将鉴定材料用作鉴定证据，鉴定结果出来后再质证的情况并不少见。在审判和鉴定分离，审判和鉴定各管一段的情况下，鉴定结果作出后再质证的情形，可能更多。

第三编

日臻完善

2007~2009

本编收录的案例均为诉讼、仲裁案件，但案件类型相较于第二编而言则更为多样化。随着本团队办理案件数量的不断增加与经验的逐步积累，本团队始得在争议解决法律服务领域享有一定声誉，更多客户选择委托本团队律师代理案件。本团队律师在该阶段承办了包括但不限于知识产权纠纷、合作开发纠纷、房屋买卖/租赁合同纠纷、国际劳务分包合同纠纷等类型案件。在该阶段本团队开始针对不同类型的案件制订有针对性的处理方案与相应的标准化流程，在确保出现最少纰漏的同时，最大限度地增强争议案件办理效果、提升突发问题处理效率。

13

客户被诉商标侵权，抽丝剥茧成功抗辩

［案件摘要］

本案系一起典型的商标侵权纠纷案件。鳄鱼恤有限公司（以下简称鳄鱼恤公司）因其争议商标“鳄鱼恤 CROCODILE SINCE 1952 及图”（以下简称争议商标）被北京新世纪服装商贸城市场有限公司（以下简称北京新世纪服装商城）某商铺假冒并销售涉案商品而起诉北京新世纪服装商城及商城商铺主葛某某。本团队律师接受北京新世纪服装商城委托应诉。经过本团队律师在法律层面、事实层面进行抗辩，法院最终支持了我方代理意见，判决北京新世纪服装商城在本案中不承担侵权责任。北京新世纪服装商城对本团队律师代理结果非常满意。因本案在知识产权共同侵权判例中创设了新的裁判规则，具有典型教学意义，还被北京大学法学院教授选作教学案例。

［案情回放］

2002 年 7 月 10 日，北京新世纪服装商城与葛某某签订租赁合同。

2003 年 3 月 24 日，葛某某将摊位出租给彭某某，但一直未办理工商变更手续。（葛某某将摊位出租给冯某某，冯某某又将摊位转租给彭某某）

2003 年至 2007 年 3 月，彭某某销售带有系由鳄鱼恤公司所有的争议商标的商品，并于 2007 年 2 月 7 日被鳄鱼恤公司发现。

2007 年 7 月，鳄鱼恤公司向北京市第二中级人民法院（以下简称一审法院）起诉北京新世纪服装商城、葛某某。鳄鱼恤公司诉讼请求为：(1)判令北京新世纪服装商城及葛某某立即停止侵权及不正当竞争行为；(2)认定鳄鱼恤公司的争议商标为中国驰名商标；(3)判令北京新世纪服装商城及葛某某立即赔偿鳄鱼恤公司经济损失人民币 290 万元；(4)判令北京新世纪服装商城及葛某某立即支付鳄鱼恤公司为制止侵权行为所支付的合理费用人民币 5 万元。

本团队律师作为北京新世纪服装商城代理人，提出北京新世纪服装商城不承担侵权责任的抗辩。

经审理,2007 年 12 月 19 日,一审法院作出(2007)二中民初字第 9625 号民事判决书,判令葛某某立即停止涉案销售行为并赔偿鳄鱼恤公司 2000 元及合理诉讼支出 3000 元,驳回鳄鱼恤公司其他诉讼请求。鳄鱼恤公司不服一审判决向北京市高级人民法院(以下简称二审法院)提起上诉,二审法院作出(2008)高民终字第 902 号民事判决书,判令驳回上诉,维持原判。

[**战略战术**]①

本案是典型的商标侵权纠纷案件,属于知识产权侵权纠纷案件的一类。知识产权侵权纠纷案件,是指行为人的行为客观上侵害他人知识产权的财产权或人身权,知识产权权利人对行为人提起诉讼或仲裁的案件。具体到本案而言,涉及许多商标侵权纠纷案件中较为常见的问题,比如,驰名商标认定问题,经法定注册的驰名商标与未注册的驰名商标赔偿标准问题,共同侵权认定问题等。本团队律师在精准梳理相关问题的基础上,不仅从程序上为当事人争取到了更多收集证据的时间,而且从实体上条理清晰、逻辑严谨地反驳了鳄鱼恤公司的诉讼主张,最终取得了令北京新世纪服装商城极为满意的诉讼结果。

一、合理合法利用程序性规定,争取取证时间

由于知识产权侵权纠纷案件在证据收集方面需要较长的时间,为了保证北京新世纪服装商城能够收集更多的材料,本团队律师合理利用当事人的诉讼权利,向一审法院提出管辖权异议,为举证争取到更多的时间。

由于当时葛某某以及彭某某均不在一审法院所在地,本团队律师依据《民事诉讼法》第 28 条"因侵权行为提起的诉讼,由侵权行为地或者被告住所地人民法院管辖"②的规定,向一审法院提出管辖权异议,希望本案能移送至葛某某所在地法院审理。本团队律师提出的管辖权异议符合法律规定,并非"滥用诉讼权利",一审法院在综合案情后,虽然决定不予采纳该等管辖权异议,但经此一举,本团队律师成功为北京新世纪服装商城争取到较长的取证时间。

二、循序渐进突破实体问题

本团队律师在查阅诉讼材料后,迅速整理思路,准备了一套逻辑严谨的诉讼策略,

① 由于本案发生时间较早,案件发生时适用的相关法律法规涉及修正、修订以及废止。

② 此处《民事诉讼法》为 2017 年修正版。本案当时适用的是 1991 年版的《民事诉讼法》第 29 条:因侵权行为提起的诉讼,由侵权行为地或者被告住所地人民法院管辖。

使法院最终支持了北京新世纪服装商城的抗辩。以下为本团队律师关于实体问题的诉讼策略：

(一)涉案商品销售不存在侵权行为

1. 争议商标不属于注册商标

本案的争议商标虽然在中国香港地区进行注册，但在中国内地正处于审查中，尚未被核准成为注册商标，基于商标的地域性特点，不能受到大陆地区商标法的保护。

2. 争议商标不符合驰名商标的构成条件

本团队律师认为，争议商标不属于驰名商标，根据《商标法》第14条第1款、[①]《驰名商标认定和保护规定》第3条[②]等法律规定，以及鳄鱼恤公司提交的相关证据，争议商标不符合驰名商标的条件，法院无须在本案中对该商标是否为驰名进行判决确认。

(1)争议商标在中国内地知晓程度有限

本团队律师擅于发掘对方提供的证据缺陷来反驳其主张。比如在本案中，鳄鱼恤公司提交了一份其委托一家中介机构对争议商标进行调研并制作的《调研报告》作为证据。但该《调研报告》并不足以支持鳄鱼恤公司主张争议商标为知名商标，反而能够作为我们反驳的依据。从《调研报告》内容上看：第一，宣传时间方面，争议商标在2004年年底才开始进行宣传，至今仅有不到4年的时间；第二，宣传地域范围，争议商标主要在中国香港地区、广州及上海进行宣传，并不能代表中国大陆；第三，宣传力度方面，争议商标并未在大陆普遍知名刊物中出现。同时，《调研报告》中还指出“品牌深度传播不足导致争议商标产品与消费者联系度减弱”。

(2)争议商标的使用时间不符合驰名商标时间条件

从鳄鱼恤公司提交的证据可以看出争议商标是自2004年9月1日开始使用，至今才刚刚3年。而驰名商标需要考虑商标是否长时间持续使用，因此本团队律师认为其使用时间并不符合驰名商标的时间要求。

---

① 《商标法》于1993年、2001年、2013年修正，原第14条第1款规定：“驰名商标应当根据当事人的请求，作为处理涉及商标案件需要认定的事实进行认定。认定驰名商标应当考虑下列因素：(一)相关公众对该商标的知晓程度；(二)该商标使用的持续时间；(三)该商标的任何宣传工作的持续时间、程度和地理范围；(四)该商标作为驰名商标受保护的记录；(五)该商标驰名的其他因素。”

② 《驰名商标认定和保护规定》第3条规定：“以下材料可以作为证明商标驰名的证据材料：(一)证明相关公众对该商标知晓程度的有关材料；(二)证明该商标使用持续时间的有关材料，包括该商标使用、注册的历史和范围的有关材料；(三)证明该商标的任何宣传工作的持续时间、程度和地理范围的有关材料，包括广告宣传和促销活动的方式、地域范围、宣传媒体的种类以及广告投放量等有关材料；(四)证明该商标作为驰名商标受保护记录的有关材料，包括该商标曾在中国或者其他国家和地区作为驰名商标受保护的有关材料；(五)证明该商标驰名的其他证据材料，包括使用该商标的主要商品近三年的产量、销售量、销售收入、利税、销售区域等有关材料。”该规定被《驰名商标认定和保护规定》(2014年7月3日发布；2014年8月3日实施)废止。

(3)争议商标是否为驰名商标不宜通过本案判决确认

本团队律师认为,首先,确认之诉确认的应该是一种确定的法律关系,该法律关系不应该具有不确定性,因为一旦经过司法确认,即具有既判力,当事人不得再诉。而商标是否驰名在不同的时间范围会随着当事人的使用、宣传及社会环境的变化而发生变化,具有不确定性,故驰名商标的认定不应属于诉讼请求的范畴。

其次,认定驰名商标的目的在于确定对于该商标予以保护的范围、程序和力度,因此,驰名商标的认定与否并非本案的最终目的,本案的最终目的是解决商标侵权纠纷。

最后,我国对驰名商标的认定采取"个案认定、被动保护"的原则,即在非必要的情况下,不予认定驰名商标。如果将驰名商标认定作为一项诉讼请求予以支持,则对其他案件具有既判力,有违"个案认定"的基本原则。

本案中争议商标才刚刚使用3年,从争议商标的宣传效果和公众知晓程度方面还远未达到驰名商标的构成条件。此外,从现实情况来看,争议商标还远没有需要立即被认定为驰名商标的必要性和紧迫性。因此,该等条件下若将争议商标认定为驰名商标,既是对鳄鱼恤公司滥用诉权行为的纵容,又是对司法资源的极大浪费。故鳄鱼恤公司要求将争议商标认定为驰名商标的诉讼请求不应通过本案判决进行确认,更不应得到本案判决的支持。

(4)涉案商品销售已经停止,因此没有认定争议商标为驰名商标的必要

本团队律师认为,根据《最高人民法院关于审理商标民事纠纷案件适用法律若干问题的解释》(以下简称《商标案件司法解释》)第2条①规定,即使争议商标符合驰名商标的构成条件并被认定为驰名商标,争议商标因尚未合法注册,故仅能属于未注册驰名商标。根据前述规定,对该等商标的保护"停止侵害"即可,而无须承担其他赔偿责任。根据北京新世纪服装商城提交的证据可知,2007年3月7日,北京新世纪服装商城的涉案摊位已转让给他人,本案涉案商品的销售已经停止,涉案摊位早已不再经营带有争议商标的商品,因此,对于争议商标早已实现了停止侵害的权利保护目的。所以,在此种现实情况下,从事实上和法律上都没有将争议商标认定为驰名商标的必要。

(二)涉案商品销售不构成不正当竞争

根据原《反不正当竞争法》第5条第2~3款②可以看出,北京新世纪服装商城不

① 《商标案件司法解释》第2条规定:"依据商标法第十三条第一款的规定,复制、摹仿、翻译他人未在中国注册的驰名商标或其主要部分,在相同或者类似商品上作为商标使用,容易导致混淆的,应当承担停止侵害的民事法律责任。"

② 《反不正当竞争法》于2017年修订,原第5条第2~3款规定:"……(二)擅自使用知名商品特有的名称、包装、装潢,或者使用与知名商品近似的名称、包装、装潢,造成和他人的知名商品相混淆,使购买者误认为是该知名商品;(三)擅自使用他人的企业名称或者姓名,引人误认为是他人的商品。"

属于经营者，涉案商品的销售不符合前述法律规定的不正当竞争行为特征，主要理由如下：

1. 北京新世纪服装商城是市场的开办者而不是经营者，北京新世纪服装商城不受《反不正当竞争法》调整

根据原《反不正当竞争法》第 2 条[①]规定，《反不正当竞争法》中经营者应该是与其他经营者经营同类或牵连商品存在竞争关系的经营者。而北京新世纪服装商城是市场开办者，其经营范围是承办商贸市场，北京新世纪服装商城并未经营与鳄鱼恤公司相同或相似的商品，不存在损害鳄鱼恤公司争议商标的行为，因此北京新世纪服装商城不是《反不正当竞争法》所调整的经营者。

2. 鳄鱼恤公司不是中国内地的经营者，因此涉案商品销售不会与鳄鱼恤公司产生不正当竞争

根据原《反不正当竞争法》[②]第 2 条规定，《反不正当竞争法》作为维护市场经营秩序的特别法，是有其特定的适用环境的，即该法所称的经营者应该是处于同一市场环境中的可能存在竞争关系的经营者。

本案中鳄鱼恤公司是注册于香港的公司，其经营业务是处于香港的市场环境内，而北京新世纪服装商城是处于内地的市场环境内，因此鳄鱼恤公司、北京新世纪服装商城不是处于同一市场环境，所以，鳄鱼恤公司与北京新世纪服装商城不会产生竞争关系，就更不可能产生不正当竞争。

3. 鳄鱼恤公司经营商品并非知名商品

根据《最高人民法院关于审理不正当竞争民事案件应用法律若干问题的解释》第 1 条、[③]《关于禁止仿冒知名商品特有的名称、包装、装潢的不正当竞争行为的若干规定》（以下简称《禁止仿冒规定》）中规定："知名商品是指在市场上具有一定的知名度，为相关公众所知悉的商品。"由以上规定可知，构成不正当竞争的前提是经营者的商品为知名商品。然而，并非所有的商品都可以成为知名商品，知名商品具有相对性，且知名度是有地域性和时间性限制的，其主要特征如下：(1)在空间上，知名商品具有一定的地域性，这是由其销售范围和适用范围决定的；(2)在时间上，商品的知名度是

---

① 《反不正当竞争法》于 2017 年修订，原第 2 条第 3 款规定："本法所称的经营者，是指从事商品经营或者营利性服务（以下所称商品包括服务）的法人、其他经济组织和个人。"

② 《反不正当竞争法》于 2017 年修订，原第 2 条第 2 款规定："本法所称的不正当竞争，是指经营者违反本法规定，损害其他经营者的合法权益，扰乱社会经济秩序的行为。"

③ 《最高人民法院关于审理不正当竞争民事案件应用法律若干问题的解释》第 1 条规定："在中国境内具有一定的市场知名度，为相关公众所知悉的商品，应当认定为反不正当竞争法第五条第（二）项规定的'知名商品'。"

随着市场而变化的，并非一成不变；(3)商品的知名度还是相对于一定的消费群体而言的，主要是指与该商品有可能发生购买、使用、销售等联系的人，即该商品的现实消费者或潜在消费者。因此，对于某种商品是否知名，应当考虑该商品的销售区域、销售时间、销售额和销售对象，进行任何宣传的持续时间、程度和地域范围，作为知名商品受保护的情况等因素，进行综合判断。

本案中，鳄鱼恤公司提供的证据材料均无法充分证明其经营的商品在中国内地市场上具有知名度并被相关公众所知悉，同时，本团队律师也向某工商行政管理部门咨询，据工商机关工作人员介绍，现今市场上有许多与争议商标相仿的图形，且鳄鱼恤公司已与多家生产与争议商标相仿商品的公司进行诉讼。可见，争议商标之多之乱已使公众无法判断真假，鳄鱼恤公司的争议商标也属于有“瑕疵”的商标，谈何知名度？此外，根据2004年7月20日及2005年3月14日，某工商行政管理部门发布的通告可知，鳄鱼恤公司经营的品牌不属该通告所要求特别保护的知名品牌，工商机关并未要求市场开办主体履行清理假冒鳄鱼恤公司品牌的义务，这也进一步说明了鳄鱼恤公司所经营的商品并不具有知名度。

4. 鳄鱼恤公司经营的商品并不具有特有的名称、包装、装潢

根据国家工商行政管理总局《禁止仿冒规定》第3条、①《包装通用术语》(GB 41122—83)中“包装”的定义，所谓“特有的包装、装潢”是指具有一定个性化的商品外观。它既能吸引消费者的注意力，提高商品知名度，又能发挥识别商品来源的作用。对该等外观的判断应重点分析商品的包装、装潢是否与相关商品通用的包装、装潢相比具有显著的区别性，成为市场上区别不同商品的显著性标志。

本案从鳄鱼恤公司经营商品的包装与装潢并不具有显著的区别性特征，因此该包装、装潢并不是鳄鱼恤公司经营商品所特有的。所以，鳄鱼恤公司所经营商品并不具备“特有包装、装潢”的特征。

5. 涉案商品上并未使用鳄鱼恤公司的企业名称

本案涉案商品使用的企业名称与鳄鱼恤公司的企业名称并不一致。

综上，鳄鱼恤公司所经营的商品并非知名商品，且不具有特有的包装和装潢，涉案商品亦未使用鳄鱼恤公司企业名称，因此，涉案商品的销售并不构成不正当竞争行为。

---

① 《禁止仿冒规定》第3条规定：“本规定所称特有，是指商品名称、包装、装潢非为相关商品所通用，并具有显著的区别性特征。本规定所称知名商品特有的名称，是指知名商品独有的与通用名称有显著区别的商品名称。但该名称已经作为商标注册的除外。本规定所称包装，是指为识别商品以及方便携带、储运而使用在商品上的辅助物和容器。本规定所称装潢，是指为识别与美化商品而在商品或者其包装上附加的文字、图案、色彩及其排列组合。”

（三）即使葛某某、彭某某侵权事实成立，北京新世纪服装商城也不应对其侵权行为承担连带责任

1. 北京新世纪服装商城与葛某某、彭某某之间是租赁合同法律关系，双方在租赁合同约定的范围内各自承担义务

（1）北京新世纪服装商城的租赁合同义务

根据租赁协议约定及《合同法》第216条①规定，北京新世纪服装商城的租赁合同义务是：①交付租赁物；②维修租赁物；③保障承租人合法的自主经营权。除此之外，北京新世纪服装商城不承担任何额外的合同义务。

（2）葛某某、彭某某的租赁合同义务

根据租赁协议约定及《合同法》第217条②规定，葛某某、彭某某租赁合同义务是：①依约使用租赁物；②支付租金；③返还租赁物；④合法经营及依约经营。该等义务应为葛某某、彭某某个人承担的特定义务。

2. 北京新世纪服装商城、葛某某、彭某某是不同的经营主体，各自履行不同的法律义务

（1）北京新世纪服装商城是商铺租赁经营主体，在租赁业务范围内履行法律义务

除了前述租赁合同义务外，还有：①履行政府部门对租赁业务经营进行管理的有关法律义务。包括：取得合法经营资格；依法开展摊位出租业务；依法缴纳租赁营业税；受税务管理部门的委托代征税款。②对于租赁物在使用过程中造成他人人身或财产损害的，北京新世纪服装商城在过错范围内承担相应的侵权赔偿责任。

（2）葛某某、彭某某是商品销售经营主体，在销售业务范围内履行法律义务

除了前述租赁合同义务外，还应该：①遵守法律法规，合法经营，不得销售假冒伪劣商品；②履行政府部门对商品销售进行管理的有关法律义务，该等管理义务涉及的法律主要有：合同法、产品质量法、消费者权益保护法、商标法、反不正当竞争法等；③依法缴纳增值税和附加税。

综上，北京新世纪服装商城、葛某某、彭某某是两类完全不同的经营主体，从事的是完全不同的经营内容，二者不能进行混淆。两种经营主体在各自的经营业务范围内承担不同的法律责任。除非有法律的明文规定，否则不能将某一经营主体应承担的法律责任转嫁到另一个经营主体。

---

① 《合同法》第216条规定："出租人应当按照约定将租赁物交付承租人，并在租赁期间保持租赁物符合约定的用途。"

② 《合同法》第217条规定："承租人应当按照约定的方法使用租赁物。对租赁物的使用方法没有约定或者约定不明确，依照本法第六十一条的规定仍不能确定的，应当按照租赁物的性质使用。"

（四）葛某某、彭某某独立经营、独立纳税，能够并且应当独立承担民事责任

1. 葛某某、彭某某能够独立承担民事责任

根据原《城乡个体工商户管理暂行条例》第4条①规定，葛某某是在工商行政管理部门合法注册的个体工商户，具有独立承担民事责任的主体资格，因此，葛某某能够独立承担民事责任；彭某某是该商铺的实际经营主体且是直接实施侵权的行为人，其也能独立承担民事责任。

2. 如果本案涉案商品销售涉嫌侵权，葛某某、彭某某等人应当独立承担民事责任

（1）本案涉案商品销售是由葛某某、彭某某独立实施的

根据《增值税暂行条例》第1条②以及本团队律师通过鳄鱼恤公司提供的税收通用完税证中可以确认，涉案商品销售产生的增值税和附加税是由个人缴纳的，因此该项商品销售本质上属于葛某某、彭某某独立实施。

（2）本案涉案商品的销售是在葛某某、彭某某所经营摊位进行的

本案涉案商品销售是在葛某某、彭某某所承租摊位内发生，且该摊位经营使用的是葛某某注册并处于有效期内的个体工商户营业执照，彭某某直接实施侵权行为。因此，葛某某、彭某某应对涉案商品销售可能涉嫌的侵权行为承担法律责任。

（3）北京新世纪服装商城受税务局委托代开发票，涉案商品销售与北京新世纪服装商城毫无关联

根据北京新世纪服装商城与当地地税局签订的《委托代征税费协议书》，2004年8月起北京新世纪服装商城受托向各商户代征税款，北京新世纪服装商城代开发票专用章由所在地国税局统一刻制发放。同时，开票人员开具发票时应写明销售凭证标明的商品名称，但无须对商品进行检查。因此，北京新世纪服装商城与涉案商品销售不存在任何实质关联性，对涉案商品销售的审查亦无过错，故北京新世纪服装商城对该等商品销售不应承担任何法律责任。

（五）北京新世纪服装商城与葛某某、彭某某不构成共同侵权

北京新世纪服装商城对涉案商品的销售没有主观故意和管理过失，涉案商品系葛某某、彭某某私自偷售，因此北京新世纪服装商城不可能与葛某某、彭某某对涉案商品销售行为存在共同过错。

---

① 《城乡个体工商户管理暂行条例》于2011年失效，原第4条规定："个体工商户，可以个人经营，也可以家庭经营。个人经营的，以个人全部财产承担民事责任；家庭经营的，以家庭全部财产承担民事责任。"

② 《增值税暂行条例》于2008年、2016年、2017年修订，原第1条规定："在中华人民共和国境内销售货物或者提供加工、修理修配劳务以及进口货物的单位和个人，为增值税的纳税义务人（以下简称纳税人），应当依照本条例缴纳增值税。"

1. 北京新世纪服装商城对涉案商品销售没有主观故意

本团队律师认为，北京新世纪服装商城作为大型商贸市场的租赁经营者，其出租的商贸城面积达上万平方米，经营期限也较长，诚信守法才是北京新世纪服装商城获取长期巨大利益的最佳途径。北京新世纪服装商城毫无理由去故意追求售卖少量假冒商品的短小利益，而使自己已树立的良好企业声誉受到损害，这是典型的因小失大，其行为不符合市场经济商业经营客观规律。此外，根据举证责任分配原则，鳄鱼恤公司应当举证证明北京新世纪服装商城存在主观故意。

2. 北京新世纪服装商城对涉案商品销售没有管理过失

本团队律师认为，首先，不能将不合理的监督管理责任强加给北京新世纪服装商城。北京新世纪服装商城是市场租赁经营者，不是依法查处假冒商品的国家行政机关，也不可能是被侵权的生产厂家、商标权人，因此北京新世纪服装商城没有权利查处假冒商品。更何况，在工商行政管理部门都难以辨别是否为假冒商品的情况下，北京新世纪服装商城更不具备判断涉案商标真伪的能力，同时，鳄鱼恤公司也从未向北京新世纪服装商城投诉过市场内有假冒涉案商标的产品，即使北京新世纪服装商城对假冒商品有合理的预防监督管理责任，也不可能时时进行监督管理。其次，涉案商标销售是因葛某某、彭某某违反约定和法定义务造成的。葛某某、彭某某都签署过《北京新世纪服装商城商户保护知识产权责任承诺书》，而葛某某、彭某某都违反了与北京新世纪服装商城约定的义务和法定义务。葛某某作为商铺营业执照记载主体，对摊位疏于管理应当承担侵权责任。彭某某为直接侵权人，更应当承担侵权责任。最后，北京新世纪服装商城对涉案摊位进行了严格管理。即使北京新世纪服装商城知道或者应当知道有义务采取合理的预防措施以防止侵权行为在其市场内发生，但不意味着要求北京新世纪服装商城有积极保护商标所有者商业利益的责任和义务。

3. 北京新世纪服装商城已经尽到严格管理义务

尽管如此，北京新世纪服装商城在接到鳄鱼恤公司举报后及时采取措施，积极对商铺进行了检查，已尽到了严格管理的义务。

2007 年 2 月 8 日，涉案商品销售发生后，新世纪公司在对税务票据底单进行检查过程中发现彭某某销售涉案商品，随即对涉案摊位进行了清查，勒令摊主将经营的“鳄鱼恤”品牌商品全部撤店，此种情况可以说明，即使假定北京新世纪服装商城对于承租人的经营有监督管理义务，在本起事件中北京新世纪服装商城已经及时有效地发挥了监督管理的作用，对彭某某销售涉案商品行为进行及时有效制止，防止了违法行为再度发生。

2007 年 3 月 7 日，在北京新世纪服装商城的督促下，涉案摊位原《协议书》终止，该摊位被转让给案外人，由其经营正品服饰，以保持北京新世纪服装商城的良好声誉。本团队律师在对北京新世纪服装商城及时处理的证明问题上做了大量细致工作，通过查询当年的万年历，证明2007年2月18日是春节，从春节前三天一直到正月十五都是商户的休假时间（本团队律师辅以北京新世纪服装商城公告及其他商铺店主出具的证人证言证明），无法办理商铺转让手续。所以，自2007年2月7日到3月7日，虽然表面上对涉案摊位的管理调整用了1个月的时间，但实质上这种调整工作全部完成是在几天之内，这更充分说明了北京新世纪服装商城对于本案事件处理的及时性。

（六）鳄鱼恤公司主张的赔偿数额没有合法依据和证据支持

本团队律师认为，根据《商标法》第56条、①《反不正当竞争法》第20条②规定，即使本案北京新世纪服装商城和葛某某、彭某某侵权行为成立，赔偿金额也不是鳄鱼恤公司所主张的数额。

1. 鳄鱼恤公司有证明其经济损失及合理费用的举证责任

鳄鱼恤公司既未提供证据说明其因侵权行为遭受了何种程度的损失，又未提供证据证明北京新世纪服装商城与葛某某、彭某某因侵权行为获取了多少利润，因此其主张不能得到支持。

2. 鳄鱼恤公司有防止损失扩大的义务

鳄鱼恤公司于2007年2月7日已取得葛某某、彭某某销售涉案商标商品的证据，却未立即向北京新世纪服装商城反映情况，也未向工商行政管理机关报告。相反，正是因为北京新世纪服装商城发现问题及时处理，才阻止了鳄鱼恤公司损失进一步扩大，所以鳄鱼恤公司应自行承担怠于行使权利造成的损失。

三、擅于利用质证程序，反驳对方诉讼主张

在涉及知识产权侵权纠纷案件时，原告总会提交堆积如山的证据来支持自己的诉讼主张。但这些“证据”往往不足为证，作为被告的代理律师要从“证据”中找到瑕疵，并且逐一击破，达到反驳对方诉讼主张的效果。

在本案中，鳄鱼恤公司提交了大量证据试图证明自己的争议商标为驰名商标。然而本团队律师经过仔细审查发现许多证据恰巧是证明其不是驰名商标的依据，因此本团队律师在以鳄鱼恤公司证据反驳鳄鱼恤公司主张的同时，乘胜追击补充了一些材料

---

① 《商标法》于1993年、2001年、2013年修正，原第56条规定：“侵犯商标专用权的赔偿数额，为侵权人在侵权期间因侵权所获得的利益，或者被侵权人在被侵权期间因被侵权所受到的损失，包括被侵权人为制止侵权行为所支付的合理开支。”

② 《反不正当竞争法》于2017年修订，原第20条规定：“经营者违反本法规定，给被侵害的经营者造成损害的，应当承担损害赔偿责任，被侵害的经营者的损失难以计算的，赔偿额为侵权人在侵权期间因侵权所获得的利润；并应当承担被侵害的经营者因调查该经营者侵害其合法权益的不正当竞争行为所支付的合理费用。”

作为反驳的依据。法院最终采纳了本团队律师的质证意见。

[**法案研判**]

近年来,随着当事人知识产权保护意识的不断加强,知识产权侵权案件的数量也在与日俱增,其中的共同侵权案件亦不计其数。本案的争议焦点之一便是北京新世纪服装商城与葛某某是否构成知识产权共同侵权。下文将从知识产权侵权行为认定的相关法律法规展开,着重分析知识产权共同侵权行为在学术界与实务界的认定规则。

一、关于知识产权侵权行为认定的相关法律法规

目前,关于知识产权侵权行为认定现行有效的相关法律法规主要包括:

1.《著作权法》第 47 条规定:"有下列侵权行为的,应当根据情况,承担停止侵害、消除影响、赔礼道歉、赔偿损失等民事责任:(一)未经著作权人许可,发表其作品的;(二)未经合作作者许可,将与他人合作创作的作品当作自己单独创作的作品发表的;(三)没有参加创作,为谋取个人名利,在他人作品上署名的;(四)歪曲、篡改他人作品的;(五)剽窃他人作品的;(六)未经著作权人许可,以展览、摄制电影和以类似摄制电影的方法使用作品,或者以改编、翻译、注释等方式使用作品的,本法另有规定的除外;(七)使用他人作品,应当支付报酬而未支付的;(八)未经电影作品和以类似摄制电影的方法创作的作品、计算机软件、录音录像制品的著作权人或者与著作权有关的权利人许可,出租其作品或者录音录像制品的,本法另有规定的除外;(九)未经出版者许可,使用其出版的图书、期刊的版式设计的;(十)未经表演者许可,从现场直播或者公开传送其现场表演,或者录制其表演的;(十一)其他侵犯著作权以及与著作权有关的权益的行为。"

2.《商标法》第 57 条规定:"有下列行为之一的,均属侵犯注册商标专用权:(一)未经商标注册人的许可,在同一种商品上使用与其注册商标相同的商标的;(二)未经商标注册人的许可,在同一种商品上使用与其注册商标近似的商标,或者在类似商品上使用与其注册商标相同或者近似的商标,容易导致混淆的;(三)销售侵犯注册商标专用权的商品的;(四)伪造、擅自制造他人注册商标标识或者销售伪造、擅自制造的注册商标标识的;(五)未经商标注册人同意,更换其注册商标并将该更换商标的商品又投入市场的;(六)故意为侵犯他人商标专用权行为提供便利条件,帮助他人实施侵犯商标专用权行为的;(七)给他人的注册商标专用权造成其他损害的。"

3.《专利法》第 11 条规定:"发明和实用新型专利权被授予后,除本法另有规定的以外,任何单位或者个人未经专利权人许可,都不得实施其专利,即不得为生产经营目的制造、使用、许诺销售、销售、进口其专利产品,或者使用其专利方法以及使用、许诺销售、销售、进口依照该专利方法直接获得的产品。外观设计专利权被授予后，任何单位或者个人未经专利权人许可，都不得实施其专利，即不得为生产经营目的制造、许诺销售、销售、进口其外观设计专利产品。”

4.《最高人民法院关于审理侵犯专利权纠纷案件应用法律若干问题的解释》第12条规定：“将侵犯发明或者实用新型专利权的产品作为零部件，制造另一产品的，人民法院应当认定属于专利法第十一条规定的使用行为；销售该另一产品的，人民法院应当认定属于专利法第十一条规定的销售行为。将侵犯外观设计专利权的产品作为零部件，制造另一产品并销售的，人民法院应当认定属于专利法第十一条规定的销售行为，但侵犯外观设计专利权的产品在该另一产品中仅具有技术功能的除外。对于前两款规定的情形，被诉侵权人之间存在分工合作的，人民法院应当认定为共同侵权。”

5.《反不正当竞争法》第6条规定：“经营者不得实施下列混淆行为，引人误认为是他人商品或者与他人存在特定联系：（一）擅自使用与他人有一定影响的商品名称、包装、装潢等相同或者近似的标识；（二）擅自使用他人有一定影响的企业名称（包括简称、字号等）、社会组织名称（包括简称等）、姓名（包括笔名、艺名、译名等）；（三）擅自使用他人有一定影响的域名主体部分、网站名称、网页等；（四）其他足以引人误认为是他人商品或者与他人存在特定联系的混淆行为。”

在现行知识产权法中，对知识产权侵权行为的规定有4种表述方式：第一种是明确规定在相应法律的法律责任一章中，在同一条规定了民事等法律责任后，再一一列举应受民事责任追究的侵权行为，如《著作权法》；第二种规定在知识产权保护一章中，专条规定侵权行为，另专条规定这些行为应承担的法律责任，如《商标法》；第三种是在法律的总则部分专条规定为法律所禁止的侵害专利权的行为，而在权利保护一章专条列举规定不视为侵犯专利权的行为和不承担赔偿责任的行为，并在该章中规定了应当追究的法律责任，如《专利法》；第四种为专章规定侵权或违法行为，并另外专章规定应追究的法律责任，如《反不正当竞争法》。概括而言，知识产权法一般都规定了相应知识产权的权利内容，列举规定了侵权行为及除外情况和限制条件，以及应承担的法律责任。法律责任一般为民事法律责任和行政法律责任。因而，我们在认定知识产权侵权行为时，就要注意掌握知识产权法律法规规定的认定侵权行为的相关法律事实。

二、关于知识产权共同侵权认定问题的相关理论观点

在本案中，特别值得关注的问题就是知识产权侵权中共同侵权的认定问题。

从基本法学理论分析来看，共同侵权的构成条件主要包括以下四个方面：（1）主体方面，行为人必须是两个或两个以上的人；（2）主观方面，数个行为人之间主观上有共同过错;(3)客观方面,数个行为相互联系,构成一个统一的损害结果;(4)因果关系方面,数个行为人的行为与损害结果之间有因果关系。以上四个方面条件缺少任何一个都不能构成共同侵权,而其中最为核心的条件是“具有主观上的共同过错”。

知识产权的共同侵权是对传统民法中共同侵权的创新和补充,它既有传统共同侵权理论的典型性,也有自己的独特性。主要在以下几个方面有所区别:

就侵权的判定和民事责任上,知识产权的共同侵权仍然运用的是传统民事侵权理论。但知识产权的侵权与其他一般侵权行为相比,有很多不同之处,如比较典型的“即发侵权”问题、知识产权使用人无过错也要返还获利及停止使用问题等。

同时,知识产权有两个基本的特点:无形性和保护范围的法定性。无形性表现在对知识产权的侵犯是以对知识产权的“利用”为表现形式,如本案中在相同或类似的产品上使用商标权人的商标,复制、发行等行为。并且由于无形性,侵权行为几乎不受空间的限制,因此,与其他侵权行为相比,知识产权的共同侵权行为较多。保护范围的法定性是指知识产权的保护范围由法律明确规定,知识产权的侵权行为也由法律明确规定,因此在知识产权共同侵权的判定和责任分配上,与传统理论有所区别。

在知识产权共同侵权中相较于传统共同侵权理论来说,更注重过错程度和因果关系的远近。特别是在有的侵权人是故意侵权,而有的侵权人是过失侵权的情况下,应当综合因果关系的远近、侵权获利的多少等各方面的因素确定是否承担连带责任。

三、关于知识产权共同侵权的相关裁判观点

从下述几个案例中可以看出近年来最高人民法院对知识产权共同侵权案件中共同侵权意思表示联络的认定趋势:

(一)母子公司之间推定具有共同侵权意思表示联络

例如,在法国卡思黛乐兄弟简化股份有限公司(以下简称法国公司)、深圳卡斯特酒业有限公司(以下简称深圳公司)、李某某等侵害商标权纠纷一案①中,最高人民法院认为:“关于法国公司和深圳公司是否构成共同侵权的问题。涉案侵权产品系法国公司生产、深圳公司进口至中国销售,二者是否构成共同侵权,是否应承担连带责任,取决于二者是否有共同的意思联络。本案中法国公司否认侵权产品的中文标签系其制作并粘贴于产品之上,因深圳公司未参加诉讼,对此事实没有直接的证据证明。本院认为,从法国公司上海代表处于 2008 年、2009 年刊登的声明来看,其称所有原装葡萄酒的正面及背面酒标都在法国生产、粘贴,并未指明仅是当时的做法,应视为是一贯的行为。况且,虽然深圳公司从股权结构中无法得出与法国公司有关联关系的结论,

① 详见(2014)民提字第 25 号民事判决书。

但深圳公司使用‘卡斯特’的字号，且法国公司从未提出过异议，可证明法国公司和深圳公司之间存在较为密切的关系。应认定法国公司与深圳公司存在共同侵权的意思联络。”

（二）公司联系信息等一致可能被推定有共同控制权

例如，在再审申请人洲际伟大品牌有限公司、江苏统业保健食品有限公司（以下简称统业公司）与被申请人泰州市竞龙营养品厂（以下简称竞龙厂）等侵害商标权及不正当竞争纠纷一案①中，最高人民法院认为：“竞龙厂和统业公司是否构成共同侵权并应承担连带责任。首先，本案证据表明，竞龙厂和统业公司之间存在密切关联。两公司办公地址、联系电话相同，有关业务人员曾经对外宣称两者实质上是同一公司。更应值得注意的是，竞龙厂和统业公司共享同一质量管理体系认证证书，这一做法并不符合质量管理体系认证的商业惯例。在竞龙厂和统业公司对此无法给出合理可信解释的情况下，可以推定两公司在生产过程中应该拥有共同的控制权。上述事实表明，竞龙厂和统业公司之间存在高度的关联性。其次，竞龙厂了解并共同控制了本案被诉侵权产品的生产。根据竞龙厂与统业公司的授权协议可知，竞龙厂许可统业公司使用其注册商标，竞龙厂有权监督使用该注册商标的产品质量。而且，竞龙厂和统业公司之间存在高度关联性，共享同一质量管理体系认证证书，竞龙厂应该实际了解、知悉甚至在一定程度上共同控制了本案被诉侵权产品的生产。最后，竞龙厂和统业公司共同实施了有关宣传行为。竞龙厂与统业公司共同印刷和发行了有关宣传册，尽管该宣传册并未明确涉及本案被诉侵权产品，但是这一事实表明两者存在共同实施商业行为的情况。此外，统业公司的网站上出现了‘竞龙系列’栏目、列有‘统业’‘竞龙’‘新果珍’‘gzhen’商标，并有本案被诉侵权产品的宣传图片。结合竞龙厂和统业公司共享质量管理体系认证证书的事实，在缺乏相反证据的情况下，完全可以推定统业公司网站有关本案被诉侵权产品的宣传行为系两者共同所为。因此，根据本案现有证据，可以认定竞龙厂和统业公司共同实施了本案被诉侵权行为，应当承担连带责任。”

（三）被侵权人若要求法院认定在行为人一般正常商业往来中有共同侵权意思联络，需要提供充足的证据证明，否则不予支持

例如，在陕西辇止坡老童家食品餐饮管理有限公司（以下简称老童家餐饮公司）与西安市莲湖区辇止坡老童家食品店（以下简称老童家食品店）、西安爱家超市有限公司（以下简称爱家超市）侵害商标权纠纷一案②中，最高人民法院认为：“关于老童家

① 详见（2014）民提字第61号民事判决书。

② 详见（2016）最高法民申737号民事裁定书。

食品店是否与爱家超市构成共同侵权的问题。本案中,由于本院已认定爱家超市的被诉行为不构成商标侵权,且各方均确认爱家超市销售的涉案商品并非直接源自老童家食品店,而是源自老童家食品店的特约经销商西安琛源工贸有限公司,老童家食品店与爱家超市之间并不存在直接的业务往来。爱家超市独立实施经营行为,其设置标价签、给顾客打印购物小票、出具购物发票等行为均系其经营行为的组成部分,并不受包括老童家食品店在内的其他经营主体的控制。老童家餐饮公司认为老童家食品店存在授意、默认或者指使爱家超市使用'老童家'字样的行为,与爱家超市构成共同侵权的主张,缺乏有效证据加以证实。一审、二审法院依法驳回老童家餐饮公司的该项诉请,并无不当。"

(四)公司之间的控股关系以及实施侵权行为推定是否具有共同侵权的意思联络

例如,在苏州樱花科技发展有限公司(以下简称苏州樱花公司)、樱花卫厨(中国)股份有限公司(以下简称樱花卫厨公司)侵害商标权纠纷一案①中,最高人民法院认为:"关于苏州樱花公司、原苏州樱花科技发展有限公司中山分公司、中山樱普公司、中山樱厨公司、屠某某、余某某的行为是否构成共同侵权。根据二审法院认定的事实,从苏州樱花公司、原苏州樱花科技发展有限公司中山分公司、中山樱普公司、中山樱厨公司的成立等情况来看,这四家公司对其行为构成商标侵权及不正当竞争是明知的,存在共同侵权的意思联络。从苏州樱花公司、原苏州樱花科技发展有限公司中山分公司、中山樱普公司、中山樱厨公司的网站形式近似、共用淘宝网销售平台进行网络销售、共同签订广告发布合同、使用类似的广告宣传语等情形来看,这四家公司经营的产品种类和范围相近,侵权方式、手段相同,实施了共同侵权的行为。故二审法院关于这四家公司构成共同侵权的认定并无不当。关于屠某某、余某某是否应承担连带责任的问题。根据二审认定的事实,在屠某某担任案外人苏州樱花电器有限公司法定代表人期间,该公司曾被樱花卫厨公司起诉侵犯商标权及不正当竞争,经过一审、二审审理,最终认定该公司的被控行为构成侵权。在此情况下,屠某某又相继成立了苏州樱花公司、原苏州樱花科技发展有限公司中山分公司以及中山樱厨公司,并担任这三家公司的法定代表人;樱花卫厨公司曾针对由余某某担任法定代表人的中山樱普公司拥有商标专用权的第4388900号、第4346843号、第7139306号商标提出异议申请,并最终第4388900号、第4346843号商标仅在灯类商品上予以维持,第7139306号商标被撤销,这说明余某某亦明知樱花卫厨公司的'樱花'系列注册商标与其自身商标的区别。苏州樱花公司、原苏州樱花科技发展有限公司中山分公司、中山樱厨公司以及中山樱普

① 详见(2017)最高法民申1406号民事裁定书。

公司自成立以来即以侵权经营为主业,进而导致本案诉讼的发生。屠某某和余某某是前述公司的法定代表人,对侵权行为起到了重要作用,其二人与苏州樱花公司、原苏州樱花科技发展有限公司中山分公司、中山樱普公司、中山樱厨公司构成共同侵权,应对由此给樱花卫厨公司造成的损害结果承担连带责任。苏州樱花公司的此项再审申请理由不能成立。"

从上述四个案例中可以看出法院在认定是否存在共同侵权行为时,侧重于行为人之间有无"共同侵权的意思联络"。法院一般会通过行为人之间的法律关系、注意义务等方面判断是否有意思联络,比如从行为人之间的股权结构、联系地址等推定是否存在意思联络。

[**案件复盘**]

本团队律师在本案中办案思路清晰,逻辑严谨,从论证"鳄鱼恤"不是注册商标也不符合知名商标条件、北京新世纪服装商城不构成知识产权共同侵权的要件到北京新世纪服装商城已尽到谨慎管理义务,层层递进的逻辑布局使法院作出完全有利北京新世纪服装商城的判决。同时,本团队律师工作细致、认真负责是本案取得圆满诉讼结果的另一重要因素,尤其是本团队律师在论证北京新世纪服装商城及时处理商铺实际经营者销售"鳄鱼恤"商品时,通过查找案发时万年历,充分地论证北京新世纪服装商城尽到了商场经营者管理义务。这些工作细节得到了法官及客户的一致认可,也为本团队律师在业界建立了良好的口碑。

在知识产权侵权纠纷案件中,对知识产权相关法律规定以及政策规定的深入了解都要求与时俱进,持续关注当下最新的法律动态。在国家越来越重视对知识产权保护的潮流下,知识产权纠纷会越来越多。为抓住这一业务,律师需要夯实专业知识,比如基础民法理论以及知识产权专有理论。本团队律师顺应国家政策的变化,不断学习与更新专业知识。以共同侵权行为的调研为例,本团队律师通过总结理论界与实务界观点,研究分析裁判机关在认定共同侵权行为时重点把握的要件,以期在后续代理类似案件时能够胸有成竹、有的放矢。知识产权虽并非本团队的主要业务领域,但正是基于这种孜孜以求的精神,本团队律师在知识产权业务领域依然获得了一定的建树。

14

情势变更不可抗力，正确适用维护权益

［案件摘要］

本案系A公司与B公司之间的一起租赁合同纠纷案件。双方签订租赁合同后，出租方A公司以租赁标的物土地用途变更为由，向承租方B公司发函要求解除租赁合同，并就此事项向法院提起诉讼。本团队律师接受B公司委托代理本案后，迅速制定应对策略，在避免B公司被认定存在逾期支付租金情形的基础上，进一步论述由于土地用途尚未实际调整，A公司无权主张解除合同的观点，最终法院完全采纳我方代理意见，驳回A公司诉讼请求。本团队律师通过科学严谨的诉讼方案，成功按照B公司的意愿争取到合同继续履行的可喜成果。

［案情回放］

2001年8月，出租方A公司与承租方B公司签订《房地产租赁合同》与《场地租赁合同》（以下合称《租赁合同》），约定：A公司将某块集体土地（以下简称案涉地块）及地上建筑物某厂房（以下简称案涉房屋，与案涉地块合称案涉不动产）出租给B公司，租赁期限为2001年9月1日至2021年8月31日；租金按年结算，由B公司在租期开始前一个月即每年8月交纳租金给A公司（以下简称上交款）；在租赁期间，A公司不得出卖或抵押案涉不动产，B公司可以对案涉房屋进行改装，可以在案涉不动产上增扩设备或建造非永久性建筑物。

《租赁合同》签订后，A公司交付了案涉不动产，B公司交付租金并开始改装扩建厂房。但对2001年9月至2006年8月的租金，B公司并未按照《租赁合同》中约定的时间交纳，即合同约定以上交款的方式交纳租金，但事实上B公司均在每个租期年度最后一个月交纳房屋租金（以下简称下交款）。

2006年7月28日，A公司致函B公司，表示：因案涉不动产所在地区进行建设规划，会发生土地用途调整，请B公司停止一切新的厂内建设。2006年9月，A公司口头通知B公司,其拟使用案涉地块开发房地产,通知B公司尽快联系新厂址。2007年4月20日,A公司又致函B公司,称案涉地块调整为住宅用地,已有房地产公司与其洽谈案涉地块的房地产开发项目。现该项目已进入实质性阶段,要求解除A、B公司之间的租赁合同。B公司收到解除合同的函件后,于2007年5月复函A公司,表示根据目前的实际情况,要联系新厂址确有很大困难,并会造成B公司重大损失。此时,案涉地块已经取得集体土地建设用地使用证,A公司函件中提到的房地产项目尚未办理用地审批手续。对2006年9月之后的租金,直至A公司起诉时(2007年6月),B公司仍未支付。

2007年6月,A公司向法院起诉,请求:(1)解除《租赁合同》;(2)B公司腾退案涉不动产;(3)B公司给付2007年的租金76万元及逾期违约金225,951.16元。诉讼期间,B公司交纳租金76万元,A公司亦相应修改了诉讼请求,撤销了对76万元租金的支付请求。

2008年10月21日,一审法院作出判决,驳回了A公司解除《租赁合同》、要求B公司腾退案涉不动产及支付逾期违约金的诉讼请求。

[**战略战术**]

本案当事人B公司在前期找到本团队律师咨询案件的时候,本团队律师认为本案胜算不大。主要因为案涉土地涉及土地用途规划的调整,可能会导致合同因履行不能而解除。同时B公司确实未完全按照《租赁合同》的约定付款,存在迟延支付租金的行为,违约金的承担可能在所难免。

但经过对本案证据的梳理,本团队律师认为对于A公司的诉请均可一一进行反驳,据此本团队律师制定了具体完善的诉讼策略。

一、深入研究案件,科学设置诉讼方案

本团队律师代理本案后,迅速厘清从签订、履行两份租赁合同到发生纠纷的全部法律事实,及时与B公司沟通案件相关情况,根据B公司的实际需求选择科学合理的诉讼方案,层层设置防火墙。

其一,针对土地用途调整问题,因案涉地块尚未实际调整,A公司无权据此解除合同(关于土地用途调整对合同的影响将在下文详述)。

其二,针对2001年9月至2006年8月的租金,B公司存在下交款的迟延支付行为,但《租赁合同》履行过程中B公司从未按照上交款方式支付租金,且A公司从未对此提出任何异议,因此可以认定该种履行方式为交易双方所默认许可,B公司无须承担违约责任。

其三，针对2006年9月之后的租金，B公司至起诉时尚未交纳，其迟延履行的原因是A公司反复来函称案涉地块即将或已经发生土地用途调整，B公司担心《租赁合同》无法继续履行，就此B公司可依照《合同法》第68条第4款的规定①行使不安抗辩权，拒绝履行其支付租金的合同义务，且无须承担违约责任。

多层次的防御设置取得了良好的效果，使对方存在恶意解除合同这一核心问题被法庭认可。此举对于合同继续履行起到了关键作用。

二、通过多维度方案，解决诉讼难题

案件审理过程中，本团队律师充分了解B公司期望继续履行合同的诉求，通过分析案件法律事实，重点梳理违约情况，确定法律上如何认定违约责任的承担主体。经过分析法律事实后，本团队律师发现B公司在合同履行过程存在延付租金的违约行为。

针对上述难题，本团队律师没有局限于单一的诉讼思路，而是思索其他路径，通过多维度方案解决问题：第一，在诉讼中，说服法庭认定上述租金的延期支付，系B公司履行不安抗辩权的结果，A公司应当对之承担主要责任；第二，诉讼之外，向B公司陈述利弊，请其迅速将之前欠付的租金缴足，补正其存在违约行为的法律事实。此举最终被法院认可，为法院后续作出对B公司有利的判决做好铺垫。

[法案研判]

虽然本案中案涉地块的土地用途尚未发生变更，未对合同履行产生实际影响，但本案的发生也使本团队律师开始重点关注土地用途变更等阻碍事由对合同继续履行的影响：假设合同签订后，所涉土地用途确实发生变更，是否可援引不可抗力或情势变更原则？双方当事人能否解除合同？解除后是否应当承担违约责任？此外，近年来全国房价大幅上涨，各地纷纷出台限购、限贷政策。限购、限贷政策与本案中的土地用途变更同属合同履行障碍，其对合同履行的影响也成为学界探讨的热点话题。下文将通过对不可抗力与情势变更的比较研究，重点阐释土地用途变更与限购、限贷政策下不可抗力或情势变更的认定与适用规则。

一、关于"不可抗力及情势变更规则的认定与适用"的相关法律法规

目前，关于"不可抗力及情势变更规则的认定与适用"现行有效的相关法律法规主要包括：

---

① 《合同法》第68条规定："应当先履行债务的当事人，有确切证据证明对方有下列情形之一的，可以中止履行：……（四）有丧失或者可能丧失履行债务能力的其他情形。"

1.《民法通则》第 107 条规定:“因不可抗力不能履行合同或者造成他人损害的,不承担民事责任,法律另有规定的除外。”

2.《民法通则》第 153 条规定:“本法所称的‘不可抗力’,是指不能预见、不能避免并不能克服的客观情况。”

3.《民法总则》第 180 条规定:“因不可抗力不能履行民事义务的,不承担民事责任。法律另有规定的,依照其规定。不可抗力是指不能预见、不能避免且不能克服的客观情况。”

4.《合同法》第 110 条规定:“当事人一方不履行非金钱债务或者履行非金钱债务不符合约定的,对方可以要求履行,但有下列情形之一的除外:(一)法律上或者事实上不能履行……”

5.《合同法》第 117 条规定:“因不可抗力不能履行合同的,根据不可抗力的影响,部分或者全部免除责任,但法律另有规定的除外。当事人迟延履行后发生不可抗力的,不能免除责任。本法所称不可抗力,是指不能预见、不能避免并不能克服的客观情况。”

6.《最高人民法院关于适用〈中华人民共和国合同法〉若干问题的解释(二)》(以下简称《合同法司法解释(二)》)第 26 条规定:“合同成立以后客观情况发生了当事人在订立合同时无法预见的、非不可抗力造成的不属于商业风险的重大变化,继续履行合同对于一方当事人明显不公平或者不能实现合同目的,当事人请求人民法院变更或者解除合同的,人民法院应当根据公平原则,并结合案件的实际情况确定是否变更或者解除。”

7.《最高人民法院关于正确适用〈中华人民共和国合同法〉若干问题的解释(二)服务党和国家的工作大局的通知》规定:“对于上述解释条文(对情势变更的规定),各级人民法院务必正确理解、慎重适用。如果根据案件的特殊情况,确需在个案中适用的,应当由高级人民法院审核。必要时应报请最高人民法院审核。”

二、关于“不可抗力及情势变更规则的认定与适用”的相关理论观点

自我国住房体制改革以来,房价逐渐上涨、投机性投资购房活跃,我国政府为遏制此不良势头,逐步出台了一系列限购、限贷政策。这些政策是否构成合同履行障碍?能否援引不可抗力或情势变更原则?这是实践中一个亟待解决的问题。本案中虽不涉及限购、限贷政策,但涉及土地用途变更,亦属于不能归责于双方当事人的合同履行障碍。下文将以本案为基础,论述不可抗力和情势变更原则的概念及区别,进而引申出限购、限贷政策对房屋买卖合同履行的影响。

厘清上述问题,首先需准确认识不可抗力与情势变更的概念。不可抗力,在我国法律层面上是指不能预见、不能避免并不能克服的客观情况,是一种法定的民事责任免责事由。[①] 情势变更则是指合同有效成立后，因当事人不可预见的事情的发生（或不可归责于双方当事人的原因发生情势变更），导致合同的基础动摇或丧失，若维持合同原有效力有悖于诚实信用原则（显失公平）时，则应允许变更合同内容或者解除合同的法理。[②]

不可抗力及情势变更同属于履行障碍，制度意义在于认定不履行方在何种情形下可以不承担违约责任，以衡平当事人的权利义务。我国合同法执行严格责任原则，一方当事人不履行合同义务时需承担违约责任；但不可抗力属于法定免责事由，因不可抗力导致合同未履行的，不需承担违约责任。在违约责任与免责之外，尚有因合同变更或解除而不构成违约责任的领域，即情势变更，属于"责任不构成"的范畴。[③] 也就是说，我国法律体系中，唯援引不可抗力或情势变更原则可认定不构成违约责任，其他情形中不履行方均需承担违约责任。

关于不可抗力与情势变更的区别，有一种观点着眼于《合同法司法解释（二）》对情势变更的规定，[④]认为应以产生原因（当事人能否避免或克服等）界定两种制度。[⑤]这种观点在学理上并不合理，在实践中也遭到了反驳。[⑥] 准确的理解是：两者均构成履行障碍，但程度不同，不可抗力已构成不能履行；情势变更则是有的未达到不能履行的程度（可能履行），有的可能达到履行不能的程度（如部分不能或一时不能），如强制履行将导致显失公平或不能实现合同目的。[⑦] 这样，在客观情形导致合同完全和永久不能履行时，可发生合同解除权；客观情形导致合同履行十分困难，若按合同规定履行就显失公平，方适用情势变更原则，产生合同变更或解除的法律后果。[⑧]

可见，不可抗力与情势变更作为履行障碍的两种制度体现，其内涵在于强调履行

---

① 《民法通则》第 107 条规定："因不可抗力不能履行合同或者造成他人损害的，不承担民事责任，法律另有规定的除外。"第 153 条规定："本法所称的'不可抗力'，是指不能预见、不能避免并不能克服的客观情况。"《合同法》第 117 条规定："因不可抗力不能履行合同的，根据不可抗力的影响，部分或者全部免除责任，但法律另有规定的除外。当事人迟延履行后发生不可抗力的，不能免除责任。本法所称不可抗力，是指不能预见、不能避免并不能克服的客观情况。"

② 参见梁慧星：《中国民法经济法诸问题》，中国法制出版社 1999 年版，第 170 页。

③ 参见韩世远：《合同法总论》（第 3 版），法律出版社 2011 年版，第 383 页。

④ 《合同法司法解释（二）》第 26 条规定："合同成立以后客观情况发生了当事人在订立合同时无法预见的、非不可抗力造成的不属于商业风险的重大变化，继续履行合同对于一方当事人明显不公平或者不能实现合同目的，当事人请求人民法院变更或者解除合同的，人民法院应当根据公平原则，并结合案件的实际情况确定是否变更或者解除。"

⑤ 参见邓冠杰：《论"限购令"下个人住房买卖合同纠纷法律适用》，西南政法大学 2016 年硕士学位论文；王诗瑶：《论情势变更原则在房屋买卖合同纠纷中的适用》，中国政法大学 2011 年硕士学位论文等。

⑥ 参见最高人民法院公报案例（2008）民二终字第 91 号案，该案中将履行障碍（鄱阳湖遭遇 36 年未遇的罕见低水位）认定为不可抗力，但最终的处理方式适用了情势变更原则。

⑦ 参见韩世远：《合同法总论》（第 3 版），法律出版社 2011 年版，第 384 页。

⑧ 参见崔建远主编：《合同法》（第 5 版），法律出版社 2010 年版，第 130 页。

不能一方对于合同已尽合理履行义务,违约行为基于不可控因素产生,应当免责。从这个角度来看,土地用途变更、限购政策及限贷政策均应属于不可抗力或情势变更的一种。不可抗力情形下,合同完全和永久不能履行的,当事人只能选择解除合同;情势变更情形下,合同履行并非完全不能,只是存在重大障碍,因此存在变更合同的空间,此外,履行障碍一方将承担更重的证明责任及推动合同履行的义务。

基于上述分析,不可抗力与情势变更的具体区分,关键问题就在于履行不能程度的界定。履行不能,是指作为债权之客体的给付不可能的状态。该种不能非物理学或逻辑学上之法则,而为社会上或法律上之观念。① 根据《合同法》第 110 条第 1 款的规定,履行不能可分为事实上的不能与法律上的不能,所谓事实上的不能,又称为自然不能,是指基于自然法则的不能,比如因合同标的物灭失而不能履行,或者因洪水泛滥造成铁路交通中断而不能运输货物等。法律上的不能,是指基于法律规定的履行不能,或者说是指因法律的理由而导致的履行不能,属于民事行为内容违法的问题。② 情势变更更多是经济原因导致的履行障碍,债务人的履行费用与其自身的履行利益或与债权人的履行利益之间的比例严重失衡,③而非永久、全部地不能履行,其履行给付的困难程度小于不可抗力。

基于上述分析,本团队律师倾向于认为土地用途变更和限购政策属于不可抗力,限贷政策则更偏向于情势变更。故此,土地用途变更和限购政策导致合同履行不能的,只能解除合同,不能履行一方不承担违约责任;限贷政策导致合同履行困难的,则需证明确实存在履行困难,且除解除合同外,尚有合同变更之空间。根据本团队律师对判例的数据分析(详见下文),可以发现法院的裁判逻辑与本团队律师的预判高度吻合。

需要注意的是,此处的情势变更仅是理论上的认定。根据我国现有规定,情势变更在个案中的认定需由高级人民法院审核,必要时需报请最高人民法院,④这就使审判实务中法院会尽量避免情势变更的认定。不过,相关规定往往将限购、限贷政策表述为"不可归责于双方当事人的原因导致合同目的无法实现",⑤其实质就是不可抗力

---

① 例如,海底寻针,物理学上虽非不能,而在社会观念上则认为不能。参见史尚宽:《债法总论》,中国政法大学出版社 2000 年版,第 378 页。

② 参见韩世远:《合同法总论》(第 3 版),法律出版社 2011 年版,第 407 页。

③ 参见[德]迪特尔·梅迪库斯:《德国债法总论》,杜景林、卢谌译,法律出版社 2004 年版,第 285 页。

④ 《最高人民法院关于正确适用〈中华人民共和国合同法〉若干问题的解释(二)服务党和国家的工作大局的通知》规定:"对于上述解释条文(即对情势变更的规定),各级人民法院务必正确理解、慎重适用。如果根据案件的特殊情况,确需在个案中适用的,应当由高级人民法院审核。必要时应报请最高人民法院审核。"

⑤ 例如,《最高人民法院办公厅关于印发〈全国民事审判工作会议纪要〉的通知》第 2 条第 3 款规定:"房屋买卖合同签订后,由于相应住房限购政策的实施,当事人无法办理房屋所有权变更登记,买受人请求解除合同,并要求出卖人返还所收受的购房款或定金的,如果经审查,当事人的确因住房限购政策的实施而不能办理房屋所有权变更登记,对其请求可予支持。"

或情势变更下合同履行不能。虽然实践中法院往往会模糊对其法律性质的认定，但裁判原则与不可抗力或情势变更的法律后果相符。

三、关于“不可抗力及情势变更规则的认定与适用”的相关裁判观点

（一）以限购政策下的房屋买卖合同为视角

本团队律师以案由“房屋买卖合同纠纷”和“限购”为关键词进行了案例检索，以北京市高级人民法院的裁判结果为核心梳理了法院的裁判观点，总结如下：

1. 限购政策影响下的合同效力分析

（1）限购政策本身不会导致合同无效

按照《最高人民法院关于适用〈中华人民共和国合同法〉若干问题的解释（二）》（以下简称《合同法司法解释（一）》）第4条的规定，人民法院确认合同无效，应当以全国人大及其常委会制定的法律和国务院制定的行政法规为依据。但限购政策显然不属于法律和行政法规，因此其本身并不影响合同效力。

例如，在肖某某与赵某房屋买卖合同纠纷一案①中，北京市高级人民法院认为：“违反法律、行政法规的强制性规定，是合同无效的情形之一。本案中，肖某某以赵某在签订房屋买卖合同时没有购房资格为由主张该合同无效，因限购政策并不是效力性规范，并不会对合同效力产生影响。”

（2）借名、伪造身份买房等行为可能被解除或认定为无效

在限购政策实施后，产生了一系列买受人为规避限购政策而与他人借名甚至伪造身份买房的案件。该种行为违反的是政策而非法律法规，因此北京市高级人民法院的裁判倾向并非判定其无效，而是判定合同解除；但其他地区的法院存在认定其损害社会公共利益进而判定其无效的判例。

例如，在丁某某与余某某房屋买卖合同纠纷一案②中，北京市高级人民法院认为：“丁某某与余某某在签订涉案合同及其补充协议时，有关住房限购的房地产调控政策已颁布实施，双方明知由于受住房限购政策的限制，丁某某不具备购房资格，所以约定丁某某作为购房人属于明显违反住房限购政策的规定。虽然丁某某与余某某还约定，在丁某某无法购买时，丁某某可另行出售。但根据丁某某指定的购房人胡某的陈述，胡某同意涉诉房屋过户给自己，但认可涉诉房屋实际为丁某某所有。所以此种约定的实质属于规避住房限购政策的借名买房行为，双方之间的合同及其补充协议应予以解除。”

再如，在聂某某与北京奕环天和置业有限公司（以下简称奕环天和公司）商品房

---

① 详见（2016）京民申4353号民事裁定书。

② 详见（2014）高民申字第1534号民事裁定书。

预售合同纠纷一案[①]中，北京市高级人民法院认为："聂某某持无效的《北京市工作居住证》与奕环天和公司签订《北京市商品房预售合同》及其补充协议，违反了北京市的限购政策及补充协议的相关约定，一、二审法院判令解除双方签订的《北京市商品房预售合同》及其补充协议正确。"

其他地区的法院存在认定其损害社会公共利益进而判定其无效的判例，例如，在熊某某与侯某某所有权确认纠纷一案[②]中，广东省高级人民法院认为："住房问题关系国计民生，既是经济问题，更是影响社会稳定的重要民生问题。房价过高、上涨过快，加大了居民通过市场解决住房问题的难度，增加了金融风险，不利于经济社会协调发展。房产限购、限贷令作为严格限制各种名目的炒房和投机性购房，遏制部分城市房价过快上涨的重要政策措施，体现了社会公共利益。根据二审查明，熊某某和案外人徐某，为了规避当时的限贷政策（该政策持续至本案二审判决后），借用侯某某名义购买了案涉的房屋，并申请了首套购房贷款。这种委托关系，损害了社会公共利益，根据上述法律的规定，应属无效。"

2. 限购政策对合同履行的影响分析

（1）限购政策出台于合同签订前，依违约责任处理

对于合同签订前就存在限购政策的，理论上属于自始不能履行，应以合同有效为前提，[③]依违约责任处理。但由于房屋买卖合同中，房地产公司处于优势地位，基于公平合理的原则，法院可能会作出利益衡平的考量，减轻甚至免除购房者无法签订合同的违约责任。

例如，在陈某诚、陈某兴与北京长乐房地产开发有限公司（以下简称长乐公司）商品房预售合同纠纷一案[④]中，北京市高级人民法院认为："陈某诚、陈某兴与长乐公司签订的《预售合同》及其补充协议因违反限购政策无法继续履行，应当予以解除。在双方签订协议之前，国务院及北京市的限购政策早已颁布，双方均应当了解政策的具体内容。长乐公司作为专业的房地产公司，在签约之前应当充分向买受人释明限购政策的全部内容，并积极全面询问有可能属于限购情形的买受人有关信息，主动审查买受人是否具备购房资格，而非被动接受买受人提供的资料。陈某诚、陈某兴作为买受人在签约之前亦应当充分了解限购政策，且其本人更清楚自己的身份及房产情况，应

---

① 详见（2014）高民申字第4401号民事裁定书。

② 详见（2014）粤高法民申字第1692号民事裁定书。

③ 传统大陆法系中，自始不能履行一般属于合同无效事由，德国及我国台湾地区均有此立法例。但从新近的合同立法趋势来看，CISG的规定以自始不能合同有效为前提，我国政府批准加入CISG表明了对此种理论的接纳；加之《合同法》第144条的规定亦应解释为以自始不能合同有效为前提；司法实践通常亦作此处理。

④ 详见（2015）高民申字第04221号民事裁定书。

主动向出卖人说明自己的特殊身份及房产信息或主动向有关行政主管部门咨询。二审法院根据查明的事实,认定双方当事人在签约之前均存在一定过失,因此对于长乐公司要求陈某诚、陈某兴支付违约金的诉讼请求不予支持,处理并无不当。"

对此问题,在蓝某某、罗某某与广州市番禺信业房地产发展有限公司房屋买卖合同纠纷一案[①]中,广州市中级人民法院作出了全面而精彩的阐述,从对信息的掌握、违约责任的立法本意、情理上、公平合理以及平等保护当事人合法权益五个角度进行了论述,认定购房者不应承担无法签订合同的违约责任,广东省高级人民法院亦予以认可。

(2)限购政策出台于合同签订后,履行不能一方无须继续履行且无须承担违约责任,当事人可解除合同

对于合同签订后由于限购政策的实施致使合同无法继续履行的,理论上属于嗣后不能履行,造成如下法律效果:其一,按照《合同法》的规定[②]免除不能履行方继续履行的责任,因限购政策导致合同无法继续履行属于因不可归责于双方当事人的原因导致合同目的无法实现,理论上归属于不可抗力的范畴,不能履行方不承担违约责任;其二,不能履行可作为"有其他违约行为致使不能实现合同目的"的情形,当事人可解除合同。[③]《最高人民法院办公厅关于印发〈全国民事审判工作会议纪要〉的通知》《2015 年全国民事审判工作会议纪要》及北京市高级人民法院于 2017 年 12 月 18 日出台的《北京市高级人民法院民一庭关于妥善处理涉及"3·17 新政"的房屋纠纷案件若干问题的会议纪要》均提出了与前述理论归纳相符的指导性意见。[④]

---

① 详见(2014)穗中法民五终字第 2235 号民事判决书。

② 《合同法》第 110 条规定:"当事人一方不履行非金钱债务或者履行非金钱债务不符合约定的,对方可以要求履行,但有下列情形之一的除外:(一)法律上或者事实上不能履行……"

③ 《合同法》第 94 条规定:"有下列情形之一的,当事人可以解除合同:……(四)当事人一方迟延履行债务或者有其他违约行为致使不能实现合同目的……"

④ 《最高人民法院办公厅关于印发〈全国民事审判工作会议纪要〉的通知》第 2 条第 3 款规定:"房屋买卖合同签订后,由于相应住房限购政策的实施,当事人无法办理房屋所有权变更登记,买受人请求解除合同,并要求出卖人返还所收受的购房款或定金的,如果经审查,当事人的确因住房限购政策的实施而不能办理房屋所有权变更登记,对其请求可予支持。"《2015 年全国民事审判工作会议纪要》第 5 条第 3 款规定:"房屋买卖合同签订后,由于住房限购政策的实施,当事人无法办理房屋所有权变更登记,买受人请求解除合同,并要求出卖人返还所收受的购房款或定金的,对其请求可予支持。"《北京市高级人民法院民一庭关于妥善处理涉及"3·17 新政"的房屋纠纷案件若干问题的会议纪要》第 3 条第 2 款规定:"对于合同订立后由于'3·17 新政'的实施致使合同无法继续履行的,属于因不可归责于双方当事人的原因导致合同目的无法实现。当事人要求解除合同的,除合同另有约定外,一般应予支持。"第 4 条第 3 款规定:"合同能否继续履行的判断,法院应综合合同履行程度、成本增加比例、买受人资信情况等因素综合进行考量。"第 5 条第 1 款规定:"因'3·17 新政'原因导致合同解除后,出卖人应当将收受的购房款或定金返还给买受人;当事人一方要求另一方承担违约责任或适用定金罚则的,不予支持。"第 6 条第 2 款规定:"当事人主张在'3·17 新政'相关政策出台之前已经订立房屋买卖合同,但不符合'3·17 新政'后的购房条件,请求判决继续履行合同并办理房屋过户登记的,原则上不予支持。但如个案中确存在明显利益重大失衡情形的,法院应函询相关行政主管部门意见予以确定。"

关于互不承担违约责任，例如，在崔某某与彭某某房屋买卖合同纠纷一案[①]中，北京市高级人民法院认为："崔某某与彭某某于2010年12月2日签订的《房屋买卖合同》系双方真实意思表示，且未违反法律、行政法规的强制性规定，应为有效。双方当事人均应按照合同约定履行各自义务。在合同履行过程中，因限购政策的出台，在双方当事人自行办理网签手续时，彭某某欲变更合同当事人，崔某某不同意，双方因此产生争议并导致合同未能继续履行。二审法院认为双方履约困难系因限购政策的出台这一客观因素所致，在双方就如何过户未能达成一致意见的情况下，彭某某未支付剩余房款不构成违约，认定事实并无不当。"

关于合同解除，[②]例如，在许某与赵某某房屋买卖合同纠纷一案[③]中，北京市高级人民法院认为："根据国务院办公厅于2011年1月26日颁布的'国八条'和北京市人民政府办公厅于2011年2月15日颁布的'京十五条'的规定，居民家庭在本市购买住房的资格限制及限购套数等问题均应当符合相应的规定。因赵某某及其配偶在北京市已有住房两套，按照上述文件的规定，赵某某已不符合在京继续购房的条件。据此，赵某某与许某的房屋买卖合同无法继续履行。现双方均同意解除房屋买卖合同及附件，一、二审法院予以准许，并无不当。"

（二）以限贷政策下的房屋买卖合同为视角

对房屋买卖合同当事人具有重大影响的限贷政策主要有两种，一是提高首付款比例和贷款利率，二是加大对贷款对象的限制力度，两种情形均可造成买受人购房成本加大，从而无力支付购房款，致使买卖双方围绕买受人应否承担违约责任等问题产生纠纷。根据上文的分析，限贷情形在理论上更偏向于情势变更而非不可抗力制度的规制范畴，其仅是经济原因导致合同履行困难，而非限购政策下的履行不能。因此，该种情形中买受人的证明责任及推动合同履行的义务均相应加重。本团队律师以案由"房屋买卖合同纠纷"和"限贷"为关键词，检索并梳理北京地区法院的裁判观点如下：

1. 合同约定限贷情形下合同继续履行的，按约定执行

若双方当事人在合同中明确约定了类似于"贷款未获批准或批贷数额不足时，买

---

① 详见（2015）高民申字第03319号民事裁定书。

② 值得注意的是，此前在限购政策出台于合同签订后且当事人已履行部分合同义务的情况下，北京市高级人民法院原则上不予解除、准予继续履行，如（2014）高民申字第4811号案中北京市高级人民法院认为："孙某某与刘某签订《北京市房屋买卖合同》及刘某支付全部购房款均在北京市人民政府发布实施限购政策之前，双方的交易行为不受'京十五条'的制约。一、二审法院判决双方继续履行房屋买卖合同正确。"（2015）高民申字第03319号案、（2014）高民申字第1522号案、（2016）京民申4353号案、（2014）高民申字第4636号案中亦作出了类似判决。

③ 详见（2015）高民申字第04074号民事裁定书。

受人应以现金形式补齐”的条款，可认定为买受人在签订合同时已对相应的风险有所预判并作出合理预期，限贷政策不能再构成其拒绝继续履行的事由。

例如，在乔某某与刘某某房屋买卖合同纠纷一案①中，北京市大兴区人民法院认为：“双方在补充协议第二条中已明确约定，买受人贷款未获批准或批贷额不足拟贷款额时，买受人可再向其他银行申请，出卖人应配合；买受人未再次申请、再次申请仍未获批准或批贷数额仍不足拟贷款额，则买卖双方应于 20 日内办理权属转移登记手续，同时买受人应以现金方式补齐贷款部分房款。房屋买卖合同与补充协议均未约定该条款的适用条件，因此贷款政策的变化并不排除该条款的适用，乔某某要求解除合同并退还定金的诉讼请求不能成立。”

2. 合同中无约定时，成本增加比例重大的构成合同履行障碍

（1）履行障碍一方可请求解除合同，且不承担违约责任

若限贷政策导致买受人成本有重大增加，对其履约能力造成重大影响的，应属于情势变更范畴（仅是理论上的认定，实践中法院往往会模糊其法律性质的认定），履行障碍一方可请求解除合同，且无须承担违约责任。

例如，在李某与北京太月房地产经纪有限公司、张某某房屋买卖合同纠纷一案②中，北京市第二中级人民法院认为：“张某某与李某于 2016 年 9 月 29 日签订买卖合同，2016 年 9 月 30 日北京市即出台限贷政策，张某某购买诉争房屋的首付款比例应由原来的不低于 30% 提升为不低于 70%；且在一审审理过程中，2017 年 3 月 17 日北京市又出台新政，商品住房销售的信贷政策进一步收紧，张某某如购买诉争房屋的首付比例应不低于 80%。应当指出，上述政策的变化导致张某某与李某之间的房屋买卖合同无法按照既定的约定继续履行，且上述差别化信贷政策不仅会提高张某某购房的首付款比例，对于商品住房销售的贷款利率、贷款年限等亦有相应调整，故该政策对张某某的贷款审批、还贷能力等亦会造成相应影响。综合上述因素考虑，新政的实施确会对张某某的履约能力造成重大影响。李某主张张某某的履约能力未受政策变化影响，但并未就此提交证据予以证明，故本院对此不予采纳。因上述政策变化系不可归责于双方当事人的原因，由此导致合同无法继续履行，张某某要求解除合同，并要求李某退还 100 万元定金，本院予以支持。”

类似的判例还包括北京新禹房地产经纪有限公司、王某某与张某房屋买卖合同纠

① 详见（2017）京 0115 民初 10842 号民事判决书。

② 详见（2017）京 02 民终 8618 号民事判决书。

纷案、[1]徐某某与李某某房屋买卖合同纠纷案[2]等。

(2)履行障碍一方积极推动合同履行的,相对方无权要求合同解除

若限贷政策导致买受人成本有重大增加,对其履约能力造成重大影响,但买受人不愿解除合同且积极筹款推动合同履行的,相对方无权要求合同解除;对买受人的违约责任,法院会视情况予以减轻或免除。

例如,在田某某与北京北顺房地产开发有限公司(以下简称北顺房地产公司)商品房预售合同纠纷一案[3]中,北京市第二中级人民法院认为:“合同履行中,田某某在北顺房地产公司发出《办理贷款通知书》后没有按期办理贷款或直接支付剩余购房款,其行为客观上已经构成违约。但导致合同没有正常履行的关键因素是政府出台购房限贷政策导致田某某无法继续办理贷款,该情况应属于合同成立以后发生了当事人在订立合同时无法预见的、非不可抗力造成的不属于商业风险的重大变化,田某某并非恶意违约。在此情况下,对于合同是否应继续履行的问题,应当根据公平原则作出判断。本案事实证明,在购房限贷政策出台后,双方一直希望合同可以得到继续履行,并不断进行协商,田某某一直在积极筹款,直至原一审期间出售了其在北京市的自有住房一套,才筹措齐购房余款,并已经具备履行付款义务的条件,如继续履行,合同目的完全可以实现,且合同继续履行不会对双方造成显失公平。田某某户籍不在北京市,自有一处住房已经为筹款出卖,如果解除合同,田某某不仅要承受因市场上房价上涨给其增加的支出负担,而且根据限购政策还丧失了在京购房机会,这种结果对田某某是不公平的。故,原二审判决解除合同的处理欠妥,本院予以纠正。对于田某某应承担的违约金数额,本院基于对本案的整体考虑予以调整。”

[**案件复盘**]

本案为不动产租赁合同纠纷案件,双方主要争议焦点在于合同能否继续履行,以及合同履行过程中双方的违约行为及外部客观原因变化是否导致合同解除。

本团队律师代理本案后,在了解B公司希望继续履行合同的意愿后,采取不限于诉讼程序的多种方案,为客户争取到了远超预期的利益。

在诉讼程序中,充分向法院展示阻碍合同继续履行的不可抗力或情势变更情形并未出现,即租赁土地及房屋用途并未调整;该案的发生系因A公司违背诚实信用原

① 详见(2017)京01民终4671号民事判决书。

② 详见(2017)京0114民初9034号民事判决书。

③ 详见(2013)二中民再终字第14145号民事判决书。

则，为追求更高利益，意图蓄意毁约。同时对 B 公司未及时缴纳租金行为解释为针对 A 公司意图解除合同的不安抗辩。

在诉讼程序之外，本团队律师说服 B 公司尽可能展示自己积极履行合同的一面，比如补足欠交租金等。

最终法庭全盘认可了本团队律师的代理观点，判决驳回 A 公司的全部诉讼请求，维持合同继续履行。B 公司对于判决结果非常满意，高度赞扬了本团队律师在案件代理中的专业素养和灵活处理事务的能力。基于对本团队律师的信任，后 B 公司一直委托本团队律师代理其诉讼案件，至今仍保持着极为融洽的合作关系。

合同各方主体在合同履行过程中，均有可能遇到不可抗力或情势变更情形带来的合同解除的情形，尤其是如前所述的土地用途变化、限购、限贷等。不可抗力是合同解除的法定事由，情势变更虽然直接引用很少但也是法院判决合同解除的重要依据。一旦遇到该类情形，能继续履行的可能性较小。

即便如此，本团队律师依然作出以下建议，提醒愿意履行合同的当事人尽量避免合同被解除，出现不能履行的情形应当及时处理：

1. 合同签订时，要尽可能考虑全面，对合同尽量进行全面的约定，例如，在房屋买卖合同中明确约定遇到限贷政策时合同如何履行；

2. 签订合同时，应做好全面预判，尤其是新政策准备施行等情况下是否要继续签订合同及合同条款设置；

3. 履行过程中，严格按照合同约定履行，避免因己方行为导致合同履行拖延，因期间延长导致出现不可抗力及情势变更的情形；

4. 合同履行期间一旦出现不可抗力或情势变更的情形应当及时与对方协商，采取合理方式处理，及时止损。

15

索赔模式运用得当，“黑白合同”处理有方

［案件摘要］

本案系中国新兴建设开发总公司（以下简称新兴公司）诉清华大学的一起建设工程施工合同纠纷案件，共涉及三个工程。清华大学北区校园建设办公室（以下简称清华北区校建办，为清华大学下属机构）为建设学生公寓B01－B03楼、B04－B06楼及D03、D04食堂工程，就各工程项目分别与新兴公司签订建设工程施工合同。工程竣工后，双方对上述三个工程项目的工程款结算始终不能达成一致。本团队律师接受新兴公司委托后，首先解决了本案诉讼时效问题，之后精确分析涉案黑白合同的差异及对新兴公司的利弊，决定争取以白合同为结算依据。本团队律师尽心尽力收集新兴公司单项索赔及洽商变更等证据，完善证据体系，立案仅半年时间，法院便判决清华大学支付工程款（包括索赔款项）及利息共计6080万元人民币，并承担诉讼费的三分之二。本团队律师通过对黑白合同的深入研究以及正确选择并合理运用索赔模式，深挖有利证据顺利实现了诉讼目的，最大限度地维护了客户利益。

［案情回放］

清华北区校建办为建设学生公寓B01－B03楼、B04－B06楼及D03、D04食堂工程分别进行了公开招标，新兴公司均进行投标并成功中标。

一、合同签订情况

（一）B01－B03号楼

新兴公司中标后于2003年10月30日与清华北区校建办就学生公寓B01－B03号楼签订了《建设工程施工合同》（白合同），该合同约定工程价款为90,025,855元，工期为2003年10月20日至2004年11月18日，共390天；同年12月25日双方又签订了补充协议书（黑合同），约定工程价款为84,520,000元，工期为2003年10月20日至2004年10月15日，共359天。在施工过程中双方于2004年10月11日签订了

《清华大学北区校园建设办公室学生公寓B01#－B03#楼前管网施工协议书》,约定工程暂定价为1,690,000元,结算时工程量按竣工图实际工程量计算。

(二)B04－B06号楼

2003年2月8日新兴公司先行进场开始对B04－B06号楼施工,后与清华北区校建办于2003年4月7日就学生公寓B04－B06号楼签订了《建设工程施工合同》及补充协议书(黑合同),约定B04－B06号楼工程价款为67,000,000元,工期为2003年2月8日至12月28日,共323天;此后该工程经招投标程序后双方才签订了《建设工程施工合同》(白合同),约定工程价款为73,850,680元,工期为2003年5月20日至2004年3月10日,共290天。在施工过程中双方于2004年2月10日签订了《清华大学北区校园建设办公室学生公寓B04#－B06#楼前管网施工协议书》,约定工程暂定价为1,690,000元,结算时工程量按竣工图实际工程量计算。

(三)D03、D04食堂

双方于2004年5月12日就D03、D04食堂先签订了补充施工协议书(黑合同),约定D03、D04食堂的工程价款为14,978,283元,D03食堂的工期为2004年6月13日至9月20日,D04食堂的工期为2004年5月13日至8月20日,两个食堂的工期均为100天。该协议签订后,新兴公司即按补充施工协议书约定的日期开始进场施工,直至2004年12月3日清华北区校建办才开始对食堂工程补办招投标手续。招投标手续办理完毕后双方才签订了《建设工程施工合同》(白合同),但清华北区校建办并未将双方盖章的合同交给新兴公司。从中标通知书、招标文件及投标文件来看,中标合同价为14,978,281元,工期为2005年1月14日至7月26日,共197天。

二、合同履行情况

新兴公司按约进行了施工,在施工过程中又增加了D03、D04食堂楼前管网工程。在清华北区校建办拖延审批图纸、施工方案、计划等诸多不利因素的情况下,B01－B03楼于2004年11月26日竣工,B04－B06楼于2004年6月15日竣工,D03、D04食堂于2005年9月16日竣工。诉前,清华大学就上述三个工程仅向新兴公司支付了125,217,000元工程款。因双方对三个工程的工程款结算始终不能达成一致,清华大学拒绝向新兴公司支付拖欠工程款。新兴公司委托本团队律师于2008年1月3日向北京市第一中级人民法院提起诉讼,要求清华大学就上述三个工程支付欠付工程款75,330,894.2元,利息15,219,466.98元(本团队律师策略性提高了诉讼标的金额)。

[战略战术]

本案纠纷从工程竣工、双方开始工程结算到正式起诉前,时间跨度大、证据收集困难、资料烦琐复杂。新兴公司经营过程中D03、D04食堂备案合同这一重要证据缺失，使自己处于被动地位；洽商变更、会议纪要、图纸等证据资料不全等都对结算价款有明显影响，而清华大学在工程竣工后近两年内以双方分歧太大为由既不付款，也不同意新兴公司所报结算。本团队律师代理本案后，在面临上述困难的情况下，仍然竭尽全力准备证据，完善证据体系，为法院快速判决奠定了坚实基础。清华大学收到判决书后，一次性支付全部欠款及利息，双方纠纷得以彻底解决。

一、时刻保持律师执业的敏锐性，有效化解诉讼时效风险

在新兴公司第一次就本案进行法律咨询时，本团队律师了解到，新兴公司自2005年11月16日报出工程结算书后，与清华大学就结算、付款等问题未形成任何文字和音像资料，时效问题很有可能构成未来诉讼的风险。在此情况下，本团队律师认为贸然提起诉讼可能导致败诉。为防止清华大学将来在时效问题上纠缠，本团队律师当时便强烈建议新兴公司公证送达催款文件，以便有效中断诉讼时效。2007年11月14日，新兴公司向清华大学公证送达《催款函》，距离两年诉讼时效期限届满仅差2天。

二、最大限度占有证据资料，为构建完整证据链打下基础

本案之所以能够取得良好的结果，与本团队律师积极搜集、整理证据密切相关。自2007年10月准备起诉开始，本团队律师与新兴公司互相配合，共同展开证据搜集工作。

（一）内部搜集

新兴公司法律审计处在诉前将掌握的所有资料提供给本团队律师，本团队律师在初步梳理全部资料的基础上，多次向负责本案工程的项目经理、技术人员、预算人员进行询问，了解并核实与本案工程有关的细节问题。其间，本团队律师多次到新兴公司现场办公，与新兴公司法律审计处人员、本案工程项目经理、工程技术人员及预算人员面对面沟通、交流，以加快证据材料的搜集整理工作。

（二）外部搜集

在进行内部资料搜集整理的同时，本团队律师还先后前往北京市建设工程招标投标管理部门调取招投标文件；前往北京市城市建设档案馆调取洽商变更单等相关材料，使新兴公司准备起诉的证据资料更加全面、完整。本团队律师调取上述资料后，一方面，将上述材料与新兴公司法律审计处所提供的资料进行对比，查看是否存在出入；另一方面，将上述政府部门备案的材料作为证据提交，补强证据的证明力。

需要说明的是，北京市建设工程招标投标管理部门对招投标等备案文件的保存期限有时间限制，并非永久保存，文件过期即面临被随时销毁的风险。据了解，在本团队律师复印后不久，由该部门保存的与本案相关的招投标等备案材料便被销毁。本团队律师及时复印相关资料的行为，使新兴公司避免在诉讼中处于不利的地位。

（三）诱使清华大学主动提供证据

本团队律师将本案黑白合同的差异点进行详细分析，从而得出黑合同对白合同进行了实质性变更且对新兴公司极为不利，使新兴公司在诉讼中作出了以白合同作为工程价款结算依据的正确选择，取得了主动权。尤其当本所律师梳理分析 D03、D04 食堂证据材料时，发现黑合同约定的甲方指定分包价款 4,300,000 元在白合同中并没有明确体现，因此如按照白合同进行结算可能会比黑合同多出 4,300,000 元。但在当时，新兴公司及北京市建设工程招标投标管理部门均无法找寻到 D03、D04 食堂工程的白合同。鉴于此，本所律师及时调整诉讼策略，决定以黑合同为依据并基于黑合同提出高额索赔，诱使对方拿出白合同（清华大学打算利用白合同约定内容反击新兴公司的高额索赔）。当清华大学察觉我方真实意图后为时已晚，为新兴公司在此后与清华大学进行谈判增加了筹码。

最大限度地占有与本次诉讼相关的证据材料是本案证据体系形成的重要基础，是本案取得胜利的前提保障。

三、及时搜集单项索赔所留痕迹，巧妙地将本案错综复杂的综合索赔证据拆分为单项索赔

（一）庭前组织单项索赔证据链

索赔按照处理方式的不同可分为单项索赔与综合索赔。单项索赔相对于综合索赔而言，是针对发生的单一事件进行的索赔。即在每一索赔事件发生后分别单独报送索赔报告，不与其他的索赔事项相混。由于承包人索赔时必须在有效期内提出索赔报告，经监理工程师审核后交发包人批准，超出索赔有效期的索赔无效。基于此，合同管理人必须对日常的每一个合同事件进行跟踪，及时发现问题并迅速研究其是否需要提出单项索赔。由于单项索赔通常原因单一，责任划分明确，分析处理比较简单。

综合索赔，又称总索赔，俗称“一揽子”索赔，即对整个工程（或某项工程）中所发生的数起索赔事项，综合在一起进行索赔。综合索赔一般难以严格区分各独立索赔事项所对应的索赔金额，会使问题变得复杂，加之金额较大，不易解决，有时工程完工后也得不到付款。且由于这种方式的索赔内容多而乱，或由于索赔事项发生的时间长，索赔证据不能及时清理，极易导致证据链条混乱，通常情况下较难获得全额支持，使索赔效果相对于单项索赔来说大打折扣。

本团队律师在诉前将本案错综复杂的综合索赔证据进行拆分，组织了数项完整严密的单项索赔证据链，证明新兴公司已按照《建设工程施工合同》通用条款第 36.2 条的约定在各索赔事件发生后 28 天内向清华大学发出了索赔意向通知，并在其后提交

了索赔报告,以下就 B01 – B03 号楼单项索赔证据予以列示:

1.《关于因被告迟延进行规划验线而要求费用补偿及顺延工期的发文》,证明因清华大学迟延进行规划验线导致原告费用增加、工期延误,新兴公司于 2003 年 11 月 25 日向被告发文,要求清华大学补偿费用 35,500 元并顺延工期 5 天。

2.《关于因铝合金门窗分包单位工程进度迟延而要求顺延工期及费用补偿的发文》,证明因清华大学分包的铝合金门窗单位施工进度迟延导致新兴公司费用增加、工期延误,新兴公司于 2004 年 9 月 1 日向清华大学发文,要求清华大学补偿原告 630,000 元并顺延工期 15 天。

3.《关于因消防分包厂家施工进度迟延而要求顺延工期及费用补偿的发文》,证明因清华大学分包的消防单位施工进度迟延导致新兴公司费用增加、工期延误,新兴公司于 2004 年 10 月 26 日向清华大学发文,要求清华大学补偿新兴公司 1,240,000 元并顺延工期 25 天。

4.《关于因 B01#楼变更为精装修而要求顺延工期及费用补偿的发文》,证明因 B01#楼专家公寓由普通装修变更为精装修,导致新兴公司费用增加、工期延误,新兴公司于 2004 年 11 月 14 日向清华大学发文,要求清华大学补偿新兴公司 496,000 元并顺延工期 30 天。

5.《关于因场地平整而要求顺延工期 8 天的发文》,证明学生公寓 B01 – B03#楼工程开工时,其所在场地的地坪标高未达到开工标准,新兴公司根据甲方要求,将该工程所在场地的地坪标高平整至设计要求的室外地坪标高,但工期由此延误。新兴公司于 2003 年 10 月 25 日向清华大学发文,要求清华大学顺延工期 8 天。

6.《关于因回填级配砂石而要求顺延工期 15 天的发文》,证明因学生公寓 B01 – B03#楼原设计基底标高以下持力层为黏土层,不能满足承载力需要,需置换级配砂石,新兴公司按甲方、设计、监理单位三方的意见处理好地基,但由此导致工期延误。新兴公司于 2003 年 12 月 22 日向清华大学发文,要求清华大学顺延工期 15 天。

清华大学对上述索赔报告均已签收,且签收后未在约定 28 天内予以答复。因此根据《建设工程施工合同》通用条款第 36.4 条的约定,视为索赔已被确认,清华大学应根据新兴公司的索赔报告进行费用补偿及工期顺延。

(二)庭审交锋

本团队律师将本案数项单项索赔证据链提交法庭后,在庭审过程中,清华大学以各单项索赔意向书、索赔报告等文件的签收人李某无权签收以上文件,且李某签字的真实性无法确认来进行抗辩。本团队律师提出:李某为总监理工程师的代表,其有权代为行使总监理工程师审核索赔文件的权利,因此李某有权签收索赔文件。而且,签收仅是一个程序，签收人不一定是审核人本人。签收人是否有权审核不是问题关键，关键是签收人应及时将新兴公司报送的文件资料转交给有审核权的人，而且无论签收人是否有审核权，都不能推翻清华大学已收到新兴公司所报送文件的事实，清华大学应按照合同规定履行其相应职责；提交签收记录的目的在于证明清华大学收到了新兴公司报送的文件资料，至于清华大学是否认可申报内容，其可以在《建设工程施工合同》通用条款第36.2条约定的28天内作出回应，签收不代表确认，只有当签收后未在规定期限内审核或给予答复才被视为确认。

清华大学对本团队律师上述论述及为此而组织的证据无法进行有效抗辩，关于签字真实性的问题也始终未向法庭提供反证或申请鉴定。

新兴公司向法庭提交的证据共计39组、2433页，其中最核心的就是单项索赔等相关证据链。由于新兴公司在施工过程中按合同约定履行了相应手续，特别是经过律师的取证整理，使之形成了无懈可击的单项索赔证据链，使本案快速结案成为现实。

[**法案研判**]

本团队律师在准确理解黑白合同界分和充分搜集索赔证据的基础上，巧妙地切换索赔模式，熟练地运用争议解决技巧，为客户实现了利益的最大化。下文旨在研究现行有效法律法规基础之上，总结归纳相关学理观点与裁判观点，对本案涉及的“黑白合同”相关疑难问题，尤其是其与变更合同的界分问题进行研讨与分析。

一、关于“黑白合同”的相关法律法规

目前，关于“黑白合同”现行有效的相关法律法规主要包括：

1.《招标投标法》第32条第2款规定：“投标人不得与招标人串通投标，损害国家利益、社会公共利益或者他人的合法权益。”

2.《招标投标法》第43条规定：“在确定中标人前，招标人不得与投标人就投标价格、投标方案等实质性内容进行谈判。”

3.《招标投标法》第46条第1款规定：“招标人和中标人应当自中标通知书发出之日起三十日内，按照招标文件和中标人的投标文件订立书面合同。招标人和中标人不得再行订立背离合同实质性内容的其他协议。”

4.《招标投标法》第55条规定：“依法必须进行招标的项目，招标人违反本法规定，与投标人就投标价格、投标方案等实质性内容进行谈判的……影响中标结果的，中标无效。”

5.《招标投标法》第59条规定：“招标人与中标人不按照招标文件和中标人的投标文件订立合同的，或者招标人、中标人订立背离合同实质性内容的协议的，责令改正;可以处中标项目金额千分之五以上千分之十以下的罚款。”

6.《招标投标法实施条例》第57条第1款规定:“招标人和中标人应当依照招标投标法和本条例的规定签订书面合同,合同的标的、价款、质量、履行期限等主要条款应当与招标文件和中标人的投标文件的内容一致。招标人和中标人不得再行订立背离合同实质性内容的其他协议。”

7.《招标投标法实施条例》第67条规定:“投标人相互串通投标或者与招标人串通投标的,投标人向招标人或者评标委员会成员行贿谋取中标的,中标无效。”

8.《招标投标法实施条例》第75条规定:“招标人和中标人不按照招标文件和中标人的投标文件订立合同,合同的主要条款与招标文件、中标人的投标文件的内容不一致,或者招标人、中标人订立背离合同实质性内容的协议的,由有关行政监督部门责令改正,可以处中标项目金额5‰以上10‰以下的罚款。”

9.《建设工程施工合同司法解释(一)》第21条规定:“当事人就同一建设工程另行订立的建设工程施工合同与经过备案的中标合同实质性内容不一致的,应当以备案的中标合同作为结算工程价款的根据。”

10.《建设工程施工合同司法解释(二)》第1条规定:“招标人和中标人另行签订的建设工程施工合同约定的工程范围、建设工期、工程质量、工程价款等实质性内容,与中标合同不一致,一方当事人请求按照中标合同确定权利义务的,人民法院应予支持。”

11.《建设工程施工合同司法解释(二)》第10条规定:“当事人签订的建设工程施工合同与招标文件、投标文件、中标通知书载明的工程范围、建设工期、工程质量、工程价款不一致,一方当事人请求将招标文件、投标文件、中标通知书作为结算工程价款的依据的,人民法院应予支持。”

通过上述规定可以看出,我国法律原则上不允许当事人提前对建设工程施工合同的招标内容进行沟通或者对已经中标的建设工程施工合同内容进行实质性修改。

二、关于“黑白合同”与变更合同界分的相关理论观点

(一)关于“黑白合同”认定的一般规则

1.关于“黑白合同”的认定

长期以来,在我国建筑施工市场,尤其是在按照法律规定必须招投标的项目领域,建设工程施工合同的当事人就同一建设工程签订两份或两份以上实质性内容相异的合同的情况时有发生,大家通常形象地称为“黑白合同”。其中,“白合同”是指经过招投标、根据中标文件签订并经政府有关部门备案的合同,“黑合同”是指当事人实际履行的、为规避招投标和监管签订的、对“白合同”中实质性内容进行了变更的合同。

"黑白合同"有如下基本特征：

(1)合同当事人对同一合同标的物签订了价款、质量、工期或者履行方式存在明显差异的两份或多份合同；

(2)当事人签订的两份或多份内容不同的合同，进行了登记、备案等公示的即所谓的"白合同"，没有进行登记、备案等公示的即所谓的"黑合同"；

(3)"白合同"常伴有虚假的招投标行为；

(4)当事人签订"白合同"并进行虚假招投标的目的是规避政府监管部门的监管；

(5)当事人通过承诺书等形式明确"白合同"不作为实际履行的合同。

以"黑白合同"的签订顺序为标准划分，实践中存在两种法律效果不同的"黑白合同"，具体如下：

一种是黑合同签订在前、白合同签订在后的情形。此种情形下，签订黑合同由于未经招投标程序，合同无效。签订白合同属于违反《招标投标法》第 32 条第 2 款的串标行为，白合同根据相关规定亦属无效。

另一种是白合同签订在前、黑合同签订在后的情形，如签订白合同不属于串标行为，仅属于《招标投标法》第 46 条第 1 款规定的对白合同实质性内容违反的行为，该行为本身不会影响白合同的效力。

2. "黑白合同"的认定标准

《招标投标法》第 45 条规定："……中标通知书对招标人和中标人具有法律效力。"一般认为，招标公告为要约邀请，投标为要约，中标为承诺。招标文件记载的主要内容在中标通知书发出后即发生法律效力，对招投标人和中标人均产生法律约束力，由此应当认定施工合同成立并生效。也有观点认为，中标并不是承诺，因为中标时当事人并没有签订合同，只是对未来签订的合同主要内容达成了一致，合同未成立，更谈不上生效。理由为，根据《招标投标法》第 46 条的规定，无论参照上述哪种观点，中标通知书都是具有法律效力的文件，招标人和中标人不得再行订立背离中标合同实质性内容的其他协议，否则，招标人与中标人订立的合同就属于黑合同。

(二)"黑白合同"与合同变更的区分

关于"黑白合同"，根据《建设工程施工合同司法解释(一)》第 21 条、《建设工程施工合同司法解释(二)》第 10 条的规定，备案后另行订立黑合同的情形下，仍应以白合同作为结算依据。但是，从民法理论上讲，合同的变更也即对合同相关内容进行修改的行为，是当事人的一项基本权利。我国《合同法》[①]中也对合同的变更作了明确规

① 《合同法》第 77 条第 1 款规定："当事人协商一致，可以变更合同。"

定，适用于所有合同，中标合同当然也不例外。那么，如何区分“黑白合同”与合同变更呢？

首先，应界定《建设工程施工合同司法解释（一）》第21条规定的“实质性内容”的范围。《招标投标法》第46条第1款与《建设工程施工合同司法解释（一）》第21条均是对背离中标合同“实质性内容”的黑合同作出约束。按照学界通说，所谓合同“实质性内容”，是指影响或者决定当事人基本权利义务的条款。根据《建设工程施工合同司法解释（二）》第1条的规定，最高人民法院将合同的“实质性内容”界定为工程范围、建设工期、工程质量、工程价款，这是因为这些因素对当事人之间的利益影响最大。除此之外，招标人和中标人在中标合同之外就明显高于市场价格购买承建房产、无偿建设住房配套设施、让利、向建设单位捐赠财物等另行签订合同，变相降低工程价款的情形，也视为对合同的实质性变更。当事人经过协商在上述几方面内容以外对合同进行修改、变更的行为，都不会涉及利益的重大调整，不属于黑合同。

另外，实务中工程款支付方式和履约担保、违约责任也可能构成“实质性内容”。①

值得注意的是，在《建设工程施工合同司法解释（一）》《建设工程施工合同司法解释（二）》以及实务中，工程款的支付方式一直没有被纳入“实质性内容”，甚至很少被提及。但本团队律师一直秉持的观点是：工程款的支付方式应当被纳入实质性变更的范畴，因为很多时候其对双方权利义务的影响并不亚于质量、工期等因素。工程款支付方式的变更可能发生在支付的各个阶段：取消预付款、不按约定的比例支付进度款或者延长支付进度款的时间、延长支付结算款的时间甚至延长支付保修款的时间。事实上，这样的变更对于承包人的影响是非常大的，它会导致承包人资金成本的大幅度增加。实践中，承包人往往需要发包人支付工程价款以进行人材机的筹备。无法及时、足额取得工程价款时，就需要利用自有资金甚至对外融资。我国的施工单位在融资机构的信用往往不够好，这就导致其融资成本高昂，可能达到银行同期贷款利率的3倍以上。这样一来，就大大压缩了承包人的利润空间，一个本来利润空间不小的项目，因为工程款支付方式发生变化而导致承包人血本无归的情况比比皆是。因此，本团队律师认为，工程款的支付方式应当被纳入合同的“实质性内容”。当然，裁判时还应考虑变动的幅度，如果幅度很微小、对双方当事人的权利义务影响不大，就不宜一概认定为“实质性内容”的变更。

其次，应判断产生变更的原因。如果在合同实际履行过程中存在影响中标合同的客观情况，双方经协商对中标合同的内容进行修改，属于正常的合同变更情形，不属于

---

① 参见高印立、张绍发、黄丽芳：《建设工程“黑白合同”的效力及认定》，载《建筑经济》2011年第6期。

黑合同。这是因为,在合同的履行过程中因客观原因发生合同变更是常见现象,若一律不允许当事人对合同主要条款进行补充或变更,无疑限制了当事人的合同权利,违背了尊重合同主体意思自治的基本原则。

最后,产生变更的幅度也应予以考虑。比如只是工程价款稍有调整、工程期限略有变化、工程质量有点不同的情况,就不宜一概认定为属于黑合同的情况。这个幅度应属于法官自由裁量权的范围。①

(三)在因黑白合同问题导致建设工程施工合同无效后,工程质量、工程期限与工程价款的处理方式

在因黑白合同问题导致建设工程施工合同无效后,工程质量、工程期限应采取与工程价款问题相同的处理方式。《建设工程施工合同司法解释(一)》第 21 条、《最高人民法院建设工程施工合同司法解释的理解与适用》等,都在强调合法招投标活动所代表的公平竞争市场环境这一公共利益,应当优先于当事人的意思自治而得以维护。

《全国民事审判工作会议纪要》第 44 条②以及《最高人民法院建设工程施工合同司法解释的理解与适用》《民事审判指导与参考》等都认可,工程期限、工程质量等合同条款,和工程价款条款一样,是建设工程施工合同的实质性内容。因此这些合同内容同样涉及前述公共利益,自然应该采取相同的处理方式。

(四)非必须招投标项目是否需要适用《招标投标法》第 46 条及《建设工程施工合同司法解释(一)》第 21 条的规定?

《建设工程施工合同司法解释(一)》第 21 条源自《招标投标法》第 46 条,二者毫无疑问可以适用于必须招投标的项目。但对于非必须招投标的项目,如果当事人进行了招投标并办理了中标合同备案,在其后对前述合同进行了实质性变更的情形下,是否仍适用前述规定?有观点认为,非必须招投标项目采用招投标程序,本质上是承发包双方自愿进行招标投标,因此可以不用《招标投标法》及相关规定进行调整;也有观点认为,既然承发包双方自愿进行招投标,那么就应该遵守《招标投标法》及相关规定。

本团队律师认为,从我国现有立法的角度来看,第二种观点更加合理,理由如下:

其一,《招标投标法》的规制范围是一切招投标活动,而不限于必须招投标的项

---

① 参见最高人民法院民事审判第一庭编著:《最高人民法院建设工程施工合同司法解释的理解与适用》,人民法院出版社 2015 年版,第 261～262 页。

② 《全国民事审判工作会议纪要》第 44 条规定:"招标人和中标人另行签订改变工期、工程价款、工程项目性质等影响中标结果实质性内容的协议,导致合同双方当事人就实质内容享有的权利义务发生较大变化的,应认定为变更中标合同实质性内容。"

目。具体来说,《招标投标法》第 2 条的规定适用于在中华人民共和国境内进行的一切招标投标活动,包括必须招标以外的所有招标投标活动。此外,《〈招标投标法〉释义》(以下简称《释义》)第一部分指出:"被界定为招标投标活动的,实际上也是有两种情况,一种是必须性招标,另一种是自愿招标。而招标投标法对两种情况都是适用的,所以这部法律在调整范围方面是有一定灵活性的,这种灵活性又明显地表现在自愿招标方面……"《释义》第二部分第一章对《招标投标法》第 2 条说明如下:"招标投标法以招标投标活动中的关系为调整对象。凡在我国境内进行的招标投标活动,不论是属于该法第三条规定的法定必须招标项目,还是属于由当事人自愿采用招标方式进行采购的项目,其招标投标活动均适用本法。当然,根据必须招标项目和非必须招标项目的不同情况,招标投标法有关条文作了有所区别的规定。"故此,非必须招标项目一旦选择招标方式订立合同,意味着招标人自愿接受了《招标投标法》对合同自由的限制,遵守《招标投标法》中适用于自愿招标活动的一般招标投标规则。

其二,《招标投标法》已经为必须招投标项目和非必须招投标项目制定了不同的法律规则,为非必须招投标项目留下了较大的自由空间。从该法的规定看,有许多条文是针对必须招投标项目而言的,例如不得规避招标的规定、招标投标活动不受地区和部门限制的规定等,均只适用于必须招标项目;同时,为了维护公平竞争的市场秩序,无论是必须招标活动还是自愿招标活动还须遵守在招标投标过程中所体现的诚实信用和公平原则,包括不得限制排斥歧视潜在投标人、标底不得泄密、不得串通投标等,亦包括《招标投标法》第 46 条关于黑白合同的规定。从此种角度来看,《招标投标法》中未明确要求仅针对必须招投标的规定,就同样应当适用于非必须招投标项目。

本团队律师想要强调的是,前述第一种观点认为,自愿招标项目既然不是依法必须招标项目,则可以不用《招标投标法》及相关规定进行调整。该种观点也有一定道理,也曾在一定范围内得到了承认。例如,《安徽省高级人民法院关于审理建设工程施工合同纠纷案件适用法律问题的指导意见(二)》第 7 条规定:"不属于依法必须招标的建设工程,发包人与承包人又另行签订并实际履行了与备案中标合同不一致的合同,当事人请求按照实际履行的合同确定双方权利义务的,应予支持。"但在我国目前的法律实践中,仍有大量判例直接适用《建设工程施工合同司法解释(一)》第 21 条,以白合同作为结算依据。例如,《江苏省高级人民法院关于审理建设工程施工合同纠纷若干问题的意见》第 11 条就明确规定:"法律、行政法规未规定必须进行招标投标的建设工程,应当以当事人实际履行的合同作为工程价款的结算根据;经过招标投标的,当事人实际履行的建设工程施工合同与中标合同实质性内容不一致的,应当以中标合同作为工程价款的结算根据。"可见,即使是非必须招投标的项目,只要选择了招标的方式，不遵守《招标投标法》的规定也可能需要承担不利后果。

值得注意的是，最高人民法院在《施工合同司法解释（二）》中，已经对上述问题作出了回应。例如，《建设工程施工合同司法解释（二）》第9条规定："发包人将依法不属于必须招标的建设工程进行招标后，与承包人另行订立的建设工程施工合同背离中标合同的实质性内容，当事人请求以中标合同作为结算建设工程价款依据的，人民法院应予支持，但发包人与承包人因客观情况发生了在招标投标时难以预见的变化而另行订立建设工程施工合同的除外。"根据这一规定，"非必须招投标项目，也需要适用《招标投标法》第46条及《建设工程施工合同司法解释（一）》第21条的规定"的观点，已被最高人民法院所支持。

（五）取消建设工程施工合同备案后，对"黑白合同"效力认定的影响

2018年5月18日，国务院办公厅发布《国务院办公厅关于开展工程建设项目审批制度改革试点的通知》。其中第8项规定："取消施工合同备案、建筑节能设计审查备案等事项。"2018年9月29日，住房城乡建设部发布《住房城乡建设部关于修改〈房屋建筑和市政基础设施工程施工招标投标管理办法〉的决定》（以下简称《修改决定》），《修改决定》宣布"删去'订立书面合同后7日内，中标人应当将合同送工程所在地的县级以上地方人民政府建设行政主管部门备案'的规定"。据此，建设工程施工合同备案制度逐步取消。

需要注意的是，根据《修改决定》的描述，此次取消备案的对象是施工合同，而非招标文件。《招标投标法》第12条规定："依法必须进行招标的项目，招标人自行办理招标事宜的，应当向有关行政监督部门备案。"《房屋建筑和市政基础设施工程施工招标投标管理办法》第18条规定："依法必须进行施工招标的工程，招标人应当在招标文件发出的同时，将招标文件报工程所在地的县级以上地方人民政府建设行政主管部门备案。建设行政主管部门发现招标文件有违反法律、法规内容的，应当责令招标人改正。"因此，依法必须进行招标的工程，招标文件仍然应当经过建设行政主管部门的审查备案。

由于施工合同备案制度已经逐步取消，最高人民法院《建设工程施工合同司法解释（一）》第21条规定的实际适用在形式上就遇到了障碍。然而，根据《建设工程施工合同司法解释（二）》第1条的规定，尽管施工合同备案制度在形式上已经取消，双方当事人在实质上仍然要按照中标合同来确定各自的权利义务。如果招标人要求中标人签订与中标合同实质性内容不一致的施工合同，中标人有权拒绝。如果招标人和中标人之后再行签订与中标合同实质性内容不一致的"黑合同"，则应当按照中标合同认定当事人的权利义务。

综上，取消施工合同备案制度对于“黑白合同”争议并不会产生很大影响，必须缩小招标范围才是减少此类争议的解决之道。①

三、关于“黑白合同”与变更合同界分的相关裁判观点

（一）黑合同签订在前，白合同签订在后的“黑白合同”效力认定

在此情形下，黑合同与白合同均被认定为无效。例如，在陕西秦安建设工程有限公司（以下简称秦安公司）、华亭中驰房地产开发有限公司（以下简称中驰公司）建设工程施工合同纠纷一案②中，最高人民法院认为：“案涉工程属于《中华人民共和国招标投标法》第3条第1项规定的必须进行招标的工程项目，虽然2013年3月18日秦安公司与中驰公司经过招投标签订了《建设工程施工合同》，但早在2012年9月27日，双方已经就该工程项目签订了《建筑工程施工合同补充协议书》，确定秦安公司为案涉工程承包方，并约定了案涉建设工程合同的实质性内容。根据《招标投标法》第43条、第55条规定，在确定中标人之前，招标人不得与投标人就投标价格、投标方案等实质性内容进行谈判。案涉建设工程的招投标行为违反了法律的强制性规定，属于名标暗定的虚假招投标。依据《建设工程建工合同纠纷解释（一）》第1条第3项之规定，双方就案涉工程签订的《建筑工程施工合同补充协议书》、两份《建设工程施工合同》及《补充协议》应为无效。”

类似的判例还包括中扶建设有限责任公司与德化金龙置业有限公司建设工程施工合同纠纷案、③抚顺艺豪房地产开发有限公司与抚顺市豪拓建筑安装工程有限公司建设工程施工合同纠纷再审审查与审判监督案、④阿克苏金鹰房地产开发有限公司诉浙江成泰建筑工程有限公司建设工程施工合同纠纷案⑤等。

（二）白合同签订在前，黑合同签订在后的“黑白合同”效力认定

在此情形下，签订黑合同不属于串标行为，不会影响白合同的效力。当事人在黑合同与白合同中对于同一事项约定内容不一致的，以白合同的约定为准。

例如，在合肥邦华置业发展有限公司（以下简称合肥邦华公司）、福建新铭豪建设工程有限公司（以下简称福建新铭豪公司）建设工程施工合同纠纷一案⑥中，最高人民

---

① 参见高印立、王璐：《取消施工合同备案能否消灭“黑白合同”》，采安建设工程团队，查阅网址来源：https://mp.weixin.qq.com/s?src=11&timestamp=1543894741&ver=1283&signature=n9ma3AcoRCzILAhNprEILZrXsOIKQIfNDt7WXbukr*ebJ2h8j4I2f7p3KTGovBQ8kFStsZwzWjUoaUtUfc32DVit3oXlJutOUIMGQdznVd6A9Bdp*3qmpb2XWrpMbfY&new=1，最后访问日期：2018年12月4日。

② 详见（2016）最高法民终794号民事判决书。

③ 详见（2017）最高法民终766号民事判决书。

④ 详见（2018）最高法民申35号民事裁定书。

⑤ 详见（2018）最高法民申105号民事裁定书。

⑥ 详见（2017）最高法民申4339号民事裁定书。

法院认为:"关于工程综合取费系数的问题。案涉工程经过招标投标程序,福建新铭豪公司中标后与合肥邦华公司签订案涉建设工程施工合同并备案,其中约定工程综合取费系数为0.92%。后双方签订案涉建设工程施工合同补充条款变更上述备案合同中约定的工程综合取费系数为0.9%。根据《最高人民法院关于审理建设工程施工合同纠纷案件适用法律问题的解释》第21条,当事人就同一建设工程另行订立的建设工程施工合同与经过备案的中标合同实质性内容不一致的,应当以备案的中标合同作为结算工程价款的根据之明确规定,二审法院认定案涉工程应当按0.92%的工程综合取费系数计算工程总造价亦无不当。"

类似的判例还包括大同北岳建筑安装有限责任公司与大同市天力房地产开发有限责任公司建设工程施工合同纠纷案、[①]浙江宝业建设集团有限公司与天津老板娘水产食品物流有限公司、浙江老板娘食品集团有限公司建设工程施工合同纠纷案[②]等。

(三)"黑白合同"与变更合同的界分

1. 对建设工程施工合同"工程范围、建设工期、工程质量、工程价款"等内容进行修改的,视为对建设工程施工合同实质性内容的修改,会发生认定"黑白合同"效力的问题。

例如,在海南省核工业地质大队(以下简称地质大队)、海南琼山建筑工程公司(以下简称琼山建筑公司)建设工程施工合同纠纷再审案[③]中,最高人民法院认为:"本案中,地质大队和琼山建筑公司于2011年12月8日依据中标文件签订《建设工程施工合同》并办理了合同备案。该合同约定:工程价款为15,816,541.39元,合同价款采用固定价格方式确定,无论工程是否有变更或工程量是否有增加或减少,工程价款均不得变更。同日,地质大队和琼山建筑公司签订的《合作合同书》约定:建成的职工住宅楼第十七层至十八层共6套职工宿舍套房分给琼山建筑公司;地质大队所得的60套住房按定死造价每平方米2280元结算,总造价约为13,800,000元,项目建设所需的其余建设资金由琼山建筑公司全部承担。2011年12月18日,地质大队和琼山建筑公司签订的《补充协议书》又约定:地下室由琼山建筑公司投资建设,工程项目底层架空层临路27米长的场地使用权归琼山建筑公司所有;小区道路、园林绿化、围墙工程由琼山建筑公司施工,工程价款另行结算。从《合作合同书》及《补充协议书》约定的内容来看,其均涉及对案涉工程总造价及支付方式的约定,且同招标人和中标人经备案登记的《建设工程施工合同》关于案涉工程款结算的约定不同,属于对《建设工程

① 详见(2016)最高法民再304号民事判决书。
② 详见(2013)民一终字第67号民事判决书。
③ 详见(2017)最高法民再249号民事判决书。

施工合同》的实质性内容进行变更。”

2. 在合同实际履行过程中存在影响中标合同的客观情况，双方经协商对中标合同的内容进行修改，属于正常的合同变更情形，不会产生“黑白合同”争议。

例如，在赤峰建设建筑(集团)有限责任公司(以下简称赤峰建设公司)与唐山凤辉房地产开发有限公司建设工程施工合同纠纷一案①中，最高人民法院认为：“建设工程施工合同、补充协议书均为双方当事人真实意思表示，内容不违反法律、法规的强制性规定，应为合法有效，双方应依约履行。因补充协议书签订在后，且对建设工程施工合同的约定进行了变更，双方应按照补充协议书约定的固定单价方式进行结算。《最高人民法院关于审理建设工程施工合同纠纷案件适用法律问题的解释》第 21 条关于‘当事人就同一建设工程另行订立的建设工程施工合同与经过备案的中标合同实质性内容不一致的，应当以备案的中标合同作为结算工程价款的依据’之规定，针对的是当事人在中标合同之外另行签订建设工程施工合同，以架空中标合同、规避中标行为和行政部门监管的情形，而补充协议书是在双方履行建设工程施工合同过程中，为了解决因工程多次停工给赤峰建设公司造成的损失而签订的，只是变更了结算方式，建设工程施工合同其他条款仍然有效。因此，补充协议书属于双方当事人在合同履行过程中经协商一致的合同变更，不属于《最高人民法院关于审理建设工程施工合同纠纷案件适用法律问题的解释》第 21 条规定的情形。”

3. 建设工程合同实质性内容仅发生小幅度变更的，不宜一概认定为属于黑合同的情况，这个幅度应属于法官自由裁量权的范围。

例如，在平煤神马建工集团有限公司新疆分公司(以下简称平煤神马新疆分公司)、大地工程开发(集团)有限公司天津分公司(以下简称大地天津分公司)建设工程施工合同纠纷一案②中，最高人民法院认为：“本案固定单价、固定总价的表述以及价格的调整”不属于“实质性内容”。

最高人民法院表述如下：“《招标投标法》第 46 条规定，招标人和中标人应当自中标通知书发出之日起 30 日内，按照招标文件和中标人的投标文件订立书面合同。招标人和中标人不得再行订立背离合同实质性内容的其他协议。从大地天津分公司制作的招标文件看，固定总价是在固定单价的计价方式基础上根据工程量计算得出。平煤神马新疆分公司在投标函表示，其理解并同意中标价为固定价，即在投标有效期内和合同有效期内，该价格固定不变，表明其认可以固定总价进行结算。后双方据此签

① 详见(2015)民一终字第 309 号民事判决书。
② 详见(2018)最高法民终 153 号民事判决书。

订《合同协议书》，约定本合同为固定总价合同，并未背离招投标结果。虽然案涉投标价、中标价、合同价并不完全相同，但一方面，投标价格12,669.7万元、中标价格为11,900万元以及合同约定价格11,776.24万元三个价格之间并无特别巨大的悬殊；另一方面，由于合同总价是根据固定单价计算得出，有关工程量需要双方磋商确认，故经双方协商确定最后价格并无不妥。因此，本案固定单价、固定总价的表述以及价格的调整并不属于《招标投标法》第46条第1款规定的招标人和中标人再行订立背离合同实质性内容的其他协议的情形。据此，平煤神马新疆分公司的有关主张，缺乏依据，本院不予支持。"

［**案件复盘**］

本案从工程竣工、双方开始工程结算到正式起诉存在时间跨度大、证据收集困难、资料烦琐复杂等种种情况。面临上述困难，本团队律师竭尽所能全面收集证据材料，条分缕析，组织了几乎无懈可击的单项索赔证据链体系，最终为此次诉讼画上圆满句号。

本团队律师在总结本案的经验教训后，提醒相关当事方在建设工程索赔中注意以下几点：

一、做好合同管理

合同管理是整个项目管理的一个组成部分，其主要内容是进行施工控制、工程成本控制、施工质量控制，并进行合同分析、合同争议的处理以及工程款的收取等工作，实现承包人的经营目的。索赔的根本任务，是通过合同实施过程中出现的工程变更、施工条件变更、施工干扰等，按照合同的规定取得合理的工期延长和费用补偿，从而维护承包人合理的经营利益。主要包括：(1)熟悉通晓工程项目的全部文件，不失去任何索赔的机会。(2)从投标报价开始，仔细分析掌握全部合同文件，了解合同中存在的隐蔽风险，有预见性地规避一切可以防范的风险，把承包人的风险损失降到最低。(3)对合同约定的工作范围了如指掌，随时注意发包人或监理工程师发布的变更指令或口头要求，一旦发现实际工程超出合同约定的工作范围，应及时提出索赔要求。(4)在编制索赔文件和进行谈判时，运用合同知识解释和论证自己的索赔权，运用正确的方法计算工期延长和经济补偿。

二、完善有序的文档管理

由于工程与建设环境的复杂性，索赔的原因也极为复杂，但无论是何种原因形成的索赔事件，如果要想使之最终实现，索赔的依据是必不可少的，这是决定索赔是否成功的关键因素之一。

承包人的合理索赔需要提交标准系统化的索赔报告，而索赔报告除清晰明确陈述己方索赔权利，准确合理计算索赔要求外，充分有力的证据是必不可少的。而索赔证据的积累与平日的文档管理密不可分，在一些大型工程项目中，甚至专门会设立独立的文档控制中心集中实施文档管理。另外，完善的文档管理也可以帮助承包人及时敏锐发现索赔机会，避免己方合理的索赔权利丧失。如工程师的变更通知、具有不可预见性的天气地质报告等文档实际上都是工程索赔的信息来源。

三、编好索赔报告，在规定时限内发出索赔通知书和索赔报告，争取索赔的主动权

实践证明，同样一个索赔事件，索赔报告的好坏对索赔是否能够快速有效解决有至关重要的影响。索赔报告书写不好，往往会使承包人失去在索赔中的有利地位和条件，使正当的索赔要求得不到应有的妥善解决。因此，有经验的承包人都十分重视索赔报告的编写，使自己的索赔报告充满说服力，逻辑性强、符合实际、论述准确，使阅读者感到合情合理，有理有据，有利于索赔的成功。

索赔事件发生后的一定时间内，承包人必须向发包人及时发送索赔通知书和索赔报告。虽然在个别项目上，承包人逾期提出的索赔要求仍被发包人接受，但这是在特定的条件下，经过一定的斡旋才取得的结果，不可引以为例。

四、索赔管理贯穿于工程建设的全过程

工程索赔是集合工程技术、施工经验、合同知识、法律经济基础等多方面知识的综合应用，因此工程索赔是一种高智力、高水平的经营管理活动。对于大多数工程项目，索赔的出现在所难免，它是合同双方合理伸张自身权益的手段。但是想要做好合同索赔工作，必须在整个工程全过程中树立起索赔意识，建立索赔管理体系。在工程项目前期，即应该树立起索赔意识，注意相关证据搜集。在工程施工阶段，要做好索赔工作，及时提出相关索赔，集中全力优先解决关键性索赔事项，避免合理的索赔被无限期拖延。在工程竣工阶段，合同双方应就工程中未达成一致的争端进行协商谈判，力争友好协商的解决，避免将争端推向仲裁或诉讼。

16

合作开发有名无实，探求真意挽回损失

[案件摘要]

本案系北京市裕丰投资经营公司(以下简称裕丰公司)与北京市裕发东瑞房地产开发有限公司(以下简称裕发公司)的一起合同纠纷案件。本案名为合作开发房地产合同纠纷，实为房屋买卖合同纠纷。本案的争议焦点与突破口在于对合同性质的认定。裕丰公司与裕发公司签订的协议名称与内容均带有"合作开发"的字眼，但因裕丰公司事实上并不分享合作开发的收益，而是仅取得双方事先约定的部分房产并支付合理对价，故而合同性质与双方签约目的实则系房屋买卖。裕丰公司委托本团队律师代理本案诉讼后，面对诸如案涉房屋被分案查封等困难，本团队律师分工协作、紧密配合，扭转了对裕丰公司极为不利的局面，不仅为裕丰公司成功挽回大额损失，还为其争取到意料之外的赔偿。

[案情回放]

2005年2月28日，裕丰公司与裕发公司就合作开发丰台区丰管路89号地块(以下称案涉土地)商业住宅楼事宜签订《合作开发商业住宅楼协议书》(以下简称《合作开发协议》)。《合作开发协议》主要约定内容如下：一、双方合作开发丰台区丰管路89号商业住宅楼及商业楼(以下简称案涉房屋)项目(以下简称案涉项目)；二、裕丰公司负责将案涉土地腾空，按规划批准的建设方案提供给裕发公司进行开发建设；三、裕发公司负责以下事项：(1)以裕发公司名义对案涉项目进行开发建设，并办理案涉项目相关的土地规划、立项、报批等一切手续；(2)负责出具案涉项目的全部设计方案；(3)承担住宅、市政配套、室外工程的建筑及施工管理义务；(4)负责办理工程档案与组织验收；(5)承担案涉项目中住宅用途地块的土地出让金费用；四、案涉项目建成后裕丰公司将分得案涉房屋中的商业楼部分，并按照双方商定的单方造价4150元/平方米的价格支付予裕发公司作为建设资金，总金额预计为58,166,610元(最终建筑面积以竣工面积为准),裕发公司应协助裕丰公司办理裕丰公司应得房屋所有权及其所占用土地使用权的权属转移登记手续,除此以外的住宅面积由裕发公司自行销售;五、裕发公司按国家规定的建设周期和案涉项目的设计标准,按图施工并随主楼一同建设竣工,并将裕丰公司应得的商业用房按协议约定交付裕丰公司,裕发公司最迟应于2007年6月30日前完成全部达标房屋的交接;若裕发公司于2007年6月30日不能按约定将裕丰公司应得的商业用房交付裕丰公司,则视为裕发公司违约,裕发公司应每日向裕丰公司缴纳违约金5000元;若裕发公司于2007年12月31日不能按约定办理完成裕丰公司应得房屋所有权及其所占用土地使用权的权属转移登记手续并将相关证照交付裕丰公司的,则视为裕发公司违约,裕发公司应每日向裕丰公司缴纳违约金5000元。

《合作开发协议》签订后,裕丰公司依约向裕发公司给付了合建工程款共计52,159,000元,裕发公司对案涉项目进行了开发建设。至本案起诉时,案涉项目的建设方及土地使用权人均登记为裕发公司,裕发公司未为裕丰公司办理房屋所有权证和国有土地使用证。故裕丰公司聘请本团队律师代理本案,于2008年2月28日将裕发公司诉至北京市丰台区人民法院(以下简称一审法院),要求裕发公司履行合同义务,为裕丰公司办理3号商业楼及1号、2号住宅楼配套商业用房的房屋所有权证和国有土地使用证,并支付延期交房违约金(自2007年7月1日起至房屋所有权证和国有土地使用证办理完毕之日止,按每日5000元标准计算)及延期办理房屋所有权证和国有土地使用证的违约金(自2008年1月1日起至房屋所有权证和国有土地使用证办理完毕之日止,按每日5000元标准计算)。

裕发公司辩称,不同意裕丰公司的诉讼请求,理由如下:(1)裕丰公司不是案涉土地的使用权人,不具有合作开发的资格,《合作开发协议》应属无效,裕丰公司并无分得房产的权利;(2)裕丰公司在项目运作过程中有重大过错,给案涉土地相邻单位出具了无遮挡证明,致使案涉项目无法实施,需重新申请规划,给裕发公司造成重大损失;(3)3号商业楼未进行竣工验收,且整个案涉项目未进行规划验收,故不具备实际交付的条件;裕丰公司采取不正当手段从施工单位处取得3号商业楼的钥匙,非法占用3号商业楼并擅自出租3号商业楼给他人使用,侵害了裕发公司的合法权益。故裕发公司要求:(1)确认《合作开发协议》为无效协议;(2)裕丰公司赔偿因其过错给裕发公司造成的损失1000元;(3)裕丰公司将其非法占用的3号商业楼交还给裕发公司。

一审法院经审理后采纳了本团队律师的意见,认为裕丰公司与裕发公司之间并非合作开发关系,而系房屋买卖关系,故作出(2009)丰民初字第10881号民事判决书,支持了裕丰公司全部诉讼请求,驳回了裕发公司全部反诉请求。裕发公司在收到一审判决后不服并向北京市第二中级人民法院(以下简称二审法院)提出上诉,二审法院经审理后作出(2010)二中民终字第09322号民事判决书,驳回上诉,维持原判。

[**战略战术**]

2008年秋天,裕丰公司携本案材料会见本团队律师之时,对本案已经不抱期待。其此前咨询过的多位民法及公司法领域的知名律师一致认为:裕丰公司并非案涉土地的使用权人,却与裕发公司签署《合作开发协议》,协议约定本身存在较大问题,裕丰公司的胜算很小。

但本团队律师在认真研读《合作开发协议》后,得出了完全不同的结论。裕发公司所有诉讼请求的出发点在于《合作开发协议》系合作开发房地产合同,若确实如此,那么该协议约定中确实存在不少问题,对裕丰公司非常不利。但凭借在建设工程与房地产领域多年的执业经验,本团队律师分析认为合作开发房地产的合同性质只是《合作开发协议》的外观表象。实质上,裕丰公司不承担任何经营风险,仅是提供资金并获取固定数量的房屋。根据《土地合同司法解释》第25条的规定,《合作开发协议》应定性为房屋买卖合同。

以本团队律师对合同的定性为基础分析本案,会得出完全不同的结论:既然《合作开发协议》并非合作开发房地产合同而是房屋买卖合同,裕丰公司的权利和义务系投入资金并获取协议中约定的固定数量的房屋,而非参与案涉项目的建设及经营并获取收益。那么裕发公司的请求权便失去了基础:即使案涉土地使用权人并非裕丰公司,也并不影响《合作开发协议》的效力;且由于裕丰公司并无合作开发义务,其开具证明的行为也并不构成重大过错。相反,裕丰公司已按时履行了自身的合同义务,向裕发公司支付了款项,则裕丰公司有权利在合同约定的时间内取得案涉房屋的所有权。

裕丰公司认可本团队律师的分析思路并决定聘请本团队代理本案。本团队律师在庭审中一直遵循前述思路,经过不懈努力使一审、二审法院法官最终采纳了本团队律师的观点。

本团队律师介入本案后,在多次与裕丰公司沟通案件基本情况的前提下,认真梳理案件材料,及时启动诉讼程序,在团队的共同努力、配合下,成功驳回了对方的所有诉讼请求,还为客户争取到了意外赔偿,客户对此判决结果非常满意。本团队律师将本案代理思路和办案经验总结如下:

一、充分了解案涉项目基本情况,梳理全部案件材料

对律师而言,了解案件背景情况是准确解读证据材料的基础。本案案涉项目具有一定的历史背景，且牵涉众多主体，情况较为复杂。本团队律师介入后，多次与裕丰公司开会沟通、询问当年案涉项目相关人员、前往踏勘案涉项目现场，基本还原了案涉项目的客观情况。对案涉项目基本情况的了解，极大地提高了本团队律师后续证据梳理工作的效率。

二、及时启动诉讼程序，打造完美庭审过程

因裕丰公司急需办理本案中相应的房屋所有权证及国有土地使用证，本团队律师在上述工作的基础上，进行了风险预测，并提出了完整的诉讼方案，及时启动了诉讼程序。本案起诉准备过程中，本团队律师不仅提出了前述裕丰公司办理证件的基本诉求，还主张裕发公司存在多种违约行为、应依约承担一笔数额较大的违约金。后续庭审过程中，本团队律师通过完整的证据链条、清晰的庭审陈述向法庭阐明：本案合同有效，法律关系名为合作开发房地产，实为房屋买卖；裕发公司存在违约行为，应承担相应违约责任。上述观点最终全部得到了法官认可，本团队律师为裕丰公司争取到了最大利益。

三、发挥敏锐洞察力，密切关注案件相关事件的进展，真正实现客户诉求

因本案涉及房屋所有权证及国有土地使用证的转移登记事宜，本团队律师在案件启动之初，就意识到裕发公司可能会采取其他方式来阻碍上述转移登记条件的成就，使裕丰公司即使赢得诉讼也难以实际执行。基于此，本团队律师建议裕丰公司通过多种渠道密切关注裕发公司的相关动向。裕发公司在本案诉讼过程中，企图通过与案外人制造虚假诉讼的手段，将案涉财产折抵给案外人。本团队律师知晓该情况后，第一时间联系到该案件承办法官，并依法向其提出了作为第三人参加该案诉讼的申请。此外，本团队律师还通过检索发现，因裕发公司拖欠他人债务，案涉财产已在另案执行程序中被查封。本团队律师立即在相应执行案件中提出执行异议，并启动相应的执行异议之诉，最终促使相关法院解除了对案涉财产的查封，及时防范了相关风险，保证案涉财产在生效文书下达后能顺利完成转移登记手续，使裕丰公司的诉求真正得以实现、权益切实得以保障。虽然本案办理过程中出现了一系列突发情况，但本团队律师充分发扬迅速、及时、高效的办案精神，以敏锐洞察力将突发情况一一予以化解，最终取得了系列案件整体胜诉的结果。

［**法案研判**］

本团队律师代理本案之初，便迅速察觉出案件突破口是双方当事人所签署《合作开发协议》的性质认定问题。如定性为合作开发合同，对我方当事人极为不利，但如定性为房屋买卖合同，则较大可能会取得完全不同的诉讼结果。下文将着重探究实务中对名义上的“合作开发房地产合同”在不同情形下的性质认定问题。

一、关于“合作开发房地产合同”性质认定的相关法律法规

目前,关于“合作开发房地产合同”性质认定现行有效的相关法律法规主要包括:

1.《民法总则》第146条规定:“行为人与相对人以虚假的意思表示实施的民事法律行为无效。以虚假的意思表示隐藏的民事法律行为的效力,依照有关法律规定处理。”

2.《城市房地产管理法》第2条第3款规定:“本法所称房地产开发,是指在依据本法取得国有土地使用权的土地上进行基础设施、房屋建设的行为。”

3.《关于审理联营合同纠纷案件若干问题的解答》第4条第1项规定:“联营合同中的保底条款,通常是指联营一方虽向联营体投资,并参与共同经营,分享联营的盈利,但不承担联营的亏损责任,在联营体亏损时,仍要收回其出资和收取固定利益的条款。保底条款违背了联营活动中应当遵循的共负盈亏、共担风险的原则,损害了其他联营方和联营体的债权人的合法权益,因此,应当确认无效。”

4.《土地合同司法解释》第14条规定:“本解释所称的合作开发房地产合同,是指当事人订立的以提供土地使用权、资金等作为共同出资,共享利润、共担风险合作开发房地产为基本内容的协议。”

5.《土地合同司法解释》第15条规定:“合作开发房地产合同的当事人一方具备房地产开发经营资质的,应当认定合同有效。当事人双方均不具备房地产开发经营资质的,应当认定合同无效。但起诉前当事人一方已经取得房地产开发经营资质或者已依法合作成立具有房地产开发经营资质的房地产开发企业的,应当认定合同有效。”

6.《土地合同司法解释》第16条规定:“土地使用权人未经有批准权的人民政府批准,以划拨土地使用权作为投资与他人订立合同合作开发房地产的,应当认定合同无效。但起诉前已经办理批准手续的,应当认定合同有效。”

7.《土地合同司法解释》第24条规定:“合作开发房地产合同约定提供土地使用权的当事人不承担经营风险,只收取固定利益的,应当认定为土地使用权转让合同。”

8.《土地合同司法解释》第25条规定:“合作开发房地产合同约定提供资金的当事人不承担经营风险,只分配固定数量房屋的,应当认定为房屋买卖合同。”

9.《土地合同司法解释》第26条规定:“合作开发房地产合同约定提供资金的当事人不承担经营风险,只收取固定数额货币的,应当认定为借款合同。”

10.《土地合同司法解释》第27条规定:“合作开发房地产合同约定提供资金的当事人不承担经营风险,只以租赁或者其他形式使用房屋的,应当认定为房屋租赁合同。”

《土地合同司法解释》所作的上述合同性质的认定,其民法理论依据在于意思表示理论,其实质在于否定当事人表示行为的表面意思、探究其真实意思所确定的法律关系实质。所谓意思表示,是指表意人将欲成立法律行为的意思表示于外部的行为,是民事法律行为的核心。行为人的意思表示不真实,即行为人外部表达的意思不符合其内心的真实意思,属于意思表示瑕疵。此种情形下,当事人之行为就不能构成相应的法律行为,也就不能引发相应的法律效果。①

二、关于“合作开发房地产合同”性质认定的相关理论观点

(一)合作开发房地产法律关系需具备共同投资、共享利润、共担风险三个特征,其中共担风险是关键特征

合作开发房地产合同,是指两方或两方以上的当事人约定,由一方提供土地,另一方提供资金、技术、劳务等,共同开发土地、建筑房屋,并在项目开发完成后按约定比例分享利益的合同。我国现行《城市房地产管理法》第 2 条第 3 款中所规定的合作开发形式,事实上是一种狭义上的合作开发。从广义的范围来看,只要是双方合作在土地上增添建筑物的活动,都可以归入房地产项目合作开发的范畴。它不限于一方出地、另一方出资,也可以是双方共同出地出资;不限于搞开发后进入市场,也可以建设完毕后归自己使用;合建的主体也不局限于企事业单位,而可以是单位与自然人之间,或自然人与自然人之间。②

《土地合同司法解释》第 14 条对于合作开发房地产合同的概念作了界定:“本解释所称的合作开发房地产合同,是指当事人订立的以提供土地使用权、资金等作为共同出资,共享利润、共担风险合作开发房地产为基本内容的协议。”值得注意的是,共享利润、共担风险是合作的必要条件。这是因为,当事人共同出资合作的目的就是要对合作成果所带来的经济利益共同分享。与此相对应,当事人对合作过程中以及合作后的不利后果和风险也要共同承担,这是民事权利义务相一致原则的内在要求和具体体现。③ 如果双方当事人的真实意思并不是集双方之力,共享合作利润、共担合作风险,这时双方的合同就仅具有合作开发房地产合同的外观,不具有合作开发的本质。事实上,该原理早在 1990 年最高人民法院发布的《关于审理联营合同纠纷案件若干问题的解答》第 4 条中就有体现。根据该条规定,凡“不承担联营亏损”和“不参与共同经营”的行为统统被排斥于联营的范围之外。

---

① 参见王利明、杨立新、王轶、程啸:《民法学》(第 4 版),法律出版社 2014 年版,第 100 页。

② 参见符启林、邵挺杰主编:《房地产合同实务》,法律出版社 2002 年版,第 460 页。

③ 参见最高人民法院民事审判第一庭编:《最高人民法院国有土地使用权合同纠纷司法解释的理解与适用》,人民法院出版社 2015 年版,第 161 页。

如果说，本案中的《合作开发协议》仅具有合作开发合同的外观，缺乏“共担风险”的特征，并不属于合作开发协议，那么其真正的合同性质是什么呢？根据《土地合同司法解释》第25条的规定，其合同性质为房屋买卖合同。此外，根据《土地合同司法解释》第24条、第26条、第27条的规定，合作开发房地产合同在不同条件下还可能分别被定性为土地使用权转让合同、借款合同与房屋租赁合同。

（二）合作开发房地产合同约定提供土地使用权的当事人不承担经营风险，只收取固定利益的，应当认定为土地使用权转让合同

该类合同的基本特性为提供土地的合同主体一方不承担经营风险，只收取固定利益。

1.“不承担经营风险”的认定

关于“不承担经营风险”的认定，应当以合同双方当事人之间权利义务的实质内容作为评判标准。无论合同中是否存在“共担风险”表面条款的约定，只要合同的实质内容表现为提供土地使用权的一方当事人只收取固定利益，不承担经营风险，就应认定提供土地使用权的一方当事人不承担风险。

2.“固定利益”的认定

无论在合作开发房地产的合同履行过程中出现什么样的经营风险，提供土地使用权的一方都要求按照合同约定取得一定的、不变的利益。理解“固定利益”应当注意以下两点：

一是“固定利益”是可以确定的、不变的利益。不论合同能否实际履行、履行程度如何，该利益是可以确定的，并且经确定后是不发生变化的。

二是此“固定利益”可以表现为货币，但不以货币为限。“固定利益”在实务中的表现形式多种多样，可以是固定数量的货币，也可以是固定数量的房屋，还可以是固定数量的货币和固定数量房屋的混合，甚至可以是通过租赁或者其他方式使用房屋的权利。只要这种表现形式在合同订立时双方已经协商一致，其后不会因合同实际履行情况变化而发生变化，即可认为属于“固定利益”。

（三）合作开发房地产合同约定提供资金的当事人不承担经营风险，只分配固定数量房屋的，应当认定为房屋买卖合同

该类合同的基本特性为：提供资金的一方不承担经营风险，只分配固定数量房屋。

1.“提供资金的一方不承担经营风险”的认定

此种约定表明当事人的真实意思在于以所“投入”的资金作为获取固定数量房屋的对价。也就是说提供资金的一方通过投入资金获取了固定数量的房屋，合同的相对方通过出卖固定数量的房屋获取了一定的资金，这符合房屋买卖合同的特征。投入资

金的一方成为房屋买卖合同的买受人,合同相对方成为房屋买卖合同的出卖人。提供资金的一方不承担任何经营风险,不参与经营管理,无论房屋是否按合同约定完全建成,提供资金的一方固定取得一定数量的房屋。

2."固定数量房屋"的认定

认定"固定数量房屋"时,应当注意以下两点:

一是"分配固定数量的房屋"是指取得房屋的所有权,而不仅是使用权;二是"固定数量"与前面"固定利益"的理解是一致的,该"固定数量"是可以确定的,并经确定后不随合同履行情况变化而发生变化。

(四)合作开发房地产合同约定提供资金的当事人不承担经营风险,只收取固定数额货币的,应当认定为借款合同

该类合同的基本特性为:提供资金的一方不承担经营风险,不参与经营管理,只收取固定数额的货币。

1.关于"不承担经营风险"的理解

提供资金的一方通过投入资金,获取固定数额货币的回报,相当于提供资金的一方通过出借资金获取利益,合同相对方通过借款开展项目开发,双方的真实合意在于融资开发项目,而不在于合作开发项目,这符合借款合同的特征。在此类合同中,提供资金的一方为贷款人,合同相对方为借款人。提供资金一方无论该项目建设情况如何,均在约定时间到来时收取固定数额或比例的回报。

2.关于"固定数额的货币"的理解

一是数额必须是固定的,与前面的"固定利益""固定数量"的理解是一致的,该固定数额是可以确定的,并经确定后不随合同履行情况的变化而发生变化;二是约定的实现方式必须是货币。需要注意的是,此处固定数额的中心语不能是"利润",因为利润是可变的,必须在项目完成后扣除成本才能计算出来。例如,约定20%的利润,那么提供资金方的收益会跟随项目最终利润变化而变化,如果项目亏损,提供资金方将无法收取任何收益。这样一来,提供资金方就是与合同相对方共同承担风险,此种约定的合同应属于一般合作开发房地产合同,而非借款合同。

(五)合作开发房地产合同约定提供资金的当事人不承担经营风险,只以租赁或者其他形式使用房屋的,应当认定为房屋租赁合同

该类合同的基本特性为:提供资金的一方不承担经营风险,只以租赁或者其他形式使用房屋。在这类合同中,提供资金方以租赁或其他方式使用房屋为目的,合同相对方在未来仍对部分建成房屋享有所有权。合同相对方以预租部分在建房屋的方式获得提供资金方的资金支持,以便顺利开发房地产项目。因此,双方达成的是租赁房

屋的合意。

三、关于“合作开发房地产合同”性质认定的相关裁判观点

实践中，法院会依据《土地合同司法解释》的规定，根据合作开发房地产合同中约定的具体内容，来认定当事人所签订的合作开发房地产合同的性质。

（一）合作开发房地产合同约定提供土地使用权的当事人不承担经营风险，只收取固定利益的，应当认定为土地使用权转让合同

例如，在陈某、皮某某诉重庆碧波房地产开发有限公司（以下简称碧波公司）、夏某某、重庆奥康置业有限公司（以下简称奥康公司）合同纠纷一案[①]中，最高人民法院认为：“2007 年 3 月 21 日，奥康公司与碧波公司、夏某某签订《补充协议》，约定：成立以奥康公司名义的项目部，该项目部单独建账，独立核算；奥康公司雕刻‘奥康·碧波水岸项目部’和‘奥康·碧波水岸项目部财务章’两枚印章，用于该项目的一切活动。该印章由碧波公司、夏某某掌管，盖有此章的所有文件的一切经济与法律责任由碧波公司、夏某某承担。该协议第四条还约定，碧波公司和夏某某连带承担以奥康公司名义实施开发过程中产生的所有责任和费用，给奥康公司造成的损失由碧波公司和夏某某承担连带赔偿责任。上述约定表明，奥康公司在与碧波公司联合开发过程中的主要义务是提供土地并办理相关手续，所分配的利益是 18,000 平方米住房的包销款 1980 万元，不承担经营风险，符合《最高人民法院关于审理涉及国有土地使用权合同纠纷案件适用法律问题的解释》第 24 条关于‘合作开发房地产合同约定提供土地使用权的当事人不承担经营风险，只收取固定利益的，应当认定为土地使用权转让合同’的规定。”

类似的判例还包括张某、余某某合同纠纷再审案、[②]广州伟腾房地产开发有限公司、广州市天河区石牌街石牌村民委员会建设用地使用权转让合同纠纷案、[③]四川省聚丰房地产开发有限责任公司与达州广播电视大学合资、合作开发房地产合同纠纷案[④]等。

（二）合作开发房地产合同约定提供资金的当事人不承担经营风险，只分配固定数量房屋的，应当认定为房屋买卖合同

例如，在大连凯祥房屋开发有限公司（以下简称凯祥公司）与大连浩盛房地产开发有限公司（以下简称浩盛地产公司）、大连浩盛建筑工程有限公司（以下简称浩盛建

---

① 详见（2009）民申字第 1760 号民事裁定书。
② 详见（2017）最高法民申 2413 号民事裁定书。
③ 详见（2017）最高法民终 572 号民事判决书。
④ 详见（2013）民终字第 18 号民事判决书。

筑公司)其他买卖合同纠纷申请再审一案①中,最高人民法院认为:“根据《补充协议书》及《协议书》约定,凯祥公司提供土地使用权,浩盛建筑公司施工,浩盛地产公司垫付该楼的建安费用,符合合作开发房地产合同共同投资的形式要件,但从约定内容看,a24 号楼建筑面积约 3000 平方米,凯祥公司与浩盛地产公司各自分得 50%,待该楼详规批复后,凯祥公司分得的部分以 550 万元的价格转让给浩盛地产公司,该楼面积无论增与减转让价格不变。即当事人关于 a24 号楼并无共担风险的约定,作为提供资金方的浩盛地产公司亦不承担经营风险。且 2011 年 10 月 20 日,浩盛地产公司与凯祥公司签订《协议书》,确认浩盛地产公司已经将案涉一期 a24 号楼的转让款支付给凯祥公司,并确认至此 a24 号楼全部归浩盛地产公司所有。根据《最高人民法院关于审理涉及国有土地使用权合同纠纷案件适用法律问题的解释》第 25 条规定,合作开发房地产合同约定提供资金的当事人不承担经营风险,只分配固定数量房屋的,应当认定为房屋买卖合同。二审判决对此认定并无不妥。凯祥公司申请再审主张 a24 号楼为双方合作开发房地产合同并不符合‘共同投资、共担风险、共享利润’的条件,事实依据和法律依据不足,本院不予支持。”

类似的判例还包括山东瑞腾置业有限公司与临沂市福临门食品有限公司房屋买卖合同纠纷再审案、②中国工商银行股份有限公司雅安分行与四川省雅安鑫源城市建设开发有限责任公司房屋买卖合同纠纷申请再审案,③天津信裕房地产发展有限公司、郭某某合资、合作开发房地产合同纠纷案④等。

(三)合作开发房地产合同约定提供资金的当事人不承担经营风险,只收取固定数额货币的,应当认定为借款合同

例如,在上海龙域投资有限公司(以下简称龙域公司)与海南建丰旅业开发有限公司(以下简称建丰公司)、北京达义兴业房地产开发有限公司企业借贷纠纷一案⑤中,最高人民法院认为:“《最高人民法院关于审理涉及国有土地使用权合同纠纷案件适用法律问题的解释》第 26 条规定:‘合作开发房地产合同约定提供资金的当事人不承担经营风险,只收取固定数额货币的,应当认定为借款合同。’……由此可见,案涉《投资合作协议书》在形式上虽有‘投资合作’字样,但从其约定的内容看,龙域公司不直接参与公司经营管理,不承担经营风险,只收取固定数额收益,即该协议书排除了双

① 详见(2014)民申字第 599 号民事裁定书。
② 详见(2017)最高法民申 4003 号民事裁定书。
③ 详见(2013)民申字第 842 号民事裁定书。
④ 详见(2012)民申字第 1268 号民事裁定书。
⑤ 详见(2016)最高法民终 541 号民事判决书。

方共担合作风险的情形，其实质在于龙域公司所得的回报与合作结果无关。故建丰公司签订《投资合作协议书》的本意是融资，龙域公司的真实意思表示则为借款，双方并无合作开发案涉房地产的合意。根据《合同法》第202条有关'贷款人按照约定可以检查、监督借款的使用情况'的规定，龙域公司作为贷款人为确保借款安全对资金的使用情况具有检查、监督的权利。故建丰公司以案涉合同约定龙域公司对合作项目具有监督、查阅等权利为由主张双方并非借款关系，没有事实和法律依据。原审判决将本案认定为借款合同纠纷于法有据，本院予以维持。"

类似的判例还包括福建天纶集团有限公司、嘉峪关市河西房地产开发有限公司合同纠纷案，[①]灵宝市越海房地产有限责任公司与灵宝市中鑫珠宝有限责任公司、三门峡市越海商贸有限公司不当得利纠纷申诉案，[②]湖南福达置业有限公司、皮某某民间借贷纠纷再审案[③]等。

（四）合作开发房地产合同约定提供资金的当事人不承担经营风险，只以租赁或者其他形式使用房屋的，应当认定为房屋租赁合同

例如，在新疆康明百业有限公司（以下简称康明公司）与新疆昌吉建设（集团）有限责任公司、新疆西北三鹰商贸有限公司（以下简称三鹰公司）建设工程施工合同纠纷再审一案[④]中，新疆维吾尔自治区高级人民法院认为："2003年7月8日，三鹰公司与康明公司订立《关于投资苏州路水暖批发市场综合楼的协议》约定，三鹰公司出地，康明公司出资，委托施工单位建设综合楼，三鹰公司对综合楼拥有产权，康明公司拥有10年的使用权。根据《最高人民法院关于审理涉及国有土地使用权合同纠纷案件适用法律问题的解释》第27条规定，合作开发房地产合同约定提供资金的当事人不承担经营风险，只以租赁或其他形式使用房屋的，应当认定为房屋租赁合同，因此，三鹰公司与康明公司之间存在房屋租赁关系。"

类似的判例还包括石家庄市化学煤炭技术服务中心与石家庄汇益丰房产置业有限公司项目转让合同纠纷申请再审案、[⑤]李某与曲靖市麒麟区工商行政管理局合同纠纷上诉案、[⑥]北京齐诚普利科技有限公司与北京联合大学应用文理学院合同纠纷二审案[⑦]等。

---

① 详见(2018)最高法民辖终257号民事裁定书。
② 详见(2016)最高法民申52号民事裁定书。
③ 详见(2016)最高法民申3189号民事裁定书。
④ 详见(2015)新民再终字第25号民事判决书。
⑤ 详见(2013)民申字第748号民事裁定书。
⑥ 详见(2010)云高民一终字第128号民事判决书。
⑦ 详见(2018)京01民终1860号民事判决书。

[**案件复盘**]

一般而言,合同名称会根据合同类型与签约目的确定,但合同名称未必能准确传达签约双方真实的意思表示,这便使揭开合同名称面纱、领会合同本质属性显得尤为重要。尤其是在合作开发房地产领域,当事人往往以“合作开发房地产合同”为名实现有悖于合作开发房地产的目的,这便导致实践中存在大量名实不符的“合作开发房地产合同”,而该等合同的性质认定在司法实践中存在大量争议。为统一认识、定分止争,最高人民法院以当事人是否收益共享、风险共担作为衡量合同真实性质的重要标准,在《土地合同司法解释》第24~27条中规定了名实不符的合作开发房地产合同的性质认定方式。建设工程与房地产领域的专业律师应熟练掌握上述法律规定及其背后的原理。事实上,诉讼律师在接到类似案件时,首先应当厘清案件的基础法律关系。基础法律关系决定了代理律师准备应诉的方向及证据,便于诉讼律师尽快抓住案件重点。本案是一起典型的因合同名实不符引发纠纷的案件,虽然双方当事人签订的协议名为合作开发房地产协议,但其中约定裕丰公司不承担经营风险、仅收取固定利益。处理这种案件,就需要律师透过现象看本质,探求当事人的真实意思,准确认识合同性质。本案的合同性质认定,是本团队律师主张诉请与抗辩反诉的基点。在准确把握这一基点的基础上,本团队律师不仅帮助客户成功驳回了对方的所有诉请,还为客户意外争取到了违约金,取得了圆满的诉讼结果。

依托本案,对于合作开发房地产合同双方而言,本团队律师提出以下建议:

在签订合作开发房地产合同时,合同双方应当着重注意合同条款的实质性内容而非合同名称本身。根据《土地合同司法解释》的规定,即使某一合同名为“合作开发房地产合同”,若其实质性内容并不符合合作开发房地产合同共同投资、共享利润、共担风险的特征,该合同也不会被认定为合作开发房地产合同。因此,以房地产开发为真意签订合同的,双方一定要明确将共同投资、共享利润、共担风险的内容写入合同条款;若双方虽名为签订房地产开发合同,但是对合同目的另有他意,则双方要在合同条款中明确写明可以体现其真意的内容,如“只分配固定数量房屋”“只收取固定数额货币”“只租赁或以其他形式使用房屋”等。当然,若双方能够根据合同目的为合同赋予真实名称,则围绕合作开发房地产合同性质的争议将会减少很多。建议双方从签约真实意图出发来确定合同名称与约定内容,避免给双方带来不必要的纠纷。

17

印章未能妥善保管，多方举证力挽狂澜

［案件摘要］

本案系A单位与自然人B之间的一起房屋买卖合同纠纷案件。自然人B利用其与A单位的合作关系，取得了盖有A单位印章的空白信笺，通过套打方式自行制作文件，虚构了A单位有义务向其提供三套房屋的事实，并诉至法院，要求A单位支付三套房屋的折价款。法院依据盖章文件判决支持了B的全部诉讼请求。本团队律师接受A单位委托后，在二审过程中力挽狂澜，避免了A单位遭受巨大损失。A单位经此一役，终于正确认识到了印章管理的重要性，建立了科学规范的用章管理流程。

［案情回放］

1997年6月25日，A单位与B签订《协议书》，约定A单位将某小区53号院和61号院出售给B，每院10万元，共计20万元，B先暂付1万元，其余欠款必须在1997年9月30日前付清，如到期不付按自动退房处理，A单位将收回53号院和61号院所有权；清理现有住户的工作由B负责，出现任何问题责任亦由B负责。签约后，B向A单位支付了1万元，但余款未付。因原住户未腾退，B也未支付余款，因此A单位亦未将上述房屋交付予B。

B声称，A单位于1998年1月19日向B出具盖有A单位印章的《证明》，并于2005年9月25日向B出具盖有A单位印章的《承诺》。《证明》和《承诺》均表述如53号院和61号院腾退后A单位未将产权过户给B的，A单位将无偿向B提供三套两居室房屋。

因A单位未向B提供上述房屋，B于2008年3月5日起诉，要求A单位给付房屋折价补偿款共计人民币1,448,580元。

[**战略战术**]

A 单位被起诉后，一开始并未委托律师代理，而是由 A 单位的工作人员作为代理人出庭应诉，并向法院申请鉴定。因两次开庭结果及鉴定结果均对 A 单位极其不利，尤其是鉴定意见认为印章为真，导致 A 单位非常被动，因此 A 单位临时委托本团队律师代理本案。接受委托后，本团队律师仔细研究案件材料，向一审法院书面提出本案诸多疑点，但由于当时审限即将届满，一审法院在 A 单位变更代理人后仅 3 日就作出判决，支持了 B 的全部诉讼请求。在如此不利的情况下，A 单位向二审法院提起上诉，本团队律师在二审中绝地反击，以有效的诉讼策略最终取得了二审的胜诉。本团队律师在本案中的具体做法和办案经验如下：

一、深入研究案件材料，从细节出发，指出《证明》《承诺》诸多疑点，成功影响二审法官心证

本团队律师接受委托后，了解到 A 单位与 B 曾经有过合作关系，在合作期间，B 可能获取了 A 单位一些加盖有 A 单位印章的空白信笺，但 A 单位向本团队律师保证其从未向 B 出具过所谓“证明”和“承诺”。在了解到这一情况后，本团队律师深入研究案件材料，在 3 日内整理出诸多疑点提交一审法院。例如，《协议书》是章压字，证明 A 单位的工作流程是先打印文字后加盖印章，而经鉴定，《承诺书》是字压章，与《协议书》体现的工作流程存在重大矛盾；又如，《协议书》上有经办人签字，而《证明》《承诺》均只有盖章而无签字，与 A 单位作为国有企业下属单位的办事习惯不符；再如，B 称《证明》系原法定代表人出具，《承诺》由现法定代表人出具，两者出具时间相差 8 年，但信笺完全一致，套打方式也完全一致，明显不符合实际；复如，《承诺》的出具时间为 2005 年 9 月 25 日，经查询这一天是星期日，为法定休息日，A 单位根本不上班，不可能为 B 出具盖章文件；最后，《协议书》已经提前终止，B 仅支付了 1 万元，在 B 未支付高达 19 万元的余款且 A 单位对提前终止根本不负有任何违约责任的情况下，A 单位自愿无偿向 B 提供三套没有明确坐落、面积的房屋，显然不符合常理。

尽管一审判决未采纳本团队律师上述意见，但在二审过程中，就本团队律师发现的上述疑点，B 根本无法作出合理的解释，从而使二审法官内心确认《证明》与《承诺》在真实性上存在重大瑕疵，不应采信。

二、从程序入手，申请证人出庭并申请重新鉴定

本团队律师虽然未参与一审庭审，但通过审阅一审庭审笔录，本团队律师发现一审法官曾向 B 询问《证明》和《承诺》的来源，B 陈述《证明》系由 A 单位原法定代表人向其出具，《承诺》系由 A 单位现法定代表人向其出具。且在一审中，A 单位曾申请原法定代表人和现法定代表人作为证人出庭作证，但一审法院并未准许。二审中，本团队律师抓住这一细节据理力争，二审法院同意原法定代表人（已离职数年）出庭作证，其当庭陈述《证明》并非由其办理，其从未承诺无偿给 B 三套房屋。

另外，在一审中，经 A 单位申请，一审法院委托公安部物证鉴定中心对《证明》和《承诺》中的印章真伪进行司法鉴定。鉴定结果显示，对《证明》所盖印章"无法做出明确结论""无法确定印文与字迹的先后顺序"，《承诺》所盖印章"倾向为同一枚印章""形成的先后顺序为先有印文，后有字迹"。由于一审鉴定结果并不明确，且一审法院依据鉴定结果认可了《承诺》的真实性，因此本团队律师在二审中要求重新鉴定。尽管二审法院未同意 A 单位的鉴定申请，但对于本团队律师指出的一审鉴定意见的瑕疵予以采信，最终认定 B 要求房屋折价款依据不足，判决撤销一审判决，并驳回 B 的全部诉讼请求。

［**法案研判**］

企业印章是企业从事民事、行政等活动的符号和标记。企业印章的规范管理关系到公司正常经营活动的开展，如被他人盗用或冒用，很可能给企业带来不必要的纠纷，甚至对企业的生存发展会产生重大影响。本案虽在本团队律师的协助下反败为胜，未给 A 单位造成重大损失，但正是因为 A 单位自身印章管理工作不到位才使 B 有机可乘，亦从侧面反映出企业印章管理的重要性。下文将从企业印章的相关规定与理论观点出发，着重探究实务中对加盖企业印章文书是否反映企业真实意思表示的认定情况。

一、关于企业印章的相关法律法规

目前，关于企业印章现行有效的相关法律法规主要包括：

《企业法人登记管理条例》第 16 条第 1 款规定："申请企业法人开业登记的单位，经登记主管机关核准登记注册，领取《企业法人营业执照》后，企业即告成立。企业法人凭据《企业法人营业执照》可以刻制公司印章、开立银行账户、签订合同，进行经营活动。"

二、关于企业印章的相关理论观点

一般来说，企业印章包括公章、合同专用章、财务专用章、法定代表人姓名章、发票专用章、业务专用章等。其中，公章、合同专用章和财务专用章由公安机关刻制并需在工商行政管理机构备案。①

企业印章均具有代表企业意志的法律效力，但特定用途并不一样：公章适用范围

① 参见吴秉衡：《论公司印章的使用与保管规则》，载《商品与质量》2011 年第 SB 期。

最广，凡是以企业名义出具的信函、公文、合同、介绍信、证明等均可加盖公章；财务专用章主要用于办理公司会计核算和银行结算业务等；发票专用章主要在开具发票时使用；合同专用章主要在企业对外签订合同时使用；业务专用章在企业对外承办业务时使用。

三、关于企业印章的相关裁判观点

一般来说，企业印章能够代表公司，盖有公司印章的文件应当被推定为公司的真实意思表示。但是在司法实践中，加盖真印章的文件是否一定有效？使用伪造、私刻印章的文件是否一定无效？结论是，不一定。以下摘录最高人民法院 12 个案例，主要论述印章真伪与意思表示是否真实的关系。

（一）认定意思表示真实的案例及裁判理由

1. 公司不能对同一印章的效力选择性认定，即便是私刻印章，只要对外使用过且承认其效力，则在其他交易中的使用也同样有效

例如，在汪天雄与重庆群洲实业（集团）有限公司（以下简称重庆群洲公司）、朱惠德建设工程施工合同纠纷一案[①]中，最高人民法院认为，重庆群洲公司在设立云南分公司时，向昆明市盘龙区工商行政管理局提交《分公司设立登记申请书》，明确云南分公司负责人为梁裕霖，该“申请书”盖有重庆群洲公司认可的公章及法定代表人名章。重庆群洲公司内部文件《关于成立重庆群洲实业（集团）有限公司云南分公司的通知》（渝群实集司发〔2011〕15 号）不仅明确重庆群洲公司成立云南分公司而且任命梁裕霖为云南分公司总经理。因此，重庆群洲公司对云南分公司的存在、梁裕霖代表该分公司进行经营活动明知且认可。重庆群洲公司云南分公司有权委托朱惠德开展经营活动，朱惠德接受重庆群洲公司云南分公司委托，使用编号为“50010218011375”的重庆群洲公司印章签订履行合同的行为之法律后果应当由重庆群洲公司承担。……本院经审查，编号为“50010218011375”的公章在重庆群洲公司的经营活动及诉讼活动中均曾使用过。……重庆群洲公司对该公章（编号为“50010218011375”的公章）的存在、使用是知晓的。尽管其主张公章伪造，但其在明知该公章存在并使用的情况下，未采取措施防止相对人的利益损害，朱惠德使用编号为“50010218011375”的重庆群洲公司印章签订履行合同的行为应当认定为重庆群洲公司的行为，原审法院未追加发包人作为共同被告及未中止审理并无不当。

类似的判例还包括中国工商银行股份有限公司景德镇分行与中国航空技术珠海

① 详见（2016）最高法民申 255 号民事裁定书。

有限公司、上海中皇置业投资有限公司等金融借款合同纠纷案，[①]邹春金与陈怀深、海南鲁泉实业有限公司、王洪英、崔传珍、陈延峰建设用地使用权纠纷案[②]等。

2. 公司对外用章不具有唯一性，如无法证明加盖印章为伪造，则不能主张使用公司印章对外签订的合同对公司没有约束力

例如，在青海创新矿业开发有限公司（以下简称青海创新公司）与洪英等民间借贷纠纷一案[③]中，最高人民法院认为，本案中，《担保保证书》上加盖的"青海创新矿业开发有限公司"印文虽经青海创新公司自行委托的鉴定机构认定与其在西宁市公安局备案的印章不符，但青海创新公司确认其曾使用过的公司印章不止一枚，洪英难以有效识别《担保保证书》上加盖的"青海创新矿业开发有限公司"印章是否为青海创新公司曾使用过或正在使用或在公安局备案登记的印章。本案并非《最高人民法院关于在审理经济纠纷案件中涉及经济犯罪嫌疑若干问题的规定》第 5 条第 1 款规定的情形。因此，二审判决认定两份《担保保证书》均对青海创新公司具有法律约束力、青海创新公司应当向洪英承担担保责任，并无不妥。

类似的判例还包括湖南宏欣投资有限公司与湖南鑫都大酒店有限公司、湖南腾福实业有限责任公司物权保护纠纷案，[④]河南兴隆建筑工程公司与张家口市景泰商贸有限公司买卖合同纠纷案，[⑤]唐山军安房地产开发有限公司与李贺强等买卖合同纠纷案[⑥]等。

3. 即使印章不真实，但当事人以其行为积极履行协议的，应认定协议有效

例如，在东方贸易株式会社（以下简称东方株式会社）与韩锦途、苏州锦新刺绣工艺品有限公司（以下简称锦新公司）股权转让纠纷一案[⑦]中，最高人民法院认为，关于原判决是否存在适用法律确有错误的问题。原审中，东方株式会社主张本案股权转让所涉的《协议书》《合同终止协议书》《董事会决议》上郭越悦的签名及私章、东方株式会社的公章系伪造，故股权转让并非其真实意思表示。本案各方当事人对郭越悦发送给韩锦途儿子韩洪涛的电子邮件的真实性均无异议，原判决对该证据的证明力予以采信，并无不当。该电子邮件的内容表明，郭越悦作为东方株式会社的法定代表人，于 2008 年就知道东方株式会社所持有的锦新公司股权已作了变更登记，而在此后的 5

---

① 详见（2013）民提字第 248 号民事判决书。
② 详见（2013）民提字第 184 号民事判决书。
③ 详见（2015）民申字第 2537 号民事裁定书。
④ 详见（2016）民申 519 号民事裁定书。
⑤ 详见（2015）民申字第 426 号民事裁定书。
⑥ 详见（2015）民申字第 342 号民事裁定书。
⑦ 详见（2016）最高法民申 1474 号民事裁定书。

年时间内其一直未对涉案股权转让提出异议，并继续与股权变更登记后的锦新公司共同投资经营苏州锦途实业有限公司。可见，郭越悦并非保持沉默，而是以其行为积极地认可转让事实。故原判决认定即使案涉文件上的签字及印章不真实，东方株式会社也已经以其实际行为追认了股权转让协议，并无不当。由于本案所涉股权转让系东方株式会社的真实意思表示，故不应适用《最高人民法院关于审理外商投资企业纠纷案件若干问题的规定（一）》第21条的规定，原判决不具有适用法律确有错误的情形。

类似的判例还包括深圳市恒尚科技开发有限公司与中国联合网络通信有限公司、新疆维吾尔自治区分公司、新疆金中华通讯服务有限公司买卖合同纠纷案①等。

4. 虽然印章系被擅自加盖，但法定代表人在协议书签字，构成法定代表行为

例如，在陈晓华与浙江省东阳第三建筑工程有限公司（以下简称东阳公司）、西宁华裕房地产开发有限公司（以下简称华裕公司）欠款纠纷一案②中，最高人民法院认为，已经成立的合同中加盖了单位的公章和个人的名章，并且还有单位法定代表人的签字，现还款人主张加盖的单位公章和个人名章系被擅自加盖，要求依法撤销该合同，人民法院将依法不予支持。因为即使单位公章和个人名章系被擅自加盖，但是法定代表人在还款协议上签字，构成法定代表行为，也能满足合同成立的法定要件，故可以认定该合同依法成立。

（二）认定意思表示不真实的案例及裁判理由

1. 即便印章真实，如证据否定或怀疑合意形成的情况下，人民法院仍需结合其他证据及事实认定协议的真实性

例如，在内蒙古昌宇石业有限公司（以下简称昌宇公司）与陈呈浴合同纠纷一案③中，最高人民法院认为，在5·3补充协议真实性的认定上，该协议加盖的印章虽为真实，但因协议形成行为与印章加盖行为具有相对独立性，协议形成行为是双方合意行为的反映形式，而印章加盖行为是双方确认双方合意即协议的行为，二者相互关联又相互独立，在证据意义上，印章真实一般即可推定合意形成行为真实，但在有证据否定或怀疑合意形成行为真实性的情况下，即不能根据印章的真实性直接推定协议的真实性，也就是说，印章在证明协议真实性上尚属初步证据，人民法院认定协议的真实性需综合考虑其他证据及事实。本院认为，本案5·3补充协议的真实性有如下不足：第一，5·3补充协议对5·1协议的风险负担进行根本变更，不合常理，陈呈浴对此变更不能进行合理说明……第二，5·3补充协议的基本内容存在矛盾，陈呈浴不能合理说

① 详见（2013）民申字第1592号民事裁定书。
② 详见（2006）民二终字第100号民事判决书。
③ 详见（2014）民提字第178号民事判决书。

明……第三，陈呈浴在相关诉讼中从未提及5·3补充协议及管辖问题，不合常理……第四，5·3补充协议在形式上还存在甲方、乙方列法及明确协议份数的条款等与之前订约习惯明显差异的情况……综上，根据5·3补充协议的内容、形式及该补充协议的形成过程和再审庭审查明陈呈浴在原审中隐瞒重大事实信息的不诚信行为，同时考虑昌宇公司一直否认自行加盖印章且不持有该协议之抗辩意见，本院对5·3补充协议相关内容的真实性不予采信。

2. 尽管印章真实，但如果能够证明公司印章脱离公司主体的控制而被他人滥用，印章的意思表示推定效力应予否定

例如，在海南虹艳贸易有限公司（以下简称虹艳公司）与海南金泰房地产开发公司（以下简称金泰公司）股权转让纠纷一案①中，最高人民法院认为，公司印章是公司人格的象征，交易文本上加盖了公司印章，便具有推定为公司意思表示的法律效力。但这种推定效力并非绝对不可动摇，而是可以为相反的证据所推翻，因为公司印章既可能被公司授权的人持有和合法使用，也可能被未经公司授权的人占有和滥用，如他人盗窃或者拾得公司印章后予以使用等，此时公司印章脱离公司主体的控制而被他人滥用，印章所表征的意思表示与公司的真实意思表示并不一致，因而其意思表示推定效力应予否定。本案中，金泰公司声称原印章丢失，按常理应以登报声明或公示催告等方式对外公示，以防遭受不测之虞，但金泰公司未能提供上述直接证据，仅是提供了一系列间接证据予以佐证，故金泰公司的主张是否成立，应视该间接证据的效力如何而定。金泰公司在1996年后刻制、启用了一枚新的印章，且在工商机关备案，虹艳公司对此并无异议。金泰公司称启用新的公章后，未再使用原公章，虹艳公司在诉讼中并无证据证明金泰公司存在新旧印章混用的情形，故本院对此予以认可。2000年签订股权转让协议时，金泰公司的原公章出现在关某某手中，而关某某并非金泰公司职员，其持有、使用金泰公司的印章，应经金泰公司的批准，但没有证据证明关某某持有、使用金泰公司的印章经过了金泰公司批准。综合判断考量，本院认为上述间接证据已经形成了一个完整的证据链，足以使人确信金泰公司的印章已经丢失。原审经鉴定认定，授权委托书和转让协议上加盖的印章恰为金泰公司的原印章，因1996年以后金泰公司已经不再以该印章作为公司的意思表征，故授权委托书和转让协议上的签章并不能代表金泰公司的真实意思表示。金泰公司印章丢失，应按相关行政法律法规的规定，履行法定的批准程序刻制使用新的印章，金泰公司擅自刻制使用新的印章，属于行政违法，应由相关行政机关予以相应的行政制裁，但金泰公司的这一行政违法行为并

① 详见（2012）民提字第35号民事判决书。

不必然导致由其自行承担印章被他人盗用的民事法律后果。……综上,本院认为,关某某提供的授权委托书上虽盖有金泰公司的原印章和金泰公司原法定代表人姚某某的私章,但无法证明金泰公司作出了授权委托的真实意思表示,因而关某某的代理行为应属于无权代理。

［**案件复盘**］

本案为合同纠纷案件,双方主要争议焦点是印章是否真实,《证明》及《承诺》是否是A单位的真实意思表示。

B利用非法取得的两张盖有A单位印章的空白信笺伪造了《证明》及《承诺》,虽然通过鉴定证明印章真实,但本团队律师通过"字压章"、文件出具时间不合理、所谓的"经办人"出庭证明不存在B所陈述事实等多个细节充分证明了B提供的证据存在重大瑕疵,不足以证明其主张,维护了A单位的合法利益。

A单位对本案结果非常满意。同时A单位在本案中也充分吸取了教训,意识到印章管理的重要性,建立了完善的印章管理制度。

通过本案可以看出印章管理的重要性。企业印章是企业参与市场经济活动的重要凭证和工具。在市场交易中,一旦企业在相关文件、合同上加盖印章,应当视为企业对该文件、合同的认可。一般来说,企业的印章应当由指定刻章单位刻制并经过公安机关备案,印章应有专人保管,任何文件加盖印章均应经过严格的审批流程,以确保盖章文件系企业的真实意思表示。但在商事活动中,有些企业印章管理混乱,存在私刻印章、随意盖章、印章保管不当等情形,给不法分子以可乘之机,使其得以通过伪造、私盖印章等方式对外签订合同。从企业的角度来说,一方面要管理好企业印章,避免出现印章被偷盖、复制的情况;另一方面作为相对方,也应当尽到合理注意的义务,审慎审查对方加盖的印章是否真实合法。在商事活动中,商事主体应当如何应对企业印章带来的问题,本团队律师作出如下建议:

从管理自身印章的角度来说,企业应当注意:(1)设立高效、有序的印章管理流程,对印章保管、印章交接、印章交办、印章报废都设立明确的手续流程,明确各流程的责任、义务和权限;(2)建议设立电子化报审体系,所有加盖印章的文件都必须留存电子档,报审人员、审批人员、盖章人员应为不同人员,且均应记录在案,便于产生纠纷时能够回溯用印情况;(3)印章应当保持唯一性,刻制的印章应当依法履行在相关部门的备案手续,同一类型的印章不私刻多个,避免使用时产生混乱;(4)废弃印章应当销毁,不得随意丢弃,避免被滥用;(5)印章丢失、损毁后应当第一时间采取登报声明或公示催告等方式进行对外公示,并重新依法刻制新的印章。

从识别相对方使用印章的真实合法性的角度，企业应当注意：(1)主动识别印章类别与用印文件类别是否符合，避免出现公文使用合同章等异常情况；(2)主动识别印章内容是否与相对方名称一致，如是否有名称为“有限责任公司”的相对人加盖印章名为“有限公司”的异常情况；(3)主动识别印章加盖、文书打印、相关授权人员签字及用印日期等细节信息是否与该企业的用印习惯、审批流程、授权文书、企业营业时间等实际情况相符；(4)如相对方加盖多个印章的，注意每次加盖印章是否存在不一致的情况；(5)要求相对方尽量加盖公章，且除加盖公章外，要求法定代表人或授权代表同时在文件上签字。

18

化解劳务分包分歧，解决国际工程难题

［案件摘要］

本案系A公司（发包方）与B公司（承包方）的一起国际工程劳务分包合同纠纷仲裁案件。B公司按照《劳务分包补充协议》（以下简称《劳务协议》）约定为A公司提供劳务分包服务，后双方就劳务费的支付及工作安排等问题产生争议，A公司向某仲裁委申请仲裁。本团队律师接受B公司委托代理本案，并提起仲裁反请求。本团队律师通过对涉案工程所在国法律的深入研究与大量的案例检索，层层递进举证证明A公司存在多项违约行为，并充分说理论证双方之后签署的《意向书》并非对《劳务协议》的变更。2010年4月1日，某仲裁委作出《裁决书》，仲裁庭采纳了本团队律师的代理观点，全部驳回了A公司的仲裁请求，同时支持了B公司的部分仲裁反请求，作出了有利于B公司的裁决。

［案情回放］

2005年11月18日，A公司与B公司签订《劳务协议》，约定由B公司向A公司的卡塔尔某工程提供劳务分包服务。B公司劳务人员于2005年11月20日陆续进入现场进行施工。施工开始后，双方就劳务费的支付及工作安排产生纠纷。

2008年4月7日，A公司向某仲裁委申请仲裁。其请求：(1)裁令B公司返还A公司已预支、预借及其垫付的劳务费人民币15,595,853.37元；(2)裁令B公司赔偿A公司借支的其他各项借款共计人民币4,721,809.02元；(3)裁令B公司赔偿A公司支出的律师代理费人民币812,706.48元；(4)裁令B公司承担本案的全部仲裁费用。

同日，B公司向仲裁庭提出反请求。其请求：(1)裁令A公司支付B公司劳务费人民币25,613,476元；(2)裁决A公司支付自2007年12月15日至仲裁裁决作出之日止欠付的劳务费利息；(3)裁令A公司支付因其非法用工导致合同期满后B公司工人滞留卡塔尔期间损失的人民币 214,594 元;(4)裁令 A 公司承担 B 公司因仲裁产生的合理支出人民币 256,100 元;(5)裁令 A 公司承担全部反请求仲裁费。

经审理,2010 年 4 月 1 日,某仲裁委就本案进行裁决,裁决 A 公司向 B 公司支付劳务费欠款人民币 512,517.74 元;逾期付款利息人民币 61,527.82 元;律师费人民币 100,000 元。

[战略战术]

一、融会贯通国内法与外国法,为当事人制订最优方案

本案的争议焦点之一就是案涉劳务费的结算依据是什么,其中包括如何确定工日单价。本案中,B 公司就 A 公司承接的卡塔尔某工程提供劳务分包服务。涉案工程地处卡塔尔地区,对代理律师精通国际私法原理、外国法和国内法提出了较高要求。本团队律师对国内法、卡塔尔国外法的融会贯通对最终取得令 B 公司满意的裁决结果起到了关键性的作用。

在本案中,涉及的关键环节便是外国法的查明问题,查明外国准据法是国际工程案件裁决的先决条件。在国际工程案件中外国法的查明较为困难,因为涉及大陆法系、英美法系、伊斯兰法系等不同法律体系,每个国家都具有各自特色的法律规定,官方语言亦不统一。由于本案工作地位于卡塔尔,本团队律师在开庭前便做好仲裁庭可能会要求对卡塔尔法律查明的准备,因此本团队律师提前开展了卡塔尔法律查询工作。在面对本案卡塔尔法律查明的挑战时,本团队律师表现出了优秀律师团队应具有的专业素养,凭借强大的检索能力及人脉关系,通过包括但不限于联系中国驻卡塔尔国大使馆、检索国内相关信息、通过外网检索卡塔尔官方网站等多种途径得到了相关的法律规定内容。

获得相关法律规定内容后,本团队律师在工日单价的计算问题上对中国相关法律和卡塔尔法律进行了详尽的对比分析,认为主张按照《合同法》《劳动法》及相关法律法规来确定劳务人员“年工作日”的方案对我方当事人更为有利。但由于当时现行法律法规中均未对仲裁法律适用问题作出详细规定,仲裁庭最终以“最密切联系”原则,决定适用卡塔尔法律。

尽管仲裁庭最终决定适用卡塔尔法律,但本团队律师对卡塔尔法律查明的工作并没有白费。因为当时卡塔尔劳动法正面临“新老更替”,本团队律师发现按照 2005 年 1 月实施的劳动法对我方当事人更有利,便主张案涉《劳务协议》签订在 2005 年 11 月,为体现当事人双方签订合同的意愿,应适用卡塔尔 2005 年 1 月实施的新劳动法。仲裁庭最终认可了本团队律师提出的主张,并采纳了本团队律师据此提交的中国驻卡

塔尔大使馆经济商务参赞处提供的劳动法,其明确规定每周工作时间为48小时、斋月每周工作36小时。此外,本团队律师还两次对鉴定机构所采取的年工作日计算方式提出质疑,指出倘若仲裁庭决定在本案中适用卡塔尔法律,其便应同时适用卡塔尔关于工作日的行政规定,亦对仲裁庭作出的裁决结果产生了至关重要的影响。

二、充分发挥本团队律师在建设工程领域的专业优势,快、狠、准找到核心问题制定诉讼策略

建设工程领域的纠纷通常都十分复杂,案卷量极大。在有限的时间中精准地找到核心材料需要律师极高的专业素养以及丰富的实战经验。本团队律师在建设工程领域中一直保持着高水准。在本案中,B公司委托本团队律师代理本案时已临近第一次仲裁开庭时间。在十分有限的时间里,本团队律师凭借高水平的专业素养,从浩如烟海的案卷中迅速了解全案情况并整理出与争议焦点相关事实及证据清单,为本案取得超出B公司预期满意的结果奠定了基础。

(一)条理清晰,直击对方违约事实

A公司代理人在仲裁中一直回避A公司的违约问题,本团队律师敏锐地发现A公司违约行为才是导致本案纠纷产生的关键。本团队律师抓住这一点,并在答辩状中逻辑严谨、条理清晰地向仲裁庭展现了A公司的违约情况。以下是本团队律师梳理的A公司违约事实:

1. A公司导致项目工程材料短缺,窝工现象严重,工人无工可施

2005年11月18日双方签订《劳务协议》。《劳务协议》签订后,B公司根据约定及时安排工人前往卡塔尔为A公司项目提供施工劳务服务。但在施工过程中,A公司未能及时供应工程材料,导致B公司部分工人无工可施。B公司多次发函至A公司,但A公司仍置之不理。根据《劳务协议》约定,A公司负有"保证B公司劳务队伍出国后有工可务"的义务。因此,在A公司违约的情形下,B公司才组织工人提前回国,避免损失的进一步扩大。

2. A公司未按《劳务协议》给工人发放工资

根据《劳务协议》约定,A公司应每三个月发放一次劳务费,自首笔劳务费的应付时间2006年1月5日起,就一直存在拖欠劳务费的情况,使工人们情绪不满,甚至还出现过几次小规模的停工事件,后工人们在B公司的不断劝说下才复工。2007年1月5日,A公司再次拖欠2006年第四季度的工资,此次工人们进行全面停工并请驻卡塔尔大使馆出面调解。直至2007年1月24日,A公司才将部分工资汇入B公司账户,B公司还垫付200多万元才将拖欠工资发放给工人。

3. A 公司未按《劳务协议》为工人提供医疗保障

根据《劳务协议》约定，A 公司“负责为派出劳务人员办理在卡塔尔的人身意外伤害保险及医疗保险”，而 A 公司并未履行该义务，导致劳务人员生病无法及时就医，工人们的健康无法得到保障。最终由 B 公司从国内医院抽调医生去工地为工人们看病。

4. A 公司自身行为导致卡塔尔方与其终止承包合同，并不影响 A 公司对 B 公司承担违约责任

由于 A 公司未按时提供工程材料，导致工程进展未能按照 A 公司与卡塔尔方签订的承包合同的约定进行，2017 年 8 月，卡塔尔方终止与 A 公司的承包合同。但根据合同的相对性原则，这并不影响 A 公司与 B 公司的劳务分包合同。且承包合同的终止完全是因为 A 公司自身原因导致，A 公司若以承包合同终止而提前终止劳务分包合同，也应承担对 B 公司造成的违约责任。

本团队律师对以上违约情况进行梳理后，综合时间、重要性，有逻辑顺序地提出，对应的证据清单也按照违约事实严谨排列。从 A 公司违约导致合同无法继续履行，到提出 B 公司在 A 公司违约时及时采取相应措施避免损失进一步扩大，环环相扣，做到有理有据。仲裁庭最终认定了以上 A 公司的违约事实。

（二）灵活运用商业习惯、法律解释，层次渐进提出仲裁主张

A 公司主张与 B 公司签订的《意向书》是对《劳务协议》的补充，但却未提交相应的证据。而本团队律师从双方商业习惯、《意向书》的内容及法律解释的角度向仲裁庭说明该《意向书》不属于《劳务协议》的补充协议。

1.《意向书》不等同于正式的劳务分包合同

本团队律师认为，从双方签订合同的商业习惯来看，在《劳务协议》签订之前也曾签订过类似于《意向书》的文件。且通过调查了解，A 公司与其他公司签订相关建设工程承包合同前也会先签一个类似《意向书》的文件。并且在签订《意向书》后仍然会签订正式合同，将最终双方的权利义务等确定下来。因此，在本案中《意向书》只是正式签订装修工程劳务分包合同之前的磋商结果，表达双方有签订正式劳务分包合同的意愿，而不是代替劳务分包合同，具有正式合同的法律效力。

同时，本团队律师除了从双方的交易习惯中论证该《意向书》不属于《劳务协议》的补充协议外，还检索了大量的司法案例予以补充，使论证更加具有司法实务性。

2.《意向书》缺乏法律约束力

本团队律师提出，即使认为《意向书》是《劳务协议》的补充协议，它也未发生法律约束力。原因有以下几点：首先，即便将《意向书》视为正式合同，根据《意向书》中约

定,《意向书》生效有一个条件:A 公司能够继续在卡塔尔工程中承接装修工程。由于 A 公司违约导致与卡塔尔方已经终止主体建筑工程合同,表明 A 公司不可能继续承接装修工程,所以《意向书》并未生效,不具有法律拘束力。其次,即便《意向书》是一份生效合同,该份合同也因为 A 公司的违约行为导致该合同无法履行。由于 A 公司在与卡塔尔方终止合同时安排工人回国,其事实上已终止了《意向书》的履行。A 公司依据一份已被其终止履行合同的有关条款向 B 公司主张权利,无任何法律依据。最后,即便认为《意愿书》是一份生效且能够继续履行的合同,《意向书》与《劳务合同》也是相互独立的协议,而不是补充关系。《意向书》明确表明其工作内容是装修工程,而《劳务协议》中约定的是基础建设以及主体建筑工程。《意向书》和《劳务协议》所约定的服务范围完全不同。同时,《意向书》中约定的劳务费计算方式、工程结算价格与《劳务协议》也均不同。《意向书》中未说明其将《劳务协议》内容作出变更。根据《合同法》第 78 条规定:"当事人对合同变更的内容约定不明确的,推定为未变更。"因此,从法律上无法认定《意向书》是《劳务协议》的补充协议,并对合同内容进行变更。由此可以得出《意向书》并非《劳务协议》的补充协议,而是两个相互独立合同的结论。

3.《意向书》对先前行为无拘束力

本团队律师认为,B 公司已经施工的仅为结构工程,包括与结构有关的水、电预留、预埋工程,并未进行装修阶段的水、电、设备专业的连接管线敷设与设备安装工程。这与《意向书》中约定的"水、电、设备专业的连接管线敷设与设备安装工作"性质完全不同。前者是指与结构有关的水电预留、预埋工程,后者是指装修阶段的水、电管线敷设及灯具、开关插座、配电箱、卫生洁具、空调等设备安装及调试工程。前者是后者的开工前提。而 A 公司主张将后者的价格标准适用于前者来结算劳务费显然是不符合事实的。且根据先前论述的结果,《意向书》与《劳务协议》相互独立,《意向书》不能对先前进行的工程行为产生约束力。所以,A 公司的该主张无任何依据。

三、合理利用举证责任分配原则,减低委托人举证难度

在本案中,另一诉讼亮点便是在垂直运输问题上,本团队律师利用举证责任分配原则成功地将举证责任转移给对方,使仲裁庭支持了我方请求。

A 公司在开庭中主张垂直运输施工的工作量错误,实际工作量远少于 B 公司主张的数量。本团队律师通过对举证责任分配的论证并配合专业的鉴定意见,形成完整的证据链论证,使我方主张有理有据。本团队律师主要作了以下策略安排:

(一)提出 A 公司应对垂直运输问题承担举证责任

根据《劳务协议》约定,B 公司仅提供劳务,应由 A 公司提供垂直运输工具。A 公司主张B公司的工作均以其提供的垂直运输工具下完成，而非人力搬运完成的举证责任应该由A公司承担。在A公司无法证明其已提供垂直运输机械的情况下，自然应当承担举证不能的不利后果。

（二）提出A公司对其反驳理由亦有责任提供证据加以证明

本团队律师主张B公司工人完成工作是靠人力垂直运输的，并向仲裁庭提交了相关证据。A公司对此表示反驳。根据《民事诉讼证据规定》[①]第2条规定："当事人对自己提出的诉讼请求所依据的事实或者反驳对方诉讼请求所依据的事实有责任提供证据加以证明。没有证据或者证据不足以证明当事人的事实主张的，由负有举证责任的当事人承担不利后果。"A公司无法为其反驳提供相应的证据，其反驳主张并不成立。

（三）利用专业工程鉴定，为证据链锦上添花

本团队律师主张工人靠人力垂直运输的事实主要证据是现场照片及工程鉴定。本团队律师向仲裁庭提交了现场照片足以证明施工现场没有任何垂直运输机械。照片显示，工人们正在用手传递材料，工人通过现场搭设的马道将材料搬运至现场二层。除此之外，本团队律师还向仲裁庭申请工程鉴定，以使我方主张的证据依据更加具有说服力。鉴定单位对A、B公司的证据进行专业判断后，确认A公司提供的机械主要是"碾压机、挖掘机、铲车、汽车等，此类机械均不是用于垂直运输的机械"，并确认"垂直运输机械应由A公司提供"。而鉴定单位作为专家证人，运用专业知识证明现场人力垂直运输的存在，为本团队律师提出的主张提供了有力的证明。同时，对于垂直运输的工作量，鉴定单位认定我方按照计算人力垂直运输来计算是完全合理的。这使我方提供的证据更加具有客观性，增强了我方证据的说服力。

［**法案研判**］

本案中，双方当事人签署的《劳务协议》与《意向书》两份文件对劳务费计算方式等关键性条款的约定大相径庭，是双方后续产生争议的根源之一。本团队律师通过有理有据的说理，促使仲裁庭采纳了《劳务协议》与《意向书》系两份完全独立合同的观点，成功维护了B公司的合法权益。实践中，关于《意向书》的法律效力以及劳务分包的结算依据均属于当事人颇为关注的热点问题，下文将对本案引申出的前述两个问题

---

① 该法规被《最高人民法院关于调整司法解释等文件中引用〈中华人民共和国民事诉讼法〉条文序号的决定》（2008年12月16日发布，2008年12月31日实施）修订：本法第83条第3款调整为："本规定施行后受理的再审民事案件，人民法院依据《民事诉讼法》第一百八十六条的规定进行审理的，适用本规定。"

进行重点分析与解读。

一、关于《意向书》的法律效力问题

(一)相关理论观点

本案中,A公司主张《意向书》是双方签订合同的组成部分,而本团队律师坚持《意向书》只是双方拟签订合同的意向性表达,而非正式的合同。不仅在本案,在许多合同纠纷案例中,《意向书》的法律效力都是争议双方所僵持的焦点。

意向书并不是严格意义上的法律概念,在学理上,传统的"意向书"是一种单方意思表示,通常以书信的形式作出。在当前的交易实践中,大多数意向书是双方当事人深入接触并在诸多问题上达成一致后,一方以这些一致意见为基础向另一方发出并要求接受者"确认"或"接受"的法律文件。而一般我们所说的"意向书",泛指合同双方在缔结正式协议前就协商程序本身或就未来合同的内容所达成的各种约定。

《意向书》是否具有合同的法律效力,根据《合同法》第13条规定:当事人订立合同,采取要约、承诺方式。同时,要约要求内容具体,明确表示受要约人一旦承诺,要约人就要受要约内容约束。因此,《意向书》若想具备合同的效力,应该具有合同的基本要件。

(二)相关裁判观点

司法实践中,关于《意向书》效力问题也有很多判例。例如,在湖南达亿劳务有限公司(以下简称达亿公司)与山东省公路桥梁建设有限公司(以下简称路桥公司)劳务合同纠纷一案①中,最高人民法院认为:在该案中,《意向书》不是正式的工程施工合同。理由:第一,从合同目的看,《意向书》本为双方当事人在签订正式施工合同前,为明确双方的责任和义务,根据招标邀请书内容订立,虽有一定约束性,但不能等同于正式的施工合同。第二,从《意向书》的内容来看,《意向书》虽约定了甲乙双方的工作内容、工程量清单等,但缺乏正式施工合同的必要条款,没有约定具体的施工路段、质量标准、履行期限,也未对双方的权利、义务及有关违约责任等作出明确约定;达亿公司在向本院反映本案情况中也自认该意向书约定的工程量及合计价款与投标及自行计算的不符。第三,根据路桥公司向达亿公司发出的补交履约保证金并签订正式合同的通知,双方尚未按照招标、投标文件签订正式的施工合同。据此,案涉《意向书》虽对双方当事人有一定约束力,但并不等同于正式的工程施工合同。

本案的情况与该案例类似,本案《意向书》明显不具备合同的必要条款,对合同标的及具体权利义务都没有作出明确约定,不满足构成合同的基本要件。因此,本团队

① 详见(2015)民申字第164号民事裁定书。

律师在仲裁中一直主张《意向书》不是合同的组成部分，只是正式合同签署之前的一个签约意向性文件。

二、关于劳务分包的结算依据问题

本案中另一个争议焦点便是劳务分包的结算依据。劳务分包结算依据一般看工时，在国内劳务分包合同纠纷中，工时计算比较容易。而在国际建设工程中，由于各国劳动法规定不同，对工时的规定也各不相同，如果双方当事人在工程建设中没有对劳务工作量及时进行确认，就会产生结算争议。以下为劳务分包合同结算纠纷相关案例：

例如，在河北中工金鹏建筑劳务分包有限公司（以下简称金鹏公司）与石家庄一建建设集团有限公司（以下简称一建公司）建设工程分包合同纠纷一案①中，最高人民法院认为：(1)案涉工程为未完工程，无法按一建公司与金鹏公司在《建筑施工劳务分包合同》约定的固定单价计算出劳务合同价款。(2)一、二审法院向金鹏公司释明后，金鹏公司不同意对案涉工程造价进行司法鉴定。(3)一建公司与石家庄昌达房地产开发有限公司（以下简称昌达公司）签订的《翡翠城工程施工补充协议》无效，但没有影响对整个项目工程款的认定。(4)案涉《鉴定说明书》采用以合同签订时河北省建设工程计价依据确定的标准，计算出金鹏公司承包范围内的整体工程的平方米单价并同一建公司与金鹏公司签订的《建筑施工劳务分包合同》约定的包干单价进行比较，得出两者之间下浮（或上浮）的比例关系并没有违反双方之间的合同约定。(5)金鹏公司也是有条件认可案涉《鉴定说明书》对案涉工程造价的结论，只是对扣除的相关款项有异议。(6)邓平忠先后在多份证据上签字，其真实身份无法确定，金鹏公司关于邓平忠系案涉工程项目负责人且其签字的工程结算单应当作为结算依据的主张缺乏证据证明。首先，一建公司提交的《建筑施工劳务分包合同》中没有邓平忠的签字。其次，金鹏公司提交的结算书中载有“待石家庄一建认可”等内容。最后，金鹏公司不同意对邓平忠代表河北金磊鑫公司在另一份《建设工程施工分包合同》上的签字进行鉴定。二审法院对案涉工程《鉴定说明书》中扣除费用的处理以及一建公司已付 170 万款项性质的认定据理充分，不再赘述。金鹏公司对其主张的误工等其他损失没有提出实际已经发生的证据，况且金鹏公司可以待一建公司与昌达公司就误工损失得出处理结论后另行主张。

再如，在韩玉福与中铁七局集团有限公司、内蒙古鄂尔多斯市泰宝投资有限责任

---

① 详见(2016)最高法民申 2289 号民事裁定书。

公司及张怀柱建设工程分包合同纠纷一案①中，最高人民法院认为：韩玉福关于应将《工程决算表》作为案涉工程款结算依据的主张不能成立。主要理由是：(1)韩玉福2007年8月27日在《其他应付款的说明》《工程决算表》上注明“请项目部确认并及时支付”的内容，说明《其它应付款的说明》《工程决算表》系实际施工人韩玉福、张怀柱向案涉工程承包人中铁七局报送的结算资料，需要中铁七局进一步审核确认。(2)中铁七局项目经理邓忠在《其它应付款的说明》《工程决算表》只有签名及时间，并无同意韩玉福、张怀柱所提工程结算价款的明确意思表示，邓忠的签字应为材料的签收，并非工程决算的最终确认。(3)双方当事人在2007年8月13日、14日、17日的会议记录，说明在中铁七局2007年8月29日签收《其它应付款的说明》《工程决算表》之后，双方对韩玉福、张怀柱所施工的工程量、工程单价仍未达成一致意见。(4)韩玉福、张怀柱在2008年6月3日一审起诉状中所述“现工程限于瘫痪状态，无法为继，而被告不予结算支付”内容，也证实双方当事人在起诉前尚未进行工程价款最终结算。(5)《建设工程施工合同司法解释(一)》第20条规定“当事人约定，发包人收到竣工结算文件后，在约定期限内不予答复，视为认可竣工结算文件的，按照约定处理”。因双方对此并无约定，韩玉福主张中铁七局28日未作答复视为同意《工程决算表》结算价额，缺乏法律依据和合同依据。(6)韩玉福申请再审所称的2007年8月30日协调会问题，二审判决对此并无分析认定，故韩玉福关于二审判决采信伪证的主张缺乏事实依据。

从上述案例中可以看出，无论劳务分包合同中对工作量规定如何，由于工程施工过程中会出现很多不确定因素，所以在工程进行中定时进行劳务工作量确认仍然是十分重要的。本案中，本团队律师仔细对A公司与B公司之间大量邮件往来内容进行查阅，最终找到了几封我方委托人向A公司发送的工作量确认单，A公司表示收到并且没有提出反对意见。因此本团队律师向仲裁庭主张A公司已默认B公司的劳务工作量，应按照B公司发送的确认单作为结算依据。最终仲裁庭也支持了本团队律师的主张。

［**案件复盘**］

实务中劳务分包合同纠纷十分普遍，随着国际工程项目的增多，国际工程劳务分包合同纠纷也日渐增多。国际工程劳务分包合同除了劳务分包合同典型问题外，还涉及法律适用问题。本案是本团队律师代理的同类案件中较为典型的案例。本团队律

① 详见(2013)民申字第485号民事裁定书。

师勤勉尽职，充分发挥自身在国际私法、建设工程以及劳务分包领域的专业优势和仲裁代理的丰富经验，在浩如烟海的案件材料中梳理出对本案至关重要的证据材料，为B公司意见得到仲裁庭的支持提供了重要支撑。同时本团队律师通过经典案例，总结类似案件通常应当注意的问题。以下是本团队律师根据本案经验总结的在国际劳务分包合同仲裁纠纷中应注意的两方面问题：

（一）涉外仲裁实体问题的法律适用

在类似本案的国际劳务分包合同纠纷中，首要考虑的是仲裁中实体问题的法律适用。由于本案发生时间较早，当时法律法规未对涉外仲裁的法律适用问题作具体的规定。随着我国民商事诉讼法律制度、仲裁法律制度的不断完善，对涉外仲裁实体问题的法律适用也逐渐有了较为明确的规定。

在代理此类涉外仲裁案件考虑实体问题的法律适用问题时，应当注意，对于涉外仲裁案件实体问题的法律适用，依照《民法通则》第145条、[①]《涉外民事关系法律适用法》第41条[②]的规定，通常应当优先尊重当事人意思自治。但要注意的是，当事人所选择的实体问题准据法不能违背国内法律的强制性规定。如果当事人没有就争议解决的实体法进行约定时，应根据最密切联系原则确定案件适用的实体法。实践中，最密切联系因素通常考虑当事人的住所地、合同的签订地、合同履行地、标的物所在地等与交易有关的因素。作为代理律师，在双方当事人没有对法律适用进行约定时，应先了解案件可能涉及的外国法，将外国法与国内法进行详细对比，选择对我方委托人最有利的准据法，并依最密切联系原则，向仲裁庭充分表达法律适用的主张，争取维护我方当事人最大合法权益。

（二）劳务分包合同中双方当事人的主要义务

一般劳务分包合同中，工程承包人的主要义务有：（1）组建与工程相适应的项目管理班子全面履行总（分）包合同，组织实施施工管理的各项工作，就工程的工期和质量向发包人负责。（2）除非合同另有约定，工程承包人完成劳务分包人施工前期的下列工作并承担相应费用：①向劳务分包人交付本合同项下劳务作业开工条件的施工场地；②完成水、电、热、电讯等施工管线和施工道路的铺设，并完成本合同劳务作业所需要的能源供应，保证通讯及施工道路畅通；③向劳务分包人提供相应的工程地质和地下管网线路资料；④办理完成下列手续（包括各种证件、批件、规费，但涉及劳务分包

① 《民法通则》第145条规定："涉外合同的当事人可以选择处理合同争议所适用的法律，法律另有规定的除外。涉外合同的当事人没有选择的，适用与合同有最密切联系的国家的法律。"

② 《涉外民事关系法律适用法》第41条规定："当事人可以协议选择合同适用的法律。当事人没有选择的，适用履行义务最能体现该合同特征的一方当事人经常居所地法律或者其他与该合同有最密切联系的法律。"

人自身的手续除外);⑤向劳务分包人提供相应的水准点与坐标控制位置。(3)负责编制施工组织设计,统一各项管理目标,组织编制年、季、月施工计划,物资需用量计划表,实施对施工质量、工期、安全生产、文明施工、计量检测、试验化验的控制、监督、检查和验收。(4)负责工程测量定位、沉降观测、技术交底,组织图纸会审,统一安排技术档案资料的收集整理和交工验收。(5)按合同约定,向劳务分包人支付劳动报酬。(6)负责与发包人、监理、设计及有关部门联系,协调现场工作关系。(7)按时提供图纸,及时交付工程应供材料、设备,所提供的施工机械设备,周转材料安全设施保证施工需要。

劳务分包人的主要义务有:(1)对合同劳务分包范围内的工程质量向工程承包人负责,组织具有相应资质证书的熟练工人投入工作,未经工程承包人的许可或授权,不得擅自与发包人及有关部门建立工作联系,自觉遵守法律及有关规章制度;(2)严格按照设计图纸、施工验收规范、有关技术要求及施工组织设计精心组织施工,确保工程质量达到约定标准;(3)科学安排作业,投入足够人财物,保证工期;(4)加强安全教育确保安全,严格现场管理,严格执行建设主管部门及消防、环卫等相关部门对施工现场的管理,做到文明施工;(5)承担由于自身责任造成质量修改、返工、工期拖延、安全事故、现场脏乱差造成的损失及各种罚款;(6)服从工程承包人转发的发包人及工程师的指令;(7)对其作业内容的实施、完工负责,承担并履行总(分)包合同约定的、与劳务作业有关的所有义务及工作程序。如果劳务分包合同中对各方的义务有其他特殊约定的,代理律师也应当特别注意。

由于建设工程领域的案件通常较为复杂,案卷信息量极大,代理律师可以从众多案卷中将涉及双方主要义务的事实部分按顺序单独整理出来,对双方是否有违反义务的情况做详细了解,作为制定仲裁策略的事实依据。这样可以保证在有限的时间内,尽快掌握案件事实。

以下是本团队律师在本案中部分工作成果展示:

1.案情事实时间轴(见图2)

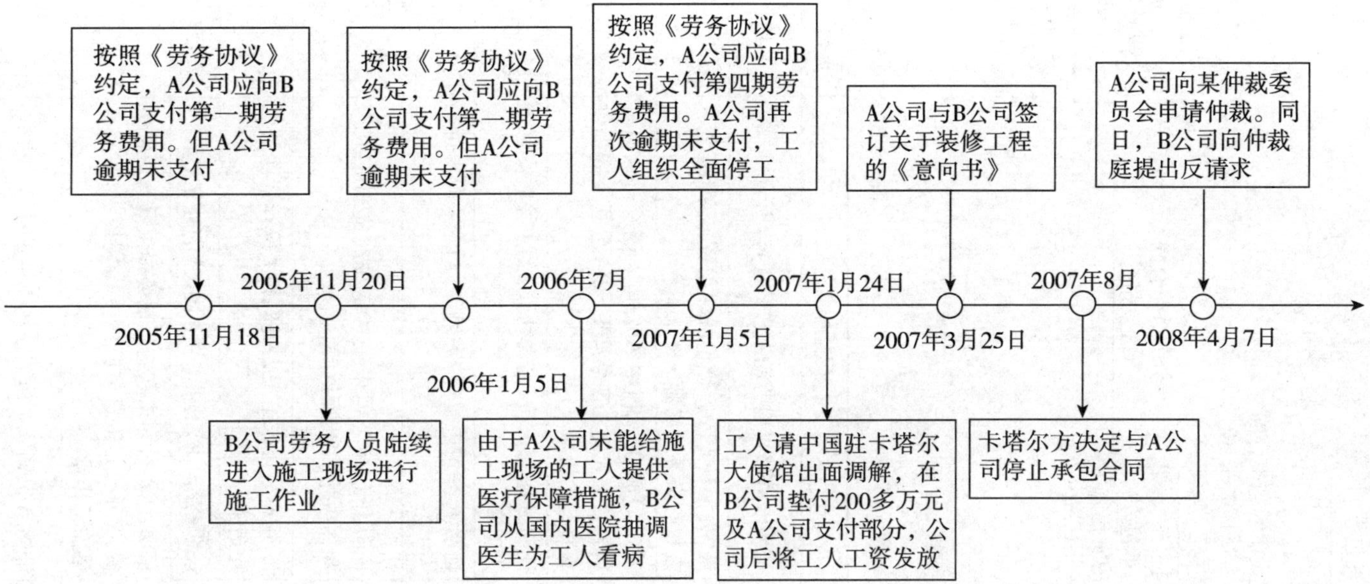

图2

2. 法律关系图(见图3)

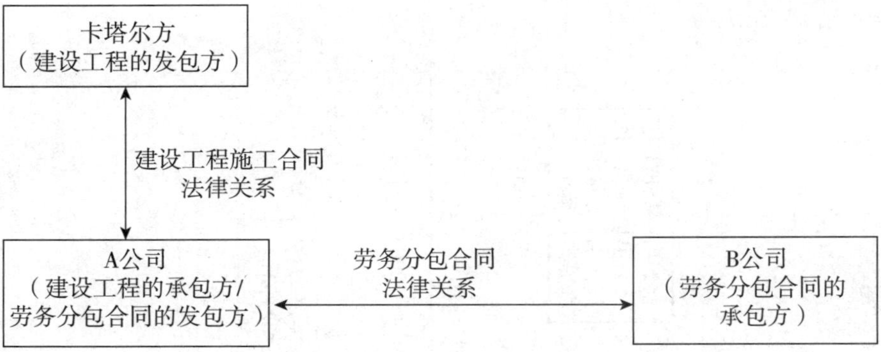

图3

3. 证据清单目录整理(见表7)

表7

序号	证据名称	证明内容	页数	证据类别	备注
1	卡塔尔《劳动法》	证明卡塔尔当地劳动工作日规定	1~15	书证	复印件
2	《劳务分包补充协议》	证明:①双方劳务分包法律关系的存在;②双方权利义务的内容	15~26	书证	原件
3	施工现场照片	证明:①施工过程中A公司未能及时供应材料导致工人窝工现象严重;②A公司未能提供垂直运输机械	26~35	书证	原件
4	银行流水单	证明A公司未按《劳务协议》约定按时支付工人工资	36~40	书证	原件
5	X工人证人证言	证明A公司未按《劳务协议》约定按时支付工人工资	41~42	证人证言	书面材料
6	中国驻卡塔尔大使馆官员证人证言	证明由于A公司未按约定按时支付工人工资,由大使馆出面调解	43~44	证人证言	书面材料
7	X工人证人证言	证明A公司未给工人提供相关医疗保险及医疗措施	45~46	证人证言	书面材料
8	《意向书》	证明《意向书》并非《劳务协议》的补充协议	47~51	书证	原件
9	《鉴定意见》	证明:①A公司未在施工现场提供垂直运输机械;②垂直运输机械应由A公司提供;③垂直运输工作量	52~65	鉴定意见	原件
10	X工人证人证言	证明A公司未在施工现场提供垂直运输机械	66~67	证人证言	书面材料

第四编

精益求精
2010~2011

本编收录的案例系本团队已形成一定规模后承接的一系列典型案件。自该阶段以来，本团队无论从团队规模还是专业性而言，均有较大程度的改善，已经形成一支稳定性与实力兼具的律师队伍。该阶段本团队承办的案件标的与复杂程度已开始有大幅度提升，其中部分案件审理周期甚至长达十年之久，本团队律师通过井井有条、自成一格的办案流程与精益求精、坚持不懈的工匠精神，使案件最终达到甚至超过当事人预期的结果。

19

未经竣验擅自使用，乙方成功追回欠款

［案件摘要］

本案系中国新兴开发建设总公司（以下简称中国新兴）与北京国际汽车博览中心建设办公室（以下简称北京汽车博览中心）之间的一起建设工程施工合同纠纷案件。中国新兴与北京汽车博览中心于2006年9月5日签订《北京汽车博物馆等两项工程施工总承包合同》，合同签订后中国新兴按约进行施工，并完成承包范围内的工作。2009年12月9日，北京汽车博览中心擅自接管并使用了该工程。其后，双方无法就结算价款达成一致。本团队律师接受中国新兴委托，对本案证据材料进行了收集整理，向中国新兴出具分析意见、诉讼方案，针对北京汽车博览中心尚未支付的欠款及逾期未支付价款的利息提起诉讼，协助其与对方当事人洽谈协商。最终因本团队律师出色的诉讼及沟通技巧，中国新兴与北京汽车博览中心达成和解协议。2011年1月10日，中国新兴提出撤诉申请，北京市第二中级人民法院（以下简称二中院）准予撤诉。

［案情回放］

北京汽车博览中心为建设北京汽车博物馆等两项工程，于2006年6月29日发出招标文件。中国新兴参加此次招投标并于2006年8月15日中标。中标通知书发出之后，双方于2006年9月5日签订了《北京汽车博物馆等两项工程施工总承包合同》，约定该工程合同价款为311,187,956元，工期为530天，计划开工日期为2006年9月15日。

合同签订后，中国新兴按照约定进场施工。在施工过程中，中国新兴克服了北京汽车博览中心拖延审批图纸、钢结构工程施工难度大及施工进度缓慢等诸多不利影响因素，完成了承包范围内的工作量。2009年12月9日，北京汽车博览中心在工程尚未完成竣工验收的情况下，擅自接管并使用了该工程。

经中国新兴核算，涉案工程结算金额应为217,684,180.3元。但截至2010年9

月19日，北京汽车博览中心仅支付中国新兴工程款130,895,346.97元。故中国新兴于2010年9月19日向二中院提起诉讼，要求北京汽车博览中心支付欠付工程款86,788,833.33元及逾期支付预付款的利息64,162.5元，共计86,852,995.83元。后在本团队律师的努力下，北京汽车博览中心同意达成和解协议并支付工程款，中国新兴的合法权益得以维护。

［**战略战术**］

本案中，中国新兴在克服诸多不利因素完成承包范围工程量后，与北京汽车博览中心无法就结算达成一致，面临质量、工期等多项索赔，中国新兴在焦虑之下找到了本团队律师，在这种情况下，如何找到反索赔的依据为客户争取到更多的工程款，如何在谈判过程中防止核心立论点丧失，均是本团队律师在确定诉讼策略时重点考虑的问题。

一、全面梳理案件材料，把握案件脉络

本团队律师历时几个月仔细研读案件材料，对本案进行了系统的分析，将分析要点细分为9个专题共18个问题，就每个问题分别梳理出对中国新兴有利的和不利的证据与法律规定，本案的分析大纲如下：

专题一：关于洽商变更问题

问题1. 洽商变更的申报问题

问题2. 如何突破合同中关于洽商变更费用的约定

问题3. 本案证据中洽商费用的计算原则

问题4. 专用条款第29.2.1款是否应适用于现有变更洽商或设计变更

专题二：价差问题

专题三：索赔问题

问题1. 中国新兴未按合同约定的时限申报索赔费用，存在"28天"问题

问题2. 索赔的合理性问题

问题3. 其他重大索赔（钢桥安装方案变更索赔、人工费增加索赔、钢筋价差索赔、工期索赔、配合管理费索赔、措施费差额索赔）

专题四：钢结构

问题1. 钢结构图纸设计深度问题

问题2. 设计单位就深化设计图纸审核的时间问题

问题3. 钢结构施工过程中，设计单位要求改变钢筋的"穿法"问题

问题4. 钢结构施工缓慢影响后续施工问题

专题五:关于约定分包的几个问题

问题 1. 约定分包实质上是否是指定分包

问题 2. 总承包单位就分包工程是否应与分包人承担连带责任

专题六:质量问题

专题七:工期顺延问题

专题八:利息问题

专题九:抢工费问题

本团队律师通过耐心、细致的梳理,把握了案件的整体脉络和各问题细节,经过研究后,提交了数千页证据,并将未经竣工验收擅自使用后的质量责任作为本案重要立论点之一确定诉讼思路。

二、防止核心立论点因变故丧失

本团队律师代理中国新兴向二中院提起诉讼后一个月,北京汽车博览中心主动与中国新兴沟通,要求中国新兴进场整改总包范围内的施工质量问题,并配合其办理工程竣工验收手续。针对这一突发事项,本团队律师迅速反应,及时向中国新兴发函告知此事项之风险与应对策略,函件主要内容如下:

"如贵司现同意进场配合,完成质量整改等工作,将自行推翻北京汽车博览中心已实际接管工程的事实,并导致贵司无法对工期质量等问题作出合理解释,这将对本案的诉讼效果产生重大影响,具体表现为:

1. 贵司可能会承担工程质量及工期延误责任。因该工程尚未竣工验收,贵司需对工程自开工至今的质量缺陷承担责任,也需对工程至今无法竣工承担工期延误责任。

2. 北京汽车博览中心可提出反索赔。基于工程质量及工期延误问题,北京汽车博览中心可提出反索赔,要求贵司承担各项损失。

3. 贵司可能因质量及工期等问题面临败诉风险。一旦法院认为贵司需就质量及工期问题承担责任,将给贵司造成实际的经济损失,公司提出的结算保本的目的也将难以实现,最终导致贵司可能承担败诉风险。

4. 北京汽车博览中心已做好应诉准备。北京汽车博览中心现已向法院申请延期举证,这表明北京汽车博览中心就本次诉讼已做好和贵司对抗到底的准备。

如贵司经综合衡量,从政治影响等角度考虑仍认为需要配合北京汽车博览中心完成前述工作,本团队律师建议,在贵司进场前与北京汽车博览中心签订补充协议,明确约定如下内容:

1. 明确北京汽车博览中心已于 2009 年 12 月 9 日强行使用工程的事实;

2. 明确贵司只是基于配合的目的进场施工及办理竣工手续,双方认同上述工作的开展不应视为贵司需就工程质量、工期问题承担责任；

3. 就工程最终结算价款达成一致，确定付款额度、付款时间等事项；

4. 在贵司与北京汽车博览中心达成补充协议或和解协议后，双方可请求法院出具民事调解书，或者贵司直接撤回对北京汽车博览中心的起诉。"

这封函件有效避免了我方核心立论点在诉讼过程中因故丧失，对于中国新兴有利谈判地位的维护起到了关键作用。此后，凭借着对案情的全面掌控，本团队律师帮助中国新兴在谈判中取得有利地位，获得了超出预期的工程款金额。

［**法案研判**］

本案中，促使北京汽车博览中心同意达成和解协议并支付工程款的主要原因之一系其在工程尚未完成竣工验收的情况下，擅自接管并使用了该工程。发包人未经竣工验收擅自使用工程的行为，极易使其处于较为不利的地位，甚至丧失向承包人主张工程质量问题的权利。下文将以发包人"未经竣工验收擅自使用"的相关规定、理论与裁判观点为基础，着重分析该等情形的认定标准与法律后果。

一、关于发包人"未经竣工验收擅自使用"的相关法律法规

目前，关于发包人"未经竣工验收擅自使用"现行有效的相关法律法规主要包括：

1.《合同法》第279条规定："建设工程竣工后，发包人应当根据施工图纸及说明书、国家颁发的施工验收规范和质量检验标准及时进行验收。验收合格的，发包人应当按照约定支付价款，并接收该建设工程。建设工程竣工经验收合格后，方可交付使用；未经验收或者验收不合格的，不得交付使用。"

2.《建筑法》第61条规定："交付竣工验收的建筑工程，必须符合规定的建筑工程质量标准，有完整的工程技术经济资料和经签署的工程保修书，并具备国家规定的其他竣工条件。建筑工程竣工经验收合格后，方可交付使用；未经验收或者验收不合格的，不得交付使用。"

3.《建设工程质量管理条例》第16条规定："建设单位收到建设工程竣工报告后，应当组织设计、施工、工程监理等有关单位进行竣工验收。建设工程竣工验收应当具备下列条件：（一）完成建设工程设计和合同约定的各项内容；（二）有完整的技术档案和施工管理资料；（三）有工程使用的主要建筑材料、建筑构配件和设备的进场试验报告；（四）有勘察、设计、施工、工程监理等单位分别签署的质量合格文件；（五）有施工单位签署的工程保修书。建设工程经验收合格的，方可交付使用。"

4.《建设工程质量管理条例》第58条规定："违反本条例规定，建设单位有下列行为之一的，责令改正，处工程合同价款百分之二以上百分之四以下的罚款；造成损失的,依法承担赔偿责任:(一)未组织竣工验收,擅自交付使用的……"

5.《建设工程施工合同司法解释(一)》第13条规定:"建设工程未经竣工验收,发包人擅自使用后,又以使用部分质量不符合约定为由主张权利的,不予支持;但是承包人应当在建设工程的合理使用寿命内对地基基础工程和主体结构质量承担民事责任。"

6.《建设工程施工合同司法解释(一)》第14条规定:"当事人对建设工程实际竣工日期有争议的,按照以下情形分别处理:……(三)建设工程未经竣工验收,发包人擅自使用的,以转移占有建设工程之日为竣工日期。"

二、关于发包人"未经竣工验收擅自使用"的相关理论观点

(一)发包人"未经竣工验收擅自使用"的认定标准

何种行为构成擅自使用,现行法律法规没有明确规定。本团队律师认为,擅自使用应该符合以下三个特征:

第一,擅自使用应该是在建设工程未经验收或验收未通过的情况下。我国现行法律法规明文禁止工程未经竣工验收合格即交付使用的行为。

第二,擅自使用系为实现建设工程的一般用途之目的,而对建设工程使用价值的利用,包括占用或控制建筑物(包括钥匙全部移交),出于经营等目的而自行使用,通过出售、出租、借用等方式授权第三方使用等。

第三,擅自使用不以工程全部完工为前提条件。擅自使用法律后果的承担应以发包人实际使用部分的范围为限,而非整个建设工程。

(二)发包人"未经竣工验收擅自使用"的法律后果

建设工程未经竣工验收发包人擅自使用的,承发包双方在法定的责任范围内承担相应的民事责任。主要可能产生三种法律后果:

1.部分免除承包人的质量责任,风险责任转移

建设工程未经竣工验收,发包人擅自使用的,承包人的部分质量责任免除,但承包人仍应在法定的质量责任范围内承担民事责任。《建设工程施工合同司法解释(一)》第13条的规定明确了在工程未经竣工验收擅自使用的情况下承发包双方的责任范围,包含两层意思:一是承包人的部分质量责任免除,即发包人仅对未经竣工验收擅自使用部分的质量问题承担责任;二是建设工程合理使用寿命内地基基础和主体结构的质量责任不管发包人是否未经竣工验收擅自使用,均由承包人负责。

2.以转移占有建设工程之日为竣工日期,发包人应支付工程价款及相应利息

一般来讲,标的物的所有权自标的物交付时起转移,其毁损、灭失的风险随之转移。对于建设工程而言,竣工验收标志着承包人施工任务的完成和发包人对该工程接

管并使用的开始，即工程的风险责任由承包人转移给了发包人。发包人接收后，同时意味着承包人已经履行完毕合同义务，从而享有按合同约定请求支付工程价款的权利。建设工程实践中，有的发包人为了提前获得投资效益，不顾法律的强制性规定，未经验收就擅自使用竣工的工程，客观上造成了一定的安全隐患，还有的发包人以工程未经竣工验收为由拒绝支付工程价款。在这种情况下，发包人承担相应的民事法律责任的时间界定成为应该明确的问题，《建设工程施工合同司法解释（一）》第14条规定，建设工程未经竣工验收，发包人擅自使用的，以转移占有建设工程之日为竣工日期。

3. 以转移占有建设工程之日为竣工日期，起算质保期

建设工程未经竣工验收，发包人擅自使用的，仍应按合同约定保留质保金，以转移占有建设工程之日为竣工日期起算质保期；若起诉时质保期已过，质保金应与合同价款一同支付。

三、关于发包人"未经竣工验收擅自使用"的相关裁判观点

（一）发包人"未经竣工验收擅自使用"的认定标准

本团队律师通过案例检索发现，法院据以判定发包人擅自使用的行为包括占用或控制建筑物（包括钥匙全部移交）、处置使用权并授权第三方使用、出于经营等目的而自行使用等，且擅自使用不以工程全部完工为前提。

例如，在东丰县金城谷物有限责任公司（以下简称金城公司）与东丰县建筑工程公司建设工程施工合同纠纷一案①中，最高人民法院认为："关于金城公司是否存在擅自使用案涉工程行为问题。金城公司在其上诉状中陈述'在现场临时存放生产所需的机器、设备、材料，接待相关行业、政府、其他方面的参观、考察、现场观摩会议等'，由于上述行为只有在其实际控制、管理案涉工程的情况下才能实现，因此，二审判决关于在案涉工程没有办理竣工验收的情况下，金城公司接收了该工程，已对案涉工程实际使用的事实认定并无不当。"

例如，在嘉峪关嘉恒房地产开发公司与酒泉市怀茂建筑安装工程公司（以下简称怀茂公司）建设工程施工合同纠纷一案②中，最高人民法院认为："本案中，怀茂公司已完成挖运土工程、回填种植土工程、道牙及地坪工程、六角亭工程、电力通信线路及闭路电视等设施探测工程，上述工程均为住宅小区内的绿地、道路等公用部分，而该小区房屋已对外售出使用。"

---

① 详见（2015）民申字第2779号民事裁定书。
② 详见（2013）民申字第2406号民事裁定书。

例如,在长春信诚房地产开发有限责任公司(以下简称信诚公司)与长春建设股份有限公司建设工程施工合同纠纷一案[①]中,最高人民法院认为:"涉案工程二期二标段 11#、12#、13#、18#楼,二期三标段 14#、15#、16#楼及人防地下室未经验收的,信诚公司即擅自使用了全部房屋并进行了销售。"

例如,在耒阳市康鸿盛房地产开发有限公司与林仙龄建设工程施工合同纠纷一案[②]中,最高人民法院认为:"向购房户交付房屋"属于发包人擅自使用行为。

例如,在上海锦丽华建筑装潢工程有限公司(以下简称锦丽华公司)与强某某、杨某某等装饰装修合同纠纷一案[③]中,最高人民法院认为:"苏闽酒店未经竣工验收已擅自使用了涉案工程……锦丽华公司已于 2005 年 8 月 18 日将涉案工程钥匙全部交给了苏闽酒店工作人员,苏闽酒店亦于 2005 年 9 月 7 日正式对外开业。二审法院依据《最高人民法院关于审理建设工程施工合同纠纷案件适用法律问题的解释》第 18 条第 1 项的规定认为,钥匙全部移交的时间应视为建设工程实际交付之日。"

例如,在中国有色金属工业第十四冶金建设公司(以下简称第十四冶金公司)与广南三丰矿业投资有限公司(以下简称三丰公司)建设工程施工合同纠纷一案[④]中,最高人民法院认为:"三丰公司主张部分工程尚在申请开工和未验收阶段,因此不能进行整体工程验收,但三丰公司在相关的竣工报告文件上盖章确认,而且,第十四冶金公司于 2013 年 6 月 15 日已经将案涉工程交付三丰公司实际使用,故部分工程未验收,并不能否定原判决认定工程已经竣工的结论。"

(二)发包人"擅自使用"的法律后果

1. 部分免除承包人的质量责任,风险责任转移

建设工程未经竣工验收,发包人擅自使用的,工程的风险责任由承包人转移给了发包人,除地基基础工程和主体结构外,法院不支持发包人关于工程质量的抗辩,对进行质量鉴定的申请不予准许。

例如,在辽源市巨峰生化科技有限责任公司(以下简称巨峰公司)、大庆建筑安装集团有限责任公司建设工程施工合同纠纷一案[⑤]中,最高人民法院认为:"工程 2011 年 3 月竣工,未经验收巨峰公司已投入使用,且玉米棚仓、彩钢板不属于地基基础工程和主体结构,经过巨峰公司擅自使用 5 年后,难以认定造成工程质量缺陷的原因……

---

① 详见(2015)民申字第 2904 号民事裁定书。

② 详见(2015)民申字第 2560 号民事裁定书。

③ 详见(2016)最高法民申 352 号民事裁定书。

④ 详见(2016)最高法民申 1641 号民事裁定书。

⑤ 详见(2017)最高法民申 4353 号民事裁定书。

驳回辽源市巨峰生化科技有限责任公司的再审申请。”

例如,在新疆鸿霖有机复合肥有限公司(以下简称鸿霖公司)与张本友等建设工程施工合同纠纷一案①中,最高人民法院认为:“根据一审、二审判决书载明,案涉工程未经竣工验收,鸿霖公司即开始使用,并且鸿霖公司在诉讼中提出的道路及车间地面大面积起砂、开裂、设备基座松动、车间地沟翻碱开裂下沉等问题均不属于‘地基基础工程和主体结构质量’方面的问题,故一审、二审法院对鸿霖公司要求进行质量鉴定的申请不予准许并无不当。”

例如,在湖南新宇装饰设计工程有限公司(以下简称新宇公司)与永兴荣裕国际酒店有限公司(以下简称荣裕公司)等装饰装修合同纠纷一案②中,最高人民法院认为:“经审查,荣裕公司在未经相关部门验收的情况下,自行使用涉案工程,既不符合双方合同的约定,也违反了《中华人民共和国建筑法》第61条第2款关于‘建筑工程竣工经验收合格后,方可交付使用;未经验收或者验收不合格的,不得交付使用’的规定,存在过错。但是,新宇公司承建的涉案工程存在质量问题,新宇公司应对此承担责任,加之新宇公司多次违反约定延期交付工程,使荣裕公司按期营业的预期目标不能实现。因此,一、二审判决考虑到本案纠纷引发的根本原因主要是因新宇公司、虢小秋延期交付工程、工程质量存在问题所致,按照双方当事人之过错责任,依据《中华人民共和国合同法》第97条及《最高人民法院关于审理建设工程施工合同纠纷案件适用法律问题的解释》第3条、第10条的规定,确定双方应承担的责任正确。”

例如,在营口临潼维宁科技有限公司(以下简称维宁公司)与沈阳瀚驰建筑工程有限公司建设工程施工合同纠纷一案③中,最高人民法院认为:“维宁公司确认涉案工程未经验收即投入使用,仅认为应当考虑政府为了城市亮化没有验收就进行使用的实际。根据《最高人民法院关于审理建设工程施工合同纠纷案件适用法律问题的解释》第13条的规定,建设工程未经竣工验收,发包人擅自使用后,又以使用部分质量不符合约定为由主张权利的,不予支持。二审判决不支持维宁公司关于工程质量的抗辩,法律依据充分。”

例如,在北京华日菱汽车贸易有限公司(以下简称北京华日菱公司)、鄂尔多斯市华菱丰汽车贸易有限责任公司(以下简称鄂尔多斯华菱丰公司)建设工程施工合同纠纷一案④中,最高人民法院认为:“鄂尔多斯华菱丰公司一审反诉认为,工程存在拖延

---

① 详见(2016)最高法民申520号民事裁定书。
② 详见(2015)民申字第3246号民事裁定书。
③ 详见(2012)民申字第1560号民事裁定书。
④ 详见(2017)最高法民申2338号民事裁定书。

进度、未完工、擅自撤场及质量问题，导致工程产生质量损失、代付工程款损失、预期利益损失、租金损失等。对此，本院认为，因鄂尔多斯华菱丰公司已经接收并实际使用了案涉工程，且工程地基与主体已经分部分项验收，故北京华日菱公司、鄂尔多斯华菱丰公司认为工程存在质量不达标、拖延工期、未完工、擅自离场等问题，没有事实依据，原审判决未支持其主张的质量损失、代付工程款损失等，并无不当。关于北京华日菱公司、鄂尔多斯华菱丰公司主张的预期利益损失、租金损失等，因鄂尔多斯华菱丰公司并未证明其与施工行为存在因果关系，故原审判决未予支持，并无不当。"

例如，在青海东信房地产有限责任公司（以下简称东信公司）、青海广宇建设工程有限责任公司建设工程施工合同纠纷一案①中，最高人民法院认为："东信公司在涉案工程未经竣工验收的情况下擅自使用，丧失了对涉案工程除地基基础工程和主体结构以外质量问题的抗辩权，由于其并未在本案中提起反诉，故二审判决认为一审不应当就涉案工程除地基基础工程和主体结构以外的工程质量进行鉴定并无不当，而东信公司对于其主张的质量问题，没有证据证明属于地基基础工程和主体结构质量，故二审判决未采信一审关于质量问题的鉴定内容并无不当。"

例如，在浙江宝业建设集团有限公司（以下简称宝业公司）与天津众品食业有限公司（以下简称众品公司）建设工程施工合同纠纷一案②中，最高人民法院认为："涉案质量问题是否属于地基基础工程，是宝业公司应否承担维修费用的关键。由于天津元旭工程咨询管理有限公司的鉴定意见明确表述为：该生产车间地面及地面基层质量现状不满足设计做法和《建筑地面工程施工质量验收规范》（GB 50209—2010）的要求。而根据《建筑工程施工质量验收统一标准》（GB 50300—2001）对建筑工程分部工程、分项工程的划分，地面工程属于建筑装饰装修分部工程项下的子分部工程，不属于地基与基础分部工程；同时根据《建筑地面工程施工质量验收规范》（GB 50209—2010），地面面层及基层属于地面工程的两个分项。由此可以判断涉案质量问题确属地面工程而非地基基础工程。二审法院判定宝业公司不应承担维修责任正确，众品公司的主张不能成立。"

2. 以转移占有建设工程之日为竣工日期，发包人应支付工程价款及相应利息

建设工程未经竣工验收，发包人擅自使用的，以转移占有建设工程之日为竣工日期，给付工程款的条件成就，并可以开始按照合同约定计算相应利息。如对工程价款有争议，应由发包人承担举证责任。

① 详见（2017）最高法民申 1839 号民事裁定书。
② 详见（2015）民申字第 2318 号民事裁定书。

例如，在实事集团建设工程有限公司、内蒙古金汇房地产开发有限责任公司（以下简称金汇房地产公司）建设工程施工合同纠纷一案①中，最高人民法院认为："关于欠付工程款支付条件是否成就的问题……案涉工程虽未依约竣工验收，但已交付使用……金汇房地产公司关于案涉工程未竣工验收也未决算因此付款条件不成就的上诉主张不成立，本院不予支持。"

例如，在新疆和谐房地产开发有限公司（以下简称和谐房产公司）、广东省华侨建筑装饰有限公司等建设工程施工合同纠纷一案②中，最高人民法院认为："关于本案给付工程款的条件是否成就的问题。虽然案涉施工合同就工程款的支付约定了付款条件，即按工程进度予以付款，但一、二审查明的事实表明，案涉工程已于 2014 年 8 月 21 日由昌吉市和谐物业服务有限公司接收，并投入使用。依据《最高人民法院关于审理建设工程施工合同纠纷案件适用法律问题的解释》第 13 条规定，和谐房产公司未经验收即实际使用案涉工程，应视为该公司对工程质量的认可，二审判决未支持和谐房产公司以工程未经验收为由拒绝支付工程款的上诉主张，具有事实与法律依据，并无不当。"

例如，在晋城市恒光热力有限公司（以下简称恒光热力公司）与晋城市峰景房地产开发有限公司（以下简称峰景房地产公司）合同纠纷一案③中，最高人民法院认为："关于案涉工程是否经过竣工验收的问题。《最高人民法院关于审理建设工程施工合同纠纷案件适用法律问题的解释》第 13 条规定：'建设工程未经竣工验收，发包人擅自使用后，又以使用部分质量不符合约定为由主张权利的，不予支持。'因案涉工程已被峰景房地产公司实际使用了三至四年，无论是否经过竣工验收，峰景房地产公司均不能以此为由拒付恒光热力公司的工程款。"

例如，如前所述的巨峰公司、大庆建筑安装集团有限责任公司建设工程施工合同纠纷一案④中，最高人民法院认为："关于工程款利息的起算时间。双方当事人对合同内工程价款的付款时间有约定，但对合同外工程价款的支付时间没有约定，根据《最高人民法院关于审理建设工程施工合同纠纷案件适用法律问题的解释》第 18 条的规定，应在查明工程实际交付时间的基础上，确定工程款利息的起算时间。巨峰公司认可工程交付时间是 2011 年 3 月，原审认定工程款利息起算时间为 2011 年 4 月 1 日，合理合法。"

---

① 详见（2017）最高法民终 506 号民事判决书。
② 详见（2016）最高法民申 1889 号民事裁定书。
③ 详见（2016）最高法民申 2076 号民事裁定书。
④ 详见（2017）最高法民申 4353 号民事裁定书。

例如,在浙江正见建设集团有限公司(以下简称正见公司)与青海福海房地产开发有限公司(以下简称福海公司)建设工程施工合同纠纷一案①中,最高人民法院认为:"……(二)关于欠付工程款利息的计算问题。双方在《建设工程施工合同》第47条第4款约定:'工程竣工10日内,乙方须组织相关部门对工程进行验收,施工单位在交房后10日内报送竣工决算资料,甲方在收到决算书3个月内审定完毕,扣除质保金3%后的余款,在工程竣工决算后8个月内付清剩余款。'如前所述,案涉工程未经竣工验收提前使用,除地基基础和主体结构工程质量外,福海公司丧失一般质量异议抗辩权,不存在保修期的问题,亦不存在欠付工程款利息从扣除质保金后开始计算的问题。另根据原审查明的事实,2012年10月6日,福海公司邹文才签收正见公司提交的工程决算书,包括1、2、3、7号楼工程决算书等决算申请报告,福海公司既未组织竣工验收,双方也未进行决算,导致上述合同条款无法履行,二审法院依据《最高人民法院关于审理建设工程施工合同纠纷案件适用法律问题的解释》第18条第1项之规定,以福海公司2012年12月26日接收并实际占有使用工程开始计算欠付工程款利息并无不当。"

例如,在兰州泰生房地产开发有限公司(以下简称泰生公司)、甘肃安顺电力建筑安装工程有限公司(以下简称安顺公司)与景泰县人民政府(以下简称景泰县政府)、景泰县财政局等建设工程合同纠纷一案②中,最高人民法院认为:"……三、关于安顺公司是否具备主张工程款条件的问题。泰生公司主张安顺公司承建的景泰五中相关工程存在严重质量问题,无权主张相应工程款。本案中,根据一审、二审查明事实,安顺公司在涉案工程尚未全部施工完毕前撤离了施工场地,但泰生公司和景泰五中在该工程未进行竣工验收前即对已完工部分投入使用,未向安顺公司就工程质量问题提出过异议,景泰县政府在整体接收景泰五中后,亦未对泰生公司或安顺公司提出过质量问题。因此,根据《最高人民法院关于审理建设工程施工合同纠纷案件适用法律问题的解释》第13条的规定:'建设工程未经竣工验收,发包人擅自使用后,又以使用部分质量不符合约定为由主张权利的,不予支持;但是承包人应当在建设工程的合理使用寿命内对地基基础工程和主体结构质量承担民事责任。'泰生公司作为发包人在涉案工程未经竣工验收即投入使用的情况下,无权以工程质量问题抗辩安顺公司主张工程款的诉请,一审、二审判决支持安顺公司索要工程款的诉请,并无不当。泰生公司提出的涉案工程主体结构存在质量问题一节,景泰县政府作为涉案工程的整体接收者以及

① 详见(2015)民申字第1384号民事裁定书。

② 详见(2015)民申字第2242号民事裁定书。

工程款债权的支付者,可由景泰县政府就相关质量问题及造成的损失向安顺公司另行主张,泰生公司有关安顺公司无权主张工程款并应向其承担赔偿责任的主张,不能成立,本院不予认可。”

3. 以转移占有建设工程之日为竣工日期,起算质保期

建设工程未经竣工验收,发包人擅自使用的,以转移占有建设工程之日为竣工日期,起算质保期。

例如,如前所述的耒阳市康鸿盛房地产开发有限公司(以下简称康鸿盛公司)与林仙龄建设工程施工合同纠纷一案①中,最高人民法院认为:“但是在涉案工程竣工验收之前,即自2011年8月2日起,康鸿盛公司已陆续向购房户交付房屋。康鸿盛公司向购房户交付房屋的行为表明,在2011年8月2日之前,林仙龄已经将房屋转移占有给康鸿盛公司……质保期自工程综合验收交付之日起计算,约定屋面、外墙、卫生间部分的质保期为5年。根据一审、二审判决查明的事实,涉案工程已于2011年8月2日之前交付,因此,应自2011年8月2日开始计算质保期。而屋面、外墙、卫生间部分5年质保期应至2016年8月2日届满。”

例如,在前已述及的实事集团建设工程有限公司、金汇房地产公司建设工程施工合同纠纷一案②中,最高人民法院认为:“依据双方所签《建设工程施工合同》第三部分专用条款第十条‘滞留5%的质保金作为质量保修金,工程质量保修金返还时间为竣工验收合格之日起保修一年到期付决算总价4%的保修金,二年到期付决算总价0.5%的保修金,三年到期付清全部余额’的约定,工程质量保修金应在工程验收合格后分年付清……金汇房地产公司未验收但已实际占有使用多年……关于工程质量保修金应否返还的问题。《最高人民法院关于审理建设工程施工合同纠纷案件适用法律问题的解释》第13条规定,建设工程未经竣工验收,发包人擅自使用后,又以使用部分质量不符合约定为由主张权利的,不予支持。故金汇房地产公司应返还工程质量保修金。”

例如,在中国建筑第八工程局有限公司(以下简称中建八局)与辽阳亚龙房地产开发有限公司(以下简称亚龙公司)建设工程施工合同纠纷一案③中,最高人民法院认为:“……三、关于亚龙公司所称工程存在重大质量问题以及应当从工程款中扣减5年期保修金1,638,958.38元的主张能否成立的问题……亚龙公司应当对地基基础工程和主体结构质量以外的已使用部分出现的质量问题自行承担责任,故本院对于其以

① 详见(2015)民申字第2560号民事裁定书。
② 详见(2017)最高法民终506号民事判决书。
③ 详见(2016)最高法民终135号民事判决书。

涉案工程质量不符合约定为由提出的主张不予支持。按照双方签订的《建设工程施工合同》第47条补充条款中有关'保修金为承包人结算值的5%。保修满1年之日起15日内返还承包人保修金的50%；保修满2年之日起15日内返还至承包人保修金的90%，保修满5年之日起15日内返还承包人剩余保修金'的约定，以及基于前述认定，尽管亚龙公司存在涉案工程未经验收即擅自使用的情形，但中建八局对地基基础工程和主体结构的质量仍应当承担民事责任。因此，在5年期保修金尚未期满前，中建八局无权向亚龙公司主张返还。经核实，该部分数额应当为1,638,958.38元（327,791,676元×5%×10%），此款应当从亚龙公司未付工程款中扣除。"

［**案件复盘**］

本案的关键点是发包人"擅自使用"的认定标准及法律后果。本团队律师具有丰富的实践经验及沟通技巧，能够对中国新兴可能面临的诉讼结果进行理性的分析，提出有针对性的解决方案，最终促成中国新兴与北京汽车博览中心达成和解协议，减轻了诉讼给中国新兴带来的负担。

本案中仍有一些问题值得思考：（1）工程未经验收情况下，如承包人同意发包人提前使用，是否还可认定发包人擅自使用；（2）未经竣工验收发包人擅自使用工程如何举证；（3）发包人擅自使用后，承包人是否仍应承担保修责任；（4）保修期已过，质量责任如何承担。

一、工程未经验收情况下，如承包人同意发包人提前使用，是否还可认定发包人擅自使用

我国现行法律法规明文禁止工程未经竣工验收合格即交付使用的行为，依据《建筑法》第61条、《建设工程质量管理条例》第16条的规定，交付竣工验收的建设工程，必须符合建设工程质量标准，有完整的工程技术经济资料和经签署的工程保修书，并具备国家规定的其他竣工条件，即建设工程竣工验收合格后，方可交付使用，未经验收或者验收不合格的，不得交付使用。

因此，建设工程未经验收情况下，即使承包人同意发包人提前使用，也应认定发包人系擅自使用。

二、未经竣工验收发包人擅自使用工程如何举证

律师可以指导承包人收集下列证据：（1）发包人拟使用工程的通知、协议等；（2）工程移交记录；（3）发包人实际使用工程的照片、摄像；（4）投产、点火、销售、对外开业的通知、营销宣传单、广告册、网络信息、新闻报道等。必要时可采用公证的方式收集证据。

三、发包人擅自使用后，承包人是否仍应承担保修责任

发包人擅自使用后，承包人是否仍应承担保修责任？对此存在两种不同观点。

第一种观点认为，发包人擅自使用的，视为发包人认可工程质量，或自愿承担工程质量不合格的责任，承包人除了对地基基础工程和主体结构质量承担民事责任外不承担工程质量保修的责任。这种观点随最高人民法院民事审判第一庭编著的《最高人民法院建设工程施工合同司法解释的理解与适用》成为司法实务界的主流观点。

第二种观点认为，发包人擅自使用未经竣工验收的工程，视为该工程已经竣工验收并交付使用，但不能排除在工程保修期内的保修责任。因为发包人擅自使用建设工程视为竣工验收，目的在于防止发包人拖延竣工验收，并以此为由拖延竣工结算以及支付工程价款损害承包人的利益。通过"视为"竣工验收的法律推定足以实现其立法目的，无须免除承包人的保修义务。①

目前已有案例支持这种观点，例如，在上海伟恒防水保温工程有限公司（以下简称伟恒公司）与悦康药业集团上海制药有限公司（以下简称悦康公司）建设工程施工合同纠纷一案②中，上海市第一中级人民法院认为："原审认为……在本案审理中，伟恒公司依据《最高人民法院关于审理建设工程施工合同纠纷案件适用法律问题的解释》第 13 条之规定进行抗辩，认为悦康公司擅自使用未经验收的涉案工程，又以涉案工程质量不合格为由主张权利是不合法的，其不应承担任何责任。法院认为，对于法律、法规以及司法解释的适用应综合考量，而不宜片面。本案中，涉案工程完工后，悦康公司没有经过竣工验收即擅自使用，依据《最高人民法院关于审理建设工程施工合同纠纷案件适用法律问题的解释》第 14 条第 3 款规定之精神，可视为涉案工程已经竣工验收并交付使用，但不能排除伟恒公司在涉案工程保修期内的修复义务。即涉案工程交付使用后，悦康公司在保修期内因伟恒公司施工质量而引起的渗漏问题仍有权向伟恒公司提出修复的请求。悦康公司与伟恒公司双方合同第 11 条第 2 款约定：工程竣工验收后保用三年，在保用期内因施工质量引起渗漏，由伟恒公司负责无偿修复。在保修期内，伟恒公司对涉案工程仍然负有保修义务。……本院认为，系争防水承包合同系双方真实意思表示，不违反法律的效力性禁止性规定，属于合法有效，双方均应按约履行。根据合同约定，工程质量必须符合验收规范，在竣工验收后保用 3 年，在保用期内因施工质量引起渗漏，由伟恒公司无偿修复。"

---

① 参见陈召利：《最高法：发包人擅自使用建设工程，不免除承包人的保修责任》，载 http://article.chinalawinfo.com/ArticleFullText.aspx？ArticleId=102308，最后访问日期：2018 年 10 月 19 日。

② 详见（2014）沪一中民二（民）终字第 1031 号民事判决书。

四、保修期已过，质量责任如何承担

保修期已过，质量责任如何承担？这个问题涉及两个概念：保修责任和瑕疵担保责任。

保修责任是《建筑法》《建设工程质量管理条例》中规定的建设工程特有的质量责任，是指承包人对保修期内出现的保修范围内的质量问题无条件实施修复的责任。瑕疵担保责任是《合同法》规定的对一切标的物的质量责任，发包人要求承包人承担瑕疵担保责任不受保修期的限制。

因此，建设工程的保修期满，承包人的保修责任消灭，但承包人的瑕疵担保责任不受影响，若保修期过后发现的质量问题满足瑕疵担保责任要件，则发包人仍然有权要求承包人承担质量责任。

本问题在此仅作简要论述，详细内容参见本书第 33 篇文章：《质保期满甲方责难，质量责任无须承担》。

20

正确进行合同解释，探求双方真实意思

［案件摘要］

本案系北京市第五建筑工程集团有限公司（以下简称第五建筑公司）与国家广播电影电视总局（以下简称广电总局）、国家广播电影电视总局机关服务中心（以下简称广电服务中心）之间因合同缺陷引发的一起建设工程施工合同纠纷案件。本团队律师接受第五建筑公司的委托代理本案，在调查中发现涉案工程的《招标文件》《补充（更正）招标文件》（以下简称《补充招标文件》）以及《广电总局真武庙二条住宅建设项目1#、2#住宅楼合同文件》（以下简称《施工合同》）关于工程量和价款结算事项的约定存在表述不一甚至前后矛盾的情形，并预判这将成为未来双方争议的核心焦点。庭审过程中，本团队律师充分利用目的解释、整体解释、习惯解释等多种合同解释方法对争议条款进行了深入剖析，凭借敏锐的办案"嗅觉"和充分的庭前准备对对方错误观点逐一反驳、对逻辑漏洞逐一击破。本团队律师以尊重事实证据为前提基础，以捍卫客户利益为至上目标，力求探寻合同双方真实的意思表示，并最终取得了有利于我方当事人的庭审结果，有效地维护了我方当事人该合同纠纷中的利益。

［案情回放］

广电总局与广电服务中心为建设广电总局真武庙二条住宅建设项目1#2#住宅楼工程（以下简称涉案工程），由广电服务中心下属机构国家广播电影电视总局真武庙二条住宅建设项目管理办公室（以下简称项目办）就涉案工程进行招标。项目办于2005年12月31日发出《招标文件》，后于2006年1月发出《补充（更正）招标文件》，上述文件均在北京市建设工程招标投标管理办公室（以下简称北京市标办）备案。第五建筑公司参与投标并于2006年2月6日中标。中标通知书发出后，第五建筑公司与项目办于2006年2月9日签订《施工合同》并在北京市标办进行了合同备案。《施工合同》约定价款为266,053,612元，工期为2006年2月16日至2007年10月15日。

合同签订后,第五建筑公司进场施工,涉案工程于2008年5月12日通过竣工验收。工程竣工后,经承包人核算,工程结算金额为361,104,453.46元(含结构长城杯奖励2,668,541.75元、甲方原因造成的工期延误费用及电缆电线材料调价费用10,082,467.6元,以上合计12,751,009.35元),除"结构长城杯"奖励、电缆电线材料调价、工期延误费用以及新增变更洽商未经发包人委托的项目管理公司建研凯勃建设工程咨询有限公司(以下简称为建研凯勃公司)审核外,其余工程结算价款建研凯勃公司均予以审核,审核金额为324,060,462元。以建研凯勃公司审核金额为基础,加计其未审核的项目,承包人确定最终工程结算金额为336,866,259.4元。但发包人只支付了工程款241,457,576.7元,剩余95,398,682.7元未支付。

2010年9月16日,第五建筑公司向北京市第一中级人民法院(以下简称一审法院)提起诉讼,请求判决:(1)二被告支付欠付工程款95,398,682.7元;(2)二被告支付利息4,056,266.99元,并支付至给付完毕之日止;(3)二被告承担本案的全部诉讼费用。

2014年7月20日,一审法院就本案作出(2010)一中民初字第16994号民事判决书,判决广电服务中心支付第五建筑公司工程款、质量保证金共计59,295,077.81元;判决广电服务中心支付第五建筑公司工程款、质量保证金的利息。

[**战略战术**]

一般情形下,工程价款应根据合同约定的计价方法结算,但当出现未约定工程价款的计价标准、结算办法,或虽有约定但约定不明的合同缺陷时,当事人对工程款的结算问题极易产生争议,本案即为该类合同纠纷的典型。其中,涉案工程合同文件就工程量和价款结算事项约定如下:

《招标文件》第一卷第一章第9条第1款规定,本次招标工程的合同形式采用固定单价合同形式;第一卷第三章第17条规定,本招标工程实行工程量清单计价规范,工程量清单系按照《建设工程工程量清单计价规范》(GB50500—2003)的规定进行编制;第四卷第五章第1.3条关于"工程量的确定"中规定,本合同文件实行工程量清单为基础的固定单价合同。

《补充招标文件》对《招投文件》第四卷第五章第1.3条"工程量的确定"更正为:"工程结算时,按照固定单价合同的相关要求、工程量及待定项目(暂估价)和图纸发生变更按照合同约定调整工程量及待定项目(暂估价)和图纸发生变更按照合同约定调整工程量清单的项目,按实际完成的工程量,由乙方按本规定的计量方法,以招标人和监理工程师依据合同文件、图纸有关规定认可的尺寸、断面计量为准,进行调整。"

《施工合同》专用条款第44.1款“变更”中约定:“补充更正招标文件第1.3条作废”;该合同第41.1款约定:“除非合同中另有约定,本合同是以工程量清单为基础的固定单价合同。该工程量清单中所写的单价或措施项目的包干价格或总价应视为合同价格。在签订合同后3天内,乙方应按照工程量清单中列出的所有项目(但不包括特定项目)的工程量和单价计算出一个总价报监理工程师批准。该总价在本合同条件中称为‘暂估合同总价’。该‘暂估合同总价’不应理解为最终的合同总价,也不应理解为对乙方为完成合同工作内容的全部报酬,而只是为了作为方便和合理地确定预付款总额和履约保函额度时的参考,或为了其他条款中可能用到的目的。招标图纸内的建筑面积增减,工程量的增减全部包含在合同价内。”

庭审过程中,双方对于工程量确定和价款结算事项各执一词。我方律师据理力争,综合运用文义解释、目的解释、体系解释等多种合同解释方法,对工程量和价款结算事项进行深入剖析,对对方混淆视听的观点逐一反驳、对逻辑漏洞逐一击破。在本团队律师的不懈努力下,我方观点得到了一审法院的认可。

庭审结束后,本团队律师总结本案能够取得重大胜利的原因,主要有以下三点:

一、运用多种合同解释方法,把握时机据理力争

庭审过程中,双方律师就工程量和价款结算事项进行了精彩博弈。对方主张承包人对涉案工程招标图纸施工内容价格包死,工程最终造价在该款项基础上,根据专业分包项目的增减、暂估价材料调价和洽商变更进行调整,即固定总价。本团队律师就此事项进行了反驳,并指出应当按照实际发生的工程量进行结算,即固定单价、据实结算工程量:(1)承包人认为发包人已经以发出《补充招标文件》的方式就合同结算进行了变更,即不再采用工程量清单范围内的施工内容包死总价格的合同形式,而转为采用固定单价、据实调整工程量清单的合同形式,且《补充招标文件》已经在北京市标办备案,产生了法律效力;(2)根据《施工合同》第40.1款、第40.3款、第41.1款、第41.3款的约定,涉案工程应按固定单价、据实调整工程量的形式,结算招标清单中列明项目的价款;(3)全权代表发包人的建研凯勃公司在本工程施工过程中已就合同形式及工程量应据实调整的事项作出澄清;(4)建研凯勃公司的《结算审核书》是依据固定单价工程量可调的结算方式作出的,其就结算原则作出的确认显然代表发包人意志。

针对《施工合同》专用条款第44.1款的内容,对方主张该条款已将《补充招标文件》第2条作废,本团队律师对此予以反驳并指出:《补充招标文件》已经在北京市标办备案,产生了法律效力,承发包双方均无权在签订施工合同时,再以任何形式修改或废除《招标文件》或《补充招标文件》的内容;针对《施工合同》专用条款第41.1款中约定的“招标图纸内的建筑面积增减,工程量的增减,全部包含在合同价内”的“合同价”，对方主张该表述对应内容为“各子项目单价”或“措施项目的包干价格”或“总价”，本团队律师对此予以反驳并指出，该表述是指“各子项目单价”或“措施项目的包干价格或总价”；针对《施工合同》专用条款第41.3款中约定的合同价格调整的情形中(b)项“招标图纸内的建筑面积增减和工程量的增减，全部包含在合同价内，不作调整依据”中的“合同价”，对方主张该表述意为“单价”和“合同总价”，本团队律师对此予以反驳并指出：该表述仅是指“单价”，并非“合同总价”。

经过激烈的法庭辩论，一审法院最终支持了本团队律师的观点。一审法院确认了涉案工程的合同形式是以工程量清单为基础的固定单价合同，并且在结算工程量确定的问题上，一审法院认为《补充招标文件》第2条将招标文件中有关工程量的确定原则进行了变更，更正为以固定单价为基础，据实结算工程量。此后，承包人按照《招标文件》及《补充招标文件》进行了投标并最终中标，虽然承发包双方签订的《施工合同》专用条款第44.1款将《补充招标文件》第1.3条予以作废，并对第1.3条“工程量的确定”进行了重新约定，但是《补充招标文件》第2条是关于工程计价和结算方式的核心条款，即使该条款被承发包双方此后签订的备案合同所作废，双方在备案合同中对工程计价和结算方式的重新约定，也不应对该条款所确定的结算原则进行实质性变更。故当承发包双方签订的备案合同有关条款与《补充招标文件》第2条相抵触时，或承发包双方对同一合同条款理解存在分歧时，均应当按照《补充招标文件》第2条规定的结算原则确定或解释相应合同条款的效力或真实意思。

二、准确把握争议焦点，深挖本案关键事实

通过上文的描述不难看出，本案的争议焦点之一为工程量结算原则。本团队律师就该争议焦点比照案情事实前后进行了三轮梳理，最终在浩瀚的项目材料中发现，涉案工程的招投标文件以及合同文件均由代表发包人的建研凯勃公司负责草拟，建研凯勃公司作为项目管理公司根据合同文件作出的《建研凯勃公司审核报告》显示其进行结算审核时采取的是“固定单价，据实结算工程量”的方式。这是本案的关键事实之一。且建研凯勃公司在2006年5月18日组织召开的工程会议上，其负责人强调了工程量是可调的，当时参会的发包人员代表并未提出异议，因此建研凯勃公司在合同履行以及工程结算过程中所作的上述行为应视为其作为项目管理公司代表发包人对合同文件中约定的工程量结算原则所作的进一步澄清和明确。

另外，如果按照对方主张的结算原则，首先应确定涉案工程招标时的招标图纸，用以确定工程量包死的范围，但各方当事人表示无法提供招标图纸。根据《广电总局真武庙二条住宅建设项目1#、2#住宅楼工程会议纪要》的记载，承包人与发包人均确认应由代表发包人负责工程管理工作的建研凯勃公司拿出招标图纸由各方签认，因此无法提供招标图纸的责任最终应由发包人承担。若按照对方主张的结算原则，招标图纸是不可或缺的结算依据，但建研凯勃公司和发包人在招标工作结束后，均未对招标图纸进行确认并保管，这也从侧面反映涉案工程的结算原则并非招标图纸内总价包死。正是基于对建研凯勃公司在涉案地位以及《建研凯勃公司审核报告》的深挖，才使本团队律师在庭审中占据主动权，最终取得本案的重大胜利。

三、展示扎实法律功底，巧妙规避对方陷阱

庭审过程中，对方试图通过否认建研凯勃公司在涉案工程中的地位的庭审策略将本案从约定层面拉到法定层面来解决涉案工程量和价款结算事项的争议。对方主张，应以该审计单位中建华公司出具的《审核结算书》为依据支付工程结算款。对此，本团队律师认为：

关于建研凯勃公司的涉案地位：(1)建研凯勃公司作为本案的项目管理公司，在涉案工程的全流程中都系被告的全权代表，履行监理职能，有权审批、确定工程的结算事项；(2)基于建研凯勃公司作为被告全权代表的涉案地位和履行监理职能的事实，建研凯勃公司出具的《结算审核报告》及《审核结算书》对涉案工程的结算事项具有约束力；(3)退一步说，即使建研凯勃公司并非被告的全权代表，其出具的《结算审核报告》及《审核结算书》仅是基于监理职能作出，那么根据合同文件的相关规定，对于建研凯勃公司确认的工程结算款中无争议的部分，被告同样有义务对原告支付。

关于审计单位中建华公司出具《审核结算书》的适用问题：(1)双方在合同文件中并未约定以审计单位审核结果作为涉案工程造价的定价依据；(2)根据相关法律法规的规定，在原告、被告就工程结算款的确定方式在合同中有自治性约定且双方已就工程决算价款作出确认的前提下，审计单位的审计结果亦不能作为确定工程结算款的依据；①(3)中建华公司出具的《审核结算书》缺少签章或工作人员签名，法律形式上存在瑕疵，真实性存疑；(4)中建华公司出具的《审核结算书》结算方式、计价方式违背合同文件的明确约定，内容上存在严重错误，不应作为结算价款的最终支付依据。

[**法案研判**]

本案当事人之间产生争议的根本原因在于各方签署的合同存在约定不明、表述不

---

① 《最高人民法院关于建设工程承包合同案件中双方当事人已确认的工程决算价款与审计部门审计的工程决算价款与审计部门审计的工程决算价款不一致时如何适用法律问题的电话答复意见》(〔2001〕民一他字第2号)规定："审计是国家对建设单位的一种行政监督，不影响建设单位与承建单位的合同效力。建设工程承包合同案件应以当事人的约定作为法院判决的依据。只有在合同明确约定以审计结论作为结算依据或者合同约定不明确、合同约定无效的情况下，才能将审计结论作为判决的依据。"

一的重大缺陷，这时便有赖于采用恰当的合同解释方法探求签约方的真实意思表示。但在实践中，应当尽可能避免“合同缺陷”现象的发生，以减少不必要的纠纷。下文将以“合同缺陷”的相关规定与法理概念为引，着重探讨在合同存在缺陷时各地法院对如何进行合同解释的裁判倾向性意见。

一、关于“合同缺陷”的相关法律法规

目前，关于“合同缺陷”现行有效的相关法律法规（含合同示范文本）主要包括：

1.《合同法》第 41 条规定：“对格式条款的理解发生争议的，应当按照通常理解予以解释。对格式条款有两种以上解释的，应当作出不利于提供格式条款一方的解释。格式条款和非格式条款不一致的，应当采用非格式条款。”

2.《合同法》第 61 条规定：“合同生效后，当事人就质量、价款或者报酬、履行地点等内容没有约定或者约定不明确的，可以协议补充；不能达成补充协议的，按照合同有关条款或者交易习惯确定。”

3.《合同法》第 62 条规定：“当事人就有关合同内容约定不明确，依照本法第六十一条的规定仍不能确定的，适用下列规定：

（一）质量要求不明确的，按照国家标准、行业标准履行；没有国家标准、行业标准的，按照通常标准或者符合合同目的的特定标准履行。

（二）价款或者报酬不明确的，按照订立合同时履行地的市场价格履行；依法应当执行政府定价或者政府指导价的，按照规定履行。

（三）履行地点不明确，给付货币的，在接受货币一方所在地履行；交付不动产的，在不动产所在地履行；其他标的，在履行义务一方所在地履行。

（四）履行期限不明确的，债务人可以随时履行，债权人也可以随时要求履行，但应当给对方必要的准备时间。

（五）履行方式不明确的，按照有利于实现合同目的的方式履行。

（六）履行费用的负担不明确的，由履行义务一方负担。”

4.《合同法》第 125 条规定：“当事人对合同条款的理解有争议的，应当按照合同所使用的词句、合同的有关条款、合同的目的、交易习惯以及诚实信用原则，确定该条款的真实意思。合同文本采用两种以上文字订立并约定具有同等效力的，对各文本使用的词句推定具有相同含义。各文本使用的词句不一致的，应当根据合同的目的予以解释。”

5.《标准施工招标文件》第 1.4 款规定：“组成合同的各项文件应互相解释，互为说明。除专用合同条款另有约定外，解释合同文件的优先顺序如下：(1) 合同协议书；(2) 中标通知书；(3) 投标函及投标函附录；(4) 专用合同条款；(5) 通用合同条款；(6) 技术标准和要求；(7) 图纸；(8) 已标价工程量清单；(9) 其他合同文件。”

6.《标准设计施工总承包招标文件》第1.4款规定:“组成合同的各项文件应互相解释,互为说明。除专用合同条款另有约定外,解释合同文件的优先顺序如下:(1)合同协议书;(2)中标通知书;(3)投标函及投标函附录;(4)专用合同条款;(5)通用合同条款;(6)发包人要求;(7)承包人建议书;(8)价格清单;(9)其他合同文件。”

7.《1999版合同》第2.1款规定:“合同文件应能相互解释,互为说明。除专用条款另有约定外,组成本合同的文件及优先解释顺序如下:(1)本合同协议书;(2)中标通知书;(3)投标书及其附件;(4)本合同专用条款;(5)本合同通用条款;(6)标准、规范及有关技术文件;(7)图纸;(8)工程量清单;(9)工程报价单或预算书。合同履行中,发包人承包人有关工程的洽商、变更等书面协议或文件视为本合同的组成部分。”

8.《1999版合同》第2.2款规定:“当合同文件内容含糊不清或不相一致时,在不影响工程正常进行的情况下,由发包人承包人协商解决。双方也可以提请负责监理的工程师作出解释。双方协商不成或不同意负责监理的工程师的解释时,按本通用条款第37条关于争议的约定处理。”

9.《2013版合同》第1.5款规定:“组成合同的各项文件应互相解释,互为说明。除专用合同条款另有约定外,解释合同文件的优先顺序如下:(1)合同协议书;(2)中标通知书(如有);(3)投标函及其附录(如有);(4)专用合同条款及其附件;(5)通用合同条款;(6)技术标准和要求;(7)图纸;(8)已标价工程量清单或预算书;(9)其他合同文件。上述合同文件包括合同当事人就该项合同文件所作出的补充和修改,属于同一类文件的内容。应以最新签署的为准。在合同订立及履行过程中形成的与合同有关的文件均构成合同文件组成部分,并根据其性质确定优先解释顺序。”

10.《2017版合同》第1.5款规定:“组成合同的各项文件应互相解释,互为说明。除专用合同条款另有约定外,解释合同文件的优先顺序如下:(1)合同协议书;(2)中标通知书(如有);(3)投标函及其附录(如有);(4)专用合同条款及其附件;(5)通用合同条款;(6)技术标准和要求;(7)图纸;(8)已标价工程量清单或预算书;(9)其他合同文件。上述合同文件包括合同当事人就该项合同文件所作出的补充和修改,属于同一类文件的内容。应以最新签署的为准。在合同订立及履行过程中形成的与合同有关的文件均构成合同文件组成部分,并根据其性质确定优先解释顺序。”

二、关于“合同缺陷”的相关理论观点

合同缺陷,是指当事人在合同中对于合同条款没有约定或约定不明的情形。主要包括:(1)合同的内容存在遗漏,即对一些合同的条款,在合同中并没有作出规定;(2)合同中的约定不明确,或者约定前后矛盾。根据《合同法》第61条,当出现合同缺陷情形时应按照下列顺序进行解释:(1)协议补充;(2)体系解释;(3)交易习惯;

(4)按照《合同法》第62条处理。

因本文所涉内容仅涉及前两种解释顺序,故本文仅在前两种解释顺序内进行讨论。当合同条款表述模糊,存在漏洞、歧义,甚至出现前后矛盾的情形时,首先应当根据合同约定的解释顺序进行解释;当依据合同约定的解释顺序无法得出明确、唯一的解释结论时,应当运用目的解释、体系解释等多种解释方法综合解释。需要强调的是,《合同法》第125条规定的合同解释方法,其前提在于当事人对合同条款的理解有争议。也就是说,若通过文义解释可以得出明确、唯一的结论,文义解释优先。

因建设工程合同的特殊性,在合同签订的过程中,合同文本通常由发包人事先拟好,承包人在事实上处于相对劣势的地位,无法在合同文本中充分争取自己的利益,只能选择妥协。故当合同文件出现解释不一致情形,且通过上述合同解释规则无法妥善处理相关纠纷时,本团队律师认为,应根据公平原则将解释利益给予弱势一方,即由承包人享有合同解释利益。

三、关于"合同缺陷"的相关裁判观点

(一)在合同条款表述模糊、存在歧义,甚至出现前后矛盾的情形时,应当根据合同约定的解释顺序进行解释

例如,在虎林市新虎林粮库有限公司(以下简称虎林粮库)与哈尔滨市阿城建筑安装总公司(以下简称阿城公司)、赵剑辉、黑龙江吉隆建筑建设工程有限公司建设工程施工合同纠纷一案①中,黑龙江省高级人民法院认为:关于工程款的结算标准问题。首先,2010年9月29日,虎林粮库与阿城公司签订《施工合同》协议书约定工程价款为13,314,396.29元,同时该合同的专用条款约定,合同价款的确定方式采用固定单价方式确定合同价款,该合同的补充专用条款约定,合同价为中标价,承包范围内价格包死不变,不进行二次结算。双方在补充专用条款约定了合同的解释顺序招标文件在合同专用条款之前,但适用条件为各文件存在模棱两可或互相矛盾之处。本案构成《施工合同》的协议书、通用条款、专用条款及补充专用条款三部分内容中,关于工程款的结算问题约定并不矛盾,而是相互补充和解释的。其次,依据补充专用条款中关于合同解释顺序的约定,合同协议书顺序在前,在补充专用条款中双方关于承包价款、预付款、进度款等各项约定,亦属于协议约定的内容,应当优先适用。

(二)当依据合同约定的解释顺序无法得出明确、唯一的解释结论时,应当运用目的解释、体系解释等多种解释方法综合解释

例如,在浙江富丹旅游食品有限公司(以下简称富丹公司)、舟山市普陀汇丰冷库

① 详见(2016)黑民终78号民事判决书。

节能技术研究所(以下简称汇丰研究所)建设工程施工合同纠纷一案[①]中,浙江省高级人民法院认为:本案关键是对《冷库保温施工协议》第3条"付款方式"中有关"余款30万元节能奖励资金兑现后付清"这一约定的理解问题。从文义上看,该约定究竟属于付款的条件还是付款的期限,不是很明确,在此情况下,对该条款的理解应当采用其他合同解释方法。原判根据本案证据和事实将该条款理解为付款的期限,并无不当,理由是:第一,从合同目的解释的角度看,当事人约定该条款的真实目的在于确定付款的时间先后,而不是确定是否应该付款。把该条款解释为付款的期限,更符合合同的目的和当事人的真实意思。第二,从合同体系解释的角度看,《冷库保温施工协议》第3条前半部分"开工前20天付100万元(40%)备料款;冷库保温完工后付80万元(30%);全部完工后付64.3187万元"都是关于付款期限的约定,因此,后半部分"节能奖励资金兑现后付清"也应作同样理解。第三,本案双方在进行工程款结算时,汇丰研究所已经在工程总价款的基础上给予优惠,减免一部分工程款,从公平的角度看,将"余款30万元节能奖励资金兑现后付清"这一约定理解为付款期限,而不是条件,双方的权利义务才对等。从事实看,尽管本案合同约定的30万元余款支付期限为"节能奖励资金兑现后",但由于政策发生了变化,富丹公司现在已不可能取得该奖励资金,所以约定的付款期限实际上已经失去意义,不应再对当事人具有拘束力,汇丰研究所在此情况下要求富丹公司付款理应支持。原审判令剩余工程款从汇丰研究所起诉之日计付利息,也符合本案实际,并无不当。

(三)依据《合同法》第125条的规定,对合同进行解释,首先应当是文义解释;只有在合同文义不明确、不清楚的情况下,才应当根据合同目的予以解释;其次,在运用目的解释探究当事人真意表示时,也应当符合公平原则

例如,在江苏启安建设集团有限公司(以下简称启安公司)与江阴奥德费尔嘉盛码头有限公司(以下简称奥德费尔公司)建设工程施工合同纠纷一案[②]中,江苏省无锡市中级人民法院二审认为:奥德费尔公司为控制工程投资而与启安公司签订补充协议,约定材料由奥德费尔公司自行购买,合同价以扣除材料费后的价格为准。综合考虑补充协议的文义、目的以及因为材料供应发生变化后经监理签证增加的施工现场防盗措施费用、甲供钢板卸车费用等因素,双方实际上是通过补充协议将合同价格由原来的制安费和材料费两部分组成变更为仅包含制安费一项内容。奥德费尔公司为了控制投资成本,自行购买材料,因此而节约的费用应当由奥德费尔公司受益,如该部分

① 详见(2017)浙民申31号民事裁定书。

② 详见(2014)苏民再提字第0058号民事判决书。

利益归启安公司获得，不符合奥德费尔公司签订补充协议的真实意思表示，也有违公平原则。

江苏省高级人民法院再审认为：启安公司和奥德费尔公司之间签订的施工合同和补充协议系双方的真实意思表示，不违反法律、行政法规的强制性规定，应认定合法有效，对双方均具有法律约束力。现双方对补充协议约定内容如何理解发生争议。依据《合同法》第 125 条之规定，对合同进行解释，首先应当是文义解释；在合同的文义不明确、不清楚的情况下，才应当根据合同目的予以解释。而本案中，按补充协议的文义，该工程所用储罐板材及主要配件由甲方负责采购供应给乙方，费用在合同价中扣除，甲乙双方的合同价以扣除甲方提供的材料款后价格为准。该约定的内容清楚明确，本无须再行采用目的解释。即使探究该补充协议的目的，也符合公平原则。因为双方当事人签订的《建设工程施工合同》约定了“合同签订之日起 10 日内储罐板材价格调整 ±2% 以内，合同总价不变；调整超过 ±2%，储罐板材价格以实际购买价结算。”由此可见，补充协议的签订实际上系奥德费尔公司为了降低钢材价格可能带来的成本增加的风险而采取的一种措施，不能简单地认为补充协议的文义就不符合奥德费尔公司的真实意思及违反公平原则。

类似的判例还包括黑龙江四海园建筑工程有限公司、黑龙江省文化厅与中国建筑设计咨询有限公司、中国新兴建设开发总公司建设工程施工合同纠纷案，[①]王俊容、毛佳茜建设工程施工合同纠纷再审案，[②]红旗渠建设集团有限公司与北京市中关村中学建设工程施工合同纠纷案，[③]方城县第一建筑有限公司、南阳市裕邦佳合房地产开发有限公司建设工程施工合同纠纷再审案，[④]上海松铁建设工程有限公司与无锡市润信德房地产有限公司建设工程施工合同纠纷案[⑤]等。

［**案件复盘**］

在代理本案的过程中，本团队律师不分昼夜地投身于浩瀚的案卷材料，从繁多的合同文件中将涉及“价”“量”“结算”的条款一一摘录，并分别以本案双方当事人的视角解读合同文本，模拟庭审演练，最终形成了 8 个专题、3 万余字的代理意见。正是本团队律师悉心钻研的专业精神和客户至上的服务态度，最终使本案获得有利于客户的

---

① 详见（2016）黑民终 526 号民事判决书。

② 详见（2017）川民再 323 号民事判决书。

③ 详见（2018）京 01 民终 198 号民事判决书。

④ 详见（2017）豫民再 1 号民事判决书。

⑤ 详见（2015）锡民终字第 00588 号民事判决书。

判决结果。第五建筑公司对本团队律师付出的巨大努力表示诚挚感谢，并对本团队律师的专业水平及敬业精神给予高度赞扬。

建设工程合同文件一般由发包人的招标文件、承包人的投标书、中标通知书、发包人与承包人之间的协议、技术规范、设计图纸，工程量清单、设计变更等一系列文件组成。建设工程的复杂性和参与主体的多元性确定了建设工程合同文件内容繁多、法律关系复杂的合同特性，而在实际情况下，合同当事人一般只有较少的时间准备合同文件，因此建设工程合同文件会不可避免地出现合同缺陷的问题。常见的建设工程合同缺陷包括：合同价款的合同缺陷；工程款利息和垫资款利息的合同缺陷；固定总价合同对施工范围约定不明；变更估价的合同缺陷；建材价格变化引发的合同缺陷等。

针对以上情形，本团队律师建议：第一，承发包双方应当在签订合同的初期就做好风险控制工作，尽力避免出现合同缺陷情形；第二，在合同履行中及时发现合同缺陷，对此加以重视、进行识别并作出风险预判；第三，耐心等待时机，不要轻易和对方交涉，等待足以对交易对方构成致命威胁的事件出现时再进行谈判；第四，注意收集在合同履行过程中能够对未来争议发生时有利于己方的相关证据材料；第五，积极提起诉讼，最终解决合同缺陷问题。

21

法规合同融会贯通，对方高额索赔落空

［案件摘要］

本案系一起集合同效力认定、合同适用、工程价款认定、工期延误责任及损失认定、工程质量缺陷及质量维修费用认定于一体的十分复杂的建设工程施工合同纠纷案件。本案中A公司系工程发包人，其性质为外商独资企业，B公司系工程承包人。A公司与B公司先后签订了英文版的《建设工程施工合同》（以下简称《英文合同》）、中文版的《建设工程施工合同》（以下简称《中文合同》），两版合同的内容并不完全一致，这给双方日后就合同适用问题产生争议埋下了伏笔。工程完工后，双方经多次协商，均无法就洽商变更款、索赔款、工程质量维修费用等款项达成一致意见，B公司遂向双方约定的仲裁机构申请仲裁。A公司委托本团队律师代理本案，并接受本团队律师意见提起仲裁反请求，要求B公司赔偿因施工质量缺陷等原因给A公司造成的损失。仲裁过程中，双方对抗激烈，A公司认为B公司未按合同约定程序申报洽商变更款项及索赔款项，无权获得相应价款；B公司认为A公司在工程未经竣工验收时即擅自使用工程，应自行承担维修责任。针对B公司160余项洽商变更款请求，本团队律师通过数据透视表等工具将复杂问题简单化，及时对各项洽商变更款进行针对性回复，协助造价鉴定单位快速了解双方争点，最终作出对A公司极为有利的鉴定意见。针对B公司免予承担工程质量维修责任的抗辩，本团队律师全面、深入收集证据，对B公司负有工程质量维修义务并应承担相应责任进行有效举证，最终协助A公司取得了工程质量维修款项。

［案情回放］

2008年3月25日，A公司与B公司签订《英文合同》，由B公司承建A公司发包的某厂房建设工程，合同价款为7000余万元（人民币，下同），开工日期为2008年4月1日，竣工日期为2008年11月15日。次日，双方另行签订《中文合同》，并将该合同在工程所在地的招投标管理办公室进行了备案。《中文合同》约定的合同价款、开工日期、竣工日期与《英文合同》相同。

2009年8月,本案工程完工。工程完工后,A公司与B公司经过多次协商,均无法就工程结算价款达成一致。2010年10月28日,B公司向某仲裁委申请仲裁,请求裁决A公司支付欠付的工程款、工程款利息及违约金、律师费等各项费用共计3500余万元。

2010年12月19日,A公司就本案提起仲裁反请求,请求裁决B公司赔偿其因工期延误、施工质量缺陷、B公司违法分包产生的损失等各项费用共计1000余万元。

经审理,2015年3月20日,某仲裁委就本案进行裁决,裁决A公司向B公司支付工程款2000余万元(包括洽商变更款、索赔款及质保金);B公司赔偿A公司因B公司拖延工期、施工质量缺陷、违法分包而遭受的损失共计560余万元。在本团队律师的努力争取下,B公司的仲裁请求仅获得部分支持。A公司不仅避免了可能产生的大额损失,还获得了来自B公司的赔偿,A公司对本案仲裁结果非常满意。

[**战略战术**]

B公司申请仲裁,要求A公司支付工程款及逾期支付工程款的利息及违约金。鉴于A公司确实尚欠B公司工程款,且合同对逾期支付工程款的利息及违约金进行了约定,A公司极其担心因此需向B公司支付高额的利息及违约金。A公司虽提起仲裁反请求,要求B公司赔偿其因工程质量缺陷产生的维修费用,但因A公司已委托第三方维修完毕质量缺陷工程,如B公司拒不认可质量维修费用,在质量缺陷责任无法厘清的情况下,A公司亦非常担心其可能遭受维修费损失。针对A公司前述忧虑问题,本团队律师采用如下战略战术为A公司排忧解难:

一、对《中文合同》及《英文合同》的主要条款列表比对,说明两个合同的实质性条款并无差异,说服仲裁庭将两个合同均作为仲裁依据,通过适用两个合同中对A公司有利的条款以取得对A公司有利的裁决

关于《中文合同》与《英文合同》的效力,B公司认为,《英文合同》仅为B公司配合A公司内部管理制度签订,双方实际履行的是《中文合同》,应以《中文合同》作为确定双方权利义务的依据。

本团队律师向仲裁庭提交了《中文合同》与《英文合同》的主要条款对比表,在对比表中列明:(1)《中文合同》与《英文合同》内容基本一致的条款,包括:工程名称、工程总价款、合同形式、钢材价调差、付款安排、争议解决、工程师(业主代表)、工程变更、工程变更款项支付、竣工日期、未按时竣工的赔偿金计算、承包人有权要求工期延长的条件及程序、缺陷整改及质量保修费用承担、分包、签合同前对现场的考察及地勘资料的作用、试车；（2）内容冲突的条款，包括：发包人提前使用工程对双方权利义务的影响；（3）仅存在于《中文合同》但《英文合同》中没有的条款；（4）仅存在于《英文合同》但《中文合同》中没有的条款。本团队律师利用表格对《中文合同》及《英文合同》的主要条款进行比对，说明两个合同的实质性条款并无差异，说服仲裁庭将两个合同均作为确定双方权利义务的依据。

仲裁庭最终接受本团队律师观点，认为《中文合同》及《英文合同》均不违反法律、行政法规的强制性规定，均为有效合同，将两个合同均作为确定双方权利义务的依据，通过适用两个合同中有利于A公司的条款最终作出了对A公司有利的裁决。

二、合理利用数据透视表，将复杂问题简单化，使造价鉴定单位作出对A公司有利的鉴定意见

本案中，B公司主张了160余项洽商变更工程款，每项洽商变更款项下均有工程变更单、费用报审表、费用汇总表及分部分项工程计价表等，仅洽商变更款B公司便提交了1335页的证据材料，如何在如此大体量的证据材料中快速就某项洽商变更款提出有力的反驳意见系本案工作之重点、难点。对此，本团队律师先行制作了数据源表格，将本案可能用到的关键信息录入表格内，包括：洽商编号、变更部位、工作内容、B公司在仲裁前对工程价款的估价、A公司委托造价咨询单位在仲裁前对工程价款的估价、B公司与A公司估价差异、是否纳入鉴定、造价鉴定单位审核造价、造价鉴定单位审价与A公司审价价差、造价鉴定单位审价与A公司审价价差比例、是否需要核查等。本团队律师通过该数据源表格建立数据透视表，对审价差异较大的洽商变更项目进行迅速筛查，将数据透视表的筛选比对结果递交造价鉴定单位，造价鉴定单位根据本团队律师提交的表格可迅速了解到差异项目、部位、变更内容、审核价款等，便于造价鉴定单位针对性地查阅图纸及双方证据，对审价差异较大的项目及时进行复核。经两次调整造价鉴定意见，造价鉴定单位最终确定的洽商变更款项为1400余万元，而A公司聘请的造价咨询单位在极为严苛的审核条件下确定的洽商变更款项为1200余万元，造价鉴定单位鉴定价款仅比A公司审核价款高出200余万元。该鉴定结论对A公司十分有利。表8为部分数据源内容：

表 8

洽商编号	变更部位	工作内容	B 公司估价	A 公司估价	B 公司与 A 公司估价差异	是否纳入鉴定	鉴定单位审价结果	鉴定单位审价与 A 公司估价价差	价差比例	是否需要核查
1	—	—	229,521.91	179,038	50,483.91	纳入	165,456.76	-13,581.24	-7.59%	不用检查
2	—	—	58,599.59	52,214	6,385.59	纳入	46,329.68	-5,884.32	-11.27%	不用检查
3	—	—	8,283.44	8,283.44	0.00	未纳入	8,283.44	0.00	0.00%	不用检查
4	—	—	16,297.79	3,253	13,044.79	纳入	13,520.40	10,267.40	315.63%	检查

三、结合合同约定及证据材料对 B 公司索赔项目逐项分析、各个击破,B 公司 900 余万元的索赔款项最终仅有 100 余万元获得支持

B 公司于本案中提出多项索赔,包括:钢材调价费用、钢结构深化设计费用、钢结构设计变更导致的待工费用、奥运期间运输费用等,前述索赔金额共计 900 余万元。经本团队律师结合合同约定及证据材料对索赔项目进行逐项分析、各个击破,B 公司 900 余万元索赔款项最终仅有 100 余万元获仲裁庭支持,高达 90% 的索赔款项未获支持,其中,仅钢材调价费用一项便有近 500 万元索赔未获支持。

(一)关于钢材调价费用,仲裁庭采信本团队律师意见,仅对超过风险幅度的钢材价差予以调整

对钢材调价,B 公司认为只要价格超出原投标价的 5%,则超出部分均应调价。A 公司认为,仅应对超过 5% 以上部分予以调价,5% 以内部分不应调价。本团队律师就此在仲裁中论述如下:

1. 在风险幅度内进行价差调整,将导致风险幅度失去意义

合同对于钢材价格设定风险幅度的根本目的在于双方对钢材价格波动风险的分担。如上涨,超过风险幅度的由 A 公司负担,未超过幅度的视为 B 公司的风险,由 B 公司自行承担;如下降,超过风险幅度的由 B 公司负担,未超过幅度的视为 A 公司的风险,由 A 公司承担。如果按 B 公司理解的在超过风险幅度后全价差进行调整,将导致风险幅度的设置丧失其应有之义。

2. 仅就材料价格在风险幅度范围外的价差进行调整是工程施工行业的惯例

例如,《关于加强建设工程施工合同中人工、材料等市场价格风险防范与控制的指导意见》规定:“风险范围应包括:钢材、木材、预拌混凝土预制构件、沥青混凝土、电线、电缆等对工程造价影响较大的主要材料以及人工和机械。风险幅度建议在

±3%～±6%区间内考虑。……主要材料和机械市场价格的变化幅度小于或等于合同中约定的价格变化幅度时，不做调整；变化幅度大于合同中约定的价格变化幅度时，应当计算超过部分的价差，其价差由发包人承担或受益。”《清单计价规范》第9.7.3项规定：“承包人采购材料和工程设备的，应在合同中约定可调材料、工程设备价格变化的范围或幅度，如没有约定，则按照本规范第9.7.1条规定的材料、工程设备单价变化超过5%，施工机械台班单价变化超过10%，则超过部分的价格应予调整。”《2013版合同》通用条款第11.1款“市场价格波动引起的调整”中也同样是按超过风险幅度部分的价差进行调整来执行的，具体内容为：“第2种方式：采用造价信息进行价格调整。

合同履行期间，因人工、材料、工程设备和机械台班价格波动影响合同价格时，人工、机械使用费按照国家或省、自治区、直辖市建设行政管理部门、行业建设管理部门或其授权的工程造价管理机构发布的人工、机械使用费系数进行调整；需要进行价格调整的材料，其单价和采购数量应由发包人审批，发包人确认需调整的材料单价及数量，作为调整合同价格的依据。

(1)人工单价发生变化且符合省级或行业建设主管部门发布的人工费调整规定，合同当事人应按省级或行业建设主管部门或其授权的工程造价管理机构发布的人工费等文件调整合同价格，但承包人对人工费或人工单价的报价高于发布价格的除外。

(2)材料、工程设备价格变化的价款调整按照发包人提供的基准价格，按以下风险范围规定执行：

①承包人在已标价工程量清单或预算书中载明材料单价低于基准价格的：除专用合同条款另有约定外，合同履行期间材料单价涨幅以基准价格为基础超过5%时，或材料单价跌幅以在已标价工程量清单或预算书中载明材料单价为基础超过5%时，其超过部分据实调整。

②承包人在已标价工程量清单或预算书中载明材料单价高于基准价格的：除专用合同条款另有约定外，合同履行期间材料单价跌幅以基准价格为基础超过5%时，材料单价涨幅以在已标价工程量清单或预算书中载明材料单价为基础超过5%时，其超过部分据实调整。

③承包人在已标价工程量清单或预算书中载明材料单价等于基准价格的：除专用合同条款另有约定外，合同履行期间材料单价涨跌幅以基准价格为基础超过±5%时，其超过部分据实调整。

④承包人应在采购材料前将采购数量和新的材料单价报发包人核对，发包人确认用于工程时，发包人应确认采购材料的数量和单价。发包人在收到承包人报送的确认资料后5天内不予答复的视为认可，作为调整合同价格的依据。未经发包人事先核

对,承包人自行采购材料的,发包人有权不予调整合同价格。发包人同意的,可以调整合同价格。

前述基准价格是指由发包人在招标文件或专用合同条款中给定的材料、工程设备的价格,该价格原则上应当按照省级或行业建设主管部门或其授权的工程造价管理机构发布的信息价编制。”

因此,主要材料的价格变化幅度超过约定的范围时,仅调整超过风险幅度部分的价差系施工行业的惯例。

(二)关于钢结构深化设计费用,仲裁庭采信本团队律师意见,驳回了B公司的请求

B公司主张该费用的理由为A公司对钢结构的设计进行了变更,造成B公司深化设计工作的返工,因此就前述返工的工作量向A公司主张费用。

对于前述深化设计费用,本团队律师认为应首先澄清两个问题:

第一个问题:本案所涉工程的深化设计费用是否已经包含在合同总价中不再另行支付。A公司认为既然B公司仅仅主张深化设计返工的费用,即表明B公司亦认同本工程深化设计工作应由B公司负责且相关费用已经涵盖在合同总价中不再另行支付。同时鉴于B公司提交的《招标工程量清单》编制说明中明确仅有安装工程和厂区工程不包含二次设计内容,可以说明主厂房工程中除安装工程外的二次设计应由B公司负责,并已纳入合同总价。

第二个问题:本案所涉工程是否发生了B公司所主张的重复的深化设计工作。对于第二个问题,依据“谁主张,谁举证”的原则理应由B公司完成举证,即B公司应证明:(1)A公司发生了设计变更;(2)该等变更将造成深化设计工作的重复;(3)B公司发生了深化设计的返工。但B公司没有提供任何材料证明该等变更将导致深化设计工作的重复,更加没有拿出任何实质性的证据证明B公司进行了重复的深化设计。

仲裁庭最终采信了本团队律师意见,驳回了B公司关于钢结构深化设计费用的请求。

(三)关于钢结构设计变更导致待工费用,仲裁庭采信本团队律师意见,驳回了B公司的请求

对于B公司的该项主张,A公司不予认可,本团队律师对此陈述理由如下:

首先,B公司实际上并未发生待工,根本不存在所谓的人员、机械待工损失。B公司迄今为止没有提供任何证据证明在其所述待工期间,确实发生了其所宣称的人员和机械的待工情况,更未提供任何证据证明该等待工事实的发生是因钢结构图纸变更而导致的。实际上,早在本工程开工之初,A公司就已经告知B公司本工程钢结构设计

将发生调整，B 公司在了解钢结构设计变更的情况下，明确向 A 公司承诺：虽然钢结构深化设计及制作安装会相应顺延，但该等顺延不会影响工程按原计划完工。即在 B 公司明知钢结构设计必然发生调整的情况下，其有义务协调相关施工人员、机械进行数量调整，有能力避免出现相应的待工损失。A 公司认为本工程各类资料中之所以未见 B 公司钢结构施工人员、机械待工的表述，正是因为 B 公司在获知钢结构设计变更后已经有效地协调了相关人员、机械，彻底避免了所谓的待工损失。

其次，B 公司主张待工损失的，其至少应当提供：(1) 相关当期记录，证明存在待工的事实；(2) 当期的人员、机械、材料进场记录，证明待工人员、机械、材料的数量；(3) 人员的劳务合同、机械、材料的租赁、购置合同、折旧周期说明，证明人员、机械、材料待工的日均费用标准。

仲裁庭最终采信了本团队律师意见，驳回了 B 公司关于钢结构设计变更导致待工费用的请求。

（四）关于奥运期间运输费用，仲裁庭采信本团队律师意见，驳回了 B 公司的请求

本团队律师理解 B 公司主张奥运期间运输费用的理由为 A 公司对钢结构设计图纸的延迟发放，导致 B 公司对钢结构的深化设计及钢材料的采购延迟，由于 B 公司在北京地区采购钢材而奥运期间由北京出京至施工现场的运输费用上涨，因此 B 公司承担了额外的运输费用，进而要求 A 公司予以补偿。

本团队律师认为 B 公司的该项请求既不具备合同及法律依据，也缺乏相应的证据支持。理由如下：

首先，根据本工程招标文件的规定，该等运输费用上涨的风险应由 B 公司自行承担。《招标文件》第二章《工程量清单计价说明》第 33.3.1 项中表述："由于施工进度的变化，引起的费用均按已包含在总报价中考虑，不得由此对合同总价作任何调整。" B 公司主张的钢材采购延期所导致的运输费用增加，显然属于本项所述的由于施工进度引起的费用，因 B 公司投标的合同价款中已经考虑前述费用，B 公司无权另行主张。

其次，所谓的运输费用上涨属于合同签订时 B 公司可预见也应当预见的风险，对于该等风险 B 公司应自行承担。本工程招投标阶段即明确工程工期为 2008 年 4 月 1 日至 2008 年 11 月 15 日，当时北京早已确定将承办 2008 年奥运会，因此 B 公司应当预见到钢材采购期间与奥运期间重合的可能性。A 公司作为发包人并未强制 B 公司从北京采购钢材，而 B 公司作为承包人如果拟从北京地区采购钢材，在有能力预见前述期间重合可能的前提下，应认为已将由此可能对运输费用造成的影响考虑在其报价之内，因此 B 公司无权另行主张。

最后，B 公司并未就其主张的额外的运输费用完成举证。B 公司提供的有关前述

运输费用的证据为北京某公司出具的《证明》和其自制的《构件运费明细表》，前述证据并不足以证明B公司的主张。本团队律师主张，B公司至少应当提供钢材的采购合同、采购明细、运输合同、运输底单、钢材入场证明且前述文件应能相互印证，在此种情况下才能够证明：(1)B公司在奥运期间采购、运输了钢材；(2)B公司在奥运期间委托运输钢材的费用标准及运输量；(3)B公司在奥运期间委托运输的钢材用于本案所涉项目。需要说明的是，即使B公司履行了前述举证义务也只能证明其真实发生了相应的运输费用，根据《招标文件》B公司仍无权要求A公司予以补偿。

仲裁庭最终采信了本团队律师的意见，驳回了B公司关于奥运期间运输费用的请求。

四、巧妙利用和解文件回避质量鉴定难题，成功索赔220万元质量维修费用

本案工程的主要质量问题为屋面渗漏。本案审理过程中，本团队律师向某仲裁委申请了工程质量鉴定。经向A公司核实并研究案件材料，本团队律师发现，本案获某仲裁委受理之前A公司已委托第三方对全部存在渗漏问题的工程进行了维修，且维修方案变更了原设计施工方案。除此之外，渗漏部位的天窗由A公司直接分包，A公司自检结果表明其天窗分包单位对屋面渗漏负有部分责任。鉴于此，本团队律师结合咨询情况及工程实务经验判断，第三方改变原设计施工方案进行维修后，原施工作业面已不复存在，即使进行质量鉴定可能也无法鉴定出存在质量问题的原因及相关责任，A公司不但无法索赔质量维修费用，反而会因此承担高额的鉴定费用。即使可以鉴定出质量问题的原因，根据A公司的自检结果，A公司也可能因其分包单位施工质量问题承担部分责任。如何在不进行工程质量鉴定的情况下让B公司承担质量维修费用成为A公司的一大难题。经全面梳理案件材料，本团队律师注意到，A公司与B公司在就工程结算价款商谈过程中，B公司曾同意就工程质量缺陷承担220万元的维修费用。B公司事后以此为双方协商过程中的报价，双方最终没有达成一致为由不承认该费用。本团队律师向仲裁庭提交了双方关于工程结算价款协商的往来文件，详细阐述了220万元质量维修费用应作为仲裁庭裁决参考费用底线的原因。仲裁庭最终采纳了本团队律师的意见，在不进行工程质量鉴定的情况下裁决B公司承担220万元质量维修费用。

五、以事实为依据，深入解读合同约定，成功说服仲裁庭驳回B公司关于工程款利息及违约金的全部仲裁请求

《中文合同》专用条款约定：A公司不按时支付工程进度款或工程结算价款的，每逾期一日，A公司除需按同期银行贷款利率支付利息外，还应支付万分之一的违约金。B公司据此要求A公司支付工程价款逾期支付的利息及违约金共计300余万元。本团队律师在梳理案件材料时注意到,根据工程造价鉴定意见,B 公司主张款项确定项加争议项共计 1500 余万元,而仲裁之前,双方在就工程结算价款和谈过程中,A 公司曾同意向 B 公司支付 1600 万元工程款,较工程造价鉴定意见更高,但因 B 公司坚持要求 A 公司支付 2900 余万元工程款致使和谈破裂。本团队律师向仲裁庭提交了双方关于工程结算价款协商的往来文件,以说明因 B 公司原因致使工程结算工作未完成,A 公司不存在无正当理由不支付工程款的情形,合同中关于工程款利息及违约金的约定不适用于 A 公司。仲裁庭审阅本团队律师提供的证据材料后最终采纳了本团队律师的意见,驳回了 B 公司关于工程款利息及违约金的全部仲裁请求。

［**法案研判**］

建设工程索赔是工程项目合同管理的重要组成部分,对工程项目建设及己方利益保护有举足轻重的影响。本案中,本团队律师试图以 B 公司逾期索赔已丧失索赔权利为由要求仲裁庭驳回 B 公司全部索赔请求但并未获得支持。仲裁庭认为,由于双方当事人未能完成结算,B 公司提出的索赔问题,应在结算中一并解决,不存在已经丧失索赔权利的问题。但在司法实践中,确实存在诸多因逾期索赔而丧失索赔权利的案例。为避免当事人索赔失权的不利后果,对"索赔"及"逾期索赔"的研究便显得尤为重要。下文将从"索赔"的相关规定出发,重点研究"逾期索赔"的相关理论与裁判观点。

一、关于"索赔"的相关法律法规

目前,关于"索赔"现行有效的相关法律法规主要包括:

1.《合同法》第 107 条规定:"当事人一方不履行合同义务或者履行合同义务不符合约定的,应当承担继续履行、采取补救措施或者赔偿损失等违约责任。"

2.《合同法》第 283 条规定:"发包人未按照约定的时间和要求提供原材料、设备、场地、资金、技术资料的,承包人可以顺延工程日期,并有权要求赔偿停工、窝工等损失。"

3.《合同法》第 284 条规定:"因发包人的原因致使工程中途停建、缓建的,发包人应当采取措施弥补或者减少损失,赔偿承包人因此造成的停工、窝工、倒运、机械设备调迁、材料和构件积压等损失和实际费用。"

4.《建设工程施工合同司法解释(二)》第 6 条规定:"当事人约定顺延工期应当经发包人或者监理人签证等方式确认,承包人虽未取得工期顺延的确认,但能够证明在合同约定的期限内向发包人或者监理人申请过工期顺延且顺延事由符合合同约定,承包人以此为由主张工期顺延的,人民法院应予支持。

当事人约定承包人未在约定期限内提出工期顺延申请视为工期不顺延的,按照约定处理,但发包人在约定期限后同意工期顺延或者承包人提出合理抗辩的除外。”

5.《第八次全国法院民事商事审判工作会议(民事部分)纪要》第 7 条第 3 款规定:“因发包人未按照约定提供原材料、设备、场地、资金、技术资料的,隐蔽工程在隐蔽之前,承包人已通知发包人检查,发包人未及时检查等原因致使工程中途停、缓建,发包人应当赔偿因此给承包人造成的停(窝)工损失,包括停(窝)工人员人工费、机械设备窝工费和因窝工造成设备租赁费用等停(窝)工损失。”

二、关于“逾期索赔”的相关理论观点

国务院办公厅于 2018 年 5 月 14 日颁布《国务院办公厅关于开展工程建设项目审批制度改革试点的通知》取消施工总承包合同备案之前,国内大多数地方的建设行政主管部门都要求施工总承包合同备案,备案的施工总承包合同通常采用《1999 版合同》《2013 版合同》《2017 版合同》。

《1999 版合同》规定承包人应在索赔事件发生后 28 天内,向工程师发出索赔意向通知;发出索赔意向通知后 28 天内,向工程师提出延长工期和(或)补偿经济损失的索赔报告及有关资料;当该索赔事件持续进行时,承包人应当阶段性向工程师发出索赔意向,在索赔事件终了后 28 天内,向工程师送交索赔的有关资料和最终索赔报告,但《1999 版合同》并未对承包人逾期行使索赔权的法律后果进行规定。对承包人逾期索赔的法律后果,实务界仁者见仁智者见智:部分观点认为索赔时限的法律性质并非索赔的时效期间。索赔在性质上是承包人或发包人基于合同约定的某一事由所享有的补偿请求权。请求权的行使在法律上应受的时间限制是诉讼时效,而诉讼时效的期间在我国为法定的、强制性的,不容当事人任意延长或缩短。所以,索赔时限并非索赔的时效期间,虽超过此期限,但只要未过诉讼时效的,仍可就索赔事项提起诉讼,要求发包人予以补偿;但部分观点认为,承包人同意签署《1999 版合同》即表明其自愿接受合同条款的约束,其应对不按合同约定行使索赔权利的法律后果有所预见,如其未在合同约定的期限内行使索赔权,则丧失索赔权利,唯有如此,方可督促承包人及时行使权利,维护合同的稳定性。

《2013 版合同》施行后,关于逾期索赔法律后果的争议较小。《2013 版合同》《2017 版合同》不仅对承包人、发包人的索赔期限进行了规定,还明确规定了逾期索赔的,承包人、发包人丧失索赔权利。索赔系承包人、发包人的权利,承包人、发包人对己方权利的放弃在不违反法律、行政法规的强制性规定,不侵害社会利益、公共利益及他人利益的情况下应受尊重。

《建设工程施工合同司法解释(二)》基于发包人在建筑市场上的强势地位、承包人的弱势地位之考虑，为避免产生不公平的法律后果，在本着尊重当事人意思自治原则的基础上，规定了应进一步审查发包人是否以实际行为变更了施工合同约定或者承包人申请工期顺延是否有合理抗辩。承包人虽未在规定的期限内提起工期索赔，但发包人在约定的期限届满后同意顺延工期或者承包人有合理抗辩理由的，对承包人工期索赔的请求应予支持。

三、关于“逾期索赔”的相关裁判观点

针对逾期索赔的法律后果，下文检索了最高人民法院的相关典型判例，将对其中的裁判观点进行归纳总结，以分析目前的裁判倾向。

（一）逾期索赔且索赔获得支持的案例及理由

1. 承包人未按合同约定程序索赔，但合同未对逾期索赔的法律后果进行约定，根据《合同法》的相关规定，承包人因发包人违约产生的损失可获得赔偿

例如，在中国建筑股份有限公司（以下简称中建公司）与昆山市超华投资发展有限公司（以下简称超华公司）建设工程施工合同纠纷一案[①]中，关于承包人中建公司未按约定程序索赔是否可获得索赔款项的问题，最高人民法院认为，施工合同“通用条款”第 12 条约定，因发包人原因造成停工的，不仅需顺延工期，而且还需赔偿由此给承包人造成的损失。同时，根据建设工程合同“通用条款”第 13 条及第 36 条，双方虽对工期顺延及索赔程序进行了约定，但并未明确承包人未提出工期顺延或未按约定程序索赔或不及时索赔的法律后果。据此，超华公司认为中建公司在工程交工后予以索赔不应支持的合同根据不足，最高人民法院不予采信。根据最高人民法院二审查明的事实，中建公司在施工期间就工期延误及损失问题多次向超华公司提交报告。根据《合同法》第 283 条、第 284 条之规定，中建公司请求有关停工、窝工、机械设备调迁、材料、构件积压等损失和实际费用，有事实和法律根据，也有相应的合同根据。发包人超华公司关于其不应承担工期延误损失的主张，缺乏事实依据和法律依据，最高人民法院不予支持。

2. 承包人举证证明其因发包人违约产生损失且该损失已实际发生，该损失可获得赔偿

例如，在北京市建筑装饰设计工程有限公司（以下简称北京装饰公司）与周口欣欣置业有限公司（以下简称周口欣欣公司）装饰装修合同纠纷一案[②]中，关于承包人北京装饰公司未在合同约定期限内索赔是否可以获得索赔款项的问题，最高人民法院再

① 详见（2014）民一终字第 310 号民事判决书。

② 详见（2013）民提字第 128 号民事判决书。

审后认为：从原二审法院查明的事实看，承包人北京装饰公司的损失已实际发生，且系因发包人周口欣欣公司违约而造成，原二审法院根据实际损失情况判决发包人周口欣欣公司分别承担19万元和6.9987万元的责任正确，应予维持。

3. 合同虽约定逾期索赔视为承包人放弃索赔权利，但双方后签订补充协议变更了合同关于索赔条款的约定，按补充协议的约定，对承包人索赔请求予以支持

例如，在和记黄埔地产（成都）温江有限公司（以下简称和记黄埔公司）与中国建筑第五工程局有限公司（以下简称中建五局）建设工程施工合同纠纷一案[①]中，关于中建五局未在合同约定期限内索赔是否可以获得工期延误损失的问题，最高人民法院认为，虽然《总包合同》约定总承包方应在导致损失或支出的事故发生后28天内提出工期索赔申请，并提供工期索赔资料，但双方于2009年9月15日签订的《9·15解除合同协议》第4条明确约定，和记黄埔公司、中建五局须承担因各自原因造成工期延误的责任。因此，即使中建五局此前未按《总包合同》约定的时间和程序提出索赔申请，但双方此后签订的《9·15解除合同协议》明确了双方应承担因各自原因造成的工期延误责任，故中建五局仍可据此请求和记黄埔公司承担相应的工期延误责任。

（二）逾期索赔且索赔未获得支持的案例及理由

1. 合同明确约定承包人未按程序索赔则无权获得索赔的，在承包人未按约定履行索赔程序的情况下，其索赔请求不应获得支持

例如，在中铁二十二局集团第四工程有限公司（以下简称中铁公司）与安徽瑞讯交通开发有限公司（以下简称瑞讯公司）、安徽省高速公路控股集团有限公司建设工程施工合同纠纷一案[②]中，关于中铁公司主张的停窝工损失问题，最高人民法院认为，中铁公司亦自认，2006年11月至2009年4月的停窝工损失，其并未依据合同约定提出过索赔，因此，在中铁公司未依据合同通用条款第53条约定履行索赔程序的情况下（合同通用条款第53条约定，如果承包人根据合同条款中任何条款提出任何附加支付的索赔时，应该在该索赔事件首次发生的21天之内将其索赔意向书提交监理工程师，并抄送业主。监理工程师在接到上述索赔意向书时，无须认可是否系业主责任，应先审查这些当时记录，并可指示承包人进一步做好当时记录。如果承包人提出的索赔要求未能遵守本条中的各项规定，则承包人无权得到索赔或只限于索赔由监理工程师按当时记录予以核实的那部分款额。监理工程师在与业主和承包人协商后，确定承包人有权得到的全部或部分的索赔款额），根据该条的进一步约定，中铁公司无权获得

① 详见（2017）最高法民终402号民事判决书。

② 详见（2014）民一终字第56号民事判决书。

该部分诉请款项的赔偿。

2. 合同未对承包人未按程序索赔的法律后果进行约定，承包人未按约定程序提出索赔的，其索赔请求不应获得支持

例如，在沈阳溢利房地产开发有限公司（以下简称溢利公司）与中国建筑第六工程局有限公司（以下简称中建六局）建设工程施工合同纠纷一案①中，关于承包人中建六局主张的发包人溢利公司逾期支付工程进度款的利息问题，最高人民法院认为，因中建六局所提供的证据不能证明施工过程中由溢利公司审价同意的工程形象进度各节点应付工程款数额，且施工过程中，中建六局未向溢利公司提出关于溢利公司未按约定支付工程进度款的索赔意向通知[双方在合同通用条款第36.2款约定：发包人未能按合同约定履行自己的各项义务或发生错误以及应由发包人承担责任的其他情况，造成工期延误和（或）承包人不能及时得到合同价款及承包人的其他经济损失，承包人可按下列程序以书面形式向发包人索赔：(1)索赔事件发生后28天内，向工程师发出索赔意向通知；(2)发出索赔意向通知后28天内，向工程师提出延长工期和（或）补偿经济损失的索赔报告及有关资料；(3)工程师在收到承包人送交的索赔报告及有关资料后，于28天内给予答复，或要求承包人进一步补充索赔理由和证据；(4)工程师在收到承包人送交的索赔报告和有关资料后28天内未予答复或未对承包人作进一步要求，视为该项索赔已经认可；(5)当该索赔事件持续进行时，承包人应当阶段性向工程师发出索赔意向，在索赔事件终了后28天内，向工程师送交索赔的有关资料和最终索赔报告。索赔答复程序与(3)、(4)规定相同]，故中建六局提出的施工过程中因溢利公司未按约定支付工程形象进度款导致其利息损失，溢利公司应予赔偿的主张，缺乏依据，不能支持。

3. 发包人未能举证证明其曾按施工合同约定的程序提出索赔，其索赔请求不应获得支持

例如，在北京华威建筑工程有限公司（以下简称华威公司）与呼伦贝尔天瑞房地产开发有限责任公司（以下简称天瑞公司）、扎兰屯市人民政府建设工程施工合同纠纷一案②中，关于发包人天瑞公司主张华威公司应承担逾期竣工违约责任的问题，最高人民法院认为，华威公司确实未按照施工合同约定时间完工，但是本案不足以认定系华威公司原因导致工程逾期。施工中，天瑞公司将9栋楼另行发包，华威公司无法控制施工进度；华威公司就冬季停止施工问题向天瑞公司提交过报告；天瑞公司并未

① 详见（2013）民一终字第168号民事判决书。

② 详见（2016）最高法民终523号民事判决书。

举证证明曾按照施工合同约定的程序向华威公司提出过逾期交工责任索赔,因此,对天瑞公司主张华威公司承担逾期交工违约金的请求予以驳回。

[**案件复盘**]

本案中,B公司请求的洽商变更款项为1800余万元。2010年A公司在与B公司协商过程中,同意向B公司支付1600万元的洽商变更款。2015年,某仲裁委裁决支持洽商变更款项为1400余万元,较A公司同意支付的金额低200万元,且A公司无须支付该款项的利息及违约金。

本案取得如此好的代理效果与本团队律师扎实的专业知识及切实有效的工作方法密不可分。就专业知识而言,本团队律师深入研究合同约定,说服仲裁庭接受《中文合同》及《英文合同》均为确定双方权利义务的依据,对有利于A公司的条款进行援引,进而作出对A公司有利的裁决。同时,本团队律师利用熟谙法律规定之优势对法律规定进行详细解读,以钢材调价及工程质量维修费用为例:关于钢材调价,本团队律师援引《建设工程工程量清单计价规范》《2013版合同》的规定对风险幅度的概念进行解读,对有关部门支持仅应调整风险幅度外的材料价差的态度予以明确,仲裁庭接受本团队律师意见,最终仅对风险幅度外的钢材价差予以调整,由此为A公司减少了近500万元的损失;关于质量维修费用,B公司主张工程未经竣工验收A公司即擅自使用,根据《建设工程施工合同司法解释(一)》第13条的规定,A公司应自行承担维修责任。对此,本团队律师向仲裁庭解释,该规定的立法本意是为解决发包人使用工程后如出现质量问题的,该质量问题无论是发包人使用还是承包人施工所致无法区分的问题,但A公司主张的质量问题均在工程使用之前发生,不存在责任无法区分的问题,不应适用《建设工程施工合同司法解释(一)》的规定,仲裁庭接受本团队律师意见,裁决B公司支付220万元维修费用。就工作方法而言,本团队律师恰当地运用表格对数量庞大的洽商变更项目、争议项目进行筛查分析,协助造价鉴定单位快速了解需核查的项目,及时调整造价鉴定意见,协助仲裁庭快速了解双方争点,最终作出了对A公司有利的裁决。表9为关于洽商变更及争议项目的表格:

表9

事项	序号	项目名称	鉴定金额(元)	鉴定单位意见	B公司意见	A公司意见
无争议项	1	合同总价	—	—	—	—
	2	未施工项目费用	—	—	—	—

续表

事项	序号	项目名称	鉴定金额（元）	鉴定单位意见	B公司意见	A公司意见
无争议项	3	双方就工程造价达成一致的变更单（计88份变更单）	—	列计88份变更单所涉工程造价，作为无争议项，列入鉴定意见	1.工程变更价款是否因存在A公司主张的申报程序、签认等问题而不应支付B公司，非鉴定机构工作范围，应由仲裁庭最终认定； 2.A公司无权依据《英文合同》主张任何权利，《英文合同》的大部分内容不适用于本案工程，《中文合同》签署日期在后，且经过备案，对双方有约束力； 3.《英文合同》《中文合同》虽约定了工程洽商变更的申报程序，但在合同的具体履行过程中双方已事实上变更了该等约定	1.《英文合同》适用于本案工程。 (1)本案工程的招标文件中明确表述"本项目建设合同采用A公司的英文合同文本，文本将在谈判时具体进行协商，双方同意后签字生效。" (2)本案招标所采用的合同文本即为《英文合同》，因此，《中文合同》仅为备案合同、并非中标合同。 (3)B公司申报的169号洽商变更单中明确表述："关于钢材调价问题，根据施工合同附录3约定"，本案中、英文合同中，仅有《英文合同》包括附录3，证明B公司认可《英文合同》对B公司、A公司具有约束力，适用于涉案工程。 2.《中文合同》及《英文合同》均对工程变更洽商价款的申报程序有明确的规定，在B公司未按约定期限及程序申报洽商变更工程价款的前提下，B公司无权获得涉案工程洽商变更项目的费用。 3.A公司仅与B公司就该部分洽商的造价金额达成一致，但A公司并不认为前述88项变更项目系在A公司的授意下发生
	4	A公司认可计入工程造价的变更单（有A公司人员张某签字）	—	仅列计64份变更单工程造价，暂作为无争议项，列入鉴定意见。由于A公司对张某签字的效力有异议，具体请仲裁庭裁定	同针对无争议项中3号事项的意见。 另外，张某在《开工报告》上作为A公司代表签字，张某为A公司工程变更有权签认人，由张某签字确认变更单	同针对无争议项中3号事项的意见。 另外，张某仅是A公司方面工程师的翻译，其不是涉案工程合同文件约定的发包人代表，也没有确认洽商变更的合法授权，A公司仅同意可将张某签字的洽商变更文件作为核算工程造价的依据，但并不认为张某签字的

续表

事项	序号	项目名称	鉴定金额（元）	鉴定单位意见	B公司意见	A公司意见
无争议项					所涉及的费用A公司应该支付	洽商变更项目即可被认为系在A公司的授意下发生。张某在任何文件（包括但不限于《开工报告》）上的签字均不应视为A公司授权其为A公司工程师代表的意思表示
无争议项	5	A公司不认可的变更单	—	依据现场踏勘列计此部分变更单所涉工程造价，作为无争议项，列入鉴定意见	同针对无争议项中3号事项的意见。 另外，对于A公司以工程洽商变更单以外的其他形式确认发生的工程洽商变更，以及虽未有A公司的确认文件，B公司依据A公司设计变更而进行的工程洽商变更，A公司应支付相关工程洽商费用	同针对无争议项中3号事项的意见。 另外，A公司仅同意鉴定单位可按现场踏勘的实际情况作为核算工程造价的依据，但不认可前述洽商变更项目系在A公司的授意下发生
争议项	1	关于钢材调价的价差	按B公司主张为/；按A公司主张为/	因合同条款约定不清晰，且双方对其理解有差异，鉴定单位无法判断双方真实意思，按B公司意见（价差＝市场价－投标单价）和A公司意见［价差＝市场价－投标单价×（1＋5%）］，分别单独列计钢材调价价差，作为争议项、由仲裁庭裁定	1. 钢材调价的行业惯例在本案中并不适用； 2. 合同中的钢材调价条款应理解为就全部范围进行调价	1. B公司尚未就其主张的钢材调价履行必要的举证义务，鉴定单位不应为B公司计取钢材调价： （1）B公司未举证证明其投标的钢材价格； （2）B公司未能举证证明其施工期间的钢材用量。 2. 针对钢材调价的原则，即“钢材在施工期市场价与投标期相比在±5%以上则按实调整”的理解，A公司认为应解读为在价格波动超过±5%之外的部分才据实进行调整： （1）在风险幅度内进行价差调整的，将导致风险幅度失去意义； （2）仅对风险幅度范围外的材料价格波动进行调整是工

续表

事项	序号	项目名称	鉴定金额（元）	鉴定单位意见	B公司意见	A公司意见
						程施工行业的惯例； (3)鉴于A公司支付30%预付款，也应当将相应的调价条款解读为变化幅度超过约定的风险幅度的，按超过部分的价差计算调价。 3.B公司为钢材采购方、施工责任方，应按B公司自认的价格波动幅度较小的调价施工期计取钢材调价
争议项	2	关于砼工程调价的价差	按B公司主张为/；按A公司主张为/	本工程投标期未贯彻执行“某市城乡建设委员会关于在我市禁止搅拌混凝土的通知”精神，鉴定单位对其责任方不作判定。 鉴定单位将砼工程价差单独列计，作为争议项，由仲裁庭裁决	1.B公司并非某市本地施工企业，对某市本地关于禁止使用现场搅拌混凝土的区域规定无法确切掌握； 2.B公司在进行混凝土投标报价时，写明混凝土按“现场搅拌”计取费用，B公司中标，意味着A公司确认B公司就本施工项目的混凝土施工使用“现场搅拌”的形式，双方就该等施工内容达成了合意； 3.A公司作为本地企业，其对本地不能使用“现场搅拌”混凝土的规定应比B公司清楚，A公司未提异议，系利用B公司报价疏忽，要求B公司承担混凝土施工成本对B公司不公	1.B公司要求计取砼工程调价的程序不符合涉案工程合同约定的索赔程序，也未能举证证明A公司认可索赔申报程序的变更，因此，B公司的索赔主张不应获得仲裁庭的支持； 2.B公司计取砼工程价差不符合招标确定的合同价格形式（固定总价），不符合合同约定的计价原则； 3.按合同价格完成项目工程是B公司必须履行的合同义务，按现场搅拌混凝土价格报价本身即违反相应规定，B公司无权基于自身的违规而获益； 4.如按现场搅拌混凝土价格报价属于B公司自身的预见性错误，B公司无权基于自身的失误要求A公司承担费用； 5.如B公司系有意按现场搅拌混凝土价格报价，并据此实现“低价中标、高价结算”之目的，B公司因自身的恶意亦无权要求A公司予以补偿

续表

事项	序号	项目名称	鉴定金额（元）	鉴定单位意见	B公司意见	A公司意见
争议项	3	关于因前期手续办理造成待工的费用	按B公司主张为/；按A公司主张为/	1. 在备案合同约定的开工日期为2008年4月1日的情况下，鉴定单位无法判断开工日期与破土动工的关系，鉴定单位仅从开挖的计划工期2008年4月9日和实际工期2008年4月19日可知，工期延误10天； 2. 暂按50人（按2008年4月5日至6月1日监理报告所显示100人的50%计）和拖延10天计，列计前期待工损失费，作为争议项，供仲裁庭审理时参考	1. 一直到2008年4月5日，施工现场的定位红线和高程点迟迟未能确定，现场不具备施工条件，进而引发待工； 2.《关于土方工程的问题的函》及《关于基础、外网土方工程的问题的函》均反映了B公司存在窝工	1. 鉴定单位采纳的工程“延误原因”并非B公司主张的原因； 2. 鉴定单位采纳的工程“延误原因”在2008年4月8日已经及时消除，并未对工程进度产生不利影响； 3. B公司未能举证证明其确实发生待工的前提下，鉴定单位依据“可能造成待工的事由”而计算出的待工损失缺乏必要依据
不确定项	1	关于钢结构设计变更所涉及的待工费用	—	1. 鉴定单位认为在2008年7月12日至9月4日，钢结构安装可能存在待工，可能待工天数为53天，是否有其他原因造成工期延期不清楚，工期延期的责任方亦不清楚； 2. 鉴定单位无法判断待工所涉人工数量，暂按B公司提交的待工损失表中显示的人数40人和待工天数为53天，单独列计钢结构设计变更所涉及的待工费用，作为不确定项，仅供仲裁庭审理时参考	1. A公司在2008年6月5日才向B公司发送一版钢结构设计图纸，B公司从2008年5月30日开始主张钢结构设计变更造成的待工损失具有合理依据； 2. A公司于2008年9月4日才向B公司发送最终版的钢结构设计图纸，B公司至少从2008年5月30日至9月4日无法进行钢结构施工、存在待工； 3. B公司提交的“施工进度计划表”显示办公区主框架计划时间为2008年9月11	1. B公司根本未因所谓的“钢结构设计变更”原因发生过待工，也没有产生过任何人员、机械待工损失； 2. 存在可能造成待工的事由也不能成为鉴定单位为B公司计取费用的依据； 3. B公司并未举证排除2008年5月30日至2008年9月4日内工期延误责任的其他可能性； 4. 鉴定单位计算待工费用所引用的证据《施工进度计划表》（2008年10月24日）及《待工损失表》均未经A公司质证认可，且B公司未能举证证明前述证据真实、合法

续表

事项	序号	项目名称	鉴定金额（元）	鉴定单位意见	B公司意见	A公司意见
不确定项					日，待工期间应计至2008年9月11日，待工天数为60天； 4. B公司项目管理人员、施工机械亦处于待工状态，管理人员费用、机械费用亦应纳入计算范围	
	2	关于因钢结构蓝图变更增加的深化设计费用	—	鉴定单位认为钢结构可能发生了两次深化设计，同时对B公司主张的钢结构二次深化设计费16.4万元进行了定性分析，仅认为作为一次深化设计费较为合理。 鉴定单位对发生两次深化设计的可能性大小及深化设计工作量不作判断，将16.4万元设计费作为不确定项，仅供仲裁庭审理时参考	A公司就钢结构设计图纸发生大量变化，该等变化使B公司发生两次深化设计具有合理性	1. 施工过程中根本就没有发生过所谓的重复深化设计，B公司也没有举证证明过重复深化设计； 2. B公司不能举证证明发生重复深化设计及重复深化设计具体工作量的前提下，鉴定单位列出供仲裁庭参考的费用显然缺乏参考性
	3	关于因设计变更、工期拖延导致奥运期间增加运输费用	—	B公司主张的奥运期间增加的运输费用因证据不足，未作计算	1.《招标文件》非施工合同的组成部分，A公司无权依据该文件主张任何权利； 2. A公司设计变更使本应在2008年四五月完成的钢材采购事项拖延至2008年的奥运会期间，进而导致了钢材运输费用的增加； 3. B公司提供的运输公司的证明文件中的钢材运输时间与运输数	1. 涉案工程位于某市，B公司从北京采购钢材不具有合理性； 2. 招标文件规定由于施工进度的变化，引起的费用均按已包含在总报价中考虑，B公司投标的合同价款中已经考虑奥运期间运输费用，无权另行主张； 3. B公司并未就其主张的额外的运输费用完成举证，未能证明： (1)B公司在奥运期间采购、运输了钢材； (2)B公司在奥运期间委托运输钢材的费用标准及运输量；

续表

事项	序号	项目名称	鉴定金额（元）	鉴定单位意见	B 公司意见	A 公司意见
不确定项					量与钢材采购发票反映的钢材采购时间和数量可以相互印证，能够说明 B 公司在奥运期间多承担的运输费用	(3)B 公司在奥运期间委托运输钢材的费用高于奥运期外费用标准的具体金额； (4)B 公司在奥运期间委托运输的钢材用于本案所涉项目

最后，关于承包人、发包人如何索赔问题，本团队律师通过研究相关法规、合同文本及司法判例，进行分析并提供建议，供承包人、发包人借鉴。

《1999 版合同》仅对承包人的索赔程序进行了规定，并未规定承包人逾期索赔即丧失索赔权利，因此，实践中，承包人往往在工程结算时才提出索赔。但因时过境迁、人员变动等原因，结算时才提起索赔常常难以复原索赔事件的真实情况，在索赔金额较高的情况下，当事人往往各执一词，由此引发的纠纷只能通过司法途径解决，增加了当事人索赔损失的成本。且因当事人在诉讼或仲裁中提交的资料存在较大差别，也严重地影响了法官或仲裁员对事件真相的认识，案件的处理结果往往不甚理想，双方当事人对处理结果可能均有意见。

为避免索赔事件滞后处理影响双方当事人的权利，减少纠纷的发生，同时亦为司法裁判提供依据，《2013 版合同》《2017 版合同》明确规定了承包人应按约定期限索赔，逾期索赔将丧失索赔权利。为平衡当事人之间的权利义务关系，《2013 版合同》《2017 版合同》增加了发包人索赔的规定，如发包人未按约定期限索赔，亦会丧失索赔权利。

鉴于《1999 版合同》并未规定承包人逾期索赔即产生丧失索赔权利的不利后果，故司法实践中，以该合同文本签约并引发诉讼或仲裁纠纷的，对于承包人实际发生的损失，司法裁判多予以支持。《2013 版合同》施行后，承发包双方以此文本签约并引发诉讼或仲裁的，如未按照合同约定的期限行使索赔权利，司法裁判倾向认为当事人已丧失索赔权利。

《建设工程施工合同司法解释（二）》实施后将使目前的裁判倾向发生变化。《建设工程施工合同司法解释（二）》对承包人未按约定期限提起工期索赔，但索赔请求仍可获得支持的情况进行了规定：(1)发包人在约定期限届满后在相关会议纪要、往来函件、承诺函等文件中表明其同意顺延工期的，应视为发包人与承包人变更了施工合同原来的约定，不再坚持约定的索赔程序；(2)承包人可提出合理抗辩理由的，工期应予顺延，该抗辩理由包括：①发包人迟延支付工程款；②发包人变更工程，增加了工程量；③发包人另行分包的分包人延误工期；④不可抗力，不可抗力主要有：自然灾害，包括地震、海啸等；政府行为，如政府因重度雾霾天气发布停止施工命令、征用、征收等；社会异常事件，如战争、骚乱、罢工等；⑤不利地质条件，如土质较预见的更为坚硬；⑥发包人未准备好开工条件，如发包人未按约提供原材料、资金、设备、技术资料和场地等；⑦法律政策变更。

尽管《建设工程施工合同司法解释（二）》的出台为承包人逾期索赔并不必然丧失索赔权利提供了依据，但并未免除承包人就工期顺延应承担的较为严格的举证责任，其举证不能的，仍要承担索赔请求无法获得支持的不利后果。因此，承包人仍应重视施工合同中关于索赔程序和期限的约定，尽量按照合同约定期限索赔。

需提示发包人注意的是，《建设工程施工合同司法解释（二）》并未对发包人逾期索赔是否丧失索赔权利进行规定，发包人虽可主张参照《建设工程施工合同司法解释（二）》关于承包人逾期索赔的规定，但在法律法规未明确规定的情况下，发包人主张存在无法获得支持的可能性。因此，发包人亦应重视施工合同的约定，按照合同约定期限索赔，避免逾期索赔丧失索赔权利。为顺利索赔，承包人、发包人可参考本团队律师撰写并已出版的《建设工程索赔与反索赔》一书，以确定可索赔的项目。

22

深入剖析表见代理，法院认可协议效力

[案件摘要]

本案系本团队律师代理的一起较为典型的因表见代理行为引发的纠纷案件。本案中北京德之杰置业有限公司(以下简称德之杰公司)为江苏南通二建集团有限公司(以下简称南通二建公司)提供服务后，双方签订《付款协议》，德之杰公司在协议上加盖公章，南通二建公司在协议上加盖公章及法定代表人人名章。但《付款协议》签订后，南通二建公司却拒不承认《付款协议》的真实性，主张《付款协议》上所盖公章并非其备案公章，以此为由拒绝履行《付款协议》。

德之杰公司一审胜诉后，南通二建公司不服一审判决提起上诉。为避免南通二建公司在二审中翻盘，德之杰公司委托本团队律师作为其二审阶段诉讼代理人。本团队律师接受委托后，从鉴定程序入手，以充分的准备和无可辩驳的鉴定结果证明了《付款协议》的真实性，成功维持了一审判决。

[案情回放]

2006年12月，德之杰公司向南通二建公司提供“中国人民武装警察部队直属工作部”(以下简称武警工作部)发包的“B区二期经济适用住房4号住宅楼等三项”工程项目(以下简称住宅楼项目)订立合同的媒介服务、代办相关投标事务，并以南通二建公司名义向武警工作部住宅楼项目工程投标。其间，德之杰公司总经理、副总经理、财务部经理分别承担了项目投标的工作。经德之杰公司努力，南通二建公司与武警工作部于2007年3月16日签订了承揽住宅楼项目的《协议书》。2007年8月20日，德之杰公司又另外成功促成南通二建公司与武警工作部就承揽某地下车库工程签订《建设工程施工合同》。2010年12月16日，德之杰公司与南通二建公司签订《付款协议》，约定：鉴于德之杰公司成功促成南通二建公司与武警工作部签约，南通二建公司同意向德之杰公司支付居间报酬，居间报酬总额为486万元。双方于《付款协议》中确认南通二建公司已于2008年3月前向德之杰公司支付了部分居间报酬120万元，尚欠366万元未付，南通二建公司承诺于《付款协议》签订后3日内付清，否则每日按拖欠金额的5%支付违约金。《付款协议》签订后，因南通二建公司拖欠居间报酬，德之杰公司于2011年10月20日诉至北京市东城区人民法院（以下简称一审法院），要求南通二建公司支付居间报酬366万元，并支付逾期付款违约金50万元。一审法院作出（2011）东民初字第12809号民事判决书，判令南通二建公司支付居间报酬366万元，违约金19.7万元。

南通二建公司不服一审判决，向北京市第二中级人民法院（以下简称二审法院）提起上诉。南通二建公司认为：(1)《付款协议》系伪造，双方不存在居间合同关系；(2)《付款协议》中记载的工程结算价与实际工程结算价款不一致，居间报酬比例远高于惯例，签署时间亦与常理不符；(3)一审过程中，南通二建公司向法院申请，向武警工作部调查取证，并对《付款协议》上的公章及人名章进行司法鉴定，但均未获得支持；(4)南通二建公司虽曾委托德之杰公司总经理从事部分招标代理工作，但委托代理关系已经履行完毕，德之杰公司总经理与德之杰公司系两个不同的民事主体，委托代理与居间服务亦为不同性质法律关系，不应混为一谈。综上所述，一审判决认定事实错误，违反法定程序，应予纠正。

二审法院在审理过程中，对印章鉴定意见及本团队律师的代理意见予以采纳，认为《付款协议》真实、合法、有效，作出（2012）二中民终字第06466号民事判决书，判决驳回上诉，维持原判。

[**战略战术**]

尽管本案一审判决支持了德之杰公司的大部分诉讼请求，但为避免南通二建公司推翻一审判决，德之杰公司委托本团队律师代理本案。接受委托后，本团队律师多次约见客户了解案件事实，仔细研究一审证据材料及庭审笔录，针对南通二建公司上诉理由进行充分准备，最终取得了胜利。本团队律师在本案中的具体做法和办案经验总结如下：

一、与客户充分沟通，深入了解案件细节

本案的核心争议即为《付款协议》印章的真伪，但本案的特殊之处在于南通二建公司使用多枚印章，且未将与《付款协议》印文相同的印章备案。本团队律师接手本案后第一时间要求客户详尽描述《付款协议》签订的细节，在确定客观事实的前提下，向法院提交说明并申请证人出庭作证，以补强《付款协议》的真实性。

二、"不打无准备之仗",提前准备应对方案

一审中南通二建公司曾就《付款协议》印章提出鉴定真伪的申请,但因南通二建公司无法提供合法有效的鉴定样本,一审法院未同意南通二建公司的鉴定申请,南通二建公司以此为由提起上诉,这也是二审法院重点关注的问题。二审法院认为,因南通二建公司使用多枚印章且未在公安部门备案,故一审法院未接受鉴定申请并无过错,不属于程序违法,但鉴于《付款协议》真实与否事关重大,为查明案件事实确有必要对其印章进行鉴定,故要求双方确定鉴定样本。

在筛选并确定鉴定样本的过程中,本团队律师要求客户多方搜集样本,并自行委托有资质的鉴定单位提前对各样本与《付款协议》的印章进行比对。在初步比对结果出具前,本团队律师制定了如下应对方案:如果比对结果对客户有利,本团队律师主动向法院申请鉴定,以此补强《付款协议》的真实性;如果对客户不利,本团队律师拟从"南通二建公司在不同时间使用不同印章、同一时间使用多枚印章"方面入手向法院说明"在南通二建公司拥有及使用的印章不能穷尽的情况下,法院委托的鉴定单位的鉴定意见无法作为《付款协议》真实与否判断标准"。其后,客户自行委托的鉴定单位给出的初步结论为《付款协议》上印章与本案一审、二审过程中南通二建公司提交的诉讼手续及南通二建公司参与投标的"公路交通生产力促进中心业务用房"项目投标文件上所盖印章一致,这一结果显然对我方有利。

在对鉴定结果胸有成竹的情况下,本团队律师主动向法院提起鉴定申请,并明确鉴定样本的范围。为公平起见,法院确定以本案一审、二审过程中南通二建公司提交的诉讼手续为比对样本。最终,经法院摇号确定的鉴定单位确认,检材(《付款协议》)与对比样本上的公章与人名章均一致。鉴定结果出具后,南通二建公司对《付款协议》的真实性再也无法辩驳。

2012 年 12 月 19 日,二中院作出判决,采纳了本团队律师的代理观点,驳回南通二建公司上诉,维持原判。法院认为,涉案《付款协议》加盖了德之杰公司的公章、南通二建公司的公章及人名章,经鉴定均为真实。《付款协议》形式上具备合同成立基本要件,内容上未违反相关法律、行政法规的规定。南通二建公司关于工程价与结算价数额不符、支付比例与行业惯例与实际交易不符的主张,不能改变对《付款协议》真实性的认定。南通二建公司称《付款协议》为前员工与德之杰公司串通私自盖章,但未提供相应证据证明,因此不予采信。鉴于招标文件、银行进账单、《付款协议》与南通二建公司实际承建两项工程的事实相互印证,能够形成完整证据链条,证明德之杰公司促成南通二建公司涉案工程的签约,德之杰公司与南通二建公司居间合同关系成立,南通二建公司应当按照《付款协议》支付相应报酬。

[**法案研判**]

在审判实践中，对于企业公章管理混乱，除了备案公章外，事实上存在使用多枚公章习惯的，法院一般认定，企业以这些除备案公章外的其他公章对外签订合同有效。也就是说，合同相对方只要尽到合理审查义务，有理由相信印章真实，在主观上即构成善意。这一法理基础与表见代理较为相似，相关法律法规与理论观点参见本书第9篇文章：《授权不清引发争议，条文缕析规避损失》，此处不再赘述。下文拟重点论述法院在认定是否构成表见代理时的裁判规则。

本团队律师以《合同法》第49条"行为人没有代理权、超越代理权或者代理权终止后以被代理人名义订立合同，相对人有理由相信行为人有代理权的，该代理行为有效"为关键词对最高人民法院的相关案例进行检索，并将核心裁判观点归纳总结如下：

一、认可构成表见代理

（一）行为人长期以被代理人名义履行合同，具有外观表象

例如，在中钢集团辽宁有限公司（以下简称中钢集团）与长春燃气股份有限公司（以下简称长春燃气公司）买卖合同纠纷一案①中，最高人民法院认为：张亮领取涉案1300万元承兑汇票的行为构成表见代理。第一，客观上张亮具备中钢集团委托其领取涉案承兑汇票的外观表象。首先，中钢集团与鹤岗市天汇物资经销有限公司（以下简称天汇公司）、长春燃气公司分别签订《煤炭买卖合同》，由天汇公司将煤炭直接发给长春燃气公司，天汇公司指派其工作人员张亮进行交货、运货、检斤、验质等事项。虽然中钢集团并未给张亮出具书面的委托书，但在涉案《煤炭买卖合同》履行过程中，张亮实际系受中钢集团委托从事交货、运货、检斤、验质等事务。其次，涉案《煤炭买卖合同》约定煤炭到货验收、票据财务入账后，以银行承兑汇票形式付款。长春燃气公司在合同履行过程中先后给付中钢集团数十张承兑汇票，中钢集团认可张亮持有其出具的专用收款收据领取了部分承兑汇票……长春燃气公司基于对中钢集团已经委托张亮领取部分承兑汇票事实的合理信赖，向张亮交付涉案承兑汇票并不存在过失。中钢集团关于长春燃气公司存在过失的申请再审理由，于法无据，不予支持。

类似的判例还包括任卫东、周进东等与涂友根股权转让纠纷案、②天津市长芦盐业总公司与中国铁路物资沈阳有限公司买卖合同纠纷案、③大庆市福铭达运输服务有

① 详见（2016）最高法民申3136号民事裁定书。

② 详见（2015）民二终字第212号民事判决书。

③ 详见（2015）民二终字第335号民事判决书。

限公司与山西华瑞煤业有限公司合同纠纷案、[①]湖北省工业建筑总承包集团第三建筑工程公司、王传华等买卖合同纠纷案、[②]建水县第九建筑工程有限责任公司与开远市乐白道村委会东联村民小组建设工程施工合同纠纷案、[③]长沙市建设工程集团有限公司二分公司建设工程施工合同纠纷案[④]等。

（二）行为人系被代理人实际控制人、管理人员或员工，相对人有理由相信行为人的行为系职务行为

例如，在海南联华房地产开发有限公司（以下简称联华公司）与严树青民间借贷纠纷一案[⑤]中，最高人民法院认为：即使刘小白确有两重身份，但根据原判决查明的借据内容，刘小白是以"海南联华房地产开发有限公司翡翠水城项目部"的名义借款，严树青亦是将案涉借款直接汇入联华公司的账户。刘小白自行申请的《公证书》系事后制作，在签订借款合同时，因联华公司经股东会决议正式任命刘小白为公司总经理，且已经向公司各部门下发了任职通知，故出借人严树青有理由相信刘小白是代表联华公司。原判决依据《合同法》第 49 条关于"行为人没有代理权、超越代理权或者代理权终止后以被代理人名义订立合同，相对人有理由相信行为人有代理权的，该代理行为有效"的规定，认定严树青有理由相信刘小白借款行为系职务行为不属于适用法律错误。至于联华公司借款的动机，以及严树青完成交付款项义务后，联华公司如何使用该借款，均不影响联华公司应承担的还款义务。严树青有权向联华公司主张权利。

类似的判例还包括中卫市朝霞工贸有限公司与姚文江民间借贷纠纷案、[⑥]刘伯武与内蒙古浩源煤炭有限公司采矿权转让合同纠纷案[⑦]等。

（三）被代理人显然对行为人的行为知情且未提出异议

例如，在贵州建工集团第五建筑工程有限责任公司（以下简称贵州五建公司）与宿州市聚富商贸有限公司（以下简称聚富公司）等买卖合同纠纷一案[⑧]中，最高人民法院认为：本案中，贵州五建公司委托王文跃全权代理中谷公司粮库工程招、投标工作，王文跃接受委托后与中谷公司签订了《建设工程施工合同》，在合同承包人处盖有贵州五建公司公章，王文跃也在承包人处签名。随后，王文跃以贵州五建公司名义进行

① 详见（2015）民提字第 160 号民事判决书。
② 详见（2015）民申字第 2687 号民事裁定书。
③ 详见（2015）民申字第 3147 号民事裁定书。
④ 详见（2016）最高法民再 346 号民事判决书。
⑤ 详见（2017）最高法民申 1470 号民事裁定书。
⑥ 详见（2014）民申字第 850 号民事裁定书。
⑦ 详见（2016）最高法民再 386 号民事裁定书。
⑧ 详见（2013）民申字第 2185 号民事裁定书。

了实际施工,贵州五建公司应当知晓,但未作否认表示。王文跃在以贵州五建公司名义与聚富公司签订买卖合同时出示了《建设工程施工合同》,并在供货合同上加盖了贵州五建公司中谷粮库项目资料章,且案涉建材亦送至案涉工地用于工程建设,并经王文跃等人的签收。聚富公司基于上述事实,有理由相信王文跃具有贵州五建公司的授权,且在合同履行过程中,贵州五建公司对聚富公司向其承包的中谷粮库建设工程供货的行为不可能不知情,但其并未提出异议,因此主张其与聚富公司从未建立任何关联不成立。综上,王文跃参与案涉工程的招投标、签约及施工行为,以及贵州五建公司的默示行为在客观上具备了代理权的表象,聚富公司基于上述表象相信王文跃具有代理权并没有违反合理注意义务,所以王文跃与聚富公司签订案涉供货合同的行为构成表见代理,其与聚富公司签订合同及履行行为依法对贵州五建公司具有约束力。

(四)相对人没有义务核实印章真实性

例如,在合肥鑫丰建筑安装工程有限公司(以下简称鑫丰公司)与青海华瑞物资有限公司(以下简称华瑞公司)等买卖合同纠纷一案[①]中,最高人民法院认为:本案审查的重点即刘建民的签约行为是否应当由鑫丰公司承担责任。鑫丰公司承包民和县保障性住房和棚户区改造工程安置房工程后,与刘建民签订《幢号承包责任制合同》,刘建民实际负责鑫丰公司该项目6号楼、7号楼、8号楼的施工。对此节事实,鑫丰公司无异议。鑫丰公司虽称其与刘建民之间是分包关系,但刘建民个人并无工程建筑的施工资质,鑫丰公司应当知晓刘建民只能以鑫丰公司的名义进行施工。而对华瑞公司而言,到工商管理部门核实签章的真实性并非签订合同的必要环节。华瑞公司根据"合同、付款协议以及现场勘查",已有理由相信刘建民具有鑫丰公司的授权,华瑞公司已尽到谨慎的审查义务。根据《合同法》第49条的规定,"行为人没有代理权、超越代理权或者代理权终止后以被代理人名义订立合同,相对人有理由相信行为人有代理权的,该代理行为有效",刘建民以鑫丰公司6号楼、7号楼、8号楼项目部的名义签订合同的行为构成表见代理,由此产生的法律后果应由鑫丰公司承担。"合肥鑫丰建筑安装工程有限公司6号楼、7号楼、8号楼项目部合同专用章"具体的刻制、加盖问题对本案并无实质性影响,鑫丰公司主张本案应当"先刑后民",缺乏充分的事实依据和法律依据。一审、二审法院判决刘建民签订合同的法律后果由鑫丰公司承担,鑫丰公司应向华瑞公司给付所欠货款及滞纳金并无不当。

类似的判例还包括游斌琼与福建省万翔房地产开发有限公司、翁炎金等民间借贷

① 详见(2015)民申字第1620号民事裁定书。

纠纷案,[①]遵义长征电器开关设备有限责任公司与安徽环宇电缆集团有限公司买卖合同纠纷案,[②]高金海、何志毛买卖合同纠纷案,[③]中余建设集团有限公司、杨传海买卖合同纠纷案[④]等。

二、不认可构成表见代理

(一)相对人行为与交易习惯不符

例如,在双城市晟瑞热力供应有限公司(以下简称晟瑞热力公司)与哈尔滨铁路燃料煤炭工业集团有限公司(以下简称哈铁燃煤公司)买卖合同纠纷一案[⑤]中,最高人民法院认为:本案中,王耘虽以哈铁燃煤公司经办人的身份与晟瑞热力公司签订了煤炭购销合同,但在双方财务往来过程中,双方款项均是通过财务部门进行交接,并无王耘代表哈铁燃煤公司收取货款的交易习惯,双方的财务账目上对该笔款项均没有记载,且两次对账及晟瑞热力公司出具的还款计划中亦未包含该笔款项,而从晟瑞热力公司提供的收条上明确载明的"今收到双城晟瑞集团支票 115 万元整,转付大兴安岭北野矿业集团",无法证明该笔款项与哈铁燃煤公司有何关联,晟瑞热力公司亦未提供证据证明收条中所载的北野矿业与哈铁燃煤公司存在业务往来。基于现有证据尚不足以证明王耘系代表哈铁燃煤公司收取了 115 万元货款,二审法院未认定王耘的职务行为,适用法律并无不当。

类似的判例还包括辽阳天俊矿业有限公司、常浩股权转让纠纷案[⑥]等。

(二)授权范围明显与代理事项不符

例如,在五矿钢铁有限责任公司(以下简称五矿钢铁公司)与鞍钢附企一初轧轧钢厂一分厂(以下简称鞍钢轧钢一分厂)买卖合同纠纷一案[⑦]中,最高人民法院认为:本案有关担保范围的两份补充协议上鞍钢轧钢一分厂的公章系伪造。上述补充协议上虽有徐沫的签名,但徐沫并非鞍钢轧钢一分厂的法定代表人或者该厂履行相应职责的员工,其在签订两份补充协议时所持的鞍钢轧钢一分厂加盖公章、法定代表人于红签字的授权委托书,系鞍钢轧钢一分厂向海城市工商行政管理局出具,委托的事项是徐沫代表其前往工商局办理动产抵押登记及其他手续,并未含有授权徐沫与五矿钢铁公司签订补充协议,扩大抵押物担保范围的意思。而该动产抵押是依据双方签订的

① 详见(2016)最高法民申 733 号民事裁定书。
② 详见(2016)最高法民申 1913 号民事裁定书。
③ 详见(2017)最高法民申 911 号民事裁定书。
④ 详见(2017)最高法民申 1722 号民事裁定书。
⑤ 详见(2013)民申字第 2218 号民事裁定书。
⑥ 详见(2016)最高法民终 806 号民事判决书。
⑦ 详见(2015)民申字第 2922、3062 号民事裁定书。

《合作协议》进行的，本案争议的《（钢材）购销合同》并非该《合作协议》的组成部分。徐沫在空白的《动产抵押登记书》上将抵押担保的范围扩大到《（钢材）购销合同》项下的债权，显然超出鞍钢轧钢一分厂授权的范围……综上，五矿钢铁公司提供的证据不足以证明其有理由相信徐沫能代表鞍钢轧钢一分厂、徐沫的行为构成表见代理。故一审、二审法院认定两份补充协议对鞍钢轧钢一分厂不具有约束力、系争5份《（钢材）购销合同》形成的债权不在《机器设备抵押合同》约定的抵押物担保范围之内，并无不当。

（三）相对人明知行为人没有代理权

例如，在乾安东方能源化工有限公司（以下简称东方能源）与王龙、山东恒泰工程集团有限公司（以下简称山东恒泰）买卖合同纠纷一案①中，最高人民法院认为：（二）关于王龙所实施的民事行为是否构成表见代理，山东恒泰是否应承担相应的民事责任的问题。《合同法》第49条规定："行为人没有代理权、超越代理权或者代理权终止后以被代理人名义订立合同，相对人有理由相信行为人有代理权的，该代理行为有效。"本案中，经二审法院释明，东方能源不再主张王龙的行为构成履行山东恒泰职责的职务行为。在王龙与东方能源油品买卖过程中，没有形成能够使东方能源有合理理由相信王龙获得了山东恒泰授权的权利外观，相反东方能源的业务员已经知悉王龙的身份及王龙与山东恒泰之间的关系，东方能源在主观上不构成善意。故王龙所实施的行为依法不构成表见代理的要件，该行为的效果不应由山东恒泰承担。

（四）相对人主观上追求高额利息，不符合善意要件

例如，在李德勇与中国农业银行股份有限公司重庆云阳支行（以下简称农行云阳支行）储蓄存款合同纠纷一案②中，最高人民法院认为：从立法目的解释表见代理的构成要件，应当包括代理人的无权代理行为在客观上形成具有代理权的表象，相对人在主观上善意且无过失地相信行为人有代理权。相对人善意且无过失应当包含两方面含义：一是相对人相信代理人所进行的代理行为属于代理权限内的行为；二是相对人无过失，即相对人已尽了充分的注意，仍无法否认行为人的代理权。本案中，李德勇在与谭文力商谈存款事宜过程中，在以下方面存在未尽合理注意义务的过失……李德勇主观上具有违规追求高额利息的故意。钟道明承诺给李德勇每月5.5%的高息，换算成年息为66%，李德勇对如此高的利息未产生怀疑，亦未向农行云阳支行核实，主观上并非善意。因李德勇不符合善意无过错的表见代理构成要件要求，谭文力的行为不

① 详见（2013）民申字第529号民事裁定书。

② 详见（2013）民提字第95号民事判决书。

构成表见代理。李德勇向谭文力作出的存款意思表示不能视为向农行云阳支行作出的意思表示。李德勇关于在农行云阳支行办公室这一特定环境内,造成其相信谭文力行长身份,确信谭文力代表农行云阳交行,存款业务无须储户亲自到柜台向柜员说明的观点,缺乏依据,本院不予采信。

类似的判例还包括刘治淮与交通银行股份有限公司蚌埠分行民间借贷纠纷案、[①]李子江与中国工商银行股份有限公司白山分行金融借款合同纠纷案[②]等。

(五)相对人主张代理人构成表见代理,应当负有举证责任,举证不能的,应当承担不利后果

例如,在张玉航与中太建设集团股份有限公司(以下简称中太集团)、张玉民间借贷纠纷一案[③]中,最高人民法院认为:本案的争议焦点是张玉的借款行为是否构成表见代理。关于表见代理,《合同法》第49条规定,行为人没有代理权、超越代理权或者代理权终止后以被代理人名义订立合同,相对人有理由相信行为人有代理权的,该代理行为有效。依据该规定,张玉航主张张玉的借款行为构成表见代理,应当承担举证责任,一方面需举证证明张玉的代理行为存在有权代理的客观表象形式要素,另一方面需证明其善意且无过失地相信张玉具有代理权。首先,从张玉航提交的借款合同及收款条上看,张玉在借款合同及收款条中均注明借款人为中太集团香格今典项目部,且加盖了中太集团香格今典项目部的印章,具备一定的有权代理的客观表象。但是,从张玉航出借款项的流向上看,相关款项系直接存入或转账存入张玉的会计田美娟、张春莲个人的银行卡,而非存入中太集团香格今典项目部或者中太集团的账户,形式要素上有所欠缺。其次,张玉航与张玉系表兄弟关系,张玉航对张玉的身份、借款的具体用途等情况应当是知晓的。张玉航未能证明其善意且无过失地相信张玉具有代理权,能够代表中太集团借款,故不符合表见代理的构成要件。

类似的判例还包括湖南永阳置业有限公司、望建集团有限公司等建设工程施工合同纠纷案[④]等。

(六)对于提供担保等特别事项,相对人负有更加严格的审查义务

例如,在江西宏安房地产开发有限责任公司(以下简称宏安公司)与南昌县兆丰小额贷款股份有限公司(以下简称兆丰公司)企业借贷纠纷一案[⑤]中,最高人民法院认

---

① 详见(2013)民申字第312号民事裁定书。
② 详见(2016)最高法民申3057号民事裁定书。
③ 详见(2015)民申字第1895号民事裁定书。
④ 详见(2015)民申字第2734号民事裁定书。
⑤ 详见(2017)最高法民再209号民事判决书。

为:关于张康生是否具有以宏安公司名义为他人提供担保的代理权外观的问题。《公司法》第 16 条规定:公司为他人提供担保,依照公司章程的规定,由董事会或者股东会、股东大会决议;公司章程对担保的数额有限额规定的,不得超过规定的限额。公司为公司股东或者实际控制人提供担保的,必须经股东会或者股东大会决议。前款规定的股东或者受前款规定的实际控制人支配的股东,不得参加前款规定事项的表决。该项表决由出席会议的其他股东所持表决权的过半数通过。由此可见,在公司为他人提供担保这一可能影响股东利益的场合,立法规定了公司机关决议前置程序以限制法定代表人的代表权限。在公司内部,为他人提供担保的事项并非法定代表人所能单独决定,其决定权限交由公司章程自治:或由公司股东决定,或是委诸商业判断原则由董事会集体讨论决定;在为公司股东或实际控制人提供担保的场合,则必须交由公司其他股东决定。这种以决议前置的方式限制法定代表人担保权限的立法安排,其规范意旨在于确保该担保行为符合公司的意思,不损害公司、股东的利益。据此,能够证明张康生享有以宏安公司名义为他人提供担保的代理权外观的证据,只能限于宏安公司的股东会决议或者执行董事的授权,或者是能够证明案涉担保行为确系宏安公司真实意思的其他相关证据。而在本案中,无论是张康生与宏安公司之间的挂靠关系,还是张康生因此而持有相关印章、文件的事实,均不足以表彰其代理权限的存在。首先,张康生挂靠宏安公司开发城北汽车站地产项目的事实,使张康生享有以宏安公司名义对外开展与该房地产开发有关的通常经营业务的代理权外观,但该代理权外观并不能延展至为他人提供担保这一特别事项方面。本院注意到,弋阳县弋江镇杭南长高速铁路客运专线协调领导小组于 2014 年 7 月 9 日所出具的证明,是在一审法院审理本案期间发生,并非兆丰公司在签订保证合同时获知的事实。若以该节事后获知的事实来反推兆丰公司在签约时对张康生代理权限的判断,并不能令人信服。其次,兆丰公司称张康生签约时向其提供了宏安公司的章程、贷款卡、股东出资信息、组织机构代码证等相关材料,并持有宏安公司印章,张康生持有上述资料的确能够证明张康生与宏安公司存在某种关联。但考虑到本案中兆丰公司作为专业的放贷机构,其在接受赣通公司、赣宏公司、宏盛公司所提供的担保时,均要求张康生提供了相关的公司决议,说明其已经知道《公司法》第 16 条存在公司为他人提供担保的限制性规定。故兆丰公司在获得了宏安公司的章程、股东出资信息、组织机构代码证等证据材料后,已经实际知道张康生既非宏安公司的股东,也非宏安公司的法定代表人,仅凭借张康生持有印章、贷款卡及自称为宏安公司法定代表人的姐夫的口头说明,并不足以证明张康生享有相应的代理权外观。

（七）声称存在婚姻关系并不必然有代理权

例如，在成功与惠州市惠阳区南凯实业有限公司（以下简称南凯公司）复议执行一案[①]中，最高人民法院认为：本案中，首先，声明和成功存在婚姻关系以及出具相关证明均是王飞所为，没有证据证明成功曾经以某种方式向南凯公司表明过王飞有代理权，也没有证据证明因为成功的行为导致南凯公司信赖王飞有代理权。其次，当王飞已经向南凯公司出具相关材料表明成功可能为无行为能力人时，南凯公司应当要求王飞出具认定成功为无行为能力人和指定监护人的相关法律手续，但其却没有要求，存在明显的过错。同时，亦应指出，声明存在婚姻关系这一行为本身并不能表明声明人有代理权。本院《最高人民法院关于适用〈中华人民共和国婚姻法〉若干问题的解释（一）》第 17 条第 2 款，限定了夫妻家事代理权的特定范围："夫或妻非因日常生活需要对夫妻共同财产做重要处理决定，夫妻双方应当平等协商，取得一致意见。他人有理由相信其为夫妻双方共同意思表示的，另一方不得以不同意或不知道为由对抗善意第三人。"可见，交易相对人对夫妻一方处理共同财产的信赖利益保护，仅限于为日常生活需要处理财产的情形。本案和解协议中，王飞处理本息总额超过 700 万元共同共有债权的行为，显非为日常生活需要，不属于该条规定的夫妻家事代理权的范围。综合本节所述，王飞擅自以成功名义与南凯公司签订的和解协议，由于成功的法定代理人成清晓拒绝追认，该协议对成功不生效力，不能阻止执行。至于王飞在没有代理权的情况下声称有代理权，给南凯公司造成的损失，可由南凯公司和王飞另案解决。

［**案件复盘**］

本案案情并不复杂，涉及法律关系也较为简单，主要争议焦点在于《付款协议》是否真实，特别是印章是否真实。本案的难点在于，《付款协议》所盖印章并非南通二建公司备案公章，在南通二建公司存在多个印章的情形下，如何证明《付款协议》上所盖印章的真实性。

在接受委托后，本团队律师一方面通过证据补强，形成完整证据链证明居间服务真实存在，另一方面向二审法院提出南通二建公司在其他场合存在使用《付款协议》上所盖印章的情况，使二审法院最终采纳德之杰公司的观点，认可《付款协议》真实有效。

在案件代理过程中，本团队律师与德之杰公司充分沟通，全力合作，在较短的时间内取得了胜诉结果。

---

① 详见（2013）执监字第 49 号民事裁定书。

通过这个案件可以看出，一方面，企业应当加强自身的管理，避免“被”表见代理，承担不利后果；另一方面，也应当加强识别能力，避免与表见代理人签署协议。对此，本团队律师作出如下建议：

为避免“被”表见代理，企业应当注意：(1)建立严格的证照、印章、空白介绍信等的保管、携带、使用制度；(2)建立完善的分支机构和办事处的经营管理制度；(3)一事一授权，避免向员工出具没有明确授权内容、授权期限的授权文件；(4)加强对员工的事前法律培训，事中的管理、监督，以及事后的教育处罚；(5)员工离职或解聘，应当及时书面通知客户。

为避免与表见代理人签署协议，企业应当注意：(1)主动核实相对人的名字、职位和授权文件；(2)主动审查相对人加盖的印章，确认印章无明显瑕疵(如与企业名称不一致等)；(3)签署时尽量确保协议既加盖公章，又有法定代表人或授权代表签字。

23

研判合同解除条件，终得解约责任豁免

［案件摘要］

本案系北京住总房地产开发有限公司（以下简称住总公司）与北京中通国信生物科技有限公司（原名为“北京中通国信系统集成有限公司”，以下简称中通公司）、北京运达交通技术开发公司（以下简称运达公司）、中国新兴建设开发总公司（以下简称新兴公司）因北京晨光家园仓储式停车库工程（以下简称涉案工程）而引发的一起建设工程施工合同纠纷案件。涉案工程系由住总公司与北京天辽设备物资有限公司（以下简称天辽公司）共同开发建设，中通公司、运达公司与新兴公司三公司组成联合体参与投标并中标。合同履行过程中，各方产生争议，导致合同无法继续履行。住总公司起诉联合体三方成员要求解除合同，本团队律师接受新兴公司委托代理本案。法院最终采纳本团队律师代理意见，作出对新兴公司有利的判决。

［案情回放］

2003 年 8 月，中通公司、运达公司、新兴公司组成联合体参与涉案工程的投标。在联合体内部，中通公司和运达公司负责车库设备的采购、安装和调试，新兴公司负责工程土建部分的施工。联合体中标后，住总公司与天辽公司作为合同甲方，中通公司、运达公司、新兴公司共同作为合同乙方，就涉案工程签订了《北京晨光家园仓储式停车库工程合同》（以下简称涉案合同）。

需要说明的是，天辽公司于 2011 年 7 月 26 日依法注销，在此之前将其在涉案合同中所享有的一切合同权利义务全部转移给股东住总公司承继。

各方关系如下图所示：

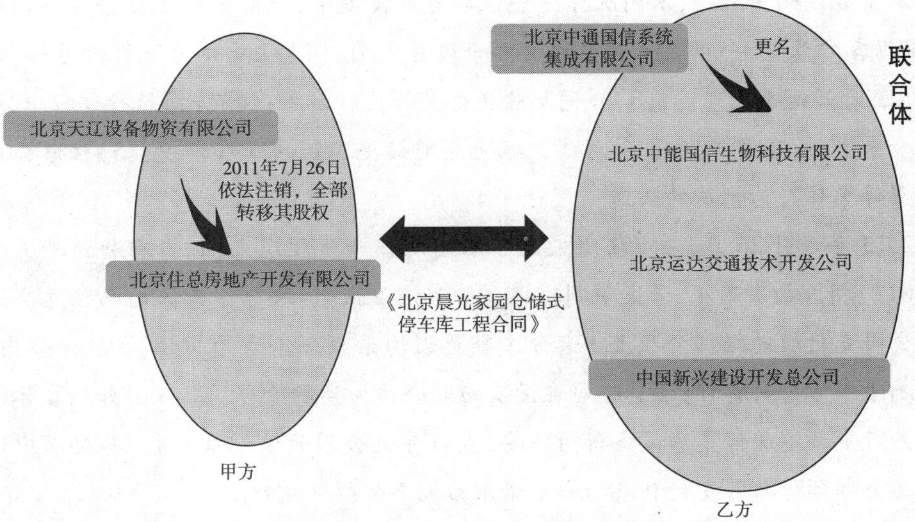

住总公司、天辽公司与中通公司、运达公司、新兴公司签订涉案合同后，中通公司、运达公司、新兴公司作为联合体未向住总公司与天辽公司提交涉案合同约定的履约保证金。住总公司、天辽公司为保证涉案合同的继续履行，仍旧依约于 2004 年 2 月 15 日向联合体中的中通公司支付了首笔工程预付款，但由于种种原因涉案工程仍未能按照涉案合同约定的日期开工。后各方签署《补充协议》，约定涉案工程中 B－22 车库的开工、竣工日期，但并未明确约定其他车库的开工、竣工日期。B－22 车库开工后，土建部分实际竣工时间相较双方约定的竣工日期晚了两个多月。其原因如下：(1) 涉案合同约定的预付款是涉案工程总体的预付款，中通公司收到预付款后，应当向新兴公司适当拨付土建部分的工程款项，但未拨付；(2) 在 2005 年 11 月 3 日的协调会上，已经确定中通公司应当将预付款全部用于订购设备，但是中通公司并未将预付款全部用于订购设备；(3) 新兴公司已向中通公司支付自身应负担的履约保证金，但中通公司未向住总公司与天辽公司上交此部分保证金，且未向新兴公司拨付工程款，造成工期延误。

此后住总公司在未通知联合体的情况下另行购买了 B－22 停车库设备并进行了安装，小区的其他设施、设备也均建设完毕。

2011 年 8 月 16 日，住总公司诉至北京市朝阳区人民法院(以下简称一审法院)，要求解除与中通公司、运达公司、新兴公司之间签订的停车库工程合同，由中通公司返还 2600 万元工程预付款，并按照 2004 年 1 年期的定期存款利率支付自 2004 年 2 月 16 日至 2011 年 8 月 16 日止的利息损失 386.1 万元。如果一审法院不能支持住总公司退还全部款项的请求，就要求中通公司配合住总公司办理停车库设备提货手续，并退还剩余款项。本团队律师接受新兴公司委托代理本案。

本案经过两审程序,本团队律师全程参与本案庭审,庭前进行了充分准备。庭审中,根据各方意见,一审法院确定的主要争议焦点为:(1)住总公司是否为适格原告;(2)诉讼时效是否已经过;(3)合同解除条件是否已经具备;(4)合同履行过程中,履约保证金未支付、合同工期延误、涉案工程无法继续施工等的责任分担;(5)住总公司另行购买停车库行为性质的认定。

2013年6月26日,一审法院采纳了本团队律师代理观点,作出有利于新兴公司的(2012)朝民初字第42号民事判决书。一审法院认为:联合体未依约向住总公司和天辽公司支付履约保证金及土建部分工期延误均系联合体违约所致,在联合体内部,则应属于中通公司责任;住总公司在没有与联合体协商解除合同且未通知联合体的情况下另行重新购买停车库设备行为不妥,直接导致合同无法继续履行,其要求中通公司退还全部预付款并支付利息的诉讼请求难以全部得到支持。

一审法院最终判决(与新兴公司有关部分):解除停车库工程合同;新兴公司无须支付任何款项。

后中通公司不服一审判决上诉至北京市第二中级人民法院(以下简称二审法院),二审法院经审理后作出(2013)二中民终字第13696号民事判决书,驳回上诉,维持原判。

[**战略战术**]

一、全程追踪案情,提前介入并跟进合同履行过程

本案为联合体投标工程,涉案主体较多,法律关系相对复杂,在履行过程中也存在诸多阻力。新兴公司为本团队律师的重要客户,涉案工程履行过程中,新兴公司便曾多次向本团队律师询问关于涉案合同继续履行过程中应当关注的要点以及需要规避的法律风险。

如前所述,在涉案合同履行期间,由于中通公司收到预付款后未向新兴公司拨付工程款,直接影响土建部分的施工进度与涉案合同的继续履行。本团队律师应客户要求,提前介入本案,建议其首先将争议事项提请北京市住房和城乡建设委员会(以下简称北京市住建委)协调解决。经过北京市住建委出面协调,各方达成补充协议,约定由住总公司直接向新兴公司支付土建工程款,解决了因联合体成员内部款项支付问题引发的纠纷,有效避免了损失的进一步扩大,保障了涉案合同的继续履行与新兴公司的合法权益。

综上,因本团队律师提前介入本案,对客户在涉案合同履行过程中可能遇到的法律风险和法律纠纷进行了提前预判,多次提醒客户依法合规地履行合同,同时提醒其注意留存相关证据，为日后纠纷的解决打下了良好的基础。

二、通力高效合作，全面梳理证据，确定代理思路

本团队律师代理本案的第一时间，便在经由客户同意的前提下，组成由高级律师牵头、普通律师参与、律师助理协助的阶梯式项目服务团队，经过对案件证据材料的全面梳理以及与客户的深入沟通，认定客户在本案中并无过错，无须承担任何责任，并以此为基础确立了我方的代理思路。在庭审过程中，本团队律师将全面梳理证据材料之后形成的答辩要点，多角度、全方位向法庭进行了展示，有力论证了新兴公司诚信友好的合同履行态度和依约合法的实际履行状况，并提交了新兴公司在联合体内部履约的相关证明材料，成功说服法庭采纳本团队律师观点，确认新兴公司无责。

三、依据合同解除后的效力条款，结合建设工程领域的实务经验，对涉案合同解除权行使问题进行深入分析研判，积极出谋划策，尽可能保障客户利益

本团队律师在承接本案后的第一时间便查阅了大量相关规定与案例，并结合法律、法规规定与类似案件的审判结果，对本案所涉及的关于合同解除权行使的相关问题进行深入解读，着重分析了关于建设工程合同解除权行使的特殊规定，以及当事人行使法定解除权的要件，以研判涉案合同是否达到解除条件，并厘清导致涉案合同解除的责任归属问题。本团队律师以深入的法律解析与海量的案例检索为基础，认为联合体虽然对未按期支付履约保证金以及土建部分工期延误存在一定的责任，但并未达到致使合同解除的条件，而事实上导致合同解除的原因是住总公司擅自另行重新购买停车库设备。基于上述分析，本团队律师积极组织相关证据材料，一举击中本案要害，促使一审、二审法院均采纳了本团队律师的代理意见，认为住总公司应对其行为引致的合同解除后果承担一定责任，其无权要求退还全部预付款及相应利息。

［**法案研判**］

建设工程合同在其履行过程中，可能会由于当事人约定或法定的不同原因而导致解除。本案争议焦点之一即为涉案合同是否达到解除条件以及合同解除责任归属问题。实践中，经常会出现与本案类似的情形，即各方当事人无法就合同是否解除及解除责任划分问题达成一致而引发争议。下文将围绕建设工程合同解除权的相关规定展开，重点探讨承发包双方行使法定解除权的条件以及合同解除后的处理原则。

一、关于建设工程合同解除权的相关法律法规

目前，关于建设工程合同解除权现行有效的相关法律法规主要包括：

（一）关于合同解除权的一般规定

1.《合同法》第93条规定："当事人协商一致，可以解除合同。当事人可以约定一方解除合同的条件,解除合同的条件成就时,解除权人可以解除合同。”

2.《合同法》第 94 条规定:“有下列情形之一的,当事人可以解除合同:(一)因不可抗力致使不能实现合同目的;(二)在履行期限届满之前,当事人一方明确表示或者以自己的行为表明不履行主要债务;(三)当事人一方迟延履行主要债务,经催告后在合理期限内仍未履行;(四)当事人一方迟延履行债务或者有其他违约行为致使不能实现合同目的;(五)法律规定的其他情形。”

3.《合同法》第 96 条规定:“当事人一方依照本法第九十三条第二款、第九十四条的规定主张解除合同的,应当通知对方。合同自通知到达对方时解除。对方有异议的,可以请求人民法院或者仲裁机构确认解除合同的效力。法律、行政法规规定解除合同应当办理批准、登记等手续的,依照其规定。”

4.《合同法》第 97 条规定:“合同解除后,尚未履行的,终止履行;已经履行的,根据履行情况和合同性质,当事人可以要求恢复原状、采取其他补救措施,并有权要求赔偿损失。”

5.《合同法》第 98 条规定:“合同的权利义务终止,不影响合同中结算和清理条款的效力。”

(二)关于建设工程合同解除权的特殊规定

1.《建设工程施工合同司法解释(一)》第 8 条规定:“承包人具有下列情形之一,发包人请求解除建设工程施工合同的,应予支持:(一)明确表示或者以行为表明不履行合同主要义务的;(二)合同约定的期限内没有完工,且在发包人催告的合理期限内仍未完工的;(三)已经完成的建设工程质量不合格,并拒绝修复的;(四)将承包的建设工程非法转包、违法分包的。”

2.《建设工程施工合同司法解释(一)》第 9 条规定:“发包人具有下列情形之一,致使承包人无法施工,且在催告的合理期限内仍未履行相应义务,承包人请求解除建设工程施工合同的,应予支持:(一)未按约定支付工程价款的;(二)提供的主要建筑材料、建筑构配件和设备不符合强制性标准的;(三)不履行合同约定的协助义务的。”

3.《建设工程施工合同司法解释(一)》第 10 条规定:“建设工程施工合同解除后,已经完成的建设工程质量合格的,发包人应当按照约定支付相应的工程价款;已经完成的建设工程质量不合格的,参照本解释第三条规定处理。因一方违约导致合同解除的,违约方应当赔偿因此而给对方造成的损失。”

二、关于建设工程合同解除权的相关理论观点

合同约定解除系基于意思自治原则,此处不赘述。下文主要以《建设工程施工合同司法解释(一)》第 8 条、第 9 条为核心,就建设工程合同当事人行使法定解除权的条件进行学理层面的分析论述。

（一）法定解除权的行使条件

1. 发包人行使法定解除权的条件

（1）承包人明确表示或者以行为表明不履行合同主要义务

在建设工程合同中，承包人明确表示或者以行为表明不履行合同主要义务分为明示预期违约（以书面形式明确告知发包人其将不再进行施工，不再履行合同主要义务）和默示预期违约（以其他行为方式间接表明不再履行合同主要义务）两种形式。建筑行业承包人往往“僧多粥少”，较少出现明确表示不履行合同义务的行为，更多采取擅自窝工、停工等方式表明其将不履行合同项下的义务。值得注意的是，承包人表明不履行的合同义务应为合同主要义务。

承包人表明不履行主要义务的原因一般分为两种：①基于自身对成本、造价或利润等方面的考虑不履行义务；②由于发包人的过错导致承包人不履行义务。值得注意的是承包人因第二种原因不履行主要义务的情形。如双方当事人在合同中约定了发包人支付预付款、进度款以及其他保障施工条件等前置义务的，发包人未履行该等义务导致承包人开工或继续施工存在重大困难的，承包人有权延期开工或暂停施工。承包人的前述行为可认为是对其拥有的先履行抗辩权的行使。待发包人履行相应前置义务后承包人即可履行自身义务，此种情形不视为承包人违约，发包人亦无权因此单方解除合同。

（2）承包人在合同约定期限内未完工，经催告后在合理期限内仍未完工

发包人在适用该条款行使法定解除权时，应当结合工程未完工的原因、工程进展状况、工期延误对发包人造成的损失大小等因素进行综合考虑。若承包人在约定期限内未完工是由于发包人未能按合同约定提供图纸或相应开工条件、未支付或未足额支付合同约定的预付款或进度款，致使施工难以正常开展、设计图纸发生重大变化或工程量显著增加等原因造成的，承包人不承担工期延误责任，发包人亦不得以此为由主张解除合同；若工程延期完工系由双方共同过错造成，则应结合工程完成进度和双方过错具体内容，对工期延误责任进行分配。若工程尚处于施工前期，发包人可以承包人重大过错为由主张解除合同；若工程主体结构已完成大部分或接近完工，承包人的过错行为则不应当简单地认定为属于必须解除合同的情形。除此之外，发包人适用该条款解除合同应当提前催告承包人继续履行合同或弥补过错，并给予承包人合理宽限期；宽限期届满承包人仍未按期完工的，发包人有权解除合同。

（3）已完工程质量不合格并拒绝修复

工程质量是建设工程能否交付使用的重要前提，保证工程质量合格也是承包人的

主要合同义务。如发包人有证据证明承包人已完工程质量不合格或工程因质量不合格而未能通过竣工验收的，承包人有义务进行修复。

本条款中的"质量不合格"，一般应作广义理解，即不仅包括不符合双方当事人合同约定标准，也包括不符合国家对建设工程质量的强制性规范标准，具体包括：①建筑工程施工方不按照工程设计图纸和施工技术规范施工造成的工程质量问题；②建筑工程施工方未按照工程设计要求、施工技术标准和合同的约定，对建筑材料、建筑构配件和设备进行检验，使用不合格的建筑材料、建筑构配件和设备等造成的质量问题；③建筑物在合理使用寿命内，地基基础工程和主体结构的质量出现问题等。建设工程质量不合格，出现上述情形而承包人又拒绝修复的，发包人有权解除合同。

发包人在援引该条款解除合同时应当注意，若仅仅是非主体结构质量存在的瑕疵，且并不影响工程整体的使用和交付的，发包人可通过主张减少价款或要求承包人支付违约金等形式来保障自身权益，发包人如要求解除合同，则通常不会被法院或仲裁机构支持。

（4）承包人将承包的建设工程非法转包、违法分包

承包人获得项目承包资格，应对其承包工程负责。根据《合同法》第 253 ~ 254 条[①]规定，承揽人应当以自己的设备、技术等完成承揽的主要工作；未经定作人同意即将承揽的主要工作交给第三人完成的，定作人可以解除合同。根据《合同法》第 287 条[②]规定，建设工程合同未作规定的部分，适用承揽合同的有关规定。承揽合同与建设工程合同的缔结均基于一方对另一方资信与能力的认可。承包人应当以自己的技术和劳动能力完成建设工程施工合同约定的工作，如果承包人将工程转包或者违法分包，可能使发包人对承包人履约质量的期望落空，致使合同目的无法实现。关于转包和违法分包行为的具体认定可参见《建设工程质量管理条例》与《认定查处管理办法》之规定，此处不再赘述。

因转包和违法分包均为法律所禁止，根据《建设工程施工合同司法解释（一）》第 4 条规定，转包合同和违法分包合同应当认定为无效。但这并不影响承发包双方所签建设工程施工合同的效力。发包人一旦发现承包人具有非法转包、违法分包情形的，可以选择依据与承包人签署的施工合同约定追究承包人违约责任并要求其继续履行

---

① 《合同法》第 253 条规定："承揽人应当以自己的设备、技术和劳力，完成主要工作，但当事人另有约定的除外。承揽人将其承揽的主要工作交由第三人完成的，应当就该第三人完成的工作成果向定作人负责；未经定作人同意的，定作人也可以解除合同。"第 254 条规定："承揽人可以将其承揽的辅助工作交由第三人完成。承揽人将其承揽的辅助工作交由第三人完成的，应当就该第三人完成的工作成果向定作人负责。"

② 《合同法》第 287 条规定："本章没有规定的，适用承揽合同的有关规定。"

合同，或者选择依据《建设工程施工合同司法解释（一）》第 8 条的规定解除施工合同并要求实施非法转包、违法分包行为的承包人赔偿因此给己方造成的损失，以维护自身合法权益。

2. 承包人行使法定解除权的条件

（1）发包人未按约定支付工程价款

就建设工程施工合同而言，发包人的主要义务为支付工程款。发包人未按照合同约定如期支付工程款致使承包人无法继续施工，经催告后，在合理期限内仍不履行义务的，承包人可以行使法定解除权。

此处应注意以下几点：①若合同约定由承包人进行前期垫资，则承包人不得以发包人未支付款项为由解除合同；②承包人解除合同需要提前对发包人进行催告，并给予合理宽限期；③发包人未能如约支付工程价款必须致使承包人无法继续施工，否则承包人仍不得行使该法定解除权。相关依据为《合同法》第 259 条[①]关于承揽合同项下承揽人解除合同的规定。据此规定，发包人未按约支付工程款已致使承包人无法施工时，经催告无效，承包人才可以行使解除权。

在实务中，建设工程施工合同由于标的额较大，通常采用分期支付工程款的方式，如果迟延付款一次就可导致合同解除，交易稳定性便会大大降低；另外，由于建设工程耗资巨大，即使发包人仅迟延支付少部分预付款、进度款的，仍有可能导致承包人无法继续施工。由此可见，将合同解除因素中未付工程款数额量化，处理起来看似简单，但不一定符合案件具体情况。如何认定发包人未能如约支付工程款会否导致承包人无法继续施工，在实务中尚无统一的标准。司法实践中，对于具体案件的处理，需要法官根据具体案情具体分析。

（2）发包人提供的主要材料、设备等不符合强制性标准

承包人因甲供材质量不合格主张解除合同的，应当具备一定的前提条件。根据《建设工程施工合同司法解释（一）》第 9 条的规定，因甲供材不符合强制性标准致使承包人无法施工且发包人在催告的合理期限内仍未履行相应义务的，承包人才有权解除合同。

其一，该等主要材料、设备的供应须是工程施工的必要条件，如该等材料、设备仅为不会影响施工关键线路的相对次要的零部件等，即使其质量不合格承包人通常也无权要求解除合同。其二，该等材料、设备的质量标准需不符合强制性标准。强制性标

① 《合同法》第 259 条规定："承揽工作需要定作人协助的，定作人有协助的义务。定作人不履行协助义务致使承揽工作不能完成的，承揽人可以催告定作人在合理期限内履行义务，并可以顺延履行期限；定作人逾期不履行的，承揽人可以解除合同。"

准是质量标准的最低要求。如双方约定的质量标准高于强制性标准而甲供材仅不符合约定标准但已达到强制性标准的，承包人不得据此要求解除合同。其三，承包人要履行催告程序并给予发包人合理的期限予以更换或修复。

在实务中需要注意的是，发包人提供的材料、设备不符合强制性标准的，承包人虽有权依据《建设工程施工合同司法解释（一）》第9条规定行使解除权，但如其未尽检验义务使用该等不合格材料、设备而造成工程质量缺陷的，亦不能免除相应的过错责任。相关规定如下：《建筑法》第59条规定："建筑施工企业必须按照工程设计要求、施工技术标准和合同的约定，对建筑材料、建筑构配件和设备进行检验，不合格的不得使用。"《建设工程质量管理条例》第29条规定："施工单位必须按照工程设计要求、施工技术标准和合同约定，对建筑材料、建筑构配件、设备和商品混凝土进行检验，检验应当有书面记录和专人签字；未经检验或者检验不合格的，不得使用"；第31条规定："施工人员对涉及结构安全的试块、试件以及有关材料，应当在建设单位或者工程监理单位监督下现场取样，并送具有相应资质等级的质量检测单位进行检测"。《建设工程施工合同司法解释（一）》第12条规定："发包人具有下列情形之一，造成建设工程质量缺陷，应当承担过错责任：……（二）提供或者指定购买的建筑材料、建筑构配件、设备不符合强制性标准……承包人有过错的，也应当承担相应的过错责任。"根据前述规定，承包人对发包人提供的材料、设备负有审查、核实、检验的义务，未经检验或检验不合格的不得使用。故承包人应审慎履行检验义务，不能流于形式，避免因他人过错引致己方责任。当然，对承包人的要求也应结合实际情况控制在合理范围内，即应以一个有经验的承包人所能且应该能发现材料或设备存有缺陷为限。

在实务中，虽然因甲供材质量不合格直接导致合同解除的案例极为少见，但为避免甲供材质量不合格时无法明确界定与厘清双方责任，笔者建议如下：①发包人据实填写《发包人供应材料设备一览表》，列明材料名称、设备品种、规格型号、单位、数量、单价、质量等级、供应时间、送达地点等，另外还应向承包人提供产品合格证明及出厂证明；②双方共同清点后由承包人妥善保管；③发包人供应的材料设备使用前，由承包人负责检验或测试，不合格的不得使用，并通知发包人予以退换，检验或测试费用由发包人承担；④发包人供应的材料设备（尤其是在使用后会改变原形状或进入隐蔽工程的部分）在可能的条件下应进行留样封存，方便日后提取检测。其他具体操作流程与注意事项等参见《1999版合同》通用条款第七章第27条、《2013版合同》与《2017版合同》通用合同条款第8.1条、第8.3.1条。

（3）发包人不履行合同约定的协助义务

在建设工程施工合同履行过程中，发包人除需履行支付工程款项等主要义务外，还需要履行协助义务，主要包括：提供或补充施工所需的建筑材料、提供施工场地、办理施工所需的相关手续、提供施工图纸等。因发包人不履行协助义务导致承包人无法继续施工的，发包人亦构成违约，发包人经承包人催告后在合理期限内仍未履行的，承包人有权解除合同。司法实践中，发包人不履行协助义务并不必然导致承包人行使法定解除权，承包人更多选择督促发包人履行相应协助义务、顺延工期或者要求发包人承担承包人窝工、停工等损失。如果发包人基于工程款项、施工期限等特殊因素的考虑不愿继续履行合同，并通过不履行相应的协助义务阻挠承包人的施工进程，此行为则应当被认定为发包人以行为表示不履行合同项下的主要义务，承包人有权解除合同。

（二）合同解除后的处理原则

《合同法》第 97 条为合同解除后的效力条款，明确规定了合同解除后的法律后果，以及当事人可采取的救济措施。《建设工程施工合同司法解释（一）》第 10 条则对建设工程合同解除后的处理原则作了特殊规定，具体处理原则如下：(1) 已经完成的建设工程质量合格的，发包人应当按照约定支付相应的工程价款；(2) 已经完成的建设工程质量不合格但修复后的建设工程经竣工验收合格的，发包人请求承包人承担修复费用的，应予支持；(3) 已经完成的建设工程质量不合格且修复后的建设工程经竣工验收不合格的，承包人请求支付工程价款的，不予支持；(4) 因建设工程不合格造成的损失，发包人有过错的，也应承担相应的民事责任；(5) 因一方违约导致合同解除的，违约方应当赔偿因此而给对方造成的损失。《建设工程施工合同司法解释（一）》的该等规定之所以有别于《合同法》第 97 条规定的救济措施，原因在于建设工程合同纠纷不同于一般合同纠纷，其在建筑物竣工后，不能以拆除建筑物为由主张恢复原状——一方面难以实现，另一方面会造成资源浪费。故《建设工程施工合同司法解释（一）》中的该等规定系结合建设工程合同的特殊性进行调整后的结果。

（三）建设工程合同解除后的价款结算问题

对于在解除时点已经开始履行的建设工程施工合同，本着平等与等价有偿原则，发包人应当对承包人已添附于建筑物上的劳务和建材进行折价补偿，故双方面临着在合同解除后对已完工程价款进行结算的问题。

1. 已完工程质量合格的工程价款结算

在承包人已按约完成施工并经验收合格的情况下，工程款按合同约定结算即可，不会产生是否应支付工程款的问题，常见的纠纷主要在于因工程延期交付而引起的支付时限的争议以及因设计变更或工程量调整等履行变更所引发的工程款金额增减的争议等。《建设工程施工合同司法解释（一）》第 16 条中分两款对此问题作出规定，第

1 款针对一般情形作了原则性规定,“当事人对建设工程的计价标准或者计价方法有约定的,按照约定结算工程价款。”第 2 款专门针对履行变更的情形作出规定,“因设计变更导致建设工程的工程量或者质量标准发生变化,当事人对该部分工程价款不能协商一致的,可以参照签订建设工程施工合同时当地建设行政主管部门发布的计价方法或者计价标准结算工程价款”。《建设工程施工合同司法解释(一)》的规定一方面充分体现了遵从当事人意思自治的原则,另一方面体现了在履行变更的情况下注重原则性和灵活性相结合的操作思路。

2. 已完工程质量不合格的工程价款结算

建设工程质量不合格,以验收阶段为标准可分为中间验收不合格、竣工验收不合格和竣工验收不合格且经返修仍不合格三种情况。根据《建设工程价款结算暂行办法》第 13 条第 2 ~ 3 款的规定,承包人应当按照合同约定的方法和时间,向发包人提交已完工程量的报告。已完工程量经发包人核实后,根据确定的工程量结果,发包人应按不低于工程价款 60%、不高于工程价款 90% 向承包人支付工程进度款。又据《建设工程价款结算暂行办法》第 14 条的规定,工程款竣工结算的程序与形象进度款结算相仿,也是在核定工程量的基础上确定竣工结算款。据此可知,工程款的支付应以已完工程量的核实、确定为前提,而可被确定的工程量必定是物化在合格工程之上的工作量。

如建设工程质量不合格,发包人除有权要求根据《建设工程质量管理条例》第 32 条规定要求其返修外,还有权行使《合同法》第 67 条项下的先履行抗辩权拒绝支付相应的工程款,且该等抗辩权的效力可一直持续至工程修复完毕且经再次验收合格之时。如经返修仍不合格的,则表明该建设工程没有使用价值,发包人订立合同的目的无法实现,可追究承包人的根本违约责任,不仅可拒绝支付工程尾款,而且还可以不当得利为由要求承包人返还已收取的工程款并以质量不合格或工期延误为由主张违约赔偿。

3. 未完工程的工程价款结算

在合同约定的施工内容尚未完成时合同被解除的情况下,如当事人约定了具体的计价标准或采取固定单价的价格形式,可按照约定对已完工程部分进行结算。如当事人约定的是固定总价的价格形式,实践中则有不同的做法,主要包括:按照已完工程量据实结算;按照已完工程价款比例或工程量比例进行折算;根据承包人和发包人承担违约责任的不同而有倾向性地选择不同的价款认定方式等。各种价款认定方式的具体分析参见本书第 7 篇文章:《固定总价工程未完,应付款项策无遗算》。

三、关于建设工程合同解除权的相关裁判观点

（一）承包人明确表示或者以行为表明不履行合同主要义务的，发包人有权解除合同

例如，在中铁十四局集团有限公司（以下简称中铁十四局）与大唐四川水电开发有限公司（以下简称大唐公司）、中国建设银行股份有限公司济南高新支行建设工程施工合同纠纷一案①中，由于大唐公司未按约定向中铁十四局足额支付相关工程款项，中铁十四局采取了暂停施工措施。大唐公司主张行使合同解除权，但一审法院认为中铁十四局采取暂停施工措施，系由于大唐公司未履行付款义务而引起，并非中铁十四局的单方违约行为。大唐公司单方作出解除合同通知，并不符合双方合同约定及法律规定的合同解除要件，中铁十四局对该解除合同通知亦不予认可，因此，大唐公司向中铁十四局发出解除通知书并不能起到解除涉案《施工承包合同》的效力。在案件审理过程中，一审法院曾于2011年7月5日组织中铁十四局与大唐公司就案件进行调解，中铁十四局明确提出终止涉案《施工承包合同》的履行，大唐公司则表示解除合同。一审法院认为根据《建设工程施工合同司法解释（一）》第8条之规定，承包人存在"明确表示或者以行为表明不履行合同主要义务的"情形，可以认定涉案《施工承包合同》于2011年7月5日解除。二审法院支持了一审法院的该等观点，判决各方之间签订的《施工承包合同》于2011年7月5日解除。

类似的判例还包括咸阳国隆置业有限公司与陕西航天建筑开发有限公司建设工程施工合同纠纷案②等。

（二）承包人在合同约定期限内未完工，经催告后在合理期限内仍未完工的，发包人有权解除合同

例如，在沈阳清华同方信息港有限公司（以下简称清华同方）与辽宁泰丰铝业装饰工程有限公司（以下简称泰丰铝业）建设工程施工合同纠纷一案③中，承包方泰丰铝业未按双方约定的中间交工工期完工，延期达30天。2012年7月18日，清华同方向泰丰铝业发出《工作联系函》，要求泰丰铝业于2012年7月25日前将质量问题全部整改合格并完成合同约定的全部工程内容，否则终止双方的合作。法院认为，此事实应视为清华同方向泰丰铝业进行了催告，催告泰丰铝业应在7月25日前完工。但事实上，直至2012年8月28日清华同方解除合同，泰丰铝业仍未最终完工，依据《建设工程施工合同司法解释（一）》第8条之规定，清华同方有权解除合同。

---

① 详见（2015）鲁民一终字第412号民事判决书。

② 详见（2016）陕04民终1245号民事判决书。

③ 详见（2015）民提字第193号民事判决书。

类似的判例还包括武汉博昊恒升房地产开发有限公司与深圳市理想装饰设计工程有限公司建设工程施工合同纠纷案[①]等。

（三）承包人已完工程质量不合格并拒绝修复的，发包人有权解除合同

例如，在前述清华同方与泰丰铝业建设工程施工合同纠纷再审一案中（案情同上），市质监站于2012年3月20日发出《工程质量整改通知单》，通知泰丰铝业在复工后的20日整改完毕并报市质监站。但事实上，泰丰铝业自2012年4月初复工，直至8月解除合同仍没有整改完毕。而且其在2012年5月8日至17日的多份维修自检表中自认整改的15,660项自检项目中仍有148项未验收合格。根据2012年8月6日的《会议纪要》内容，泰丰铝业承认"对于质监站提出的六项整改问题，其中仅有一项竖框尺寸偏差问题没有整改合格"，并"承认竖框尺寸偏差是质量问题，此问题整改存在困难"。法院认为，由上述事实可以认定，泰丰铝业对市质监站以及此前清华同方多次提出的质量问题存在拒绝修复的行为。不仅如此，根据2014年12月15日辽宁省建设科学研究院司法鉴定所作出的《司法鉴定检验报告书》，除市质监站提出的质量问题外，至合同解除时该工程还存在五大方面质量问题，而这些工程均是在市质监站提出整改之前就已施工的工程。因此，泰丰铝业施工存在质量问题，并长期未予修复的事实是存在的。故法院依据本条之规定判定清华同方有权解除合同。

（四）承包人将承包的建设工程非法转包、违法分包的，发包人有权解除合同

例如，在湖北中恩建设有限公司（以下简称中恩公司）、湖北中港城置业有限公司（以下简称中港城公司）建设工程施工合同纠纷一案[②]中，一审、二审法院均认为中恩公司存在将案涉建设工程非法转包给案外人的违约事实。根据《建设工程施工合同司法解释（一）》第8条的规定，双方于2016年1月13日签订的《建设工程施工合同》已达到法定解除的条件，故法院对中港城公司要求解除合同的请求予以支持。

（五）发包人未按约定支付工程价款的，承包人有权解除合同

例如，在齐齐哈尔市万达房地产开发有限责任公司（以下简称万达公司）、江苏省苏中建设集团股份有限公司（以下简称苏中公司）建设工程施工合同纠纷再审一案[③]中，涉案《建设工程施工合同》通用条款第16.1款约定，未能遵守约定支付工程价款属发包人严重违约；第16.2款约定，发包人发生第16.1款违约情形，致使承包人无法施工，且在催告合理期限内仍未履行相应义务，承包人可以通知发包人解除合同。涉案"盛和湾小区"1号、2号楼及地下车库工程建设工程的地基、主体等部分经验收合

① 详见（2014）鄂洪山民商初字第01095号民事判决书。

② 详见（2017）鄂28民终2051号民事判决书。

③ 详见（2017）最高法民申923号民事裁定书。

格,2015 年 5 月 4 日被有关部门评选为“结构优质”奖。苏中公司已完成主要合同义务。在 2015 年 9 月 15 日万达公司出具的《工程款对账说明》中,万达公司对拖欠苏中公司工程款的事实予以认可。此种情况下,法院依据本条判决苏中公司有权解除合同。

类似的判例还包括辽宁建工集团有限公司与抚顺市远达房地产开发有限公司建设工程施工合同纠纷案、[①]首钢京唐钢铁联合有限责任公司、大连绿诺集团有限公司建设工程施工合同纠纷案、[②]温州市瓯海建筑工程公司与温州海鹤药业有限公司建设工程施工合同纠纷案[③]等。

此外,本团队律师还查询了法院不支持解除诉请的案例。在赤东建设集团有限公司(以下简称赤东建设集团)与湖北当当置业有限公司(以下简称湖北当当公司)建设工程施工合同纠纷一案[④]中,法院认为因本案中 1 ~10 号楼主体工程已经质量验收,赤东建设集团已履行合同约定的主要建设施工义务,在此情况下要求解除合同,不符合《建设工程施工合同司法解释(一)》的规定,对赤东建设集团以湖北当当公司未按期支付工程款为由要求解除双方签订湖北省建设工程施工合同的诉讼请求,法院未予支持。

(六)发包人提供的主要材料、设备等不符合强制性标准的,承包人有权解除合同

例如,在苏同利与哈尔滨鸿福林劳务服务有限公司(以下简称鸿福林公司)、江苏三兴建工集团有限公司(以下简称江苏三兴公司)、黑龙江嘉兴房地产开发有限公司建设工程施工合同纠纷一案[⑤]中,二审法院认为:……鸿福林公司与江苏三兴公司签订的《建筑工程施工协议书》合法有效。同时,依据《建设工程施工合同司法解释(一)》第 9 条的规定,发包人具有未按约定支付工程价款以及提供的主要建筑材料、建筑构配件和设备不符合强制性标准等违约行为,致使承包人无法施工,且在催告的合理期限内仍未履行相应义务,承包人请求解除建设工程施工合同的,应予支持,现鸿福林公司已经撤出施工现场,双方无法再继续履行协议,客观上双方的施工协议实际已经解除。鸿福林公司在一审提起诉讼时请求解除其与江苏三兴公司签订的《建筑工程施工协议书》,并给付其工程人工费,一审判决按照双方解除施工协议的法律后果判决江苏三兴公司给付鸿福林公司人工费,对解除协议未作出判决不当,本院予以

① 详见(2016)最高法民申 3556 号民事裁定书。
② 详见(2017)最高法民终 57 号民事判决书。
③ 详见(2012)浙温民初字第 4 号民事判决书。
④ 详见(2015)鄂黄冈中民二初字第 00074 号民事判决书。
⑤ 详见(2017)黑 01 民终 245 号民事判决书。

补充纠正。双方签订的《建筑工程施工协议书》解除后，江苏三兴公司应当给付鸿福林公司已经发生的人工费用。

（七）发包人不履行合同约定的协助义务的，承包人有权解除合同

例如，在江苏飞达控股集团有限公司（以下简称飞达集团公司）与江苏鑫洋装饰工程有限公司（以下简称鑫洋装饰公司）建设工程施工合同纠纷一案①中，一审、二审法院均认为：根据建筑装饰工程施工合同的约定，飞达集团公司应于合同签字盖章生效后一周内提供全套施工图纸8套，并于开工前一周办理完成施工所需证件。根据查明事实，合同约定的工期为360天，开工日期为2011年1月1日。自2011年3月起一年多的时间里，鑫洋装饰公司通过工程联系单、会议、信函等方式多次向飞达集团公司提出尽快办理施工图审核和施工许可证等手续。直至鑫洋装饰公司提起诉讼，飞达集团公司仍未能办理完成施工图的审核和施工许可证等手续，以致鑫洋装饰公司无法施工，且明显超出了合理的期限。因此，鑫洋装饰公司有权行使法定解除权。

［**案件复盘**］

本团队律师接受新兴公司委托后，第一时间与客户充分沟通，以客户利益为根本出发点，仔细梳理案卷材料，全面了解与深入剖析案情，勤勉尽职，充分发挥律师团队法律、建设工程方面的专业优势和争议解决的丰富经验，科学合理配置律师资源。针对住总公司关于解除合同的诉讼请求，本团队律师结合法学理论与司法实践进行了严密分析与论证。论证方向主要包括合同解除权的行使条件、合同解除后的处理原则及已完工程价款结算方式等。此外，本团队律师结合分析论证结果，分别站在发包人与承包人角度就合同解除权行使向客户提出合理化建议，并协助客户形成对自身更为有利的诉讼应对策略。

由于建设工程案件判决结果中所认定的事实与证据提交情况息息相关，且多数建设工程施工合同纠纷案件系由承发包双方的混合过错所引发，加之工程项目的复杂性与特殊性会导致时过境迁后取证极为困难，故当事人如能掌握更多对己方有利或对对方不利的证据，便在案件中能够抢占先机，获得更多主动权。基于证据在建设工程案件中尤为重要的地位，本团队律师除对相关规定与案例进行研判分析并提出建议外，还特别提醒客户在合同履行全过程中重视证据的固定与搜集工作。为充分维护客户的合法权益，本团队律师协助客户在合同履行过程中提高管理水平并形成及时取证、固定证据的良好机制。在本案的代理中，本团队律师一方面利用提早介入的优势积极

① 详见（2014）苏民终字第0183号民事判决书。

搜集证据，并在庭审过程中着重强调新兴公司已严格按照合同约定履行了自身的义务，并举证证明联合体未按约支付履约保证金及土建部分工期延误系由联合体内部的中通公司违约行为所致；另一方面，住总公司也存在因其过错导致合同无法继续履行的情形，其无权要求退还全部预付款及利息。

在客户的配合下，最终获得对客户极为有利的裁判结果。新兴公司对于案件处理结果非常满意。该客户对本团队律师团队极为信任，多年以来与本所一直保持良好的合作关系。

24

股东资格关系重大，维权避免隐患爆发

［**案件摘要**］

本案系A公司的股东B公司、C公司、D公司之间的一起股东内部股权转让纠纷案件。C公司及D公司拟将其持有的A公司股权全部转让给B公司并签署相关协议，B公司按约向C公司、D公司支付转让款。D公司将其持有的A公司股权转让至B公司名下，并修改了公司内部的股东名册，但未在工商机关办理变更登记；C公司则拒绝履行股权转让义务。B公司遂委托本团队律师作为代理人，向某仲裁委申请仲裁，在B公司的积极配合下，最终仲裁庭认可了本团队律师的全部主张，裁决C公司立即履行股权转让报批义务；确认D公司不再享有A公司股东资格，裁决D公司配合办理股权变动之工商变更登记。

［**案情回放**］

A公司成立于2002年1月4日，后经历数次股权变更，截至2007年年底，A公司的股东分别为：B公司（占51%股权）、C公司（占25%股权）、D公司（占24%股权）。

2008年9月2日，A、B、C、D四公司（以下合称各方）共同签署了《和解协议书》，约定C公司及D公司将其持有的A公司股权全部转让给B公司，交易步骤如下：首先，协议签订后，B公司将股权转让价款中的300万元支付给C公司、D公司；其次，各方在工商变更登记机关办理此次股权转让涉及的股东变更登记；最后，剩余股权转让价款暂定为2700万元，各方须在满足下列任一条件后，聘请资产评估机构对A公司进行资产评估（评估机构由B公司选定并经D公司同意），并根据评估结果确定最终的股权转让价款和支付时间：(1)A公司整体搬迁完成、政府补偿款到位；(2)政府明确告知将不给予A公司“退二进三”补偿政策；(3)《和解协议书》生效后3年内，A公司未能完成整体搬迁。

《和解协议书》附有两份《股权转让协议》。其中，B公司与C公司签订的《25%股权转让协议》约定，C 公司将其持有的 A 公司 25% 股权转让给 B 公司，股权转让价款为 1600 万元；因 A 公司系中外合资经营企业，股权转让协议自各方签字或盖章后并经 A 公司所属的外资审批部门批准后生效。B 公司与 D 公司签订的《24% 股权转让协议》约定，D 公司将其持有的 A 公司 24% 股权转让给 B 公司，股权转让价款为 1400 万元。

上述协议签订后，B 公司按约向 C 公司、D 公司共计支付 3000 万元，D 公司将其持有的 A 公司 24% 股权转让至 B 公司名下，并修改了公司内部的股东名册，但未在工商机关办理变更登记。

截至 2011 年 9 月 2 日，《和解协议书》生效已届满 3 年，A 公司尚未完成整体搬迁。B 公司根据《和解协议书》的约定向 D 公司发出《关于选聘资产评估机构的通知》，D 公司收到后书面提出异议，双方无法就 A 公司的资产评估机构选聘事宜达成一致意见。B 公司多次要求 C 公司依约将股权转让至其名下，C 公司均拒绝履行。

B 公司遂委托本团队律师作为代理人，向某仲裁委申请仲裁，主要请求事项如下：(1) 裁决 C 公司履行《25% 股权转让协议》所需的报批义务；(2) 确认 D 公司不再享有 A 公司的股东资格，裁决 D 公司配合办理 24% 股权变动之工商变更登记。

［**战略战术**］

一、吃透案情，准确把握争议焦点，做到有的放矢

本案涉及的事实和法律问题十分复杂，本团队律师投入大量精力，加班加点假日无休，在短时间内就将事实和法律问题梳理清晰，并在此基础上准确预测争议焦点，着重对此进行法律研究，在庭审前已对本案可能涉及的争议焦点制定了极具针对性的应对方案。

本案中涉及的当事人众多、证据资料驳杂，仅《和解协议书》一项的约定就十分复杂，属于一起股权转让纠纷疑难案件。本团队律师在研读相关材料后，亦觉得本案十分棘手。

本案的第一个争议焦点是，《25% 股权转让协议》约定，该协议需经 A 公司所属外资审批部门批准后生效，但直至 B 公司申请仲裁时 C 公司仍未履行报批义务，当然更不可能得到审批部门的批准。那么，该协议是否已生效？C 公司认为按照协议约定，其尚未生效。作为 B 公司的代理人，本团队律师认为根据《最高人民法院关于审理外商投资企业纠纷案件若干问题的规定(一)》第1条规定[①]之精神,应当认定《25%股权转让协议》中的报批条款已生效,C公司有义务履行报批义务。

本案的第二个争议焦点是,《和解协议书》约定的整体搬迁与股权转让之间究竟存在何种关系?C公司、D公司认为,A公司整体搬迁是股权转让的前提条件。本团队律师则认为,此项争议产生的根源在于各方当事人对案涉合同条款的理解产生了重大分歧,需要运用合同解释规则对合同条款进行解释:其一,根据文义解释,完成整体搬迁仅是股权转让最终价款确定的考虑因素之一,而非股权转让本身的前置性条件;其二,根据目的解释,各方签订协议的根本目的在于通过C公司、D公司退股的方式,解决股东间全部纠纷事项,而非整体搬迁本身。

本案的第三个也是核心争议焦点是,C公司、D两公司是否还享有A公司的股东资格?C公司认为,《25%股权转让协议》仍未生效,C公司当然依旧享有A公司的股东资格。D公司认为,虽然此次股权转让已变更股东名册,但尚未进行工商变更登记,D公司仍享有A公司的股东资格。本团队律师经过对股东资格问题的深入研究和分析,认为股东资格及股权变动的标志应为股权内部登记,因此D公司不再享有A公司的股东资格。

二、预判风险,对突发事件作出专业而迅速的反应

本案在审理过程中,C公司、D公司曾向B公司发送关于解除《和解协议书》《补充协议》《股权转让协议》的通知,妄图通过此种方式混淆仲裁庭视听,阻挠案件审理进程。本团队律师迅速制定应对方案,决定向仲裁庭申请增加一项仲裁请求,请求确认C公司等发出的通知无效。仲裁庭起初认为该项申请不属于本案的受理范围而不予受理,但经本团队律师数次专业、耐心地向仲裁庭阐述我方主张的合规合法性,最终成功说服仲裁庭,采纳了本团队律师增加该项仲裁请求的申请,并在裁决中对该项仲裁请求予以支持。

三、专业高效推进案件进程

本团队律师在本案审理过程中,兢兢业业为客户进行服务,秉承勤勉尽责、客户利益至上的原则,积极推进案件审理进程。在仲裁审理阶段,多次向仲裁庭提交包括但不限于关于尽快推进资产评估程序及提请和确认评估现场勘验时间的申请以及尽快

---

① 《最高人民法院关于审理外商投资企业纠纷案件若干问题的规定(一)》第1条规定:"当事人在外商投资企业设立、变更等过程中订立的合同,依法律、行政法规的规定应当经外商投资企业审批机关批准后才生效的,自批准之日起生效;未经批准的,人民法院应当认定该合同未生效。当事人请求确认该合同无效的,人民法院不予支持。前款所述合同因未经批准而被认定未生效的,不影响合同中当事人履行报批义务条款及因该报批义务而设定的相关条款的效力。"

推进仲裁案件审理程序的申请等法律文件，同时针对仲裁庭关注的问题迅速提出专业的法律分析意见，积极推进案件审理进程。

最终，仲裁庭认可了本团队律师的全部主张，裁决：（1）C公司立即履行《25%股权转让协议》项下的股权转让报批义务；（2）确认D公司不再享有A公司的股东资格，裁决D公司配合办理24%股权变动之工商变更登记。

在本案进入执行阶段后，本团队律师为客户拟定高效合理的执行方案，短时间内即顺利完成客户最为关注的股权转让事项的执行工作，客户对此十分满意。需特别指出的是，本案仲裁裁决生效后，C公司等针对该仲裁裁决提出了撤销仲裁裁决以及不予执行仲裁裁决的申请。本团队律师出于对客户认真负责的工作原则，在已完成委托代理协议约定义务后，不计工作成本免费在前述司法程序中继续担任B公司代理人，尽最大努力维护客户的权益。

B公司对本团队律师在代理本案过程中所表现出的专业、高效的职业素养与科学、标准的办案流程以及尽职尽责的工作态度给予高度的赞扬和肯定，后续又继续委托本团队律师代理客户公司及其关联公司的其他诉讼案件。

［**法案研判**］

本案的争议，引出一个非常基础且重要的法律问题：有限责任公司股东资格的认定标准是什么？股东资格的认定直接关系到股东权利的行使以及利益的分配，是众多公司诉讼的前提与关键所在。下文将以本案为引，在调研分析相关法律法规、理论观点与裁判观点的基础之上，深入细致论述有限责任公司股东资格认定标准问题，并归纳最高人民法院对此问题的裁判逻辑。

一、关于有限责任公司股东资格认定标准的相关法律法规

目前，关于有限责任公司股东资格认定标准的现行有效的相关法律法规主要包括：

1.《公司法》第3条第2款规定："有限责任公司的股东以其认缴的出资额为限对公司承担责任；股份有限公司的股东以其认购的股份为限对公司承担责任。"

2.《公司法》第11条规定："设立公司必须依法制定公司章程。公司章程对公司、股东、董事、监事、高级管理人员具有约束力。"

3.《公司法》第25条规定："有限责任公司章程应当载明下列事项：……（四）股东的姓名或者名称；（五）股东的出资方式、出资额和出资时间……股东应当在公司章程上签名、盖章。"

4.《公司法》第28条规定："股东应当按期足额缴纳公司章程中规定的各自所认

缴的出资额。股东以货币出资的,应当将货币出资足额存入有限责任公司在银行开设的账户;以非货币财产出资的,应当依法办理其财产权的转移手续。

股东不按照前款规定缴纳出资的,除应当向公司足额缴纳外,还应当向已按期足额缴纳出资的股东承担违约责任。”

5.《公司法》第29条规定:“股东认足公司章程规定的出资后,由全体股东指定的代表或者共同委托的代理人向公司登记机关报送公司登记申请书、公司章程等文件,申请设立登记。”

6.《公司法》第31条第1款规定:“有限责任公司成立后,应当向股东签发出资证明书。”

7.《公司法》第32条规定:“有限责任公司应当置备股东名册……

记载于股东名册的股东,可以依股东名册主张行使股东权利。

公司应当将股东的姓名或者名称向公司登记机关登记;登记事项发生变更的,应当办理变更登记。未经登记或者变更登记的,不得对抗第三人。”

8.《公司法》第71条规定:“有限责任公司的股东之间可以相互转让其全部或者部分股权。

股东向股东以外的人转让股权,应当经其他股东过半数同意。股东应就其股权转让事项书面通知其他股东征求同意,其他股东自接到书面通知之日起满三十日未答复的,视为同意转让。其他股东半数以上不同意转让的,不同意的股东应当购买该转让的股权;不购买的,视为同意转让。

经股东同意转让的股权,在同等条件下,其他股东有优先购买权。两个以上股东主张行使优先购买权的,协商确定各自的购买比例;协商不成的,按照转让时各自的出资比例行使优先购买权。

公司章程对股权转让另有规定的,从其规定。”

9.《公司法》第72条规定:“人民法院依照法律规定的强制执行程序转让股东的股权时,应当通知公司及全体股东,其他股东在同等条件下有优先购买权。其他股东自人民法院通知之日起满二十日不行使优先购买权的,视为放弃优先购买权。”

10.《公司法》第73条规定:“依照本法第七十一条、第七十二条转让股权后,公司应当注销原股东的出资证明书,向新股东签发出资证明书,并相应修改公司章程和股东名册中有关股东及其出资额的记载。对公司章程的该项修改不需再由股东会表决。”

11.《公司法》第75条规定:“自然人股东死亡后,其合法继承人可以继承股东资格;但是,公司章程另有规定的除外。”

12.《最高人民法院关于适用〈中华人民共和国公司法〉若干问题的规定(三)》(以下简称《公司法司法解释(三)》)第17条规定:"有限责任公司的股东未履行出资义务或者抽逃全部出资,经公司催告缴纳或者返还,其在合理期间内仍未缴纳或者返还出资,公司以股东会决议解除该股东的股东资格,该股东请求确认该解除行为无效的,人民法院不予支持。

在前款规定的情形下,人民法院在判决时应当释明,公司应当及时办理法定减资程序或者由其他股东或者第三人缴纳相应的出资。在办理法定减资程序或者其他股东或者第三人缴纳相应的出资之前,公司债权人依照本规定第十三条或者第十四条请求相关当事人承担相应责任的,人民法院应予支持。"

13.《公司法司法解释(三)》第22条规定:"当事人之间对股权归属发生争议,一方请求人民法院确认其享有股权的,应当证明以下事实之一:(一)已经依法向公司出资或者认缴出资,且不违反法律法规强制性规定;(二)已经受让或者以其他形式继受公司股权,且不违反法律法规强制性规定。"

14.《公司法司法解释(三)》第23条规定:"当事人依法履行出资义务或者依法继受取得股权后,公司未根据公司法第三十一条、第三十二条的规定签发出资证明书、记载于股东名册并办理公司登记机关登记,当事人请求公司履行上述义务的,人民法院应予支持。"

15.《公司法司法解释(三)》第24条规定:"有限责任公司的实际出资人与名义出资人订立合同,约定由实际出资人出资并享有投资权益,以名义出资人为名义股东,实际出资人与名义股东对该合同效力发生争议的,如无合同法第五十二条规定的情形,人民法院应当认定该合同有效。

前款规定的实际出资人与名义股东因投资权益的归属发生争议,实际出资人以其实际履行了出资义务为由向名义股东主张权利的,人民法院应予支持。名义股东以公司股东名册记载、公司登记机关登记为由否认实际出资人权利的,人民法院不予支持。

实际出资人未经公司其他股东半数以上同意,请求公司变更股东、签发出资证明书、记载于股东名册、记载于公司章程并办理公司登记机关登记的,人民法院不予支持。"

16.《公司法司法解释(三)》第25条规定:"名义股东将登记于其名下的股权转让、质押或者以其他方式处分,实际出资人以其对于股权享有实际权利为由,请求认定处分股权行为无效的,人民法院可以参照物权法第一百零六条的规定处理。

名义股东处分股权造成实际出资人损失,实际出资人请求名义股东承担赔偿责任的,人民法院应予支持。"

17.《公司法司法解释(三)》第26条规定:"公司债权人以登记于公司登记机关的股东未履行出资义务为由,请求其对公司债务不能清偿的部分在未出资本息范围内承担补充赔偿责任,股东以其仅为名义股东而非实际出资人为由进行抗辩的,人民法院不予支持。

名义股东根据前款规定承担赔偿责任后,向实际出资人追偿的,人民法院应予支持。"

18.《公司法司法解释(三)》第27条规定:"股权转让后尚未向公司登记机关办理变更登记,原股东将仍登记于其名下的股权转让、质押或者以其他方式处分,受让股东以其对于股权享有实际权利为由,请求认定处分股权行为无效的,人民法院可以参照物权法第一百零六条的规定处理。

原股东处分股权造成受让股东损失,受让股东请求原股东承担赔偿责任、对于未及时办理变更登记有过错的董事、高级管理人员或者实际控制人承担相应责任的,人民法院应予支持;受让股东对于未及时办理变更登记也有过错的,可以适当减轻上述董事、高级管理人员或者实际控制人的责任。"

19.《公司法司法解释(三)》第28条规定:"冒用他人名义出资并将该他人作为股东在公司登记机关登记的,冒名登记行为人应当承担相应责任;公司、其他股东或者公司债权人以未履行出资义务为由,请求被冒名登记为股东的承担补足出资责任或者对公司债务不能清偿部分的赔偿责任的,人民法院不予支持。"

20.《最高人民法院关于适用〈中华人民共和国公司法〉若干问题的规定(四)》(以下简称《公司法司法解释(四)》)第16条规定:"有限责任公司的自然人股东因继承发生变化时,其他股东主张依据公司法第七十一条第三款规定行使优先购买权的,人民法院不予支持,但公司章程另有规定或者全体股东另有约定的除外。"

21.《公司法司法解释(四)》第17条规定:"有限责任公司的股东向股东以外的人转让股权,应就其股权转让事项以书面或者其他能够确认收悉的合理方式通知其他股东征求同意。其他股东半数以上不同意转让,不同意的股东不购买的,人民法院应当认定视为同意转让。

经股东同意转让的股权,其他股东主张转让股东应当向其以书面或者其他能够确认收悉的合理方式通知转让股权的同等条件的,人民法院应当予以支持。

经股东同意转让的股权,在同等条件下,转让股东以外的其他股东主张优先购买的,人民法院应当予以支持,但转让股东依据本规定第二十条放弃转让的除外。"

22.《公司法司法解释(四)》第20条规定:"有限责任公司的转让股东,在其他股东主张优先购买后又不同意转让股权的,对其他股东优先购买的主张,人民法院不予支持，但公司章程另有规定或者全体股东另有约定的除外。其他股东主张转让股东赔偿其损失合理的，人民法院应当予以支持。”

23.《公司法司法解释（四）》第21条规定：“有限责任公司的股东向股东以外的人转让股权，未就其股权转让事项征求其他股东意见，或者以欺诈、恶意串通等手段，损害其他股东优先购买权，其他股东主张按照同等条件购买该转让股权的，人民法院应当予以支持，但其他股东自知道或者应当知道行使优先购买权的同等条件之日起三十日内没有主张，或者自股权变更登记之日起超过一年的除外。

前款规定的其他股东仅提出确认股权转让合同及股权变动效力等请求，未同时主张按照同等条件购买转让股权的，人民法院不予支持，但其他股东非因自身原因导致无法行使优先购买权，请求损害赔偿的除外。

股东以外的股权受让人，因股东行使优先购买权而不能实现合同目的的，可以依法请求转让股东承担相应民事责任。”

对于确认股东资格所需要素文件，我国法律并未采取构成要件这种清晰明确的形式，我国《公司法》只是对判断要素作了笼统规定，《公司法司法解释（三）》与《公司法司法解释（四）》虽然较《公司法》本身有所完善，对实务操作中易产生争议的几种情形进行列举性规定，但仍不够明确与完备。实践中因股东资格而引发的纠纷千差万别，涉及的要素材料纷繁复杂，包括实际出资、出资证明书、公司章程、股东名册、工商登记等，一般情况下争议各方往往均能或多或少提供对己方有利的要素材料，这就使股东资格认定标准的法律适用和法律解释存在很大争议。

二、关于有限责任公司股东资格认定标准的相关理论观点

本文试图在学理分析的基础上，从判例实践中进行抽象，通过“特殊到一般”的方式来归纳股东资格确认的模式。

确认股东资格，首先需明确“股东资格”的概念。股东资格，是投资人取得和行使股东权利、承担股东义务的基础。关于股权的含义，有广义和狭义之说。广义的股权，是指股东基于出资或者认购股份享有的从公司获取经济利益和参与公司经营管理的各项权利义务的总称。狭义的股权，则是指股东因向公司出资或认购股份而对公司享有的权利。[①] 对于股权与股东资格的关系，理论界与实务界均存在一定争议：大多数学者与法院判决的观点认为，股权权属的取得等同于股东资格的获得，[②]二者本质意

---

① 参见孙晓浩：《公司法的基本原理》，中国检察出版社2006年版，第188页。

② 参见江平、孔祥俊：《论股权》，载《中国法学》1994年第1期；广东省高级人民法院：《关于股权转让纠纷案件的调研报告》，载《商事审判研究》（2006年卷），人民法院出版社2007年版，第56页；安徽省高级人民法院（2009）皖民二终字第0011号判决书。

义相同,只是前者侧重财产性和价值性、后者侧重身份性和人格性;但也有学者认为股权权属的取得不等同于股东资格的获得,[①]因《公司法》及《公司法司法解释(三)》对股权转让与股权变动采取了不同的表述,二者的分离使股东资格确认与股权归属相分离,有利于保护股权受让人的财产利益。我们倾向于赞同前一种观点,原因在于保护受让人财产利益并非必须通过股东资格与股权归属相分离的方式,区分合同效力与权属变动效力一样可以实现,人为地分离二者只会造成认识上和实践中的困惑。

在确认股东资格的获得等同于股权权属取得的前提下,股东资格确认问题就转化为股权权属变动模式及标准的问题。股权权属变动,即股权变动,是股权的交付,也是股权的权属在转让人与受让人之间的让渡,是股权物的意义上的权属变化。[②] 作为一种准物权行为,股权变动可参照物权变动的理论模式。综观世界各国关于物权变动的民法理论,物权变动共有三种模式,分别为债权意思主义变动模式、物权形式主义变动模式和债权形式主义变动模式。在第一种模式下,物权变动依据当事人的债权合意达成;在第二种模式下,物权变动依据独立于债权关系而存在的物权合意及交付、登记行为而发生;在第三种模式下,物权变动依据债权合意及交付、登记行为而发生。

就有限责任公司的股权变动而言,《公司法》仅在第 32 条中规定了登记对抗主义,但股权变动究竟是采意思主义、物权形式主义还是债权形式主义并不明确。我们认为应属于债权形式主义,理由如下:首先应当排除意思主义。一方面,《公司法司法解释(三)》第 22 条的表述已经排除了意思主义;另一方面,意思主义以牺牲绝对权的优先性为代价换取交易安全,会造成操作上的诸多混乱。[③] 其次也应当排除物权形式主义。一方面,从《公司法》第 32 条第 3 款的规定来看,登记系对抗第三人的要件而非股权变动要件;另一方面,物权形式主义难以解决交易安全保护的问题,在我国缺乏适用的法律环境。综上所述,股权变动模式采债权形式主义更加符合立法者原意,且更适合我国的实践环境。

从权属变动的角度来看股权转让行为,通常而言,其一共包括三个步骤:一是股权转让合意产生合同效力,受让方可据此要求对方转让股权,但不能直接确认股东身份;二是股权内部变更登记(公司章程、股东名册等)属于股东转让股权的交付行为,产生权属于变动效力,股权变动及股东资格均由此而生;三是股权外部变更登记(工商变更登记)属于股权转让的公示行为,产生对抗第三人的效力。

---

① 参见楼晓:《论"出资""股份""股权"及"股东资格"间的法律关系》,载《法学杂志》2009 年第 2 期。

② 参见胡晓静:《股权转让中的股东资格确认——基于股权权属与股东资格的区分》,载《当代法学》2016 年第 2 期。

③ 参见马莲:《股权变动法律问题研究》,吉林大学 2014 年博士学位论文。

从这个角度反观股权转让及股东资格的判断要件，我们认为，实际出资及出资证明书仅能证明受让方履行了合同义务，受让方可据此要求转让方承担继续履行、赔偿损失等违约责任；在实际出资的前提下，股东名册变更登记可作为股东资格确认的有力证据，公司章程可以作为佐证；工商登记则具有对抗第三人的作用。这也与学界公认"以形式要件为原则、实质要件为例外"①的一般适用规则相吻合。

依照上述分析回观本案，对C公司、D两公司的股东资格，可以得出这样的结论：《25%股权转让协议》仍未生效，但不影响C公司履行报批义务条款的效力。C公司虽然依旧享有A公司的股东资格，但需按照合同约定履行报批的义务；D公司的股权变动已反映在股东名册中，即使尚未进行工商变更登记，其也不再享有A公司的股东资格。

三、关于有限责任公司股东资格认定标准问题的相关裁判观点

本团队律师经检索最高人民法院相关裁判案例，发现裁判观点的内在逻辑与上文中总结的理论观点基本一致，主要如下：

（一）合意转让的合同行为产生合同效力，受让方可据此要求对方转让股权，但不能据此直接确认为股东身份

股权转让合意产生合同效力，受让方可据此要求对方转让股权。例如，在泰安永鸿矿山资源投资有限公司（以下简称永鸿矿山公司）与闫某柱、闫某杰股权转让纠纷一案②中，最高人民法院认为："本案《股权转让协议》和《补充协议》应当继续履行。主要理由是：受让方永鸿矿山公司、永鸿商贸公司在《股权转让协议》生效后即实际接管了股权转让的目标公司永发矿业公司，永发矿业公司也将其主要资产梧桐沟煤矿的采矿权予以转让，除本案诉争的19%股权未变更登记外转让方已履行全部合同义务，且闫某柱并不违约，故永鸿矿山公司关于闫某柱违约而主张解除合同的诉讼请求缺乏事实和法律依据，本院不予支持；对闫某柱关于继续履行合同的反诉请求，本院予以支持。"

相应地，由于合同效力是后续身份确认的基础，未履行相应审批程序而尚未生效的合同，并不能作为确认股东身份的依据。例如，在华星西北汽车贸易有限公司（以下简称华星西北汽贸公司）与上海汽车西安联营销售公司（以下简称上汽西安销售公司）股东资格确认纠纷一案③中，最高人民法院认为："华星西北汽贸公司亦未能够举证证明中汽贸西北公司对其在上汽西安销售公司中的50%出资权益的处置行为已经

① 参见朱川：《有限责任公司股东资格确认问题研究》，复旦大学2012年博士学位论文。

② 详见（2014）民二终字第127号民事判决书。

③ 详见（2015）民申字第2153号民事裁定书。

按照《企业国有资产监督管理暂行条例》的要求履行了相应的审批程序。故对华星西北汽贸公司所提其享有中汽贸西北公司在上汽西安销售公司50%出资人权益的再审申请主张,本院依法不予支持。"

(二)股权内部变更登记属于股东转让的交付行为,产生权属变动效力,股权变动及股东资格均由此而生

法院认定股东资格,一般以两个要件为准:一是实质要件,即出资行为本身,该要件可通过转账凭证、收据等证据证明;二是形式要件,即目标公司对出资的认可,该要件一般通过公司章程、股东名册、股东会决议等股权内部变更登记证明。

例如,在云南华强工贸有限公司(以下简称华强公司)、怒江兴源中小水电开发有限公司(以下简称兴源公司)等与云南贡山华龙电力开发有限公司(以下简称华龙公司)股东资格确认纠纷一案①中,最高人民法院认为:"当事人主张股东资格和股东权利,必须满足两个要件,即实质要件和形式要件。实质要件是以出资为取得股东资格的必要条件,形式要件是对股东出资的记载和证明,是实质要件的外在表现。股权取得实质要件是向公司认购出资或者股份而取得股权,包括原始取得和继受取得。股权取得形式要件多见于股东完成出资后在公司章程上的记载、股东名册上的记载和工商机关的登记。本案中,根据华龙公司第一届三次股东会决议、同日变更的公司章程,以及2004年4月9日华龙公司出具给江东公司的《一期资本金到位凭单》《收据》,证明华强公司、兴源公司、秦云公司均认可江东公司系华龙公司股东,取得华龙公司18%的股权,并收到江东公司支付的18%股权的对价,第一届三次股东会决议得到了实际履行。"

再如,在刘芳平、黎凌等与藤县米兰房地产开发有限公司(以下简称米兰公司)股东资格确认纠纷一案②中,最高人民法院认为:"黎凌、刘芳平、徐荣志在米兰公司2010年4月27日股东会决议以及黎凌投资款项表上签字,确认了黎凌的投资款数额。2010年9月7日,米兰公司召开第五次股东会,决议确认黎凌占50%股份,明确将原登记在刘芳平名下的70%股份中的50%股份转给黎凌指定人范金颜,于2010年10月10日前办理工商变更登记手续,刘芳平、徐荣志、范金颜予以协助,黎凌、刘芳平、徐荣志等均在股东会决议上签字确认。因此,原判决认定黎凌实际出资及代持股份数额的基本事实有充分证据证明,刘芳平提供的黎凌《委托书》以及关于黎凌未在米兰公司管理决策方面体现股东身份的主张,并不足以否定米兰公司股东会决议事项

① 详见(2016)最高法民申2613号民事裁定书。

② 详见(2016)最高法民申1398号民事裁定书。

的内容。”

又如,在万家裕与丽江宏瑞水电开发有限公司(以下简称宏瑞公司)其他股东权纠纷一案[①]中,最高人民法院认为:“股东身份的确认,应根据当事人的出资情况以及股东身份是否以一定的形式为公众所认知等因素进行综合判断。根据本案查明的事实,本院认为万家裕已经取得了宏瑞公司的股东身份。首先,万家裕已经向宏瑞公司实缴出资,万家裕打入宏瑞公司账户的510万元为出资款而非借款。2008年6月,代表宏瑞公司处理日常事务的唐振云及宏瑞公司股东张正云与万家裕协商,由万家裕向宏瑞公司出资510万元,占30%的股权。由此证明,万家裕在出资之前,已经与宏瑞公司及其股东就出资事宜达成了合意。……2008年8月4日,万家裕将所贷的510万元打入了宏瑞公司的账户,实缴了出资,履行了先前约定的出资义务,宏瑞公司的会计凭证也将该510万元记载为‘实收资本’。……2011年6月20日及23日,宏瑞公司作出的《账务自查结论》仍然注明‘实收万家裕资本金510万元’。以上事实足以证明,万家裕已经按认缴的出资额向宏瑞公司实缴了出资,万家裕支付的510万元为出资款而非借款。其次,万家裕的股东身份已经记载于《宏瑞公司章程》,万家裕也以股东身份实际参与了宏瑞公司的经营管理。2008年8月10日,唐振云、张正云和万家裕共同修订并签署了新的《宏瑞公司章程》。……《宏瑞公司章程》中载明,万家裕于2008年8月10日认缴出资510万元,占宏瑞公司注册资本的30%。其后,万家裕以宏瑞公司董事长的身份,出席了双河电站的复工典礼,并多次参加宏瑞公司的股东会,讨论公司经营管理事宜,实际行使了股东权利。”

与此相对应,法院在驳回股东资格确认的主张时,也往往从实质要件与形式要件两个角度进行说明。

例如,在朱绍义、嘉荫县红峰水利水电开发有限责任公司(以下简称红峰公司)股东资格确认纠纷一案[②]中,最高人民法院认为:“(一)出资问题。……在公司注册资本已经全额实缴完毕的情况下,无论朱绍义在2007年8月19日至2007年12月9日之间何时汇出20万元,该20万元均不能认定为公司注册资本。……(二)股东身份记载问题。……出资证明书具有要式性,案涉《股份证明书》不符合股东出资证明书的要式性要求。此外,朱绍义亦未提供其在红峰公司股东名册上记载的相关证据。”类似的判例还包括李贵宝、中承华宇建设集团有限公司股东资格确认纠纷案,[③]刘婧、王

① 详见(2014)民提字第00054号民事判决书。
② 详见(2017)最高法民申909号民事裁定书。
③ 详见(2017)最高法民申296号民事裁定书。

昊股东资格确认纠纷案,[①]华星西北汽车贸易有限公司与上海汽车西安联营销售公司股东资格确认纠纷案,[②]黄志高与江苏扬子江船厂有限公司、扬子江船业(控股)有限公司等股东资格确认纠纷案[③]等。

再如,在龙岩市新罗区福兴建材经营部(以下简称建材经营部)与福建龙岩农村商业银行股份有限公司(以下简称龙岩农商行)其他股东权纠纷一案[④]中,最高人民法院认为:"建材经营部虽系原恭发信用社股东,但在信用联社成立过程中,建材经营部未按信用联社筹建组的通知以及相关程序进行股权登记,其在原恭发信用社的股金亦在恭发信用社撤并过程中按通知规定被转为户名为'待清退股金'的定期储蓄存款。从龙岩弘业有限责任会计师事务所出具的信用联社《验资报告》亦能看出,信用联社的股东并不包含建材经营部,即在恭发信用社注销、信用联社设立过程中,建材经营部持有的股金最终没有被量化折算为信用联社的股金。以上事实表明,建材经营部未向信用联社实际出资。由于龙岩农商行是由信用联社整体改制而来,既然建材经营部并非信用联社的股东,自然亦不能成为龙岩农商行的股东。"

又如,在王云与青海珠峰虫草药业有限公司(以下简称珠峰公司)、王辉等股东资格确认纠纷一案[⑤]中,最高人民法院认为:"由于在珠峰公司 2012 年 4 月增资至 5000 万元过程中,并无证据证明王云与王辉及海科公司之间达成了合法有效的代持股合意,王云委托王健和美信公司转款系用于此次增资的意图亦不明确,因此即便增资资金来源于王云,亦不能就此认定王云对记载于王辉及海科公司名下珠峰公司股权享有股东权益,故王云要求确认王辉及海科公司在珠峰公司的相应股权由其享有的诉讼请求,因证据不足,本院不予支持。"类似的判例还包括郑修德与和静县备战矿业有限责任公司、中建东方控股有限公司股东资格确认纠纷案[⑥]等。

(三)股权外部变更登记属于股东转让的公示行为,产生对抗第三人的效力

股权外部变更登记属于股东转让的公示行为首先是股东身份的强有力证明。例如,在星岛(延边)绿色产业有限公司、韩国株式会社韩星世界与黄今花、黄姬子、安图星岛绿色饮品有限公司(以下简称安图星岛公司)、朴胜姬、李淑子、朴胜兰、朴男日股东资格确认纠纷一案[⑦]中,最高人民法院认为:"从工商登记手续上看,安图星岛公司

---

① 详见(2016)最高法民申 2519 号民事裁定书。
② 详见(2015)民申字第 2153 号民事裁定书。
③ 详见(2015)民申字第 3369 号民事裁定书。
④ 详见(2014)民申字第 35 号民事裁定书。
⑤ 详见(2015)民申字第 692 号民事裁定书。
⑥ 详见(2015)民申字第 1671 号民事裁定书。
⑦ 详见(2014)民申字第 449 号民事裁定书。

是朴今石、黄今花、黄姬子出资设立的……安图星岛公司的减资、增资均经工商行政管理机关办理了变更登记，手续合法。其公司治理中的问题，应由其公司章程规定。再审申请人称安图星岛公司的股东会议决议违背法律的强制性规定，没有证据证明，其主张不能成立。"

除此之外，工商登记还能产生对抗第三人的效力。一旦股权进行了工商登记，第三人对该等股权登记事实不知情的主张一般不会被法院支持。例如，在聂荣华与河南仰韶生化工程有限公司（以下简称仰韶公司）、何永涛等股东资格确认纠纷一案①中，最高人民法院认为："嵘中峰公司注册设立过程中，在工商局的登记备案材料显示：2006 年 12 月 1 日的《章程》中明确记载，仰韶公司为嵘中峰公司股东，并占公司出资比例的 70%；同年 12 月 2 日嵘中峰公司的《公司首次股东会决议》中也记载仰韶公司出资 700 万元，占出资比例 70%；2006 年 12 月 19 日的《银行询征函》中，也显示仰韶公司出资 700 万元，其出资比例及数额与《章程》及《公司首次股东会决议》内容是一致。……上述证据材料及聂荣华庭审中自认的事实，足以证明在嵘中峰公司设立过程中，聂荣华对仰韶公司已成为嵘中峰公司登记股东的事实知道并认可。"

［**案件复盘**］

本团队律师默契合作、协同作业，对本案展开了深入研究，办理过程中体现出了专业、高效的职业素养。接受委托后，本团队律师短时间内就将事实和法律问题梳理清晰，准确预测争议焦点，着重对此进行法律研究，制定了极具针对性的诉讼方案；仲裁庭审中，就 C 公司、D 公司提出的涉案协议已经解除的抗辩意见快速反应，并予以反击，本团队律师即刻向仲裁庭申请"确认 C 公司、D 公司发出的解除协议通知无效"，并说服仲裁庭接受并支持该项申请。我方请求最终得到了仲裁庭的支持，大获全胜。在执行阶段，本团队律师为客户拟定最为契合的执行方案，短时间内即顺利完成委托人最为关注的股权转让事项的执行工作，得到委托人的高度认可。

结合本案及相关裁判观点中的倾向性意见，本团队律师特此提醒股权转让交易中的受让方，在交易过程中重点关注以下事项，预先防范可能产生的法律风险，以维护自身合法权益：

1. 在签署股权转让协议或类似法律文件之前，对拟收购股权的目标公司进行充分尽职调查，审查其工商登记的股权信息是否与实际相符，主要审查事项包括：是否存在股权代持情形；是否存在未实缴注册资本的情形等。如存在股权代持情形，应要求名

① 详见（2015）民申字第 1154 号民事裁定书。

义股东披露实际出资人，并将名义股东与实际出资人共同作为股权转让协议的出让方进行签约，在协议中明确约定各方权利义务；关于注册资本的缴纳情况，应当要求转让方提供注册资本已全部实缴完成的相应证明材料（如缴款凭证、验资报告等），如经查确系存在未实缴注册资本的情形，为避免与转让方就全面履行出资义务承担连带责任，①受让方应要求转让方在股权转让之前履行完毕实缴出资义务，或在股权转让价款中予以相应扣除后代为缴足转让方欠缴的出资额。

2. 判断是否存在影响股权转让协议生效的情形。如本案中外商投资企业报批前置义务的相关规定会直接影响股权转让协议的效力，在实践中应重点关注。另外，如涉及国有资产转让的，应当按照规定进行资产评估并在法定的产权交易所进行公开交易，否则该等股权转让协议存在因恶意串通损害国家利益而被认定无效的风险。

3. 判断是否存在其他影响股权转让的障碍。根据《公司法》的相关规定，公司其他股东享有同等条件下的优先购买权，为保障交易顺利进行，建议转让方出具其他股东同意放弃优先购买权的股东会决议或其他书面承诺文件。

4. 在股权转让协议中明确设置转让方主要义务履行期限以及相应的违约条款。转让方及目标公司在股权转让中的主要义务为配合办理工商变更登记、向受让方移交公司资产及其他相关文件资料等。故建议在股权转让协议中对该等义务的履行期限作出明确约定。同时在股权转让价款支付条款中应尽量避免一次性提前付款的商务安排，而应考虑在分期付款的基础上设置各笔股权转让价款的付款前提条件，并将该等条件与转让方的主要义务对应的时间节点相挂钩。除此之外，还建议设置转让方违反合同义务时的违约条款，以作为敦促转让方履行合同义务及维护受让方权益的有力保障。

5. 建议在股权转让协议中明确约定如非因双方原因无法按期完成工商变更登记时，应由目标公司先行变更股东名册并向受让方送达出资证明书，优先保障受让方享有对内的股东权利，在达到工商变更条件时的一定期限内进行变更登记，以进一步达到对抗第三方的目的。

① 《公司法司法解释（三）》第 18 条规定："有限责任公司的股东未履行或者未全面履行出资义务即转让股权，受让人对此知道或者应当知道，公司请求该股东履行出资义务、受让人对此承担连带责任的，人民法院应予支持；公司债权人依照本规定第十三条第二款向该股东提起诉讼，同时请求前述受让人对此承担连带责任的，人民法院应予支持。受让人根据前款规定承担责任后，向该未履行或者未全面履行出资义务的股东追偿的，人民法院应予支持。但是，当事人另有约定的除外。"

第五编

炉火纯青

2012~2014

本编收录的案例系本团队在业界享有较高声誉之后所代理的较为复杂、疑难的诉讼、仲裁案件。本团队在成立以来，始终重视并强调总结和积累的重要性，由此形成了众多可直接运用于实务的经验成果。本编所提及的案件处理心得，便是本团队律师集多年执业经验之大成所呈现的结果。无论是对于证据的搜集、法律法规本身的解读，还是对于诉讼、仲裁技巧的运用，均体现了本团队在承办该等案件时的炉火纯青、驾轻就熟。

25

“实际施工人”忌滥用，个案分情形重变通

[案件摘要]

本案系一起涉及“实际施工人”制度的典型建设工程施工合同纠纷案件。大众汽车自动变速器(大连)有限公司(以下简称大众公司)为大众汽车大连自动变速器项目工程的发包人，北京三元建设有限公司(以下简称三元公司)为总承包人，北京联东钢结构有限公司(以下简称联东公司)为分包人。在分包工程结算阶段，联东公司试图以实际施工人的身份突破合同相对性，要求发包人大众公司与承包人三元公司就工程结算款的支付义务承担连带责任。本团队律师作为大众公司的代理人，通过证明联东公司并非实际施工人，成功避免了大众公司承担连带责任的后果。

[案情回放]

2008年2月25日，大众公司与三元公司签订英文版的《建设工程施工合同》。2008年2月26日，大众公司与三元公司签订中文版的《建设工程施工合同》，前述两个合同均约定由三元公司承建大众公司的大众汽车大连自动变速器项目工程。

2008年3月2日，三元公司与联东公司签订两份《大众汽车大连自动变速器项目工程分包合同》(以下简称《分包合同》)，约定由联东公司承建大众汽车大连自动变速器项目工程中的钢结构、金属板屋面及天沟、金属隔墙等分包工程加工、制作、安装(投标时钢结构所属的所有工作内容)。两份《分包合同》仅争议解决方式约定不同，其中一份合同约定向某仲裁机构申请仲裁，另一份合同约定向北京市通州区人民法院(以下简称通州法院)起诉。

2009年11月13日，三元公司与联东公司签订《大众汽车大连自动变速器项目金属结构制作安装合同价款结算协议》(以下简称《结算协议》)，约定工程结算价款为3300万元。因三元公司未按《结算协议》支付工程价款，联东公司于2012年11月22日向通州法院起诉，请求三元公司支付工程款及迟延付款期间的利息，大众公司对此

承担连带责任。本团队律师通过提出管辖权异议成功将本案移送至北京市大兴区人民法院(以下简称大兴法院)审理。大兴法院最终采纳了我方代理观点,判决驳回联东公司对大众公司的全部诉讼请求,各方均未上诉。

[战略战术]

合同相对性原则源自债的相对性,是合同法的基本原则之一。根据合同相对性原则,合同仅对缔约方产生效力,除合同当事人外,其他任何人不得享有合同权利,也不承担合同责任。但是,随着交易关系的复杂化,真正履行合同的主体可能包括了缔约方以外的当事人,为了保护这些当事人的权益,法律创设了种种例外,允许在有限的情形下突破合同相对性。尽管最初突破合同相对性的立法意图是实现真正的公平,但是不可避免地,这些"例外"有时也被滥用,侵害合同当事人的权益。本案中大众公司被起诉后,委托本团队律师代理本案。接受委托后,本团队律师仔细研究案件材料,充分准备,以有效的诉讼策略取得了本案的胜诉。本团队律师在本案中的具体做法和办案经验如下:

一、全面、深入研究案件材料,成功改变管辖,大大降低联东公司诉讼预期,联东公司在对大众公司的一审诉请败诉后未提起上诉

本团队律师接受委托后了解到,联东公司的分包单位北京烨兴钢制品有限公司(以下简称烨兴公司)曾起诉大众公司,要求大众公司与联东公司、三元公司承担连带付款责任(以下简称关联案件)。关联案件由通州法院审理,通州法院支持了烨兴公司对大众公司的诉讼请求。大众公司不服通州法院判决向二审法院提起上诉,二审法院最终维持了通州法院判决。为全面、深入了解本案情况,本团队律师赴通州法院调取了关联案件的相关诉讼材料。经仔细研究案件材料,本团队律师发现以下情况:

第一,通州法院既非合同履行地,也非被告住所地。涉案合同履行地在大连,本案被告一三元公司住所地在大兴,本案被告二大众公司住所地在大连,与通州法院均无关联。

第二,关联案件的主审法官与本案主审法官系同一人。

第三,三元公司曾在关联案件中提交过其与联东公司签订的《分包合同》,该《分包合同》与联东公司在本案中提交的《分包合同》除管辖约定不同外,其余内容完全相同。三元公司提交的《分包合同》约定管辖为仲裁,联东公司认可该《分包合同》的真实性且并未提及其在同一天内另行签订了只有管辖约定不同的《分包合同》。

第四,联东公司与三元公司同属于北京联东投资集团公司,系关联公司。

前述发现引起本团队律师的高度重视,本团队律师判断联东公司存在利用管辖获得对其有利判决的可能性。为避免同一法院的同一法官在审理相同类型的案件时沿袭相似的审判思路,作出不利于大众公司的判决,本团队律师及时向通州法院提出了管辖权异议。虽管辖异议未获通州法院支持,但本团队律师并未放弃,就管辖异议裁定提起上诉,据理力争。二审法院最终撤销了通州法院的管辖权异议民事裁定,将本案移送大兴法院处理。本案管辖法院的改变大大降低了联东公司的诉讼预期,联东公司在对大众公司的一审诉请败诉后未提起上诉。

值得一提的是,根据 2015 年 2 月 4 日生效的《民诉法司法解释》第 28 条第 2 款的规定,建设工程施工合同纠纷按照不动产纠纷确定管辖。根据这一规定,在《民诉法司法解释》出台后,本案的管辖为专属管辖,管辖法院只能是大连市经济技术开发区人民法院,而不应是被告一三元公司住所地的大兴法院。

二、利用扎实的专业知识及丰富的实务经验,一举打掉联东公司对大众公司的全部诉讼请求

大众公司关联案件的代理人曾在该案中辩称,大众公司未曾允许三元公司将工程转包给其他公司,故由此带来的不利后果不应由大众公司承担。由于《建设工程施工合同司法解释(一)》第 26 条适用的前提是施工总承包合同及所有下游转包、违法分包合同均无效,因此认可三元公司钢结构工程分包行为将有利于案件判决。本团队律师就三元公司钢结构分包事宜展开深入调查。经落实,三元公司在将本案钢结构工程分包给联东公司之前即将此事告知过大众公司,且在钢结构工程分包后将相应分包合同的复印件报送大众公司留存备案,大众公司认可三元公司分包行为。基于前述情况,本团队律师调整本案应诉思路,在面对主审法官关于三元公司分包钢结构工程事项之询问时,明确表示认可三元公司的分包行为。大兴法院因此认定三元公司与联东公司之间的《分包合同》合法有效,根据合同相对性原则,联东公司只可向合同相对方即三元公司主张权利,不应要求大众公司承担连带付款责任,大兴法院据此作出(2013)大民初字第 7475 号民事判决书,驳回了联东公司对大众公司的全部诉讼请求,各方均未上诉。

[**法案研判**]

本案争议焦点之一在于联东公司实际施工人身份的认定问题。“实际施工人”并非传统民事法律体系中的固有概念,该制度的引入旨在维护农民工合法权益,杜绝恶意拖欠农民工工资的情形。但在实践中却屡屡被施工方所滥用,成为其任意突破合同相对性的借口。下文将从“实际施工人”的相关规定出发,解析该制度的概念、出台背景与影响,并对司法实践中利用“实际施工人”制度主张权利获得支持与未获支持的裁判观点分别进行分析解读。

一、关于"实际施工人"制度的相关法律法规

目前,关于"实际施工人"制度现行有效的相关法律法规主要包括:

1.《建设工程施工合同司法解释(一)》第1条规定:"建设工程施工合同具有下列情形之一的,应当根据合同法第五十二条第(五)项的规定,认定无效:(一)承包人未取得建筑施工企业资质或者超越资质等级的;(二)没有资质的实际施工人借用有资质的建筑施工企业名义的;(三)建设工程必须进行招标而未招标或者中标无效的。"

2.《建设工程施工合同司法解释(一)》第4条规定:"承包人非法转包、违法分包建设工程或者没有资质的实际施工人借用有资质的建筑施工企业名义与他人签订建设工程施工合同的行为无效。人民法院可以根据民法通则第一百三十四条规定,收缴当事人已经取得的非法所得。"

3.《建设工程施工合同司法解释(一)》第25条规定:"因建设工程质量发生争议的,发包人可以以总承包人、分包人和实际施工人为共同被告提起诉讼。"

4.《建设工程施工合同司法解释(一)》第26条规定:"实际施工人以转包人、违法分包人为被告起诉的,人民法院应当依法受理。

实际施工人以发包人为被告主张权利的,人民法院可以追加转包人或者违法分包人为本案当事人。发包人只在欠付工程价款范围内对实际施工人承担责任。"

5.《建设工程施工合同司法解释(二)》第24条规定:"实际施工人以发包人为被告主张权利的,人民法院应当追加转包人或者违法分包人为本案第三人,在查明发包人欠付转包人或者违法分包人建设工程价款的数额后,判决发包人在欠付建设工程价款范围内对实际施工人承担责任。"

6.《建设工程施工合同司法解释(二)》第25条规定:"实际施工人根据合同法第七十三条规定,以转包人或者违法分包人怠于向发包人行使到期债权,对其造成损害为由,提起代位权诉讼的,人民法院应予支持。"

7.《最高人民法院规范审理房地产纠纷案件的指导意见》第6条规定:"妥善处理非法转包、违法分包、肢解发包、不具备法定资质的实际施工人借用资质承揽工程等违法行为,以保证工程质量。对规避标准化法关于国家强制性标准的规定,降低建材标号,擅自缩减施工流程,降低工程质量标准等危及建筑产品安全的行为,要按照法律规定和合同约定严格予以处理;构成犯罪的,交由有关部门依法追究责任人的刑事责任。"

8.《全国民事审判工作会议纪要》第4条第3款规定:"关于实际施工人的权利行使对象问题。对实际施工人向与其没有合同关系的转包人、分包人、总承包人、发包人提起的诉讼，要严格依照法律、司法解释的规定进行审查；不能随意扩大《关于审理建设工程施工合同纠纷案件适用法律问题的解释》第二十六条第二款的适用范围，并且要严格根据相关司法解释规定明确发包人只在欠付工程价款范围内对实际施工人承担责任。”该规定首次提出对于实际施工人突破合同相对性提起的诉讼，要严格审查，不能扩大《建设工程施工合同司法解释（一）》第26条的适用范围。

9.《北京市高院施工合同解答》第18条规定：“《解释》中的‘实际施工人’是指无效建设工程施工合同的承包人，即违法的专业工程分包和劳务作业分包合同的承包人、转承包人、借用资质的施工人（挂靠施工人）；建设工程经数次转包的，实际施工人应当是最终实际投入资金、材料和劳力进行工程施工的法人、非法人企业、个人合伙、包工头等民事主体。法院应当严格实际施工人的认定标准，不得随意扩大《解释》第二十六条第二款的适用范围。对于不属于前述范围的当事人依据该规定以发包人为被告主张欠付工程款的，应当不予受理，已经受理的，应当裁定驳回起诉。”

10.《北京市高院施工合同解答》第19条规定：“实际施工人以违法分包人、转包人为被告要求支付工程款的，法院不得依职权追加发包人为共同被告；实际施工人以发包人为被告要求支付工程款的，应当追加违法分包人或转包人作为共同被告参加诉讼，发包人在其欠付违法分包人或转包人工程款范围内承担连带责任。发包人以其未欠付工程款为由提出抗辩的，应当对此承担举证责任。”

11.《北京市高院施工合同解答》第20条规定：“不具有资质的实际施工人（挂靠施工人）挂靠有资质的建筑施工企业（被挂靠人），并以该企业的名义签订建设工程施工合同，被挂靠人怠于主张工程款债权的，挂靠施工人可以以自己名义起诉要求发包人支付工程款，法院原则上应当追加被挂靠人为诉讼当事人，发包人在欠付工程款范围内承担给付责任。因履行施工合同产生的债务，被挂靠人与挂靠施工人应当承担连带责任。挂靠人承揽工程后，以被挂靠人名义将工程分包、转包给他人施工，施工人主张欠付工程款的，按照《北京市高级人民法院审理民商事案件若干问题的解答之五》第四十七条规定处理。”

12.《北京市高院施工合同解答》第21条规定：“承包人依据建设工程施工合同要求发包人支付工程款，发包人主张将其已向合法分包人、实际施工人支付的工程款予以抵扣的，不予支持，但当事人另有约定、生效判决、仲裁裁决予以确认或发包人有证据证明其有正当理由向合法分包人、实际施工人支付的除外。”

13.《最高人民法院关于当前民事审判工作中的若干具体问题》第6条第5款规定：“此外，对于《建设工程司法解释》第二十六条规定，目前实践中执行得比较混乱，我特别强调一下，要根据该条第一款规定严守合同相对性原则，不能随意扩大该条第二款规定的适用范围，只有在欠付劳务分包工程款导致无法支付劳务分包关系中农民工工资时，才可以要求发包人在欠付工程价款范围内对实际施工人承担责任，不能随意扩大发包人责任范围。”

二、关于“实际施工人”制度的相关理论观点

（一）“实际施工人”的概念界定

在《建设工程施工合同司法解释（一）》之前，《合同法》《建筑法》《建设工程质量管理条例》等法律法规在表述承包人概念时使用了承包人、建筑施工企业、施工人、承包建筑工程的单位等，均没有出现过“实际施工人”的表述。《建设工程施工合同司法解释（一）》首次创设了“实际施工人”这一概念。而对于“实际施工人”，《建设工程施工合同司法解释（一）》并未给出定义。《最高人民法院建设工程施工合同司法解释理解与适用》对“实际施工人”的定义为“无效合同的承包人、转承包人、违法分包合同的承包人、没有资质借用有资质的建筑施工企业的名义与他人签订建筑工程施工合同的承包人”。①

（二）“实际施工人”的法理基础

从法理上说，合同相对性是债权合同的基础。最高人民法院认为，《建设工程施工合同司法解释（一）》第 26 条第 2 款允许实际施工人突破合同相对性向不具有合同关系的发包人主张权利，从法理上来说是有缺陷的。基于这一理解，最高人民法院在多个指导意见、案例中都反复强调，《建设工程施工合同司法解释（一）》第 26 条第 2 款的适用必须受到严格的条件限制，不得任意扩大适用范围。根据最高人民法院的观点，适用《建设工程施工合同司法解释（一）》第 26 条第 2 款的条件之一就是原则上施工总承包合同及所有下手转包、违法分包合同均无效，这样才能符合债权合同相对性弱化原理。如果总承包合同有效，按照合同法原则，有效合同就应当全面实际履行；发包人在有效合同中只对合同相对人负有履行义务，对合同之外的人不负担履行义务。如果不是这样，那么合同的效力就不完整，就有缺陷。合同相对人除负担合同义务外，还要负担合同以外的义务。这对合同当事人而言是不公平的，是其签约时无法预料的，如此便不能保障交易安全。施工合同与其他合同相比较而言，具有特殊性，其特殊性在于转包、违法分包合同与上手总承包合同比较而言，虽然属于两个独立的法律关系，但它们之间具有牵连关系。例如，在转包合同与上手合同之间，通常仅在工程价款上存在差异，而像施工范围、质量标准、工期、违约责任等合同其他主要条款均与上手合同基本相同。转包人、违法分包人为上手和下手两份合同的当事人，这些特征的存

① 参见最高人民法院民一庭：《民事审判前沿》，人民法院出版社 2014 年版。

在为无效合同突破相对性后的处理方案打下一定的基础。[①] 综上所述，最高人民法院认为《建设工程施工合同司法解释(一)》第26条第2款仍然是突破了合同的相对性，这也是一直以来的主流观点。

但是，最高人民法院在近期的一个判例中推翻了之前的观点。最高人民法院在天津建邦地基基础工程有限公司与中冶建工集团有限公司建设工程施工合同纠纷一案[②]中，认为《建设工程施工合同司法解释(一)》第26条适用于建设工程非法转包和违法分包情况，不适用于挂靠情形，该解释第2条赋予主张工程款的权利主体为承包人而非实际施工人。

该认定从根本上重新确立了《建设工程施工合同司法解释(一)》第26条的法理基础，即本条规定并不是对于合同相对性的突破，而是在实际施工人和发包人之间应当存在事实上的合同关系。在这个意义上，《建设工程施工合同司法解释(一)》第26条保护的是承包人而非实际施工人。基于该案的司法观点，《建设工程施工合同司法解释(一)》第26条的规定不能适用于挂靠法律关系引起的纠纷，即挂靠人不能以实际施工人的身份向发包人主张权利。

(三)"实际施工人"制度的背景

在《建设工程施工合同司法解释(一)》出台之前，中国经济连续13年以年均9.3%的幅度增长，而建筑业作为国民经济的支柱产业，在经济建设中发挥着举足轻重的作用。但与此同时，由于建筑业市场供需不平衡，导致建筑业市场准入门槛低，大量资质不足的施工企业或施工承包队伍，为应对激烈的市场竞争，采取挂靠有资质的建筑企业的方式，承揽了大量的建设工程，层层转包的怪象始终禁而不止，施工利润在经过层层转包后已经非常微薄，实际施工人几乎无法取得利润，因此拖欠农民工工资的现象愈演愈烈。据统计，截至2003年，全国共拖欠农民工工资总额高达336亿元；据新华社的一项调查统计，在接受调查的农民工中，有72.5%的受访对象表示，他们的工资不同程度地遭到拖欠，其中28.8%的受访对象表示，从未按时拿到过工资。[③] 由于农民工工资拖欠无法得到解决，当时不断发生农民工集体讨薪，甚至自杀的恶性事件，引起了政府的高度重视，清欠农民工工资成为当时的重点民生工作，成为了一项政治任务。在此情形下，为了维护社会的稳定，《建设工程施工合同司法解释(一)》第26条出台，赋予了实际施工人突破合同相对性的诉权。因此，《建设工程施工合同司

---

① 参见最高人民法院民事审判第一庭：《实际施工人在何种情况下有权以发包人为被告提起诉讼》，载《民事审判指导与参考》(总第36集)，法律出版社2009年版，第274～275页。

② 详见(2017)最高法民申3613号民事裁定书。

③ 参见陈宜堃：《建设领域拖欠工程款和农民工工资的成因及对策》，载《沿海企业与科技》2005年第9期。

法解释(一)》第26条的立法本意是倾向于保护农民工的利益。

(四)“实际施工人”制度的评价

尽管《建设工程施工合同司法解释(一)》第26条出台的本意是保护农民工利益,但从法理上来说,突破合同相对性并无法理依据;从实践中来说,这一制度往往被恶意利用,导致各种司法乱象。例如,实际施工人为了追要工程款,无论发包人是否已经支付工程款,都将发包人作为被告;承包人多次违法分包,导致大量实际施工人起诉发包人;实际施工人与承包人恶意串通,虚报工程款金额,由于发包人与实际施工人之间没有合同关系,因此不了解实际施工人与承包人的合同条款,也不了解实际施工人施工的实际情况,根本无法作出有力抗辩;①一方当事人在法庭上竭力证明自己违法以争取获得不法利益等。这些怪象的根本原因在于“实际施工人”制度实际上使得违法者救济途径更多,变相鼓励了违法行为,违背了其立法本意而沦为一种“恶法”。

除此之外,《建设工程施工合同司法解释(一)》第26条也并未从根本上解决拖欠农民工工资的问题。因为实际施工人并非农民工个人,农民工仍然需要通过劳动仲裁、诉讼解决工资拖欠争议,而无法直接通过《建设工程施工合同司法解释(一)》第26条维护其合法权益。

针对以上问题,最高人民法院也在不断地通过出台新规定、新判例,不断调整《建设工程施工合同司法解释(一)》第26条的适用规则,在不涉及农民工权益,或劳务报酬占比不高的建设工程项目中,不支持实际施工人向发包人主张工程价款,尽可能还原“实际施工人”制度的立法本意。

最高人民法院在《建设工程施工合同司法解释(二)》中,仍然保留了对实际施工人权益保护的制度,但结合第24条及第25条的规定来看,《建设工程施工合同司法解释(二)》一方面将借用资质(挂靠)方排除出实际施工人的范围,另一方面将实际施工人对发包人请求权的基础限缩为在欠付工程款范围内行使代位债权,从上述立法本意来看,最高人民法院对于“实际施工人”制度秉持的原则是严格限制、谨慎适用。

三、关于“实际施工人”制度的相关裁判观点

本团队律师以“建设工程合同纠纷”“实际施工人以发包人为被告主张权利的,人民法院可以追加转包人或者违法分包人为本案当事人”为关键词,对最高人民法院案例进行检索。受篇幅所限,本团队律师以其中4个案例及最高人民法院《民事审判指导与参考》中所载案例为代表,归纳最高人民法院司法观点如下:

---

① 参见曲笑飞:《尴尬的情怀,错位的制度——对“实际施工人”概念及制度的反思》,载陈沸主编:《建筑工程房地产法律实务精要》,知识产权出版社2018年版。

（一）实际施工人主张权利被支持的案例及理由

1. 发包人与实际施工人直接签订合同

最高人民法院认为，发包人与实际施工人直接签订合同的，实际施工人可以依据合同直接向发包人主张权利。此时，并不适用《建设工程施工合同司法解释（一）》第26条之规定。

例如，在中铁二局股份有限公司（以下简称中铁二局）与李春久建设工程施工合同纠纷一案[①]中，对于是否应当追加圣奇公司（承包人）作为第三人的问题，最高人民法院认为："《退场清算协议》系中铁二局与李春久签订。中铁二局作为合同一方，应当受该合同的约束。本案是李春久依据《退场协议书》起诉请求中铁二局支付工程款，即使其与中隧公司、圣奇公司对于涉案工程款的支付问题有约定，也不能约束李春久。中铁二局提到的《合作经营协议》，其本是协议的当事人，但并未提交该协议，故其以查明《合作经营协议》为由要求法院追加圣奇公司为第三人的理由不能成立，且其一审时并未提出追加第三人，因此，对于其追加圣奇公司为第三人的主张，本院不予支持。"

2. 实际施工人已全面履行建设施工义务，且工程验收合格，有权请求发包人给付欠付工程款

最高人民法院认为，实际施工人已全面履行了建设施工义务，且建设工程已验收合格，依据《建设工程施工合同司法解释（一）》第2条、第26条之规定，实际施工人有权请求发包人给付欠付工程款。

例如，在满洲里市扎赉诺尔宏基城市基础设施投资开发有限责任公司（以下简称宏基公司）与聂绮、中国内蒙古森林工业集团森天建设有限公司（以下简称森天公司）建设工程施工合同纠纷一案[②]中，最高人民法院认为："关于聂绮是否为本案的实际施工人问题。聂绮与森天公司所签订的《协议书》明确约定，聂绮挂靠、借用森天公司的资质，聂绮对工程全额投资、自主组织施工、独立核算、自负盈亏。协议签订后，涉案工程全部是由聂绮组织施工及投资建设的。对此，森天公司并无异议，而且发包方宏基公司已付的工程款项，是直接拨付至聂绮承包的项目部和聂绮个人公司账户的。这说明宏基公司明知或者应当知道涉案工程是由聂绮投资并组织施工建设的。鉴此，一审判决认定聂绮为实际施工人正确，应予维持。虽然宏基公司否定聂绮实际施工人身份，但事实依据不足，不予支持。鉴于聂绮已全面履行了建设施工义务，且建设工程已

① 详见（2015）民一终字第248号民事判决书。

② 详见（2013）民一终字第100号民事判决书。

验收合格。依据《最高人民法院关于审理建设工程施工合同纠纷案件适用法律问题的解释》第2条、第26条的规定，聂绮请求发包人宏基公司给付欠付工程款，依法应予支持。”

3. 建设工程经竣工验收合格后，实际施工人与发包人所签订的建设工程价款结算协议，人民法院可予保护

最高人民法院认为，建设工程经竣工验收合格后，实际施工人与发包人已经就涉案工程签署结算协议的，该结算协议应视为实际施工人与发包人就施工工程价款结算问题所达成的合意。实际施工人请求发包人依据结算协议支付工程价款的，人民法院可予支持。

例如，在黑龙江省东阳房地产开发有限公司（以下简称东阳开发公司）与郑延利建设工程施工合同纠纷一案①中，最高人民法院认为，关于乔广华同郑延利结算行为的效力问题，2007年11月2日，东阳开发公司出具《委托书》，内容为：“东阳开发公司委托乔广华与郑延利决算伦河商贸城工地工程款。乔广华同意负责付工程欠款，以乔广华欠据金额为准。”根据该委托书的内容，东阳开发公司作为委托人，乔广华系东阳开发公司的受托人，委托事项为代为决算涉案工程结算款，因此，乔广华实施结算行为的法律后果基于民事代理关系而归属于东阳开发公司。东阳开发公司主张其所出具《委托书》系附条件的民事法律行为，工程款结算条件未成就，无事实依据，一审、二审法院对此事实认定和适用法律正确、恰当。

（二）实际施工人主张权利未被支持的案例及理由

1.《建设工程施工合同司法解释（一）》第26条倾向于保护农民工利益，在农民工工资或劳务报酬占比不高的建设工程项目中，实际施工人无权向发包人主张工程价款

最高人民法院认为，从《建设工程施工合同司法解释（一）》第26条的出台背景及其第1款和第2款的适用关系上看，该条旨在保护农民工的合法权益。农民工工资或劳务报酬在工程款中的占比很高，且多为农民工的基本生活保障费用。为此，《建设工程施工合同司法解释（一）》第26条第2款作出了特殊情况下准许实际施工人突破合同相对性向发包人主张工程欠款的规定。因此，不涉及农民工利益的，不应纳入第26条第2款的适用范围。

例如，在丁地恒达机械厂（以下简称恒达机械厂）与普兰店市宏祥房地产开发有

① 参见最高人民法院民事审判第一庭：《民事审判指导与参考》（总第49辑），人民法院出版社2012年版，第170～180页。

限公司(以下简称宏祥公司)、丁地成大建筑劳务有限公司(以下简称成大公司)、丁地博源建设集团有限公司(以下简称博源公司)、赵学君建设工程施工合同纠纷一案①中,最高人民法院认为:“本案恒达机械厂系经与成大公司之间签订的钢梁制作安装协议书而取得案涉钢梁制作安装工程,并按合同约定需提供钢梁的制作、运输、安装等作业,且包工包料,可见其提供的是专业技术安装工程并非是普通劳务作业,被拖欠的工程款并非劳务分包费用,并不具备《建设工程施工合同司法解释》第26条第2款规定的适用条件。恒达机械厂已按合同约定完成的钢梁工程承包作业,也仅仅是宏祥公司与博源公司之间建设工程施工合同内容中的部分施工内容,属违法分包工程,并非全面履行发包人与承包人之间的合同。因此,并不符合《建设工程施工合同司法解释》第26条规定的情形,一审、二审判决未判定宏祥公司承担连带责任并无不当。至于宏祥公司是否对转包知情,并不影响本案判决结果。”

2. 实际施工人与承包人约定仲裁的情况下不能起诉发包人

最高人民法院认为,实际施工人与转包人或者违法分包人之间约定了仲裁条款,实际施工人不得以《建设工程施工合同司法解释(一)》第26条为依据起诉发包人。

例如,在甘肃杰出建筑工程有限公司(以下简称杰出建筑公司)与中交第二公路工程局有限公司(以下简称中交公路公司)、兰渝铁路有限责任公司(以下简称兰渝铁路公司)建设工程施工合同纠纷一案②中,最高人民法院认为:“《最高人民法院关于审理建设工程施工合同纠纷案件适用法律问题的解释》第26条规定:‘实际施工人以转包人、违法分包人为被告起诉的,人民法院应当依法受理。实际施工人以发包人为被告主张权利的,人民法院可以追加转包人或者违法分包人为本案当事人。发包人只在欠付工程价款范围内对实际施工人承担责任。’本条司法解释第1款确立了实际施工人工程价款请求权的一般规则,即实际施工人可以依法起诉与其具有合同关系的转包人、违法分包人;第2款明确了实际施工人工程价款请求权的例外救济,即实际施工人可以要求发包人在欠付工程价款范围内对实际施工人承担责任。本案中,杰出建筑公司主张工程价款的基础法律关系是其与中交公路公司之间的合同关系,而双方在合同中约定了仲裁条款,排除了法院管辖权。杰出建筑公司将兰渝铁路公司、中交公路公司作为共同被告起诉至甘肃省陇南市中级人民法院,违背了杰出建筑公司与中交公路公司通过仲裁处理双方争议的约定。原裁定书中虽有不甚准确的表述,但适用法释〔2004〕14号解释第26条的规定并不存在法律适用错误的问题。”因此,杰出建筑公司

① 详见(2015)民申字第919号民事裁定书。
② 详见(2014)民申字第1591号民事裁定书。

再审申请最终被驳回。

3. 建设项目施工负责人或管理人不是建设工程施工合同主体，不能以合同当事人名义提出支付工程款的请求

最高人民法院认为，合同关系不同于其他民事法律关系的特点在于合同的相对性。合同关系的相对性是合同规则和合同制度赖以建立的基础和前提，也是合同法立法和审判实践必须遵循的一项重要原则。依据该原则，只有合同当事人可以就合同起诉和被诉。

例如，在黑龙江省环亚建筑工程有限公司（以下简称环亚公司）与哈尔滨医科大学附属第四医院（以下简称医大四院）及原审第三人刘国力建设工程施工合同纠纷一案[①]中，最高人民法院认为，本案各方当事人对一审判决认定的彼此为建设工程施工合同纠纷的法律关系性质无异议，因此，涉案《施工合同》的权利义务，只能对特定的签约主体环亚公司与医大四院产生约束力，而且，只有环亚公司与医大四院才能行使合同约定的权利。刘国力作为医技楼项目施工负责人，是依据环亚公司的意思表示从事负责施工管理，不符合《建设工程施工合同司法解释（一）》第26条"实际施工人为转包人"和"违法分包人的承包人"的条件，其与《施工合同》签约双方不存在合同关系，不能以合同当事人的名义向医大四院提出支付工程款的请求。同理，医大四院也不能为刘国力设定合同上的权利义务，即不能向刘国力支付工程款。环亚公司与医大四院作为《施工合同》的相对方，理应依据约定向对方履行合同义务。

［**案件复盘**］

本案为建设工程施工合同纠纷案件，双方主要争议焦点是联东公司是否属于实际施工人。

联东公司试图利用实际施工人制度，突破合同相对性，主张由大众公司承担连带付款责任。本团队律师基于深厚的专业知识及丰富的实务积累，迅速判断，如大众公司认可三元公司的分包行为，则三元公司的分包行为合法有效，联东公司不属于实际施工人，而是合法的分包人，只能依据分包合同的约定向三元公司主张权利，而无权突破合同相对性向大众公司主张。本团队律师这一诉讼策略有效地抗辩了联东公司对大众公司的诉请，并取得了合议庭的认可和支持。本案一审判决作出后，联东公司自知即便二审也无法推翻一审判决，因此并未提出上诉。

---

① 参见最高人民法院民事审判第一庭：《民事审判指导与参考》（总第43辑），法律出版社2011年版，第176~177页。

大众公司对于本案的判决结果非常满意，高度赞扬了本团队律师在案件代理过程中体现的高效、专业、敬业精神。基于对本团队律师的信任，大众公司将后续关联案件也委托本团队律师代理，且后续关联案件也都取得了令人满意的结果。

通过本案可以看出，发包人在工程管理中应当特别注意防范实际施工人的“骚扰”，对此，本团队律师作出如下建议：(1)在招投标阶段，选择资信较好、近几年未受过处罚、经济实力较强的承包人；(2)在合同签订阶段，明确禁止承包人层层转包、违法分包，并明确约定承包人违约后果；(3)可以选择仲裁机构作为争议解决机构，利用争议解决方式的不同规避实际施工人起诉发包人；(4)在合同履行阶段，派驻有经验的人员在现场进行监督管理，避免实际施工人的存在；(5)在结算阶段，注意做好结算证据的留存，发包人仅需在欠付工程款范围内向实际施工人承担责任。

26

巧妙运用预约理论，据理力争扭转乾坤

［案件摘要］

本案系山西太钢工程技术有限公司（以下简称太钢公司）与宁夏三友环保制造有限公司（以下简称宁夏三友公司）、上海三友宝发环保技术公司（以下简称上海三友公司）就协议书性质及其条款内涵的理解有分歧引发的一起合同纠纷案件。太钢公司与宁夏三友公司、上海三友公司曾签署《协议书》与《合作协议书》，约定太钢公司将中泰公司60万吨/年石灰窑项目全部设备采购与安装工作交予宁夏三友公司、上海三友公司具体负责。后由于合作方不具备相关设备经营许可和质量认证，太钢公司仅将部分设备供应工作交由其完成。宁夏三友公司与上海三友公司遂将太钢公司诉至宁夏回族自治区石嘴山市中级人民法院（以下简称石嘴山中院），要求太钢公司承担违约责任。本团队律师接受太钢公司委托代理本案。本案经一审、二审发回重审、重审一审、重审二审及再审等程序，案件经过可谓一波三折。在石嘴山中院原审和重审两次判决结果均支持对方诉讼请求的不利局面下，本团队律师通过巧妙运用预约合同理论，促使重审二审法院宁夏回族自治区高级人民法院（以下简称宁夏高院）与再审法院最高人民法院（以下简称最高院）基本采纳我方相关代理意见，宁夏三友公司、上海三友公司要求太钢公司承担违约责任的诉请被全部驳回，本案最终取得令当事人极为满意的诉讼结果。

［案情回放］

2010年8月17日，太钢公司与宁夏三友公司、上海三友公司就石灰窑项目商议长期合作事宜并签订《协议书》一份，约定：(1)由太钢公司负责与发包方签订工程总承包合同（以下简称总包合同）。(2)太钢公司签订总包合同后，将全部设备采购款交与宁夏三友公司、上海三友公司并由该两家公司具体负责执行总包合同项下设备采购与安装等工作，执行期限至该项目竣工验收结束。太钢公司负责项目的设计与工程管理过程的监督及调试启动工作。(3)宁夏三友公司、上海三友公司在总包合同的执行过程中,必须严格执行国家相关法律法规,施工、安装、安全、监理等上岗人员必须具备相应资质且无条件服从太钢公司监管。(4)太钢公司收取的设计与监管费及挂靠费为与发包方所签订总包合同总额的4%,由宁夏三友公司、上海三友公司分批支付给太钢公司。(5)针对各方明确约定进行合作的发包方,如该发包方后期有石灰窑工程交由太钢公司承包的,太钢公司承包后必须承包给宁夏三友公司、上海三友公司。(6)针对各方明确约定进行合作的项目,如太钢公司中标后,全部承包给宁夏三友公司、上海三友公司。(7)宁夏三友公司、上海三友公司与太钢公司所有签订的协议条款全部按本协议履行。(8)如有一方违约,赔付对方总包合同总额的8%。(9)合同争议的解决方式,由起诉方所在地解决。

2011年6月1日,太钢公司与宁夏三友公司、上海三友公司共同参加中泰公司60万吨/年石灰窑项目成套设备BT工程项目投标,各方签订联合体协议书一份。2011年7月17日,各方另行签订《合作协议书》一份,约定内容与各方于2010年8月17日签订的《协议书》类似,但将合作项目具体锁定在"中泰公司60万吨/年石灰窑项目"。此后,太钢公司单独投标并于2011年8月22日中标。2011年9月,太钢公司与中泰公司签订60万吨/电石项目石灰窑装置EPC总承包工程合同。2011年10月15日,建设单位召开会议,纪要记载:"同意将石灰窑除尘设备交由宁夏三友公司制作,不同意将所有设备交由宁夏三友公司供货。"太钢公司将总承包项目中的分包项目和设备供应交由其他公司完成。宁夏三友公司于2011年11月9日向太钢公司支付设计与监管费10万元。之后,太钢公司仅将合同价款9,256,000元石灰窑除尘设备交由宁夏三友公司购置,其余设备交由其他单位购置。宁夏三友公司、上海三友公司认为太钢公司违背协议书约定,依照协议书第8条的约定,如有一方违约应赔付对方总包合同总额的8%。中泰公司60万吨/年电石项目石灰窑装置EPC总承包工程合同金额为179,850,000元,其中包括建筑工程费、安装工程费63,736,076元,设备购置费102,541,849元,工程勘查、设计、工程管理、设备监造、检验、调试等其他费用13,572,076元。

宁夏三友公司、上海三友公司诉至石嘴山中院,请求判令太钢公司赔偿宁夏三友公司、上海三友公司违约金14,388,000元。本团队律师接受太钢公司委托代理本案。石嘴山中院作出(2013)石民商初字第53号民事判决书,支持了原告的诉讼请求。太钢公司不服上述判决提起上诉,宁夏高院作出(2014)宁民商终字第45号民事裁定书,以原审判决认定事实不清、证据不足为由,裁定撤销原审判决并发回重审。石嘴山中院经再次审理后,作出(2014)石民商初字第56号民事判决书,仍然支持了原告的诉讼请求。太钢公司再次提起上诉。宁夏高院经审理后作出(2015)宁民商终字第31号民事判决书,撤销了再审一审判决,判令驳回宁夏三友公司、上海三友公司的诉讼请求。宁夏高院认为,《协议书》《合作协议书》虽然有效,但宁夏三友公司与上海三友公司不具备履行合同的相应质量认证,在EPC总承包合同有明确约定、发包商有明确要求以及宁夏三友公司、上海三友公司不具备相关设备经营许可和质量认证的情况下,太钢公司有理由拒绝将EPC总承包项目的全部设备供应交由宁夏三友公司、上海三友公司完成。太钢公司仅将宁夏三友公司、上海三友公司具有相应经营范围和认证资质的设备供应交由其完成的行为,并不构成违约。

宁夏三友公司、上海三友公司不服该二审判决,向最高院申请再审。最高人民法院在其作出的(2015)民申字第2955号民事裁定书中认为:首先,《协议书》《合作协议书》记载了双方当事人就石灰窑项目合作所进行的磋商及合意,以签订意向书的方式约定将来在石灰窑项目上签订相关合同,虽然对于合作的具体内容、履行方式、权利义务以及具体的违约行为没有明确约定,但约定了合同主要条款,表明了将来缔约的义务,性质为预约合同。其次,合同约定由宁夏三友公司、上海三友公司负责工程所需全部设备的采购、安装等事项,签约后太钢公司进行了缔约磋商的努力,但由于宁夏三友公司、上海三友公司以及太钢公司意志以外的因素,导致转让协议没有达成,不属于不履行订立合同义务的情况,太钢公司没有违约。最后,太钢公司关于调整违约金数额的请求并不属于对构成违约行为的自认,不能作为其承认违约的证据使用。

宁夏高院与最高人民法院基本采纳了本团队律师关于预约合同的相关代理意见,宁夏三友公司、上海三友公司要求太钢公司承担违约责任的诉请被全部驳回,本案最终取得令当事人极为满意的诉讼结果。

[**战略战术**]

一、准确研判案情,有力把控争议焦点

2014年,太钢公司忧心忡忡地找到本团队律师,本团队律师在初步了解案件情况后,认为这个案子非常难办。这是因为,《协议书》《合作协议书》中确实约定了由宁夏三友公司、上海三友公司负责工程所需全部设备的采购、安装等事项,而太钢公司最终仅将石灰窑除尘设备部分交由宁夏三友公司制作。按照通常的合同履行理论,太钢公司的行为存在被认定属于违约行为而被判败诉的可能性。

在仔细阅读案件相关材料后,本团队律师认定:如果把案涉合同当作普通合同对待,本案胜算很小。但《协议书》《合作协议书》仅约定了双方当事人签订合同的意向,未明确约定双方合作的具体内容、履行方式、权利义务以及违约行为,可能被认定为预约合同,那就有很大胜诉的可能。这是因为,预约合同的签订目的是将来再行签订本约,因此其合同义务并不是履行本约中的具体事项,而仅是双方当事人需积极磋商、推进本约的签订。如果《协议书》《合作协议书》属于预约合同,太钢公司的义务就仅仅是推进后续本约的订立,而非将工程所需全部设备的采购、安装等事项交由宁夏三友公司、上海三友公司负责。如果太钢公司因自身不能控制的事由未订立本约,其行为不构成违约。

本案中,本团队律师对案情进行深入分析,并结合相关法律规定与既有判例进行充分研判,明确事理,辨析法理。在原审一审及再审一审均败诉的情况下,针对对方当事人和石嘴山中院的不当观点,沉着冷静、有理有据地提出上诉意见:本案的争议焦点在于《协议书》《合作协议书》是否属于预约合同,以及预约合同违约及无效的认定。该等争议焦点的确定,有助于从基本事实认定与法律适用两个方面锁定本案裁判的关键点,也牢牢把控了本案可能的发展方向,确保案件判决在最大限度上有利于我方当事人。最终,本团队律师提出的预约合同相关观点得到了宁夏高院及最高人民法院的支持,对方要求太钢公司承担违约责任的诉请被全部驳回。可以说,本案能够反败为胜的关键就在于恰当选择与运用了预约合同的诉讼策略。

二、充分利用专家意见,增强我方观点说服力

为确保我方代理意见的正确性、增强我方观点的说服力,本团队律师专门组织了专家论证会,邀请建设工程领域最为权威的朱树英律师、民商事领域的权威学者江平教授等,提供了专业、权威的书面意见。此外,为更好地说明本案涉及的专业问题,本团队律师还邀请了在工程领域具备专业知识的专业人员作为专家辅助人出庭,由诉辩双方及合议庭对其就专业问题进行询问,大大增强了我方观点的说服力。

三、提出管辖权异议,充分争取应诉时间

本案中留给本团队律师的应诉时间非常短。接到案件材料的第一时间,我们团队就发现受诉法院对该案的管辖权存在问题。为了保障专家能有足够时间出具意见,我们合理利用法律规定的管辖权异议,在一审中即向法院提出管辖权异议,异议被驳回后又向上级法院提出上诉。这一诉讼技巧的恰当运用为我们争取到了足够的应诉时间,使我方在正式庭审前做了充分的准备和应对,为其后的胜诉奠定了良好的基础。

[**法案研判**]

本案核心争议焦点在于当事人之间签署的《协议书》《合作协议书》是否为预约合

同。预约合同，是约定将来订立一定契约的契约。[①] 在当前的交易实践中，当事人经常通过订立合作意向书（协议）的方式，对于双方在将来一段时期内或就某一事项的相关权利义务作出约定。该等约定很多被认定为预约合同。目前，关于预约合同的理论仍不完善，学术界和实务界均在摸索中，本案就是成功运用预约合同理论抗辩违约责任并促成案件反败为胜的典型例证。本案胜诉的关键在于预约合同诉讼策略的选择及对该理论的精准掌握与运用。下文的核心将围绕预约合同展开，结合相关规定、学术理论与裁判案例就预约合同的性质与认定、预约合同的法律后果、违反预约合同应承担的违约责任、中标通知书的法律效力等几个问题展开重点讨论。

一、关于预约合同的相关法律法规

目前，关于预约合同现行有效的相关法律法规主要包括：

《最高人民法院关于审理买卖合同纠纷案件适用法律问题的解释》（以下简称《买卖合同司法解释》）第2条规定："当事人签订认购书、订购书、预订书、意向书、备忘录等预约合同，约定在将来一定期限内订立买卖合同，一方不履行订立买卖合同的义务，对方请求其承担预约合同违约责任或者要求解除预约合同并主张损害赔偿的，人民法院应予支持。"虽然该条款本身的适用范围限定于买卖合同纠纷中，但其以规范解释的形式确认了预约合同的概念。

二、关于预约合同的相关理论观点

（一）预约合同的性质

一个交易合同的成立往往需要多次反复的协商，在此过程中，即使各方尚未对全部事项达成一致意见而需留待以后再行协商，也应当认定各方协商过程中所形成的阶段性书面成果为预约内容，对各方当事人均产生约束作用，这就是预约合同存在的价值。通过预约合同的达成，当事人对未来各方能形成特定合同的目的进行确定，从而起到稳固双方交易机会的作用，[②]同时，也可为将来订立本约打下相对稳定的基础。与其他合同相比，预约合同有诸多独特之处：就目的而言，预约合同以将来需要再签订本约为目的；就缔约时间而言，预约是在双方缔约的过程中达成的，而本约则是双方就权利义务关系协商一致后订立的；从内容上看，预约有时也会对双方的一些权利义务作出初步约定，但主要的权利义务往往还是会约定在以后的本约中。[③] 所以，预约合

---

① 参见史尚宽：《债法总论》，中国政法大学出版社2000年版，第12页。

② 参见彭插三、杨璐：《预约合同效力分析——商品房买卖合同效力争议问题》，载《判解研究》（2005年第1辑），人民法院出版社2005年版，第115页。

③ 参见滕威：《预约合同的效力——〈买卖合同司法解释〉第二条的理解与适用》，载http://www.pin/ue.com/article/2017/08/3114/484352353231.html，最后访问日期：2019年7月15日。

同并非本约的从属性合同，而是一种独立的契约，[①]与其他合同一样，需要双方当事人确定、权利义务明确。

实践中往往通过名称来辨别某一合同是否属于预约合同，以认购书、订购书、预订书、意向书、备忘录等名称命名的合同均可能属于预约合同。不过认定相关协议是否属于预约合同，关键在于当事人的意思表示是否明确、具体。因此，名称仅是一个次要依据，应当综合审查相关协议约定内容以及当事人嗣后为达成交易进行的磋商和有关履行行为等事实。如果当事人约定的内容极其空泛且不明确，即使认定为预约，赋予相对人本约订立请求权，事实上也是无法执行的；反之，如果预约内容明确具体，必要部分意思表示一致，已经详尽到不需签订主合同的程度，即使名为预约合同，也应当认定为本约合同。我国台湾地区法院在判例中也阐明："若契约要素业已明确合致，其他有关事项亦规定綦详，已无另行订定契约之必要时，即应认为本约。"[②]

本案中，太钢公司作为甲方，宁夏三友公司、上海三友公司作为乙方，签订了《协议书》与《合作协议书》。上述两份合同签订于太钢公司中标中泰公司60万吨/年电石项目石灰窑装置EPC总承包合同之前，均载明："双方对合作范围、合作内容及取费办法进行了探讨并最终达成如下意向"，《合作协议书》将双方进行合作的项目具体确定为"意欲在'中泰公司60万吨/年电石项目石灰窑装置'项目上进行合作。"两份协议记载了双方当事人就石灰窑项目合作所进行的磋商及合意，约定将来在石灰窑项目上签订相关合同，已具备合同的主要条款，当事人及权利义务均确定，属于有效合同；但对于合作的具体内容、履行方式、权利义务以及具体的违约行为没有明确约定，仅仅表明了将来缔约的义务，性质为预约合同。

另外值得一提的是，预约合同的无效事由与一般合同相同，即可导致一般合同无效的事由，亦可导致预约合同无效。这是因为合同无效的原理是由于合同严重欠缺生效要件，在法律上不按当事人合意的内容赋予效力。适用于所有合同。具体到本案中相关合同的效力，《协议书》第5条约定："双方有合作条约的发包方有后期石灰窑工程甲方承包后必须承包给乙方"；第6条约定："双方有合作条约的项目中标后全部承包给乙方。"上述两条款结合《协议书》第1条"由甲方负责与发包方签订总承包合同"之约定，实为双方对于将来订立建设工程转包合同之约定。我国《建筑法》及《合同

① 参见宋晓明、张勇健、王闯：《〈关于审理买卖合同纠纷案件适用法律问题的解释〉的理解与适用》，载《人民司法·应用》2012年第15期。

② 参见1975年台上字第1567号判例，载黄立：《民法债编总论》，中国政法大学出版社2002年版，第148页。

法》均明确禁止了承包人将其承包的建设工程转包给第三人的行为。[①] 而根据《合同法》第52条"违反法律、行政法规的强制性规定"及《建设工程施工合同司法解释》第4条之规定,建设工程转包合同无效。虽然法律法规没有直接禁止订立建设工程转包的预约合同,但是订立建设工程转包合同的预约与转包合同一样,是为了最终实施承包人将其承包的建设工程转包给第三人的行为,而该种行为为法律所禁止,订立转包合同的预约也同样因违反法律强制性规定而无效。因此,本案争议的《协议书》第5条、第6条约定无效。

(二)预约合同的法律后果

关于预约的法律后果,理论上存在"必须磋商说""应当缔约说""内容决定说""视为本约说"4种。[②] 从《买卖合同司法解释》第2条的表述可以推导出,其采纳的是"应当缔约说",即预约订立后,预约双方须依诚信原则进行磋商(值得注意的是,当事人必须履行诚信磋商的义务,而非仅需进行简单的磋商),除不可归责于双方的事由外,应当缔结本约,否则将承担违约责任。预约合同制度的根本目的,就在于保护善意预约人,促使其诚信谈判,并平衡当事人间的利益,并不能因最终未达成协议而否定应当缔约的法律价值。在双方缔结预约合同后,当事人之间形成信赖并因此对合同产生合理期待,法律无疑应当保护这种合理信赖与合理期待。如果在缔结预约后某些条件发生了重大变化,若仍然要求当事人依照预约内容订立本约,显然有违诚信原则和公平原则。应当缔约说考虑预约人之合同义务较重,法律责任更大,有利于引导当事人谨慎缔约,加大对恶意预约人的制裁。[③]

当然,在缔结本约前,如果某些条件发生重大变化,仍然要求当事人按预约内容订立本约合同明显有违诚实信用和公平原则的,则可认为抗辩双方不具有缔结本约之义务。究其原因,在于订立预约时,交易并未定局,依然存在一些未决事项;即使是已决事项,理论上也应该给予当事人在最终订立本约时根据客观情势变化再行磋商和作出修正的权利。此点也正是预约区别于本约的核心功能。因此,预约合同的理论基础只能是诚信和公平原则。由此也推导出,预约合同产生的拘束力仅限于诚信和公平原则所要求的程度,其效力只能是"使当事人产生诚信磋商以订立本约的义务"。

---

① 《建筑法》第28条规定:"禁止承包单位将其承包的全部建筑工程转包给他人,禁止承包单位将其承包的全部建筑工程肢解以后以分包的名义分别转包给他人。"《合同法》第272条第2款规定:"总承包人或者勘察、设计、施工承包人经发包人同意,可以将自己承包的部分工作交由第三人完成。第三人就其完成的工作成果与总承包人或者勘察、设计、施工承包人向发包人承担连带责任。承包人不得将其承包的全部建设工程转包给第三人或者将其承包的全部建设工程肢解以后以分包的名义分别转包给第三人。"

② 参见陆青:《〈买卖合同司法解释〉第2条评析》,载《法学家》2013年第3期。

③ 参见最高人民法院编写组编:《买卖合同司法解释适用解答》,人民法院出版社2012年版。

具体到本案中太钢公司是否违约的问题，太钢公司尽到了诚信磋商以订立本约的义务，只是由于不可归责于当事人的事由导致转让协议没有达成，太钢公司并未违约。根据《协议书》与《合作协议书》的约定，宁夏三友公司、上海三友公司的设备承包应在执行总包合同的前提下进行，为总包合同的权利、义务之一。根据《合同法》第 88 条"当事人一方经对方同意，可以将自己在合同中的权利和义务一并转让给第三人"之规定，太钢公司将其与中泰公司签订的总包合同中的部分权利义务概括转移给宁夏三友公司、上海三友公司，应当经合同相对方同意；宁夏三友公司、上海三友公司与太钢公司在订立预约时对此就应当知晓。而太钢公司与中泰公司签订的总包合同中明确约定：承包商不得将工程整体转包，在设备采购方面不得分包，确定设备供应商应经业主批准。合同履行中形成的《建设单位会议纪要》中记载了太钢公司征求了中泰公司意见，中泰公司不同意将所有设备交由宁夏三友公司供货，同意将石灰窑除尘设备交由宁夏三友公司制作。由此可知，太钢公司进行了缔约磋商的努力，但由于意志以外的因素，导致转让协议没有达成，不属于不履行订立合同义务的情况，太钢公司没有违约。

三、关于预约合同的相关裁判观点

本团队律师经检索相关裁判案例，发现实践中法院对于预约合同的认定标准有所不同，主要观点如下：

（一）法院结合合同名称、目的判断合同实质性内容缺失，确认其性质上为预约合同

例如，在遵义华诚房地产开发有限公司（以下简称华诚公司）、河南华盛建设集团有限公司（以下简称华盛公司）建设工程施工合同纠纷一案①中，2014 年 10 月 31 日，华诚公司与华盛公司签订《工程承包意向协议》，约定华诚公司将其开发的位于遵义县南白镇西大街北段所谓的"遵义县华诚大都汇片区棚户区改造项目楼"36 万方的土建、外墙装饰、安装等内容的项目工程发包给华盛公司承建。该协议约定了工程名称、工程内容、承包方式等事项。后双方就协议的性质、履行等问题产生争议并向人民法院提起诉讼。

一审法院认为："涉案《工程承包意向协议》虽约定华盛公司签订本协议之日支付定金 500 万元到华诚公司账户，双方尽快完善正式施工合同，但其至今仍未能向华诚公司足额缴纳 500 万元定金，致双方签订正式施工合同的条件尚未成就。但该协议内容完全符合《中华人民共和国合同法》第 12 条规定的事项，且该协议末尾明确约定协议自双方签字盖章之日起生效，至工程竣工付清尾款后（除保修条款外）终止。故该

---

① 详见（2016）黔民终 388 号民事判决书。

协议具有建设工程施工承包合同的性质，华诚公司关于该协议属建设工程施工承包合同的诉讼主张，一审法院予以采纳。"

关于协议的性质，二审法院认为："从双方签订的《工程承包意向协议》内容来看，协议所指'工程'为房屋建造工程。就协议性质而言，双方争议焦点主要是协议是否具备《1999 版合同》所具备的合同条款而构成本约，即协议属于预约合同还是本约合同的问题。本院认为，双方所签订协议在性质上属于预约合同性质。首先，协议名称为工程承包意向协议，而非工程承包协议或工程承包合同，相对于《1999 版合同》示范文本而言，重在意向协商。其次，协议第 7 条中明确，在华盛公司交齐定金后，双方尽快完善正式的施工合同。协议第 10 条约定，双方签订协议和《建设工程施工合同》后，华诚公司保证华盛公司 3 个月内正常开工。因此，工程正常开工的前提需双方签订正式施工合同，协议签订的目的主要在于签订正式的施工合同。最后，就协议的内容而言，虽对工程概况、承包范围、工程质量、工程取费等事项进行了约定，但对于房屋建设工程较为重要的建设工期、房屋竣工验收备案等事项并未约定，故协议并未完全具备建设工程施工合同所应当具备的合同条款，协议的性质属于预约合同性质。此后双方已经签订了《建设工程施工合同》，之后双方的纠纷应当按照 2013 年 4 月 21 日签订的《建设工程施工合同》进行处理，被上诉人依据《承包工程协议》的约定主张违约金，无事实和法律依据，不应予以支持。"

该案中，一审法院并没有提出"预约"的概念，其以协议具备合同必备要素的理由认定该协议具有建设工程施工承包合同的性质。但是，无论本约还是预约都是合同，区别在于二者的目的不一致，预约合同意在促成本约的磋商和订立，本约的目的则是双方当事人为完成交易而就权利和义务等进行分配，合同目的的不同就决定了二者在内容上的差异，因此在出现违约行为时，二者在违约责任范围方面就会产生很大差异，因此法院就合同的性质进行明确说明才能保证后续关于违约责任认定的结论的合理性。二审法院结合该协议的名称、其目的在于签订正式合同以及该协议缺乏建设工程施工合同极为重要的工期和竣工验收备案事项的内容，确认其性质上为预约合同，既然后期双方已经签订了本约，那么违约金就不应当以预约合同为准。

（二）当事人一方在合理期限内未履行订立本约合同义务导致预约合同目的无法实现的，相对方有权解除预约合同

例如，在绵阳市海威西贸易有限公司（以下简称海威西公司）、攀钢集团工程技术有限公司（以下简称攀钢技术公司）承揽合同纠纷一案[①]中，攀钢技术公司（承包人）与

---

① 详见（2018）川 04 民终 484 号民事判决书。

山西千禧冶炼有限公司(发包人)签订《建设工程施工合同》,其中约定:山西千禧冶炼有限公司将“山西千禧冶炼有限公司 $2\times550m^2$ 锰铁高炉项目设备采购、建筑及安装工程(一期)”工程承包给攀钢技术公司施工,计划开工日期为2015年9月15日,计划竣工日期为2016年12月14日,海威西公司在清楚了解上述合同具体内容后,与攀钢技术公司签订《合作框架协议书》,其中主要约定:双方本着优势互补、取长补短的原则,就“山西千禧冶炼有限公司 $2\times550m^2$ 锰铁高炉项目设备采购、建筑及安装工程(一期)”项目的经营、承揽和实施进行合作;攀钢技术公司负责与山西千禧冶炼有限公司签订建设工程施工合同,海威西公司派人参加并配合攀钢技术公司完成此项工作;本项目土建工程(暂估值1.2亿元)由海威西公司负责代购材料组织劳务实施和现场管理,其余部分由攀钢技术公司实施。由海威西公司实施部分,接受攀钢技术公司全过程管控,攀钢技术公司按其与业主结算值收取2%的管理费。此外,双方还约定在本合作协议的基础上,根据攀钢技术公司与业主签订的建设工程施工合同及攀钢技术公司企业内部管理规定,就海威西公司实施部分工程内容及权利义务双方另签合同约定。但山西千禧冶炼有限公司建设资金因始终未完成相关手续,致使该项目不具备开工条件。海威西公司向一审法院提出的诉讼请求之一为解除海威西公司与攀钢技术公司签订的《合作框架协议书》。

一审法院认为:“海威西公司、攀钢技术公司在意思表示真实的情况下签订的《合作框架协议书》,对双方当事人具有约束力。该合同属于预约合同性质,预约合同是一种约定将来订立一定合同的合同,预约权利人可以要求对方履行订立本约的义务。该案中,双方虽约定‘根据攀钢技术公司与业主签订的建设工程施工合同及攀钢技术公司企业内部管理规定,就海威西公司实施部分工程内容及权利义务双方另签合同约定’,但双方并未约定订立本约的具体时间,况且攀钢技术公司虽就其与山西千禧冶炼有限公司的建设工程施工合同纠纷诉至法院,诉请解除合同及退还履约保证金,但该纠纷尚未审理终结,故双方是否能按预约的内容签订本约合同尚不确定,且攀钢技术公司也不同意解除预约合同,故对海威西公司以攀钢技术公司违反预约合同约定,不与其签订本约合同致使不能实现合同目的已构成违约而主张解除合同的条件尚未成就,故对海威西公司要求解除《合作框架协议书》的诉请,不予支持。”

二审法院则认为:“海威西公司、攀钢技术公司签订《合作框架协议书》前,攀钢技术公司已与山西千禧冶炼有限公司签订《建设工程施工合同》,海威西公司在对双方拟合作的项目有充分了解的情况下,自愿与攀钢技术公司签订《合作框架协议书》,合同系双方真实意思表示,为有效合同。《合作框架协议书》中约定双方另行签订分包合同,攀钢技术公司的合同义务系将所承包的山西千禧冶炼有限公司施工内容中的部分施工内容交付海威西公司实施，而在山西千禧冶炼有限公司未完成项目的立项审批、环境评估等手续的情况下，山西千禧冶炼有限公司的项目亦无法交付攀钢技术公司组织实施，致使《合作框架协议书》约定的双方另行签订分包协议一直未履行。依照《中华人民共和国合同法》第九十四条：'有下列情形之一的，当事人可以解除合同：……（三）当事人一方迟延履行主要债务，经催告后在合理期限内仍未履行。'攀钢技术公司与山西千禧冶炼有限公司签订的《建设工程施工合同》中约定有预计开工及竣工时间。《建设工程施工合同》约定的竣工时间早已届满，而该项目至今仍不具备开工条件。期间，海威西公司已向攀钢技术公司催告，要求攀钢技术公司履行合同义务，但攀钢技术公司至今未能履行《合作框架协议书》约定的签约义务，法定解除条件已成就，故海威西公司提出的解除合同请求应予支持，本判决生效之日为案涉合同解除时间。"

从两审法院的判决来看，二者都认可《合作框架协议书》为预约合同，但关于该预约合同的目的能否实现，即后续的本约能否签订产生分歧。一审法院认为本约并没有完全丧失订立的可能，因为攀钢技术公司与山西千禧冶炼有限公司的诉讼尚未终结，不能得出本约无法签订的结论，合同目的尚有可能实现，因此不符合合同法中法定解除合同的要件。与之相反，二审法院则认为攀钢技术公司与山西千禧冶炼有限公司签订的《建设工程施工合同》中约定的竣工时间早已届满，攀钢技术公司在合理的期限内不能完成订立本约的合同义务，合同目的无法实现。本团队律师倾向于支持二审法院的观点，合同的解除分为法定解除和约定解除两种情形，该案中双方未就合同解除权进行约定，故合同的解除条件只能按照《合同法》第 94 条来认定。一审法院的观点缺乏合理性，其认为只要合同目的的实现尚有可能性，就不满足法定解除合同的要件，但其忽视了时间要素。在商业交易中，时间极为重要，市场瞬息万变，本约始终无法订立可能给当事人造成较大的经济损失。法律已经给予未按时履约的行为人在合理的期限内补救的机会，如果将这种期限无限延长，那么对守约的相对方来说就有失公平，有违合同法公平、自愿的原则。

（三）当事人就同一事项签署两份条款繁简有别的合同，应根据合同条款详实程度区分预约与本约合同，并执行本约合同约定

例如，在上诉人南京兴安置业有限公司（以下简称兴安置业公司）与被上诉人南京友业建筑安装工程有限公司（以下简称友业建筑公司）建设工程施工合同纠纷一案[①]中，2013 年 4 月 20 日，因南京六建公司无力承建涉案工程，友业建筑公司（乙方）

① 详见（2015）宁民终字第 5498 号民事判决书。

的法定代表人高某某与兴安置业公司(甲方)的法定代表人於某某就湛江路婴幼儿辅导中心以及其他配套设施项目承包事宜签订了《承包工程协议》,协议约定:甲方负责让现有承包商南京六建公司退场,并处理好南京六建公司的关系及工地相关事务,同时友业建筑公司进场承包该项目;如因兴安置业公司与南京六建公司遗留问题影响施工,兴安置业公司负责解决,与友业建筑公司无关;甲方如果不按约定让友业建筑公司承包此项目,甲方承担乙方50万元违约金;同样在甲方清退南京六建公司后3日内,乙方不得以任何理由不承包该项目或不进场,否则以违约论,承担违约金50万元。2013年4月21日,友业建筑公司(承包人)与兴安置业公司(发包人)签订《建设工程施工合同》。后由于兴安置业公司与南京六建公司矛盾未解决,导致兴安置业公司须终止与友业建筑公司的合作,双方就工程款、违约金、退场损失赔偿等问题多次协商未果,诉至法院。

关于违约金的认定,一审法院认为:"合同解除是兴安置业公司自身原因所致,系单方解除合同,其行为构成违约,应当承担违约责任。根据《承包工程协议》和《建设工程施工合同》的内容,承包工程协议并不是预约合同,应认定是双方之间所签订的关于涉案工程的建设工程合同,承包工程协议与建设工程施工合同之间互为补充。友业建筑公司依据承包工程协议主张违约责任并无不当。关于兴安置业公司认为违约金标准过高的问题,一审法院综合考虑解除合同给友业建筑公司带来的实际损失,已完成工程量的比例以及可得利益损失等方面酌定违约金为35万元。"

二审法院认为:"预约合同是双方约定将来订立正式合同的意思表示。预约合同与本约合同的区别之一是,通常对于本约合同中应当约定的内容预约合同未作具体约定。双方于2013年4月20日签订的《承包工程协议》中,只约定上诉人应当让被上诉人承包涉案项目亦即签订建设工程施工合同,而对于建设工程施工合同中应当作出约定的具体的工程范围、工程价款、工期、质量标准等均未作出约定,因此,应当认定该协议为预约合同。上诉人就该协议为预约合同的主张应予支持。此后双方已经签订了《建设工程施工合同》,之后双方的纠纷应当按照2013年4月21日签订的《建设工程施工合同》进行处理,被上诉人依据《承包工程协议》的约定主张违约金,无事实和法律依据,不应予以支持。"

在该案中,一审法院否定了《承包工程协议》是预约合同的性质,但并没有具体论证为什么不构成预约,而二审法院则认为预约合同不像本约一样条款详实,通常仅具备一个框架,因此不能视同本约。

需要说明的是,虽然各地法院对预约合同未包括本约合同的全部实质性条款存在基本共识,但对如何认定合同中较为重要甚至不可或缺的实质性条款,在实务中仍可能存在不同观点。以建设工程施工合同为例,其实质性合同条款一般包括工程概况、承包范围、工期、工程质量、工程价款等事项,但对于未约定诸如房屋竣工验收备案等条款的合同是属于预约还是本约,结论莫衷一是(前文引述首个案例中的二审法院认为其属于本约应当具备的合同条款,但最后一个案例中并未将其纳入本约合同必备条款)。即各地法院对于预约合同的概念虽然并无异议,但对其本质特征的理解仍存在一定出入,因此,类似的案件在审判实务中可能会出现完全不同的判决结果。

[**案件复盘**]

在本案两次一审失利的情况下,本团队律师沉着冷静、谨慎应对、深入研究案情并基于多年办案经验制定了有效的诉讼策略,尤其是针对涉及专业知识的争议,本团队律师邀请了实务界和理论界颇有威望的专业人士担任专家辅助人,从而为宁夏高院及最高院采纳我方的观点提供了有力的帮助。本团队律师在此处也提示律界同仁,在面对不利局面时切忌自乱阵脚,应利用办案经验及专业知识冷静地分析案情,同时团队内部进行有效分工、集思广益、谋划反败为胜的策略。

跳出本案反观预约合同本身,仍有一些重要问题需要讨论:预约合同,只是赋予了权利方要求义务方签订本约的请求权,如义务方不履行或者恶意磋商,权利人一方除了可以要求解除预约合同外,还可以要求对方承担违约责任。那么,一方违反预约合同时守约方可否要求继续履行?赔偿损失的范围是否仅限于信赖利益?本团队律师简要分析如下:

首先,关于守约方可否要求继续履行合同,《买卖合同司法解释》中的态度是否定的。其理由是:第一,并非所有合同均可适用强制履行,《合同法》第110条对不适用继续履行的情形作了三种特别规定。债务人拒不签订本约合同的违约行为,属于合同法规定不适用继续履行之情形。第二,强制缔约有违合同意思自治原则。预约仅对将来缔结本约为意思表示,而非为交付标的物实现交易。若强制其缔结本约,则人民法院须补足本约的缺失条款,但这些条款的目的均在于交易目的之实现,此有悖于预约当事人的意思表示。第三,如果预约中缺乏本约的必要条款而强制当事人继续缔结本约,则有悖于限制强制履行理论。因此,由法官直接强制当事人进行磋商谈判并缔约,有违现代文明精神。[①]

其次,关于赔偿损失的范围,有观点认为,预约当事人在他方当事人违反预约义务

---

① 参见宋晓明、张勇健、王闯:《〈关于审理买卖合同纠纷案件适用法律问题的解释〉的理解与适用》,载《人民司法·应用》2012年第15期。

不订立本约时，由于本约尚未订立、生效，以社会的一般观念，当事人最终获得履行利益的盖然性还比较小，当事人不能被判予履行利益，而只能被判予信赖利益；[①]还有观点认为，如果将不履行预约义务，理解为因信赖将来签订买卖合同造成信赖利益的损失，等于否定了预约作为独立合同的法律地位，因此，预约义务人违反预约合同的责任，在性质上就属于违约责任。[②] 事实上，违反预约合同的行为既是预约合同之违约行为，也是本约合同之缔约过失行为，属于本约缔约过失责任和预约违约责任的竞合。当事人在预约合同中明确约定违约金的，可从其约定，但可根据实际损失予以调整；当事人在预约合同中未明确约定的，可以按照实际损失予以赔偿，但应限定在本约之信赖利益范围内，并以不超过履行利益为限。[③]

---

① 参见符启林主编：《商品房预售法律制度研究》，中国政法大学出版社 2002 年版，第 96～99 页。

② 参见钱玉林：《预约合同初论》，载《甘肃政法学院学报》2003 年第 4 期。

③ 参见滕威：《预约合同的效力——〈买卖合同司法解释〉第二条的理解与适用》，载 http://www.pin/ue.com/article/2017/08/3114/484352353231.html，最后访问日期：2019 年 7 月 15 日。

27

工程质量存在缺陷，供材甲方成功维权

［案件摘要］

本案系发包人A公司与承包人B公司因工程质量事故引发的一起建设工程施工合同纠纷案件。施工中，因工程质量不符合安全使用标准，工程被政府责令停工、加固、拆除、重建，A公司与B公司均因此遭受重大损失。工程完工后，A公司与B公司无法就工程结算价款及双方因工程质量事故产生损失的承担原则达成一致意见，B公司向某仲裁委提请仲裁。本团队律师接受A公司委托代理本案，通过组建精英型团队现场办公，合理利用专业人才，深入研究案件材料及法规，采用多种争议解决手段，最终取得了令A公司非常满意的仲裁结果。B公司就工程质量事故承担70%的责任，A公司仅承担30%的责任。

［案情回放］

2009年1月4日，A公司与B公司签订备案的《施工合同》，合同约定由B公司承建A公司发包的某住宅工程，合同价款为1.2亿元，开工日期为2009年1月10日，竣工日期为2011年5月9日，双方在合同履行过程中发生争议的，任何一方均可提交某仲裁委仲裁。2009年1月5日，双方就某住宅工程签订未备案的《施工合同》，该合同总价款较备案的《施工合同》价款少2000万元，该合同约定混凝土由A公司供应，合同开工日期、竣工日期、争议解决方式与备案的《施工合同》相同。

前述合同履行过程中，某质量监督站对工程质量进行抽检，抽检后发现本案混凝土强度无法满足设计要求，于是责令本案工程停工。后经专家论证，本案工程被责令加固、拆除、重建。2010年8月，本案工程复工。本案工程复工后，A公司与B公司签订了补充协议，约定复工后的混凝土由B公司采购。

2012年11月5日，本案工程通过竣工验收。工程竣工验收后，B公司因与A公司无法就工程结算价款及损失承担原则达成一致，于2013年9月15日向某仲裁委申请仲裁，请求A公司支付欠付的工程款、停工期间的损失、工程拆除部分损失、加固损失等各项费用共计1.3亿元。A公司于本案中提起仲裁反请求，请求B公司支付其因工程质量事故产生的损失、工期延误损失等各项费用共计1.2亿元。

经审理，2016年6月19日，某仲裁委就本案进行裁决，裁决A公司支付B公司欠付工程款、停工期间损失、拆除工程损失、工程复建损失等各项费用共计3600余万元；B公司赔偿A公司工期延误损失、加固损失各项费用共计1600余万元。

［**战略战术**］

本团队律师接受委托后发现引起本案工程质量事故的混凝土系A公司采购并供应，而其中一家混凝土供应商C公司在B公司提请仲裁前已因生产、销售伪劣产品被科以刑罚。更为不利的是，本案仲裁过程中，某市住房和城乡建设委员会（以下简称住建委）以A公司明示B公司使用事实上不合格的混凝土为由，认定A公司对工程质量事故负有责任，对A公司进行了行政处罚。在此极为不利的条件下，本团队律师通过恰当的战略战术扭转了该等局面：

一、驻场办公，合理利用专业人员，全面梳理证据资料，深入了解案件情况

鉴于B公司施工混凝土强度不符合设计要求，本案工程在施工过程中被责令加固、拆除、重建，案件极其复杂，工程资料繁多。为全面、深入、细致了解案件情况，本团队指派专业律师驻A公司办公，同时积极调动A公司工程部、预算部、资料部、财务部、法务部等部门的专业人员配合本团队律师工作。本团队律师与A公司专业人员通力协作，用一个月的时间全面梳理了施工过程中的所有资料，深入了解了施工过程中的相关问题，整理出162份证据，并据此提出共计11项仲裁反请求，充分运用证据事实、法律依据为A公司挽回经济损失，维护A公司的利益。

二、统筹安排，分工协作，充分利用精英型律师团队的优势，牢牢把握案件的每一个细节，从细节处打动仲裁员

在本案中，双方当事人均因工程质量事故遭受重大损失，案件争议点颇多。快速、全面、有效地把握核心问题并在庞杂的资料中梳理出对A公司有利的证据是顺利推进本案之关键，其对律师的专业能力提出了极高的要求。对此，本团队指派两名资深的建设工程专业律师、一名曾从事多年审判工作、实务经验非常丰富的律师以及一名年轻律师共同代理本案。本案由资深律师统筹安排，经验丰富的专业律师具体负责，年轻律师配合文书校对、装订等，充分利用精英型律师团队的优势，确保案件的每一个细节都可落实到位，针对仲裁员的每一个询问都可有理有据地回答，从细节处打动仲裁员，为A公司争取最大利益。

三、多种争议解决手段并用,通过行政诉讼的胜利改变商事仲裁的处理结果

本案审理过程中,住建委就本案工程质量事故下发了行政处罚决定书,住建委认定因本案工程混凝土系 A 公司直接采购,A 公司未对混凝土生产、运输、产品质量及服务等环节进行有效控制,对于 B 公司提出的预拌混凝土不及时、初凝时间长等质量问题未予以足够重视,且明令 B 公司使用不合格的混凝土,故 A 公司对工程质量事故负有责任。在该行政处罚对 A 公司极为不利的情况下,本团队律师迅速启动了行政诉讼程序。基于对案件策略调整的敏捷性、对案件事实了解的全面性、对证据材料准备的充分性及对专业知识运用的灵活性,本团队律师成功说服某法院撤销了住建委对 A 公司的行政处罚,且该行政诉讼生效判决在本案仲裁结果出具前作出。住建委行政处罚的撤销对于扭转 A 公司于本案仲裁中的不利局面起到了决定性的作用,为仲裁裁决奠定了坚实的基础。

四、充分运用技术手段,用形象的图表、直观的数据对比等说服仲裁庭接受本团队律师观点,为 A 公司争取最大利益

工程质量事故的责任承担系本案争议焦点,双方损失均与质量事故有关。

关于工程质量事故责任的承担,B 公司称:"混凝土由 A 公司负责供应,A 公司片面追求经济效益,不考虑产品质量,混凝土采购价格过低;B 公司第一次施工即发现了 A 公司混凝土质量不佳,但 A 公司拒绝更换;A 公司项目经理在警方笔录中供述,A 公司明知混凝土质量下降且肯定会存在偷工减料,但仅仅追求价格,选定低价不合格混凝土是 A 公司集体决策的结果。B 公司辩称,B 公司已经尽到一般审慎验收义务,并非工程质量事故的责任方。《混凝土三方协议书》约定:A 公司负责选择具有资质的混凝土供应商,负责监督、检查预拌混凝土供应数量、强度等级、质量等;B 公司仅对混凝土供应商送至现场的混凝土进行塌落度及外观的检测。按照国家标准,混凝土试验鉴定需要至少 28 天,B 公司进场施工后,即发现 C 公司送来的预拌混凝土疑似不合格,曾多次向 A 公司反映该情况,得到的答复是继续施工。B 公司多次发函要求更换混凝土供应商,A 公司仍予以拒绝。

本团队律师对工程质量事故的成因进行了详细分析,具体内容如下:

(一)工程质量事故成因并非 C 公司提供的混凝土存在质量缺陷

B 公司在庭审中反复强调"C 公司提供的混凝土质量不合格、C 公司及其经理因销售伪劣产品被判刑、A 公司超低价采购混凝土",以证明工程质量事故系因混凝土质量缺陷所致。但事实上,本案工程质量事故的成因并非混凝土质量缺陷。

1. C 公司一案刑事判决合理性存疑

C 公司及其主要责任人张某因生产、销售伪劣产品被判处刑事处罚。刑事判决认定:"C公司在向本案工程供应预拌混凝土的过程中,擅自更改混凝土执行的配合比,减少水泥用量,原材料中使用不合格的水泥、粉煤灰、矿粉等,致使供应的预拌混凝土抗压强度不合格。"上述刑事判决不合理之处如下:

(1)混凝土试块不合格不等于混凝土质量不合格

在建设工程施工中,检验混凝土质量的方式是每批次制作标养试块、同条件试块,但混凝土试块制作需要有资质的试验员按照规范要求的程序进行,B公司在本案工程施工过程中,无一名具有资质的试验员、混凝土试块制作及送检过程漏洞百出、混凝土试块报告弄虚作假,致使混凝土试块报告不能真实反映混凝土质量状况。在此情况下,法院仅依据不合格试块报告认定混凝土质量不合格缺乏严谨性、科学性。

(2)法院未对C公司实际执行的混凝土配合比进行鉴定

法院仅认定了C公司擅自更改混凝土执行的配合比,但其实际执行的配合比是否足以导致混凝土质量不能满足工程设计要求,对于这一重要事实法院并未查证,且在C公司及张某反复要求对生产中实际使用的配合比进行鉴定的情况下法院仍未理会,这导致法院在认定擅自调整配合比与混凝土质量不合格之间的因果关系时存在漏洞。

(3)法院认定C公司使用不合格原材料证据不足

《混凝土质量控制标准》(GB 50164—92)3.1.4规定:"……水泥出厂超过三个月(快硬硅酸盐水泥为一个月)时,应在使用前对其质量进行复验,并按复验的结果使用。"水泥存在严格的有效期限,行政机关认定水泥不合格考虑水泥有效期了吗?而且检验水泥的生产厂家错误(检验水泥生产商为某水泥厂),依此如何能认定C公司使用的原材料水泥质量不合格?关于预拌混凝土中使用Ⅰ级还是Ⅱ级粉煤灰,国家并无强制性规定,行政机关依据何种等级标准认定C公司使用不合格粉煤灰?法院未经司法鉴定即认定C公司在原材料中使用不合格的水泥、粉煤灰、矿粉,过于草率武断,缺乏审理刑事案件应有的严谨性。C公司及张某反复要求对原材料质量进行司法鉴定,但法院并未理会,这直接导致法院认定C公司使用不合格原材料依据不足。

(4)法院两审中均未调取重要证据,影响了判决的公正性

C公司与张某在刑事案件一审及二审中均申请法院调取B公司的施工日志、拆模申请单、同条件试块的检测报告以及监理公司的监理日志,以查明工程质量事故真相,但法院并未理会,这导致工程质量事故的其他成因未经合理排除,影响了判决的公正性、合理性。

2. 工程质量事故与C公司供应的混凝土无关

(1)法院认定的伪劣产品数量远低于工程不合格部位对应的混凝土数量

法院认定C公司生产、销售伪劣混凝土数量为1500余立方米,但C公司向本案

工程供应的混凝土总量为14,000余立方米,依此计算不合格混凝土比例为10.7%,而C公司供应的全部混凝土所对应实体工程经检测中心实体检测不合格部位为89%,且绝大部分不合格实体工程对应的混凝土试块合格,这足以证明本案工程质量事故并非C公司混凝土质量所致,而是B公司违规施工所致。见以下实体工程不合格部位统计表(见表10):

表10

楼号＼部位		-2层		-1层		1层		2层		3层		4层		5层		6层		7层
		墙体	顶板	墙体	顶板	墙体	顶板	墙体	顶板	墙体	顶板	墙体	顶板	墙体	顶板	墙体	顶板	墙体
1	检测	不合格	合格	不合格	不合格	不合格	不合格	不合格	不合格	不合格	不合格	不合格	不合格	不合格				C公司砼经检测中心检测不合格的部位占89%
2	检测	不合格	不合格	不合格	不合格	不合格	不合格	不合格	不合格	不合格	不合格	不合格	不合格					
3	检测	不合格	合格	合格	不合格	不合格	不合格	不合格	不合格	不合格	不合格	不合格						
4	检测	不合格	不合格	不合格	不合格	不合格	不合格	不合格	不合格	不合格	不合格	不合格						
5	检测	不合格	不合格	不合格	不合格	不合格	不合格	不合格	不合格	不合格	不合格	不合格	不合格	不合格	至9层合格		D公司砼经检测中心检测不合格的部位占34.3%	
6	检测	不合格	不合格	不合格	不合格	不合格	不合格	不合格	不合格	不合格	不合格	合格	不合格	合格	不合格	合格		
7	检测	合格	合格	合格	合格	不合格	合格	合格	不合格	不合格	合格	不合格	不合格	合格				
8	检测	合格	不合格	合格	不合格	不合格	不合格	不合格	不合格	合格	不合格	合格						
9	检测	合格	合格	合格	不合格	不合格	合格	合格	不合格	合格	合格	合格	合格	不合格				

(2)2#楼施工未使用C公司混凝土但亦因质量缺陷被拆除

2#楼施工所采用的混凝土完全由D公司提供,但该栋楼亦因工程质量缺陷被行政机关责令拆除重建,且D公司并未被追究行政、刑事责任,这亦表明工程质量事故并非预拌混凝土质量缺陷所致。

(3)本案工程复工重建后仍出现工程质量缺陷

本案工程复工重建后,混凝土改由B公司负责采购,但仍出现混凝土实体工程强度达不到设计要求的情况,且继续存在广泛的违规施工行为(振捣不到位、超时浇筑、缺乏养护等),这更加充分地说明:B公司低劣的施工质量才是工程质量事故的根源。

(4)3家供货商供应的预拌混凝土质量水平基本相同

本案工程由3家厂商供应预拌混凝土,共计供应23,000立方米,其中C公司约占65%,D公司约占30%,E公司约占5%。现场标养试块报告直接反映混凝土拌合物的质量情况，3 家厂商均有现场标养试块不合格的报告，经分析合格试块报告数量，各厂家供应的混凝土对应的试块合格率基本相同。见表 11：

表 11

供应商	供应量	试块报告	缺失报告	合计报告	其中合格报告	试块合格率
C 公司	15,000m^3	280 份	5 份	285 份	231 份	81%
D 公司	6800m^3	144 份	24 份	168 份	132 份	79%
E 公司	1200m^3	43 份	7 份	50 份	38 份	76%

在工程质量事故的处理中，行政机关并未对 D 公司及 E 公司进行处罚、司法机关亦未追究这两家公司刑事责任，这说明这两家公司的混凝土质量不存在缺陷，那么同等质量水平的 C 公司提供的预拌混凝土亦不存在质量缺陷。

(5)对供货商供应混凝土的全部工程进行横向及纵向比较可知，本案工程质量事故并非预拌混凝土质量缺陷所致

横向看，混凝土供货商在向本案工程供货的同时还向其他多个工程供货，但其他工程均未出现工程质量问题；纵向看，混凝土供货商在向本案工程供货的前后两年间向其他很多工程供货，亦未出现过工程质量问题。这一事实证明，本案工程质量事故的成因不是预拌混凝土质量缺陷而是施工质量缺陷。

3. A 公司不存在超低价采购混凝土的行为

B 公司在庭审中一再强调"A 公司超低价采购混凝土导致 C 公司提供的混凝土存在质量缺陷"，以此将工程质量事故的责任归咎于 A 公司。但事实并非如此：

(1)C 公司与其他混凝土供货商价格相同

本案工程主要使用 C30 混凝土，开工之前 A 公司曾就混凝土进行询价，多家混凝土单位就 C30 混凝土向 A 公司出具了报价单、承诺函，报价均为 250 元/m^3 上下。

与 B 公司同属某集团的某混凝土中心曾就本案混凝土向 A 公司报价，明确承诺 C30 混凝土价格为 249 元/m^3。与 B 公司同属某集团的 W 公司曾就本案混凝土向 A 公司报价，C30 混凝土价格为 255 元/m^3。与本案工程共同立项的 Q 区商品房项目混凝土由 X 公司供应，A 公司与 X 公司签订的《预拌混凝土买卖合同》中约定 C30 混凝土价格为 248 元/m^3。另外，其他供货商亦曾就本案工程混凝土进行报价，Y 公司关于 C30 混凝土的报价为 247 元/m^3，Z 公司关于 C30 混凝土的报价为 260 元/m^3。

(2)C公司在所有混凝土供货商中运输距离最短

表12　混凝土报价、运距统计表

序号	混凝土公司名称	C30混凝土单价	混凝土搅拌站住所地	混凝土搅拌站至工地运距
1	Y公司	247元/m^3	—	10.9千米
2	X公司	248元/m^3	—	5.6千米
3	D公司	248元/m^3	—	12.5千米
4	C公司	248元/m^3	—	3千米
5	某混凝土中心	249元/m^3	—	19.7千米
6	W公司	255元/m^3	—	16.7千米
7	Z公司	260元/m^3	—	31.1千米

(3)比较全部混凝土供货商运输距离与混凝土价格可知,C公司销售利润相比其他混凝土供货商较高

对于混凝土供货商来说,运输距离对混凝土价格有重要影响,运输距离直接决定了流转效率、人员成本、车辆成本、运输费用,相比其他混凝土供货商,C公司3公里运输距离,必然带来巨大的集约增效、降低成本的效应。

与某混凝土中心相比,C公司运输距离少16.7公里、价格低1元;与W公司相比,C公司运输距离少13.7公里、价格低7元;与X公司相比,C公司运输距离少2.6公里、价格相同;与Y公司相比,C公司运输距离少7.9公里、价格高1元;与Z公司相比,C公司运输距离少28.1公里、价格低12元。

同属某集团的某混凝土中心、W公司可能低于成本价格销售混凝土吗?以上事实足以证明:C公司供应混凝土的价格及利润高于其他混凝土供货商,该价格不会导致混凝土质量不合格、更不会诱发工程质量事故。

(二)B公司未履行法定及合同约定的混凝土检验义务、未按照施工技术标准施工是工程质量事故的直接原因

1. B公司未履行法定及合同约定的混凝土检验义务

《建筑法》第59条规定:"建筑施工企业必须按照工程设计要求、施工技术标准和合同的约定,对建筑材料、建筑构配件和设备进行检验,不合格的不得使用。"《建设工程质量管理条例》第29条规定:"施工单位必须按照工程设计要求、施工技术标准和合同约定,对建筑材料、建筑构配件、设备和商品混凝土进行检验,检验应当有书面记录和专人签字;未经检验或者检验不合格的,不得使用";第31条规定:"施工人员对涉及结构安全的试块、试件以及有关材料,应当在建设单位或者工程监理单位监督下

现场取样，并送具有相应资质等级的质量检测单位进行检测”。《混凝土三方协议》约定：“B公司应负责：提前24小时预定混凝土；协调督促混凝土供应；在混凝土浇筑全过程对到场混凝土进行强度等级、数量、质量进行验收；对到场混凝土进行塌落度、外观检测；按照《混凝土结构工程施工及验收规范》的规定进行试块制作、取样、养护、回弹等所有工作；保证混凝土预定数量与实际浇筑数量相符；收集、编制完整的混凝土施工资料。”

众所周知，混凝土试块是检验混凝土质量的重要依据，管好混凝土试块就能把好混凝土检验的关口。而B公司违反法定及合同约定的混凝土检验义务，在混凝土试块制作、送检、报告检验结果的各个环节均存在严重失职，直接导致了工程事故的发生。具体事实如下：

（1）B公司对已出现的混凝土试块不合格报告隐瞒不报

A公司及监理公司自本案工程开工起多次要求B公司及时提供各项工程技术资料（含混凝土试块同条件、标养等试验报告等），但B公司以工程质量没有问题为由，始终予以拖延搪塞。工程被责令停工前，A公司及监理公司从未收到过B公司提交的混凝土试块不合格报告。而此次质量事故的发生，完全来自某质量监督站在例行检查中的意外发现。某质监站在例行检查中发现工地存在安全隐患后责令停工，但B公司置若罔闻继续施工，某质监站在后续检查中发现B公司并未停工整改，于是再次要求停工并展开调查，此时才发现了大量不合格的混凝土试块报告。

事后，A公司经向本案工程混凝土试块检测机构调查了解到，检测机构在发现不合格试块后第一时间即电话告知了B公司，而B公司在明知试块检测不合格的情况下隐瞒不报，直接导致了本案工程质量事故的发生，直接导致了巨大经济损失的产生。

（2）B公司对混凝土试块检测报告弄虚作假

本案工程第一次被责令停工后，A公司才得知本案工程存在不合格的混凝土试块报告，A公司即要求B公司提供全部混凝土试块报告，时隔一个月之后B公司资料员才送来9栋楼的混凝土标养试块报告，A公司经审查后发现有32个部位缺失试验报告，且同一部位出现合格与不合格两份试验报告，并存在试块报告未按试验报告顺序编号、缺编号、混凝土标号不对等严重错误。

另外，混凝土强度是随着时间延长而逐渐增长的，一般而言，同条件试块的强度值是应该小于标养试块的（现场标养试块是在标养室，温度（20±2）℃、湿度≥95%的条件养护而成的试块；同条件试块是在施工现场的自然环境养护而成的试块）。但B公司不合格的标养试块报告强度值却小于同条件试块报告及同条件转常温等试块报告，如：1#楼的5层一段顶板，标养28天试块只达到55%，而同部位的同条件6天试块已经达到70%;2#楼的4层一段顶板,标养28天试块只达到80%,而同部位的同条件13天试块已经达到96%;7#楼的4层顶板3段,标养28天试块只达到51%,同部位的同条件8天试块已经达到90%;7#楼的5层顶板3段,28天的标养试验只达到53%,同部位的7天试块已经达到76%。

以上事实充分证明,B公司在试块检测的过程中存在弄虚造假的行为,B公司制作的试块不能真实反映预拌混凝土的质量。

(3)B公司对混凝土试块检测工作管理混乱、极端不负责任

混凝土施工方案中3.1技术准备载明:"……混凝土试块的制作与养护应符合国家现行规范的要求,试验工应持证上岗,应随时观察试块的养护情况,并做好记录……"

B公司在施工现场没有任何有资质的试验员,试验单中载明的试块制作人却有9人,试问:让没有试验员资质的人制作混凝土试块能保证试块的制作水平吗?这种试块能真实反映预拌混凝土的质量吗?

而且,B公司随意更换混凝土试块检测机构,前后更换多家实验室,体现出试块检测工作的极度混乱。在此情况下,B公司所做的混凝土试块根本无法客观反映混凝土质量,混凝土试块检测报告也失去了参考意义。

综上所述,B公司严重违反了法律规定及合同约定的混凝土检验义务,在混凝土检验过程中严重违背职业道德、违反操作规范,导致本案工程发生质量事故。如果B公司严格履行检验义务,无论混凝土质量是否合格,都不会发生工程质量事故。

2. B公司未按照施工技术标准施工

《混凝土质量控制标准》序言:"什么是混凝土的质量?混凝土拌合物不是最终产品,完成最终产品的是混凝土工程。决定混凝土最终质量的关键是工艺。"由此可见,混凝土施工工艺对混凝土结构工程的质量具有决定性作用。

(1)大量混凝土试块合格报告对应的实体工程不合格

在质量事故发生后,A公司经调查发现一个重要事实,大量的试块合格报告所对应的实体工程经检测中心检测不合格。这充分表明,工程质量事故完全系B公司在混凝土浇筑、振捣、养护、拆模等施工过程中严重违规所致。

(2)混凝土浇筑、振捣、养护、拆模全流程均违规施工

从A公司提交的本案工程拆除前录像可见,混凝土结构工程存在蜂窝、麻面、狗洞、漏筋等多种肉眼可见的缺陷,且广泛存在混凝土大量加水所产生的水印,这些都证明工程质量事故完全是因为B公司违规施工所致。具体事实如下:

①向预拌混凝土中随意大量加水

《混凝土结构工程施工规范》8.1.3 规定："混凝土运输、输送、浇筑过程中严禁加水。"《混凝土质量控制标准》(GB 50164—2011)6.1.2 规定："混凝土拌合物在运输和浇筑成型过程中严禁加水。"《北京市建设工程材料采购指导手册》第 23 页载明："……在预拌混凝土运输和浇筑施工过程中，向混凝土搅拌运输车中掺加任何物料都会影响和改变混凝土的原有质量性能，尤其向混凝土中随意加水，将大大降低混凝土的强度和耐久性，延长混凝土凝结时间，甚至破坏混凝土的和易性……"

从技术方面分析，在施工前向混凝土中加水的危害在于：

提高了水灰比。水灰比是影响混凝土强度的最敏感参数，这一点无论在学术界还是在工程界都已经达成了共识。水灰比越大，混凝土强度越低。一般地说，水灰比增大 0.05，混凝土强度降低一个等级。也就是说，每立方米混凝土外加水 11～12kg，混凝土强度就可能从 30MPa 降低到 20MPa 以下。

引起混凝土的离析。在混凝土材料中，各种组分之间有一个匹配关系，这种匹配关系一旦打破，将会导致混凝土的离析，这也是众所周知的事实。从混凝土的强度来说，混凝土一旦离析，将会产生两个方面的不良后果：

破坏混凝土的均匀性。正常的混凝土应该是比较均匀的，一旦混凝土发生离析，这种均匀性将遭到破坏，使得各部分混凝土的组成不一致，特别是各部分的水灰比将发生变化。原来的水灰比仅仅是一个平均的水灰比，而实际混凝土中有些地方的水灰比可能低于原始水灰比，有些地方的水灰比则高于原始水灰比。那些高于原始水灰比地方的强度必将降低。

减弱水泥石与集料之间的界面。当混凝土产生离析时，泌出的水将会在集料下面富集，形成水囊。这些水囊的存在影响了水泥石与集料的黏结，在集料下面形成薄弱区。混凝土的破坏是从最薄弱点破坏的。因此，它将导致混凝土强度的降低。集料粒径越大，这种影响越显著。

正是由于上述这些原因，在施工时向混凝土中加水必将导致混凝土强度的降低。因此，相关技术文件明确规定严禁在施工时向混凝土中加水。

本案工程中，施工人员普遍存在随意、大量向混凝土中加水的违规行为，且对监理的制止置若罔闻，直接导致混凝土工程强度降低，出现严重质量缺陷。工程拆除前，A 公司经公证对混凝土实体工程进行了录像取证，录像显示几乎所有工程部位均存在大量水印，这证明施工人员在浇筑前向预拌混凝土加水量达到令人难以想象的程度。

②超时浇筑

《混凝土质量控制标准》(GB 50164—92)4.3.3 规定：混凝土从搅拌机卸出后到

浇筑完毕的延续时间不宜超过 120 分钟（≤25℃）、90 分钟（＞25℃）。《北京市建设工程材料采购指导手册》第 23 页载明："预拌混凝土出厂后有时效限制，超过一定的时间，混凝土会失去流动性和塑性，无法浇筑施工，硬化后混凝土强度也将会受到损失。"

从技术方面分析，超时浇筑的危害在于：

一方面，混凝土自加水时，水泥开始水化反应，时间越长，水化反应程度越高，而水泥的水化反应形成的水化产物促进混凝土凝结硬化，使混凝土致密化、强度提高；但是，在成型前水泥水化所形成的结构会被浇筑过程中伴随的机械作用力破坏，成型前水泥的水化程度越高，成型后水泥的水化能力越弱，混凝土的强度显著降低。另一方面，如果混凝土搅拌好后不及时浇筑，会使水泥水化产物将混凝土中松散的颗粒连接起来，形成一个松散的结构；在混凝土浇筑时，机械作用力将这一结构打破，形成多孔的小颗粒，由于这种小颗粒强度极低，它们存在于混凝土中，使混凝土的强度显著降低。因此，相关技术文件明确限定了混凝土浇筑时间不超过 2 小时。

本案工程中，B 公司施工人员在混凝土浇筑过程中严重违反施工规范，浇筑时间过长（多批次混凝土超时浇筑，甚至长达 7 小时），使混凝土形成初凝、为便于浇筑又大量加水，直接导致了混凝土强度遭到严重破坏。

③振捣不到位

《混凝土结构工程施工规范》8.4.1 规定："混凝土振捣应能使模板内各个部位混凝土密实、均匀，不应漏振、欠振、过振。"《北京市建设工程材料采购指导手册》第 22 页载明："新拌混凝土在建筑工地浇筑成型并按规定振捣、养护后，才生成符合建筑工程设计要求的建筑结构材料。施工现场混凝土的浇筑、振捣、养护等操作程序都直接影响混凝土结构硬化后的最终质量。"

混凝土浇筑过程中需按照施工规范进行振捣，否则会导致混凝土不密实、不均匀，使实体工程强度达不到设计要求。本案工程中，B 公司在混凝土浇筑过程中振捣不到位，甚至根本不振捣，致使混凝土实体工程产生质量缺陷。

④提前拆模

《混凝土结构工程施工规范》4.5.2 规定："底模及支架应在混凝土强度达到设计要求后再拆除"；4.5.3 规定："当混凝土强度能保证其表面及棱角不受损伤时，方可拆除侧模"。

混凝土强度达到设计要求时方可拆模，否则会严重损害混凝土结构工程强度。本案工程中，B 公司违反施工规范，在混凝土强度未达到设计要求时过早拆模，致使混凝土实体工程产生质量缺陷。

⑤缺乏养护

《混凝土质量控制标准》(GB 50164—92)条文说明4.6.2规定:“混凝土养护是混凝土施工中的一个重要环节,养护的好坏直接影响混凝土的强度与质量。”《混凝土质量控制标准》(GB 50164—2011)条文说明6.7.1规定:“混凝土养护是水泥水化及混凝土硬化正常发展的重要条件,混凝土养护不好往往会前功尽弃。”

从技术方面分析,混凝土指用水泥作胶凝材料,砂、石作集料,与水按一定比例配合,经搅拌而成,呈流塑状态的一种拌合物。在一定的时间内浇注入模,捣实成型。再经一段时间水泥与水发生水化反应,逐渐硬化。硬化后就具有石料的性质——强度。之所以能逐渐凝结硬化,主要是与水的化合作用,需要适当的温度和湿度条件,因此成型后必须保证混凝土有适宜的硬化条件,才能使其强度不断增长,这就是养护。混凝土浇筑后如果缺乏养护,会产生强度不达标、干缩开裂、内部组织疏松、抗渗性差等危害,引发严重的质量事故。

本案工程中,B公司对已浇筑的混凝土工程缺乏养护,甚至连养护用水龙头都未安装,致使本案工程产生质量缺陷。

以上事实证明,在本案工程中,施工人员普遍性地在各个工艺环节违规施工,直接导致了工程质量事故的发生。

仲裁庭经审理后采纳了本团队律师的观点,认为B公司应就工程质量事故承担主要责任。

[**法案研判**]

本案工程混凝土系由发包人A公司采购并供应,最终工程出现质量问题使A公司陷入较为不利的被动地位,本团队律师通过鞭辟入里的分析促使某仲裁委裁决B公司承担主要责任。在建设工程领域,由发包人提供建筑材料、建筑构配件和设备的情形被俗称为“甲供材”。下文将重点阐述甲供材的相关规定、学理分析以及甲供材情形下出现工程质量问题时法院对承发包双方责任认定的裁判观点。

一、关于甲供材的相关法律法规

目前,关于甲供材现行有效的法律文件主要包括:

1.《建筑法》第25条规定:“按照合同约定,建筑材料、建筑构配件和设备由工程承包单位采购的,发包单位不得指定承包单位购入用于工程的建筑材料、建筑构配件和设备或者指定生产厂、供应商。”

2.《建设工程质量管理条例》第14条规定:“按照合同约定,由建设单位采购建筑材料、建筑构配件和设备的,建设单位应当保证建筑材料、建筑构配件和设备符合设计文件和合同要求。

建设单位不得明示或者暗示施工单位使用不合格的建筑材料、建筑构配件和设备。”

3.《建设工程施工合同司法解释(一)》第 12 条规定:“发包人具有下列情形之一,造成建设工程质量缺陷,应当承担过错责任:(一)提供的设计有缺陷;(二)提供或者指定购买的建筑材料、建筑构配件、设备不符合强制性标准;(三)直接指定分包人分包专业工程。

承包人有过错的,也应当承担相应的过错责任。”

二、关于甲供材的相关理论观点

发包人提供或者指定承包人购买建筑材料、建筑构配件和设备如不符合强制性标准,承包人是否应承担质量责任,实践中存在不同的观点。部分观点认为:根据前述《建筑法》的规定,对于应由承包人购买的建筑材料、建筑构配件和设备,发包人是不得指定的,发包人指定即存在过错,发包人应举证证明承包人对于工程质量缺陷存在过错,发包人举证不力的,应由其承担工程质量责任;部分观点认为:承包人对工程质量负责,对于发包人提供或者指定的建筑材料、建筑构配件和设备,承包人应履行审慎检测义务,对于不合格的建筑材料、建筑构配件和设备应拒绝使用。但承包人是否履行审慎检测义务,发包人很难证明,因此,应由承包人举证证明其履行了审慎检测义务,对工程质量缺陷不存在过错,否则,承包人应承担相应的质量责任。

三、关于甲供材的相关裁判观点

下文检索了各地高级人民法院适用《建设工程施工合同司法解释(一)》第 12 条第 1 款第 2 项的判例。下文将对检索到的其中 3 个判例中的裁判观点进行归纳总结,以分析目前的裁判倾向。

(一)承包人无法证明工程质量缺陷系发包人提供或指定的建筑材料不合格所致,或虽可证明,但承包人对于质量缺陷存在过错的,应在其过错范围内承担责任

例如,在锦州北普陀禅寺(以下简称普陀寺)与金德纯建设工程施工合同纠纷一案[①]中,关于金德纯是否应就混凝土强度不达标承担责任的问题(罗庆余以个人名义与普陀寺签订大雄宝殿施工合同,由罗庆余承建普陀寺大雄宝殿工程,金德纯系罗庆余的债权受让人),辽宁省高级人民法院认为:案涉工程使用的水泥为普陀寺所提供,普陀寺对工程质量问题应承担一定的过错责任。虽然该工程使用的水泥为普陀寺所提供,但作为施工方在浇筑前应对水泥质量进行检测,对质量不合格的水泥有权拒绝

① 详见(2012)辽审三民提字第 39 号民事判决书。

使用或留存质量不合格的证据。由于施工方没有证据证明案涉工程混凝土强度不合格是由于水泥质量不合格所造成，故金德纯对案涉工程质量问题应承担过错责任。辽宁省高级人民法院判决普陀寺、金德纯就混凝土强度不达标各自承担50%的责任。

再如，在启东市银宏建筑材料有限公司（以下简称银宏公司）与启东建筑集团有限公司（以下简称启东建筑公司）、启东文峰大世界有限公司（以下简称文峰公司）建设工程施工合同纠纷一案①中，关于承包人启东建筑公司是否应就砼强度不达标承担责任的问题，江苏省南通市中级人民法院（以下简称南通中院）认为：虽然承包人启东建筑公司已经按照国家规定的标准进行试验、检测，但该检测属抽样检测，不能检测到所有的材料，而双方合同中约定，启东建筑公司必须对进场材料严格把关，如因材料出现质量问题对文峰公司负全部责任，并赔偿相应的损失。该条款赋予启东建筑公司在检测、使用材料时高度注意的义务，或者说是使用材料时如出现质量问题应当承担严格责任，排除了启东建筑公司按照国家标准抽样检验合格即免责的可能。故在材料出现质量问题时，启东建筑公司仍应对文峰公司承担违约责任。考虑启东建筑公司和银宏公司（砼供应商）在工程质量不合格造成损失的原因因素，启东建筑公司的责任在于把关不严，造成不合格材料用于工程；银宏公司的责任在于提供了不合格的材料，其原因力明显大于启东建筑公司。为了使责任的承担与履约过错程度相适应，南通中院酌定启东建筑公司与银宏公司承担责任的比例为3∶7。江苏省高级人民法院认为南通中级院判决并无不当，对南通中院判决予以维持。

（二）发包人提供或指定的建筑材料不合格导致工程质量缺陷，发包人未能举证证明承包人对于工程质量缺陷存在过错的，承包人不承担质量缺陷责任

例如，在吉林中大建材市场有限公司（以下简称中大公司）与李大军、长春天艺建筑工程有限公司（以下简称天艺公司）及原审被告刘梧同、李道春建设工程施工合同纠纷一案②中，关于钢筋质量不合格问题，中大公司提供了两份《钢筋机械性能检测报告》，主张案涉工程钢筋质量不合格，但因双方之间签订的施工合同约定由中大公司提供钢筋、商砼等主要建筑材料，并且结合李大军提供的退货收据、社保缴费记录、施工日志、与刘梧同的谈话录音等证据，能够证实在实际履行过程中也确系中大公司向李大军提供的钢筋、商砼等建筑材料。中大公司对该事实否认，但并未举出充分证据推翻双方合同中的有关约定，吉林省高级人民法院对此不予支持。根据《建设工程施工合同司法解释（一）》第12条之规定，吉林省高级人民法院认为：中大公司提供的钢

① 详见（2015）苏审二民申字第00013号民事裁定书。

② 详见（2017）吉民终584号民事判决书。

筋质量不合格,其无权向李大军主张权利。中大公司主张李大军未按规定对进场钢筋进行检验,李大军存在过错,但中大公司并未提供充分证据证明上述事实,并且即便承包人对此有过错亦不能免除发包人的责任。

［**案件复盘**］

B公司申请仲裁之前,本案工程混凝土供应商之一C公司即因生产、销售伪劣产品被科以刑事处罚。鉴于本案工程所涉混凝土系由A公司负责采购、供应,C公司被处刑罚无疑加重了A公司在工程质量事故中的责任。在此极为不利的情况下,本团队律师深入研读刑事判决,就混凝土的制作流程、工艺等征询专家的意见,从混凝土的试块制作、配合比、原材料的有效期等方面对刑事判决提出诸多质疑。此外,本团队律师还对C公司供应混凝土占本案工程全部混凝土的比例进行统计、对C公司供应混凝土的使用部位与拆除部位进行比对、对混凝土试块合格部位与实体工程不合格部位进行比对、对供货商供应混凝土的全部工程进行横向及纵向比对、对各家混凝土供应商的利润进行比对,并将各项比对结果以表格及图示的形式展现。通过表格及图示,本团队律师清晰地向仲裁庭展示了C公司供应的混凝土并非引发工程质量事故的主要因素。同时,本团队律师积极启动行政诉讼程序,通过大量的证据、充分的法律论证说服法院接受本团队律师观点。法院经审理后认为,住建委认定A公司有明示B公司使用不合格建筑材料的行为并据此作出处罚,属于主要证据不足、认定事实不清,据此判决撤销住建委对A公司作出的行政处罚。A公司行政处罚的撤销对于扭转其于仲裁中的不利地位起到了至关重要的作用。本案中,A公司不但未就工程质量责任事故承担主要责任,其因工程质量事故产生的损失还可获得相当一部分补偿。

本案裁判结果为发包人、承包人敲响了警钟,对发包人而言,其提供或指定的建筑材料、建筑构配件、设备如不符合强制性标准,应承担质量缺陷责任;对承包人而言,即使发包人提供或指定的建筑材料、建筑构配件、设备存在质量问题,也并不当然免除其质量缺陷责任。发包人、承包人如何避免就甲供材承担质量缺陷责任,本团队律师作出如下建议:

一、发包人如何避免就甲供材质量缺陷承担责任

实践中,发包人为控制工程造价,或者为避免承包人拖欠材料供应商价款导致项目停工,或者应承包人减轻资金压力要求等原因,会选择供应建筑材料。发包人供应的建筑材料如不符合强制性标准的,根据《建设工程施工合同司法解释(一)》的规定,应承担过错责任。如何避免就甲供材承担过错责任是发包人在供应建筑材料时十分关心的问题。对此,本团队律师结合代理经验为发包人提供几点借鉴:(1)选择适格的供应商。如拟采购的建筑材料未达到必须招标的标准，发包人可借助承包人的经验，与承包人共同选定供应商，并签署三方协议，如同本案中A公司的做法，在三方协议中明确承包人及供应商的责任；如拟采购的建筑材料达到必须招标的标准，发包人可选择自行招标或与承包人共同招标，选择适格的供应商，妥善留存招、投标的相关材料。（2）通过招标、询价等方式合理确定建筑材料的价格，并妥善保留相应招投标、询价的材料。（3）发包人应严格管理建筑材料的出厂合格证明文件，要求供应商及时提供建筑材料的出厂合格证、检验合格证等文件，对不具备出厂合格证、检验合格证等文件的建筑材料拒绝接收。发包人接收后、实际使用建筑材料前供应商仍未提供相应合格证明文件的，发包人应暂停使用建筑材料并要求供应商及时提供相应合格证明文件，对于供应商拒不提供的，发包人应及时做退、换处理，并保留退、换的相关材料。在建筑材料使用后发包人应督促监理单位加强现场管理，对监理单位或承包人反映的建筑材料不合格情况予以充分重视，及时联系供应商退、换不合格的建筑材料。

二、承包人如何避免就甲供材质量缺陷承担责任

本案中，虽有混凝土供应商因生产、销售伪劣产品被科以刑事处罚，但并不能由此免除B公司作为施工单位应对建筑材料进行严格检查、对不合格的建筑材料应及时上报并拒绝使用的义务。本案经审理，仲裁庭认为，B公司承担混凝土的入场检验、浇筑、养护、试验、资料管理等多项工作，作为有经验的专业施工企业，较之A公司具备更多的有关混凝土的专业知识和经验，也是保障混凝土工程质量的最后关口，但B公司的行为，既违背了合同约定的"发包人供应的材料设备使用前，由承包人负责检验或试验，不合格的不得使用"，也违背了《建筑法》第59条"建筑施工企业必须……对建筑材料、建筑构配件和设备进行检验，不合格的不得使用"以及《建设工程质量管理条例》第29条"施工单位必须……对建筑材料、建筑构配件、设备和商品混凝土进行检验……未经检验或检验不合格的，不得使用"等相关法律法规规定，并且在混凝土施工过程中亦存在不规范行为，故应承担工程质量事故的主要责任。B公司沉痛的教训足以让所有的承包人引以为戒，在发包人供应建筑材料的情况下，承包人应积极、审慎履行检验义务，在发现甲供材质量不合格的第一时间即通知发包人，要求发包人及时更换不合格的建筑材料，对不合格的建筑材料果断拒绝使用，避免因甲供材质量不合格承担责任。

28

清单错漏或生损失，补充索赔获得支持

［**案件摘要**］

本案系A公司与B公司因工程量清单缺漏项导致的一起建设工程施工合同纠纷案件。A公司系某车站装修工程的发包人，B公司系承包人。工程竣工后，双方就结算价款无法达成一致，A公司拒绝支付剩余工程价款。B公司委托本团队律师代理本案。本团队律师在B公司提出主张的基础上，从案件相关资料中及时发现并补充当事人遗漏的索赔事项，并将其一并列入仲裁请求向某仲裁委申请仲裁。鉴于A公司对于大部分索赔事项不予认可，仲裁庭根据B公司申请委托造价鉴定机构就涉案工程进行造价鉴定。最终，B公司索赔事项均被造价鉴定机构采纳并最终计入工程结算价款。本团队律师利用丰富的建设工程索赔经验，最大限度地维护了当事人合法权益。

［**案情回放**］

A公司因某车站装修工程进行招标，B公司参加投标并中标。中标通知书发出后双方于2007年4月签订《某车站装修工程合同文件》（以下简称《合同文件》）。该《合同文件》于2007年5月30日在当地建设工程招标投标管理办公室备案，合同约定主要内容为：合同价款为18,186,352元，合同形式为固定单价合同，工期为2007年4月1日至2007年9月30日。

施工过程中，B公司于2008年与A公司分别签订了3份补充协议书，分别为《补充协议书（一）》《补充协议书（二）》与《补充协议书（三）》，双方就工程结算价款事项进行了进一步约定。合同签订后，B公司积极组织施工，但由于A公司的种种原因，某车站装修工程并未按合同约定时间开工及竣工，且导致B公司的施工费用显著增加。其中：甲车站装修工程于2007年9月1日开工，于2008年4月22日竣工；乙车站装修工程于2007年9月30日开工，于2008年4月30日竣工；丙车站装修工程于

2007 年 8 月 1 日开工，于 2008 年 4 月 18 日竣工。

工程竣工后，B 公司与 A 公司就工程结算问题多次协商，但无法就价款达成一致意见。经 B 公司自行核算，即使按照合同约定，工程结算价款应为 36,442,679.99 元，A 公司仅支付了 23,697,539.16 元，剩余工程结算价款虽经 B 公司多次催要，A 公司仍未予支付。

2014 年 2 月 17 日，B 公司向某仲裁委申请仲裁，请求 A 公司支付应付未付工程款共计 12,745,140.83 元、支付逾期付款利息 3,516,182.06 元、支付律师费 200,000.00 元。仲裁请求提出后，A 公司除认可小部分索赔项目外，大部分索赔项目均不认可。随后，仲裁庭根据 B 公司申请委托造价鉴定机构就涉案工程进行造价鉴定。

2015 年 6 月，某仲裁委作出裁决，裁决 A 公司向 B 公司支付应付未付工程结算价款 5,390,878.65 元以及欠付工程款利息近 200 万元。

[**战略战术**]

由于双方订立合同时的疏忽，建设工程实务中常常会出现工程量清单错漏的情形。而大多数当事人又欠缺法律意识，在遇到纠纷时往往并不了解如何提出索赔以维护其合法权益。本案即是一起由工程量清单错漏引发的建设工程施工合同纠纷。B 公司委托本团队律师代理本案时仅要求 100 余万元的索赔款项，但在本团队全体成员的共同努力下，最终为 B 公司争取了 700 余万元索赔款及利息，最大限度地维护了 B 公司的利益。

一、熟悉常见索赔类型，培养系统化思维

与其他类型案件相比，建设工程案件具有证据材料庞杂、法律关系复杂等特点。办理此类案件时往往首先需要关注双方是否签订黑白合同；合同主体间是否存在挂靠、转包、违法分包等情形，在此基础上进一步就合同约定的工程款计价方式、风险范围等深入了解，最后对合同履行过程中相关工程变更文件、签证文件、设备材料认价文件、工程款申报文件、工程结算资料等进行分析论证，寻找索赔线索，提出索赔主张。每一索赔主张都必须具备完整的证据链条，不能存在自相矛盾之处。

本案中，虽然 A 公司与 B 公司曾先后签订过 4 份合同，但由于《补充协议书（一）》《补充协议书（二）》与《补充协议书（三）》仅是对工程款支付方式作出进一步约定，该等约定并未对施工合同的实质性内容进行变更，因此本案不存在黑白合同情形，双方应按 4 份合同约定的内容履行各自义务。但双方对该 4 份合同约定的工程款计价方式、风险范围等存在争议。本团队律师在介入本案后即注意到，除 B 公司提出的索赔主张外，双方已就实际工程量所涉及的工程结算价款基本达成一致；对于 B 公司提出的索赔主张,A公司认为该等价款已包含于风险范围内。因此,梳理合同履行过程中的相关文件,如何解决索赔问题成为本案成功与否的关键。

二、根据案情梳理索赔事项,对索赔主张进行合理解释

B公司委托本团队律师代理本案时仅要求100余万元的索赔款项,但本团队律师根据内控流程熟悉案情后,发现B公司还有大量索赔项目未提出,如:工程施工措施费、甲供材料保管费及二次搬运费等因实际工程量远超合同清单工程量而增加的费用;A公司将原施工材料变更为异型材料导致工程人工机械用量调增等增加的费用。本团队律师通过仔细研读合同履行过程中的往来文件,对施工过程中的重要事实反复梳理,最终增加了10项索赔请求。值得强调的是第一项:工程实际工程量远超合同清单工程量的价款结算问题。该项是双方庭审过程中的主要争议焦点。本团队律师认为,超出合同清单的施工内容应被认定为《合同文件》第31.3款约定的可协商调价的范畴,工程施工措施费、甲供材料保管费及二次搬运费等是根据原投标分部分项工程的一定比例或范围计取,计取基数现已发生显著变化,若该等费用不进行调整,则显失公平。A公司以该等内容属于原合同约定的"风险范围"的范畴抗辩。最终,本团队律师的大部分主张获得了仲裁庭的支持。

以下是本案合同价款相关约定:

1.《协议书》第5条约定:"合同形式为固定单价。"

2.《合同文件》第27.1款约定:"合同价格是指甲乙丙(甲方指A公司,乙方指B公司,丙方为A公司合作方,系专门负责当地轨道交通建设的政府平台企业),三方依据中标通知书中的中标价格在合同协议书中确定价格。本合同是以工程量清单所列数量为基础的固定单价合同,固定单价是指工程量清单中所填写的综合单价或措施项目的包干价格。"

3.《合同文件》第27.3款约定:"合同价格的调整……综合单价的调整:详见第31.3款的约定。清单项目的调整:工程量清单如有漏项或错项,可在中标后以增补清单或调整清单的方式经监理工程师书面确认并报经丙方同意、甲方核备后进行调整。"

4.《合同文件》第31.3款约定:"如果在颁发整个工程的竣工移交证书时,发现由于按第31条估价的所有变更的工作,以及对工程量清单中开列的估算工程量进行实测后所作的一切调整、零星工作项目费用及按第27.3款约定的调整,与合同价格相比超出或减少较多时,经监理工程师与甲方、丙方和乙方适当协商之后,可以在合同价格中加上或减去乙方与监理工程师可能议定的另外一笔款额。"

5.《补充协议书(一)》第3条第1款约定:"本补充协议价款暂估为:人民币伍佰

贰拾万元整,待合同三方根据现场情况核定工程量后,确定最终工程价款,并另行签订补充协议。”

6.《补充协议书(二)》第 3 条第 1 款约定:“本补充协议增加工程内容暂支付:人民币壹佰伍拾万元整。其中:××站不少于叁拾万元整。待施工图出齐完成后,根据实际情况确定最终工程价款。”

7.《合同文件》第 30.1 款约定:“如果监理工程师认为有必要对工程或其中任何部分的形式、质量或数量作出任何变更,监理工程师应有权指示乙方进行下述任何工作,乙方应遵照执行:……合同中已包含和存在同样的项目并已标明费率或价格,则应直接按照此类合同中列明的费率或价格进行估价;如合同中未包括适用于该变更工作的费率或价格,监理工程师可采用合同中类似项目的费率或价格作为估价的依据。如做不到以上两点,监理工程师与乙方适当协商并报丙方审核甲方批准之后,按照第 9.7 款商定一个合适的费率或价格。当双方意见不一致时,应按照第 9.7 款监理工程师给出他认为合适的暂定费率或价格,报丙方审核甲方批准之后通知乙方,将与此工作有关的费用作为暂付款包含在按第 29 条发出的最终支付证书中,自议定后在其后的最终支付证书中调整。”

三、熟知鉴定程序,使鉴定机构在短期内出具对 B 公司有利的鉴定意见

本团队律师将主要工作量放在鉴定初期,在代理 B 公司申请仲裁后立即提出了工程造价鉴定申请,对每项索赔主张均备齐本案合同、双方往来文件及造价规范等相关证明资料。与此同时,本团队律师还根据鉴定期间的谈话及时向鉴定机构提交书面资料及质证意见,确保鉴定机构顺畅完成造价鉴定。最终,鉴定机构采纳了本团队律师提出的大部分意见,快速出具了有利于 B 公司的本案鉴定意见。

[**法案研判**]

实务中,与本案类似的因工程量清单错漏引致纠纷的案例屡见不鲜。下文将从“工程量清单错漏”的相关规定与定义出发,探讨“工程量清单错漏”问题在司法实务中的认定与处理原则,以期为遇到该等情形的当事人提供结算或索赔的相关法律依据与实务指引。

一、关于“工程量清单错漏”的相关法律法规

目前,关于“工程量清单错漏”现行有效的法律法规为《建设工程工程量清单计价规范》(GB 50500—2013),其中关于“工程量清单错漏”的规定主要包括:

1.《建设工程工程量清单计价规范》第 4.1.2 条规定:“招标工程量清单必须作为招标文件的组成部分,其准确性和完整性应由招标人负责。”

2.《建设工程工程量清单计价规范》第8.3.2条规定:"采用经审定批准的施工图纸及其预算方式发包形成的总价合同,除按照工程变更规定的工程量增减外,总价合同各项目的工程量应为承包人用于结算的最终工程量。"

3.《建设工程工程量清单计价规范》第9.4.2条规定:"承包人应按照发包人提供的设计图纸实施合同工程,若在合同履行期间出现设计图纸(含设计变更)与招标工程量清单任一项目的特征描述不符,且该变化引起该项目工程造价增减变化的,应按实际施工的项目特征,按本规范第9.3节相关条款的规定重新确定相应工程量清单项目的综合单价,并调整合同价款。"

4.《建设工程工程量清单计价规范》第9.5.1条规定:"合同履行期间,由于招标工程量清单中缺项,新增分部分项工程清单项目的,应按照本规范第9.3.1条的规定确定单价,并调整合同价款。"

5.《建设工程工程量清单计价规范》第9.6.1条规定:"合同履行期间,当应予计算的实际工程量与招标工程量清单出现偏差,且符合本规范第9.6.2条、第9.6.3条规定时,发承包双方应调整合同价款。"

二、关于"工程量清单错漏"的相关理论观点

(一)工程量清单错漏的定义

工程量清单错漏,是指由于招标人发布的招标工程量清单和设计施工图纸记载的工程量项目不匹配导致的工程量错误计算或遗漏计算。由于双方在订立合同时的疏忽,建设工程实务中常常会出现工程量清单错漏的情形。

工程量清单与施工图纸密切相关,是对图纸和技术规范的翻译,清单的完整性与规范性必须结合施工图纸以及相关技术规范综合评定。具体而言,应当根据施工图纸和《建设工程工程量清单计价规范》的6个附录记载的内容来判断是否存在工程量清单错漏的问题:

1.施工图纸表达出的工程内容,在《建设工程工程量清单计价规范》的某个附录中有相应的"项目编码"和"项目名称",但清单对该内容未反映或错误反映的情形,属于清单漏项;

2.施工图纸表达出的工程内容,本应由清单编制者补充在相应的清单项目中,但在《建设工程工程量清单计价规范》附录的任何地方均未反映的情形,属于清单漏项;

3.施工图纸表达出的工程内容,虽然在《建设工程工程量清单计价规范》附录的"项目名称"中没有反映,但在本清单已经列出的某个"项目名称"包含的"工程内容"中有所反映的,不属于清单漏项,其应当作为主体项目的附属项目,并入综合单价计价。[①]

需要强调的是，工程量清单的错漏是指与作为其编制依据的图纸相比较而言存在的错漏，在实践中应当将其与施工图纸变化所导致的工程项目及其特征、工程量变化区别开来。[②]

（二）工程量清单错漏风险承担的认定

1. 工程量清单错漏风险承担条款的效力判断

根据《建设工程工程量清单计价规范》第 4.1.2 条规定，招标工程量清单作为招标文件的组成部分，其准确性和完整性应由招标人负责。然而在合同履行的过程中，招标人出于规避工程风险的目的，往往会在招标文件或其所附的合同中设置“对工程量清单错漏不予调整”的条款。显而易见，这与《建设工程工程量清单计价规范》第 4.1.2 条规定并不相符，由此便产生了对该等约定效力问题的争议。

对此，当前理论与实务界存在有效说和无效说两种观点。有效说认为，根据《合同法》第 52 条第 5 项[③]及相关司法解释[④]的规定，只有违反法律、行政法规的效力性强制性规定才会导致约定无效，而《建设工程工程量清单计价规范》是由国家住房和城乡建设部会同国家质量监督检验检疫总局联合发布的规范，其性质不属于法律或行政法规，故违反该规定的相关约定并不必然无效；无效说认为，根据《工程建设国家标准管理办法》第 29 条的规定，“GB”为国家标准的代号，根据《标准化法》第 2 条[⑤]的规定，国家标准分为强制性标准和推荐性标准，强制性标准必须执行。因《建设工程工程量清单计价规范》第 4.1.2 条属于建设工程标准化体系规定的必须执行的国家强制性标准，其效力由《标准化法》赋予，理应属于《合同法》第 52 条第 5 项中“强制性规定”的范畴，违反该等规定应导致约定无效。

针对违反《建设工程工程量清单计价规范》第 4.1.2 条所进行的工程量清单错漏风险承担约定的效力问题，本团队律师认为，《建设工程工程量清单计价规范》的法律性质虽系国家强制性标准，但其性质并不属《合同法》第 52 条第 5 项所指的效力性强

---

① 参见王文杰：《关于工程量清单漏项、漏量的相关法律问题》，载《中华建筑报》2013 年 4 月 12 日，第 007 版。

② 参见高印力等：《“工程量清单错漏风险由承包人承担”的认定与处理》，载《建筑经济》2018 年第 6 期。

③ 《合同法》第 52 条规定：“有下列情形之一的，合同无效：……（五）违反法律、行政法规的强制性规定。”

④ 《合同法司法解释（二）》第 14 条规定：“合同法第五十二条第（五）项规定的‘强制性规定’，是指效力性强制性规定。”

⑤ 《标准化法》第 2 条规定：“本法所称标准（含标准样品），是指农业、工业、服务业以及社会事业等领域需要统一的技术要求。标准包括国家标准、行业标准、地方标准和团体标准、企业标准。国家标准分为强制性标准、推荐性标准，行业标准、地方标准是推荐性标准。强制性标准必须执行。国家鼓励采用推荐性标准。”

制性规定，违反该条款并不必然导致约定无效。根据《标准化法实施条例》第18条[①]的规定，强制性标准共分为8类，其中关于建设工程强制性标准的表述为："工程建设的质量、安全、卫生标准及国家需要控制的其他工程建设标准"，《实施工程建设强制性标准监督规定》将该标准进一步细化为："直接涉及工程质量、安全、卫生及环境保护等方面的工程建设标准。"由此，本团队律师推断，只有直接涉及工程质量、安全、卫生及环保问题相关的条款，才属于《标准化法》第2条规定的必须执行的强制性标准，其性质才属于效力性强制性规定。

基于对交易安全的保护，在合同效力问题的处理上，司法实践通常以认定合同有效为原则，无效为例外。《建设工程工程量清单计价规范》第4.1.2条是关于价款的规定，其涉及的仅仅是合同双方当事人的利益。根据价值位阶原则，对特定当事人保护的价值位阶应低于交易安全的价值位阶，故此处不宜将工程量清单错漏风险承担的约定认定为无效。只要双方主体适格、意思表示自由真实、不违反法律和社会公共利益且形式合法，该约定即合法有效，理应得到法律的保护。

2. 工程量清单错漏风险承担的认定

根据合同法原理，当事人双方应基于合法有效的合同约定，全面、及时地履行合同项下义务并享有合同权利。但此处需要强调的是，在具体案件中，对工程量清单错漏风险责任归属的约定并不因其有效而必然被适用，在实务中裁判机构会根据个案的不同情况（如承发包双方在合同起草与订立时的角色与地位、合同计价方式等因素）综合判断双方各自对工程量清单错漏事项所应承担的责任，而不是一味地按照合同条款的约定进行处理。

（三）工程量清单错漏风险承担的处理

1. 单价合同

单价合同的计价原理在于"量"与"价"的分离。"量"的风险由发包人承担，"价"的风险由承包人承担。承包人的报价基础是发包人提供的工程量清单，在合同履行过程中，清单项目的项目特征与实际不符或工程量出现错漏的，应当由发包人据实调整。

---

① 《标准化法实施条例》第18条规定："国家标准、行业标准分为强制性标准和推荐性标准。下列标准属于强制性标准：（一）药品标准，食品卫生标准，兽药标准；（二）产品及产品生产、储运和使用中的安全、卫生标准，劳动安全、卫生标准，运输安全标准；（三）工程建设的质量、安全、卫生标准及国家需要控制的其他工程建设标准；（四）环境保护的污染物排放标准和环境质量标准；（五）重要的通用技术术语、符号、代号和制图方法；（六）通用的试验、检验方法标准；（七）互换配合标准；（八）国家需要控制的重要产品质量标准。国家需要控制的重要产品目录由国务院标准化行政主管部门会同国务院有关行政主管部门确定。强制性标准以外的标准是推荐性标准。省、自治区、直辖市人民政府标准化行政主管部门制定的工业产品的安全、卫生要求的地方标准，在本行政区域内是强制性标准。"

如前所述,《清单计价规范》第 9.4.2 条、第 9.5.1 条、第 9.6.1 条也对此作了相应规定。若当事人双方选择以单价合同作为计价方式,则应当遵循单价合同的计价原理妥善分配风险。单价合同计价方式的原则系在一定范围内锁定单价并根据实际完成的工程量进行工程价款的结算。"发包人对工程量清单错漏不予调整"的约定与单价合同的计价原理存在矛盾,导致约定内容有违合同法公平原则,进而存在效力瑕疵。因此,在单价合同中,即使合同中包含"发包人对工程量清单错漏不予调整"的约定,在实务中也可能存在无法适用的风险。

2. 总价合同

在总价合同中,"量"与"价"的风险通常情况下均由承包人承担,但这并不意味着承包人需对所有的工程量清单错漏情形负责。对于总价合同中工程量清单错漏的情形,其最终的风险承担方式需要分情况讨论。

采用总价合同时,发包人的招标方式一般有以下两种:

(1)以定额为计价模式的招标

在定额计价的模式下,发包人通常会提供施工图纸(可能也会附有工程量清单)给承包人,此时,投标报价由承包人依据发包人提供的施工图纸编制,承包人理应对其所报工程量和预算价格的准确性和完整性负责。在合同约定的工程范围和施工条件不发生变更的情况下,工程结算价款不予调整。其中,工程范围是否发生变更以施工图纸作为参照。《建设工程工程量清单计价规范》第 8.3.2 条也规定,采用经审定批准的施工图预算方式形成的总价合同,除按照工程变更规定的工程量增减外,总价合同各项目的工程量应为承包人用于结算的最终工程量。① 综上所述,在定额计价的模式下,承包人对工程量和预算价格负责,"发包人对工程量清单错漏不予调整"的约定在此类合同中并不常见。

(2)以工程量清单为计价模式的招标

其实无论是定额计价还是清单计价,其最终的计价基础都应当是施工图纸。但由于实操过程中不规范的情况很多,特别是在清单计价的招标中,其最终的计量依据有时并不是施工图纸。

①计量依据以工程量清单为准

该情形可分为两类:发包人未提供施工图纸,或发包人虽提供了施工图纸,但明确投标报价以工程量清单为依据。在以上两种情况下,该总价合同的报价基础仅有发包人提供的工程量清单,一旦实际施工的工程项目与清单项目不一致,工程造价应当按

① 参见高印力等:《"工程量清单错漏风险由承包人承担"的认定与处理》,载《建筑经济》2018 年第 6 期。

照实际实施的项目进行调整。也就是说,总价合同的总价事实上并不固定。需要指出的是,风险分担条款适用的前提在于双方均无过失。发包人存在明显过失,仍由承包人对发包人的过错承担责任的,有悖公平原则。因此“发包人对工程量清单错漏不予调整”的约定在审判实务中被支持的判例并不多见。

②计量依据以施工图纸为准

在发包人既提供了施工图纸也提供了工程量清单,并要求计量依据以施工图纸为准的情况下,则需进一步看发包人是否明确“工程量清单可以修改或补充”。如果招标文件规定,承包人不得对工程量清单进行修改或补充,此时,虽然招标文件给予了承包人对工程量清单进行复核的时间,或注明了“工程量清单仅供参考”,但实质上还是以发包人所提供工程量清单作为计价依据的。承包人也只能按照发包人提供的工程量清单进行报价,无法对工程量清单的错漏进行修改、补正。因合同内容出现前后矛盾系发包人过错,此时“发包人对工程量清单错漏不予调整”的约定一般也无法适用。

若发包人明确表示“工程量清单可以修改或补充”,同时也给予了承包人充足的时间进行现场勘测和工程量清单复核,那么我们通常认为发包人所提供的工程量清单以及依据清单所报的综合单价,仅仅是作为合同履行过程中单价确定的依据,承包人作为具备完全民事行为能力的商事主体,有能力对合同履行过程中将要承担的风险进行预测,此时“发包人对工程量清单错漏不予调整”的约定在实务中一般被认为是合理并可以被适用。

三、关于“工程量清单错漏”的相关裁判观点

需要指出的是,建设工程案件往往疑难复杂,案件事实因各案而异,对于工程量清单错漏风险承担的处理方式,还应根据案情具体问题具体分析。以下为本团队律师查询的相关典型案例。

(一)合同约定工程量清单中漏项由承包人承担,法院判决不按合同约定执行,漏项应据实结算并计入工程造价

例如,在陕西黄河工程建设有限公司(以下简称黄河公司)与西安忠诚市场投资开发有限公司(以下简称忠诚公司)建设工程施工合同纠纷一案①中,一审法院认为,高强螺栓134,643.2元,该项虽在合同《分部分项工程量清单》中未包含,但施工图纸中包含此项,且黄河公司已实际施工,故该项价款应计入总造价中。二审法院认为,合同约定本合同价款采用固定综合单价方式确定,风险范围以外合同价款调整方法:甲乙双方认可的《分部分项工程量清单》中由于承包人漏报的项目不予调整。高强螺栓

① 详见(2016)陕民再55号民事判决书。

项目未列入《分部分项工程量清单》中，且黄河公司没有在《分部分项工程量清单》以外的工程量报告中申报，依据上述合同规定不应计入黄河公司的工程造价中；一审司法鉴定中，鉴定机构亦认为高强螺栓不应计入工程造价，故高强螺栓不应计入黄河公司的工程结算价款。

再审法院认为，双方合同专用条款第 6 条第 13.1 款约定，双方认可的《分部分项工程量清单》中由于承包人（黄河公司）漏报的项目不予调整。经查，双方合同第一部分协议书第 5 条第 1 款约定：合同暂定总价 25,287,467.50 元（其中：以暂定工程量确定的分部分项工程费 23,036,794.75 元；工程数量待图纸优化后重新核定，分部分项工程费以甲乙双方认可的综合单价据实调整）。在双方签订合同时所附《分部分项工程量清单》中确实不含高强螺栓，但在之后忠诚公司向黄河公司提供的施工图纸中包含此项，黄河公司在实际施工中亦包含有此项目，且此项目并非黄河公司原因漏报的项目，故二审判决将该项目价款从工程总造价中予以扣减不当，一审判决对此认定正确，应予维持。

（二）合同约定工程量计算不准确或漏项风险由承包人承担，该约定有效

例如，在中太建设集团股份有限公司（以下简称中太公司）与中国人民解放军 68060 部队（以下简称 68060 部队）建设工程施工合同纠纷一案①中，一审法院认为，中太公司在投标时就应对设计图纸有充分明确的价格估算，在设计图纸与施工图纸一致且未有变更的前提下，中太公司主张增加面积的工程款无合同依据，不予支持。故驳回中太公司要求 68060 部队支付机关综合楼、基层综合楼和干部士官公寓楼增加建筑面积的工程款9,837,939.33元的诉讼请求。

二审法院认为，双方争议的“新增面积”或“漏项”，已经包括在施工图纸中，根据施工图纸测算，涉案工程建筑面积为 8966.12m^2。从鉴定结论中也可以得到印证。鉴定机构把根据施工图纸计算出的面积减去合同约定的建筑面积，得出了所谓“新增面积”的结论。68060 部队招标文件载明涉案工程楼总建筑面积为 8407.79m^2。中太公司为了中标，全部接受了 68060 部队招标文件提出的要求，得以成功中标。双方按照合意，顺利完成招投标程序，签署了建筑工程施工合同并实际履行。就这一过程来看：第一，既然中太公司在投标、签订合同的过程中对上述内容是认可的，而合同经审查也是合法有效的，即便招标文件、合同中的建筑面积与施工图纸不符，也应当严格按照合同执行。即建筑面积应当为合同约定的 8407.79m^2，不应当认定为加上所谓“新增面积”或“漏项”578.33m^2 后的 8966.12m^2。对此，中太公司向 68060 部队作出的《增加

① 详见（2016）青民终 88 号民事判决书。

建筑面积的请示》也可以印证。该请示载明:"……在招投标阶段,由于建筑面积计算出现偏差,致使我公司遭受巨大损失。……在施工中我们发现建设单位提供的建筑面积不对,少了 596.96m^2……"第二,根据施工招标书中提出的要求和双方所签合同约定,建筑施工合同价款采用固定价格方式确定。采取包工包料的承包方式,除合同约定明确的钢材、发包人暂定价材料和人工费,以及施工中发生的设计变更、签证等需要调整合同价外,不再考虑正式签订合同后国家、省、市政策性价格变化和市场行情变化因素,按合同价一次性包死。双方在专用条款内约定合同价款包含的风险范围和风险费用的计算方法,在约定的风险范围内合同价款不再调整。风险范围以外的合同价款调整方法,应当在专用条款内约定。据此,既然不再考虑合同约定以外对价款影响的因素,意味着如果有风险,应当双方自担。中太公司应当按照合同约定自担此风险。第三,根据合同约定,设计变更、建设标准提高和现场签证,依据发包人、承包人及监理单位三方书面确认的工程量增减内容计算调整造价数额。在双方都认可从图纸交付至工程完工的过程中未作设计变更,施工方也严格按照图纸施工,而 68060 部队又未对增加工程量的工程联系单签字认可的情况下,68060 部队有权按照合同约定"投标人在此次招标范围项目工程量计算中出现不准或漏项,招标人不予承认,并认为所报工程总造价已包括此项费用",拒绝据实支付工程款。综上所述,一审判决此项判决和理由成立,应予维持。中太公司此上诉请求和理由无合同依据,不予支持。68060 部队此答辩理由成立,应予支持。

(三)工程量清单漏项,违反公平原则和诚信原则,承发包双方应根据过错分担责任

例如,在广州市第二建筑工程有限公司(以下简称广州二建公司)与黄冈中学广州学校建设工程施工合同纠纷一案[①]中,关于广州二建公司主张投标时工程量清单与施工图对比存在漏项漏量,该部分差异造价应如何处理的问题,一审法院认为,首先,依据广州二建公司的申请,一审法院委托造价鉴定机构出具鉴定意见如下:黄冈中学广州学校一期工程施工图所包含的工程内容的相应工程造价为 72,800,976.25 元,与工程招标时的工程量清单 4650.11 万元差异部分的工程造价为 26,299,900.32 元。一审法院对该鉴定意见予以采纳。根据黄冈中学广州学校邀请议标的招标文件中约定招标人提供的工程量清单项目只供投标人参考,如按施工图纸有遗漏的地方投标人必须补上(后由招标人确认),如出现图纸上的项目遗漏未补上造成的一切损失和责任由投标人承担。广州二建公司未能就工程量清单中遗漏项目对照图纸予以补齐,且

① 详见(2015)粤高法民终字第 12 号民事判决书。

在此后签订的《施工补充合同》中同意按照施工图纸进行总价包干，不因承包人投标时计算的工程量漏项、多算或漏算而增减或调整，并承诺总包干价已涵盖施工图内所涉及的所有工程量，不因任何可能的少计、漏计工程量而提出任何变更承包总包干价的意见，故对于实际施工过程中出现工程量清单与施工图的工程量差异而产生损失，广州二建公司存有过错。黄冈中学广州学校作为招标人及发包人，在其自行邀请议标的招标文件中采取工程量清单报价法，并约定工程量清单综合单价报价表内的项目或工程量不得更改或删除。根据《建设工程工程量清单计价规范》第 4.1.2 条的规定，黄冈中学广州学校应对工程量清单的准确性、完整性负责。黄冈中学广州学校在招标时所提供的工程量清单与合同约定的施工图对比出现明显的漏项漏量，且在广州二建公司提交投标文件后，也未按招标文件约定仔细审查工程量清单是否完整、准确，而是通过合同约定将这一责任推卸给广州二建公司来完成及负责，不符合行业规范的要求，由此造成广州二建公司实际施工过程中出现明显的工程差异造价，亦存有过错。广州二建公司作为施工人，对于工程量清单与施工图对比的漏量漏项部分已经实际施工完成，付出了劳务，因此从公平合理的原则考虑，并结合双方对造成漏量漏项差异造价的责任和过错，酌情确定由黄冈中学广州学校向广州二建公司补偿12,306,000 元。

二审法院认为，采用工程量清单计价作为招标方式属于现行招标的主要形式，鉴于建设工程清单确定的复杂性和专业性，招标人确定的工程量清单难免会出现漏项漏量的情形，招标人和投标人可以对这种漏项漏量的风险通过合同的方式进行分配。但这种漏项漏量应控制在合理范围之内，发包人和承包人在招投标过程中应本着诚信原则，尽量减少漏项漏量的发生，以维护建筑市场的正常交易秩序。发包人未履行其作为招标人编制工程量清单的审慎义务，将超过合理范围之外的漏项漏量责任全部归由承包人承担，不仅有违《建设工程工程量清单计价规范》的规定，也有违诚信原则。承包人作为专业的建筑公司，亦应审慎核实招标人编制的工程量清单，及时指出工程量清单中的漏项漏量情况，如果对于超过合理范围之外的漏项漏量未能发现和指出，不仅与其专业建筑公司的能力水平不符，也有违诚信原则。本案中，工程量清单漏项漏量达到56.55%，显然已超出了建设项目漏项漏量的合理范围，表明双方在涉案工程招标中不仅存在过错，也未遵循诚信原则参与招投标。因此，一审判令黄冈中学广州学校向广州二建公司补偿工程量清单漏项漏量差价 12,306,000 元，既考虑了双方的过错程度，又有利于弘扬诚信原则，二审法院最终维持了一审判决。

［**案件复盘**］

本案庭审中，本团队律师围绕工程结算价款这一争议焦点与 B 公司工作人员密切配合，及时、全面组织证据。在两方的默契配合和不懈努力下，B 公司提交仲裁及鉴定机构的大部分证据均获得采信。本案仲裁裁决作出后，B 公司负责人专程找到本律师团队负责人，对本团队律师在短时间内助其取得胜诉裁决深表感激，并对本团队律师的超高专业素养与办案水平给予了高度赞许。

本团队律师结合本案承办过程中积累的相关经验，对建设工程施工合同的承发包双方提出以下建议：(1)在合同订立之初，双方应当秉持勤勉尽职的专业态度对工程量清单进行核算，尽量避免出现双方订立合同时就存在工程量清单错漏问题的情形，这是最基础也是最关键的一步；(2)合同履行中如若发现工程量清单错漏，应当对此加以重视，迅速预判成本风险；(3)耐心等待谈判时机，一旦谈判完成，及时签订补充协议；(4)在合同履行过程中，注意搜集整理在未来发生争议时能够支撑己方索赔请求及/或证明对方对工程量清单错漏存在过错责任的相关证据材料；(5)在收集整理对己方有利的相关证据材料后积极提起诉讼，最终解决工程量清单错漏的问题。

29

逐项击破签证索赔，促成和解损失挽回

［案件摘要］

本案系发包人A公司与承包人B公司、承包人C公司因建设工程施工合同履行引发的一起纠纷案件。B公司、C公司主要诉请款项为签证款项和材料价差款项，B公司、C公司诉请签证项目合计高达250余项，金额高达5000余万元，材料价差款项合计高达2500余万元。对于签证款项，本团队律师通过制作签证意见汇总表，对签证内容、金额逐项进行分析，在庭审中力陈签证的各项漏洞；对于材料价差款项，本团队律师对材料信息价格进行深入调查分析，利用材料价格可能失实且其中可能存在刑事犯罪一事向B公司、C公司施压。在各方多次正面交锋的庭审过程中，B公司、C公司逐渐感觉其越来越处于不利地位。随后，B公司、C公司主动找到A公司，希望可以就本案和解。最终本案以各方和解方式结案，成功为A公司挽回可能产生的巨额损失。

［案情回放］

2010年8月1日，A公司分别与B公司、C公司签订《建设工程施工合同》（以下简称《施工合同》），由B公司承建A公司发包的X厂房工程，由C公司承建A公司发包的Z厂房工程，合同金额均暂定为1亿元（按实际工程量进行结算），工程价款均按费率据实结算，合同总工期均为380日历天。

2013年6月，X厂房工程完工，2013年7月，Z厂房工程完工，A公司分别对X厂房工程、Z厂房工程进行了验收。工程验收完成后，A公司与B公司、C公司之间经多次协商均无法就工程结算价款达成一致。2014年6月2日，B公司、C公司分别向某市中级人民法院（以下简称某市中院）起诉A公司，B公司要求A公司支付其欠付的工程款、利息等各项费用共计8000余万元，C公司要求A公司支付其欠付的工程款、利息等各项费用亦共计8000余万元。针对B公司、C公司的起诉，A公司分别提起反诉,要求B公司支付其因工程质量问题产生的修复费用、工期延误损失等各项费用共计8500余万元,要求C公司支付其因工程质量问题产生的修复费用、工期延误损失等各项费用亦共计8500余万元。

因B公司起诉A公司案件、C公司起诉A公司案件、A公司反诉B公司案件、A公司反诉C公司案件均由某市中院审理,法律关系相同,且本诉案件被告均为A公司,反诉案件被告均为本诉案件原告,故某市中院将4个案件合并审理。

［**战略战术**］

B公司、C公司诉请的款项主要为签证款项和材料价差款项。就签证款项,B公司、C公司提交的签证或者有A公司人员签字并盖章,或者虽无A公司盖章,但有A公司人员签字。就材料价差款项,A公司与B公司、A公司与C公司签订的《施工合同》虽约定"材料价差执行工程所在地(E市或W市)建设主管部门颁发的材料信息价格",但因工程所在地为F市且F市隶属E市管辖,B公司、C公司主张按F市的材料信息价调整材料价差似乎也颇有道理。鉴于B公司、C公司诉请有较为充分的依据,诉讼之初,A公司极为担心其可能需向B公司、C公司共计支付上亿元的款项,这将大大影响公司的资金安排及正常的经营计划。本团队律师接受A公司委托后,通过恰当的战略战术扭转了对其极为不利的局面,具体战略战术如下:

一、对B公司、C公司提交的共计250余份签证逐项审核、分析,重点击破,降低B公司、C公司诉讼预期

通过梳理案件材料,本团队律师发现B公司共提交130余份《工程现场签证单》,主张的签证金额高达2500余万元,C公司共提交120份《工程现场签证单》,主张的签证金额高达2600余万元。本团队律师接受委托后,亲赴项目现场,与A公司工程部、预算部、财务部工作人员联合办公,全面收集、梳理、研究相关案件材料,对B公司、C公司提交的签证进行逐项审核、分析,经研究发现,B公司、C公司提交的签证存在以下几个问题:

(一)重复计取费用

例如,B公司依据材料运输费签证要求A公司支付二次转运费。但根据双方合同约定,建筑工程费率取费表中的措施费包括通用措施费,而《某省建设工程计价定额》通用措施费中包含二次转运费用,也即措施费中已包含二次转运费,B公司要求支付的二次转运费属于重复计费。

C公司要求A公司支付龙骨安装铺跳板签证费用,但该费用已在《某省建设工程计价定额》规定的定额措施费中计取,属于重复计费。

（二）签证内容与事实不符

例如，B 公司要求 A 公司支付水井、蓄水池外网管线连接签证费用，该费用发生的主要理由为工程施工时日平均气温低于 0℃，发生管沟土方挖填冻土。但根据施工当期 F 市气象资料显示，气温在 10～29℃，挖土均为冻土与事实不符。

B 公司要求 A 公司支付道路工程施工签证费用。签证内容载明现场采用人工翻拌法施工，根据施工惯例，一个人一天最多只能拌合 1 立方米的土，现场有 1.3 万余立方米的土，10 人同时施工也需 1300 多天才能将 1.3 万余立方米的土拌合完毕，B 公司 10 人不可能在短短数日就完成施工，该签证内容与事实明显不符。

C 公司要求 A 公司支付建筑物周边排水签证的费用。根据该签证载明的内容，15,960 个泥浆泵抽水量将超过 1000 万吨雨水，相当于 20 万平方米（300 亩）抽 1 米深雨水、抽 50 次以上，施工现场的面积、水量显然与签证内容相去甚远，该签证内容显属造假。

（三）同样的施工内容按不同的项目上报签证

例如，B 公司在 2011 年上报了场区坑洼、冲沟回填签证，而在 2013 年又以氧化塘土方用场区竖向土方平衡为名上报了签证，两个签证内容相同。

B 公司在 2011 年上报了材料运输费用的签证，2013 年以相同的内容、相同的名称再次上报了材料运输费用签证，两个签证内容及名称均相同。

（四）未按合同约定期限上报签证

A 公司与 B 公司、A 公司与 C 公司《施工合同》中均约定："承包人在双方确定变更后 14 天内不向工程师提出变更工程价款报告时，视为该项变更不涉及合同价款的变更。"而无论是 B 公司提交的签证还是 C 公司提交的签证均未按前述合同约定申报。

在发现 B 公司、C 公司签证存在的诸多问题后，本团队律师就签证问题起草了专题意见提交法院，并在庭审中对 B 公司、C 公司存在问题的签证逐个击破。面对本团队律师的据理力争，B 公司、C 公司倍感压力，为各方最终达成和解奠定基础。

二、全面收集、深入研究案件材料，及时发现问题后向有关部门反映，促使 B 公司、C 公司主动和解

经查阅 B 公司、C 公司诉讼材料，本团队律师发现，B 公司、C 公司诉讼请求中的一项重要费用为材料价差费用，该项费用高达 2500 余万元。如此高额的费用立刻引起本团队律师的重视。本团队律师注意到，B 公司、C 公司主张调价的材料主要为钢材，调价的依据为 F 市造价站公布的造价信息。虽依据《施工合同》"材料价差执行工程所在地（E 市或 W 市）建设主管部门颁发材料信息价格"的约定，A 公司可主张按 E

市的信息价调整钢材价差,但因 X 厂房、Z 厂房工程所在地均为 F 市,且 F 市隶属 E 市管辖,并不排除法院按 F 市信息价调整钢材价差的可能性。为排除 F 市钢材信息价的适用,本团队律师调取了 F 市及周边市区的造价信息资料,X 厂房、Z 厂房工程施工期间 F 市钢材经销商出售钢材的相关资料,以及 X 厂房、Z 厂房工程施工期间 F 市其他建设工程施工情况的相关资料。经深入研究前述资料,本团队律师分别将 F 市主要材料信息价格与周边市区的信息价格进行比对,将 F 市前后几年的主要材料信息价格进行比对,将施工当期 F 市的钢材信息价格与钢材经销商的出售价格进行比对,并以前述比对结果为基础构建曲线图。该曲线图清晰地展现了 X 厂房、Z 厂房工程施工期间 F 市钢材信息价格非正常波动的情况。结合 X 厂房、Z 厂房工程施工期间 F 市并无其他建设工程及 X 厂房、Z 厂房工程主要建筑材料均为钢材之客观情况,本团队律师认为 F 市的钢材信息价格失实。发现该情况后,本团队律师迅速告知 A 公司,建议 A 公司向主管部门反映该等情况,由相关部门对 X 厂房、Z 厂房工程施工期间 F 市的钢材信息价格情况进行调查。A 公司积极采纳了本团队律师建议。不久,B 公司及 C 公司主动约见 A 公司,希望就案件进行和解。

三、重视现场勘查,对存在质量问题的工程针对性提起工程质量鉴定申请,通过反诉质量维修费用向 B 公司、C 公司施压

为了解 X 厂房、Z 厂房工程质量问题,本团队律师亲赴工程现场,对存在质量问题的工程进行查看,拍照、录像留证,针对性提起工程质量鉴定申请,通过反诉质量维修费用向 B 公司、C 公司施压,使其对本诉的诉讼预期降低并主动与 A 公司谈判以求和解。

[法案研判]

本案最终取得和解结案的重大胜利,源于本团队律师对签证相关法律问题的熟稔掌握与熟练运用。工程签证作为建设工程活动中的一项重要法律制度,切实关系到承发包双方的合法权益,应当受到足够重视。下文将以签证相关规定为引,分析解读工程签证的概念、分类、现状与作用,并对司法实务中法院支持与不予支持签证款项或内容的裁判观点进行分类归纳与总结。

一、关于签证的相关法律法规

目前,关于签证现行有效的相关法律法规主要包括:

《建设工程施工合同司法解释(一)》第 19 条规定:"当事人对工程量有争议的,按照施工过程中形成的签证等书面文件确认。承包人能够证明发包人同意其施工,但未能提供签证文件证明工程量发生的,可以按照当事人提供的其他证据确认实际发生的工程量。”

二、关于签证的相关理论观点

（一）工程签证的概念

现行法律法规并未对签证概念进行明确规定，实务中通常采用的《1999 版合同》和《2013 版合同》亦未对签证概念进行界定。2002 年，中国建设工程造价管理协会颁布的《工程造价咨询业务操作指导规程》中将签证概念定义为“按承发包合同约定，一般由承发包双方代表就施工过程中涉及合同价款之外的责任事件所做的签认证明”。根据该规范的规定可以看出，工程签证是指承发包双方在施工合同履行过程中，根据合同约定，就合同价款之外的费用补偿、工期顺延以及因各种原因造成的损失赔偿达成的补充协议。

（二）工程签证的分类

1. 根据工程签证的主体是否有代理权限分为有权签证、无权签证与表见签证

（1）有权签证——获得授权的人员签署的签证应视为有效签证

有权签证，是指有代理权限的发包人代表或代理人代表发包人签署的签证。除非合同另有约定，发包人代表或代理人的下列行为一般可视为具有代理权限，其签证视为有效签证：①内部机构签证。指挥部、工程部等内部机构一般是发包人派出管理工程的机构。在项目施工过程中，反复使用的指挥部章、项目部章签署的签证，可视为有效签证。②内部员工签证。发包人代表通常是发包人派驻工地的负责人，代表发包人履行施工合同，其在工程正常管理范围内的签证，以及发包人现场人员在其职责范围内的签证，可视为有效签证。内部员工签证行为是一种职务代表行为。③工程师签证。监理工程师是发包人聘用的代其管理、监督施工合同履行的专业机构或人士，监理工程师在法定职责范围内的签证为有效签证。④设计人签证。设计人是发包人聘请的设计专业机构或人士，其对设计变更、图纸修改具有法定的职责，其作出的相关签证，也视为有效签证。⑤发包人聘请的造价咨询单位签证。造价工程师等发包人外聘专业机构或人士是发包人的代理人，其在专业范围内的签证也视为有效签证。⑥代建人签证。代建人是代表发包人管理工程的专业机构，代建人与发包人内部机构相比具有更为广泛的管理权限，其作出的签证一般也为有效签证。

（2）无权签证——发包人明知但未予否认或事后追认的签证为有效签证

无权签证，是指没有代理权限的发包人代表或代理人代表发包人签署的签证。工程合同有时详细约定发包人代表、代理人的权限，甚至约定未经发包人加盖公章的签证一律无效。发包人代表、代理人没有权限、超越权限或权限终止后签署的签证，均为无效签证。无效签证经发包人追认的，或者发包人开始履行的，或者发包人知道后不

作否认表示的,根据《民法总则》第 167 条、第 168 条、第 172 条,《合同法司法解释二》第 12 条,《合同法》第 49 条之规定,该签证有效。

(3)表见签证——承包人有理由相信有代理权限的人所作签证为有效签证

表见签证,是指没有代理权限的发包人代表或代理人代表发包人签署的使承包人有理由相信其有代理权限的签证,即符合表见代理条件的签证。根据《民法总则》第 172 条、《合同法》第 49 条、《最高人民法院印发〈关于当前形势下审理民商事合同纠纷案件若干问题的指导意见〉的通知》第 12 ~ 14 条,表见签证的要件包括:①无权代理。签证人在没有代理权、超越代理权或代理权终止的情况下以发包人的名义与相对人或他人实施签证行为。②客观要件。承包人应证明其有相信签证人具有代理权的客观表象。③主观要件。承包人是善意且无过失的,尽到了合理的注意义务,具体需结合签证时间、名义、发包人是否知道签证、是否参与履行签证等因素进行综合判断。

2. 根据工程签证是否直接影响工程造价可将签证分为经济签证与技术签证

经济签证,是指就工程量增减、停工窝工费用、设备机械闲置、材料倒运等影响工程结算费用的事由出具的涉及工程价款结算的签证。技术签证是指就设计工程质量、施工工艺等方面的事由出具的不涉及工程价款结算的签证。有的签证兼具经济签证和技术签证的双重性质。

3. 根据工程签证是否有约束力可将签证分为证明性签证与处分性签证

证明性签证只能证明工程相关情况,并不能导致承发包双方权利义务的变动。证明性签证主要是指对施工过程中事实、施工环节、工序、材质的表态,或就工程计量、进度安排、材料报批等涉及客观事实的记录、报道等事由出具的签证。其签证内容一般表现为"情况属实""已核实""已收到"等。处分性签证,是指导致承发包双方权利义务变动的签证。除了证明性签证之外的签证均系处分性签证。处分性签证主要表现形式为"同意按此付款""同意上述金额""同意上述费用"等。处分性签证主要涉及价格、工期、质量等方面的权利义务变动。根据处分性签证是否具有结论性约束力,可以将其分为结论性签证和非结论性签证。结论性签证具有最终约束力、承发包双方除了根本违反情形,否则不得擅自推翻的处分性签证。非结论性签证对承发包双方具有一定的但非最终的约束力,即使不具备根本违反情形,也可依一定程序推翻的处分性签证。在标准文本下工程师的签证往往是非结论性的,承发包双方均可请求法院或仲裁机构修正签证内容,是典型的非结论性签证。

4. 根据结算结果可将签证分为已履行完毕的签证与未履行完毕的签证

对于可直接作为结算依据的签证通常视为已履行完毕的签证,如监理人对工程量、发包人对费用直接确认的签证。对于无法直接作为结算依据,必须结合其他资料方可确认工程量、费用的签证通常视为未履行完毕的签证。如设计变更联系单，在仅有设计变更联系单的情况下，既无法确定工程量，也无法确定费用，需将现场履行情况确认单、监理人签署的关于工程量的确认单、发包人签署的关于费用的确认单等结合起来共同作为结算依据。

5. 根据目的可将签证分为工期签证、费用签证、工期＋费用签证

工期签证，是指承发包双方在施工过程中就影响工期的因素及受该因素影响需顺延或减少的工期天数进行确认的签证。如受天气因素影响，发包人签署的同意顺延工期但不增加费用的签证即为工期签证。工期签证通常只涉及工期调整，不涉及费用变化。费用签证，是指承发包双方在施工过程中就影响工程价款的因素及受该因素影响需增加或减少的费用进行确认的签证。如发包人在施工过程中变更设计，但该设计变更并不影响工期，承发包双方签署的仅增加或减少费用的签证即为费用签证。费用签证通常只涉及合同价款的调整，工期并不发生变化。工期＋费用签证，是指承发包双方在施工过程中就影响工期、工程价款的因素及受该因素影响需顺延或减少的工期、增加或减少的费用进行确认的签证。如发包人下发暂停施工的指令，该指令既可能导致工期延长，也可能导致承包人费用增加，承发包双方签署的延长工期、增加费用的签证即为工期＋费用签证，该签证涉及工期及费用的共同调整。

6. 根据表现形式可将签证分为签证单、工作联系单、工程联系单、工程联系单备忘录

签证的表现形式多样，可能是一并体现签证原因、工程量及费用的签证单，也可能是仅体现签证事项的工作联系单、工程联系单、工程联系单备忘录等。仅体现签证事项的工作联系单、工程联系单、工程联系单备忘录通常视为签证的部分组成文件，需结合签证工程量及费用的文件方可视为完整的签证。签证无论以何种形式体现，均应体现承发包双方就工期顺延、合同价款之外的费用补偿以及因各种原因造成的损失赔偿达成的合意。

7. 根据价款是否明确可将签证分为工程量签证与价款（费用）签证

工程量签证通常是指由监理人签发的涉及工程量数量增减的文件。工程量签证一般仅体现签证事项所涉需调整的工程量，并不涉及合同价款的调整。价款（费用）签证通常是指由发包人签发的也可能是由发包人聘请的造价咨询机构签发的涉及合同价款调整金额的文件。价款（费用）签证一般以工程量签证为基础，依据合同约定或建设行政主管部门规定的计价原则、方法等对需调整的合同价款进行确认，价款（费用）签证涉及增加合同价款的，承包人可据此要求增加费用，价款（费用）签证涉及减少合同价款的，发包人可据此要求减少费用。

（三）工程签证的现状与作用

1. 工程签证的现状

（1）签证不及时

施工合同履行过程中，可能存在未含在合同价款内的零星工程、因设计变更或承包人施工质量缺陷引发的拆改工程、应发包人要求而产生的赶工等。零星工程一般没有施工图纸，如不及时签证可能导致工程量无法核实，进而导致增加的费用无法计算。因设计变更发生的拆改工程如不及时签证，因拆改过程已不复存在，承包人可能无法主张拆除过程中发生的费用。应发包人要求而产生的赶工费用如不及时签证，因抢工产生的人工、机械、周转性材料的投入等可能因时过境迁而无法核实，承包人产生的赶工费用可能无法主张。

（2）签证资料不完善

签证资料应包括签证发生的原因、履行过程、履行结果、发包人和监理人确认的工程量以及价款等资料。承包人通常容易忽略签证过程资料的收集、整理，缺少签证发生原因、履行过程、履行结果的相关资料，加大了承包人签证被拒签的风险。

（3）签证内容不明确

部分发包人习惯在签证上签署“按合同条款执行”的内容，该等看似中立的表述往往容易埋下争议的隐患。如果合同条款约定明确无歧义，且签证内容在合同中有约定，发包人签署“按合同条款执行”一般不会引起双方争议。但由于签证内容多涉及变更、新增、拆改、赶工等新的内容，合同中可能没有约定，或有约定但约定不够具体明确，因此，仅笼统注明“按合同条款执行”可能会导致双方对签证内容可套用的子目、可适用的价款出现争议。

（4）签证情况与客观情况不符

承包人中标后，为获得高额的工程价款，可能在施工过程中申报一些与客观情况不符的签证，虚报人工、材料、机械的使用量以及已完工的工程量，承包人此种做法一旦被发包人发现不但导致其不实的签证会被拒签，还可能影响其他据实申报签证的签署。

（5）签证费用重复

施工过程中，承包人申报的签证费用可能会与合同承诺、设计图纸、预算定额、费用定额、工程量清单计价等所包含的费用重复。该重复费用可能被发包人发现，也可能因发包人不熟悉合同条款、设计图纸、施工方案等未被发现。如发包人发现承包人申报的签证费用重复，会大大影响其整体签证签署的积极性。因此，承包人需根据实际情况对签证的申报进行审核把关。

2. 工程签证的作用

工程签证以书面形式记录了施工现场发生的特殊费用，直接关系到发包人与承包人的切身利益，是工程结算的重要依据。特别是对一些投标报价包干的工程，结算时更是要对设计变更和现场签证进行调整。现场签证是记录现场发生情况的第一手资料，通过对现场签证的分析、审核，可为索赔事件的处理提供依据，并据以正确地计算索赔费用。工程签证的作用包括但不限于如下几个方面：

（1）工程签证是保障工程顺利进行的法律武器

工程建设是个周期长、技术性强、涉及面广的系统工程。在实践过程中，由于诸多不确定因素的影响极有可能会发生工程签证，而最终以工程价款的变化体现在工程结算中，才能避免纠纷，保障工程的顺利进行。

（2）工程签证有利于灵活调整施工进程

建设工程的投资规模通常较大，技术含量较高，设备材料型号规格多，价格变化快，发包人应在项目决策与设计阶段作出完整的预见和约定。此外，在实施过程中，由于主客观条件的变化也会给整个施工过程带来不确定的因素，工程签证的存在有助于发包人灵活调整施工进程。

（3）工程签证有利于弥补工程设计、施工漏洞

由于设计粗糙，设计单位本身管理不到位，各专业之间配合不密切，产生的错、碰、缺、漏而发生设计变更的签证比比皆是。市场变化快、新材料、新工艺、新的施工方法不断推陈出新或某种材料短缺而发生材料代换，也是产生签证的重要原因。工程签证可以弥补前期设计和施工过程中的漏洞与不足，确保工程顺利进行。

（4）工程签证便于发包人的管理与协调

某些工程是在边使用边施工状态下进行的，例如，对新老水、暖、电、气等的衔接、障碍物的处理，设计上根本不可能做到一步到位，要根据现场实际进行变更修正。特别是二次装修工程，由于人们的审美观念不断变化，细部要求和装饰效果也经常发生变化，这就可能导致工程签证的发生。发包人可以根据施工的具体情况进行管理与协调。

三、关于签证的相关裁判观点

鉴于建设工程易受天气、地质、发包人设计变更等因素影响，几乎所有的工程均会发生签证。签证款项是否可以获得支持，在何种情况下可获得支持或者无法获得支持，发包人、承包人均对此问题非常关注。本团队律师就该问题检索了最高人民法院的相关典型判例，下文将对其中的裁判观点进行归纳总结，以分析目前的裁判倾向。

（一）签证款项或内容被支持的案例及理由

1. 发包人驻工地代表获得签证授权并在签证单上签字，该签证单对发包人有约束力

例如，在青岛紫云来茶叶物流有限公司（以下简称紫云来公司）与青岛鸿鹏建筑工程有限公司（以下简称鸿鹏公司）以及青岛紫云来仿古建筑装饰工程有限公司、柯茗兰建设工程施工合同纠纷一案[①]中，发包人紫云来公司主张部分工程签证单是由承包人鸿鹏公司与王正克共同伪造的，紫云来公司因此申请对签证单上其公司公章进行鉴定。最高人民法院认为：根据查明的事实，双方当事人在建设工程施工合同中约定，王正克为发包人紫云来公司驻工地代表；王正克持有紫云来公司给予的授权委托书，授权范围是涉案工程项目的造价控制等；鸿鹏公司提交的工程签证单上不仅大部分有王正克的个人签名，而且全部盖有监理单位的公章；王正克本人出庭接受质证称，存在争议的工程签证单中王正克的签名均系其本人所签，盖章的过程是先由鸿鹏公司盖章再交由监理公司认可后盖章，最后由王正克将工程签证单交紫云来公司法定代表人柯茗兰审核后由柯茗兰盖好章交予王正克。鉴于王正克系紫云来公司的发包人代表，王正克代表发包人紫云来公司对工程签证单予以确认，同时，监理单位在工程签证单上签章，说明该部分工程签证单已经得到监理单位确认，足以认定工程签证单的真实性。因此，最高人民法院认为紫云来公司提出的公章鉴定申请不应获得准许。

类似的判例还包括新疆维吾尔自治区塔里木河流域阿克苏管理局与新疆阿拉尔松鹤建设工程有限公司建设工程施工合同纠纷案，[②]海南天宜房地产发展有限公司与湖南省第三工程有限公司、湖南省第三工程有限公司海南分公司建设工程施工合同纠纷案[③]等。

2. 签证单上有发包人施工现场负责人签字，该签字属于职务行为，签证单有效

例如，在江苏三兴建工集团有限公司（以下简称三兴公司）与中国建筑第八工程局有限公司（以下简称中建八局）建设工程施工合同纠纷一案[④]中，关于三兴公司提交的 131 份签证单能否作为签证部分工程价款结算依据的问题，最高人民法院认为：《民诉法司法解释》第 90 条规定："当事人对自己提出的诉讼请求所依据的事实或者反驳对方诉讼请求所依据的事实，应当提供证据加以证明，但法律另有规定的除外。在作出判决前，当事人未能提供证据或者证据不足以证明其事实主张的，由负有举证证明责任的当事人承担不利后果。"三兴公司为主张签证部分工程价款，提供了 131 份签

① 详见（2015）民申字第 1740 号民事裁定书。
② 详见（2017）最高法民申 4024 号民事裁定书。
③ 详见（2016）最高法民申 3369 号民事裁定书。
④ 详见（2015）民申字第 3040 号民事裁定书。

证单，该签证单经中建八局施工现场负责人王振波、罗江华等人签字确认，上述人员在签证单上签字的行为属于职务行为，其法律后果应由中建八局承担。签证单系中建八局对三兴公司施工工程量的签认证明，应当作为工程价款结算的依据。中建八局对签证单的真实性提出异议，认为签证单载明工程量与实际施工工程量不符，但是其所提供证据不足以反驳签证单所反映的事实，因此，对三兴公司提交的131份签证单载明的工程量予以确认。

3. 承包人未能提供签证文件证明工程量发生，但提供的其他证据可确认实际发生工程量的，该工程量应被认可

例如，在昆明三建建设（集团）有限公司（以下简称昆明三建）与邓仁达以及重庆市黄浦建设（集团）有限公司（以下简称黄浦公司）、王芳、彭洪亮、云南省德宏州盈江县国土资源局建设工程施工合同纠纷一案[①]中，关于工程量签证表是否可作为结算依据，最高人民法院认为：昆明三建与邓仁达就涉案工程的工程量形成了两份工程量签证表，且工程量签证表加盖有昆明三建项目部的印章。在一审、二审诉讼过程中，昆明三建对工程量签证表上印章的真实性并无异议，仅抗辩认为所涉工程量签证表不能作为结算依据，但并未提供邓仁达施工工程量的有效证据，且昆明三建申请再审时亦未提供足以否定工程量签证表真实性的有效证据，故工程量签证表的证明力依法应予以确认。《建设工程施工合同司法解释（一）》第19条规定："当事人对工程量有争议的，按照施工过程中形成的签证等书面文件确认。承包人能够证明发包人同意其施工，但未能提供签证文件证明工程量发生的，可以按照当事人提供的其他证据确认实际发生的工程量。"根据上述规定，该工程量签证表为施工过程中所形成的书面文件，并由昆明三建签字确认，昆明三建虽对工程量签证表记载的工程量存有异议，但其没有提供足以反驳的相反证据，工程量签证表应作为双方结算的依据。

类似的判例还包括湖南瑞丰园林建设有限公司与湘银房地产股份有限公司建设工程施工合同纠纷案，[②]中石化胜利建设工程有限公司与青岛铭泽路桥工程有限公司以及一审第三人滨州炜烨黄三角土地开发有限公司建设工程施工合同纠纷案[③]等。

4. 监理单位在签证单上的签字、盖章是对建设工程现场施工情况的真实反映，在发包人无相反证据予以反驳的情况下，监理单位签字、盖章的签证对发包人有约束力

例如，在青海方升建筑安装工程有限责任公司（以下简称方升公司）与青海隆豪

① 详见（2013）民申字第2434号民事裁定书。
② 详见（2017）最高法民申1548号民事裁定书。
③ 详见（2016）最高法民申2623号民事裁定书。

置业有限公司(以下简称隆豪公司)建设工程施工合同纠纷一案[①]中,关于仅有总监代表签字的签证单载明的工程量是否应被确认的问题,最高人民法院认为:根据承包人方升公司提交的《藏文化产业创意园项目监理部拟进场人员名单》,冯永贵系监理单位指派的总监代表,双方有争议的工程签证单均系冯永贵签署。根据《建设工程施工合同司法解释(一)》第19条的规定,冯永贵作为总监代表,又是现场唯一监理,其在工程签证单上的签字,是对本案建设工程现场施工情况的真实反映。因此,其签署的工程签证单能够证明变更签证项目的实际发生,变更、签证的工作量应当予以认定。最高人民法院对方升公司提出的变更、签证的工程量予以确认。

类似的判例还包括烟台海滨置业有限公司与深圳市华辉装饰工程有限公司装饰装修合同纠纷案,[②]常德市西洞庭昌华房地产开发有限公司与湖南省建银建筑工程有限公司建设工程施工合同纠纷案,[③]菏泽市恒达热力有限公司与张毛彬、山东皓德威集团有限公司建设工程施工合同纠纷案,[④]九江强能实业有限公司与九江市庐山区建筑工程公司建设工程施工合同纠纷案,[⑤]上海电气临港重型机械装备有限公司、上海电气集团股份有限公司与龙元建设集团股份有限公司建设工程施工合同纠纷案,[⑥]巴彦淖尔市计华建筑工程有限责任公司与赵占军建设工程施工合同纠纷案[⑦]等。

5. 发包人的合作开发方在签证单上签字的,视为发包人对签证单内容的确认,该签证单载明的内容应被采信

例如,在江西友尔房地产开发有限公司(以下简称友尔公司)与江西省剑杰建设工程有限公司(以下简称剑杰公司)、石城县工业小区管理委员会(以下简称石城县管委会)建设工程施工合同纠纷一案[⑧]中,关于承包人剑杰公司主张的签证内容是否应被采信的问题,最高人民法院认为:剑杰公司提交的签证单在建设单位栏或在场人员栏上有石城县管委会的签字,依据石城县管委会与友尔公司签订的《合作协议》,案涉工程是由石城县管委会与友尔公司合作开发,故石城县管委会在签证单上的签字应视为发包人友尔公司对签证单内容的确认,对剑杰公司主张予以采信。

---

① 详见(2014)民一终字第69号民事判决书。
② 详见(2017)最高法民申1299号民事裁定书。
③ 详见(2017)最高法民申1555号民事裁定书。
④ 详见(2016)最高法民申3469号民事裁定书。
⑤ 详见(2015)民申字第2658号民事裁定书。
⑥ 详见(2015)民申字第695号民事裁定书。
⑦ 详见(2015)民申字第1710号民事裁定书。
⑧ 详见(2014)民申字第2063号民事裁定书。

（二）签证款项或内容未被支持的案例及理由

1. 未经发包人签字、盖章的签证单对发包人不发生法律效力

例如，在长春新星宇建筑安装有限责任公司（以下简称新星宇公司）与吉林省普林松保健用品有限公司（以下简称普林松公司）及魏铁堂建设工程施工合同纠纷一案①中，承包人新星宇公司主张签证有监理单位签字，监理确认的签证价款应计入工程造价由发包人普林松公司支付。最高人民法院认为：因普林松公司没有以签字、盖章等形式确定签证的真实性、有效性，故签证对普林松公司没有效力。

2. 合同约定以发包人委托的决算审核部门审核的结果为准，发包人委托的决算审核部门否认签证款项，签证款项未被支持

例如，在陕西艺林实业有限责任公司（以下简称艺林公司）与银川市人民政府（以下简称银川市政府）装饰装修合同纠纷一案②中，关于签证款项是否应予计取的问题，最高人民法院认为：宁夏正业通工程咨询有限责任公司（以下简称正业通公司，银川市政府委托负责工程决算审核的单位）在对案涉工程造价进行审核时，结合银川市政府发布的工程招标文件、艺林公司提交的投标文件以及费用定额等对艺林公司提交的7份经济签证进行了综合分析，最终确定对7份经济签证不予认可。《施工合同》专用条款中明确约定“最终以发包人委托的决算审核部门审核的结果为准”，因此，最高人民法院认为7份经济签证是否计算工程款，应以正业通公司作出的审核意见为准，对艺林公司7份经济签证款项不予支持。

3. 签证单形式上的客观真实性与所载内容上的证明力并不等同，承包人应根据签证内容进行进一步举证，在其举证不能的情况下，签证金额不应获得支持

例如，在西安西渝建筑劳务有限公司（以下简称西渝公司）与陕西环迪建设工程有限公司（以下简称环迪公司）建设工程施工合同纠纷一案③中，关于签证单载明的承包人西渝公司停窝工损失是否应获支持的问题，最高人民法院认为：西渝公司主张停窝工损失的两份签证单，一份经过发包人环迪公司工程人员彭小龙签字“该数据属实”，另一份经过环迪公司法定代表人诸长兴签字“2013年4月20日如开不了工本公司承担清单上损失费，正常开工，即不负责”，环迪公司仅仅从签证单各项内容记载推定该签证单不符合实际情况，存在虚假，但对签证单本身及其公司法定代表人和工程人员的签字没有提出异议，也没有提出相反证据，故该份签证单的真实性应予认定。虽然案涉两份签证单是由环迪公司的工程部负责人和法定代表人分别签字，不符合有

---

① 详见（2017）最高法民申2399号民事裁定书。
② 详见（2017）最高法民终675号民事判决书。
③ 详见（2017）最高法民申145号民事裁定书。

关签证要求,但两份签证单内容相同,签证单应视为经过环迪公司的认可,且能够基本反映停窝工的事实和有关损失主张情况,西渝公司可将该签证单作为损失主张的证据。但西渝公司认为一旦确认该证据的客观真实性,即应确认证据所载内容的真实性,没有法律根据。实际上,书面证据形式上的客观真实性和所载内容上的证明力并不等同,西渝公司应进一步举证证明其损失发生的金额且损失发生与涉案工程有关,在其主张损失赔偿证据不足的情况下,其停工、窝工损失的请求不应获得支持。

类似的判例还包括青海三一机械有限公司与中兴建设有限公司建设工程施工合同纠纷案①等。

4. 签证单形式存在瑕疵,且发包人可举证证明签证单载明内容与事实不符的,签证价款不应获得支持

例如,在浙江宏成建设集团有限公司(以下简称宏成公司)与甘肃普天房地产开发有限公司(以下简称普天公司)建设工程施工合同纠纷一案②中,关于承包人宏成公司依据发包人普天公司副总经理林吕挺签字的签证单主张240万元补偿款的问题,最高人民法院认为:该签证单上只有林吕挺的签字,并未加盖普天公司印章,也无普天公司授权的项目经理和现场工程师的签字,故该签证单不符合双方约定的工程签证的形式要件;普天公司提交的《发文登记表》证明本案不存在1#楼正式蓝图未及时交付给宏成公司造成重大损失的事实,因此,宏成公司主张的240万元补偿款不应获得支持。

[**案件复盘**]

鉴于建筑行业“狼多肉少”形成的激烈竞争,承包人在工程实务中往往处于较为弱势的地位,其在施工过程常常遇到发包人不按期签证甚至拒绝签证的情况,发包人在签证上签字实属不易,发包人在签证上盖章更属难得,因此,司法实践中,基于诚实信用原则、公平原则等考量,就承包人手续齐全的签证法院倾向认定该签证款项应予支付。基于该种判断,B公司、C公司在诉讼之初处于非常强势之地位,拒绝与A公司进行任何和谈。经本团队律师现场踏勘,全面收集并深入分析每一项签证,发现B公司、C公司签证均存在重复计取费用、签证内容与事实不符、同样的施工内容按不同的项目上报等问题,本团队律师对250余项签证款项进行逐项分析,并借助相关司法判例对签证款项进行重点击破后,B公司、C公司士气大减。签证问题解决后,本团队律师对材料价差之难题进行重点攻克。本团队律师积极收集了F市周边材料信息价、

① 详见(2017)最高法民终577号民事判决书。

② 详见(2016)最高法民申924号民事裁定书。

F市前后几年的材料信息价,对本案应予调差的材料信息价格进行横向及纵向对比,向有关部门反映F市材料价格失实之情况,由此对B公司、C公司施以强压。B公司及C公司最终主动约见A公司,希望可就本案件进行和解。B公司、C公司最终与A公司达成和解,B公司、C公司高达1.6亿余元的诉讼请求最终以A公司仅需支付共计1750万元告终,A公司的利益得到极大程度的保护。

本团队律师结合多年来建设工程领域的案件承办经验,就承发包双方在加强工程签证管理工作中应注意的主要事项提示与建议如下:

一、发包人应注意的事项

(一)严守工程签证签发原则

在施工合同中明确工程签证的范围、时效、签证人员、程序、规范格式及计价原则等,避免不必要的纠纷。

(二)明确签证权限

应对签署人员的资格、签证范围等作出进一步规定,并根据签证费用大小,建立不同层次的签认及审批制度。

根据不同内容的签证,建立专业分工的签证制度。如对经济签证,应授权有造价管理相应业务水平的人员实施,而技术签证则应由主管技术与主管造价的人员共同商讨后再签署。

(三)加强签证审核

由于合同范本通用条款中多有对发包人逾期审核视为认可的规定,发包人必须按期完成签证审核,否则极易处于被动地位。相关合同条款如下:《2013版合同》通用合同条款第10.4.2条规定:“承包人应在收到变更指示后14天内,向监理人提交变更估价申请。监理人应在收到承包人提交的变更估价申请后7天内审查完毕并报送发包人,监理人对变更估价申请有异议,通知承包人修改后重新提交。发包人应在承包人提交变更估价申请后14天内审批完毕。发包人逾期未完成审批或未提出异议的,视为认可承包人提交的变更估价申请。”《1999版合同》通用条款第23.4款也规定:“承包人应当在第23.3款情况发生后14天内,将调整原因、金额以书面形式通知工程师,工程师确认调整金额后作为追加合同价款,与工程款同期支付。工程师收到承包人通知后14天内不予确认也不提出修改意见,视为已经同意该项调整。”

二、承包人应注意的事项

(一)及时签证

鉴于施工过程中发生的变更工程、增项工程、拆改工程、赶工等事项有较强的时效性,加之因工程周期通常较长,承发包双方人员均可能发生变动等原因,承包人如不及时签证，时过境迁，施工情况可能无法还原，承包人施工的事实及因此增加的费用可能无法确定，承包人在工程完工后再上报签证费用极有可能被发包人拒绝。在双方就签证事项及费用发生争议诉诸仲裁或法院时，如施工情况无法还原，现场亦无法查看，在双方各执一词的情况下，法院或仲裁机构只能根据证据规则来裁判，根据“谁主张，谁举证”原则，如承包人无法证明签证事实及费用的发生，其主张的签证费用可能无法获得支持。因此，承包人应高度重视及时签证，避免因逾期签证遭受损失。

（二）注意签证送达签收管理

很多情况下，发包人以未收到签证为由拒绝确认。而联系单得不到签证或不能取得送交回执的直接后果便是影响工程价款的结算、索赔和进入司法程序后对事实的认定。在发包人拖延签证的情况下，承包人能够证明已经向发包人送交相关签证报告比签证本身更为重要，更有利于维护自己的权益。遇到发包人无理由拒绝签证的，可以采用收发文的形式送达发包人，或公证送达发包人。

（三）建立严格的包括工程签证在内的资料记录和保管制度

工程签证是工程索赔的重要证据，对于已经核定的签证证明，承包人必须保留原件。若已交付发包人，应当保留类似的交付证据。如果向发包人和监理人报送有关签证申请和证据材料的，也应当保留相应证据。对于未直接涉及价款变更的技术签证，承包人亦应整理后作为竣工资料存档以备使用。

（四）建立和完善工程签证管理制度

重视签证工作，强化索赔意识，根据签证类型的不同，按不同标准收集资料，分类管理，严格措施，专人负责。签证贯穿于合同管理的整个过程，是“面”上的工作，所以要勤于签证。

三、承发包双方均应注意的事项

承发包双方均应注意合同条款中对签证事项的约定，明确签证范围、时效、计价原则、程序、人员、格式规范等，注重签证的完整性和规范性，提高业务人员的整体素质，建立完善的工程签证管理制度，加强对现场签证的管理，增强签证人员签证价款控制意识，签证手续需完善、格式规范、编号连续、有承发包双方和监理方意见，明确现场签证的内容、数量、项目、原因、部位、日期、价款结算方式、单价的确定等。现场签证要及时签办，不应拖延或不签，对于一些重大的现场变化，还应及时拍照或录像，以保存第一手资料，现场签证要一式几份，各方至少保存一份原件，避免自行修改导致结算时无法对证。

30

诉讼案由及时变更，推动案件反败为胜

[**案件摘要**]

本案为涉及工程建设的一起纠纷案件。A公司系某幼儿园校舍(以下简称案涉房屋)产权人，B公司系案涉房屋经营人。案涉房屋毗邻地块上有一开发建设项目(以下简称毗邻项目)，C公司系毗邻项目建设单位，D公司系其施工单位。四方曾共同签署合作意向性协议，就案涉房屋改造工程筹建工作中各方权利义务进行了明确约定，其中，案涉房屋的出资建设主体为B公司与C公司。但其后C公司却拒绝履行出资义务，B公司代其向D公司支付200万元工程款后向法院提起诉讼，要求C公司返还垫付款项及相应利息。本案相关案件事实并不复杂，但原告、被告、一审法院、二审法院、重审一审法院对法律关系的确认、对合同性质及条款的理解却各有不同。案件代理过程可谓一波三折，最终本团队律师根据案件走向及时变更案由，并说服法官最终采纳了我方观点。

[**案情回放**]

在毗邻项目施工过程中，案涉房屋出现贯通裂缝，被某权威设计研究院于2012年12月认定为危房，建议拆除翻建。2013年5月15日，A公司、B公司、C公司、D公司(以下简称四家公司)以及毗邻项目监理公司参加了案涉房屋改造工程联席会议，明确了各方在案涉房屋改造工程中的职责与分工等事项，C公司法定代表人参加了会议。会议结束后，四家公司相关人员出席了案涉房屋翻建工程开工仪式，C公司法定代表人亦参与了该仪式并剪彩。之后，四家公司签署《某幼儿园(案涉房屋)筹建合作意向书》(以下简称《意向书》)约定："一、成立某幼儿园建设领导小组。1. 某幼儿园建设项目由A公司领导，B公司和C公司共同出资建设，D公司负责施工建设……三、A公司、B公司、C公司、D公司工作分工与负责。B公司：1. 负责组建建设项目现场施工管理部、对建设项目的实施进行现场管理；2. 负责建设项目C公司出资200万元以外的全部费用;3. 对建设项目的主要技术方案进行确认;4. 对建设项目的主要材料、供应商与分包商进行确认;5. 对建设项目的预决算进行确认;6. 负责组织项目例会与各种协调会。C 公司:1. 负责出资 200 万用于该项目建设;2. 参与各种例会与协调会。D 公司:负责土建施工与设备安装。四、建设工程施工合同与相关施工组织。1. B 公司与 A 公司在原有合同的基础上签订补充协议;2. 由 B 公司、C 公司作为甲方与 D 公司签订某幼儿园土建施工合同;3. 由 B 公司作为甲方与监理公司签订建设项目监理合同;4. D 公司作为该项目的施工总包单位必须成立独立的项目经理部对该项目的施工进行管理;5. 鉴于建设项目采取边设计边施工的方式进行,因此,施工拟采用无预付款月结算方式进行付款;6. 会议讨论并确定施工场区占地与交通组织方案;7. 会议讨论并确定开挖方案并定于 2013 年 5 月 15 日动工。"

2013 年 8 月 16 日,在 B 公司与 D 公司签订案涉房屋《建设工程施工合同》(以下简称《施工合同》)时,C 公司并未按照《意向书》约定签订前述合同,也未按照《意向书》约定履行 200 万元出资义务。为避免因 C 公司未按时支付工程款事项影响案涉房屋的建设与交付,B 公司遂于 2013 年 9 月 2 日代 C 公司向 D 公司支付了 200 万元工程款,后案涉房屋筹建工程施工完成并经竣工验收合格,继续由 B 公司用于经营幼儿园。

因被告 C 公司一直未按《意向书》的约定出资,B 公司于 2014 年 10 月 18 日起诉至法院,请求:(1)判令 C 公司支付 B 公司先行垫付的工程款 200 万元;(2)判令 C 公司支付 B 公司因垫付工程款产生的利息(自 2013 年 9 月 2 日起至起诉之日止);(3)诉讼费由被告承担。

本案一审法院并未支持 B 公司的该等诉讼请求,本团队律师作为二审阶段 B 公司代理人介入该案,成功促成二审法院裁定发回重审。本团队律师经过对案件基本情况的梳理以及对法院倾向性裁判意见的推演,在重审一审阶段审时度势及时变更案由,最终重审一审法院作出完全不同于原审一审法院的判决结果,支持了 B 公司要求 C 公司返还 200 万元工程款的诉讼请求,C 公司未上诉。

[**战略战术**]

本案一审并非由本团队律师代理,在原告 B 公司一审败诉的情形下,本团队律师受其委托作为该案二审阶段代理人,后该案发回重审,由本团队律师继续代理。通过本团队律师的努力,法院最终采纳了我方观点,案件实现诉讼逆转。本团队律师不墨守成规,善于根据实际情况制定与调整诉讼策略,最终维护了客户合法权益、避免了客户经济损失,客户对本团队律师炉火纯青的办案技术与起死回生的办案效果表示由衷敬佩。

一、本团队律师审时度势、变更案由，彻底扭转了本案形势

本案一审阶段确定的案由为合同纠纷。一审法院认为案件的争议焦点在于《意向书》的性质，认定《意向书》仅为各方关于合作建设案涉房屋的意向、不具有合同的性质，各方此时处于缔约阶段，故判决 C 公司承担缔约过失责任；还认定 B 公司要求 C 公司支付的费用为“垫付工程费”。前述观点对 B 公司极为不利。本团队律师介入本案后，就 B 公司“垫付”行为的合法、合理性进行研究，但发现本案所涉法律问题复杂，并未有充分的法律和法理予以支撑。在对案件资料进行了全方位梳理和深入研究后，本团队律师确定了两种截然不同的、最终导致本案反败为胜的诉讼策略：

1. 案由仍为合同纠纷，从《意向书》的性质入手，论证 C 公司承担违约责任，引导法官弱化对 B 公司“垫付”行为性质的认定。本团队律师认为，《意向书》性质的认定不能仅根据名称和履行情况，而应该综合签约动机及合同条款的实质性内容进行理解，《意向书》并非仅局限于签约意向，其已经具备了构成合同内容的基本要素；据此，“C 公司负责出资 200 万元用于该项目建设”的约定已构成合同义务，C 公司应予履行。本案中有两点值得注意：

（1）C 公司出资与案涉房屋重建的关系。本团队律师始终强调《意向书》的签订背景在于 C 公司施工作业导致案涉房屋贯通裂缝出现，因而 C 公司同意出资 200 万元用于案涉房屋的重建，该费用实则为补偿金。虽然 C 公司予以否认，但始终未就其在《意向书》中同意出资 200 万元用于案涉房屋重建作出合理解释。

（2）《意向书》中“C 公司负责出资 200 万元用于该项目建设”的约定。一方面，本团队律师于二审阶段收集到新的证据，即反映签订《意向书》当天四方当事人共同参加案涉房屋改造工程联席会议、C 公司法定代表人参加案涉房屋重建工程开工仪式剪彩的照片，且 D 公司、A 公司均证明剪彩当天正式破土动工，证明《意向书》并非如 C 公司所述仅为四方的“意向”，而是各方切实履行的真实意思表示，为案件逆转奠定了基础。另一方面，本团队律师指出根据《合同法》第 61 条及第 125 条的规定，[①]“C 公司负责出资 200 万元用于该项目建设”可以进一步明确为：如案涉房屋土建施工项目发生的建设费用超过 200 万元，C 公司应向 D 公司支付 200 万元项目建设费用。

2. 案由变更为无因管理纠纷，认定 B 公司的垫付行为是无因管理行为，进而从无

---

① 《合同法》第 61 条规定：“合同生效后，当事人就质量、价款或者报酬、履行地点等内容没有约定或者约定不明确的，可以协议补充；不能达成补充协议的，按照合同有关条款或者交易习惯确定。”《合同法》第 125 条规定：“当事人对合同条款的理解有争议的，应当按照合同所使用的词句、合同的有关条款、合同的目的、交易习惯以及诚实信用原则，确定该条款的真实意思。”

因管理角度论证"垫付行为"的合法性。本团队律师提出,管理他人事务系社会协作之必要。从案涉房屋施工的前因后果和各主体彼此之间的关系看,B公司的垫付行为具有合理性,符合无因管理的构成要件。垫付的款项系B公司支付的必要费用,C公司应向B公司返还。

事实证明,两种诉讼策略均发生了重大作用。在二审阶段,本团队律师综合判断后选择了第一种策略,但并未达到最佳代理效果,二审法官裁定发回重审而不是直接改判。故本团队律师在发回重审一审阶段果断改变诉讼策略,将案由变更为无因管理纠纷,采取第二种策略为主、第一种策略为辅的诉讼方案,最终得到了法官的全盘支持,判决C公司支付B公司200万元。其后C公司未提起上诉,本判决为最终生效判决。从一审阶段诉讼请求被驳回到发回重审一审阶段诉讼请求被支持,可以说是本团队律师诉讼策略的阶段性调整彻底扭转了案件形势。

二、深入研究案件,挖掘案件线索

本案一审判决驳回B公司要求C公司支付200万元工程款的诉讼请求。本团队律师接手该案后,从第三方角度重新审视该案,就B公司一审提供的起诉状、证据、代理词与法院的判决理由、认定事实进行对比,从而发现一审法院审判思路系从《意向书》性质入手,但并未过多关注《意向书》的签订背景、签约动机等。故本团队律师对B公司证据材料重新进行梳理,在开庭时间较为紧张的情形下,与客户会面,短时间内了解了更多的案件细节。

二审代理中,本团队律师着重强调一审法官对事实认定不清,忽视C公司签订《意向书》并同意出资的背景(C公司施工作业导致案涉房屋贯通裂缝出现),并指出《意向书》由四方签订,除B公司、C公司外,还有D公司和A公司另外两方,但一审法官从程序上未将另两方追加为本案当事人有所瑕疵。本团队律师的前述观点影响了二审法官,最终二审法院认定"原审判决认定事实不清"并裁定发回重审。

三、高质量的文书写作和证据准备

一审判决作出后,本团队律师在不到两周的短时间内,充分了解事实,深入研究一审判决,并在此基础上起草了《上诉状》《代理词》和针对C公司上诉的《答辩状》。本团队律师起草的文书重点突出、逻辑清晰、语言简练、专业,尤其是《上诉状》,获得了二审法官的赞扬。二审裁定"发回重审"充分说明团队律师的法律文书成功地影响了法官的自由心证。

在发回重审一审阶段,本团队律师果断调整了案由和诉讼思路。凭借丰富的执业经验,团队律师认为在发回重审的一审阶段,需"先入为主"地影响法官的判断。一般情况下,发回重审一审阶段的法官获取的案件信息大多来自一审、二审的卷宗,但一审、二审阶段原案由和诉讼策略对客户不利,故本团队律师将已交证据进行重新梳理和组合,并辅以新的证据,突出强调《意向书》签约背景和代为支付200万元工程款的必要性,该部分事实被法院予以认定,最终案件结果得以扭转。

最终,发回重审一审法院全盘采纳了团队律师的观点,支持了B公司要求C公司支付其200万元的诉讼请求。合议庭认为:各方签订的《意向书》系为了解决因C公司项目施工行为导致案涉房屋变成危房后的校舍翻建问题,同时以此种方式一并解决C公司的侵权赔偿问题;关于《意向书》中"支付200万元工程建设费用"的约定,该部分内容系各方在意向书中的真实意思表示、合法有效,已构成明确的合同义务,对各方均有约束力;从案涉房屋施工的前因后果和各主体彼此之间的关系看,B公司的垫付行为具有合理性,符合无因管理的构成要件。

[**法案研判**]

本案最终锁定胜局的关键在于本团队律师擅于分析判断案件审理走向,并据此及时调整案由及相应的诉讼策略。在部分民事诉讼案件中,案由的确定可能会对案件审理结果起到至关重要的作用。下文旨在以本案为基础,结合相关法学理论与裁判观点,分析案由的概念及其在民事诉讼中的影响。

一、关于民事案由的相关法律法规

目前,关于民事案由现行有效的相关法律法规主要包括:[①]

1.《最高人民法院印发〈关于修改《民事案件案由规定》的决定〉的通知》;

2.《最高人民法院关于印发修改后的〈民事案件案由规定〉的通知》(以下简称《民事案件案由规定》);

3.《最高人民法院关于增加民事案件案由的通知》;

4.《最高人民法院关于补充增加民事案件案由的通知》。

二、关于民事案由的相关理论观点

(一)民事案由与民事法律关系之间的关系

民事案由与民事法律关系之间的关系被公认为民事案由概念研究的重中之重,也是各界讨论的焦点问题。对此主要存在两点争议:其一,从概念内涵上来看,二者究竟是何种关系?有理论认为二者本质上一致,也有理论认为二者不能混为一谈。其二,从概念外延上来看,民事法律关系往往是指具体的各个请求权,但《民事案件案由规

① 下文所列法律法规全部条文均属于民事案由相关规定。鉴于篇幅所限,不列举具体条文,仅列明法律法规文件名称以供参考。

定》中有一系列案由中包含多个给付请求权及一定的形成权,[①]二者似乎难以对应。下文试图在厘清概念的基础上,对上述两点争议作出回应。

其一,从概念内涵上来看,民事案由与民事法律关系本质上是相通的,是表和里的关系。

民事法律关系是民法学的核心概念,是由民法确认和保护的社会关系,是平等主体之间的财产关系和人身关系在法律上的具体表现。[②] 社会中发生的各类民事案件中,当事人的诉讼请求是当事人之间民事权利、义务内容的外部表现,也即体现了民事法律关系。以民事法律关系为依据,就能抓住当事人权利义务纷争的实质内容,正确区分各种不同性质的法律关系之间的界限。

《民事案件案由规定》第 1 条规定:“民事案件案由是民事案件名称的重要组成部分,反映案件所涉及的民事法律关系的性质,是将诉讼争议所包含的法律关系进行的概括,是人民法院进行民事案件管理的重要手段。”最高人民法院法官在解读《民事案件案由规定》时,认为案由反映了案件诉争的民事法律关系性质,是人民法院对诉争的法律关系进行的提炼概括。[③] 可见,民事案由的概念由民事法律关系衍生而来,反映当事人之间所争执的民事权益,其实质在于对法律关系作出判断。有理论认为,民事案由与民事法律关系在内涵与外延上均有显著区别,不能混为一谈。[④] 此种理解未免过于教条。民事法律关系与民事案由的概念的确不完全一致,但二者在实质上是相通的,是表和里的关系。

其二,从概念外延上看,民事法律关系与案由也可相互对应。

大陆法系中,民事法律关系的概念往往围绕具体的各个请求权(此处的“请求权”,不仅是指民法上的请求权,也兼指必须以诉的方式行使的形成权等权利)展开,民事案件中原告可对被告主张什么权利,关键在于实体法上是否有一项足以支持其请求权的规定。民法理论上称这种规定为“请求权规范基础”。[⑤] 但事实上,这只是民事法律关系中的一部分。

我国台湾地区学者王泽鉴先生将债之关系划分为狭义的债之关系与广义的债之关系,狭义的债之关系是指个别的债权债务关系,广义的债之关系包含多个狭义的债

---

① 如网络购物合同纠纷、家政服务合同纠纷、车位纠纷等。

② 参见王利明、杨立新、王轶、程啸:《民法学》(第 4 版),法律出版社 2014 年版,第 29 页。

③ 参见孙佑海、吴兆祥、黄建中:《2011 年修改后的〈民事案件案由规定〉的理解与适用》,载《人民司法》2011 年第 9 期。

④ 参见马登科、廖浩:《民事案由制度的检讨与重构》,载《厦门大学学报》(哲学社会科学版)2012 年第 2 期。

⑤ 参见王泽鉴:《民法总则》,北京大学出版社 2009 年版,第 9 页。

之关系的法律关系。[①] 参考该种分类法的逻辑以及法律关系的相关学说，法律关系也可分为狭义与广义两种：狭义的法律关系，是具体的各个请求权，包括债权请求权之外的物权请求权等；广义的法律关系，则是对立各方的各个请求权及其他权利（如形成权）的集合，如租赁关系包括了租赁物交付请求权、租金给付请求权、租赁物瑕疵修理请求权、（租赁关系结束时）租赁物返还请求权等。[②] 从这个角度来说，案由与民事法律关系的概念外延就可相互对应了。

具体到本案中，共存在三组法律关系（包括存在争议的）：一是通过《意向书》确定的四方合作的法律关系，其中C公司的义务在于承担200万元的建设费以及和B公司共同与D公司签订案涉房屋土建施工合同；二是《施工合同》确定的、B公司（建设单位）与D公司（施工单位）的建设工程施工法律关系；三是B公司与C公司之间的无因管理法律关系。若第一种或第三种法律关系成立，C公司均应向B公司支付案涉房屋的建设费用，但二者的请求权基础完全不同。《意向书》确立的第一种法律关系中，承担200万元建设费用系C公司的合同义务，不履行该项义务属于违约，B公司可基于损害赔偿请求权要求C公司支付建设费及利息，此种情况下案由应为合同纠纷。第三种无因管理法律关系中，B公司承担的200万元建设费用系因管理事务所支出的必要费用，可基于无因管理请求权要求C公司返还建设费及利息，此种情况下案由应为无因管理纠纷。

（二）民事案由与管辖法院之间的关系

跳出本案中涉及的争议焦点来看，案由的选择还牵涉到管辖法院问题。民事诉讼中的管辖，是指各级人民法院之间以及同级人民法院之间受理第一审民事案件的分工和权限。[③] 一审管辖法院的确认适用地域管辖、专属管辖和协议管辖的相关规定，会因为涉案金额、案情、民事法律关系、当事人意愿等事由而产生变化。民事案由与民事法律关系密切相关，因此案由的不同可能会导致管辖法院的不同。尤其值得注意的是，由于建设工程合同有时与承揽合同难以界分，就可能导致管辖上出现争议。

建设工程纠纷领域会产生此类问题的本质原因在于，建设工程合同与承揽合同的界分并不清晰。法理上，不同的合同类型主要以典型给付为划分标准，建设工程合同本质上属于承揽合同，两者的区别仅在于所承揽工作内容的不同，即承揽建设工程的

---

① 参见王泽鉴：《债法原理》，北京大学出版社2009年版，第4页。

② 参见马登科、廖浩：《民事案由制度的检讨与重构》，载《厦门大学学报》（哲学社会科学版）2012年第2期。

③ 参见张卫平：《民事诉讼法》，法律出版社2016年版，第99页。

为建设工程合同,承揽其他工作的为承揽合同。《合同法》第 251 条[①]和第 269 条[②]关于两者的定义以及第 287 条[③]关于建设工程合同可适用承揽合同条款的规定亦可对此予以印证。我国将建设工程合同从承揽合同中分离出来的做法学自苏联民法,盖因工程建设具有事关国计民生的极端重要性,因此专章规定建设工程合同对工程建设领域的违法违规行为加以规制。

根据《立法法》第 92 条的规定,法律规定存在差别时,特别规定优于一般规定适用。[④] 因此,这种情况下应优先适用于建设工程合同的相关规定。而界定合同的性质是建设工程合同还是承揽合同,就成了决定案件管辖法院的关键因素。根据我国法律规定,[⑤]建设工程合同包括工程勘察、设计、施工合同。此外,根据《建筑法》《建设工程施工合同司法解释(一)》的相关规定,我们认为专业分包、劳务分包等合同也应属于建设工程合同范畴。最高人民法院在案例中也确认了认定的原则:“建设工程合同所完成的工作是工程,具有不可移动性,属于承揽不动产工程项目的合同,因而又区别于其他工作的完成,此点也是建设工程合同区别于承揽合同的主要特征。”[⑥]

(三)民事案由与诉讼时效之间的关系

关于民事案件的案由,还需要关注的是其与诉讼时效之间的联系,不同的案由还可能导致诉讼时效期限不相同。诉讼时效,是指权利人于一定期间内不行使请求权即丧失请求法院保护其权利的权利。[⑦] 本案发生时《民法总则》尚未出台,根据我国《民法通则》第 135 条、第 137 条[⑧]的规定,诉讼时效期间为 2 年(根据 2017 年 10 月 1 日正式生效的《民法总则》,诉讼时效期间为 3 年[⑨]),从知道或者应当知道权利被侵害时起

---

① 《合同法》第 251 条规定:“承揽合同是承揽人按照定作人的要求完成工作,交付工作成果,定作人给付报酬的合同。承揽包括加工、定作、修理、复制、测试、检验等工作。”

② 《合同法》第 269 条规定:“建设工程合同是承包人进行工程建设,发包人支付价款的合同。建设工程合同包括工程勘察、设计、施工合同。”

③ 《合同法》第 287 条规定:“本章没有规定的,适用承揽合同的有关规定。”

④ 《立法法》第 92 条规定:“同一机关制定的法律、行政法规、地方性法规、自治条例和单行条例、规章,特别规定与一般规定不一致的,适用特别规定;新的规定与旧的规定不一致的,适用新的规定。”

⑤ 《合同法》第 269 条规定:“建设工程合同是承包人进行工程建设,发包人支付价款的合同。建设工程合同包括工程勘察、设计、施工合同。”

⑥ 参见《最高人民法院关于山东省青岛东方铁塔集团有限公司与河南省延津县广播电视局建设工程施工合同纠纷一案指定管辖的通知》[(2002)民立他字第 30 号]。其中,亦确认工程的前期准备工作亦是建设工程合同的一部分,应当适用建设工程合同的管辖规范。

⑦ 参见王利明、杨立新、王轶、程啸:《民法学》(第 4 版),法律出版社 2014 年版,第 133 页。

⑧ 《民法通则》第 135 条规定:“向人民法院请求保护民事权利的诉讼时效期间为二年,法律另有规定的除外。”第 137 条规定:“诉讼时效期间从知道或者应当知道权利被侵害时起计算。但是,从权利被侵害之日起超过二十年的,人民法院不予保护。有特殊情况的,人民法院可以延长诉讼时效期间。”

⑨ 《民法总则》第 188 条第 1 款规定:“向人民法院请求保护民事权利的诉讼时效期间为三年。法律另有规定的,依照其规定。”

计算。《民法通则》第 130 条规定了特殊法律关系中的一系列特殊诉讼时效，期间为 1 年。[①] 由于案由所涉及法律关系的不同，可能造成诉讼时效期限不相同的情况。

以本案为例，B 公司若基于损害赔偿请求权请求 C 公司承担违约责任，则诉讼时效应从《意向书》中约定的 C 公司应履行合同义务的时间起算，但合同中并未明确约定；B 公司若基于无因管理请求权要求 C 公司返还建设费，根据《诉讼时效规定》第 9 条第 1 款[②]的规定，诉讼时效应从无因管理行为结束并且管理人知道或者应当知道本人之日起计算，由于 B 公司自始知其垫付行为，故诉讼时效应从无因管理行为结束即案涉房屋筹建工程施工完成并经竣工验收合格之日起计算。最终法院认定："因各方对于被告 C 公司的支付时间并未明确确定，被告 C 公司向 B 公司返还垫付款项的时间亦不能明确，B 公司可随时请求 C 公司履行，故本院对于被告 C 公司的该项抗辩不予采信。"

三、关于民事案由的相关裁判观点

（一）案由的不同会导致管辖法院的不同

例如，在本团队律师承办的另一起案件中，该案客户作为施工单位承包了某公司仓库及地下室土建和钢结构房屋工程总承包工程项目，而后将钢结构房屋工程部分的建设工作分包给分包单位，并与之签订《钢构件加工承揽合同》。分包单位起诉时选择了以承揽合同纠纷作为案由，向被告住所地法院起诉。[③] 但是，本团队律师认为该合同属于建设工程合同，应适用专属管辖原则，[④]管辖法院应是不动产所在地法院而非是被告住所地法院，理由是判断合同的性质不能仅仅以合同所冠之名称为依据，而必须考察合同的内容。[⑤] 虽然相较于土建工程，钢结构工程的施工工序简单一些，但钢结构工程同土建工程一样需要保证工程质量，建设过程中也可能存在拖欠民工工资等涉及其他相关专业领域的问题，故有认定为建设工程的必要。该案客户在本团队律师的建议下，提出了管辖权异议并获得受理法院的支持，裁定将案件移送工程所在地

---

① 《民法通则》第 136 条规定："下列的诉讼时效期间为一年：（一）身体受到伤害要求赔偿的；（二）出售质量不合格的商品未声明的；（三）延付或者拒付租金的；（四）寄存财物被丢失或者损毁的。"

② 《诉讼时效规定》第 9 条第 1 款规定："管理人因无因管理行为产生的给付必要管理费用、赔偿损失请求权的诉讼时效期间，从无因管理行为结束并且管理人知道或者应当知道本人之日起计算。"

③ 《民事诉讼法》第 23 条规定："因合同纠纷提起的诉讼，由被告住所地或者合同履行地人民法院管辖。"

④ 《民事诉讼法》第 33 条规定："下列案件，由本条规定的人民法院专属管辖：（一）因不动产纠纷提起的诉讼，由不动产所在地人民法院管辖……"《民诉法司法解释》第 28 条规定："《民事诉讼法》第三十三条第一项规定的不动产纠纷是指因不动产的权利确认、分割、相邻关系等引起的物权纠纷。农村土地承包经营合同纠纷、房屋租赁合同纠纷、建设工程施工合同纠纷、政策性房屋买卖合同纠纷，按照不动产纠纷确定管辖……"

⑤ 《最高人民法院关于经济合同的名称与内容不一致时如何确定管辖权问题的批复》规定："合同约定的权利义务内容与名称不一致的，应当以该合同约定的权利义务内容确定合同的性质。"

法院管辖，为该案客户准备应诉材料争取到必要的时间。

（二）变更案由的决定权

既然案由的选择在诉讼策略中如此重要，那么案由选择与变更的决定权在谁，法院在审理时是否有权直接变更案由呢？最高人民法院的观点在审判实践中经历了变更。根据2008年12月发布的《民事诉讼证据规定》第35条规定，[①]人民法院认为原告主张的案由与法院认定的系争事实不一致的，应当向当事人释明。此时法院未被明确授予直接变更案由的权利，本团队律师认为，该条款体现了人民法院在民事诉讼中应当本着居中裁判、不偏不倚的原则，即使在人民法院释明后，原告坚持不变更案由，法院也应当尊重当事人处分自己诉讼利益的权利，不得强行变更。

1. 部分法院认为当发现当事人主张的法律关系性质与案件事实不一致时，法院在释明并要求当事人变更案由后当事人仍拒绝变更的，应当驳回起诉

例如，在北京新中实经济发展有限责任公司（以下简称新中实公司）、海南中实（集团）有限公司与华润置地（北京）股份有限公司（以下简称华润公司）房地产项目权益纠纷一案[②]中，原告华润公司主张双方为项目转让关系，一审法院根据已查明的事实，认为双方之间没有项目转让关系而是合作开发关系，华润公司经释明坚持不变更诉讼请求，一审法院在对合作开发未予审理的情形下，擅自将项目转让纠纷变更为合作开发并迳行判决由新中实公司承担付款责任。二审法院认为："本案中，经一审法院告知后，华润公司仍未变更诉讼请求，由于华润公司主张的法律关系性质与一审法院根据案件事实认定的不一致，一审法院不应作出实体判决，而应驳回华润公司的起诉。一审法院在华润公司经释明仍未变更诉讼请求的情形下，迳行对华润公司未予主张的法律关系予以裁判，既不尊重华润公司的起诉权利，又剥夺了新中实公司和海南中实公司的抗辩权利，违反了人民法院审理民事案件的法定程序。"故撤销了该案一审判决。

但是，根据《民事案件案由规定》第5条的规定："当事人起诉的法律关系与实际诉争的法律关系不一致的，人民法院结案时应当根据法庭查明的当事人之间实际存在的法律关系的性质，相应变更案件的案由。"此时，法院有权径行变更案由，不仅如此，本条文甚至没有要求法院向当事人进行释明。本团队律师认为，法院在变更案由时免于向当事人释明，且不再由当事人提出案由变更的申请，在一定程度上剥夺了当事人

---

① 《民事诉讼证据规定》第35条规定："诉讼过程中，当事人主张的法律关系的性质或者民事行为的效力与人民法院根据案件事实作出的认定不一致的，不受本规定第三十四条规定的限制，人民法院应当告知当事人可以变更诉讼请求。当事人变更诉讼请求的，人民法院应当重新指定举证期限。"

② 详见（2004）民一终字第107号民事判决书。

的诉讼权利。

2. 部分法院认为当发现当事人主张的法律关系性质与案件事实不一致时，法院有权直接变更案由进行判决

例如，在黎长霞、陈楚云、叶东汉、叶东兴、叶东成与李雄才、李金才债权转让合同纠纷一案[①]中，上诉人主张："本案属于民间借贷纠纷，原审法院擅自变更法律关系性质，以债权转让合同纠纷进行判决，侵犯了诉讼当事人的诉讼权利，依法应当发回重审。本案案由在李雄才提起诉讼时，以债权转让合同纠纷立案，但李雄才在开庭审理时明确变更案由为民间借贷纠纷，原审法院在审理过程中也以民间借贷法律关系进行调查、辩论。《最高人民法院关于民事诉讼证据的若干规定》第 35 条规定：诉讼过程中，当事人主张的法律关系的性质或者民事行为的效力与人民法院根据案件事实作出的认定不一致的，不受本规定第 34 条规定的限制，人民法院应当告知当事人可以变更诉讼请求。但原审法院没有行使释明权告知当事人变更诉讼请求的情况下，擅自改变法律关系的性质，以债权转让合同法律关系进行判决，侵犯了诉讼当事人的诉讼权利，违反法律规定。本案实际法律关系性质属于民间借贷，原审法院以债权转让合同纠纷进行判决是错误的。"

二审法院认为："本案中，李金才将对顺成公司的债权转让给李雄才，李雄才根据三方签订的《债权转让协议》《债权转让补充协议书》取得债权后，向顺成公司起诉请求返还本金及利息，本案属于债权转让合同纠纷。根据《最高人民法院关于印发修改后的〈民事案件案由规定〉的通知》规定，当事人起诉的法律关系与实际诉争的法律关系不一致的，人民法院结案时应当根据法庭查明的当事人之间实际存在的法律关系的性质，相应变更案件的案由。李雄才虽在一审庭审中提出本案应为民间借贷纠纷，但一审法院有权根据查明当事人实际存在的法律关系，变更案件的案由为债权转让合同纠纷，本院予以确认。"

3. 部分法院认为当发现当事人主张的法律关系性质与案件事实不一致时，法院有权直接变更案由，无须向当事人释明

例如，在重庆市明旺煤业有限公司王万明与余朝友公司盈余分配纠纷一案[②]中，上诉人（原审被告）认为："审判长直接改变案由。原审原告以公司盈余分配纠纷起诉，经第一次开庭审理后仅仅变更了被告主体。在 2016 年 7 月 13 日第二次开庭审理时，上诉人庭审答辩后审判长宣布本案案由改为'企业出资人权益确认纠纷'，既不将

① 详见（2017）粤 53 民终 694 号民事判决书。
② 详见（2017）渝 02 民终 1037 号民事判决书。

这一改变的案由向原审原告释明并征得其同意,也没有向上诉人(原审被告)征求延期答辩和举证的意见。案由系案件审理的基本核心点,审判人员只能围绕原告之诉请案由审理,但无权直接改变案由。"

二审法院认为:"民事案件的案由,是由人民法院根据当事人主张的民事法律关系的性质进行确定,本案原告提起本案诉讼后,一审法院立案时确定本案案由为公司盈余分配纠纷,在案件审理中,一审法院认为本案案由应确定为企业出资人权益确认纠纷更符合原告主张的民事法律关系的性质,而加以更正,一审法院对本案案由的更正,不影响对本案民事法律关系性质的认定和民事行为效力的认定,不属于应当向当事人释明的情形。"

［**案件复盘**］

一个民事诉讼中可能会有多组法律关系,从不同的法律关系出发,可能会产生不同的案由。本团队律师提示,就律师而言,案由的选择有时是诉讼中决定案件成败的关键,在确定之前一定要深入了解案情及其发生背景,全面分析利弊,才能对民事法律关系进行准确定性,并结合案件事实及证据情况选定对己方最为有利的案由提起诉讼。

实务中,有时当事人可能会因面临多个存在交叉关系的案由而难以取舍,加之对法院最后的判决倾向也难以准确预见,此时就要做好充足的准备,即制订备用计划。较为稳妥的办法是基于每一种可能涉及的案由制定不同的诉讼策略,并在诉讼中综合判断案件审理的进展和法院的倾向,把握全局,及时对包括是否变更案由在内的诉讼策略作出调整,灵活运用法律法规,才能达到保护当事人合法利益的目的。

第六编

艺无止境

2014 年至今

本编收录的案例系自 2014 年至今本团队律师承办的几起较为新颖的代表性案件，主要包括行政诉讼案件以及 BT 合同、EPC 合同、PPP 合同纠纷案件等。路漫漫其修远兮，吾将上下而求索。对于律师职业生涯来说亦如此。实务经验的积累是极为重要的，同时这一过程也是没有止境的，法律法规的推陈出新与社会现实的风云变幻都会影响到司法实践的走向。没有人可以停止学习的脚步而不被淘汰。本团队至此阶段的确已取得诸多成就，但仍需不断学习精进与自我完善。随着接踵而至的案件所带来的新情况、新问题，我们也将不断创新服务思路、健全办案机制，致力于为客户提供更加优质的法律服务。

31

行政处罚雪上加霜，果断诉讼化解困境

［案件摘要］

本案系吴某某与北京市住房和城乡建设委员会（以下简称市住建委）之间的一起行政处罚纠纷案件。吴某某系北京日月房地产开发有限公司（以下简称日月房产公司）的法定代表人，日月房产公司负责开发建设北京市大兴旧宫三角地BC区保障性住房工程，在施工过程中发生工程质量事故。市住建委在给予日月房产公司行政处罚的同时，亦根据法律规定直接给予吴某某行政处罚。本团队律师接受吴某某委托后，建议日月房产公司与吴某某同时向北京市大兴区人民法院（以下简称大兴法院）提起行政诉讼，分别要求撤销行政处罚行为。在本团队律师的努力下，本案经两审程序，最终取得撤销市住建委作出的《行政处罚决定书》的圆满结果。

［案情回放］

2010年6月，北京市大兴旧宫三角地BC区保障性住房工程施工过程中，因工程结构混凝土强度未达到设计要求而发生质量事故。市住建委接到报告后立即开展质量事故调查工作，后作出《北京市住房和城乡建设委员会关于北京市大兴旧宫三角地BC区保障性住房工程混凝土质量事故调查处理情况的报告》，认定建设单位日月房产公司作为该工程预拌混凝土的直接采购主体，未对预拌混凝土生产、运输产品质量及服务环节进行有效控制；对施工单位北京市住总第二开发建设有限公司（以下简称住总二公司）提出的预拌混凝土供应不及时、初凝时间长等质量问题，未予足够重视；在住总二公司要求更换预拌混凝土供应单位时，日月房产公司在复函中明确提出不允许更换，并明令施工单位继续使用，否则一切相关损失由施工单位全部承担，这些均为结构混凝土质量留下隐患。2014年10月29日，市住建委向吴某某作出《行政处罚决定书》,依据《建设工程质量管理条例》第 73 条①的规定,给予工程直接负责的主管人员吴某某责令改正,处单位罚款数额 5% 罚款的行政处罚。

后日月房产公司、吴某某对市住建委作出的行政处罚不服,分别向大兴法院提起行政诉讼。大兴法院经审理认定,预拌混凝土供应商北京华跃腾飞混凝土有限责任公司(以下简称华跃腾飞公司)供应的预拌混凝土不合格的事实系于 2010 年 6 月被查实,在此之前日月房产公司并未收到施工单位或监理单位任何关于混凝土不合格的报告或检测、鉴定结论,市住建委提交的日月房产公司与住总二公司之间的往来函件、对日月房产公司及监理单位员工的询问笔录等证据,并不足以证明日月房产公司在华跃腾飞公司向该工程供应混凝土期间知晓混凝土不合格的事实,相应地,亦不能确认日月房产公司有明示或暗示施工单位使用的行为。所以,市住建委对日月房产公司作出处罚这一基础事实并不合法,市住建委据此对日月房产公司及吴某某作出的处罚缺乏依据。综上所述,市住建委对吴某某作出的《行政处罚决定书》应当予以撤销。2015 年 3 月 20 日,大兴法院根据审理结果,针对吴某某、日月房产公司分别作出(2014)大行初字第 111 号与(2014)大行初字第 112 号行政判决书,认定市住建委对吴某某、日月房产公司作出的行政处罚属于主要证据不足、认定事实不清,支持了吴某某、日月房产公司分别要求撤销行政处罚决定书的诉讼请求。市住建委不服,针对两份一审判决向北京市第二中级人民法院(以下简称二中院)提起上诉,最终二中院以市住建委的上诉没有事实根据和法律依据为由,针对吴某某、日月房产公司分别作出(2015)二中行终字第 884 号与(2015)二中行终字第 787 号行政判决书,判决驳回上诉,维持一审判决。

[战略战术]

一、深入研究案件,积极提起行政诉讼,准确预测争议焦点

在日月房产公司与住总二公司建设工程施工合同纠纷案件(以下简称民事案件)的审理过程中,市住建委就工程质量事故作出《行政处罚决定书》,本团队律师集思广益对该处罚决定的影响进行论证,认为该处罚决定书将直接影响民事案件的审理结果,即法院很有可能基于日月房产公司被行政处罚的事实而判令其就该工程质量事故承担主要责任,甚至是全部责任。如果市住建委作出的行政处罚能够撤销,将会扭转日月房产公司在民事案件中的不利局面,改变本案裁判人员对混凝土质量事故责任的

---

① 《建设工程质量管理条例》第 73 条规定:"依照本条例规定,给予单位罚款处罚的,对单位直接负责的主管人员和其他直接责任人员处单位罚款数额百分之五以上百分之十以下的罚款。"

看法。为此,本团队律师认为应该当机立断,主动提起行政诉讼,力争撤销该行政处罚行为。

根据涉案行政处罚行为发生时有效的《行政诉讼法》(现已被修正)第 2 条之规定,公民、法人和其他组织对拘留、罚款、吊销许可证和执照、责令停产停业、没收财物等行政处罚不服的属于人民法院的受理范围。就本案而言,市住建委作出的处罚行为对日月房产公司和吴某某产生了实际影响,侵害了日月房产公司和吴某某的权益,因此日月房产公司和吴某某均有权以撤销行政处罚为由提起行政诉讼。

本团队律师高度重视本案,不仅从宏观上查阅整个民事案件的全部材料,而且从微观上仔细研读与行政处罚相关的材料。在全面掌握案件事实、深入研读法律法规的基础上,针对行政处罚作出的依据进行论证,最终确定本案核心争议焦点即为日月房产公司是否存在违反《建设工程质量管理条例》第 56 条第 7 项①的情形。

二、主动出击,围绕行政处罚事实依据不足组织证据链

尽管根据行政诉讼相关法律法规规定,原告仅需提供行政行为存在并且与己方有利害关系的简单证据即可,被告对其作出的行政行为的合法性负有举证责任。但是,本团队律师非常重视本案,没有被动等待被告进行举证,而是主动出击,在综合研究相关民事案件的基础上,围绕行政处罚决定书提出的主要内容,积极组织证据从而形成一套完整的证据体系,以证明市住建委行政处罚依据严重不足。具体而言分为以下五组证据:(1)通过《补充协议》《借款申请》《北京市预拌混凝土买卖合同》证明日月房产公司为缓解住总二公司的资金压力,保证保障房的建设进度,无奈之下才同意将预拌混凝土改由日月房产公司采购,并且日月房产公司根据合同约定仅承担支付货款的义务,对预拌混凝土的质量不承担责任;(2)通过《考察报告》《混凝土供货、使用三方协议书》《砼供应专题会议纪要》《工作联系单》《承诺书》《回函》等证据证明该预拌混凝土供应商系由日月房产公司、住总二公司以及监理单位共同选定,日月房产公司在建设过程中采取有效措施加强对混凝土质量的把控,例如,多次向混凝土供应商及住总二公司发文强调重视混凝土质量问题、为解决混凝土供应不及时问题协调召开砼供应专题会议;(3)通过《混凝土浇灌申请书》《预拌混凝土运输单》《旁站监理记录》《试块报告》等证据证明住总二公司施工管理混乱,发文内容及反映的问题与事实不符,这些证据不能作为市住建委对吴某某进行处罚的依据;(4)通过《工作联系函》及编号为“生产 026”的《函件》证明住总二公司在发文要求更换搅拌站的第二天即 2010 年 5

① 《建设工程质量管理条例》第 56 条第 7 项规定:“明示或者暗示施工单位使用不合格的建筑材料、建筑构配件和设备的。”

月22日,日月房产公司采取有效应对措施即要求华跃腾飞公司退出砼供应,自2010年5月24日起更换另一搅拌站开始提供砼的事实;(5)通过监理单位出具的《报告》及《证明》等证据证明因为住总二公司瞒报,日月房产公司在2010年6月10日前从未收到任何一组不合格试块报告,日月房产公司根本不知晓混凝土不合格的事实。本团队律师通过上述5组共20余份证据充分论证日月房产公司并不知晓预拌混凝土不合格的事实,进而证明市住建委以"日月房产公司直接采购预拌混凝土,未对混凝土生产、运输、产品质量及服务等环节进行有效控制;对施工单位11次提出的预拌混凝土供应不及时、初凝时间长等质量问题,未予以足够重视"为由作出行政处罚决定无事实基础。

[**法案研判**]

实践中,如建设工程合同当事人受到行政处罚,可能会直接影响相关建设工程合同纠纷案件的审理结果。为消弭该等不利影响,便需及时主动出击提起行政诉讼,尽最大努力争取撤销行政行为,以期对民事案件裁判机关作出对己方有利的裁判结果起到积极的推动作用。下文将重点分析"行政行为可诉性"及"行政行为撤销"的相关规定、学术观点,并归纳总结行政诉讼案件中判决撤销行政行为的相关裁判依据。

一、关于"行政行为可诉性及行政行为撤销"的相关法律法规

(一)关于"行政行为可诉性"的相关法律法规

目前,关于"行政行为可诉性"现行有效的相关法律法规主要包括:

1.《行政诉讼法》第12条规定:"人民法院受理公民、法人或者其他组织提起的下列诉讼:(一)对行政拘留、暂扣或者吊销许可证和执照、责令停产停业、没收违法所得、没收非法财物、罚款、警告等行政处罚不服的;(二)对限制人身自由或者对财产的查封、扣押、冻结等行政强制措施和行政强制执行不服的;(三)申请行政许可,行政机关拒绝或者在法定期限内不予答复,或者对行政机关作出的有关行政许可的其他决定不服的;(四)对行政机关作出的关于确认土地、矿藏、水流、森林、山岭、草原、荒地、滩涂、海域等自然资源的所有权或者使用权的决定不服的;(五)对征收、征用决定及其补偿决定不服的;(六)申请行政机关履行保护人身权、财产权等合法权益的法定职责,行政机关拒绝履行或者不予答复的;(七)认为行政机关侵犯其经营自主权或者农村土地承包经营权、农村土地经营权的;(八)认为行政机关滥用行政权力排除或者限制竞争的;(九)认为行政机关违法集资、摊派费用或者违法要求履行其他义务的;(十)认为行政机关没有依法支付抚恤金、最低生活保障待遇或者社会保险待遇的;(十一)认为行政机关不依法履行、未按照约定履行或者违法变更、解除政府特许经营协议、土地房屋征收补偿协议等协议的;(十二)认为行政机关侵犯其他人身权、财产权等合法权益的。除前款规定外,人民法院受理法律、法规规定可以提起诉讼的其他行政案件。”

2.《行政诉讼法》第 13 条规定:“人民法院不受理公民、法人或者其他组织对下列事项提起的诉讼:(一)国防、外交等国家行为;(二)行政法规、规章或者行政机关制定、发布的具有普遍约束力的决定、命令;(三)行政机关对行政机关工作人员的奖惩、任免等决定;(四)法律规定由行政机关最终裁决的行政行为。”

3.《行政诉讼法司法解释》第 1 条规定:“公民、法人或者其他组织对行政机关及其工作人员的行政行为不服,依法提起诉讼的,属于人民法院行政诉讼的受案范围。下列行为不属于人民法院行政诉讼的受案范围:(一)公安、国家安全等机关依照刑事诉讼法的明确授权实施的行为;(二)调解行为以及法律规定的仲裁行为;(三)行政指导行为;(四)驳回当事人对行政行为提起申诉的重复处理行为;(五)行政机关作出的不产生外部法律效力的行为;(六)行政机关为作出行政行为而实施的准备、论证、研究、层报、咨询等过程性行为;(七)行政机关根据人民法院的生效裁判、协助执行通知书作出的执行行为,但行政机关扩大执行范围或者采取违法方式实施的除外;(八)上级行政机关基于内部层级监督关系对下级行政机关作出的听取报告、执法检查、督促履责等行为;(九)行政机关针对信访事项作出的登记、受理、交办、转送、复查、复核意见等行为;(十)对公民、法人或者其他组织权利义务不产生实际影响的行为。”

4.《行政诉讼法司法解释》第 2 条规定:“行政诉讼法第十三条第一项规定的‘国家行为’,是指国务院、中央军事委员会、国防部、外交部等根据宪法和法律的授权,以国家的名义实施的有关国防和外交事务的行为,以及经宪法和法律授权的国家机关宣布紧急状态等行为。行政诉讼法第十三条第二项规定的‘具有普遍约束力的决定、命令’,是指行政机关针对不特定对象发布的能反复适用的规范性文件。行政诉讼法第十三条第三项规定的‘对行政机关工作人员的奖惩、任免等决定’,是指行政机关作出的涉及行政机关工作人员公务员权利义务的决定。行政诉讼法第十三条第四项规定的‘法律规定由行政机关最终裁决的行政行为’中的‘法律’,是指全国人民代表大会及其常务委员会制定、通过的规范性文件。”

(二)关于“行政行为撤销”的相关法律法规

目前,关于“行政行为撤销”现行有效的相关法律法规主要包括:

1.《行政诉讼法》第 70 条规定:“行政行为有下列情形之一的,人民法院判决撤销或者部分撤销,并可以判决被告重新作出行政行为:(一)主要证据不足的;(二)适用法律、法规错误的;(三)违反法定程序的;(四)超越职权的;(五)滥用职权的;(六)明显不当的。”

2.《行政诉讼法》第74条规定：“行政行为有下列情形之一的，人民法院判决确认违法，但不撤销行政行为：（一）行政行为依法应当撤销，但撤销会给国家利益、社会公共利益造成重大损害的；（二）行政行为程序轻微违法，但对原告权利不产生实际影响的。行政行为有下列情形之一，不需要撤销或者判决履行的，人民法院判决确认违法：（一）行政行为违法，但不具有可撤销内容的；（二）被告改变原违法行政行为，原告仍要求确认原行政行为违法的；（三）被告不履行或者拖延履行法定职责，判决履行没有意义的。”

3.《行政诉讼法司法解释》第90条规定：“行政机关以同一事实和理由重新作出与原行政行为基本相同的行政行为，人民法院应当根据行政诉讼法第七十条、第七十一条的规定判决撤销或者部分撤销，并根据行政诉讼法第九十六条的规定[①]处理。”

二、关于“行政行为可诉性及行政行为撤销”的相关理论观点

（一）行政行为可诉性的变化趋势

从涉案行政行为发生之时到今天，《行政诉讼法》已历经两次修正，即2014年11月1日第12届全国人民代表大会常务委员会第十一次会议作出《关于修改〈中华人民共和国行政诉讼法〉的决定》的第一次修正、2017年6月27日第十二届全国人民代表大会常务委员会第二十八次会议作出《关于修改〈中华人民共和国民事诉讼法〉和〈中华人民共和国行政诉讼法〉的决定》第二次修正。

从整体上看，现行《行政诉讼法》仍然延续肯定概括与否定列举相结合的立法模式来界定受理范围。《行政诉讼法》第12条中，明确列举人民法院受理行政诉讼的范围，例如公民、法人或者其他组织对行政拘留、暂扣或者吊销许可证和执照、责令停产停业、没收违法所得、没收非法财物、罚款、警告等行政处罚不服的，行政相对人可以提起行政诉讼；同时在《行政诉讼法》第13条明确不予受理的范围，即国防、外交等国家行为等。

由此可以看出，现行行政诉讼法扩大受案范围，增加了可提起行政诉讼的情形，行政相对人提起行政诉讼的标准也更加清晰明确。另外，现行《行政诉讼法》明确了行政机关不得干预、阻碍法院受理行政案件，鲜明地展现了“监督、救济与解决纠纷”的

① 《行政诉讼法》第96条规定：“行政机关拒绝履行判决、裁定、调解书的，第一审人民法院可以采取下列措施：（一）对应当归还的罚款或者应当给付的款额，通知银行从该行政机关的账户内划拨；（二）在规定期限内不履行的，从期满之日起，对该行政机关负责人按日处五十元至一百元的罚款；（三）将行政机关拒绝履行的情况予以公告；（四）向监察机关或者该行政机关的上一级行政机关提出司法建议。接受司法建议的机关，根据有关规定进行处理，并将处理情况告知人民法院；（五）拒不履行判决、裁定、调解书，社会影响恶劣的，可以对该行政机关直接负责的主管人员和其他直接责任人员予以拘留；情节严重，构成犯罪的，依法追究刑事责任。”

立法目的，更加注重化解立案难的问题，更加注重赋予弱势群体权利救济的途径，更加注重从根本上化解行政争议。

（二）行政行为撤销的认定

根据本案发生时生效的《行政诉讼法》（现已被修正）第 54 条之规定，具体行政行为有下列情形之一的，判决撤销或者部分撤销，并可以判决被告重新作出具体行政行为：(1)主要证据不足的；(2)适用法律、法规错误的；(3)违反法定程序的；(4)超越职权的；(5)滥用职权的。现行有效的《行政诉讼法》在此基础上增加了“(6)明显不当的”情形，由此可以看出，行政行为被撤销分两种情况：第一，行政行为缺少合法性要件，即主体、内容、程序这三个条件只要有任意一项不合法就要被撤销；第二，行政行为明显不适当，这是现行《行政诉讼法》新增加的一种情形，要求行政主体不仅应当在法律法规规定的范围内实施行政行为，而且行政行为应当客观、适度，符合行政合理性这一基本原则。

三、关于“行政行为撤销”的相关裁判观点

鉴于行政行为可诉性已有清晰明确的标准可以判断，本团队律师在本部分内容中，仅针对“行政行为撤销”这一问题梳理裁判观点。

（一）主要证据不足

行政机关在没有必要、确凿证据的前提下实施的行政行为由于缺乏明确事实依据而应当予以撤销。这里的证据通常是指行政机关在诉讼发生后向法院提交的用以证明其作出涉诉行政行为所依据的事实。

例如，在宣懿成等人诉浙江省衢州市国土资源局（以下简称衢州市国土局）收回国有土地使用权纠纷一案①中，衢州市柯城区人民法院认为：衢州市国土局提供的衢州市发展计划委员会(2002)35 号《关于同意扩建营业用房项目建设计划的批复》《建设项目选址意见书审批表》等有关证据，难以证明其作出的《通知》符合《土地管理法》第 58 条第 1 款规定的“为公共利益需要使用土地”或“实施城市规划进行旧城区改造需要调整使用土地”的情形，主要证据不足，故衢州市国土局主张其作出的《通知》符合《土地管理法》规定的理由不能成立。根据《行政诉讼法》及其相关司法解释的规定，在行政诉讼中，衢州市国土局对其作出的具体行政行为承担举证责任，衢州市国土局不提供作出具体行政行为时的证据和依据的，应当认定该具体行政行为没有证据和依据，应予撤销。

---

① 详见(2003)柯行初字第 8 号行政判决书。

(二)适用法律、法规错误

行政机关作出行政行为时未援引具体法律条款,并且在举证期限内未能证明该行政行为符合法律的具体规定,应当认定为该行政行为没有法律依据、适用法律错误,应当予以撤销。还有一种情况是行政机关作出行政行为时引用法律条款,但是引用的条款存在错误或与作出的行政行为没有关联,亦应撤销。

例如,在聂彦贵与白河县不动产登记局行政登记纠纷一案①中,安康铁路运输法院认为:白河县不动产登记局在《不动产登记暂行条例》《不动产登记暂行条例实施细则》施行后,发现其向聂彦贵颁发的(2015)第 G0006 号《集体土地使用证》出现了登记事项错误的问题,本应依照《不动产登记暂行条例实施细则》第 81 条之规定进行更正登记,但是,白河县不动产登记局却依据《不动产登记暂行条例实施细则》第 17 条、第 23 条之规定作出注销登记的决定。注销登记是指因土地权利的消灭等而进行的登记。聂彦贵的(2015)第 G0006 号《集体土地使用证》出现了登记事项错误的问题,并非聂彦贵已丧失了登记地块的全部土地使用权。聂彦贵是否违反"农村村民一户只能拥有一处宅基地"的规定,应先由具有查处土地违法行为的单位查处后,白河县不动产登记局依据查处决定作出相应的行政行为。《不动产登记暂行条例实施细则》第 17 条是关于"不动产登记机构应当在登记事项记载于登记簿前进行公告"情形的规定,第 23 条是关于"不动产权属证书或者不动产登记证明"收回和作废的规定,并非关于更正登记的规定。综上所述,白河县不动产登记局作出的《关于注销土地使用权登记,收回"白国土资集用"(2015)第 G0006 号〈集体土地使用证〉的决定》,主要证据不足,适用法律、法规错误,违反法定程序,依法应予以撤销。

(三)违反法定程序

在我国,司法机关和行政机关"重实体、轻程序"的观念历来颇为严重,随着政府越来越重视法治社会的建设,对程序正义更加关注。国家通过立法技术为程序正义保驾护航,即全面要求行政机关在作出行政行为时确保在程序层面符合法律规定,故对于违反法定程序的行政行为应当予以撤销。

例如,在于涛、牟锡明与齐齐哈尔市人民政府(以下简称齐市政府)土地行政登记纠纷一案②中,黑龙江省高级人民法院认为:牟锡明于 2000 年 8 月 8 日取得齐市政府为其颁发的建集建(2001)字第 00009 号《集体土地建设用地使用证》,该颁证行为属于对集体土地使用权的初始登记。在牟锡明的《集体土地建设用地使用证》未依法被

① 详见(2018)陕 7101 行初 220 号行政判决书。

② 详见(2017)黑行终 593 号行政判决书。

撤销或注销的情况下，齐市政府又为老卜奎公司另行颁发了齐土籍集用(2015)第 0100002 号《集体土地使用证》，该颁证行为导致同一块土地上存在两个土地使用权人，且该颁证行为违反《土地登记办法》第 47 条"土地权利人姓名或名称、地址发生变化的，当事人应当持原土地权利证书等相关证明材料，申请姓名或者名称、地址变更登记"的程序规定。齐市政府作出的颁证行为应当予以撤销。

(四)超越职权

行政机关应当在法律、法规授权的范围内作出行政行为。超越职权作出的行政行为属于在实体层面违法的行政行为，应当予以撤销。法院在判断行政行为是否超越职权时，不考虑行政机关的目的是否正当、合理，仅从客观上进行考量。

例如，在高建国不服北京市延庆区人民政府(以下简称区政府)作出的不予受理行政复议申请决定书纠纷一案①中，北京市第四中级人民法院认为：高建国向北京市国土资源局延庆分局(以下简称延庆分局)提出《确权申请书》，延庆分局作出不存在宅基地使用权确认问题的答复意见。高建国对此不服，向区政府邮寄行政复议申请书。区政府收到复议申请后作出被诉复议决定。《国务院关于做好省级以下国土资源管理体制改革有关问题的通知》(国发〔2004〕12 号)第 1 项规定："要进一步理顺省级以下国土资源行政管理体制。……市辖区国土资源主管部门的机构编制上收到市人民政府管理，改为国土资源管理分局，为市国土资源主管部门的派出机构。"因此，延庆分局作为市国土资源管理部门的派出机构，对其作出的行政行为提出行政复议的，应当依据《行政复议法》第 15 条及《行政复议法实施条例》第 14 条确定复议被申请人以及相应的行政复议机关。本案中，区政府非延庆分局的本级人民政府，亦非其的上一级主管部门，故其并非本案适格的复议机关，不具有对高建国提出的行政复议申请进行审查并依法作出处理的法定职权。区政府作出本案被诉复议决定的行为明显超越了其法定职权，依法应予以撤销。

(五)滥用职权

行政机关在行使职权的过程中，可能会为了小团体利益或个人不正当利益等，故意违背法定目的，背离基本法理，造成显失公正的后果。该等因滥用职权而作出的行政行为应当予以撤销。

例如，在陈金苑等人与西安市未央区谭家街道办事处撤销街道办事处行政命令纠纷一案②中，西安铁路运输中级法院认为：《西安市物业管理条例》第 12 条规定："筹备

① 详见(2017)京 04 行初 844 号行政判决书。
② 详见(2017)陕 71 行终 785 号行政判决书。

组成员应当具有完全民事行为能力，且本人、配偶及其直系亲属未在本物业管理区域物业服务企业任职。筹备组成员中的业主代表还应当遵守临时管理规约，及时交纳物业服务费，不得有损坏房屋承重结构、违法建设、破坏房屋外貌或者擅自改变物业用途等不当使用的行为；本人、配偶及其直系亲属未在本物业管理区域建设单位任职。”本案中，谭家街道办事处以公示的形式认为陈金苑等人延期缴纳物业服务费不具备业主大会筹备组成员任职条件，系对业主大会筹备组的业主代表任职条件的限制规定，该行为减损了陈金苑、李俊、潘建波等人的合法权益，其限制筹备组成员中的业主代表候选人条件之行为系滥用职权。故谭家街道办事处作出的《关于香克林小镇小区首次业主大会筹备组中业主代表第一次推选结果公示（第 2 号）》应予撤销。

（六）明显不当

明显不当在司法实践中的界限相对比较模糊，本团队律师认为，现行《行政诉讼法》将“明显不当”作为判决撤销行政行为的新增内容，实际上是对行政机关作出行政行为赋予更高的要求，即不但要具备合法要件，而且要具备基本的合理性。一旦行政行为明显不满足合理性要求，则面临被撤销的风险。

例如，在浙江松夏仪表有限公司与国家工商行政管理总局商标评审委员会纠纷一案[①]中，北京知识产权法院认为：浙江松夏仪表有限公司提交的证据能够形成完整的证据链，可以证明诉争商标在 3 年指定期间内在电度表商品上进行了商标法意义上的使用，诉争商标在电度表商品上的注册应予维持。此外，鉴于浙江松夏仪表有限公司并未提交诉争商标在“电测量仪器、计量仪表、测量器械和仪器、低压电源、高低压开关板、配电箱（电）、断路器、变压器、集成电路块”商品上的使用证据，且上述商品与电度表商品亦不构成类似商品，因此诉争商标在上述商品上的注册应予撤销。综上所述，由于原告在诉讼阶段补充提交的证据导致本案事实认定发生变化，继续维持被诉决定明显不当，应当依法予以撤销。

［案件复盘］

本案作为一起对行政处罚不服的典型行政案件，本团队律师并没有被动等待被告进行举证，而是主动出击，针对市住建委的错误认定形成一套完整的证据体系，以证明市住建委作出的行政处罚依据严重不足。

需要特别说明的是，市住建委在作出行政处罚前的两次听证中，态度非常强势，然而在庭审中，正是本团队律师所提交的近乎完美的证据，令市住建委的处罚依据凸显

① 详见（2016）京 73 行初 6770 号行政判决书。

不足，给原本强势的市住建委造成极大压力，致其在法庭上无力辩驳。最终，法院采纳了本团队律师的观点，认定市住建委对日月房产公司及吴某某作出的行政处罚主要证据不足、认定事实不清。本团队律师充分发挥了行政诉讼案件代理的丰富经验，最终获得有利的判决结果，撤销了对日月房产公司及吴某某的行政处罚。

在此，本团队律师作出特别提示，在行政诉讼案件中，原告应注意以下事项：(1)确保自身与行政行为具有法律上的利害关系；(2)要有明确、具体的被告；(3)有具体的诉讼请求和事实依据；(4)提供符合起诉条件的相应证据材料，尽可能收集能够证明涉诉行政行为违法的证据；(5)原告直接向人民法院提起诉讼的，应当自知道或者应当知道行政机关作出行政行为之日起 6 个月内提出，法律另有规定的从其规定。

32

施工合同认定无效，价款结算至关重要

［**案件摘要**］

本案系海上嘉年华（青岛）置业有限公司（发包人，以下简称嘉年华公司）与中国新兴建设开发有限责任公司（承包人，以下简称新兴公司）之间的一起建设工程施工合同纠纷案件。本团队律师接受新兴公司委托代理本案。本案涉案标的巨大，约15亿元，一审法院即为山东省高级人民法院（以下简称一审法院）。办案过程中，本团队律师不仅为新兴公司指导诉讼思路，还在新兴公司提起诉讼同时申请财产保全，并在诉讼过程中全面论述嘉年华公司提出的各种反诉请求的不适当性。最终，一审法院支持了新兴公司绝大部分诉讼请求并驳回嘉年华公司全部反诉请求，二审法院即最高人民法院（以下简称二审法院）不仅支持了一审判决中对新兴公司有利的裁判，而且增加了嘉年华公司向新兴公司支付的工程款数额。

本团队律师代理新兴公司诉讼过程中，通过梳理资料，在新兴公司拟主张部分工程款的基础上，增加了其应主张而未主张工程价款并提出了数千万元的索赔款项。诉讼过程中，本团队律师针对嘉年华公司以超标的查封为由不断阻挠案件正常审理、以新兴公司施工的部分工程需要维修为由不断向行政主管部门及法院反映情况拖延审判期限、以提出各种无理巨额反诉请求为由不断增加审理难度等情况，沉着应对、一一破解，使法官深入了解案件真实情况，避免被嘉年华公司混淆视听，并最终作出客观公正的判决。

鉴于“黑白合同”的相关内容本书前文已有述及，具体请参见本书第15篇文章：《索赔模式运用得当，“黑白合同”处理有方》，故本文仅针对嘉年华公司反诉请求中提出的“黑白合同无效情形下结算协议无效”的观点进行深入分析、归纳总结黑白合同导致施工合同无效情形下的结算规则。

［**案情回放**］

2009 年 10 月 16 日，嘉年华公司与新兴公司就青岛海上嘉年华工程项目签订《建设工程施工合同》（以下简称《合同一》），约定由新兴公司作为该项目的施工总承包单位承建工程，《合同一》签订后，新兴公司即按约进场施工。2011 年 4 月 4 日，嘉年华公司、新兴公司就青岛海上嘉年华工程项目完成公开招投标程序，新兴公司中标该项目，双方又签订《建设工程施工合同》（以下简称《备案合同》）。《合同一》与《备案合同》就工期、工程价款等主要合同条款内容约定并不相同。后双方又合意以《合同一》为基础签订了《总承包施工补充协议 1》（以下简称《补充协议 1》）和《总承包施工补充协议 2》（以下简称《补充协议 2》），新兴公司未能完成全部施工内容。2014 年 4 月 22 日，双方签订《执行合同最终结算协议》（以下简称《结算协议》）及《执行合同结算价款支付协议》（以下简称《支付协议》），共同确认实际已施工工程的结算总价款为 1，856，500，000.00 元，截至签订《支付协议》之日止，尚欠工程款总额为 735，907，079.13 元。然而，嘉年华公司此后未能按照协议约定支付工程款，仅支付了 1.4 亿元即不再支付，新兴公司遂委托本团队律师代其向山东省高级人民法院提起诉讼，要求支付欠付的工程结算款 595，907，079.13 元及利息，同时确认新兴公司享有建设工程价款优先受偿权。嘉年华公司认为双方以《合同一》为基础签署了《结算协议》及《支付协议》，由于《合同一》违反《招标投标法》的强制性规定，应属于无效合同，基于无效合同签署的《结算协议》及《支付协议》亦属于无效，不能作为工程价款结算依据。另外，嘉年华公司在诉讼中亦提起反诉，要求新兴公司承担逾期竣工违约金、各项经济损失、质量修复费用、超额审计费用及垫付款项等共计 815，838，751.90 元。

一审法院经开庭审理后，确立了如下几个争议焦点：（1）涉案《合同一》《备案合同》《补充协议 1》《补充协议 2》及《结算协议》《支付协议》是否有效；（2）嘉年华公司是否应返还质量保证金；（3）本案是否应进行工程造价鉴定；（4）新兴公司是否享有优先受偿权；（5）新兴公司应否向嘉年华公司支付逾期竣工违约金及赔偿各项经济损失；（6）新兴公司应否承担涉案工程质量修复费用；（7）新兴公司应否承担超额审计费；（8）新兴公司应否向嘉年华公司偿还垫付款。

案件经过证据交换、开庭审理及财产保全谈话等近 20 次庭审活动，一审法院最终作出（2015）鲁民一初字第 45 号民事判决书，主要内容如下：（1）判决嘉年华公司于判决生效之日起 10 日内支付新兴公司工程款 450，559，214.01 元及相应利息；（2）新兴公司在嘉年华公司欠付工程款 450，559，214.01 元范围内就已施工项目建设工程折价或拍卖的价款优先受偿；（3）驳回新兴公司的其他诉讼请求；（4）驳回嘉年华公司的反诉请求。

该一审判决与本团队律师预判结果基本一致。一审判决采纳了本团队律师意见，认可了结算协议的有效性，未对涉案工程进行工程造价鉴定及工程质量鉴定，大大缩短了作出判决的时间，且支持了新兴公司绝大部分诉讼请求。

嘉年华公司对一审判决结果不服，向二审法院提起上诉，要求撤销一审判决，将案件发回一审法院重审或二审改判支持嘉年华公司的请求。新兴公司则继续委托本团队律师代理本案，亦向二审法院提起上诉，请求二审判决嘉年华公司返还质量保修金，并改判一审判决中的利息起算基数。

二审法院在开庭审理后，确定二审中双方争议焦点如下：(1)嘉年华公司欠付新兴公司工程款数额及利息的计算方式；(2)新兴公司是否在欠付工程款范围内享有建设工程价款优先受偿权；(3)新兴公司应否向嘉年华公司支付逾期竣工违约金、逾期竣工损失、超额审计费用、土石方垫付费用及利息；(4)一审法院未准许嘉年华公司工程质量鉴定申请的理由是否妥当。

在经历了开庭审理和新一轮证据交换后，二审法院最终作出(2018)最高法民终556号民事判决书，主要内容如下：(1)维持一审判决第二项"新兴公司在嘉年华公司欠付工程款450,559,214.01元范围内就已施工项目建设工程折价或拍卖的价款优先受偿"、第四项"驳回嘉年华公司的反诉请求"；(2)撤销一审判决第三项"驳回新兴公司的其他诉讼请求"；(3)变更一审判决第一项"判决嘉年华公司于判决生效之日起十日内支付新兴公司工程款450,559,214.01元及相应利息"为"判决嘉年华公司于判决生效之日起十日内支付新兴公司工程款533,204,214.01元及相应利息"；(4)驳回新兴公司其他诉讼请求。

该二审判决结果不仅维持了一审判决中关于新兴公司有利的判决，还增加了嘉年华公司需要返还新兴公司的工程款数额及利息。经过本团队律师的努力，案件取得了完胜。

［**战略战术**］

一、快速反应，有效保障客户利益

因嘉年华公司欠付工程款的数额巨大，对新兴公司资金周转造成极大压力，故新兴公司非常重视未来债权的顺利实现。本团队律师介入本案后，在最短时间内完成了案件研究工作，并向法院提起诉讼，同时提出对嘉年华公司的财产保全申请。为能够尽速完成财产保全，本团队律师在诉讼前先行前往项目现场及项目所在地建设主管行政机关了解情况，确定尚未出售房产状态，立案后及时联系承办法官，提供财产线索，并多次书面告知承办法官嘉年华公司极有可能短期内处置资产的急迫情形，敦促法官在短短一周之内即成功冻结了嘉年华公司的 4 个银行账户，查封了 2 处在建工程和 500 余套房产，为本案胜诉后能顺利收回工程款奠定了坚实的基础。

上述财产保全措施对嘉年华公司形成巨大压力，诉讼过程中嘉年华公司不断通过复议、提交书面意见、由第三方提供其他担保财产等各种方式要求解封相关财产，本团队律师为此多次以回函、书面意见、到第三方提供担保财产所在地走访等形式阻止嘉年华公司的部分解封申请，确保新兴公司未来不会由于变更财产保全措施而遭受损失。

二、团队合作，细致梳理案件材料

在本案审理过程中，嘉年华公司提供了近 1.5 万页证据材料反驳新兴公司诉讼主张，面对数量如此庞大的证据材料，本团队律师未曾有一丝懈怠，组织律师团队，分头对原件、复印件进行逐页核对，历时 3 天方才完成核对工作，并从中发现了大量没有原件以及原件与复印件不一致的情况，极大地动摇了该证据的真实性基础。

此外，本团队律师还充分发挥团队优势，在详细研究全部证据材料的基础上，对证据进行了二次归纳、整理和分析，并通过表格方式简明扼要地予以展现，为后期质证工作提供了充分的便利。本团队律师还有针对性地组织近千页反驳嘉年华公司主要观点的证据材料，及时提交法庭，确保法官能够清晰、明确地了解我方观点，为法院尽快出具判决书打下坚实基础。

三、谨慎应对，全面回击对方诉讼请求

嘉年华公司为了与新兴公司诉请相抗衡，进而争取有利的诉讼地位，一举提出 8 项反诉请求，反诉金额达 8 亿余元，完全覆盖并大幅超过了新兴公司的本诉金额。在此情况下，本团队律师迅速制定有效的反击策略，通过诉讼时效抗辩、事实理由辩驳、举证责任分配以及请求权基础剖析等多种手段，全方位回击了嘉年华公司的诉请，取得了良好效果。

[**法案研判**]

本团队律师提出的反击策略以合同效力为基本出发点。本案中存在两份基础合同，即《合同一》和《备案合同》，两份合同属于黑白合同，两份合同的效力对案件审理及结算起到至关重要作用，本团队律师通过全面分析关于黑白合同认定、效力、结算规则的法律法规规定以及学术界与实务界相关观点，据此归纳总结出黑白合同导致施工合同无效情形下的结算规则。

一、关于“黑白合同导致施工合同无效情形下的结算规则”的相关法律法规

目前，关于“黑白合同导致施工合同无效情形下的结算规则”现行有效的相关法

律法规主要包括:①

1.《建设工程施工合同司法解释(一)》第1条规定:"建设工程施工合同具有下列情形之一,应当根据合同法第五十二条第(五)项的规定,认定无效:……(三)建设工程必须进行招标而未招标或者中标无效的。"

2.《建设工程施工合同司法解释(一)》第2条规定:"建设工程施工合同无效,但建设工程经竣工验收合格,承包人请求参照合同约定支付工程价款的,应予支持。"

3.《建设工程施工合同司法解释(一)》第3条规定:"建设工程施工合同无效,且建设工程经竣工验收不合格的,按照以下情形分别处理:

(一)修复后的建设工程经竣工验收合格,发包人请求承包人承担修复费用的,应予支持;

(二)修复后的建设工程经竣工验收不合格,承包人请求支付工程价款的,不予支持。

因建设工程不合格造成的损失,发包人有过错的,也应承担相应的民事责任。"

4.《建设工程施工合同司法解释(一)》第21条规定:"当事人就同一建设工程另行订立的建设工程施工合同与经过备案的中标合同实质性内容不一致的,应当以备案的中标合同作为结算工程价款的根据。"

5.《建设工程施工合同司法解释(一)》第23条规定:"当事人对部分案件事实有争议的,仅对有争议的事实进行鉴定,但争议事实范围不能确定,或者双方当事人请求对全部事实鉴定的除外。"

6.《建设工程施工合同司法解释(二)》第1条规定:"招标人和中标人另行签订的建设工程施工合同约定的工程范围、建设工期、工程质量、工程价款等实质性内容,与中标合同不一致,一方当事人请求按照中标合同确定权利义务的,人民法院应予支持。

招标人和中标人在中标合同之外就明显高于市场价格购买承建房产、无偿建设住房配套设施、让利、向建设单位捐赠财物等另行签订合同,变相降低工程价款,一方当事人以该合同背离中标合同实质性内容为由请求确认无效的,人民法院应予支持。"

7.《建设工程施工合同司法解释(二)》第3条规定:"建设工程施工合同无效,一方当事人请求对方赔偿损失的,应当就对方过错、损失大小、过错与损失之间的因果关系承担举证责任。

损失大小无法确定,一方当事人请求参照合同约定的质量标准、建设工期、工程价

① 关于"黑白合同"的相关法律法规请参见本书第15篇文章:《索赔模式运用得当,"黑白合同"处理有方》中的内容,此处不再赘述。

款支付时间等内容确定损失大小的，人民法院可以结合双方过错程度、过错与损失之间的因果关系等因素作出裁判。”

8.《建设工程施工合同司法解释（二）》第 10 条规定：“当事人签订的建设工程施工合同与招标文件、投标文件、中标通知书载明的工程范围、建设工期、工程质量、工程价款不一致，一方当事人请求将招标文件、投标文件、中标通知书作为结算工程价款的依据的，人民法院应予支持。”

9.《建设工程施工合同司法解释（二）》第 11 条规定：“当事人就同一建设工程订立的数份建设工程施工合同均无效，但建设工程质量合格，一方当事人请求参照实际履行的合同结算建设工程价款的，人民法院应予支持。

实际履行的合同难以确定，当事人请求参照最后签订的合同结算建设工程价款的，人民法院应予支持。”

10.《北京市高院施工合同解答》第 7 条规定：“当事人在诉讼前已就工程价款的结算达成协议，一方在诉讼中要求重新结算的，不予支持，但结算协议被法院或仲裁机构认定为无效或撤销的除外。建设工程施工合同无效，但工程经竣工验收合格，当事人一方以施工合同无效为由要求确认结算协议无效的，不予支持。”

11.《北京市高院施工合同解答》第 15 条规定：“备案的中标合同与当事人实际履行的施工合同均因违反法律、行政法规的强制性规定被认定为无效的，可以参照当事人实际履行的合同结算工程价款。”

12.《北京市高院施工合同解答》第 24 条规定：“结算协议生效后，承包人依据协议要求支付工程款，发包人以因承包人原因导致工程存在质量问题或逾期竣工为由，要求拒付、减付工程款或赔偿损失的，不予支持，但结算协议另有约定的除外。当事人签订结算协议不影响承包人依据约定或法律、行政法规规定承担质量保修责任。结算协议生效后，承包人以因发包人原因导致工程延期为由，要求赔偿停工、窝工等损失的，不予支持，但结算协议另有约定的除外。”

13.《民事审判会议纪要》第 44 条规定：“招标人和中标人另行签订改变工期、工程价款、工程项目性质等影响中标结果实质性内容的协议，导致合同双方当事人就实质内容享有的权利义务发生较大变化的，应认定为变更中标合同实质性内容。”

14.《民事审判会议纪要》第 48 条规定：“当事人就同一建设工程订立的数份施工合同均被认定无效，在结算工程价款时，应当参照当事人真实合意并实际履行的合同约定结算工程价款。无法确定双方当事人真实合意并实际履行合同的，应当结合缔约过错、已完工程质量、利益平衡等因素分配两份或以上合同间的差价确定工程价款。”

二、关于“黑白合同导致施工合同无效情形下的结算规则”的相关理论观点

（一）关于“黑白合同导致施工合同无效情形下的结算规则”在本案中的适用

1.《合同一》及《备案合同》属于为同一工程签订的两份内容不同的合同，涉案工程存在黑白合同情形。涉案《合同一》《备案合同》以及在施工过程中签订的《补充协议1》《补充协议2》均属于无效合同

（1）《合同一》《补充协议1》《补充协议2》因未履行招投标程序而被认定为无效

本案中，《合同一》约定由新兴公司对涉案工程项目进行统一的承包施工，合同签订后，新兴公司即按约进场施工。2011年4月4日，为满足建设行政主管部门的要求，双方在形式上后补了招投标程序，重新签订了《备案合同》，并在建设行政主管部门备案。后在施工过程中，双方又根据实际施工状况签订了《补充协议1》和《补充协议2》。双方所签订的《备案合同》，无论是工程承包范围、工期还是合同价款等各个方面均与双方实际履行的《合同一》大不相同，其仅为行政备案所用。

鉴于上述事实，结合《招标投标法》第3条、《工程建设项目招标范围和规模标准规定》（国家发展计划委员会令第3号）（该规定已于2018年3月8日失效）第3条和第7条、《房屋建筑和市政基础设施工程施工招标投标管理办法》第3条第1款的规定，涉案工程作为总投资超过20亿元人民币的集酒店、餐饮、娱乐、购物和住宅为一体的大型旅游地产项目显然属于法律法规规定的“强制招投标”项目，然而新兴公司与嘉年华公司于2009年签订《合同一》时并未经过招投标程序，显然违反了法律法规的强制性规定。根据《施工合同司法解释（一）》第1条的规定，新兴公司与嘉年华公司签订的《合同一》依法应属于无效合同。同时，基于《合同一》所签订的《补充协议1》《补充协议2》亦属于无效合同。

（2）《备案合同》因双方在招标前已进行实质性谈判并实际施工，应被认定无效

本案中新兴公司与嘉年华公司于2011年4月后补了招投标程序，但因其在招投标之前已经签订了《合同一》并实际履行，显然构成了《招标投标法》第55条规定的违法情形，故中标无效，双方签订的《备案合同》亦为无效合同。

2.《结算协议》和《支付协议》系当事人双方的真实意思表示，合法有效，应以此两份协议作为确定工程价款依据

（1）《结算协议》及《支付协议》独立存在，且不违反法律规定，应属于有效

如前文所述，由于涉案《合同一》为无效合同，故作为其从属合同的《补充协议1》和《补充协议2》自然也失去了效力基础，同归于无效合同。但是，前述合同的无效并不当然导致《结算协议》和《支付协议》无效。进一步而言，无论《合同一》《备案合同》《补充协议1》《补充协议2》是否有效，均不影响《结算协议》和《支付协议》的效力。

原因在于,《结算协议》和《支付协议》系新兴公司与嘉年华公司在协商一致的基础上自愿达成的一致意见,是对涉案工程结算价款及支付方式所达成的最终合意,在性质上属于双方对涉案工程既存债权债务关系的结算和清理,其与《合同一》《备案合同》《补充协议 1》《补充协议 2》均为平行独立的协议,并不存在主从合同关系,相互之间亦不发生效力影响,各自具有单独的法律效力,且不违反法律法规的强制性规定,因此应属于合法、有效。且双方在两份协议中共同对涉案工程应付款、已付款及欠付款的数额进行了确认,故应以两份协议中的相关约定作为确定嘉年华公司欠付新兴公司总价款数额的基础。

(2)《结算协议》和《支付协议》系当事人双方的真实意思表示

《结算协议》第 1 条约定:“双方共同确认并同意,本工程中,由承包人施工完成的实际已施工程的执行合同最终结算价款为 1,856,500,000 元(已扣除截止到本协议签订日前的全部质量修补费用)。”第 4 条约定:“双方一致同意并确认,本执行合同结算协议第一条所列的执行合同最终结算总价款已经全部包含了按执行合同、补充协议以及执行合同终止协议的约定承包人应当获得的最终全部总价,也是发包人在执行合同及补充协议项下须支付给承包人全部价款的总和,本执行合同结算协议签署后,承包人与发包人之间就执行合同以及补充协议之结算价款再无任何争议。”《支付协议》第 2 条第 1 款约定:“截止执行合同结算协议签订之日,在执行合同及补充协议项下,发包人已经向承包人实际累计支付的已付总价款为 1,120,592,920.87 元。”第 2 条第 2 款约定:“上述第一条所列执行合同最终结算价款扣除本条上述第 1 款所列已付总价款后,发包人尚需向承包人支付的未付总价款为 735,907,079.13 元,其中包括工程质量保修金。”

从《结算协议》和《支付协议》约定来看,双方约定的结算不仅是指工程款的结算,也是合同价格的结算,合同价格既包括通常意义上的工程款,也包括合同履行过程中发生的索赔等;从结算协议签订的时间来看,承发包双方达成结算协议时,双方已确定开始计算质量保修期,工程质量合格与否、工期延误与否、承发包双方是否存在停工与窝工损失、是否存在可向对方提起的索赔等争议,承发包双方在签订结算协议时均非常清楚。由于结算的目的是为最终确定因施工合同履行产生的债权债务数额,因此,除非双方在结算协议中明确约定工程款之外的争议另行解决,否则双方结算协商时会考虑所有对工程最终价款产生影响的因素并一起解决。双方在结算时不可能就工程质量、工期等存在争议的情况下,仅就工程款数额达成结算,这与日常经验逻辑及目前建筑市场的交易惯例不符。因此,《结算协议》和《支付协议》独立存在,系当事人双方的真实意思表示。《北京市高院施工合同解答》第 7 条、第 24 条对结算协议的效力表达了与一审法院同样的观点。

如前文所述,《结算协议》和《支付协议》合法有效,且双方在两份协议中共同对涉案工程应付款、已付款及欠付款的数额进行了确认,故应以两份协议中的相关约定作为确定嘉年华公司欠付新兴公司总价款数额的基础。

(3)假设按照嘉年华公司所述《结算协议》及《支付协议》均无效,双方仍应按照《合同一》《补充协议1》《补充协议2》结算工程价款,而不可能按照《备案合同》结算工程价款

嘉年华公司认为《备案合同》有效,《合同一》《补充协议1》《补充协议2》无效,其理由为,《合同一》变更了《备案合同》的实质性内容,但其承认实际履行的是《合同一》《补充协议1》《补充协议2》。基于此,即使法院按照嘉年华公司的思路认定《结算协议》及《支付协议》均无效,那么将来进行造价鉴定时,由于备案合同无效且并非双方实际履行的合同,也绝不可能以备案合同作为工程价款结算依据,仍将参照《合同一》及补充协议进行工程造价鉴定。而《结算协议》及《支付协议》正是在《合同一》及补充协议的基础上,双方一致同意所达成的清理结算协议。

3.《结算协议》已对涉案工程结算价款的数额进行了明确约定,说明双方对此已达成一致意见

《结算协议》第1条及第4条明确约定了结算价款及结算价款范围,据此可知,双方当事人已经对涉案工程结算价款达成了一致意见,且无任何争议,嘉年华公司要求再次进行工程造价鉴定无任何依据。

根据《建设工程施工合同司法解释(一)》第23条的规定,最高人民法院对于鉴定的态度非常鲜明,即仅在双方当事人有争议且无法达成一致的情况下,方才考虑进行鉴定。此外,山东省高级人民法院下发的《全省民事审判工作座谈会纪要》第2项①也表达了同样的观点,可兹参照。在本案中,涉案工程的结算金额显然已经得到了当事人双方的共同确认,因此应以《结算协议》确定的工程价款作为工程结算价款,涉案工程无须进行工程造价鉴定。

---

① 《全省民事审判工作座谈会纪要》第2项规定:"合同对工程价款没有约定或者约定不明,工程竣工后,当事人双方又不能达成结算协议的,也无法采取其他结算方式结算工程款的情形下,可以委托工程造价审计部门对工程款的数额予以审定,但要防止鉴定出现过多过滥的现象。为此会议确定了以下原则:建设工程的造价或者工程款的数额不通过鉴定可以确定,则不作鉴定;必须通过鉴定才能确定工程价款的,要尽可能减少鉴定次数,能不重新鉴定的,则不重新鉴定……"

(二)关于施工合同无效情形下的结算规则

1. 双方已达成结算协议的,一般以结算协议作为工程价款结算依据

通过前述分析,不难看出各地对施工合同无效情形下的结算原则较为一致。即在双方已经达成结算协议的情况下,即使起诉到法院,一般情况下这类案件并不涉及鉴定,仅需确认结算协议是否为"一揽子"解决工程价款的协议即可,若为一揽子解决的,以结算协议作为确定工程价款依据即可,否则,将根据结算协议所包含内容确定双方就工程价款达成一致的范围,并仅需对未达成一致的争议款项予以处理。

结算协议特别是竣工结算协议,一般属于双方以"一揽子"方式解决纠纷而签订的协议。一般而言双方到结算阶段,竣工验收已经完成,工期是否延误、竣工验收前是否有质量问题等事项也已明确,这时双方所签订的结算协议,实际上是把整个工程中所有问题都考虑在内后所达成的协议。该等协议的效力非常高,原则上除存在无效或可撤销的情形外不能被推翻。签订结算协议后,诉讼中一方当事人又要求重新结算、重新鉴定的,一般不会被裁判机构允许。

2. 结算协议生效后,发包人一般情况下不能就工程质量、逾期竣工等问题提出索赔

结算协议签订后,承包人依据结算协议要求发包人支付工程款,发包人可能会以承包人逾期竣工、工程质量不符合约定为由进行抗辩,要求承包人赔偿损失。对于此问题,有人认为结算协议仅就工程价款进行结算,并不涉及工期、质量问题,如果当事人没有约定"一揽子"解决,或合同中没有"双方就此工程没有其他纠纷"等类似表述,就是仅就建设工程合同履行中的结算问题达成了协议,对于工期、质量等问题未予处理。承包人起诉要求依据结算协议支付工程款,发包人当然可以以承包人逾期竣工、工程质量不符合约定为由主张索赔。实践中有人将此类问题区分为结算协议和付款协议。即如果双方就付款方式达成协议,显然双方已经"一揽子"解决了;如果双方仅确定了钱数,即只解决了工程价款问题,没有解决工期和质量问题,没有解决的可以另行主张。本团队律师认为,结算协议不仅仅涉及工程价款的结算事宜,当事人在进行结算时已经对工程进行了验收,对工期是否逾期、验收之前是否有质量问题等事项均已了然于胸,涉及款项结算时大概率会把这些问题都考虑在内。如果双方意图单独处理工期、质量问题,应在结算协议中约定工期、质量问题另行解决。因此,结算协议签订后,发包人原则上难以再主张包括工期、质量的赔偿;承包人亦难以再主张停工、窝工损失,这是双向的。

3. 双方未达成结算协议的,工程价款的结算各地法院操作不一

对于必须招投标的工程,以备案的中标合同作为工程价款结算依据的前提是备案

合同合法有效。实践中可能存在备案的中标合同与当事人实际履行合同均因违反法律、行政法规的强制性规定而无效之情形，各地法院处理该类纠纷时采用结算标准不同，有些法院以实际履行合同作为结算依据（如《北京市高院施工合同解答》第 15 条规定）。而有些法院遇此情形时要求依据鉴定机构造价鉴定结论据实结算工程价款（详见后文第三点关于“施工合同无效情形下的结算规则”的相关裁判观点）。

值得注意的是，《建设工程施工合同司法解释（二）》第 11 条规定：“当事人就同一建设工程订立的数份建设工程施工合同均无效，但建设工程质量合格，一方当事人请求参照实际履行的合同结算建设工程价款的，人民法院应予支持。实际履行的合同难以确定，当事人请求参照最后签订的合同结算建设工程价款的，人民法院应予支持。”根据这一规定，在施工合同无效的情形下，最高人民法院支持以实际履行的合同作为结算工程价款的依据。实际履行的合同难以确定的，以最后签订的合同作为结算工程价款的依据。

4. 施工合同无效情形下，管理费、措施费、变更洽商、规费、利润、税金、违约金、索赔款的处理原则

管理费、措施费、变更洽商、规费、利润、税金、违约金、索赔款性质不同。根据建设部《建设工程施工发包与承包价格管理暂行规定》第 5 条[①]及《2013 建设工程工程量清单计价规范》第 2.0.47 条、第 2.0.51 条[②]规定，管理费、措施费、变更洽商、规费、利润、税金属于合同价款组成部分。违约金系双方约定一方违约时向另一方支付的金钱赔偿。索赔款系一方因对方过错或非因自身原因受到经济损失或权利损害，通过合同规定的程序向对方提出的经济补偿。索赔款一般包括：窝工停工费、机械设备调遣费、倒运费、建筑材料和构件积压费、保管费、机械设施闲置费、租赁费、临时设施建造费以及其他直接与工程有关而独立发生的费用等。

前已述及，在黑白合同均无效的情形下，大多参照实际履行的合同作为工程价款结算依据，鉴于管理费、措施费、变更洽商、规费、利润、税金均属于合同价款组成部分，参照合同核算即可。对于违约金，司法实践中认为合同中关于违约金的约定不属于在

---

① 原建设部《建设工程施工发包与承包价格管理暂行规定》第 5 条规定：“工程价格的构成。工程价格由成本（直接成本、间接成本）、利润（酬金）和税金构成。工程价格包括：合同价款、追加合同价款和其他款项。合同价款系指按合同条款约定的完成全部工程内容的价款。追加合同价款系指在施工过程因设计变更、索赔等增加的合同价款以及按合同条款约定的计算方法计算的材料价差。其他款项系指在合同价款之外甲方应支付的款项。”

② 工程价款主要有两种表现形式：合同签约价（合同价款）和竣工结算价。此处工程价款是指合同签约价（合同价款），是指发承包双方在工程合同中约定的工程造价，即包括了分部分项工程费、措施项目费、其他项目费、规费和税金的合同总金额。

合同无效下依然有效的事项。在施工合同无效的情形下,当事人关于违约金的约定亦无效。当事人主张违约金的,不予支持。关于赔偿金,有的观点主张[①]合同被确认无效后,一般按照当事人缔约过错程度确定各自应当承担的责任。有的观点主张,索赔款应区分是否属于合同价款的组成部分,对于属于合同价款组成部分的诸如窝工停工费、机械设备调遣费、倒运费、建筑材料和构件积压费、保管费、机械设施闲置费、租赁费、临时设施建造费等,应参照实际履行合同进行结算,对于不属于合同价款组成部分的诸如工程延期导致的经营损失、租金损失等,应根据双方当事人的过错程度,予以合理负担。

三、关于"施工合同无效情形下的结算规则"的相关裁判观点

本团队律师以"施工合同无效""结算"为关键词,以"建设工程合同纠纷"为案由进行检索,总结梳理相关案例中的法院观点,以分析目前的裁判倾向。

(一)双方已达成结算协议的,一般以结算协议作为工程价款结算依据

例如,在中国建筑第六工程局有限公司(以下简称中建六公司)、哈尔滨凯盛源置业有限责任公司(以下简称凯盛源公司)建设工程施工合同纠纷一案[②]中,最高人民法院认为:"双方当事人签订的'玖郡 6 号庄园'《施工协议书》与'玖郡 6 号庄园'B 区《建设工程施工合同》均无效。中建六公司与凯盛源公司虽然办理了'玖郡 6 号庄园'B 区《建设工程施工合同》备案手续,但双方当事人于 2012 年 12 月 7 日签订的《情况说明》明确约定双方实际履行 2012 年 5 月 27 日签订的《施工协议书》,《建设工程施工合同》仅作备案之用,不作为工程计算等经济往来的依据。且双方当事人仅对'玖郡 6 号庄园'B 区签订备案合同,而实际施工范围为 A、B、C、D 四个区,以《施工协议书》作为鉴定依据,更符合双方当事人的真实意思表示。因此,一审法院以《施工协议书》约定的 2010 年定额标准作为案涉工程价款结算标准,并无不当。"

再如,在浙江东阳建筑实业工程有限公司(以下简称东阳公司)与西安市康福房地产开发有限公司(以下简称康福公司)建设工程施工合同纠纷一案[③]中,最高人民法院认为:"关于康福公司欠付东阳公司工程款及其利息。案涉工程虽未完工,但东阳公司完成的主体部分于 2010 年 4 月 9 日经验收合格。双方当事人在仲裁庭主持下曾达成和解,一致确认以 2008 年 12 月 16 日确认的工程量作为工程价款结算的依据。

---

① 《山东省高级人民法院关于审理建筑工程承包合同纠纷案件若干问题的意见》第 41 条规定:"建筑工程承包合同被确认无效后,应按合同当事人缔约过错程度确定各自应当承担的责任。合同被确认无效后尚未履行的,由此造成的经济损失,根据双方当事人的过错程度,予以合理负担。"

② 详见(2017)最高法民终 730 号民事判决书。

③ 详见(2014)民一终字第 108 号民事判决书。

双方当事人于2010年12月14日作出《工程总决算书》，确定决算造价为23,204,207.36元，诉讼中双方对此均无异议。《解释》第2条规定，'建设工程施工合同无效，但建设工程经竣工验收合格，承包人请求参照合同约定支付工程价款的，应予支持'。合同虽无效，但双方均同意按照该合同结算并共同签署了总决算书，确定了工程价款，一审法院予以确认。利息部分，除了东阳公司多垫资的部分之外，其余自2010年12月10日交付工程之日，按照中国人民银行发布的同期同类贷款利率计算至康福公司实际给付之日止。"

又如，在中扶建设有限责任公司（以下简称中扶公司）、德化金龙置业有限公司（以下简称金龙公司）建设工程施工合同纠纷一案①中，最高人民法院认为："《最高人民法院关于审理建设工程施工合同纠纷案件适用法律问题的解释》第2条规定，建设工程施工合同无效，但建设工程经竣工验收合格，承包人请求参照合同约定支付工程价款的，应予支持。案涉施工合同虽无效，但中扶公司请求参照合同约定支付工程价款，故一审法院按照双方在合同中关于工程价款的约定认定工程价款，并无不妥。金龙公司与中扶公司在2014年4月6日签订的两份《协议书》中约定，2013年10月7日、2014年3月31日签订的两份建设工程施工合同作废，双方将重新签订建设工程施工合同；若双方未能签订新的建设工程施工合同，案涉工程应按照中扶公司完成的实际工程量按实结算。双方当事人对该协议的真实性均无异议，金龙公司亦未能提供证据证明上述协议并非其真实意思表示，故双方应按该两份协议约定进行结算。"

类似的判例还包括重庆市智翔铺道技术工程有限公司与重庆市沙坪坝区市政园林管理局建设工程施工合同纠纷案，②云南朕意水利水电工程有限公司与中国水利水电第十一工程局有限公司、中国水利水电第十一工程局有限公司南汀河项目经理部建设工程施工合同纠纷申请再审案，③河南三建建设集团有限公司与新乡学院建设工程施工合同纠纷申请再审案，④中国化学工程第七建设有限公司、重庆市亚龙防腐保温工程有限公司建设工程施工合同纠纷再审审查与审判监督案，⑤石家庄盈佳房地产开发有限公司与浙江鸿翔建设集团有限公司建设工程施工合同纠纷案，⑥潍坊雅居园投资置业有限公司与晟元集团有限公司建设工程施工合同纠纷案，⑦中十冶集团有限公

---

① 详见（2017）最高法民终766号民事判决书。
② 详见（2014）民一终字第302号民事判决书。
③ 详见（2014）民申字第1566号民事裁定书。
④ 详见（2015）民申字第636号民事裁定书。
⑤ 详见（2016）最高法民申2762号民事裁定书。
⑥ 详见（2017）最高法民终106号民事判决书。
⑦ 详见（2017）最高法民终360号民事判决书。

司华东分公司、枣庄矿业集团中兴建安工程有限公司建设工程施工合同纠纷案[①]等。

（二）双方未达成结算协议的，以实际履行合同作为结算依据

例如，在北京城建一建设发展有限公司（以下简称城建一公司）与北京鼎立房地产开发有限公司建设工程施工合同纠纷申诉一案[②]中，最高人民法院认为："二审法院适用《北京市高级人民法院关于审理建设工程施工合同纠纷案件若干疑难问题的解答》（京高法发〔2012〕245 号）第 15 条，即'备案的中标合同与当事人实际履行的施工合同均违反法律、行政法规的强制性规定被认定为无效的，可以参照当事人实际履行的合同结算工程价款'之规定，认定本案所涉工程价款以备忘录记载作为依据，符合本案具体情况，并无不当，不属于认定事实和适用法律错误。城建一公司该项再审申请理由不能成立。"

再如，在青岛同泰房地产开发有限公司（以下简称同泰公司）与青岛泰华集团有限公司（以下简称泰华公司）建设工程施工合同纠纷再审审查与审判监督一案[③]中，最高人民法院认为："关于工程款结算依据的问题。《建设工程施工合同司法解释（一）》第 2 条规定：'建设工程施工合同无效，但建设工程经竣工验收合格，承包人请求参照合同约定支付工程价款的，应予支持。'虽然泰华公司所施工的涉案工程并未完工，亦未进行最终的竣工验收，但对于已施工完毕的地基及主体工程进行了验收，同泰公司亦未提出证据证明存在质量不合格的情形。因此，泰华公司请求参照实际履行的合同结算已完工的工程价款具有法律依据。在同泰公司和泰华公司签订的多份合同无效的情况下，如何确定哪一份合同是双方当事人实际履行的合同，并作为工程款结算的依据，双方当事人各执一词，同泰公司认为应该以备案的签订日期为 2012 年 9 月 29 日的合同作为工程款结算的依据，泰华公司认为双方当事人实际履行的合同是签订日期为 2012 年 9 月 28 日的合同。本院认为，泰华公司在一审、二审期间始终主张 2012 年 9 月 28 日签订的合同为双方实际履行的合同。同泰公司先期委托的诉讼代理人翟震、王俊生在证据交换时对此并无异议，并在一审审理期间提交证据、提出反诉、提交委托鉴定所用预算书时均依据 9 月 28 日的合同，2015 年 3 月 26 日庭审中亦明确确认合同签订时间为 2012 年 9 月 28 日。同泰公司提出本案应适用《建设工程施工合同司法解释（一）》第 21 条，以备案合同作为结算工程价款的根据。本院认为，《建设工程施工合同司法解释（一）》第 21 条关于'当事人就同一建设工程另行订立的建设工程施工合同与经过备案的中标合同实质性内容不一致的，应当以备案的中标合同作为结

---

① 详见（2017）最高法民终 462 号民事判决书。

② 详见（2016）最高法民申 1886 号民事裁定书。

③ 详见（2018）最高法民申 542 号民事裁定书。

算工程价款的依据'之规定针对的是当事人在中标合同之外另行签订建设工程施工合同,以架空中标合同、规避中标行为和行政部门监管的情形,适用前提是备案的中标合同为有效合同,而如前所述,本案中标合同应认定无效,故本案不适用该条规定。综上所述,一审、二审法院认定2012年9月28日合同为双方当事人实际履行的合同,并据此结算泰华公司施工工程款,具有事实和法律依据。"

又如,在焦作市黎阳建筑安装工程有限公司(以下简称黎阳公司)与焦作市莫蒂斯实业投资有限公司(以下简称莫蒂斯公司)建设工程施工合同纠纷上诉一案①中,河南省高级人民法院认为:"依照《最高人民法院关于审理建设工程施工合同纠纷案件适用法律问题的解释》第2条的规定,建设工程施工合同无效,但建设工程竣工验收合格,应参照合同约定结算工程价款。本案工程莫蒂斯公司已投入使用,原审判决基于两份合同及相应补充协议系双方实际履行的合同,参照该合同关于结算的约定委托工程造价鉴定符合法律规定,亦符合双方当事人签订合同时的真实意思表示。因此,黎阳公司该上诉主张不能成立,本院不予支持。"

(三)双方未达成结算协议的,据实结算

例如,在临沂市利群房地产开发有限公司(以下简称利群公司)与陈中东、山东沂滨建设工程有限公司建设工程施工合同纠纷一案②中,山东省高级人民法院认为:"《最高人民法院关于审理建设工程施工合同纠纷案件适用法律问题的解释》第2条'建设工程施工合同无效,但建设工程经竣工验收合格,承包人请求参照合同约定支付工程价款的,应予支持'的规定,并未禁止承包人以据实结算价格主张工程价款,而是赋予承包人在合同价款、据实结算之间的选择权。本案中,利群公司在工程竣工验收且交付使用后未及时支付工程款,陈中东对涉案工程以据实结算价格主张权利并无不当。"

再如,在向仁权与遵义经济技术开发区德宝房地产开发有限公司(以下简称德宝公司)、遵义富城建筑有限公司建设工程施工合同纠纷一案③中,贵州省高级人民法院认为:"根据《最高人民法院关于审理建设工程施工合同纠纷案件适用法律问题的解释》第2条'建设工程施工合同无效,但建设工程经竣工验收合格,承包人请求参照合同约定支付工程款的,应予支持'之规定,按照合同价进行结算应该具备三个条件:一是建设工程施工合同无效;二是建设工程经竣工验收合格;三是承包人请求参照合同约定支付工程款。本案中,建设工程未全部竣工,且向仁权与德宝公司在合同中约定

① 详见(2014)豫法民一终字第23号民事判决书。
② 详见(2014)鲁民再字第21号民事判决书。
③ 详见黔高民再终字第4号民事判决书。

的 520 元/m^2 是包干价，是固定价，是合同约定修建的全部工程项目全部竣工验收合格后的平均价。在工程没有完成的情况下，按照合同价结算与合同的约定不相符。另外，对于按成本价计算，德宝公司在本案第一次重审庭审中［案号为（2010）黔高民再终字第 24 号］亦明确表示认可。因此，从公平角度考虑，按照成本价进行结算，对双方均无损失，所以一审法院综合全案情况，确定该案按照成本价据实结算更为公平，且并无不当，本院予以维持。”

（四）施工合同无效的，一方当事人请求另一方当事人支付违约金的，不予支持

例如，在中铁北京工程局集团有限公司（以下简称中铁公司）、迅通（西安）仓储发展有限公司建设工程施工合同纠纷一案[①]中，最高人民法院认为：“由于协议书属无效合同，合同中的违约条款亦自始无效，对双方当事人不发生法律效力和约束力。且根据建设工程合同纠纷的解释第 2 条‘建设工程施工合同无效，但建设工程经竣工验收合格，承包人请求参照合同约定支付工程价款的，应予支持’的规定精神，建设工程施工合同无效时，承包人请求参照合同约定支付的范围仅限于工程价款，并不包括违约金。故一审判决未支持中铁公司主张的违约金并无不当。”

再如，在石家庄盈佳房地产开发有限公司（以下简称盈佳公司）与浙江鸿翔建设集团有限公司（以下简称鸿翔公司）建设工程施工合同纠纷一案[②]中，最高人民法院认为：“关于违约金 19,065,000 元问题。《施工协议》和《补充协议》无效，其所约定的违约金条款亦无效，盈佳公司依据违约金条款主张鸿翔公司赔偿损失金额，不予支持。”

类似的判例还包括江苏省金陵建工集团有限公司与沛县汉之源商贸有限公司、沛县国有资产经营有限公司等建设工程施工合同纠纷案，[③]福建建工集团总公司、福建省平潭红岩海滨山庄有限公司建设工程施工合同纠纷案，[④]江苏南通六建建设集团有限公司与山西嘉和泰房地产开发有限公司建设工程施工合同纠纷案[⑤]等。

［**案件复盘**］

本案为建设工程施工合同纠纷案件，双方主要围绕施工合同效力及达成工程款结算协议情形下发包人是否有权推翻结算协议要求重新鉴定工程价款等事项进行攻防。

发包人欠付承包人巨额工程款，为了保护承包人合法利益，本团队律师积极组织

---

① 详见（2018）最高法民终 96 号民事判决书。
② 详见（2017）最高法民终 106 号民事判决书。
③ 详见（2016）最高法民终 687 号民事判决书。
④ 详见（2016）最高法民终 297 号民事判决书。
⑤ 详见（2014）民一终字第 72 号民事判决书。

证据材料，尽速提起诉讼并采取财产保全措施，针对发包人提出的反诉请求，从容应对，从核实证据原件入手，到以图表列举，再到准备充分的抗辩证据，层层剥茧，最终彻底瓦解发包方企图以工程造价鉴定等方式拖延支付工程款的终极目的。

本案案情复杂，案件材料众多，证据量大，本团队律师选择合伙人带队、高级律师主导、普通律师协助的方式，科学合理地组建本案项目团队。各人员分工明确、相互信任、紧密配合，取得了良好的代理效果。案件代理期间，新兴公司与本团队律师商讨、召开讨论会、模拟庭辩多次。本团队律师全程勤勉尽职、积极配合，优质高效地完成客户所托，并且为其争取超出预期的利益。

33

质保期满甲方责难,质量责任无须承担

[案件摘要]

本案系建设单位 A 公司与施工单位 B 公司因质量保修期届满出现工程质量问题引发的一起建设工程施工合同纠纷案件。A 公司因 B 公司负责施工的工程出现质量问题而向某仲裁委申请仲裁,要求 B 公司就工程质量瑕疵给 A 公司造成的损失承担赔偿责任。本团队律师作为 B 公司的代理人,成功防守了 A 公司的全部仲裁请求,有效维护了我方当事人的最大利益。代理本案的过程中,本团队律师细细研读了 A 公司提供的案卷材料,以守为攻,逐一破解了其论证中的不周延之处,同时打好组合牌,提出"一事不再理"原则阻断裁决,促使某仲裁委作出驳回 A 公司全部仲裁请求的裁决,成功打赢了一场漂亮的防守战。

[案情回放]

2010 年 5 月 4 日,A 公司与 B 公司签订《× ×20MW 并网光伏发电项目电气安装施工合同》,约定由 B 公司负责 A 公司所投资的 × ×20MW 并网光伏发电项目(以下简称本案项目)的施工。电厂正式运营后,出现多处工程质量瑕疵。A 公司主张,因 B 公司从事的地下工程未按照施工规范要求,直接将电缆线铺设地下而未做任何防护处理,导致所铺设的地下电缆腐蚀、断裂等情况,给 A 公司的生产活动造成极大影响。为修复地下工程存在的质量瑕疵,A 公司需停产停工,重新铺设;此外,由于 B 公司电缆头安装存在问题,导致电厂 24#高压网柜及 1 ~8#高压网柜内部起火,进而造成电厂 1/3 的设备无法正常运行,还导致了逆变器直流柜接线端发热燃烧等事故。事故发生后,A 公司曾向 B 公司反映上述问题,但 B 公司怠于修复,严重影响了电厂的正常运行。基于上述事实,2015 年 4 月 2 日,A 公司向某仲裁委提起仲裁,仲裁请求如下:(1)B 公司赔偿因安装工程质量瑕疵造成的经济损失 1380 万元;(2)本案仲裁费用由 B 公司承担。B 公司答辩称:(1)本案项目安装工程由 B 公司完全垫资施工,B 公司作为本案项目的分包方，按照业主提供的设计图纸进行施工，整个施工过程在业主、监理单位、总包单位的全程监管下完成；(2)本案工程已于2012年8月25日通过竣工验收，《竣工验收报告》载明的审查意见为“验收合格，同意竣工”，符合本案合同约定的工程质量标准；(3)工程保修期满后，A公司从未联系B公司主张施工质量瑕疵；(4)即使有所谓的质量瑕疵也是因A公司维护不足导致，与B公司无关。

经审理，某仲裁委采纳了本团队律师的全部代理观点，于2016年1月31日作出裁决，驳回A公司的全部仲裁请求，裁决本案仲裁费用全部由A公司承担。

［**战略战术**］

一、以守为攻破解对方论证漏洞

A公司提交的证据欲论证以下事实：B公司所派的实际施工人不具备相应资质，并且监理公司从未对工程的停工及工程量进行确认，本案工期延误系B公司单方原因造成。本团队律师指出，如果在施工过程中，A公司已经发现B公司派驻的实际施工人不具有相应资质，则应采取阻止其施工等措施及时制止，不应现在才提出这个问题，显然与情理不合。

就A公司主张的因安装工程质量瑕疵造成的1380万元经济损失费用，本团队律师指出，A公司虽就该主张出示了部分照片作为证据，但并未举证该等证据的形成时间以及对应质量瑕疵的产生时间，无法说明瑕疵是否发生在保修期内。即便该瑕疵产生于保修期内，A公司也并未出示任何显示其曾要求B公司履行保修义务的证据。根据本案合同第42.3款“乙方未能履行保修义务”的约定：“甲方应当以适当的方式通知乙方后，如果乙方未能在合理的时间内按照本条约定履行其保修义务，甲方可以委托他人按照合同约定的要求进行缺陷修复，所发生的费用从保留金中扣除。”第42.4款约定：“在保修期满之前的任何时间，对于工程出现的任何缺陷或不合格之处，甲方可指示乙方调查上述情况的原因。”当出现工程质量瑕疵时，A公司应当首先履行通知义务。因A公司未适当履行通知义务造成损失扩大的，该损失应由A公司自行承担。即便是B公司的施工存在质量瑕疵，A公司依据合同也只能首先要求B公司维修，而非直接要求赔偿损失。只有在B公司拒不履行维修义务的情况下，A公司才能扣除保留金或通过其他方式获得补偿。此外，针对A公司就1380万元经济损失提交的《损失说明》，本团队律师指出，该数额系A公司自行推算得出，并非已经发生或必然发生的损失，A公司未提交任何关于损失数额计算的依据。

二、提出“一事不再理”阻断裁决

根据工程竣工验收报告显示，本案项目“验收合格，同意竣工”，双方项目负责人均在竣工验收报告上署名并加盖了公章，且本案项目质量问题在双方共同提交的证据即××××号裁决书对应的案件中已经过审理。该裁决书就工程质量瑕疵这一争议焦点进行了分析并给出了明确结论，即使 A 公司提交的证据能够证明工程存在部分问题，但工程竣工验收报告记载“验收合格，同意竣工”，A 公司无法证明工程质量瑕疵系 B 公司造成。该裁决书另一方面也说明 A 公司曾在相应案件中正式提出了质量瑕疵问题并主张以此抵消部分工程款，也为之提交了相应证据。实际上，A 公司在该案中并非没有主张质量瑕疵所享有的权利，只是其没有以反请求的形式主张该权利。按照“一事不再理”的原则，在该裁决书未经有权司法机关撤销或不予执行前，其既判力应当得到尊重和维护，在本案中，相同的项目质量问题也不应再予审理。

本团队律师通过提起“一事不再理”原则成功阻断了本案裁决，且上述代理意见最终得到了仲裁庭支持。2016 年 1 月 31 日，某仲裁委作出裁决，驳回了 A 公司全部仲裁请求。

［**法案研判**］

建设工程质量是关乎国计民生的重要问题，也是建设工程领域的永恒主题。建设工程质量保修期制度的创设对于促进建设各方加强质量管理、保护所有者与使用者的合法权益能够起到重要的保障作用。但我国目前的法律法规仅对建设工程质量保修期内的相关责任进行了规定，而对于建设工程质量保修期届满后的质量责任认定问题，在立法领域尚属空白。下文试图以建设工程质量保修期的相关规定及学术概念作为切入点，通过归纳总结相关裁判案例，分析建设工程质量保修期届满后的责任认定规则。

一、关于建设工程质量保修期的相关法律法规

目前，关于建设工程质量保修期届满的质量责任问题，在我国工程质量管理领域仍处于立法空白地带。但关于“建设工程质量保修期”现行有效的相关法律法规主要包括：

1.《合同法》第 153 条规定：“出卖人应当按照约定的质量要求交付标的物。出卖人提供有关标的物质量说明的，交付的标的物应当符合该说明的质量要求。”

2.《合同法》第 155 条规定：“出卖人交付的标的物不符合质量要求的，买受人可以依照本法第一百一十一条的规定要求承担违约责任。”

3.《合同法》第 281 条规定：“因施工人的原因致使建设工程质量不符合约定的，发包人有权要求施工人在合理期限内无偿修理或者返工、改建。经过修理或者返工、改建后，造成逾期交付的，施工人应当承担违约责任。”

4.《合同法》第 282 条规定:“因承包人的原因致使建设工程在合理使用期限内造成人身和财产损害的,承包人应当承担损害赔偿责任。”

5.《建筑法》第 62 条规定:“建筑工程实行质量保修制度。建筑工程的保修范围应当包括地基基础工程、主体结构工程、屋面防水工程和其他土建工程,以及电气管线、上下水管线的安装工程,供热、供冷系统工程等项目;保修的期限应当按照保证建筑物合理寿命年限内正常使用,维护使用者合法权益的原则确定。具体的保修范围和最低保修期限由国务院规定。”

6.《建筑法》第 80 条规定:“在建筑物的合理使用寿命内,因建筑工程质量不合格受到损害的,有权向责任者要求赔偿。”

7.《建设工程质量管理条例》第 39 条规定:“建设工程实行质量保修制度。建设工程承包单位在向建设单位提交工程竣工验收报告时,应当向建设单位出具质量保修书。质量保修书中应当明确建设工程的保修范围、保修期限和保修责任等。”

8.《建设工程质量管理条例》第 40 条规定:“在正常使用条件下,建设工程的最低保修期限为:

(一)基础设施工程、房屋建筑的地基基础工程和主体结构工程,为设计文件规定的该工程的合理使用年限;

(二)屋面防水工程、有防水要求的卫生间、房间和外墙面的防渗漏,为 5 年;

(三)供热与供冷系统,为 2 个采暖期、供冷期;

(四)电气管线、给排水管道、设备安装和装修工程,为 2 年。

其他项目的保修期限由发包方与承包方约定。

建设工程的保修期,自竣工验收合格之日起计算。”

9.《建设工程质量管理条例》第 41 条规定:“建设工程在保修范围和保修期限内发生质量问题的,施工单位应当履行保修义务,并对造成的损失承担赔偿责任。”

10.《房屋建筑工程质量保修办法》第 4 条规定:“房屋建筑工程在保修范围和保修期限内出现质量缺陷,施工单位应当履行保修义务。”

11.《房屋建筑工程质量保修办法》第 6 条规定:“建设单位和施工单位应当在工程质量保修书中约定保修范围、保修期限和保修责任等,双方约定的保修范围、保修期限必须符合国家有关规定。”

12.《房屋建筑工程质量保修办法》第 7 条规定:“在正常使用条件下,房屋建筑工程的最低保修期限为:

(一)地基基础工程和主体结构工程,为设计文件规定的该工程的合理使用年限;

(二)屋面防水工程、有防水要求的卫生间、房间和外墙面的防渗漏,为 5 年;

(三)供热与供冷系统,为 2 个采暖期、供冷期;

(四)电气管线、给排水管道、设备安装为 2 年;

(五)装修工程为 2 年。

其他项目的保修期限由建设单位和施工单位约定。"

13.《房屋建筑工程质量保修办法》第 8 条规定:"房屋建筑工程保修期从工程竣工验收合格之日起计算。"

14.《房屋建筑工程质量保修办法》第 9 条规定:"房屋建筑工程在保修期限内出现质量缺陷,建设单位或者房屋建筑所有人应当向施工单位发出保修通知。施工单位接到保修通知后,应当到现场核查情况,在保修书约定的时间内予以保修。发生涉及结构安全或者严重影响使用功能的紧急抢修事故,施工单位接到保修通知后,应当立即到达现场抢修。"

15.《房屋建筑工程质量保修办法》第 14 条规定:"在保修期限内,因房屋建筑工程质量缺陷造成房屋所有人、使用人或者第三方人身、财产损害的,房屋所有人、使用人或者第三方可以向建设单位提出赔偿要求。建设单位向造成房屋建筑工程质量缺陷的责任方追偿。"

二、关于建设工程质量保修期及其届满后质量责任认定的相关理论观点

建设工程质量保修期,是指在正常使用条件下建设工程的保修期限。我国《建筑法》规定,建筑工程实行质量保修制度。保修的期限应当按照保证建筑物合理寿命年限内正常使用,维护使用者合法权益的原则进行确定。具体的保修范围和最低保修期限由国务院规定。在《建筑法》规定的基础上,《建设工程质量管理条例》第 40 条对质量保修期进一步作出明确规定,根据工程性质差异设定长短有别的最低保修期限,同时在第 41 条明确了质量保修期内发生质量问题的责任归属,即由承包人承担相应保修义务,并对因其原因造成的损害进行赔偿。

(一)质量保修期及相关概念辨析

1. 质量保修期与缺陷责任期

缺陷责任期的概念源于《FIDIC 施工合同条件》(1987 年版),《FIDIC 施工合同条件》(1999 年版红皮书)将缺陷责任期修改为缺陷通知期。该概念是指自工程接收证书中注明的竣工日期起算,至通知工程存在缺陷的期限。在国内建设工程实践中,缺陷责任期与质量保修期在时间跨度上存在重合:二者的起算时间均为工程竣工验收合格之日。根据《建设工程质量保证金管理办法》的规定,缺陷责任期从工程通过竣工验收之日起计算,一般为 1 年,最长不超过 2 年。而《建设工程质量管理条例》第 40 条规定的最低保修期限远远多于《建设工程质量保证金管理办法》规定的缺陷责任期间。由此可见,缺陷责任期一般应当在质量最低保修期限之内。

2. 质量保修期与质量保证期

司法实践中,质量保证期与质量保修期的概念常常被混用。质量保证期源于《合同法》,是指工程各部分正常使用的期限,即工程各部分的合理使用年限。[①] 关于"建筑物的合理使用年限",《民用建筑设计通则》(GB 50352—2005)进行了说明。[②] 依据《民用建筑设计通则》(GB 50352—2005)的相关条款,各类建筑的设计使用年限分别为:临时性建筑为 5 年;易于替换结构构件的建筑为 25 年;普通建筑和构筑物为 50 年;纪念性建筑和特别重要的建筑为 100 年。该年限主要是指建筑主体结构设计使用年限,而非防水、装修等工程的合理使用年限。质量保证期的制度功能在于,即使保修期经过,施工人仍应对因工程质量缺陷给他人造成的损害承担赔偿责任。质量保证期内,有关当事人既享有瑕疵违约请求权,也享有瑕疵侵权请求权。

(二)质量保修期届满后的工程质量责任认定

1. 质量保修期届满,施工人不再承担保修责任

质量保修期间内,建设工程发生质量问题的,施工人应履行保修义务。若施工人对该质量问题存在过错的,还应对因其原因造成的损失承担损害赔偿责任。质量保修期届满,施工人的保修责任消灭。

2. 质量保修期届满,建设工程出现质量问题的瑕疵担保责任

质量保修期是对建筑产品在使用过程中出现质量缺陷承诺予以维修的期间,该质量缺陷既可能在工程交付时就已经存在,也可能在使用过程中方才产生。对于在使用过程中产生的质量缺陷,施工人应当承担保修责任,而对于交付时就已经存在的质量缺陷,发包人既有权要求施工人承担保修责任,也有权要求其承担瑕疵担保责任。瑕疵担保责任与质量保修责任的责任形式均为违约责任,在建设工程质量保修期内存在竞合;质量保修期届满,施工人的保修责任消灭,但瑕疵担保责任不受影响,若质量保修期届满后发现的质量问题满足瑕疵担保责任构成要件的,发包人仍有权要求施工人承担相应建设工程质量问题的瑕疵担保责任。该瑕疵担保责任的举证义务,质量保修期内主要由施工人负担,质量保修期经过主要由发包人负担。

3. 质量保修期届满,建设工程出现质量问题造成他人损害的侵权赔偿责任

质量保修期届满,建设工程出现质量问题造成他人损害的,施工人还应承担侵权

---

① 参见高印立、赵怡红:《中国法下与建设工程质量相关的期间和责任概念辨析》,载《北京仲裁》2018 年第 2 期。

② 《民用建筑设计通则》(GB 50352—2005)使用的表述是"设计使用年限",一般认为该"设计使用年限"就是此处的"合理使用年限"。

赔偿责任。该侵权赔偿责任的承担不受质量保修期限制。《侵权责任法》第 85 条规定:“建筑物、构筑物或者其他设施及其搁置物、悬挂物发生脱落、坠落造成他人损害,所有人、管理人或者使用人不能证明自己没有过错的,应当承担侵权责任。所有人、管理人或者使用人赔偿后,有其他责任人的,有权向其他责任人追偿。”第 86 条规定:“建筑物、构筑物或者其他设施倒塌造成他人损害的,由建设单位与施工单位承担连带责任。建设单位、施工单位赔偿后,有其他责任人的,有权向其他责任人追偿。因其他责任人的原因,建筑物、构筑物或者其他设施倒塌造成他人损害的,由其他责任人承担侵权责任。”

(三)竣工验收合格是否阻却施工人质量责任的承担

建设工程的四方验收,是指建设工程项目竣工后,由建设单位会同设计、施工、工程监理单位对该项目是否符合规划设计要求以及建筑施工和设备安装质量进行全面检验后,取得竣工合格资料、数据和凭证的过程。建设工程四方验收证书系建设、设计、施工、监理四方验收主体达成的合意,其效力具有相对性,本质上与工程签证相类似。建设工程的施工质量牵动着广大社会群体的公共利益和民事权益,根据价值位阶原则,对社会公共利益的保护应优于对交易安全的保护,故本团队律师认为,即便建设工程经四方验收合格,也并不阻却施工人质量责任的承担。若存在《合同法》第 52 条规定的无效事由,该验收证书无效。情节严重的,还应追究相关主体的法律责任。

三、关于建设工程质量保修期届满后质量责任认定的相关裁判观点

本团队律师通过设置关键词为“建设工程施工合同”“保修期届满”“责任承担”,案由选择“建设工程施工合同纠纷”进行案例检索,查询到部分典型案例如下:

(一)对于合同履行中已经存在的质量问题,并不因超过保修期免除施工方的相关责任

例如,在北京日月房地产开发有限公司与深圳中航幕墙工程有限公司(以下简称中航公司)建设工程施工合同纠纷一案①中,北京市第二中级人民法院认为,施工单位对建设工程的施工质量负责。保修期是为了解决就合同履行完毕一定期限内出现的质量问题,对于合同履行中已经存在的质量问题,并不因超过保修期免除施工方的相关责任。本案中,虽然涉案工程已经过保修期,但不能免除中航公司的瑕疵担保责任。依据建研院的鉴定意见可知,石材脱落的原因是施工不符合设计要求及相关规范标准所致。中航公司作为施工方应依约承担返修费用。

再如,在昆明广基房地产开发有限公司诉云南建工第三建设有限公司建设工程施

① 详见(2017)京 02 民终 9329 号民事判决书。

工合同纠纷一案中，[①]昆明市盘龙区人民法院认为，原被告签订的《建设工程施工合同》是在双方协商一致的情况下签订的，是双方真实意思表示，并且不违反法律的禁止性规定，系合法有效的合同，应受法律保护，对双方当事人均具有约束力。原被告应按合同约定履行各自的义务。根据合同约定，被告承建了锦悦四季一期6幢、7幢、8幢、9幢、E幢、F幢（其中E幢、F幢属于钢结构）、地下室、主体以上土建及水、电、风、消防安装工程。双方约定了工程质量的保修期。该工程于2013年4月25日进行竣工验收，而锦悦四季一期6幢、7幢的外墙饰面砖在双方约定的保修期2年内发生部分脱落，被告虽进行了部分修复，但外墙的脱落仍然持续发生，对此被告仍负有对外墙饰面砖脱落的维修责任，故对被告主张的保修期已过不承担修复责任的观点本院不予采纳。

（二）瑕疵担保责任，不属于建筑工程质量保修责任，不受保修期限的限制

例如，在商丘市大成建筑安装工程有限公司、上诉人商丘市中原建筑有限公司（以下简称中原公司）与上诉人科迪食品集团股份有限公司、龚德敬建设工程施工合同纠纷一案[②]中，商丘市中级人民法院认为，从2010年3月5日河南科技咨询司法鉴定中心的报告可以看出，涉案电气工程线路出现瑕疵是工程施工未按照设计图纸施工造成的。上诉人中原公司的责任，属于瑕疵担保责任，不属于建筑工程质量保修责任。建筑工程质量保修责任针对的质量问题是工程竣工验收后保修期内出现的，而瑕疵担保责任针对的质量问题是在工程交付之前已经存在，该瑕疵担保责任不受保修期的影响。承担瑕疵担保责任的方式包括修理或赔偿损失。

再如，在芜湖鸠兹建设有限公司（以下简称鸠兹公司）与芜湖双翼建筑工程有限公司（以下简称双翼公司）建设工程施工合同纠纷一案中，[③]案涉建筑工程于2013年1月6日办理了工程决算，2014年7月被检测出质量问题，显然属于该基础工程的合理使用寿命之内。案涉建设工程虽然业已竣工、验收合格，且质量保证金也已支付完毕，但是，施工方所建筑的工程的瑕疵担保义务仍然存在，当所建筑的工程出现质量问题后，施工方按照合同法及上述规定，应承担维修义务，造成损失的还应予以赔偿。当质量问题不可修复或不便修复时，施工方即应承担相应的赔偿责任。据此，安徽省芜湖市中级人民法院认为，首先，法律规定的因建筑工程质量不合格，尤其是诉讼中依法确定建筑工程质量不合格，应理解为经鉴定所建筑的工程包括但不限于不符合设计要求。因为实践中工程验收合格而事后发生事故被定性为不合格的工程并非个例。换

① 详见（2015）盘法民初字3087号民事判决书。

② 详见（2014）商民二终字第300号民事判决书。

③ 详见（2016）皖02民终754号民事判决书。

言之，既然为合理使用寿命内，而非工程竣工验收前，即与竣工验收的合格定性无涉。其次，法律规定的受到损害的主体并未限定，即建设工程合同当事人和其他第三人均有权向责任者要求赔偿。鸠兹公司降低标准施工，建筑成本减少，双翼公司仍按合同约定支付工程价款，且向发包方赔偿了因工程施工不符合设计要求的费用，双翼公司的经济利益已经受到了损害。最后，法律规定的受到的损害，并非仅限于因质量问题造成侵权等人身财产损失，还应当包括使用功能下降、发包方支付价款背离实际等利益损失。前者由《合同法》第 282 条予以调整，后者由《建筑法》第 80 条予以调整。因此，双翼公司有权向作为责任者的鸠兹公司要求赔偿。否则，不利于对建筑领域犯罪的遏制以及对质量问题导致的事故发生的制裁。另外，本案施工违约造成的后果，系整体施工降低标准所形成的，无法局部修复或者全部重做，当事人选择赔偿之诉，符合法律规定。

（三）明知超过保修期的情况下，关于保修的承诺具有约束力

例如，在深圳华泰企业公司（以下简称华泰公司）与东莞市龙城房地产开发有限公司（以下简称龙城公司）建设工程合同纠纷一案[①]中，广东省高级人民法院认为，根据《民法通则》第 4 条的规定，民事活动应当遵循自愿、公平、等价有偿、诚实信用的原则。本案中，由于建设工程双方未对装修装饰工程的保修期作出明确约定，根据《建设工程质量管理条例》第 40 条的规定，装修工程的最低保修年限为自竣工验收合格之日起 2 年。根据二审查明事实，涉案工程墙面瓷砖大面积出现空鼓、脱落现象集中出现在 2012 年 1 月份，此时已经超过了华泰公司的保修期限。但华泰公司在明知超过保修期的情况下，在《复函》中仍然明确表示“瓷砖脱落、墙面开裂、水管爆裂等事宜……为维护与你司友好关系，公司在资金异常紧张的情况下，一直努力尽责，并决定安排对上述已过保修期的项目进行修复，以表示我方的诚意”。无论华泰公司同意维修的动因何在，其承诺修复的行为对其有约束力。华泰公司未践行承诺，违反诚实信用原则，龙城公司另行委托其他施工单位修复所支出的费用，应当由华泰公司返还。

（四）原告未证明损失原因：保修期已过，不承担保修责任

例如，在吉林省天鼎旅游产业发展股份有限公司（以下简称天鼎公司）诉被告延边国基建设有限公司（以下简称国基公司）建设工程施工合同纠纷一案中，[②]安图县人民法院认为，当事人对自己提出的诉讼请求所依据的事实有责任提供证据加以证明。没有证据或者证据不足以证明当事人的事实主张的，由负有举证责任的当事人承担不

① 详见（2014）粤高法民申字第 2175 号民事裁定书。
② 详见（2017）吉 2426 民初 1322 号民事判决书。

利后果。本案中，天鼎公司未向国基公司提供彩绘图纸或内容本已不符合双方约定，且在庭审中天鼎公司也未能提交充分证据以证明彩绘问题是由国基公司造成，国基公司未经天鼎公司同意擅自确定彩绘内容也不符合常理，故对天鼎公司主张由国基公司赔偿彩绘损失的诉讼请求本院不予支持。国基公司已于2013年12月17日将长白山历史文化园工程全部交付给天鼎公司，且天鼎公司确认质量合格，而天鼎公司首次主张佛像贴金质量问题的时间为2015年12月2日，已过双方约定的一年保修期限，故对天鼎公司主张由国基公司赔偿佛像、贴金箔损失的诉讼请求本院不予支持。

再如，在南通四建有限公司（以下简称南通公司）诉上海上缆安捷电缆有限公司（以下简称上缆公司）建设工程合同纠纷一案①中，上海市浦东新区人民法院认为，工程质量保修金双方在施工合同中有明确约定，质量保修金是3600万元的5%为180万元，即便是以合同暂定价1800万元来计算也应该为90万元，与南通公司主张的50万元是无关的。施工合同中从未有过50万元质量保证金的约定，该50万元结合招标文件，性质是合同履行保证金，在系争工程竣工验收合格且备案后予以退还。上缆公司提出的工程质量问题，南通四建在质量保修期内已经履行了相应的保修义务。上缆公司提出的保修问题，已经超过了诉讼时效，且上缆公司在法定期限内未向南通四建提出任何主张。2010年双方就工程保修事宜确实有过函件往来，但是函件恰证明了南通四建履行了保修义务，上缆公司一直阻挠南通四建进场维修。2010年10月，上缆公司再也没有向南通四建提出任何的工程质量问题的保修主张，而按照建筑法的有关规定和约定，保修年限是从竣工之日起5年即2013年11月5日止。但是在之前上缆公司从未向南通四建或法院提出任何主张。

[案件复盘]

本案庭审中，双方主要围绕工程质量缺陷是否发生在质量保修期内、是否由施工人原因造成进行辩论和攻防。质量是工程建设的生命线，建设工程质量问题涉及社会群体的切身利益，工程管理过程中的工程质量控制是承发包双方都需关注的问题。针对建设工程质量保修的法律风险防控，特此提醒承发包双方注意以下几点：

一、对于承包人来说，应当注意

1. 做好质量监管，把好质量关。承包人应当从本质上防范工程质量保修风险，正确认识质量与效益的关系，加强质量监管，保证施工质量。

2. 关注质量保修条款，明确质量保修期。《建设工程质量管理条例》第40条规定

① 详见（2015）浦民一（民）初字第29335号民事判决书。

了建设工程的最低保修期限。建设工程施工合同约定的保修期不得低于法定最低期限。但对于合同中长于最低保修期限的约定,特别是房地产开发项目以商品房交付时间作为保修期起算点的约定,承包人也应多加注意。

3. 脱钩质量保修金和质量保修期。基于平衡承发包双方利益的考量,发包人可能会在合同中约定预留一部分比例金额作为质量保修金。由于质量保修金会占用承包人宝贵的现金流,该条款对承包人实为不利。因预留保修金属于双方约定的范畴,并不是法律规定的强制法定义务,本团队律师建议,承包人可参照国际工程承包的惯例,向发包人提供履约保函,即由银行、担保公司或其他发包人信任的企业开具保函在保额限度内为承包人履行保修义务提供保证担保。一旦承包人拒绝履行保修义务,发包人可要求保证人承担相应的保证责任。

二、对于发包人来说,应当注意

1. 签好工程质量保修书。保修义务虽是承包人的法定义务,但法律规定不尽完善,发生建设工程施工合同纠纷诉讼时仍会遇到诸多问题,工程质量保修书可以为发包人主张相关权利提供直接依据。

2. 固定质量问题发生事实及责任方。当出现工程质量问题时,发包人应当第一时间对现场进行拍照、录像,就质量问题发生的时间、工程部位、现状等做好书面记录,如监理单位还未撤场,应立即通知其到场确认签字。如工程发生重大质量问题,可就取证及固定证据过程委托公证处进行公证,锁定质量问题发生的事实过程。

3. 及时履行通知维修义务。其中包括:(1)通知应明确、完整表述报修内容,如工程名称、详细部位、具体的质量问题、发生时间等;(2)通知应以书面形式,按合同中约定的送达方式、地址、联络人,直接送交签收人或以特快专递邮寄,合同中约定了电子送达方式的,可采用电子送达方式送达;(3)直接送交签收人的,留存好签收回执;以特快专递邮寄的,应留存邮寄单及签收记录;以电子方式送达的,留存好电子数据,必要时可委托公证处做证据保全。

34

BT 业主拒绝回购，协助资方运筹演谋

[案件摘要]

本案系一起因 BT(Build – Transfer，即“建设—移交”模式)项目引发纠纷的典型案件。作为投资人的 A 公司与作为项目业主的 B 公司签订《X 医院升级改造搬迁项目 BT 合同》(以下简称《BT 合同》)。A 公司履行完毕《BT 合同》项下投资建设义务后，B 公司未按照约定支付回购款项。双方因投资成本、投资收益、违约金等问题产生争议，A 公司向某仲裁委提起仲裁。本团队律师作为 A 公司代理人，结合多年来在 BT 项目法律服务过程中积累的相关经验，成功捍卫 A 公司合法权益，促使仲裁庭最终采纳我方代理意见，作出有利于 A 公司的仲裁裁决，要求 B 公司向 A 公司支付投资成本、投资收益、投资利息、违约金等共计 6 亿余元。

[案情回放]

2008 年 9 月，A 公司与 B 公司签订《BT 合同》，约定本项目工程为 X 医院升级改造搬迁项目 BT 建设工程，工程地点位于 X 市 Y 区 Z 路 H 号，建设期限为 2008 年 9 月 1 日至 2010 年 4 月 30 日。该项目工程分为两标段建设，合同总价暂定为 650,000,000 元，包括工程建安费、建设工程其他费用、投资收益及投资利息。A 公司主要权利义务如下：(1)负责筹集项目建设资金，负责项目工程范围的土建、安装、道路、绿化等投资建设管理、组织工程验收及移交等工作；(2)负责制订项目工程总体资金使用计划并报送 B 公司审定；(3)有权按照合同约定获取回购款项。B 公司主要权利义务如下：(1)负责取得项目工程的立项、用地手续，可行性研究报告、勘察设计图纸、施工图设计图纸、概预算编制等监理招标及管理工作；(2)负责按照合同约定支付回购款项。具体支付安排为：B 公司在项目交工基准日后 3 年内向 A 公司支付全部工程投资额，具体为交工基准日后的 10 日内支付工程投资额的 15%，交工基准日后的 12 个月内支付工程投资额的 15%，交工基准日后的 24 个月内支付工程投资额的 40%，交工基

准日后的36个月内支付全部工程投资余额。B公司按照年投资收益率10%计算投资收益,其中B公司在交工基准日后12个月内、24个月内、36个月内分3期支付建设期投资收益(每期支付建设期全部投资收益的1/3)与回购期投资收益(每期支付当期的全部投资收益)。

项目工程第一标段于2009年2月取得《建筑工程施工许可证》,A公司于2009年3月正式开工建设,2011年8月底完成移交,于2011年9月1日正式投入使用,并在2012年4月18日完成竣工验收;工程第二标段于2009年8月取得《建筑工程施工许可证》,A公司在2011年8月底将该标段项目全部移交,2011年9月1日正式投入使用,并于2013年4月18日完成竣工验收。

截至A公司申请仲裁之日,A公司共计投入成本652,563,766.19元。后B公司迟迟未能按照《BT合同》约定支付回购款项等资金。A公司向双方约定的某仲裁委提起仲裁申请,要求B公司支付包括投资成本、投资利息、投资收益及违约金在内的费用共计6亿余元。在本团队律师的努力下,最终某仲裁委基本支持了A公司的仲裁请求。

[**战略战术**]

本案虽然只涉及一个合同,即本案的核心《BT合同》,但是本案项目工程历时4年,材料纷繁杂乱,案情错综复杂。案件既涉及烦琐的建设工程问题,又涉及与项目业主即B公司背后相关政府部门的沟通谈判技巧,本团队律师在接受委托后,通过全面详细梳理案件材料,扭转乾坤,为A公司最大限度争取利益。

一、准确预测争议焦点

A公司在收到B公司提交的答辩状及证据材料后,经仔细审阅、核对后,本团队律师预测,初步归纳争议焦点为:(1)项目工程投资成本数额及回购情况;(2)投资收益、投资利息的计算标准、数额与给付情况;(3)B公司延期付款是否违约;(4)工期延误原因;(5)项目工程是否存在质量问题。

根据预测的争议焦点,本团队律师通过召开会议,驻扎A公司现场办公等方式,与A公司各个部门紧密协作,围绕争议焦点着手准备拟补充提交的证据材料,以及对重点问题进行详细重点说明的文字、图表材料。

二、据理论证《BT合同》系有效合同

《BT合同》对投资成本、投资收益、投资利息的确认、计算有明确的约定,对回购方式以及出现逾期回购、质量、工期等违约情形亦有清晰的约定。作为A公司的代理人,本团队律师以合同有效为出发点,要求B公司依据合同约定支付各项违约金。

在庭审过程中,B 公司以合同无效为由进行抗辩,具体为根据《招标投标法》第 3 条的规定,大型基础设施,公共事业等关系社会公共利益、公众安全的项目必须进行招标;根据《建设工程施工合同司法解释(一)》第 1 条的规定,建设工程必须进行招标而未招标或者中标无效的,认定建设工程施工合同无效。

根据《合同法》第 56 条的规定,无效的合同或者被撤销的合同自始没有法律拘束力。假使仲裁庭采纳 B 公司的抗辩理由,认为《BT 合同》无效,A 公司无权获得投资收益及违约金等,对 A 公司相当不利。因此,本团队律师对合同效力问题高度重视,从多个角度进行详细阐述《BT 合同》为合法有效合同。

第一,根据《BT 合同》的约定,该合同的模式为投资建设后移交。具体由 B 公司组织工程施工监理的招标和管理,审查并批准由 A 公司编制的招标方案,负责全程监督 A 公司组织的施工及设备、材料采购招标工作。由 A 公司负责项目的投、融资及建设管理,并承担建设期间的风险。在 A 公司按约定将项目建成、竣工验收后移交给 B 公司,由 B 公司按照合同总价在 3 年内向 A 公司支付回购款项及投资收益、投资利息。《BT 合同》应当理解为投资建设合同,不应理解为单纯的施工合同。

第二,在项目工程的实际建设过程中,也是按照《BT 合同》的约定,由 A 公司组织施工及设备、材料采购的招标工作,由 B 公司组织施工监理的招标和管理。经过庭前的证据交换以及开庭审理,B 公司对此事实均不持异议。

第三,根据《合同法》第 52 条的规定,有下列情形之一的,合同无效:(1)一方以欺诈、胁迫的手段订立合同,损害国家利益;(2)恶意串通,损害国家、集体或者第三人利益;(3)以合法形式掩盖非法目的;(4)损害社会公共利益;(5)违反法律、行政法规的强制性规定。《BT 合同》约定由 A 公司组织的施工及设备、材料采购招标工作以及 A 公司负责项目工程的投、融资及建设管理,系双方真实的意思表示,不违反法律、行政法规的强制性规定。

最终仲裁庭认为,本案现有证据并不足以说明本案《BT 合同》有明显违反我国法律、行政法规的强制性规定之处,其作为 A 公司与 B 公司之间的真实意思表示,能够作为确定双方权利义务的依据,A 公司有权根据合同约定获得投资收益及违约金等。

三、沉着应对 B 公司提起的反请求

在审理过程中,B 公司提起策略性的反请求,即主张 A 公司向 B 公司支付因工期延误、工程质量缺陷等产生的违约金 2 亿余元。此外,B 公司还要求 A 公司继续履行项目工程质量保修义务。主要理由有 A 公司在施工过程中,管理人员不到位,工作职责不明确,存在拖欠工程款和农民工工资等行为,导致施工管理混乱、现场安全隐患明显,工程质量存在严重隐患,以及 A 公司资金投入不到位,多次停工,导致工期严重延误;另因工程存在诸多质量问题,特别是渗漏问题严重,B 公司多次协调 A 公司整改,但 A 公司并未如约履行维修义务。

面对 B 公司提起的高额索赔,本团队律师组织 A 公司各个部门,召开专题会议,对工期延误的原因及证据进行有的放矢地再次梳理后,作出如下答辩:

第一,项目工程工期延误主要归因于 B 公司责任以及不可抗力因素,主要包括:B 公司迟延办理开工手续、发生设计变更、自行分包工程部分延迟、选材定标延迟、总体工程量增加、国家节能减排,以及雨天、停电、外部干扰等。项目工程工期延误与 A 公司无关,由此产生的一切后果应当由 B 公司承担。

第二,根据《建设工程施工合同司法解释(一)》第 13 条的规定,建设工程未经竣工验收,发包人擅自使用后,又以使用部分质量不符合约定为由主张权利的,不予支持。项目工程第一标段、第二标段均是向 B 公司移交并正式投入使用后方才完成竣工验收。B 公司所提出的质量问题均发生在 B 公司正式投入使用后工程竣工验收前。因此,仲裁庭对于 B 公司关于质量问题的反请求,不应予以支持。

退一步讲,即使需要 A 公司承担因质量问题引发的责任,项目工程除主体结构以外,包括防水工程在内的法定保修期均已届满。《建设工程施工合同司法解释(一)》第 14 条规定:“当事人对建设工程实际竣工日期有争议的,按照以下情形分别处理:……(三)建设工程未经竣工验收,发包人擅自使用的,以转移占有建设工程之日为竣工日期。”《建设工程质量管理条例》第 40 条规定:“在正常使用条件下,建设工程的最低保修期限为:(一)基础设施工程、房屋建筑的地基基础工程和主体结构工程,为设计文件规定的该工程的合理使用年限;(二)屋面防水工程、有防水要求的卫生间、房间和外墙面的防渗漏,为 5 年;(三)供热与供冷系统,为 2 个采暖期、供冷期;(四)电气管线、给排水管道、设备安装和装修工程,为 2 年。”本案项目工程竣工日期应当认定为 2011 年 9 月 1 日,保修期限自 2011 年 9 月 1 日起计算,据本案审理时已逾 5 年,工程除主体结构外的法定保修期均已届满。

第三,B 公司未提交证据证明对其所主张的项目工程质量问题进行维修的费用情况。根据“谁主张,谁举证”的原则,B 公司应当承担举证不能的不利后果。

第四,项目工程除主体结构外已超过法定保修期,在此情况下 B 公司要求延长保修时间,没有合同和法律依据。

最终,仲裁庭采纳 A 公司的反请求答辩意见。

[法案研判]

本案取胜的关键在于本团队律师对BT项目与BT合同属性的熟练掌握与运用。“BT”作为一种区别于传统工程建设管理模式的新型模式,一定程度上帮助建设单位解决了因资金紧张而无法顺利实施工程项目的难题。但BT模式先建设后回购的特点同时亦会导致建设单位债务压力在后期集中陡增,则建设单位的违约可能性会随之大幅增加。下文旨在从BT项目建设模式相关法律法规规定出发,探寻BT项目建设模式热点法律问题,同时分析最高人民法院及地方高级人民法院在认定BT合同效力等问题时的裁判逻辑,以期帮助BT合同当事人明晰BT模式要点问题,更好地维护己方合法权益。

一、关于“BT项目建设模式”的相关法律法规

目前,关于“BT项目建设模式”现行有效的相关法律法规主要包括:

1.《政府采购法》第2条第2款规定:“本法所称政府采购,是指各级国家机关、事业单位和团体组织,使用财政性资金采购依法制定的集中采购目录以内的或者采购限额标准以上的货物、工程和服务的行为。”

2.《政府采购法》第6条规定:“政府采购应当严格按照批准的预算执行。”

3.《关于培育发展工程总承包和工程项目管理企业的指导意见》[①]第4条规定:“……(七)提倡具备条件的建设项目,采用工程总承包、工程项目管理方式组织建设。鼓励有投融资能力的工程总承包企业,对具备条件的工程项目,根据业主的要求,按照建设—转让(BT)、建设—经营—转让(BOT)、建设—拥有—经营(BOO)、建设—拥有—经营—转让(BOOT)等方式组织实施。”

4.《关于严禁政府投资项目使用带资承包方式进行建设的通知》[②]第1条规定:“政府投资项目一律不得以建筑业企业带资承包的方式进行建设,不得将建筑业企业带资承包作为招投标条件……采用BOT、BOOT、BOO方式建设的政府投资项目可不适用本通知。”

5.《招标投标法》第3条规定:“在中华人民共和国境内进行下列工程建设项目包括项目的勘察、设计、施工、监理以及与工程建设有关的重要设备、材料等的采购,必须进行招标:(一)大型基础设施、公用事业等关系社会公共利益、公众安全的项目;(二)全部或者部分使用国有资金投资或者国家融资的项目;(三)使用国际组织或者外国政府贷款、援助资金的项目。前款所列项目的具体范围和规模标准,由国务

① 原建设部于2003年2月13日颁布。

② 原建设部、国家发展和改革委员会、财政部、中国人民银行于2006年1月4日颁布。

院发展计划部门会同国务院有关部门制订,报国务院批准。法律或者国务院对必须进行招标的其他项目的范围有规定的,依照其规定。”

6.《国务院关于投资体制改革的决定》①第 2 条规定:“……(五)鼓励社会投资。放宽社会资本的投资领域,允许社会资本进入法律法规未禁入的基础设施、公用事业及其他行业和领域。逐步理顺公共产品价格,通过注入资本金、贷款贴息、税收优惠等措施,鼓励和引导社会资本以独资、合资、合作、联营、项目融资等方式,参与经营性的公益事业、基础设施项目建设。对于涉及国家垄断资源开发利用、需要统一规划布局的项目,政府在确定建设规划后,可向社会公开招标选定项目业主。鼓励和支持有条件的各种所有制企业进行境外投资。”

7.《关于进一步做好政府和社会资本合作项目示范工作的通知》②第 2 条规定:“……(六)确保上报备选示范项目具备相应基本条件。项目要纳入城市总体规划和各类专项规划,新建项目应已按规定程序做好立项、可行性论证等项目前期工作。项目所在行业已印发开展 PPP 模式相关规定的,要同时满足相关规定。政府和社会资本合作期限原则上不低于 10 年。对采用建设—移交(BT)方式的项目,通过保底承诺、回购安排等方式进行变相融资的项目,财政部将不予受理。”

二、关于“BT 项目建设模式”的相关理论观点

(一)我国“BT 项目建设模式”兴起的背景

“BT 项目建设模式”是基础设施项目建设领域中采用的一种投资建设模式,系指根据项目发起人与项目投资人签订的合同,由项目投资人负责项目的融资、建设,并在规定时限内将通过竣工验收合格的项目移交项目发起人,项目发起人根据事先签订的回购协议分期向项目投资人支付项目总投资及确定的回报。

“BT 项目建设模式”自 20 世纪 80 年代开始在发达国家盛行,广泛应用于交通、能源、电信等社会基础设施领域。随着我国经济体制改革进一步深化,国家逐步减少对基础设施领域国有资金的投入,我国 BT 项目建设模式曾在一段时期内大规模地兴起,旨在解决社会公用事业和基础设施项目的资金来源,实现投资主体多元化,提高社会基础设施建设和运行效率。

(二)“BT 项目建设模式”涉及的主体及法律关系

1.“BT 项目建设模式”涉及的主体

“BT 项目建设模式”涉及主体主要分为以下几类:(1)BT 项目发起人,通常是指

---

① 国务院于 2004 年 7 月 16 日颁布。

② 财政部于 2015 年 6 月 25 日颁布。

BT 项目的业主。在实践中,其系与 BT 项目投资人签订 BT 项目投融资建设合同,按照合同的约定对建设项目进行回购的主体。另外,BT 项目发起人自始即为 BT 项目的所有权人。目前 BT 项目发起人通常有 4 种类型,分别为地方各级人民政府、地方各级人民政府派出机构、地方各级人民政府职能部门、政府投资公司。(2)BT 项目投资人,通常是指与 BT 项目发起人签订 BT 项目投融资建设合同,按照合同的约定成立 BT 项目公司,负责协助 BT 项目公司进行投融资、组织工程建设及管理,在工程竣工验收合格后将工程移交给 BT 项目发起人、有权收取投资成本及利息的主体。(3)BT 项目公司,通常是指项目投资人为了完成 BT 项目的投资、融资以及组织建设管理的职能,根据 BT 项目所在地政府规范性文件或政策文件等要求以及合同约定设立的项目公司。(4)在项目投融资过程中,涉及的证券公司、银行、保险公司等。(5)在项目工程建设过程中,涉及的施工单位、勘察设计单位、监理单位、原材料供应商等。

2. “BT 项目建设模式”涉及的法律关系

“BT 项目建设模式”涉及的法律关系分析如图 4 所示:

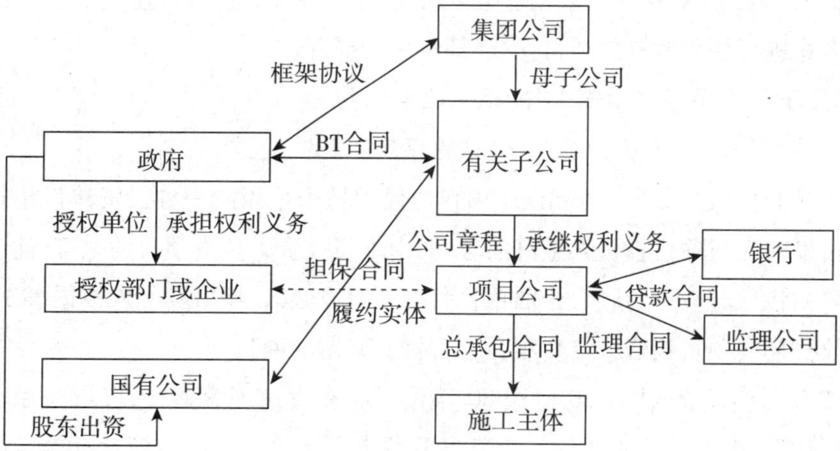

图 4　BT 项目法律关系分析图

(三)“BT 项目建设模式”与“PPP 模式”区别

20 世纪 90 年代后,PPP 模式(Public - Private - Partnership,即“公共部门—私人企业—合作”的模式)作为一种崭新的融资模式,在西方特别是欧洲国家流行起来。PPP 模式在公共基础设施领域,尤其是在大型、一次性的项目,如公路、铁路、地铁等的建设中扮演着重要角色。

PPP 模式,是指政府和私人部门合作共同组成项目公司,引入社会资本进行包括基础设施在内的项目建设,进而共同运行项目的全过程。PPP 模式由于其利益共享、风险共担的优势特征，曾备受政府部门及社会资本方的青睐和推崇。尽管从表面上看都是民间的资本融入基础设施的建设，但是二者的差别还是相当明显的，本文运用比较法对 BT 模式与 PPP 模式的区别进行梳理(见表 13)：

表 13 BT 模式与 PPP 模式的区别

	BT 模式	PPP 模式
参与主体	政府或政府的下属公司拥有项目的所有权，而投资人仅仅拥有由政府转让的项目融资和建设特许权，投资人需要承担项目建设过程中的风险	政府及社会资本方共同组建项目公司，共同拥有项目的所有权/使用权，共同承担风险
职责分配	政府或其下属公司主要负责项目前期的准备工作，包括项目立项、项目建议书、可行性研究、筹划报批等；对项目总承包的招标；对项目全过程的监督指导、偿还投资人的融资及建设费用。而投资人在中标后，负责成立项目公司，由项目公司负责项目的投融资及建设管理。项目建设完成后移交政府	社会资本方负责筹资、建设及经营，政府通常会出具财政承受能力论证批复并将付款义务纳入中长期财政规划，提供相关批复等文件，社会资本方据此向金融机构提供相关文件，从而获得金融机构提供的贷款
项目属性	以建设工程为主，如保障性住房、公路、铁路等	不局限于建设工程领域，涉及水利设施、市政设施、交通设施、公共服务、资源环境等领域
融资	投资人作为融资主体，融资难度较大，且融资的本质为社会投资人为施工企业垫资开展建设工程承包工作	以项目为主体进行融资，同时政府还会提供扶持，融资相对而言更为容易
风险	因政府对项目建设过程的监督指导通常较弱，项目的进一步分包会比较严重，政府对项目的风险很难做到及时监控并采取措施，而且项目的质量也得不到保证	由政府和社会资本方合理对风险进行分担，根据自身优势与能力不同，承担一部分自己能够更好管理与控制的风险，据此使项目的成本最小化、效率最大化
付费模式	投资人不参与项目经营，政府向其付费不以未来的绩效为考量，投资人提升项目质量绩效的动力较小	以绩效为导向，按照绩效标准付费，社会资本方有动力提升绩效，但是在目前的实践当中，一般存在政府付费、使用者付费以及可行性缺口补助三种模式

(四)“BT 项目建设模式”与“垫资工程总承包模式”区别

鉴于我国迄今为止仍未有专门针对 BT 模式的法律文件出台，BT 与垫资工程总承包在界限上比较模糊，尤其在一些大型基础设施建设项目中，虽然名义上采取 BT 模式进行建设，但实际上属于垫资工程总承包方式。探究其根源，二者区别见表 14：

表 14 BT 模式与垫资工程总承包模式的区别

	BT 模式	垫资工程总承包模式
性质	本质上是一种投融资模式	本质上属于工程服务范畴
适用范围	常见于基础设施、公共事业领域	适用于各类建设工程项目

续表

	BT 模式	垫资工程总承包模式
控制权	作为投资人的建筑企业拥有建设单位的身份或实际地位,在特许期内对 BT 项目依法实际享有建设单位的权利和承担建设单位的义务	尽管在表现形式上具有一定的投资属性(如较高的垫资利息回报),但建筑企业对垫资项目不享有所有权
工程验收移交	特许期内项目所有权或控制权归属投资人,工程竣工后将按 BT 合同约定的转让程序(Build-Transfer),将项目的所有权转移至发起人名下	按建设工程施工合同约定的工程移交程序将已建成工程交由发包人即建设单位保管
主要权利义务	发起人将项目的投资建设权授予投资人,支付包括投资支出、合理利润在内的项目价款、及时接受经竣工验收的工程项目。投资人的主要权利是按约定条件获得项目价款,主要义务是按条件对项目投资,组织建设,在竣工后依约移交给发起人或发起人指定第三方	发包人的主要权利是获得承包人按约定建设完成的项目工程成果;主要义务则是向承包人支付报酬与及时接受工程成果交付。承包人的主要权利是获得报酬,主要义务是按约定完成项目建设工作并交付工作成果
风险	投资人及项目公司承担项目建设期间的风险,主要包括融资、投资、质量、进度控制风险等	发包人作为业主对建设工程享有所有权,不仅要承担建设期间的风险,还要承担建设工程竣工后的销售和运营风险;承包人主要面临垫资得不到偿付的风险

三、关于"BT 项目建设模式"的相关裁判观点

建筑市场竞争日趋激烈,工程周期长,企业回款难是建筑企业面临的现实问题。BT 项目的横空出世,政府信用自带的保障力度无疑给建筑企业打了一剂强心针,因此很多实力强劲的建筑企业积极投身 BT 项目。然而在实践中,个别政府片面追求政绩,过度透支信用,盲目开展工程建设,最终未能按照 BT 项目合同的约定向投资人支付回购款项,从而引发大量 BT 项目合同纠纷。下文将通过对本团队律师所查询相关案例裁判观点的总结,分析 BT 合同效力以及相关主体连带责任承担问题。

(一)关于合同效力

1. 项目发起人以"经营性用地的土地使用权"折抵回购款,BT 项目合同被认定为无效

BT 项目合同中约定,一旦政府不能按照合同约定进行回购,将以某块土地使用权折抵回购款。通常而言,合同中对采用土地使用权折抵回购款的方式存在两种表述:其一,将某宗土地的使用权协议作价;其二,在现行的招拍挂制度下,确保投资人能够成功获得该地块的土地使用权。

根据我国现行有效的法律规定,供应工业、商业、旅游、娱乐和商品住宅等各类经营性用地以外用途的土地,如科技、教育、文化、卫生等非经营性用地,其用地计划公布后同一宗地只有一个意向用地者的,可以采取协议方式。若是工业、商业、旅游、娱乐

和商品住宅等各类经营性用地以及同一土地上有两个以上意向用地者的，应当采取招标、拍卖等公开竞价的方式出让。否则，仅以一纸协议约定投资人可以取得经营性用地的土地使用权，该约定极有可能因违反法律强制性规定而被认定为无效。

例如，在绍兴市上虞志华商贸有限公司（以下简称志华公司）与胶州市胶东街道办事处（以下简称胶东办事处）、胶州市人民政府（以下简称胶州市政府）合同纠纷一案[①]中，最高人民法院认为，关于《开发协议书》中对500亩土地的相关约定是否有效。《物权法》第137条第2款规定："工业、商业、旅游、娱乐和商品住宅等经营性用地以及同一土地有两个以上意向用地者的，应当采取招标、拍卖等公开竞价的方式出让。严格限制以划拨方式设立建设用地使用权。采取划拨方式的，应当遵守法律、行政法规关于土地用途的规定。"本案双方通过《开发协议书》对投资开发渔乐湖生态园项目进行约定，系真实意思表示。但其中所涉500亩土地系国有规划建设用地，依法应以招标、拍卖等公开竞价的方式出让。胶东办事处和志华公司在依法进行公开挂牌程序之前，即在《开发协议书》中约定将500亩土地挂牌出让给志华公司，并约定了每亩25万元的出让价格以及超出约定价格部分的分配比例，有违公开竞价的规定，且损害了国家利益和社会公共利益。根据《合同法》第52条之规定，应当认定《开发协议书》中关于挂牌出让500亩土地的价格、超出约定价格收益分配及相应违约责任的约定无效，志华公司关于逾期挂牌违约金的上诉请求，不予支持。志华公司关于一审忽略了案涉工程项目是BT建设模式，以及约定的每亩25万元不是透露底价、没有让志华公司取得明显优势等上诉理由，无事实和法律依据，不予采信。志华公司在前期虽有租房等少量资金投入，但并未实际进行工程建设，根据《合同法》第58条的规定，"合同无效或者被撤销后，因该合同取得的财产，应当予以返还；不能返还或者没有必要返还的，应当折价补偿。有过错的一方应当赔偿对方因此所受到的损失，双方都有过错的，应当各自承担相应的责任"。胶东办事处和志华公司未经法定程序对国有土地使用权挂牌出让进行约定，对于案涉500亩土地相关约定的无效均有过错，对其因自身履行约定而发生的损失，亦应自行承担。

再如，在湖南业达建设有限公司（以下简称业达公司）与浏阳市官渡镇人民政府（以下简称官渡镇政府）、湖南紫都城镇建设开发有限公司（以下简称紫都公司）建设工程施工合同纠纷一案[②]中，湖南省高级人民法院认为：关于《道路工程（官渡大道一标）施工承包合同付款补充协议》中以地抵款条款是否有效的问题。紫都公司认为双

① 详见（2017）最高法民终131号民事判决书。

② 详见（2017）湘民终107号民事判决书。

方已约定以地抵款条款有效且已部分履行，应从工程款中抵扣该土地价款，业达公司认为紫都公司名下一直无该地块，紫都公司一直未取得该地块的国有土地使用权，双方约定的转让该国有土地使用权的合同条款无效。一审法院认为，紫都公司与业达公司以地抵款的条款其实质为转让国有土地使用权。一方面，根据《最高人民法院关于审理涉及国有土地使用权合同纠纷案件适用法律问题的解释》第9条的规定：转让方未取得出让土地使用权证书与受让方订立合同转让土地使用权，起诉前转让方已经取得出让土地使用权证书或者有批准权的人民政府同意转让的，应当认定合同有效。紫都公司在与业达公司指定人员签订《国有建设用地使用权转让合同》时并未取得土地使用权证书，至起诉前亦未取得，且官渡镇政府并不具有土地出让的批准权。另一方面，紫都公司在与业达公司指定人员签订《国有建设用地使用权转让合同》后，又以紫都公司与业达公司指定人员的名义参与国有建设用地使用权出让的摘牌，有损国家利益。本院认为，以地抵款的约定虽已部分履行，但紫都公司一直未取得该地块的土地使用权证，双方约定将该国有土地使用权用联合摘牌的形式转让到业达公司指定人员名下，损害了国家利益，该损害国家利益的约定应认定为无效，该无效约定对双方没有法律约束力，无效条款不因已部分或实际履行而有效。另外，官渡镇政府主张其有效利用非政府资金来进行非经营性基础设施建设并未损害国家利益，但有效利用非政府资金并不能否定以地抵款条款损害了国家利益的事实。因此，一审法院认定紫都公司与业达公司签订的以地抵款条款无效并无不当。

2. 项目发起人以“土地使用权出让金”作为回购担保，BT项目合同被认定为无效

部分BT项目合同中约定，如政府不能按约回购，将以某宗土地的土地使用权出让金作为回购担保。

根据我国现行有效的法律规定，国有土地使用权出让收入是政府以出让等方式配置国有土地使用权取得的全部土地价款，包括受让人支付的征地和拆迁补偿费用、土地前期开发费用和土地出让收益等。国有土地使用权出让收入由财政部门负责征收管理，可由国土资源管理部门负责具体征收。国土资源管理部门和财政部门应当督促土地使用者严格履行土地出让合同，确保将应缴的土地出让收入及时足额缴入地方国库。

土地使用权出让金的支出，既受制于当地政府的财政预算，又要遵循“收支两条线”原则，履行严格的列支审批程序，另外财政部门、国土资源管理部门、人民银行机构以及审计机关开展定期和不定期的监督管理，因此，BT项目合同中约定将某宗土地的土地使用权出让金作为回购担保的，不但极有可能因违反法律强制性约定从而被认定为无效，而且在实践中难以操作。

例如，在重庆银海房地产开发（集团）有限公司（以下简称银海公司）与重庆市龙洲湾资产经营管理有限公司（以下简称龙洲湾公司）、重庆市渝兴建设投资有限公司（以下简称渝兴公司）建设工程施工合同纠纷一案①中，重庆市高级人民法院认为：各方在会议纪要中明确约定"银海公司在参与上述国有建设用地使用权竞拍时，若竞得价高于上述地价，由银海公司按实际竞拍价摘牌，并支付全额价金，摘牌后，溢价金的区级实得部分全额返还给银海公司。银海公司无论在任何情况下必须参与竞拍并摘牌"，即银海公司参与竞拍并摘牌系其取得溢价金返还的前提。事实上，银海公司并未参与案涉土地的竞拍，因此应视为其放弃了案涉土地溢价款分配的权利；各方在《施工合同补充条款》及《补充协议一》等协议中关于案涉土地溢价金的约定无效并且已经被废止。依据《城市房地产管理法》第 18 条"土地使用权出让金应当全部上缴财政，列入预算，用于城市基础设施建设和土地开发"的规定，本案各方案涉相关协议中对应当上缴财政并限定用途的土地出让款项在各方之间进行分配，既违反了上述法律的强制性规定，又损害了国家利益，该部分约定内容当属无效。同时，各方在上述会议纪要中确定了"渝兴公司或龙洲湾公司与兴隆公司及银海公司之前签订的一切合同及补充协议自行失效，三方不再执行原合同（或协议），均以本纪要为准"。因此，各方关于土地溢价款项的约定无效且已通过会议纪要的约定被废止，银海公司据此主张土地溢价分成款项缺乏相应依据，本院不予支持。

3. BT 项目合同违反《招标投标法》等强制性规定被认定为无效

例如，在重庆市渝万建设集团有限公司（以下简称渝万公司）与都匀经济开发区管理委员会（以下简称都匀经开区管委会）建设工程施工合同纠纷一案②中，最高人民法院认为：根据《合同法》第 269 条"建设工程合同是承包人进行工程建设，发包人支付价款的合同。建设工程合同包括工程勘察、设计、施工合同"之规定，《向山要地 BT 合同》有关"甲方作为本工程项目的回购主体，在乙方按照合同约定投资建设和移交本工程项目后，甲方按照本合同回购乙方投资建设的内容"，以及《向山要地补充协议》中关于乙方（渝万公司）义务的约定均为渝万公司对案涉土地进行平整施工，都匀经开区管委会支付对价的内容，符合上述法律规定对建设工程施工合同的界定，双方之间通过缔结合同形成了建设工程施工合同关系，故案涉合同的性质为建设工程施工合同。根据《招标投标法》第 3 条"在中华人民共和国境内进行下列工程建设项目包括项目的勘察、设计、施工、监理以及与工程建设有关的重要设备、材料等的采购，必须

---

① 详见（2017）渝民终 416 号民事判决书。

② 详见（2018）最高法民终 152 号民事判决书。

进行招标:……(二)全部或者部分使用国有资金投资或者国家融资的项目”之规定,案涉工程属于全部使用国有资金投资或者国家融资的项目,必须进行招标,本案已查明案涉工程未经过招标。故根据《建设工程施工合同司法解释(一)》第1条“建设工程施工合同具有下列情形之一的,应该根据合同法第五十二条第(五)项的规定,认定无效:……(三)建设工程必须进行招标而未招标或者中标无效的”之规定,案涉合同因违反法律的强制性规定而无效。

类似的判例还包括德阳弘扬建设发展有限公司与金沙县教育局建设工程施工合同纠纷案,[①]新疆金汇控股集团有限公司、山西临汾市政工程集团股份有限公司、新疆昌源水务集团阜源有限公司与新疆阜康产业园管理委员会建设工程施工合同纠纷案,[②]中冶天工集团有限公司与徐州市新城区国有资产经营有限责任公司建设工程合同纠纷案[③]等。

4. 尽管BT项目合同被认定为无效,项目竣工交付后发起人与投资人针对结算和回购签订的补充协议,可视为有效合同

例如,在中启胶建集团有限公司(以下简称胶建集团)与胶州市胶东街道办事处(以下简称胶东街道办)合资合作开发房地产合同纠纷一案[④]中,山东省高级人民法院认为:关于焦点一,合同效力问题。胶建集团与胶东街道办就胶东教育中心工程所签订的合作合同书虽系双方真实意思表示,但该建设项目既未报经有权机关审批立项,也未办理任何报建手续,更未进行公开招投标,违反了法律法规的强制性规定,属于无效合同。但胶建集团实际施工建设的中学部、小学部、体育场塑胶跑道砼基础和面层等4项工程均已竣工并投入使用,工程价款也进行了审计,双方在此基础上就已完成工程的资金结算和项目回购所签订的补充合同,是当事人之间达成的新的合意,独立于合作合同之外,属于债权债务清理的范畴,其效力不受合作合同效力的约束,相关结算条款应为合法有效。

(二)关于连带责任的承担

1. 不能仅凭政府出具的《承诺函》就将政府视为连带保证人

例如,在南京中山园林建设(集团)有限公司(以下简称中山园林公司)、唐山市丰南建设投资有限公司(以下简称丰南建投)、唐山市丰南区人民政府(以下简称丰南区

① 详见(2018)最高法民终69号民事判决书。
② 详见(2017)最高法民终135号民事判决书。
③ 详见(2015)民申字第139号民事判决书。
④ 详见(2017)鲁民终1617号民事判决书。

政府)与唐山市丰南区财政局(以下简称丰南区财政局)建设工程施工合同纠纷一案[①]中,最高人民法院认为,关于丰南区政府应否与丰南建投承担连带责任问题。丰南区政府并非《BT 建设合同》的签约主体。根据丰南区财政局出具的《承诺函》,案涉项目按照 BT 模式由丰南建投进行市场化运作,为保证回购资金安排及时到位,丰南区政府承诺从财政性资金中安排给丰南建投用于支付项目回购款。《承诺函》仅体现丰南区政府对案涉项目的支持,并不能认定丰南区政府自愿承担丰南建投的债务。《BT 建设合同》虽然约定,丰南建投应提供丰南区政府授权丰南区财政局回购的授权文件及不可撤回的回购函,回购函需明确工程回购的时间、估算金额、方式并纳入丰南区财政预算。但是,丰南区财政局出具的《承诺函》并未载明丰南区财政局或者丰南区政府承担回购义务。中山园林公司接受该《承诺函》并开始投资建设案涉项目,视为对《承诺函》内容的认可。即使回购款纳入政府预算,丰南建投付款经政府部门审批,仅表明丰南区政府同意丰南建投向中山园林公司支付回购款,不能因此认定丰南区政府对中山园林公司作出直接承担付款义务的意思表示。此外,《承诺函》出具后,中山园林公司就工程款的支付问题均与丰南建投协商并达成协议,并未向丰南区政府主张过付款。中山园林公司提起本案诉讼时仅将丰南建投列为被告,在增加诉讼请求时,才追加丰南区政府和丰南区财政局为被告。中山园林公司的上述行为表明其在本案诉讼前并未将丰南区政府视为直接债务人。《担保法》第 6 条规定,本法所称保证,是指保证人和债权人约定,当债务人不履行债务时,保证人按照约定履行债务或者承担责任的行为。根据《承诺函》,丰南区政府并未承诺在丰南建投不履行债务时,对中山园林公司承担偿还责任,丰南区政府并非连带保证人。

2. 不能仅凭借 BT 项目合同外第三人与投资人存在过多次账务往来,就作出第三人自愿承担连带责任的意思推定

例如,在重庆城市交通开发投资(集团)有限公司(以下简称城交公司)与丰都县人民政府(以下简称丰都县政府)、重庆市丰都县名山双桂山库岸综合整治工程有限公司(以下简称库岸公司)合同纠纷一案[②]中,最高人民法院认为,关于库岸公司是否应当对丰都县政府的债务承担连带责任的问题,城交公司在审理中明确,其请求库岸公司承担连带责任的依据是债的加入,即债务承担。本案中,《合作协议书》的签订主体是丰都县政府和城交公司,库岸公司并非合同主体。要认定库岸公司对丰都县政府的债务予以承担,应当有库岸公司明确的意思表示。尽管本案中,库岸公司与城交公

① 详见(2017)最高法民终 148 号民事判决书。

② 详见(2017)最高法民终 688 号民事判决书。

司有多次账务往来且有多次对账行为，但库岸公司并未作出债务承担的意思表示。城交公司举示的《企业询证函》《往来账对账函》也仅仅是库岸公司对丰都县政府所欠债务金额的确认，并不能推定库岸公司有对丰都县政府的债务承担偿还责任的意思表示。因此，城交公司关于库岸公司应当承担连带责任的诉讼请求，不予支持。

再如，在江西省亿隆建筑装饰工程有限公司（以下简称亿隆公司）与江西桑海投资开发有限公司（以下简称桑海公司）、南昌经济技术开发区管理委员会（以下简称南昌经开委）建设工程施工合同纠纷一案①中，最高人民法院认为，关于南昌经开委是否应当承担连带清偿责任的问题。桑海公司虽系桑海管委会投资设立的国有独资公司，但其作为独立的法人，应独立承担相应的民事责任。而桑海管委会在本案中基于行政职权对涉案工程进行审批、管理，而桑海管委会代为支付工程款是基于桑海公司的拨款申请，是对桑海公司的财政支持。因此，桑海管委会代为支付工程款的行为，并不能表明桑海管委会就是履行合同义务的主体。从本案合同看，桑海管委会只是作为见证人在亿隆公司与桑海公司签订的《投资建设合同一》上签字盖章，未在另一份投资建设合同上签字盖章，而上述合同并未为桑海管委会设定相应的权利、义务及民事责任，故该合同不能约束桑海管委会，且亿隆公司与桑海公司之间的往来函件，也可证明桑海管委会在合同履行过程中不承担合同约定的任何合同义务。根据《民法总则》第178条第3款“连带责任，由法律规定或者当事人约定”的规定，南昌经开委作为桑海管委会的承继者，其既不是合同主体，也不是合同参与人，在无法律规定及合同约定的情况下，其不应承担连带清偿责任，故亿隆公司要求南昌经开委承担连带清偿责任的诉讼请求不予支持。

［**案件复盘**］

在A公司的信任与配合下，本团队充分发挥在建设工程法律服务方面的专业优势和民事诉讼领域的丰富实务经验，最终取得“支持A公司仲裁请求”的裁决结果，至此，本团队律师圆满完成本案代理工作。

开展BT项目融资模式，是地方政府财政预算内资金及专项资金不能满足基础设施建设发展的迫切需求，所采取的一种“政府按揭”模式。政府回购资金来源是政府未来可支配的财政收入。为提前防范BT项目合同风险，维护当事人的合法权益，本团队律师针对BT合同签约主体作出如下法律提示：

---

① 详见（2018）最高法民终557号民事判决书。

一、BT 项目发起人的风险防范

1. 虽然本案《BT 合同》在本团队律师的努力下未被认定为无效，但实践中亦有部分法院将 BT 项目视同使用国有资金投资的工程建设项目，并据此将未履行招标程序的 BT 项目合同认定无效。故我们仍建议 BT 项目发起人在选择 BT 项目投资人时采用招标形式。如不经过招标程序直接确定 BT 项目投资人，便有可能会因违反《政府采购法》及《招标投标法》强制性规定导致合同无效。

2. BT 项目发起人应对 BT 项目工程招标程序及结果予以严格监管，且应拥有监督的权利，并在 BT 项目合同中对该项权利进行明确约定。例如，在 BT 项目合同中约定 BT 项目投资人事先需将 BT 项目工程招标文件报 BT 项目发起人同意后方可实施，BT 项目发起人收到招标文件后的一定期间内，有权对 BT 项目投资人提交的招标文件予以审查并提出具体的意见，对 BT 项目发起人提出的具体的意见，符合 BT 项目合同对项目的特殊要求内容的，项目公司必须修改。同时，还应当对项目公司对前述具体意见不予采纳、修改的后果进行约定。

3. 严格审查 BT 项目投资人的信誉、财务状况、经济实力和融资实力。避免日后在 BT 项目建设过程中出现“烂尾”情况。

4. 由于 BT 项目履约周期长，投资资金巨大，为确保 BT 合同的正常履行，BT 项目投资人融资时，可能会以项目资产作为担保财产。项目资产范围比较宽泛，既包括实体工程，也包括配套的附属设施等。如以项目资产作为担保财产融资，即使 BT 项目发起人按时足额偿还回购价款，但若 BT 项目投资人或项目公司违反融资贷款合同约定拖欠银行贷款，在此种情况下银行为维护己方权利会实现担保权，BT 项目发起人权益面临受损风险。因此，应限制 BT 项目投资人或项目公司以项目资产作为融资担保，尤其是在关系国计民生的保障房建设等项目中。

5. 防止投资人擅自将 BT 项目公司股权自由转让给第三人。投资人按照 BT 项目合同或招标文件的要求设立项目公司，由 BT 项目公司承继 BT 项目合同的权利和义务，在完成 BT 项目的投、融资及建设后移交给发起人。如果赋予投资人擅自将股权转让给第三人的权利，则相当于擅自将 BT 项目建设特许权转让给第三人。第三人能否具有足够的融资实力，能否将 BT 项目顺利建设完成，都是未知数，这无疑增加了发起人的风险。

二、BT 项目投资人的风险防范

投资人在履行 BT 项目合同的过程中，因经济形势、政府换届等变化，政府回购存在很大的不确定性，对投资人来说，相应存在极大的投资风险。因此投资人既要勇于挑战，也要采取有效的风险防范措施。

1. 审查 BT 项目发起人是否符合法律法规规定的主体条件。BT 项目投资人在拟实施 BT 项目前,应注意结合 BT 项目内容审查项目发起人主体资格是否符合法律法规规定,避免 BT 合同因主体不适格而被认定无效。

2. 敦促 BT 项目发起人及时办理项目审批手续。避免项目建设缺乏合法性,导致日后无法应对上级监督管理部门的检查,无法通过审计部门关于合法性、合规性的审查,甚至无法保障投资权益。

3. 确保 BT 项目发起人承诺的优惠政策或条件能够兑现。政府为规避建设资金困扰,用减免税费、提高造价等优惠条件吸引投资,BT 项目投资人应当从政策与法律两个层面考量 BT 项目发起人承诺的优惠政策或条件能否兑现。否则,极有可能因优惠政策或条件涉及违规或与公共利益相悖,致使 BT 项目投资人的权益受损。

4. 避免 BT 项目发起人以土地出让金作为项目工程回购款进行担保。根据《国有土地使用权出让收支管理办法》第 4 条规定,土地出让收支全额纳入地方政府基金预算管理。收入全部缴入地方国库,支出一律通过地方政府基金预算从土地出让收入中予以安排。因此,BT 项目发起人无权就未来土地出让收入提前进行安排。该担保既违反法律法规的相关规定,BT 项目投资人对此也难以进行掌控。

5. 确保政府采取合法的回购担保形式。不动产抵押担保、第三方信用担保、股权质押担保、设施设备抵押担保、应收账款等债权质押担保等都是常见的回购担保形式。但《担保法》第 8 条规定:“国家机关不得为保证人,但经国务院批准为使用外国政府或者国际经济组织贷款进行转贷的除外。”《预算法》第 35 条第 4 款规定:“除法律另有规定外,地方政府及其所属部门不得为任何单位和个人的债务以任何方式提供担保。”故对于投资人而言,应该积极探索诸如由政府投资或授权的公司提供担保等符合法律法规规定的担保形式,避免出现因政府违反法律规定提供担保而导致担保合同无效的情形。

6. 确保提升自身融资能力。避免项目建设过程中出现周转困难,无法保证项目的顺利开工建设,将自身处于违约的不利地位,面临重大经济损失。

7. 避免名为 BT 项目合同,实为借贷、垫资。在这种情形下,政府与企业合作的模式实际是伪 BT 与拆借资金的组合,超出银行同期贷款利率的回报存在得不到法律保护的风险。

35

深谙EPC核心要义，精准达到客户预期

［**案件摘要**］

本案系A公司（发包方）与B公司（承包方）之间因光伏电站项目EPC合同引发纠纷的一起仲裁案件。A公司与B公司签署《EPC总承包合同》后，由于A公司原因导致合同无法继续履行，后双方签署《补充协议》，对A公司应当支付的合同价款金额及期限进行明确，并补充约定由保证人承担连带责任。但A公司后续并未按照《补充协议》约定支付款项，保证人亦未履行保证义务。遂B公司向某仲裁委申请仲裁，本团队律师接受B公司委托代理本案。2018年12月11日，某仲裁委作出《裁决书》，作出了有利于B公司的裁决，支持了B公司的大部分仲裁请求。B公司非常认可本团队律师代理结果。

［**案情回放**］

2016年8月，B公司与A公司签署《EPC总承包合同》，合同约定由B公司作为EPC总承包方负责承建某地90MWp光伏电站项目（以下简称涉案工程），涉案工程总承包价款为62,050万元。

经B公司对光伏电站的建设，涉案工程于2017年8月实现并网发电量约50兆瓦。但涉案工程因A公司指定的分包单位C公司迟延供货、A公司未按约定取得光伏电站项目的补贴指标、A公司资金匮乏未按时向B公司支付工程价款等原因，自2017年下半年项目施工已基本停滞，A公司及其指定的各分包单位（包括指定供货安装分包单位C公司及指定工程分包单位D公司）用实际行动表明不再履行合同，B公司就此认为《EPC总承包合同》已无法继续履行。

2018年2月8日，B公司、A公司、A公司实际控制人签署《补充协议》，各方于《补充协议》中确认，截至2018年2月8日，B公司为涉案工程投入工程价款35,089万元，A公司应于《补充协议》约定的期限内将该等价款汇入B公司账户，A公司实际

控制人对此价款支付义务承担连带责任。A 公司至今未履行义务,遂 B 公司于 2018 年 5 月 3 日向某仲裁委提出仲裁申请,请求裁决解除《EPC 总承包合同》,A 公司向 B 公司支付工程价款、逾期付款违约金及资金占用费、律师费等共计 45,075 万元。

本团队律师凭借专业的工作能力以及尽职尽责的工作态度,通过整理出完整的证据链,以逻辑严谨的说理使某仲裁委于 2018 年 12 月 11 日作出有利于 B 公司的裁决,支持了 B 公司大部分的仲裁请求,为 B 公司及时挽回了损失。

［**战略战术**］

本团队律师通过多年解决建设工程纠纷案件的经验,总结了体系化的工作流程。本案中,在 B 公司工作人员的大力配合下,本团队律师勤勉尽责地为 B 公司设计最优的解决方案。

一、现场踏勘,第一时间全面了解项目进展情况

本团队律师在接受 B 公司委托的第一时间就与 B 公司工作人员前往项目现场进行踏勘。光伏电站项目一般位于偏远地区的山坡处,在项目现场已经完全由 A 公司掌控的情况下,为避免提前惊动 A 公司,本团队律师与 B 公司工作人员在最短的时间内采集现场信息,并拍摄照片、录取影像。现场踏勘结束后立刻整理照片并附上踏勘中从 B 公司工作人员介绍的现场情况的文字说明,制作现场踏勘记录发送给客户。该现场踏勘记录为后续的仲裁方案设计提供了重要的工程进展情况基础信息。

二、全面整理项目资料,组织严密的证据链

在 B 公司准备向某仲裁委提起仲裁申请时,A 公司向 B 公司多次致函提出解除《EPC 总承包合同》。本团队律师在收到 B 公司工作人员转发的解除函后,便第一时间着手起草回函,并在回函中提出涉案工程系 A 公司违约在先,其不应享有合同解除权;相反地,正是 A 公司未按照合同约定取得光伏电站项目的补贴指标,也未按时向 B 公司支付工程款才导致合同目的无法实现,享有合同解除权的应是 B 公司。与此同时,B 公司在本团队律师的建议下,向 A 公司发送了《催款函》,催告 A 公司履行支付工程款的义务。

由于当时涉案工程已经全面停滞,项目现场以及相关的工程资料均由 A 公司掌控。本团队律师为尽可能收集更多的案件材料,在第一时间前往 B 公司驻场。通过制作材料清单发送给 B 公司,尽可能收集了 A 公司与 B 公司的全部往来函件、相关项目合同、工程物资资料等。并且在收到 A 公司解除函之前与 A 公司沟通取得了相关项目审批资料,为后期组织证据链打下坚实基础。本团队律师在短时间内从大量的项目资料中梳理出严密的证据链,并以此制作证据清单,为本案最终取得骄人成绩起到至关重要的作用。

三、进行法律研究，寻找案件突破口

本案案情本不复杂，但由于 B 公司与 A 公司签订合同前没有专业人员对合同条款进行把关，导致合同质量不高，极大增加了案件办理难度。本团队律师遂进行了大量的法律研究工作，以期寻找对 B 公司最为有利的合同解释方式。

本团队律师在本案中主要对以下几个问题进行了法律研究：

（一）担保合同能否直接适用主合同仲裁条款约定

本案中，B 公司与 A 公司实际控制人签订了担保合同，但担保合同中约定由合同签署地有管辖权的法院进行管辖。其主合同《EPC 总承包合同》中约定在以仲裁的方式处理合同争议并约定了某仲裁委为仲裁机构。B 公司欲在处理《EPC 总承包合同》的同时一并处理担保合同，因此咨询本团队律师。本团队律师通过查询相关法律法规规定及相关司法判例，结合本案案情，为 B 公司设计了最优解决方案。即在向某仲裁委提出仲裁申请的同时，向担保合同约定的合同签署地有管辖权的法院提起诉讼，且一并提出财产保全与中止诉讼的申请。

（二）民营企业的光伏电站项目是否必须经过招投标程序

本案案涉工程为 2016 年建设的光伏电站建设项目，本团队律师在经过查阅大量司法判例后，发现最高人民法院对于民营企业的光伏电站项目是否必须经过招投标程序存在不同观点。尽管大多数最高人民法院的判决认为光伏电站项目应当属于必须经过招投标程序的工程范围，但仍有部分判决认为民营企业的光伏电站项目的建设施工合同不因未经过招投标程序而无效。本团队律师为此制作案例分析报告，并且提前拟好对方提出合同无效时，我方依然能够享有以备 A 公司在仲裁过程中提出《EPC 总承包合同》未经招投标程序无效时，B 公司能够迅速有力回击。同时，本团队律师也做好两手准备，在出现《EPC 总承包合同》被仲裁庭认定无效的情况下，本团队律师仍然会提出合同无效不影响 B 公司享有建设工程价款优先受偿权等主张，以期最大程度保障 B 公司的合法权益。

四、庭前做好充分准备，进行模拟法庭演练，在庭审过程中随机应变

本团队律师在庭前充分地考虑到案件中可能存在的风险点，除为 B 公司出具相关法律意见书外，还组织了模拟法庭演练，团队律师分为两组分别模拟仲裁庭审过程，预测庭审中可能出现的各种状况以及对方可能提出的相关抗辩。同时本团队律师还准备了两套代理词，以便在庭审中随机应变。果然，在庭审中，A 公司便提出《EPC 总承包合同》未经过招投标程序属于无效合同。本团队律师提交了案例检索报告，提出现有最高人民法院判例关于民营企业伏电站项目是否必须经过招投标程序有争议，存在最高人民法院判决未支持当事人提出的民营企业光伏电站项目建设工程施工合同不因未经招投标程序而无效的主张。同时,本团队律师也做好仲裁庭可能会支持合同无效的观点,从而不支持我方违约金请求的准备。但我方仍然坚持即便合同无效,A公司仍然要赔偿我方的资金投入损失,并且B公司有权享受工程价款优先受偿权。

综上所述,本团队律师在庭前设计完备的仲裁方案,为案件审理进行充分准备,并根据庭审情况对事先制定的方案加以灵活运用,促使仲裁庭基本认可我方代理观点,作出令B公司极其满意的仲裁裁决。

[**法案研判**]

准确把握案件争议焦点是决定案件能否获胜的关键一环。如前所述,本案涉及仲裁程序与诉讼程序,最核心的争议焦点为:担保合同能否直接适用主合同仲裁条款约定问题、民营企业的光伏电站项目是否必须经过招投标程序问题。下文将围绕本案争议焦点,结合相关法律法规与裁判案例,重点分析裁判机构在认定该等问题时的裁判倾向性意见。

一、主合同与担保合同对争议解决方式约定不同时,担保合同的争议解决方式如何确定

(一)相关法律法规

目前,关于该等问题现行有效的相关法律法规主要包括:

《最高人民法院关于适用〈中华人民共和国担保法〉若干问题的解释》(以下简称《担保法司法解释》)第129条规定:"主合同和担保合同发生纠纷提起诉讼的,应当根据主合同确定案件管辖。担保人承担连带责任的担保合同发生纠纷,债权人向担保人主张权利的,应当由担保人住所地的法院管辖。主合同和担保合同选择管辖的法院不一致的,应当根据主合同确定案件管辖。"

(二)相关裁判观点

关于主合同与担保合同对争议解决方式约定不同时,担保合同的争议解决方式如何确定问题,除前述规定外无其他明确的法律法规规定。因此本团队律师就该问题检索了最高人民法院相关裁判案例及请示复函。

例如,在惠州纬通房产有限公司与惠州市人民政府担保物权纠纷一案①中,最高人民法院认为,当事人双方只在主合同中约定仲裁条款,并未在从合同中约定仲裁条款,且一方当事人已向有管辖权法院起诉。因此,从合同的纠纷并不适用主合同的仲

① 详见(2001)民二终字第177号民事裁定书。

裁条款。

再如,在《最高人民法院关于玉林市中级人民法院报请对东迅投资有限公司涉外仲裁一案不予执行的请示的复函》①中,最高人民法院认为,从本案有关事实看,合作合同中明确约定合作双方为广西玉林市恒通有限公司(以下简称恒通公司)和东迅投资有限公司(以下简称东迅公司)。广西壮族自治区玉林市人民政府(以下简称玉林市政府)作为恒通公司的主管部门,路劲基建有限公司(以下简称路劲公司)作为东迅公司的主管部门,尽管亦在该合作合同上签署,但是合作合同第二章明确约定合作公司的合作双方为恒通公司和东迅公司。因此,玉林市政府和路劲公司均不是合作合同的当事人,合作合同中的仲裁条款不能约束玉林市政府。玉林市政府提供的担保函中没有约定仲裁条款,玉林市政府与东迅公司之间亦未就他们之间的担保纠纷的解决达成仲裁协议。仲裁庭依据合作合同中的仲裁条款受理本案,就涉及玉林市政府的担保纠纷而言,仲裁裁决已经超出了仲裁协议的范围。

又如,在《最高人民法院关于成都优邦文具有限公司、王国建申请撤销深圳仲裁委员会(2011)深仲裁字第 601 号仲裁裁决一案的请示的复函》②中,最高人民法院认为,本案系当事人申请撤销我国仲裁机构作出的涉港仲裁裁决案件。案涉担保合同没有约定仲裁条款,仲裁庭关于主合同有仲裁条款,担保合同作为从合同应当受到主合同中仲裁条款约束的意见缺乏法律依据。仲裁庭对没有约定仲裁条款的担保合同进行审理并作出裁决,担保人王国建申请撤销该仲裁裁决中涉及其作为担保人部分的裁项的理由成立。鉴于王国建与祈祥、陈建军系共同保证人,三者具有共同的法律地位,且关于该三人责任的裁决共同表述在裁决书第(四)项中,人民法院宜将该裁项作为一项不可分的裁决予以撤销。

目前现行法律没有规定在担保合同未明确约定仲裁条款的情形下主合同的仲裁条款是否适用于担保合同,但根据前述判例及复函可以看出目前我国司法实践持主合同的仲裁条款不及于担保合同的态度。

但从实务角度来看,如果过于严苛地强调主合同的仲裁条款不能直接适用于担保合同,也会阻碍仲裁的应用,事实上也可能导致增添当事人成本、浪费仲裁资源的不利后果。举两个仲裁实务中的例子。2005 年,某银行向某客户提供贷款并签订贷款合同,同时与不同担保人之间签订了保证、抵押等担保合同。各合同均约定同一机构仲裁。争议发生后,当事人开始是一并在同一仲裁案中提起仲裁,后对方当事人提出异

① 详见〔2006〕民四他字第 24 号复函。

② 详见〔2013〕民四他字第 9 号复函。

议,要求各案分开。仲裁机构基于仲裁协议自愿性,将其分为4起案件进行审理。然而,由于本案主债务合同与担保合同所涉的法律关系紧密相关、当事人也具有高度关联性,最终的裁决与同案裁决并无不同。另外一个例子涉及某供应链交易,存在主债务合同与数个担保合同。起初担保方提出异议,于是案件一拆为四。后来异议方也疲于同样的事要做数遍,材料要准备数回,于是又申请将四案合并为一案审理。

据此,本团队律师倾向于认为,在实践中,如担保合同当事人与主合同当事人一致或为高度关联方,且担保合同的表述表明其承担主合同项下相关责任,亦未规定其他管辖条款或规定相同机构管辖条款,此时,应当可以予以宽松理解,允许在一案中合并审理主合同和担保合同争议。

另外,需要特别指出的是,倘若担保合同已与主合同一并管辖,而各方均无意见,并进行了仲裁程序,则在仲裁裁决作出之后,如果一方以仲裁协议无法管辖担保合同为由提出撤销或不予执行,法院不应当支持这种行为。这种禁止反言的精神也体现在《最高人民法院关于适用〈中华人民共和国仲裁法〉若干问题的解释》第27条中:"当事人在仲裁程序中未对仲裁协议的效力提出异议,在仲裁裁决作出后以仲裁协议无效为由主张撤销仲裁裁决或者提出不予执行抗辩的,人民法院不予支持。"

二、民营企业的光伏电站项目是否必须经过招投标程序

(一)相关法律法规

目前,关于必须经过招投标程序的工程范围,现行有效的相关法律法规主要包括:

1.《招标投标法》第3条规定:"在中华人民共和国境内进行下列工程建设项目包括项目的勘察、设计、施工、监理以及与工程建设有关的重要设备、材料等的采购,必须进行招标:(一)大型基础设施、公用事业等关系社会公共利益、公众安全的项目;(二)全部或者部分使用国有资金投资或者国家融资的项目;(三)使用国际组织或者外国政府贷款、援助资金的项目。前款所列项目的具体范围和规模标准,由国务院发展计划部门会同国务院有关部门制订,报国务院批准。法律或者国务院对必须进行招标的其他项目的范围有规定的,依照其规定。"

2.《招标投标法实施条例》第2条规定:"招标投标法第三条所称工程建设项目,是指工程以及与工程建设有关的货物、服务。前款所称工程,是指建设工程,包括建筑物和构筑物的新建、改建、扩建及其相关的装修、拆除、修缮等;所称与工程建设有关的货物,是指构成工程不可分割的组成部分,且为实现工程基本功能所必需的设备、材料等;所称与工程建设有关的服务,是指为完成工程所需的勘察、设计、监理等服务。"

3.《招标投标法实施条例》第3条规定:"依法必须进行招标的工程建设项目的具体范围和规模标准,由国务院发展改革部门会同国务院有关部门制订,报国务院批准后公布施行。”

4.《工程建设项目招标范围和规模标准规定》[①]第 2 条规定：“关系社会公共利益、公众安全的基础设施项目的范围包括：(一)煤炭、石油、天然气、电力、新能源等能源项目……”

5.《必须招标的工程项目规定》第 4 条规定：“不属于本规定第二条、第三条规定情形的大型基础设施、公用事业等关系社会公共利益、公众安全的项目，必须招标的具体范围由国务院发展改革部门会同国务院有关部门按照确有必要、严格限定的原则制订，报国务院批准。”

6.《必须招标的基础设施和公用事业项目范围规定》第 2 条规定：“不属于《必须招标的工程项目规定》第二条、第三条规定情形的大型基础设施、公用事业等关系社会公共利益、公众安全的项目，必须招标的具体范围包括：(一)煤炭、石油、天然气、电力、新能源等能源基础设施项目……”

(二)相关裁判观点

大部分司法判例认为民营企业的光伏电站项目应当进行招投标程序。例如，在中利腾晖光伏科技有限公司(以下简称中利腾晖公司)与青海世纪能源科技发展有限公司(以下简称世纪能源公司)建设工程施工合同纠纷一案[②]中，最高人民法院认为：根据《招标投标法》第 3 条的规定，涉案工程属于必须进行招标的建设项目。青海省发改委青发改能源〔2012〕1498 号《关于海南州世能光伏发电有限公司 30 兆瓦并网光伏发电项目核准的批复》亦对此明确，项目招标应严格按照招投标法规定执行。世纪能源公司认可应履行招标程序，但称其已自行组织了招标工作，并向青海省海南州发展和改革委员会履行了备案手续。对此主张，世纪能源公司在一审和本院二审期间均没有提供招标文件等证据证明，中利腾晖公司亦不认可，本院不予采信。一审法院认定《光伏发电项目总承包合同》因违反《招标投标法》第 3 条强制性规定而无效，并无不当。世纪能源公司称涉案合同有效的上诉理由不能成立，本院不予支持。

再如，在甘肃北方电力工程有限公司(以下简称北方公司)、青岛华建阳光电力科技有限公司(以下简称华建公司)建设工程施工合同纠纷一案[③]中，最高人民法院认为：《招标投标法》第 3 条第 1 款规定：“在中华人民共和国境内进行下列工程建设项

① 国务院批准《必须招标的工程项目规定》(国家发展改革委令第 16 号)，并由国家发展改革委负责公布。根据国务院批复精神和第 16 号令有关要求，第 16 号令自 2018 年 6 月 1 日起实施。2000 年 4 月 4 日国务院批准、2000 年 5 月 1 日原国家发展计划委员会发布的《工程建设项目招标范围和规模标准规定》同时废止。

② 详见(2015)民一终字第 144 号民事判决书。

③ 详见(2016)最高法民终 522 号民事判决书。

目包括项目的勘察、设计、施工、监理以及与工程建设有关的重要设备、材料等的采购，必须进行招标：（一）大型基础设施、公用事业等关系社会公共利益、公众安全的项目；（二）全部或者部分使用国有资金投资或者国家融资的项目；（三）使用国际组织或者外国政府贷款、援助资金的项目。前款所列项目的具体范围和规模标准，由国务院发展计划部门会同国务院有关部门制订，报国务院批准。”《工程建设项目招标范围和规模标准规定》第7条规定：“本规定第二条至第六条规定范围内的各类工程建设项目，包括项目的勘察、设计、施工、监理以及与工程建设有关的重要设备、材料等的采购，达到下列标准之一的，必须进行招标：（一）施工单项合同估算价的200万元人民币以上的；（二）重要设备、材料等货物的采购，单项合同估算价在100万元人民币以上的；（三）勘察、设计、监理等服务的采购，单项合同估算价在50万元人民币以上的；（四）单项合同估算价低于第（一）、（二）、（三）项规定的标准，但项目总投资额在3000万元人民币以上的。”本案中，北方公司与华建公司于2014年8月3日签订《土建及电气安装工程施工合同》，约定由北方公司对华建公司所有的青海省××20兆瓦光伏电站部分工程项目进行施工。根据本案的情况，北方公司承包施工的工程符合必须进行招标的条件，依法应履行招投标程序。而北方公司与华建公司所签订的《土建及电气安装工程施工合同》并未履行招投标程序，违反了《招标投标法》的规定，依法应为无效。一审法院对案涉《土建及电气安装工程施工合同》的性质认定正确。另外，合同的效力是合同对当事人所具有的法律拘束力，是基于对国家利益、社会公共利益的保护而对当事人的合意进行法律上的评价。合同的效力问题，关涉合同的价值判断，对合同的效力和性质认定不必基于当事人的请求，人民法院可依职权主动进行审查。故北方公司在一审时虽未提出有关确认合同效力的诉讼请求，但基于前述分析，一审法院对案涉合同效力和性质认定，并不违反不告不理的民事诉讼原则。

类似的判例还包括江西赛维LDK太阳能高科技有限公司与广西玉柴机器集团有限公司买卖合同纠纷案[①]等。

相反地，在青海宏润新能源投资有限公司、宏润建设集团股份有限公司建设工程施工合同纠纷一案[②]中，青海宏润新能源投资有限公司提出上诉理由：案涉工程系新能源项目，案涉施工合同必须招标但未招标，应属于无效合同，一审判决认定合同有效错误。但二审法院（最高人民法院）并未改判认定合同无效。

然而本团队律师认为无论是在已被废止的《工程建设项目招标范围和规模标准

① 详见（2015）民二终字第36号民事判决书。
② 详见（2017）最高法民终576号民事判决书。

规定》还是在新出台的《必须招标的基础设施和公用事业项目范围规定》中均明确将新能源列入必须进行招投标项目的范围内,民营企业的光伏电站项目为避免被认定合同无效的风险,应该重视招投标程序。同时,民营企业在取得光伏电站项目建设的备案立项文件时应当注意文件中对招投标程序的要求。

[**案件复盘**]

满意的案件处理结果离不开客户的积极配合,在 B 公司工作人员的大力协助下,本团队律师能够更进一步了解项目进展情况,为 B 公司设计出最优的解决方案。最终仲裁庭作出有利于 B 公司的裁决。

近年来,国家为了促进可再生能源的开发利用,出台了一系列扶持光伏电站产业发展的政策,促进光伏等可再生能源项目的开发、利用和推广,使国内投资者与建工企业加入光伏电站项目建设的浪潮。然而,民营企业一般不重视光伏电站项目的招投标程序,本团队律师在此建议广大民营企业在进行建设工程项目建设时一定要重视招投标程序,避免项目因未经过招投标程序存在被认定无效的风险。

同时,本案涉及 EPC 工程总承包模式。近年来,为实现我国建设工程企业与国际接轨,住房和城乡建设部及国务院办公厅均发布了鼓励建筑业采取工程总承包模式进行建设的文件。为顺应建筑行业工程总承包模式的发展趋势,本团队律师总结实务经验,重点解读 EPC 工程总承包模式及应当注意的法律问题,供读者参考。

工程总承包是指项目业主为实现项目目标而采取的一种承发包方式。即从事工程项目建设的单位受业主委托,按照合同约定对从决策、设计到试运行的建设项目发展周期实行全过程或若干阶段的承包。根据住建部于 2017 年发布的《建设项目工程总承包管理规范》(GB/T 50358—2017)第 2. 0. 1 条及 2003 年发布的《关于培育发展工程总承包和工程项目管理企业的指导意见》(建市〔2003〕30 号),工程总承包模式包括:(1)设计—施工总承包(D - B),即工程总承包企业依据合同约定,承担工程项目的设计和施工,并对承包工程的质量、安全、费用、进度、职业健康和环境保护等全面负责;(2)设计—采购总承包(E - P),即工程总承包企业负责设计和采购;(3)采购—施工总承包(P - C),即工程总承包企业负责采购和施工;(4)E + P + C 模式(设计采购施工)/交钥匙总承包,即工程总承包企业按照合同约定,承担工程项目的设计、采购、施工、试运行服务等工作,并对承包工程的质量、安全、工期、造价全面负责。EPC 总承包模式是代表性最强、实践中应用最多、涉及法律风险最为典型的工程总承包类型。目前,国际上通用的 EPC 总承包合同文本是由最有权威的、被世界银行认可的咨询工程师组织——“国际咨询工程师联合会”(以下简称 FIDIC,1913 年成立于比利时,1996 年中国加入该组织)制定的《设计采购施工(EPC)/交钥匙工程合同条件》,即《FIDIC 银皮书》。①

在建设工程总承包中采用 EPC 模式有以下优点及缺点:

优点:(1)业主把工程的设计、采购、施工和开工服务工作全部托付给工程总承包商负责组织实施,业主只负责整体的、原则的、目标的管理和控制,总承包商更能发挥主观能动性,能运用其先进的管理经验为业主和承包商自身创造更多的效益;提高工作效率,减少协调工作量;(2)设计变更少,工期较短;(3)由于采用的是总价合同,基本上不用再支付索赔及追加项目费用,项目的最终价格和要求的工期具有更大程度的确定性。缺点:(1)业主不能对工程进行全程控制;(2)总承包商对整个项目的成本工期和质量负责,加大了总承包商的风险,总承包商为降低风险获得更多的利润,可能通过调整设计方案来降低成本,极易对长远意义上的工程质量产生不利影响;(3)由于采用的是总价合同,承包商获得业主变更令及追加费用的弹性很小。

近年来,关于 EPC 工程总承包合同纠纷越来越多,截至 2018 年 12 月 31 日,本团队律师通过以"EPC"及"工程总承包"为关键词检索到了 403 个案例。

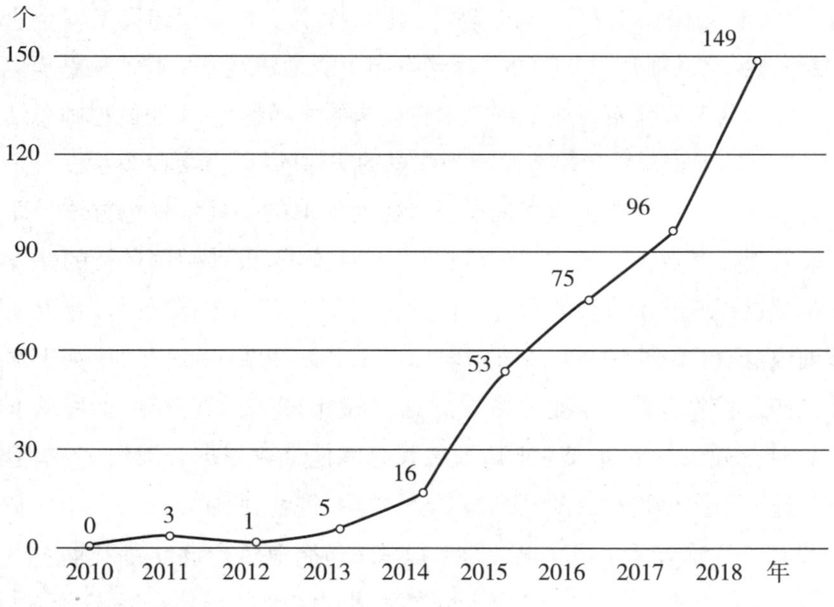

图 5　EPC 总承包合同纠纷数量历年情况

① 2017 年 12 月,FIDIC 在伦敦举办的国际用户会议上,发布了 1999 年版三本合同条件的第二版,分别是:施工合同条件(Conditions of Contract for Construction)(红皮书)、生产设备和设计—建造合同条件(Conditions of Contract for Plant and Design – Build)(黄皮书)和设计—采购—施工与交钥匙项目合同条件(Conditions of Contract for EPC/Turnkey Projects)(银皮书)。

从图5 可以看出,EPC 总承包合同纠纷的数量正在呈指数型逐年增长。目前我国建筑企业仍处于工程总承包适用的初级阶段,迫切需要中国律师提供与之相应的法律服务。尤其是我国建筑企业在“走出去”的过程中,更迫切需要与国际接轨的法律服务“随船出海”,这对中国相关领域的律师服务提出了新的国际化要求。对中国律师的现有服务现状和能力来说,这项服务仍充满挑战。

EPC 工程总承包合同是建设工程承包合同中的一种,因此具备一般工程承包合同的风险点,本团队律师结合办案经验及对现有案例的分析,总结以下 EPC 工程总承包合同纠纷中承包方及业主方可能存在的法律问题及有关问题的应对措施。

一、业主方在 EPC 总承包模式中的风险及应对措施

(一)承包方选择问题

根据前述 EPC 总承包模式的缺点可以看出,在 EPC 总承包模式下,业主主要通过 EPC 合同对 EPC 承包商进行监管,对工程实施过程参与程度低,控制力度较低。但鉴于 EPC 项目投资额高、专业技术复杂、管理难度大的特点,加上业主要求合同总价和建设工期固定,业主应当审慎选择承包方。如果没有综合考虑承包方类似工程的业绩和经验、设计采购施工能力、投标报价这些因素,很可能导致业主错误选择承包商。如果选择的承包商不能很好地完成工程项目,业主不得不在工程建设过程中更换承包商,蒙受重大的损失。

本团队律师建议业主为选择合适承包商,应在招投标环节中给投标人提供足够的时间和资料,使投标人得以仔细研究业主的要求,进行初步方案设计,全面评估项目风险,以确认其是否有能力承担 EPC 项目的工程建设任务。同时,业主选择承包商时,可以从几个方面对投标人进行评价,包括但不限于:对业主要求的理解、以往类似工程的业绩和经验、资信状况、现有的工程负荷、设计能力、设备材料的采购渠道和采购能力、项目管理能力和相关经验、投标报价和工期、其他相关资源与履约能力等。

(二)工程建设过程中的风险

《FIDIC 银皮书》中规定,业主只承担合同执行中因自身违约,业主变更项目的预期目标、功能要求和设计标准,法律变更以及不可抗力的风险。除此之外,EPC 项目总承包合同中确定的合同价格和建设工期将不能调整。

业主方违约包括业主在执行合同中履约时间不当和履约瑕疵。在合同执行中,如果工程项目所在国的法律或者政府的有关政策发生改变,对承包方履行合同规定的义务产生影响,合同价格和工期应该考虑因上述改变而造成的任何费用和工期的增加,也就是说,这部分风险一般应由业主来分担。

根据《FIDIC 银皮书》,不可抗力属于业主风险。对于自然力作用的不可抗力,如地震、台风、火山爆发等，业主只承担工期延长的风险；对于自然力作用以外的其他不可抗力，业主既要承担对承包商履行合同义务造成的工期延长的风险，同时又要承担费用增加的风险。

本团队律师建议在工程建设过程中，业主应严格按照 EPC 合同履约，如及时向承包商提供现场，及时审核承包商文件，按照付款计划表及时支付工程款。另外，业主应尽可能减少因自身原因造成的费用增加和工期延长，以确保按照预期可接受的投资额和工期完成工程项目建设。

二、承包方在 EPC 总承包模式中的风险及应对措施

（一）主体资质问题

根据《建筑法》、《关于培育发展工程总承包和工程项目管理企业的指导意见》、《关于工程总承包市场准入问题的复函》（建办市函〔2003〕573 号）等规定，具有工程勘察、设计或施工总承包资质的企业可以在其资质等级许可的工程项目范围内开展工程总承包业务。据此，设计单位可以在其工程设计资质证书许可的工程项目范围内开展工程总承包业务，但工程的施工应由具有相应施工承包资质的企业承担。在此情况下，现实经济活动中，总承包商从事 EPC 总承包应否具备资质，应该具备何种资质，即成为一个争议焦点。

对此，主要有两种观点：一种观点认为：EPC 总承包商必须同时具备相应的设计和施工资质。其理由是：实行资质管理，是我国建筑法的强制性规定，应该严格执行，EPC 总承包活动既然同时包括设计活动及施工活动，那么，EPC 总承包商自然就应依法具备这两个方面的相应资质。另一种观点认为：EPC 总承包商只需具备相应的设计资质和施工资质中的一种资质即可，但其不具备资质的活动应该分包给具有资质的单位来实施。建设部办公厅在建办市函〔2003〕573 号《关于工程总承包市场准入问题的复函》中明确指出："具有工程勘察、设计或施工总承包资质的企业可以在其资质等级许可的工程项目范围内开展工程总承包业务。因此，工程设计企业可以在其工程设计资质证书许可的工程项目范围内开展工程总承包业务，但工程的施工应由具有相应施工承包资质的企业承担。"这一观点的理由是，如需同时具备设计和施工两个相应资质，则国内很少有单位有能力从事 EPC 总承包。

本团队律师认同后一种观点，因为其符合我国目前国情，且目前在实践中，此种情形也并不会被认定为转包。即仅有设计资质的企业，总承包后可以对施工业务进行分包；仅有施工资质的企业，总承包后可以对设计业务进行分包。

（二）联合承包问题

根据《招标投标法》等相关法律法规的规定，两个以上法人或者其他组织可以组成一个联合体,以一个投标人的身份共同投标。同时,《建筑法》第 27 条也规定:“大型建筑工程或者结构复杂的建筑工程,可以由两个以上的承包单位联合共同承包。共同承包的各方对承包合同的履行承担连带责任。两个以上不同资质等级的单位实行联合共同承包的,应当按照资质等级低的单位的业务许可范围承揽工程。”值得注意的是,严格按照法律规定,如果组成联合体的两个单位一个资质低、一个资质高,联合承包只能按其中低的资质等级进行认定。

由前述法律规定可以看出,首先,联合体投标时,联合体成员之间必须承担连带责任。本团队律师建议联合体成员,特别是在拟投标项目中占工作量较小的一方联合体成员(以下简称风险方),在选择联合体形式投标前,应严格考察联合体其他方的资产、信誉、类似项目业绩情况等,评估联合体其他方的履约能力。

其次,联合体其他方履约能力评估通过、投标前,联合体成员之间签署联合体协议,明确联合体成员之间的工作分工、风险及责任范围等,如联合体其他方承包范围内工作难度较大的,建议风险方要求该联合体成员落实有效履约担保措施。

再次,若项目中标,与业主签订工程总承包合同时,就总承包合同内容,联合体成员内部应该签署联合承包协议,明确联合体成员之间的具体工作范围、权利义务及责任等。本团队律师建议在签订联合承包协议应该包括:(1)明确牵头负责人。一般而言,牵头人应该由施工单位承担。如果设计单位担任牵头人,需要格外注意项目管理的相关内容。(2)明确的工程责任范围及主体。必须明确联合各方各自责任范围,明确与业主对接的主体。(3)项目要成立协调领导小组,由其负责协调有关政府部门以及拆迁工作等。(4)必须明确“费率优惠”须征得联合体中实际承担人的同意,投标保证金、履约保函由谁开具,费用分担与收益分配以及法律责任(含违约责任和维修责任)的最终承担者等事项。

最后,在工程总承包合同实施过程中,风险方需要密切关注联合体其他方的经济状况,并加强对项目的管理,发现重大问题时应及时落实止损措施,控制连带责任风险。

(三)“银行保函”问题

在总承包合同中,业主为了制约承包方,维护自身合法利益,通常要求承包商在合同履行的不同阶段提供预付款保函、履约保函和质保金保函等三个银行保函,一旦承包人未能履约,银行无条件地将保函中约定的款项支付给业主。

保函是一种很好的现金保证金的替代形式,对双方均有利:对承包方来说,可以减少由于缴纳现金保证金引起的长时间资金占压,获得资金收益,使有限的资金得到优化配置;对业主来说,可以合理制约承包人行为,良好地维护自身利益,避免收取、退回保证金程序的烦琐,提高工作效率。

预付款保函、履约保函和质保金保函等三个银行保函在适用中应当注意以下问题：[①]

首先是预付款保函。审核预付款保函的重点有三：一是预付款保函必须在承包商收到业主全部预付款之时才同时生效，而且生效的金额以实际收到的预付款金额为限。二是应当规定担保金额递减条款，即随着工程的进度用款，预付款金额逐步递减直至为零（递减方法有许多变种可以采用，包括按照预付款占合同价款的同等比例逐一扣减；按照设计图纸交付进度以及海运提单证明的已装运设备的发票金额逐一扣减；限定在海运提单证明主要设备已装运之后预付款保函失效等多种方法）。三是预付款保函的失效越早越好，尽量减少与履约保函相重叠的有效期限，应该避免预付款保函与履约保函并行有效直至完工日。如果对预付款保函的有效期作如此规定，则无异于将预付款保函变成了第二个履约保函，增加承包商的担保额度及风险。尤其应当拒绝预付款保函超越完工期，与质保金保函重叠。

其次是履约保函。审核履约保函的重点有三：一是履约保函的生效尽量争取以承包商收到业主的全额预付款为前提。二是履约保函的担保金额应该不超过合同价款的一定比例，如10%。此时应注意，通常现汇项目的业主会要求承包商提供较高的履约保函比例，如20%或30%。但是，对延期付款项目，鉴于承包商已经承担了业主延期付款的风险，应该严格将履约保函的比例限制在10%以下。三是履约保函的失效期应争取在完工日、可靠性试运行完成日或者商业运行日之前，并避免与质保金保函发生重叠，否则会增加承包商的风险。也就是说，在质保金保函生效之前，履约保函必须失效。否则，等于在质保期内业主同时拥有质保金保函与履约保函。两个保函的金额相加，会增加承包商被扣保函额度的风险。

最后是质保金保函，也称“滞留金保函”或“保留金保函”。审核质保金保函的重点有三项：一是质保金保函的生效应该以尾款的支付为前提条件。也就是说，业主支付5%的尾款，承包商就交付5%的质保金保函；业主支付10%的尾款，承包商就交付10%的质保金保函。应该避免在业主还未交付尾款的情况下，承包商的质保金保函却提前生效的规定。二是质保金保函的金额不应该超过工程尾款的金额，通常为合同价款的5%或10%，最多不能超过10%。三是质保金保函的失效应当争取不迟于最终接受证书签发之日。为了避免业主无限期推迟签发最终接受证书，也可以争取约定：“本质保金保函在项目完成之日或者最终接受证书签发之日起失效，以早发生者为准，但无论如何不迟于××年××月××日”。

---

① 参见蔡祥、曾明德：《EPC总承包实务中若干法律问题研究》，载《工程经济》2013年第7期。

(四)业主要求与合同变更问题

总承包项目中,业主对未来项目的理解可能还仅停留在一些概念、技术要求和标准等原则性的内容层面,由于没有相应的设计图纸,其对项目的设计、采购、施工的具体环节并不明确。总承包合同中的业主要求取代了施工合同中的图纸和规范,确定了总承包项目的标准。因此,总承包工作内容不像单独的施工合同那样,在合同签订时就非常明确、具体。这就要求总承包商能够充分理解业主提出的项目建设意图,并依据业主对功能、设计准则等的基本要求,以及业主提供的事先勘测考察现场情况的基本资料和数据来完成设计任务。设计任务在得到业主批准后,总承包商再确定工程实施细节,进而编制施工计划并完成整个工程。

总承包项目的这一特点决定了业主强调最终项目使用功能;业主承担支付义务的是固定合同总价。

业主对项目的这种抽象要求以及合同双方对于项目仅有文字约定而无图纸约定的事实,常常导致总承包商的承包范围难以确定,业主对总承包商设计文件的一些修改意见,往往被业主视为是符合工程预期目的的设计优化而不是设计内容的变更,已包死的合同价格因此被认为不能发生变更。这一事实极易引起业主和总承包商在项目进行过程中的冲突与矛盾。譬如新近发生的某卷烟物流 EPC 总承包合同纠纷案件,业主为某烟草公司,EPC 总承包方为某工程设计院。总承包方所完成的施工设计图纸不符合业主要求,业主要求修改,总承包方根据业主要求完成了修改。施工图完成后,总承包方认为该修改后的设计变更了经政府批准的总承包方初步设计,因此提出 660 万元人民币的变更索赔。业主在征求律师意见后,以施工图纸的变更在业主项目要求的范围内为由,对总承包方提出的索赔请求,明确予以拒绝。

本团队律师认为发生前述纠纷最根本的问题即在于对设计变更和总承包合同内容变更的区别之认识。设计变更不等于总承包合同内容的变更。设计变更,是指设计单位根据委托人或者根据政府的有关规定对图纸的改变,设计变更通常是对设计的局部修改、完善,一般包括更改工程有关部分的标高、基线、位置和尺寸,或是调整有关工程的施工时间、顺序,或是增减合同中约定的工程量,以及其他有关工程变更需要的附加工作。而总承包合同内容变更是指,订立合同的当事人,对总承包合同确定的权利义务经协商一致予以改变。设计变更并不意味着总承包合同内容变更。

因此本团队律师认为,在 EPC 总承包项目中,为避免纠纷,首先应区分清楚是属于设计变更还是合同内容的变更,这是 EPC 总承包与传统的施工总承包的区别之处。

合同双方应当具体定义业主的项目要求并以此作为调整合同价款的依据。业主的项目要求应该采用具体与概括相统一的办法明确竣工工程在功能方面的特定要求,包括范围、质量以及要求承包人供应的材料、设备等。

36

PPP 政府违约频现,全力规避客户风险

[案件摘要]

本案系本团队律师代理的首起 PPP 合同纠纷案件。本案中社会资本方与政府方签订 PPP 合同后,依约履行了部分投资义务,但政府方未按合同约定提供项目用地,导致合同无法继续履行,社会资本方的投入无法收回,给社会资本方造成重大损失。政府方以未提供项目用地系政策变更、不可抗力为由主张互不承担违约责任,社会资本方无奈申请仲裁。本团队律师接受社会资本方委托后,仔细梳理 PPP 合同条款,就社会资本方在 PPP 项目中的投入逐一举证,充分证明了社会资本方索赔的合理合法性,最终取得了仲裁庭的支持。

[案情回放]

2014 年 12 月,D 市 G 区管委会作为实施机构发起某产业园区基础设施 PPP 项目(以下简称 PPP 项目)。2015 年 6 月,D 市财政局、发改委审核通过了 PPP 项目物有所值评价、财政承受能力评价及实施方案。2015 年 9 月,D 市人大常委会批复将 PPP 项目中政府支出责任纳入中长期财政规划。

2015 年 8 月,G 区管委会就 PPP 项目公开招标遴选社会资本方。2015 年 9 月 12 日,A 公司与 B 公司组成联合体递交投标文件。2015 年 9 月 18 日,A 公司与 B 公司联合体收到《中标通知书》。2016 年 3 月 15 日,G 区管委会与 A 公司、B 公司签署了《PPP 草签合同》。2016 年 5 月 3 日,政府方出资代表与 A 公司、B 公司共同设立项目公司 C 公司。2015 年 5 月 30 日,G 区管委会与 C 公司签署了《PPP 合同》。

《PPP 草签合同》签署后,A 公司与 B 公司即按照《PPP 草签合同》约定启动了 PPP 项目的准备工作,包括投入资金用于 PPP 项目划拨用地的征用、拆迁、场地平整、人员安置,筹备成立项目公司,委托设计单位进行设计,建设临时办公场所,进行融资准备等。2017 年 3 月,PPP 项目土地被征用,项目被迫中止。2017 年 5 月,G 区管委

会向A公司与B公司发函，称PPP项目继续履行已无可能。

因与G区管委会无法就补偿事宜达成一致，A公司与B公司委托本团队律师向某仲裁委提起仲裁，要求G区管委会赔偿实际损失126,521,643.84元。

G区管委会主张，首先，根据《行政诉讼法司法解释》第11条的规定，PPP合同属于行政合同，某仲裁委对本案无管辖权；其次，本案项目土地被征用非其过错导致，属于不可抗力，双方互不承担违约责任。

仲裁庭在审理过程中支持了本团队律师的主张，认定G区管委会存在违约行为，支持了A公司与B公司的仲裁请求。

［**战略战术**］

A公司与B公司在提起仲裁前，与G区管委会多次谈判，希望通过协议方式解决各方争议，但G区管委会始终态度强硬，不同意支付任何费用，且主张A公司与B公司同样存在各种违约行为。在谈判效果不佳的情况下，A公司与B公司委托本团队律师提起仲裁。接受委托后，本团队律师驻场A公司与B公司，全面梳理本案证据材料，针对仲裁请求进行充分举证准备，最终取得了仲裁案件的胜利。本团队律师在本案中的具体做法和办案经验总结如下：

一、熟练运用PPP业务知识，力证案涉PPP合同纠纷属于民事而非行政纠纷

本案的核心争议之一为《PPP草签合同》与《PPP合同》（以下统称PPP合同）系民事合同还是行政合同，某仲裁委对PPP合同下的争议是否有管辖权。本团队律师依托丰富的PPP非诉法律服务经验以及对PPP业务领域的深入了解，针对上述争议焦点向仲裁庭提交专项代理意见，从案涉PPP项目的性质、本案争议内容、各方合同主体身份等方面出发，充分论述案涉PPP项目实际采用BOT模式，G区管委会虽然具备行政主体身份，但PPP合同的合同主体、合同内容、合同目的均体现了平等主体间的意思自治，不受单方行政行为的强制；另外，本案争议内容为PPP合同终止后的违约责任承担，与具体行政行为无关，因此本案为民商事争议案件，依据各方在PPP合同中对争议解决方式的约定，应当由某仲裁委管辖。同时，本团队律师提交了最高人民法院多个支持上述主张的类似案例作为专项代理意见的附件，最终说服了仲裁庭受理本案。

二、逐项整理A公司与B公司的前期投入证明材料，以充分的证据为支撑，成功说服仲裁员支持A公司与B公司的仲裁请求

针对A公司和B公司的仲裁请求，本团队律师驻场A公司与B公司近一个月，全面收集了PPP项目自前期谈判到公开招投标、合同签订、合同履行过程中的全部资料,包括但不限于各方的书面协议、付款凭证、会议纪要、往来函件等,逐一梳理 A 公司与 B 公司的前期投入,整理出 9 组、178 项、共计 1500 余页证据提交仲裁庭。正是有充分的证据支撑,仲裁庭才最终支持了 A 公司和 B 公司的仲裁请求。

［**法案研判**］

自 2013 年以来,PPP 相关规定政策密集出台。政府与社会资本合作项目亦如雨后春笋般涌现。但由于该领域相关基础立法尚不健全,社会各界对 PPP 模式的认知存在差异,加之 PPP 模式下合作期限往往较长,致使在 PPP 合同签署履约的过程中,当事人出现违约事项的频率较高。如何准确界定 PPP 模式与 PPP 协议的性质和效力,对 PPP 相关案件争议解决有着重大的指导与借鉴意义。下文将通过列举 PPP 相关法律法规,简述 PPP 模式概念、分类、PPP 协议纠纷性质等,并通过对 PPP 协议性质、效力、项目准备工作等相关裁判案例的总结,深入分析 PPP 项目所涉核心法律问题。

一、关于 PPP 的相关法律法规

目前,关于 PPP 现行有效的相关法律法规主要包括(见表 14):

表 14　PPP 现行有效相关法律法规情况

发文日期	文件名	文号
	法律	
2018 年 12 月 29 日	中华人民共和国预算法	主席令第 22 号
2014 年 8 月 31 日	中华人民共和国政府采购法	主席令第 14 号
2017 年 12 月 27 日	中华人民共和国招标投标法	主席令第 86 号
	行政法规	
2018 年 3 月 19 日	中华人民共和国招标投标法实施条例	国务院令第 698 号
2015 年 1 月 30 日	中华人民共和国政府采购法实施条例	国务院令第 658 号
	国务院规范性文件	
2005 年 2 月 19 日	国务院关于鼓励支持和引导个体私营等非公有制经济发展的若干意见	国发〔2005〕3 号
2010 年 5 月 7 日	国务院关于鼓励和引导民间投资健康发展的若干意见	国发〔2010〕13 号
2010 年 7 月 22 日	国务院办公厅关于鼓励和引导民间投资健康发展重点工作分工的通知	国办函〔2010〕120 号
2010 年 11 月 26 日	国务院办公厅转发发展改革委卫生部等部门关于进一步鼓励和引导社会资本举办医疗机构意见的通知	国办发〔2010〕58 号

续表

发文日期	文件名	文号
2012 年 6 月 12 日	国务院法制办关于起草涉及民间投资的法律文件草案听取行业协会(商会)和民营企业意见的通知	国法〔2012〕24 号
2013 年 9 月 6 日	国务院关于加强城市基础设施建设的意见	国发〔2013〕36 号
2013 年 9 月 26 日	国务院办公厅关于政府向社会力量购买服务的指导意见	国办发〔2013〕96 号
2014 年 5 月 8 日	国务院关于进一步促进资本市场健康发展的若干意见	国发〔2014〕17 号
2014 年 6 月 3 日	国务院办公厅关于加强城市地下管线建设管理的指导意见	国办发〔2014〕27 号
2014 年 9 月 21 日	国务院关于加强地方政府性债务管理的意见	国发〔2014〕43 号
2014 年 9 月 26 日	国务院关于深化预算管理制度改革的决定	国发〔2014〕45 号
2014 年 11 月 16 日	国务院关于创新重点领域投融资机制鼓励社会投资的指导意见	国发〔2014〕60 号
2014 年 12 月 24 日	国务院关于促进服务外包产业加快发展的意见	国发〔2014〕67 号
2014 年 12 月 27 日（成文日期）	国务院办公厅关于推行环境污染第三方治理的意见	国办发〔2014〕69 号
2014 年 12 月 30 日	国务院办公厅关于进一步做好盘活财政存量资金工作的通知	国办发〔2014〕70 号
2015 年 5 月 5 日	国务院办公厅转发文化部等部门关于做好政府向社会力量购买公共文化服务工作意见的通知	国办发〔2015〕37 号
2015 年 5 月 8 日	国务院批转发展改革委关于 2015 年深化经济体制改革重点工作意见的通知	国发〔2015〕26 号
2015 年 5 月 11 日	国务院办公厅转发财政部人民银行银监会关于妥善解决地方政府融资平台公司在建项目后续融资问题意见的通知	国办发〔2015〕40 号
2015 年 5 月 13 日	国务院关于推进国际产能和装备制造合作的指导意见	国发〔2015〕30 号
2015 年 5 月 19 日	国务院办公厅转发财政部、发展改革委、人民银行关于在公共服务领域推广政府和社会资本合作模式指导意见的通知	国办发〔2015〕42 号
2015 年 6 月 11 日	国务院办公厅印发关于促进社会办医加快发展若干政策措施的通知	国办发〔2015〕45 号
2015 年 6 月 16 日	国务院关于印发推进财政资金统筹使用方案的通知	国发〔2015〕35 号

续表

发文日期	文件名	文号
2015 年 6 月 25 日	国务院关于进一步做好城镇棚户区和城乡危房改造及配套基础设施建设有关工作的意见	国发〔2015〕37 号
2015 年 8 月 3 日	国务院办公厅关于推进城市地下综合管廊建设的指导意见	国办发〔2015〕61 号
2015 年 9 月 9 日	国务院关于调整和完善固定资产投资项目资本金制度的通知	国发〔2015〕51 号
2015 年 9 月 23 日	国务院关于国有企业发展混合所有制经济的意见	国发〔2015〕54 号
2015 年 10 月 2 日	国务院关于实行市场准入负面清单制度的意见	国发〔2015〕55 号
2015 年 10 月 11 日	国务院办公厅关于推进海绵城市建设的指导意见	国办发〔2015〕75 号
2015 年 11 月 18 日	国务院办公厅转发卫生计生委等部门关于推进医疗卫生与养老服务相结合指导意见的通知	国办发〔2015〕84 号
2015 年 11 月 19 日	国务院关于积极发挥新消费引领作用加快培育形成新供给新动力的指导意见	国发〔2015〕66 号
2015 年 12 月 24 日	国务院关于支持沿边重点地区开发开放若干政策措施的意见	国发〔2015〕72 号
2015 年 12 月 30 日	国务院办公厅关于推进农村一二三产业融合发展的指导意见	国办发〔2015〕93 号
2016 年 1 月 21 日	国务院办公厅关于推进农业水价综合改革的意见	国办发〔2016〕2 号
2016 年 2 月 2 日	国务院关于深入推进新型城镇化建设的若干意见	国发〔2016〕8 号
2016 年 3 月 3 日	国务院关于深化泛珠三角区域合作的指导意见	国发〔2016〕18 号
2016 年 4 月 21 日	国务院办公厅关于印发深化医药卫生体制改革 2016 年重点工作任务的通知	国办发〔2016〕26 号
2016 年 5 月 23 日	国务院关于印发 2016 年推进简政放权放管结合优化服务改革工作要点的通知	国发〔2016〕30 号
2016 年 5 月 28 日	国务院关于印发土壤污染防治行动计划的通知	国发〔2016〕31 号
2016 年 7 月 1 日	国务院办公厅关于进一步做好民间投资有关工作的通知	国办发明电〔2016〕12 号
2016 年 10 月 27 日	国务院办公厅关于印发地方政府性债务风险应急处置预案的通知	国办函〔2016〕88 号
2016 年 12 月 7 日	国务院办公厅关于全面放开养老服务市场提升养老服务质量的若干意见	国办发〔2016〕91 号
2016 年 12 月 15 日	国务院关于印发“十三五”国家信息化规划的通知	国发〔2016〕73 号

续表

发文日期	文件名	文号
2016 年 12 月 25 日	国务院办公厅关于印发生产者责任延伸制度推行方案的通知	国办发〔2016〕99 号
2016 年 12 月 29 日	国务院关于鼓励社会力量兴办教育促进民办教育健康发展的若干意见	国发〔2016〕81 号
2017 年 1 月 19 日	国务院办公厅关于促进开发区改革和创新发展的若干意见	国办发〔2017〕7 号
2017 年 1 月 26 日	国务院关于印发“十三五”促进就业规划的通知	国发〔2017〕10 号
2017 年 2 月 3 日	国务院关于印发“十三五”现代综合交通运输体系发展规划的通知	国发〔2017〕11 号
2017 年 3 月 7 日	国务院办公厅关于进一步激发社会领域投资活力的意见	国办发〔2017〕21 号
2017 年 3 月 9 日	国务院办公厅关于印发 2017 年政务公开工作要点的通知	国办发〔2017〕24 号
2017 年 4 月 13 日	国务院批转国家发展改革委关于 2017 年深化经济体制改革重点工作意见的通知	国发〔2017〕27 号
2017 年 9 月 1 日	国务院办公厅关于进一步激发民间有效投资活力促进经济持续健康发展的指导意见	国办发〔2017〕79 号
多部委联合发文		
2012 年 5 月 31 日	国家发展改革委、公安部、财政部等关于鼓励和引导民间投资进入物流领域的实施意见	发改经贸〔2012〕1619 号
2012 年 6 月 1 日	国家发展改革委、财政部关于安排政府性资金对民间投资主体同等对待的通知	发改投资〔2012〕1580 号
2012 年 6 月 15 日	国土资源部、全国工商联关于进一步鼓励和引导民间资本投资国土资源领域的意见	国土资发〔2012〕100 号
2012 年 6 月 30 日	国防科工局、总装备部关于鼓励和引导民间资本进入国防科技工业领域的实施意见	科工计〔2012〕733 号
2012 年 6 月 29 日	国家发展改革委、外交部、工业和信息化部等关于印发鼓励和引导民营企业积极开展境外投资的实施意见的通知	发改外资〔2012〕1905 号
2015 年 1 月 20 日	财政部办公厅、住房和城乡建设部办公厅、水利部办公厅关于组织申报 2015 年海绵城市建设试点城市的通知	财办建〔2015〕4 号
2015 年 2 月 13 日	财政部、住房和城乡建设部关于市政公用领域开展政府和社会资本合作项目推介工作的通知	财建〔2015〕29 号
2015 年 3 月 17 日	国家发展改革委、财政部、水利部关于鼓励和引导社会资本参与重大水利工程建设运营的实施意见	发改农经〔2015〕488 号

续表

发文日期	文件名	文号
2015 年 4 月 20 日	财政部、交通运输部关于在收费公路领域推广运用政府和社会资本合作模式的实施意见	财建〔2015〕111 号
2015 年 4 月 21 日	财政部、国土资源部、住房城乡建设部、中国人民银行、国家税务总局、银监会关于运用政府和社会资本合作模式推进公共租赁住房投资建设和运营管理的通知	财综〔2015〕15 号
2015 年 4 月 21 日	国家发展改革委、财政部关于运用政府投资支持社会投资项目的通知	发改投资〔2015〕823 号
2015 年 4 月 25 日	基础设施和公用事业特许经营管理办法	国家发展和改革委员会、财政部、住房和城乡建设部、交通运输部、水利部、中国人民银行令第 25 号
2015 年 5 月 19 日	国家发展改革委办公厅、财政部办公厅、水利部办公厅关于开展社会资本参与重大水利工程建设运营第一批试点工作的通知	发改办农经〔2015〕1274 号
2015 年 7 月 10 日	国家发展和改革委员会、财政部、国土资源部、中国银行业监督管理委员会、国家铁路局关于进一步鼓励和扩大社会资本投资建设铁路的实施意见	发改基础〔2015〕1610 号
2015 年 7 月 10 日	国家发展改革委、国家开发银行关于推进开发性金融支持国家级新区健康发展有关工作的通知	发改地区〔2015〕1584 号
2015 年 11 月 26 日	国家发展改革委、住房和城乡建设部关于城市地下综合管廊实行有偿使用制度的指导意见	发改价格〔2015〕2754 号
2015 年 12 月 15 日	国家发展改革委、住房和城乡建设部、交通运输部关于进一步完善机动车停放服务收费政策的指导意见	发改价格〔2015〕2975 号
2015 年 12 月 30 日	住房和城乡建设部、中国农业发展银行关于推进政策性金融支持海绵城市建设的通知	建城〔2015〕240 号
2016 年 5 月 28 日	财政部、国家发展改革委关于进一步共同做好政府和社会资本合作(PPP)有关工作的通知	财金〔2016〕32 号
2016 年 12 月 6 日	国家发展改革委、农业部关于推进农业领域政府和社会资本合作的指导意见	发改农经〔2016〕2574 号
2016 年 12 月 21 日	国家发展改革委、中国证监会关于推进传统基础设施领域政府和社会资本合作(PPP)项目资产证券化相关工作的通知	发改投资〔2016〕2698 号
2016 年 12 月 30 日	国家发展改革委办公厅、交通运输部办公厅关于进一步做好收费公路政府和社会资本合作项目前期工作的通知	发改办基础〔2016〕2851 号

续表

发文日期	文件名	文号
2017年2月20日	国家发展改革委、住房和城乡建设部关于进一步做好重大市政工程领域政府和社会资本合作(PPP)创新工作的通知	发改投资〔2017〕328号
2017年5月31日	财政部、农业部关于深入推进农业领域政府和社会资本合作的实施意见	财金〔2017〕50号
2017年6月7日	财政部、中国人民银行、中国证券监督管理委员会关于规范开展政府和社会资本合作项目资产证券化有关事宜的通知	财金〔2017〕55号
2017年7月1日	财政部、住房和城乡建设部、农业部、环境保护部关于政府参与的污水、垃圾处理项目全面实施PPP模式的通知	财建〔2017〕455号
2017年8月14日	财政部、民政部、人力资源和社会保障部关于运用政府和社会资本合作模式支持养老服务业发展的实施意见	财金〔2017〕86号
2017年12月7日	国家发展改革委、水利部关于印发《政府和社会资本合作建设重大水利工程操作指南(试行)》的通知	发改农经〔2017〕2119号
2018年1月8日	中国保监会、财政部关于加强保险资金运用管理支持防范化解地方政府债务风险的指导意见	保监发〔2018〕6号
2018年2月8日	国家发展改革委办公厅、财政部办公厅关于进一步增强企业债券服务实体经济能力严格防范地方债务风险的通知	发改办财金〔2018〕194号
财政部		
2014年9月23日	财政部关于推广运用政府和社会资本合作模式有关问题的通知	财金〔2014〕76号
2014年10月23日	财政部关于印发《地方政府存量债务纳入预算管理清理甄别办法》的通知	财预〔2014〕351号
2014年11月25日	财政部关于支持和规范社会组织承接政府购买服务的通知	财综〔2014〕87号
2014年11月29日	财政部关于印发政府和社会资本合作模式操作指南(试行)的通知	财金〔2014〕113号
2014年12月26日	财政部关于开展中央财政支持地下综合管廊试点工作的通知	财建〔2014〕839号
2014年11月30日	财政部关于政府和社会资本合作示范项目实施有关问题的通知	财金〔2014〕112号
2014年12月30日	财政部关于规范政府和社会资本合作合同管理工作的通知	财金〔2014〕156号

续表

发文日期	文件名	文号
2014 年 12 月 31 日	财政部关于印发《政府采购竞争性磋商采购方式管理暂行办法》的通知	财库〔2014〕214 号
2014 年 12 月 31 日	财政部关于印发《政府和社会资本合作项目政府采购管理办法》的通知	财库〔2014〕215 号
2014 年 12 月 31 日	财政部关于开展中央财政支持海绵城市建设试点工作的通知	财建〔2014〕838 号
2015 年 3 月 2 日	财政部关于开展地方盘活财政存量资金有关情况专项检查的通知	财监〔2015〕15 号
2015 年 4 月 7 日	财政部关于印发《政府和社会资本合作项目财政承受能力论证指引》的通知	财金〔2015〕21 号
2015 年 4 月 9 日	财政部关于推进水污染防治领域政府和社会资本合作的实施意见	财建〔2015〕90 号
2015 年 4 月 20 日	财政部关于地方政府专项债券会计核算问题的通知	财库〔2015〕91 号
2015 年 5 月 31 日	财政部关于印发《中央财政服务业发展专项资金管理办法》的通知	财建〔2015〕256 号
2015 年 6 月 25 日	财政部关于进一步做好政府和社会资本合作项目示范工作的通知	财金〔2015〕57 号
2015 年 6 月 30 日	财政部关于政府采购竞争性磋商采购方式管理暂行办法有关问题的补充通知	财库〔2015〕124 号
2015 年 11 月 12 日	财政部关于印发《政府投资基金暂行管理办法》的通知	财预〔2015〕210 号
2015 年 12 月 8 日	财政部关于实施政府和社会资本合作项目以奖代补政策的通知(已失效)	财金〔2015〕158 号
2015 年 12 月 18 日	财政部关于规范政府和社会资本合作(PPP)综合信息平台运行的通知	财金〔2015〕166 号
2015 年 12 月 18 日	财政部关于印发《PPP 物有所值评价指引(试行)》的通知	财金〔2015〕167 号
2015 年 12 月 21 日	财政部关于对地方政府债务实行限额管理的实施意见	财预〔2015〕225 号
2015 年 12 月 25 日	财政部关于财政资金注资政府投资基金支持产业发展的指导意见	财建〔2015〕1062 号
2016 年 1 月 15 日	财政部关于印发《中央国有资本经营预算管理暂行办法》的通知	财预〔2016〕6 号

续表

发文日期	文件名	文号
2016 年 10 月 11 日	财政部关于在公共服务领域深入推进政府和社会资本合作工作的通知	财金〔2016〕90 号
2016 年 11 月 24 日	财政部关于印发《财政部驻各地财政监察专员办事处实施地方政府债务监督暂行办法》的通知	财预〔2016〕175 号
2016 年 12 月 30 日	财政部关于印发《财政部政府和社会资本合作(PPP)专家库管理办法》的通知	财金〔2016〕144 号
2017 年 1 月 23 日	财政部关于印发《政府和社会资本合作(PPP)综合信息平台信息公开管理暂行办法》的通知	财金〔2017〕1 号
2017 年 3 月 22 日	财政部关于印发《政府和社会资本合作(PPP)咨询机构库管理暂行办法》的通知	财金〔2017〕8 号
2017 年 11 月 10 日	财政部关于规范政府和社会资本合作(PPP)综合信息平台项目库管理的通知	财办金〔2017〕92 号
2018 年 3 月 28 日	财政部关于规范金融企业对地方政府和国有企业投融资行为有关问题的通知	财金〔2018〕23 号
2018 年 4 月 24 日	财政部关于进一步加强政府和社会资本合作(PPP)示范项目规范管理的通知	财金〔2018〕54 号
国家发展和改革委员会		
2011 年 7 月 16 日	国家发展改革委关于铁路产业投资基金筹备的批复	发改财金〔2011〕1529 号
2012 年 6 月 27 日	国家发展改革委关于印发利用价格杠杆鼓励和引导民间投资发展的实施意见的通知	发改价格〔2012〕1906 号
2014 年 5 月 18 日	国家发展改革委关于发布首批基础设施等领域鼓励社会投资项目的通知	发改基础〔2014〕981 号
2014 年 12 月 2 日	国家发展改革委关于开展政府和社会资本合作的指导意见	发改投资〔2014〕2724 号
2015 年 5 月 7 日	国家发展改革委关于当前更好发挥交通运输支撑引领经济社会发展作用的意见	发改基础〔2015〕969 号
2015 年 5 月 25 日	国家发展改革委办公厅关于充分发挥企业债券融资功能支持重点项目建设促进经济平稳较快发展的通知	发改办财金〔2015〕1327 号
2015 年 7 月 2 日	国家发展改革委关于切实做好《基础设施和公用事业特许经营管理办法》贯彻实施工作的通知	发改法规〔2015〕1508 号
2015 年 7 月 29 日	国家发展改革委办公厅关于印发《项目收益债券管理暂行办法》的通知	发改办财金〔2015〕2010 号

续表

发文日期	文件名	文号
2015 年 12 月 28 日	国家发展改革委关于做好社会资本投资铁路项目示范工作的通知	发改基础〔2015〕3123 号
2016 年 10 月 24 日	国家发展改革委关于印发《传统基础设施领域实施政府和社会资本合作项目工作导则》的通知	发改投资〔2016〕2231 号
2016 年 12 月 5 日	中央预算内投资补助和贴息项目管理办法	中华人民共和国国家发展和改革委员会令第 45 号
2017 年 4 月 25 日	国家发展改革委办公厅关于印发《政府和社会资本合作（PPP）项目专项债券发行指引》的通知	发改办财金〔2017〕730 号
2017 年 7 月 3 日	国家发展改革委关于加快运用 PPP 模式盘活基础设施存量资产有关工作的通知	发改投资〔2017〕1266 号
2017 年 11 月 6 日	工程咨询行业管理办法	国家发改委令第 9 号
建设部		
2002 年 12 月 27 日	建设部关于印发《关于加快市政公用行业市场化进程的意见》的通知	建城〔2002〕272 号
交通运输部		
2012 年 4 月 13 日	交通运输部关于鼓励和引导民间资本投资公路水路交通运输领域的实施意见	交规划发〔2012〕160 号
2017 年 11 月 22 日	交通运输部办公厅关于印发《收费公路政府和社会资本合作操作指南》的通知	交办财审〔2017〕173 号
广电总局		
2012 年 5 月 22 日	广电总局关于鼓励和引导民间资本投资广播影视产业的实施意见	广发〔2012〕36 号
银监会		
2012 年 5 月 26 日	中国银监会关于鼓励和引导民间资本进入银行业的实施意见	银监发〔2012〕27 号
国家税务总局		
2012 年 5 月 29 日	国家税务总局关于进一步贯彻落实税收政策促进民间投资健康发展的意见	国税发〔2012〕53 号
国家工商总局		
2012 年 6 月 4 日	国家工商总局关于充分发挥工商行政管理职能作用鼓励和引导民间投资健康发展的意见	工商个字〔2012〕107 号
国家旅游局		
2012 年 6 月 5 日	国家旅游局关于鼓励和引导民间资本投资旅游业的实施意见	旅办发〔2012〕280 号

续表

发文日期	文件名	文号
	科技部	
2012年6月18日	科技部关于印发进一步鼓励和引导民间资本进入科技创新领域意见的通知	国科发财〔2012〕739号
	教育部	
2012年6月18日	教育部关于鼓励和引导民间资金进入教育领域促进民办教育健康发展的实施意见	教发〔2012〕10号
	国务院国有资产监督管理委员会	
2017年11月17日	国资委关于加强中央企业PPP业务风险管控的通知	国资发财管〔2017〕192号
	商务部	
2012年6月18日	商务部关于鼓励和引导民间资本进入商贸流通领域的实施意见	商流通发〔2012〕207号
2018年4月19日	商务部关于加快城乡便民消费服务中心建设的指导意见	商服贸函〔2018〕157号

二、关于PPP的相关理论观点

（一）PPP模式概述

PPP(Public – Private Partnership)即政府和社会资本合作模式，是政府与社会资本在基础设施及公共服务领域建立的一种长期合作关系。通常模式是由社会资本承担设计、建设、运营、维护基础设施的大部分工作，并通过“使用者付费”及必要的“政府付费”获得合理投资回报；政府部门负责基础设施及公共服务价格和质量监管，以保证公共利益最大化。

PPP的本质是一种合作关系，这是它的首要特征。在PPP项目中，政府和社会资本为了同一个目标，开展合作，形成伙伴关系，以达到使用最少的资源，提供最优质的产品或服务。在PPP项目中，政府和社会资本应当做到利益共享，风险共担。利益共享意味着在社会资本获取合理投资回报的基础上，政府部门提供了更为优质高效的公共产品或服务，公私双方以及社会公众达到共赢的局面；风险共担意味着公私双方将根据自身优势与能力不同，承担一部分自己能够更好管理与控制的风险，这是因为将风险交给更具优势的一方管理与承担，将能够使项目的成本最小化、效率最大化。

（二）PPP的分类

PPP常见类型分为BOT、BOO、ROT、TOT等，具体含义见表15：

表 15

类型	含义	定义	合同期限
BOT	建设—运营—移交	指由社会资本或项目公司承担新建项目设计、融资、建造、运营、维护和用户服务职责，合同期满后项目资产及相关权利等移交给政府的项目运作方式	一般为 20 ~ 30 年
BOO	建设—拥有—运营	指由社会资本或项目公司承担新建项目设计、融资、建造、运营、维护和用户服务职责，必须在合同中注明保证公益性的约束条款，社会资本或项目公司长期拥有项目所有权的项目运作方式	长期
TOT	转让—运营—移交	指政府将存量资产所有权有偿转让给社会资本或项目公司，并由其负责运营、维护和用户服务，合同期满后资产及其所有权等移交给政府的项目运作方式	一般为 20 ~ 30 年
ROT	改建—运营—移交	指政府在 TOT 模式的基础上，增加改扩建内容的项目运作方式	一般为 20 ~ 30 年

需要强调的是，在 PPP 模式下，运营维护是项目实施中必不可少的一个环节。财政部制定的《政府和社会资本合作模式操作指南（试行）》第 6 条规定，投资规模较大、需求长期稳定、价格调整机制灵活、市场化程度较高的基础设施及公共服务类项目，适宜采用政府和社会资本合作模式。同为财政部规定的《关于规范政府和社会资本合作合同管理工作的通知》的附件《PPP 项目合同指南（试行）》中亦对运营维护作出了明确的指引。是否包含运营维护也是区分 PPP 模式和 BT（建设—移交）模式的主要标志。

（三）PPP 协议纠纷性质

PPP 项目中存在多种类型的协议，包括政府方与社会资本方或项目公司签订的 PPP 项目合同，社会资本方与政府出资代表签订的股东协议，项目公司与金融机构签订的融资协议，项目公司与施工单位签订的施工合同等。本文所称 PPP 协议，仅指政府方与社会资本方或项目公司签订的 PPP 项目合同。对于因 PPP 协议引发的争议属于民事争议还是行政争议，实践中存在两种观点：一种观点认为，根据《行政诉讼法》第 12 条第 1 款规定："人民法院受理公民、法人或者其他组织提起的下列诉讼：……（十一）认为行政机关不依法履行、未按照约定履行或者违法变更、解除政府特许经营协议、土地房屋征收补偿协议等协议的……"PPP 协议性质属于行政协议，因 PPP 协议引发的争议应作为行政案件受理。理由是：（1）从合同主体看，一方为政府，另一方为社会资本方，符合行政协议的主体要件。（2）从订立协议的目的看，PPP 协议的签订目的不是实现私益，而是基于社会公共利益的需要，地方政府为实现经济和社会管理目标的一种手段。（3）从协议内容看，PPP 协议通常包含多项政府基于其行政管理职能作出的优惠承诺和政策扶持,绝大多数涉及公权力的行使、处分和承诺,如项目规划审批、用地指标取得、土地出让收益处分、税收奖励等,均非平等主体之间所能处分的私法上权益。另一种观点认为,PPP 协议属于民事合同,因 PPP 协议引发的争议应当作为民事案件受理。因为尽管合同当事人中有一方是政府,但是双方合同的主要内容是对政府与社会资本方合作进行的约定,合同签订完全遵循平等、自愿、等价有偿的原则,而不存在行政命令和强迫的意思。[①]

本团队律师认为,对于 PPP 协议引发的争议的性质不能一概而论,而是应当综合考察。即便 PPP 协议的名称为特许经营协议的,也不应当仅依据协议名称而认定为属于行政争议,而是应当具体审查协议内容,如争议事项涉及政府特许经营的授予、履行、收回,对项目公司的处罚、对项目公司征收补偿决定、收费标准的确定等,在相关行政审批和行政许可内容上存在争议的,应当定性为行政争议;如 PPP 争议事项涉及特许经营以外的协议的履行、变更、解除等,体现的是当事人平等、等价协商一致的合意,则应当定性为民事争议。

三、关于 PPP 的相关裁判观点

截至 2019 年 2 月 1 日,本团队律师以 PPP/BOT 为关键词,共搜索到最高人民法院案例 16 个。本团队律师对上述案件归纳总结观点如下:

(一)关于合同性质

1. 采取 BOT 模式的政府特许经营协议争议属于民事而非行政纠纷

例如,在河南新陵公路建设投资有限公司(以下简称新陵公司)与辉县市人民政府(以下简称辉县市政府)合同纠纷一案[②]中,最高人民法院认为:本案是典型的 BOT 模式的政府特许经营协议。案涉合同的直接目的是建设河南省辉县市上八里至山西省省界关爷坪的新陵公路,而开发项目的主要目的为开发和经营新陵公路,设立新陵公路收费站,具有营利性质,并非提供向社会公众无偿开放的公共服务。虽然合同的一方当事人为辉县市政府,但合同相对人新陵公司在订立合同及决定合同内容等方面仍享有充分的意思自治,并不受单方行政行为强制,合同内容包括了具体的权利义务及违约责任,均体现了双方当事人的平等、等价协商一致的合意。本案合同并未仅就行政审批或行政许可事项本身进行约定,合同涉及的相关行政审批和行政许可等其他内容,为合同履行行为之一,属于合同的组成部分,不能决定案涉合同的性质。从本案合同的目的、职责、主体、行为、内容等方面看,合同具有明显的民商事法律关系性质,

① 参见杜万华等:《最高人民法院司法观点集成(新编版)·民商事增补卷 I》,中国民主法制出版社 2018 年版,第 342 页,观点编号 125。

② 详见(2015)民一终字第 244 号民事裁定书。

应当定性为民商事合同,不属于新《行政诉讼法》第 12 条第 11 项、《民诉法司法解释》第 11 条第 2 款规定的情形。辉县市政府主张本案合同为行政合同及不能作为民事案件受理,没有法律依据。

类似的判例还包括北京北方电联电力工程有限责任公司与乌鲁木齐市交通运输局合同纠纷案①等。

2. 特许经营合同条款涉及行政职责行使的,应当认定为行政合同

例如,在漳浦中环天川环保水务有限公司(以下简称中环公司)与漳浦县环境保护局、漳浦县赤湖镇人民政府(以下简称赤湖镇政府)等侵权责任纠纷一案②中,最高人民法院认为:关于二审裁定认定特许项目协议相关条款的性质为行政合同是否错误的问题,首先,本案中,赤湖镇政府作为合同当事人,与中国环境科学研究院环境技术工程有限公司就"漳浦赤湖污染集中控制区(五金园区)电镀废水处理厂 BOT 项目"签订污水处理特许项目协议,对双方的权利义务进行了约定。同时,赤湖镇政府又是对本辖区环境质量负责的地方人民政府,且本案合同标的为污水处理项目,赤湖镇政府签订和履行污水处理特许项目协议是其行使公共管理和公共服务职责的方式之一,该行为具有公权力属性。赤湖镇政府在合同签订、履行过程中不得约定、实施与其行政管理职责相冲突的行为,对于特许经营者不按照协议约定提供公共服务的,行政机关可以依法取消特许经营。为此,特许项目协议在第 26.3 款约定:"甲方不得采取任何违反法律法规和本协议约定以外的行动影响乙方及项目公司对本项目的建设和运营管理。如果出现这种影响,甲方同意补偿甲方的影响而造成的任何直接损失,但为了公共安全和健康的紧急情况而采取措施除外。"本院认为,根据该约定,赤湖镇政府在发生危及公共安全和健康的紧急情况下对项目的建设和运营管理采取措施,既不违反合同约定,也不违背其行政管理职责。因此,二审裁定认定,特许项目协议第 26.3 款体现了赤湖镇政府作为公共事务管理者的身份,这一条款具有行政合同性质,并无不当。中环公司该项申请再审理由不能成立。

3. 案涉合同属于 BOT 合同还是施工合同,取决于合同当事人、承包模式和工程项目性质

例如,在盐城市市政建设集团有限公司(以下简称盐城市政公司)与上海建设机场道路工程有限公司(以下简称上海场道公司)建设工程施工合同纠纷一案③中,最高人民法院认为:原审已经查明,案涉张謇大道(静海路)拓宽工程由海门城投公司委托

① 详见(2014)民二终字第 40 号民事裁定书。
② 详见(2015)民申字第 3013 号民事裁定书。
③ 详见(2015)民申字第 3311 号民事裁定书。

建设和收购,由上海城建投资、建设、移交。上海城建为建设该工程,设立了晟隆公司这一项目公司,并由晟隆公司与海门城投公司签订了 BOT 合同。晟隆公司后将该工程发包给上海场道公司(联合体主办方)和上海城建(联合体成员)施工。上海场道公司又将其中的 K3 +750 - K5 +600 标段分包给盐城市政公司。依据以上事实,原判认定海门城投公司与晟隆公司之间签订的是 BOT 合同而非总包合同,晟隆公司与上海场道公司、上海城建之间 2007 年 6 月 5 日签订的是总包合同,上海场道公司与盐城市政公司之间 2007 年 7 月 10 日签订的则是 K3 +750 - K5 +600 标段的分包合同。原判该项认定不缺乏证据证明,并无不当。盐城市政公司关于该工程的发包人是海门城投公司而非晟隆公司等主张,与事实不符;原判认定盐城市政公司对于本案合同性质有错误认识,亦无不当。

再如,在首钢京唐钢铁联合有限责任公司(以下简称首钢京唐公司)与大连绿诺集团有限公司建设工程施工合同纠纷一案①中,最高人民法院认为:针对首钢京唐公司的上诉请求及理由,判断案涉《工程总承包合同》是否应予解除,应当从两个方面加以分析,一是案涉合同的承包方式是 BOT 还是 EPC……建设工程领域的所谓 EPC 承包模式,即 Engineering——工程设计、Procurement——设备采购、Construction——组织施工,通称设计采购施工总承包。BOT 承包模式,即 Build——建设、Operate——运营、Transfer——转让,通常是指政府部门就某个基础设施项目签订特许权协议,授权签约的私企来承担该项目的投资、融资、建设和维护。在特许期限内,许可其融资建设和经营特定的公共基础设施,并通过向用户收费或出售产品以清偿贷款,回收投资并赚取利润。政府对该公共基础设施有监督权、调控权,特许期满,签约的私企将该公司基础设施无偿或有偿移交给政府部门。因此,从 BOT 承包模式的性质和本案所涉工程项目并非公共基础设施以及不存在政府部门作为合同当事人的情况看,案涉《工程总承包合同》不属于 BOT 承包模式。

(二)关于合同效力

非法律、行政法规规定应当办理批准、登记手续的,合同当事人不得以合同未经批准为由主张 PPP 合同无效。

例如,在山西馨悦房地产开发有限公司(以下简称馨悦公司)与山西大学建设工程施工合同纠纷一案②中,最高人民法院认为:原审已查明,就山西大学新建学生综合服务大楼项目,山西大学已经报经山西省发展和改革委员会核准,并通过招投标方式

① 详见(2017)最高法民终 57 号民事判决书。
② 详见(2017)最高法民申 1989 号民事裁定书。

确定馨悦公司为中标企业,双方遂签订《BOT 协议》,主要约定该项目的投资、运营方式为:馨悦公司投资建设,不动产所有权归山西大学所有,馨悦公司进行为期 30 年的经营管理,经营期满后将不动产移交山西大学。该《BOT 协议》系双方当事人的真实意思表示,不违反法律、行政法规的强制性规定,也不存在《合同法》第 52 条规定的合同无效的其他情形,应为有效之合同。但二审判决依照《事业单位国有资产管理暂行办法》第 21 条(事业单位利用国有资产对外投资、出租、出借和担保等应当进行必要的可行性论证,并提出申请,经主管部门审核同意后,报同级财政部门审批。法律、行政法规另有规定的,依照其规定)、第 25 条(事业单位处置国有资产,应当严格履行审批手续,未经批准不得自行处置)之规定,认为案涉《BOT 协议》属于应当经批准才生效的合同,理由是山西大学作为财政全额拨款的事业单位,其所占用土地为国家所有的教育划拨用地属于国有资产,利用该土地开发建设经营性项目所得收益亦属于国有资产,案涉项目由山西大学自筹资金建设方式变更为 BOT 方式应当重新报请政府部门履行审批手续,但至一审法庭辩论终结前仍未办理。馨悦公司对于二审判决的上述认定提出异议。对此,本院经审查认为,对于《BOT 协议》是否未生效的问题应当严格依据《合同法》第 44 条、《合同法司法解释(一)》第 9 条之规定进行审查,只有在"法律、行政法规规定应当办理批准、登记等手续生效的"而未办理的情况下才能据此认定协议未生效。而二审判决适用的《事业单位国有资产管理暂行办法》系财政部颁布的部门规章,不属于法律、行政法规范畴,故《BOT 协议》即便违反该办法也不属于前述法律及司法解释规定的合同未生效之情形。因此,二审判决依据《事业单位国有资产管理暂行办法》认定案涉《BOT 协议》成立但未生效,适用法律错误,本院予以纠正。但考虑到本案《BOT 协议》的履行情况,尤其是双方已经以实际行动表明不再继续履行并签订了《协议书》,而协议解除与协议未生效对于馨悦公司主张损失的认定问题并无实质性影响,因此就该问题无提起再审之必要。

(三)关于 PPP 项目准备工作

涉及对环境有一定影响的 PPP 项目,政府方应做好前期的环境评估审查工作,保障社会公众的参与。

例如,在常州德科化学有限公司与江苏省环境保护厅环境保护行政管理(环保)纠纷一案[①]中,最高人民法院认为:案涉项目作为生活垃圾焚烧发电项目,对社会整体有益,当然也可能会附带对周围生态环境造成一定影响。对于此类具有公共利益性质的建设项目,政府及其行政主管部门应当依法履行职责,建设单位应当依法履行义务,

① 详见(2017)最高法行申 4795 号行政裁定书。

充分保障公众参与，尽可能减轻项目对周围生态环境的影响；当地的公民、法人及其他组织则应遵循法律途径行使公众参与权，依照法律规定维护自身合法环境权益。

（四）关于 PPP 合同解除的责任承担

1. PPP 合同对回购条款没有约定或约定不明的，政府方应按照“恢复相同经济地位”原则拟定补偿方案

例如，在武威汉氏天安环境科技有限公司（以下简称汉氏天安公司）与甘肃武威黄羊工业园区管理委员会（以下简称黄羊管委会）、武威市凉州区黄羊镇人民政府（以下简称黄羊镇政府）等合同纠纷一案[①]中，最高人民法院认为：关于《特许经营权合同》解除后的责任承担问题。根据合同约定，汉氏天安公司的主要义务是在特许经营权期限内投融资、设计、建设、运营和维护污水处理厂，确保污水处理厂处于良好状况。黄羊管委会、黄羊镇政府的主要义务是每年支付 358 万元污水处理费，自污水处理厂依法经验收合格并投入运营之日起 5 日内，支付第一季度污水处理费 89.5 万元。根据查明的事实，在整个合同履行过程中，双方均未按照合同约定诚信履行各自义务。汉氏天安公司在污水处理厂运行过程中，未能全面履行确保污水处理厂稳定达标运营义务，被甘肃省人民政府及武威市环境保护局、武威市监察局列为整改对象进行限期整改。且在与黄羊管委会、黄羊镇政府就污水处理费发生争议后，未能按合同约定正当主张权利，单方中止合同，停止污水处理厂运营，致使未处理的污水排放至无防渗漏措施的沟渠、坑塘，给当地群众生产生活造成影响，构成违约。黄羊管委会、黄羊镇政府未按照合同约定及时足额支付污水处理费，确保兴工担保公司出具担保函，亦构成违约。在汉氏天安公司停止运行污水处理厂，经催告汉氏天安公司恢复污水处理厂运行无果后，黄羊管委会、黄羊镇政府及时接管污水处理厂并恢复运行，保护当地环境安全及群众正常生产生活，属于合同终止后防止损失进一步扩大的行为，应减轻其违约责任。汉氏天安公司作为专门从事污水处理的企业，对擅自停运污水处理厂所能产生的危害后果应当能够预见，其在污水处理厂运营期间不能确保正常达标稳定运行和擅自停止运行污水处理厂的行为有违诚信，并对当地环境安全、群众生产生活和社会稳定造成较大影响，亦应对合同终止履行承担违约责任。

因黄羊管委会、黄羊镇政府诉请判决案涉污水处理厂全部资产归其所有，应视为其选择收购污水处理厂。根据《合同法》第 120 条之规定，双方当事人均违反合同的，应当各自承担违约责任。在双方均存在违约造成合同解除的情况下，汉氏天安公司主张按照投资回报计算投资补偿款没有法律依据。投资补偿款的数额应为：（22 – 实际

① 详见（2015）民二终字第 116 号民事判决书。

经营年限)/22×项目总投资。汉氏天安公司从2010年12月29日通过环保竣工验收投入运营至2012年10月23日停止运行,实际经营时间为1.83年。污水处理厂项目总投资为固定资产1384.5万元,技术服务费50万美元(折合人民币311.625万元),技术服务报酬400万元,总计2096.125万元。黄羊管委会、黄羊镇政府应支付汉氏天安公司投资补偿款(22-1.83)/22×2096.125即1921.7655万元。同时,汉氏天安公司应当将污水处理厂全部资产和技术资料移交给黄羊管委会、黄羊镇政府。

2. PPP合同约定以评估方式确定回购金额的,如评估机构评估的依据不足,则不能以评估结果作为回购金额确定的依据

例如,在北京北方电联电力工程有限责任公司(以下简称北方公司)与乌鲁木齐市交通运输局(以下简称交通局)合同纠纷一案①中,最高人民法院认为:(1)北方公司与交通局约定对案涉公路的回购价值按照评估的方式确定,但评估机构在认定双方提交的基础资料均有不全的情况下,并未按照合同约定采取打探孔等有效方法,结合现实情况,提供准确的工程数量,并得出可采信的评估结论,而是按照双方提交的不同资料作出两种结论,对此,双方均不认可,原审根据北方公司调查中的意见认定案涉公路回购价值,事实不清。(2)本案属BOT合同项目,双方虽在签订正式的特许经营权合同之前对整个合同履行予以了终止,但有关合同解除的责任、北方公司的预期投资收益、双方是否达成合同解除后的处理意见等涉及本案损失和补偿认定的基本事实,原审均未查明,基本事实不清。(3)北方公司与乌鲁木齐城市建设投资有限公司5000万元借款和北方公司与交通局之间的5000万元借款为不同法律关系,且乌鲁木齐城市建设投资有限公司就案涉款项的性质与处理并未与交通局达成一致意见,原审法院将上述两笔借款均作为交通局的借款与回购款进行抵销,认定事实不清。

3. PPP合同解除后,股东就其对项目公司的股权性投资不能主张债务返还

例如,在龙浩集团有限公司(以下简称龙浩公司)与四川成安渝高速公路有限公司(以下简称成安渝公司)合同纠纷一案②中,最高人民法院认为:首先,是否偿还资金本息是债权性投资与股权性投资的根本区别。……其次,股权性投资要按投资项目资本金确定出资义务。……最后,项目法人收到的投资款应优先列入投资项目资本金。……综上所述,在固定资产投资项目中,债权性投资区别于股权性投资的根本之处在于债权性投资要偿还资金本息,而股权性投资则要按照相应的投资额享有参与项目法人经营管理的权利、承担相应的投资风险并分享相应的投资收益;股权性投资的

① 详见(2017)最高法民终305号民事判决书。
② 详见(2018)最高法民终108号民事判决书。

出资义务不仅受项目法人工商登记注册资本金的约束,还要受投资项目资本金的规制;项目法人收到的超出工商登记注册资本金但未超出投资项目资本金的投资款项应为资本公积金,超出投资项目资本金的部分方可约定为债权性投资。本案中,龙浩公司投入的15.94亿元并未超出其法定或约定的出资义务范围。……综上所述,无论按照约定抑或法律规定,龙浩公司为履行股东出资义务而向项目法人成安渝公司投入的15.94亿元均为股权性投资,对龙浩公司要求成安渝公司返还的上诉主张,本院不予支持。

[**案件复盘**]

本案案情并不复杂,主要难点在于涉及PPP合同,而由于目前涉及PPP法律法规尚不完善,对于PPP相关争议案件的处理理论界和实务界尚存在一定的争议。

在接受委托后,本团队律师一方面从理论和司法实践出发论证PPP合同是民事合同而非行政合同,另一方面通过整理大量证据,形成完整证据链证明社会资本方的实际损失,最终使仲裁庭支持了社会资本方的损失。

通过这个案件可以看出,由于政府方在PPP项目中的强势地位,以及PPP法律法规尚不健全等原因,社会资本方在PPP项目全生命流程中均存在一定的风险。针对PPP项目的常见风险,本团队律师总结如下:

表16

序号	项目流程	风险要素
1	项目识别与项目准备	项目两评未完成
2		实施方案未通过审批
3		PPP项目未入库
4		未取得将补助纳入中长期财政预算的批复
5		政府方错误选择项目模式
6		项目立项未完成
7		政府信用风险
8		项目排他性风险
9		项目测算不充分
10		项目采购前准备不足
11		征用/公有化风险
12		政府决策失误/冗长
13		风险分担不合理
14		实施主体不适格

续表

序号	项目流程	风险要素
15	项目采购	政府方变更项目模式的风险
16		政府方变更施工范围的风险
17		未按照投标文件和《中标通知书》签订合同的风险
18		中标后未及时签署相关协议的风险
19		未能合法将两次招标并为一次
20		部分联合体成员未经遴选程序的风险
21		招标人在招标时未取得授权
22		招标竞争不充分的风险
23		使用者付费法律法规未建立
24		工程款定价、组价、调价约定不明确
25		付费公式表述不准确或冲突
26		项目采用固定回报收益模式的风险
27		合同终止后的支付公式不周延
28		投资范围/工程承包范围不确定
29		合作期/工期约定不明
30		未约定分段开工、竣工的风险
31		合同相关期限调整的风险
32		质保期约定不明
33		合同设计存在遗漏和表述不清晰
34		合同约定的收益来源不明确或不合法(如与土地收益挂钩)
35		绩效考核标准不清晰
36		违约金条款设定不当
37		合同生效日不明确
38		合同文件冲突/不完备
39	项目执行	未取得施工许可证即进场施工的风险
40		未签署施工承包合同即进场施工的风险
41		未取得施工图批复即施工的风险
42		捆绑融资的法律风险
43		政府方未按时支付合同费用的风险
44		前期费用纳入投资的风险

续表

序号	项目流程	风险要素
45	项目执行	投资额不能全额确认的风险
46		支付的时间节点约定不明确
47		项目公司未按合同约定报送项目投资成本的风险
48		分包商确定方法不合法
49		项目实施过程中影响工程按时竣工的风险
50		已完工程未及时验收、移交的风险
51		建设成本超支
52		建设项目证照不齐全
53		项目经理不到场
54		工程变更与签证确认
55		运营成本超支
56		运营变更
57		运营期约定不当
58		项目公司财务监管不足
59		项目公司管理制度缺失
60		逾期成立项目公司的风险
61		项目公司出资不符合法律规定
62		项目公司股东与联合体不一致的风险
63		项目公司迟延履行报批义务的风险
64		不可抗力风险
65		税收调整风险
66		政府干预风险
67		法律变更风险
68		利率风险
69		市场需求变化风险
70		收费变更的风险
71		通货膨胀风险
72		土地获取风险
73		组织协调风险

续表

序号	项目流程	风险要素
74	项目移交	移交标准不明确
75		移交流程不明确
76		项目公司清算后的财产分配不合理
77		退出前的财务处理手段
78		协议转让项目公司股权的风险
79		项目移交后的保证责任

针对社会资本方在 PPP 项目中的上述风险，本团队律师作出如下建议：(1)企业应当在充分识别风险的前提下，尽早介入 PPP 项目，聘请专业律师团队参与 PPP 合同条款的起草、修改，避免中标后无法变更 PPP 合同实质性条款；(2)着重审查 PPP 项目两评一案的批复情况及 PPP 项目入库情况，确认项目相关政府支出责任已经纳入中长期财政预算，避免 PPP 项目的融资出现障碍；(3)做好前期测算工作，如果收益率无法达到企业内部要求的，应及时退出项目，避免投资无法取得预期回报；(4)熟悉 PPP 最新法律法规，确保参与的 PPP 项目合法合规性；(5)建立完善的项目公司管理制度，提高企业抵御风险的能力。

本书规范性文件索引及名称缩略对照表

序 号	全 称	简 称
1	《中华人民共和国民法通则》	《民法通则》
2	《中华人民共和国民法总则》	《民法总则》
3	《中华人民共和国合同法》	《合同法》
4	《中华人民共和国物权法》	《物权法》
5	《中华人民共和国担保法》	《担保法》
6	《中华人民共和国公司法》	《公司法》
7	《中华人民共和国土地管理法》	《土地管理法》
8	《中华人民共和国矿产资源法》	《矿产资源法》
9	《中华人民共和国城乡规划法》	《城乡规划法》
10	《中华人民共和国建筑法》	《建筑法》
11	《中华人民共和国城市房地产管理法》	《城市房地产管理法》
12	《中华人民共和国招标投标法》	《招标投标法》
13	《中华人民共和国政府采购法》	《政府采购法》
14	《中华人民共和国侵权责任法》	《侵权责任法》
15	《中华人民共和国民事诉讼法》	《民事诉讼法》
16	《中华人民共和国行政诉讼法》	《行政诉讼法》
17	《中华人民共和国立法法》	《立法法》
18	《中华人民共和国商标法》	《商标法》
19	《中华人民共和国专利法》	《专利法》
20	《中华人民共和国著作权法》	《著作权法》
21	《中华人民共和国反不正当竞争法》	《反不正当竞争法》
22	《中华人民共和国广告法》	《广告法》
23	《中华人民共和国标准化法》	《标准化法》
24	《中华人民共和国预算法》	《预算法》

续表

序　号	全　称	简　称
25	《中华人民共和国涉外民事关系法律适用法》	《涉外民事关系法律适用法》
26	《中华人民共和国标准化法实施条例》	《标准化法实施条例》
27	《中华人民共和国土地管理法实施条例》	《土地管理法实施条例》
28	《中华人民共和国招标投标法实施条例》	《招标投标法实施条例》
29	《中华人民共和国城镇国有土地使用权出让和转让暂行条例》	《国有土地使用权出让和转让暂行条例》
30	《中华人民共和国矿产资源法实施细则》	《矿产资源法实施细则》
31	《建设工程质量管理条例》	《质量管理条例》
32	《商业特许经营管理条例》	—
33	《城乡个体工商户管理暂行条例》	—
34	《增值税暂行条例》	—
35	《物业管理条例》	—
36	《国务院办公厅关于开展工程建设项目审批制度改革试点的通知》	—
37	《国务院关于印发〈矿产资源权益金制度改革方案〉的通知》	—
38	《最高人民法院印发〈关于修改《民事案件案由规定》的决定〉的通知》	—
39	《最高人民法院关于印发修改后的〈民事案件案由规定〉的通知》	《民事案件案由规定》
40	《最高人民法院关于增加民事案件案由的通知》	—
41	《最高人民法院关于补充增加民事案件案由的通知》	—
42	《最高人民法院关于贯彻执行〈中华人民共和国民法通则〉若干问题的意见(试行)》	《民法通则意见》
43	《最高人民法院关于适用〈中华人民共和国合同法〉若干问题的解释(一)》	《合同法司法解释(一)》
44	《最高人民法院关于适用〈中华人民共和国合同法〉若干问题的解释(二)》	《合同法司法解释(二)》
45	《最高人民法院关于适用〈中华人民共和国公司法〉若干问题的规定(三)》	《公司法司法解释(三)》
46	《最高人民法院关于适用〈中华人民共和国公司法〉若干问题的规定(四)》	《公司法司法解释(四)》
47	《最高人民法院关于适用〈中华人民共和国民事诉讼法〉的解释》	《民诉法司法解释》

续表

序　号	全　称	简　称
48	《最高人民法院关于适用〈中华人民共和国行政诉讼法〉的解释》	《行政诉讼法司法解释》
49	《最高人民法院关于适用〈中华人民共和国担保法〉若干问题的解释》	《担保法司法解释》
50	《最高人民法院关于审理建设工程施工合同纠纷案件适用法律问题的解释》	《施工合同司法解释(一)》
51	《最高人民法院关于审理建设工程施工合同纠纷案件适用法律问题的解释(二)》	《施工合同司法解释(二)》
52	《最高人民法院关于审理买卖合同纠纷案件适用法律问题的解释》	《买卖合同司法解释》
53	《最高人民法院关于审理商品房买卖合同纠纷案件适用法律若干问题的解释》	《商品房买卖合同司法解释》
54	《最高人民法院关于审理涉及国有土地使用权合同纠纷案件适用法律问题的解释》	《土地合同司法解释》
55	《最高人民法院关于审理商标民事纠纷案件适用法律若干问题的解释》	《商标案件司法解释》
56	《最高人民法院关于审理矿业权纠纷案件适用法律若干问题的解释》	《矿业权案件司法解释》
57	《最高人民法院关于审理不正当竞争民事案件应用法律若干问题的解释》	—
58	《最高人民法院关于审理侵犯专利权纠纷案件应用法律若干问题的解释》	—
59	《最高人民法院关于适用〈中华人民共和国婚姻法〉若干问题的解释(一)》	—
60	《最高人民法院关于审理联营合同纠纷案件若干问题的解答》	—
61	《最高人民法院关于正确适用〈中华人民共和国合同法〉若干问题的解释(二)服务党和国家的工作大局的通知》	—
62	《最高人民法院印发〈关于当前形势下审理民商事合同纠纷案件若干问题的指导意见〉的通知》	—
63	《最高人民法院关于建设工程承包合同案件中双方当事人已确认的工程决算价款与审计部门审计的工程决算价款不一致时如何适用法律问题的电话答复意见》	—
64	《最高人民法院民事审判庭关于发包人收到承包人竣工结算文件后,在约定期限内不予答复,是否视为认可竣工结算文件的复函》	《是否视为认可竣工结算文件的复函》
65	《最高人民法院关于民事诉讼证据的若干规定》	《民事诉讼证据规定》
66	《最高人民法院关于裁判文书引用法律、法规等规范性法律文件的规定》	《引用法律文件规定》

续表

序　号	全　称	简　称
67	《最高人民法院关于审理民事案件适用诉讼时效制度若干问题的规定》	《诉讼时效规定》
68	《最高人民法院关于当前形势下进一步做好房地产纠纷案件审判工作的指导意见》	《房地产案件指导意见》
69	《最高人民法院办公厅关于印发〈全国民事审判工作会议纪要〉的通知》	《民事审判会议纪要》
70	《第八次全国法院民事商事审判工作会议(民事部分)纪要》	—
71	《最高人民法院关于当前民事审判工作中的若干具体问题》	《民事审判具体问题》
72	《最高人民法院关于建设工程价款优先受偿权问题的批复》	《建设工程优先权问题批复》
73	《最高人民法院关于装修装饰工程款是否享有合同法第二百八十六条规定的优先受偿权的函复》	《建设工程优先权函复》
74	《关于授权国务院在北京市大兴区等三十三个试点县(市、区)行政区域暂时调整实施有关法律规定的决定》	—
75	《全国人民代表大会常务委员会关于延长授权国务院在北京市大兴区等三十三个试点县(市、区)行政区域暂时调整实施有关法律规定期限的决定》	—
76	《城市建筑垃圾管理规定》	—
77	《国有企业改革中划拨土地使用权管理暂行规定》	—
78	《房屋建筑工程质量保修办法》	—
79	《建设部、财政部关于印发〈建设工程质量保证金管理暂行办法〉的通知》	《建设工程质量保证金管理暂行办法》
80	《财政部、国土资源部关于印发〈矿业权出让收益征收管理暂行办法〉的通知》	—
81	《房屋建筑和市政基础设施工程施工招标投标管理办法》	—
82	《房屋建筑和市政基础设施工程施工分包管理办法》	—
83	《住房和城乡建设部关于印发〈建筑工程施工转包违法分包等违法行为认定查处管理办法(试行)〉的通知》	《认定查处管理办法》
84	《财政部、建设部关于印发〈建设工程价款结算暂行办法〉的通知》	《建设工程价款结算暂行办法》
85	《建筑工程施工发包与承包计价管理办法》	《建筑工程计价管理办法》
86	《建设工程施工发包与承包价格管理暂行规定》	—
87	《商品房销售管理办法》	—
88	《工程建设国家标准管理办法》	—

续表

序 号	全 称	简 称
89	《光伏电站项目管理暂行办法》	—
90	《探矿权采矿权转让管理办法》	—
91	《矿产资源勘查区块登记管理办法》	—
92	《探矿权采矿权使用费和价款管理办法》	—
93	《建筑业企业资质管理规定》	—
94	《房地产开发企业资质管理规定》	—
95	《驰名商标认定和保护规定》	—
96	《关于禁止仿冒知名商品特有名称、包装、装潢的不正当竞争行为的若干规定》	《禁止仿冒规定》
97	《房地产广告发布规定》	—
98	《实施工程建设强制性标准监督规定》	—
99	《必须招标的工程项目规定》	—
100	《必须招标的基础设施和公用事业项目范围规定》	—
101	《国务院办公厅关于严格执行有关农村集体建设用地法律和政策的通知》	—
102	《国土资源部关于印发〈规范国有土地租赁若干意见〉的通知》	《规范国有土地租赁若干意见》
103	《国土资源部、国家发展和改革委员会、财政部、住房和城乡建设部、农业部、中国人民银行、国家林业局、中国银行业监督管理委员会关于扩大国有土地有偿使用范围的意见》	《关于扩大国有土地有偿使用范围的意见》
104	《财政部、国土资源部〈关于加强对国家出资勘查探明矿产地及权益管理有关事项的通知〉》	—
105	《财政部、国土资源部、中国人民银行关于探矿权采矿权价款收入管理有关事项的通知》	—
106	《财政部、国土资源部关于探矿权采矿权有偿取得制度改革有关问题的补充通知》	—
107	国土资源部《关于实施〈矿业权评估收益途径评估方法修改方案〉的公告》	—
108	《国土资源部关于进一步规范矿业权申请资料的通知》	—
109	《矿业权评估指南》	—
110	《矿业权评估参数确定指导意见》	—
111	《混凝土结构工程施工规范》	—
112	《混凝土质量控制标准》	—

续表

序　号	全　称	简　称
113	《建设工程造价鉴定规范》	《造价鉴定规范》
114	《建设工程工程量清单计价规范》	《清单计价规范》
115	《建设工程施工质量验收统一标准》	—
116	《司法鉴定程序通则》	—
117	《民用建筑设计通则》	—
118	《建筑设计防火规范》	—
119	《包装通用术语》	—
120	《工程造价咨询业务操作指导规程》	—
121	《关于培育发展工程总承包和工程项目管理企业的指导意见》	—
122	《建设部、国家发展和改革委员会、财政部、中国人民银行关于严禁政府投资项目使用带资承包方式进行建设的通知》	—
123	《关于委托山西省等6个省级国土资源主管部门实施原由国土资源部实施的部分矿产资源勘查开采审批登记的决定》	—
124	《国务院关于投资体制改革的决定》	—
125	《关于进一步做好政府和社会资本合作项目示范工作的通知》	—
126	《北京市建设工程材料采购指导手册》	—
127	《北京市高级人民法院关于审理建设工程施工合同纠纷案件若干疑难问题的解答》	《北京市高院施工合同解答》
128	《北京市高级人民法院关于印发〈北京市高级人民法院关于商事审判应对金融危机的若干意见〉的通知》	《北京市高级人民法院关于商事审判应对金融危机的若干意见》
129	《河北省高级人民法院建设工程施工合同案件审理指南》	—
130	《山东省高级人民法院关于审理建筑工程承包合同纠纷案件若干问题的意见》	—
131	《江苏省高级人民法院关于审理建设工程施工合同纠纷案件若干问题的意见》	—
132	《江苏省高级人民法院关于审理建设工程施工合同纠纷案件若干问题的解答》	—
133	《江苏省高级人民法院建设工程施工合同案件审理指南（2010年）》	—

续表

序　号	全　称	简　称
134	《浙江省高级人民法院关于审理建设工程施工合同纠纷案件若干疑难问题的解答》	—
135	《重庆市高级人民法院关于建设工程造价鉴定若干问题的解答》	—
136	《安徽省高级人民法院关于审理建设工程施工合同纠纷案件适用法律问题的指导意见》	—
137	《安徽省高级人民法院关于审理建设工程施工合同纠纷案件适用法律问题的指导意见(二)》	—
138	《广东省高级人民法院关于审理建设工程施工合同纠纷案件若干问题的指导意见》	—
139	《山西省人民政府印发山西省煤炭工业可持续发展政策措施试点工作总体实施方案的通知》	—
140	《山西省煤炭资源矿业权出让转让管理办法》	—
141	《关于加强建设工程施工合同中人工、材料等市场价格风险防范与控制的指导意见》	—
142	《中华人民共和国标准施工招标文件》(2007 年版)	《标准施工招标文件》
143	《中华人民共和国标准设计施工总承包招标文件》(2012 年版)	《标准设计施工总承包招标文件》
144	《建设工程施工合同(示范文本)》(GB－1999－0201)	《99 版合同》
145	《建设工程施工合同(示范文本)》(GB－2013－0201)	《2013 版合同》
146	《建设工程施工合同(示范文本)》(GB－2017－0201)	《2017 版合同》
147	《施工合同条件》(Conditions of Contract for Construction, 1999 年第 1 版)	《FIDIC 施工合同条件》(1999 版红皮书)
148	《施工合同条件》(Conditions of Contract for Construction, 2017 年第 2 版)	《FIDIC 施工合同条件》(2017 版红皮书)
149	《设计采购施工(EPC)/交钥匙工程合同条件》(Conditions of Contract for EPC/Turnkey Projects, 1999 年第 1 版)	《FIDIC 设计采购施工合同条件》(1999 版银皮书)

致谢

最后，我想向本书编委致谢，他们按篇分工撰稿，最终由我逐字审阅修改，感谢大家利用工作之余与休息时间进行写作，正是依靠大家的通力配合，才有本书的精彩呈现。另外，特别鸣谢何溪滢对本书部分文章素材整理与编撰成文工作所作出的巨大贡献，以及肖萌、赵越颖、夏雄伟、章韬、胡安琪、刘晓对本书写作提供的帮助。本书若有不足之处欢迎斧正（我的邮箱是 huazhi. yuan@ dentons. cn）。